진붕

진붕
秦崩

진시황에서 유방까지

리카이위안 지음 이유진 옮김

글항아리

서문을 대신하여

역사의 착각

감각, 역사학에서 잊히고만 화제다.

이 과거지사를 다시 문제 삼는 건 소소한 발견 때문이다.

오랫동안 나는 착각에 빠져 있었다. 진시황 영정과 한 고조 유방이 마치 다른 세대 사람이라고 생각했던 것이다.

생각해보면 이런 착각의 원인은 내가 읽은 책과 교육에 있다. 교과서를 훑어보고 문헌과 책을 뒤져보면, 진시황이 진 제국을 세우고 한 고조가 한 왕조를 세웠으며, 진시황이 육국을 멸하여 천하를 통일했고 한 고조가 진나라를 멸망시키고 왕후를 다시 봉했다. 이렇게 따져보면 이 둘은 확실히 서로 다른 시기에 활약한 역사 인물처럼 보인다.

하지만 직접 책을 쓰고 강의하면서 이 두 인물을 자세히 고찰해보니, 사실은 결코 그렇지 않다는 것을 발견하게 되었다. 진시황은 기원전 259년에 태어났고, 한 고조는 기원전 256년에 태어났다. 그들의 나이 차는 겨우 세 살이다. 진시황은 기원전 210년에 향년 50세로 죽었고, 한 고조는 기원전 195년에 향년 62세로 죽었다. 그들이 같은 하늘 아래 살아온 세월이 47년이다.[1] 따라서 생물학적 나이로 따지자면 영정과 유방은 동시대 사람이다. 이들이 다른 세대의 인물이라는 인상은 시대 구분에 따라 나누는 역사 관념이 역사 시간에 영향을 끼친 결과다.

이 소소한 발견은 역사 감각의 교정이라고 할 정도의 미미한 것이지만 나로 하여금 더없이 큰 재미를 느끼게 했다. 나는 이것을 더 깊이 추적해갔다.

유방과 영정이 공존한 47년 동안 역사는 전국 시대와 제국의 두 시대를 거쳤으며, 칠국이 패권을 다투었던 여파가 30여 년 동안 이어지다가 통일로 인해 종결되었고, 10여 년에 걸친 진 제국의 난폭한 전횡은 붕괴를 맞았다. 유방이 48세에 진나라에 맞서 군사를 일으켰을 때는 이미 그의 인생 절반이 지나간 상태였다. 그는 전반생을 전국 시대에서 보냈던 것이다. 그의 인격과 사상은 그의 동시대인과 마찬가지로 전국 시대 말의 풍토와 인정과 시대정신이 빚어낸 것이다. 진나라가 들어선 이래로 제국 시대의 시대풍조가 변화함에 따라 그 세대의 생활 배경과 정신 풍모 역시 바뀌기는 했지만, 진나라 말에 난이 폭발하면서 사람들 뇌리에 간직되어 있던 전국 시대 역사의 기억이 부활했다. 유방은 동시대의 영웅호걸들과 함께 전국 시대를 회복하고 왕정을 부흥하며, 지나간 것을 이어받아 미래를 열고 옛것을 회복하고 혁신했다. 그들은 함께 포스트 전국 시대의 역사 국면을 열었다.

포스트 전국 시대에는 전국칠웅이 나라를 회복하고 합종연횡하면서 분쟁과 병립이 재현되었다. 제자가 다시 유세를 시작했고 백가가 다시 쟁론했다. 유협이 부활하고 호걸이 봉기했다. 전후 60여 년 동안 역사는 마치 전국 시대 말로 되돌아간 듯했다. 포스트 전국 시대라는 이 새로운 관념 역시 또 다른 역사의 발견일 것이다. 하지만 이 발견은 이미 승화된 역사 감각이다. 즉 직관적 감각에서 출발해 역사 연구를 통하여 정련되어 나온 일종의 시대정신[2]이다.

이러한 새로운 역사 감각의 인도 아래, 나는 유방부터 시작해 포스트 전국 시대의 영웅호걸들을 술회했다. 그들의 종적을 추적하면서 관련된 전국 시대 말의 인정과 풍토를 하나하나 부활시켰다.

독자들에게 선보이는 이 작은 책은 바로 내가 부활시킨 그 역사의 부분적 결과물이다.

이 책은 처음에 대륙의 중화서국에서 출판되어 대륙 독자들의 인정을 받았다. 나중에 타이완의 롄징출판사에서 출판되어 타이완 독자들의 사랑을 받았다. 이제 싼롄서점의 호의로 학술 주석판 형식으로 문화계 독자들에게 선보이게 되었다. 덕분에 나는 시간의 검증을 견뎌낸 입언立言의 가치를 느꼈을뿐더러 고금이 서로 통하는 현재적 역사 감각이 한층 깊어졌다.

스스로의 노력으로 새로운 역사 감각, 인류 공동의 역사 감각을 길러내길 희망한다.

秦漢

차례

제6장 항우의 굴기

제7장 유방이 서진하다

제8장 진 제국의 멸망

일러두기

- 책명은 『 』, 편명·논문명은 「 」로 표시했다.
- 한자는 처음 나올 때 한 차례만 병기하는 것을 원칙으로 하되, 필요한 경우에는 중복 병기했다.
- 인명은 몰년을 기준으로 신해혁명(1911) 이전의 인물은 우리 한자음으로 표기하고, 이후의 인물은 현대 중국어 발음을 따랐다.
- 지명은 가독성을 고려해 우리 한자음으로 표기하되, 과거 지명을 현재 지명으로 설명하는 경우에는 현대 중국어 발음으로 표기했다.

제 1 장

전국 시대의 유방

1

평민 출신

한漢 제국의 창건자인 한 고조高祖 유방劉邦은 기원전 256년에 태어났다. 그의 출생지는 초楚나라에 속하는 패현沛縣 풍읍豐邑 중양리中陽里로, 오늘날의 장쑤江蘇성 펑豐현 일대다.

유방의 본명은 유계劉季로, 부유한 하층 평민 가정에서 출생했다. 그의 아버지는 유태공劉太公으로 불렸고 어머니는 유온劉媼으로 불렸다. 유태공은 유씨 아저씨, 유온은 유씨 아주머니라는 의미다. 모두 정식 이름이 아니라 하층 사회에서 부르던 속칭이다. 생각해보면 당시에는 다들 되는대로 이름을 지었다. 항렬에 따라 일·이·삼·사를 넣어 짓거나 계鷄(닭), 구狗(개), 저猪(돼지) 같은 별명으로 불렀다. 본래 태공과 온에게도 그다지 점잖지 않은 이름이 있었을 것이다. 아들 유계가 출세해 황제가 되자 남부끄러운 이름보다는 위아래 사람에게 불리기에 소탈하고 친근한 이름을 택한 것으로 보이며, 이렇게 쓰이던 이름이 사서와 정사에 기록된 것이다.

유태공은 농업과 상업을 겸했고 재테크에 능했다. 풍읍 향진鄕鎭에서 부유하고 명망도 있는 축이었다. 그는 성격이 활달하여 이웃들과 사이가 좋았다. 술과 떡, 닭싸움, 축구 등의 시정 생활을 즐기며 일상을 보냈다. 당시에는 지방의 '부로父老'와 같은 인물이었고, 요즘으로는 형편이 넉넉한 중산층인 셈이다. 유태공에게는 네 아들이 있었다. 맏아들은 유백劉伯이고 둘째 아들은 유중劉仲 그리고 유계는 셋째 아들이었다. 막내아들 유교劉交는 세 형들과 어머니가 달랐고 가정과 문화배경도 조금 달랐다. 백·중·계는 형제 항렬을 가리키는 명칭으로, 말하자면 유백·유중·유계라는 이름은 유씨네 첫째·둘째·셋째다. 속되긴 하지만 유씨 아저씨와 유씨 아주머니의 집안 배경에는 걸맞은 것이었다.[1] 유씨 아주머니는 일찍 세상을 떴지만 유태공은 고제高帝 10년까지 살면서 아들 덕분에 '태상황太上皇'이라는 봉호를 얻어 유유자적한 노년을 맘껏 즐겼다.

맏형 유백은 본분에 충실한 사람이었다. 부지런히 농사지어 형편이 넉넉했으며 유태공의 사랑과 기대를 받았으나 일찍 죽었다. 남겨진 그의 아내와 아들 유신劉信은 따로 생활했다. 청년 시절의 유계는 하는 일 없이 빈둥거리며 지냈다. 그는 어중이떠중이들을 이끌고 다니면서 맏형수 집에서 공밥을 얻어먹이곤 했는데, 맏형수는 유계의 뒤치다꺼리가 빈번해지자 짜증이 솟았다. 어느 날 유계가 패거리를 데리고 왁자지껄 대문으로 들어서는데 안에서 솥 씻는 소리가 들렸다. 그러자 유계의 손님과 친구들이 연이어 돌아갔다. 흥이 깨진 유계가 안으로 들어가 확인해보니 솥 안에 음식이 남아 있었다. 맏형수의 속임수였음을 깨달은 유계는 다시는 맏형수의 집을 찾지 않았다. 훗날 유계가 뜻을 이뤄 황제가 되었을 때 다른 형제와 친척들은 왕후로 봉했으나 오직 맏형수에게는 아무 것도 하사하지 않았다.

나중에 유태공이 유방에게 이 일을 언급하자 유방은 불만스런 투로 말했다. "제가 잊은 게 결코 아닙니다. 옛날에 맏형수가 정말 잘못한 겁니다." 유태공이 거듭 부탁하자 유방은 혈육의 정을 무시할 수 없어 맏형 유백을 무애후武哀侯에 추봉追封했다. 맏형의 아들인 유신이 뒤를 이어 후侯가 되도록 한 것으로, 그는 조카에게 갱힐후羹頡侯라는 특이한 이름을 하사했다. '갱'이란 솥에 있는 국이고 '힐'이란 국자로 솥을 긁는다는 의미로, 갱힐후란 '음식이 있는 솥을 닦는 제후'라는 뜻이다. 여기에는 노골적인 방식으로 망신을 주어 속였다는 의미가 내포되어 있다. 대개 사람이 출세하고 나면 주변이 죄다 이해관계로 얽혀 진심을 찾기 어렵다. 그래서 종종 과거의 기억이나 대처와 관련해 무의식적으로 감정을 드러내게 마련이다. 유방은 비천하던 시절의 옛일을 하나하나 마음속에 새겨두었고, 밥 한 끼의 은혜와 원한일지라도 되갚고자 했다. 옛날에 받았던 분한 감정을 훗날에 되갚는다는 건 꽤 천진스러운 성정이다.

둘째 형 유중은 맏형 유백과 비슷하여, 부지런히 농사를 지어 유복한 편이었다. 유백이 죽은 뒤 유씨 집안의 희망이 유중에게 옮겨졌으며, 유태공은 둘째 자식이 자신의 의탁처가 되어줄 것으로 기대했다. 유계가 군사를 일으킨 뒤에도 유중은 따라 나서지 않고 계속 고향에 머문 채 유태공을 봉양했다. 훗날 그는 태공·여후呂后 등과 함께 항우項羽 군대에 인질로 잡혀 고난을 겪다가 고제 5년에 초와 한의 회담이 성공한 뒤에야 석방되었다. 유방이 황제가 된 후에 유중을 유희劉喜로 개명케 하여 대왕代王에 봉했는데, 집을 지키며 아버지를 부양한 공로에 대한 감사의 표시였다.

유희의 본분은 일하며 집을 돌보는 것으로, 왕이 될 재목은 아니었다. 대국代國은 오늘날 산시山西 북부에 있었는데, 인근에 흉노匈奴가 있었다. 유희가 대왕이 된 지 일 년도 안 되었을 무렵 흉노가 쳐들어오자 그는 나라를 버리고 낙양洛陽으로 도망쳤다. 심한 추궁이나 대가를 치르지는 않았지만 왕으로서는 적절하지 않은 처신이었다. 그는 사면을 받은 뒤 합양후合陽侯로 강등되었다. 하지만 입고 먹고 세금 내는 일로 인한 걱정 없이 자신의 영지에서 안정적으로 살았다. 유희는 혜제惠帝 2년에 사망했는데, 유방보다 두 해를 더 살았다. 유희는 평생 평범하게 살았기에 특별히 더 말할 게 없다. 반면 그의 아들 유비劉濞는 훗날 경제景帝 때 칠국의 반란을 일으키게 되는 오왕吳王으로, 역사상 이름이 널리 알려져 있다. 이건 나중의 일이니 앞으로 자세히 이야기하기로 한다.

막냇동생 유교한테는 '유游'라는 자字가 있었다. 유교는 유백·유중·유계와 어머니가 달랐다. 그의 어머니는 유온이 죽은 뒤에 유태공이 후처로 맞은 여자일 것이다. 그녀는 유온보다 교양이 있었고 나이도 훨씬 젊었다. 어쩌면 어머니 덕분에 유교의 이름이 속되지 않고 자까지 지녔을 것이다. 유교는 농사일이나 재테크 쪽으로는 딱히 칭찬할 만한 게 없지만 서예를 좋아하고 재능과 기예가 많았다. 그는 문화예술에 흥미와 재능이 있었다.

유교는 젊은 시절에 폭넓은 교류를 했는데, 나중에 이름난 학자가 되는 목생穆生·백생白生·신공申公 등과 함께 대학자 부구백浮丘伯의 문하에서 공부했다. 이들은 진시황의 분서焚書 때가 되어서야 흩어졌다. 부구백은 전국 시대 말 명성이 높았던 학자 순자荀子의 문인으로, 『시경詩經』에 정통했으며 학술사에서도 지위가 있는 인물이다. 유교는 유방보다 많이 어렸다. 그는 유방 사후 16년, 즉 한 문제文帝 원년에 죽었다. 아마도 그는 유방보다 열 살 이상 어렸을 것이다.

네 형제 중에서는 유교와 유계의 습성이 비슷했다. 유계가 군사를 일으킨 이후 유교는 줄곧 그의 곁을 따라다녔다. 그는 셋째 형 유계 곁에서 안팎을 연락하는 기밀 담당 비서 역할을 맡았으며 유계와 가장 친밀했다. 유계가 황제가 된 뒤 유교는 초왕楚王에 봉해졌으며, 청년 시절에 애호하던 바를 이어서 학자들을 존중하고 학술을 장려한 것으로 유명하다. 아무튼 이것은 훗날의 이야기다.

2

출생 신화

유계의 모친 유온은 일찍 세상을 떴다. 어떤 사람은 유계가 진秦나라에 맞서 군사를 일으켰을 때 유온이 사망했다고 하는데, 내 생각에는 그보다 훨씬 이전이다. 『사기史記』와 『한서漢書』에서 진나라 말의 일을 기록한 대목에 유온에 대한 언급은 전혀 없기 때문이다.[2] 고제 5년, 황제에 즉위한 유방은 조서를 내려 유온을 소령昭靈 부인으로 추존했다. 이것 말고는 진지하고 그럴 듯한 기록이 보이지 않는다. 어쨌든 유온은 고조의 생모다. 생모의 일생은 경전에 보이지 않을 수 있지만 황제 탄생의 순간만큼은 과장되지 않을 수 없다.

"용은 용을 낳고 봉황은 봉황을 낳으며, 쥐가 낳은 새끼는 구멍을 뚫는다"는 속담이 있다. 이런 말의 근원은 바로 고대 귀족 사회의 혈통론이다. 자고이래 중국의 귀족 사회는 하夏·상商·주周부터 춘추전국春秋戰國 시대까지 이어졌고 유방의 시대가 돼서야 막바지에 이르렀다. 유방은 전국 시대 평민 출신이므로 용봉 혈통론의 논조는 어쨌든 그의 처지와 한데 어우러지기 어려웠다.

앞서 말했듯 유방의 본명인 유계는 유씨네 셋째라는 의미다. 그 이름이 점잖지 않아서 황제가 되고 난 후 문인 학사들이 심혈을 기울여 생각한 끝에 '유방'으로 개명했다. '방邦'이란 나라를 뜻한다. 나라를 다스린다는 뜻이 담긴 대명大名이야말로 천하를 통치하는 황제의 중임에 부응할 수 있다. 아무튼 이는 사후事後의 첨가다. 유방은 자신의 출신을 꾸미려 한 적이 없으며 언행이 질박했다. 자신이 어떻게 천자가 됐는지 말할 때마다 그는 "이 몸은 삼척검을 들고 천하를 얻었다. 이 황제 자리는 말 위에서 얻은 것이다"라고 했다. 아들·손자·증손자 때가 되어서는 죄다 혈통에 의지해 황위를 계승했기에 더 이상 말을 타고 싸우는 재능은 없었다. 혈통론이 줄기차게 창조되고 강화되면서 말 위에서 천하를 얻은 근원은 점차 신격화로 변화되었다. 이러한 시기에 고조를 회상한 전기가 편찬되었으니 시대의 요구에 부합하는 첨가가 없을 수 없었다. 오늘날의 전문 용어로 말하자면, 역사는 끊임없이 다시 해석되며 때에 따라 수정되는 것이다.

사마천司馬遷이 『사기』를 썼을 때는 이미 유방의 증손자 무제武帝의 시대로, 유방이 죽은 지 100여 년이나 지난 뒤였다. 사마천의 「고조본기」에서 말하길, 유방이 태어날 때 매우 특이하고 기이한 일이 있었다고 한다. 유방의 고향인 풍읍은 지세가 낮아 호수·소택·못·웅덩이가 많았다. 어느 날 유방의 어머니 유온이 연못가에서 쉬다가 잠이 들었는데, 우연히 신을 만나는 꿈을 꾸었다. 이때 하늘이 어두컴컴해지고 천둥번개가 쳤다. 유태공이 급히 달려가서 보니, 용이 유온의 몸 위에 현현해 있었다. 머지않아 유온이 임신하여 사내아이를 낳았는데, 그가 바로 유방이다.

오늘날의 시각으로, 사람과 용이 교배해서 자식을 낳는다는 건 황당무계한 일이다. 그런데 『사기』의 기록을 잘 살펴보면 왕조를 개창한 선조의 출생과 관련하여 비슷한 신화가 많다는 흥미로운 점을 발견할 수 있다. 은殷(상)의 선조는 설契인데, 상 왕조가 흥기하고 기초를 다진 것은 설의 공로다. 전설에 따르면 설의 어머니 간적簡狄이 목욕을 하러 숲에 갔는데 현조玄鳥가 날아가면서 떨어뜨린 알을 삼켰고, 이후 임신하여 설을 낳았다. 주 왕조의 선조 기棄의 어머니는 강원姜原이다. 전설에 따르면 강원이 들에 나가 거인의 발자국을 발견했고, 크게 설레어 그 발자국을 밟은 후에 임신하여 기를 낳았다. 기는 거인의 유전자를 이어받아 어려서부터 날짐승, 길짐승과 잘 어울렸고 농사일에 능했으며 제순帝舜의 인정을 받았고 농경의 신이 되었다. 진나라의 선조 대업大業의 출생설은 은의 선조와 유사하다. 그의 어머니 여수女修가 베를 짜고 있는데 현조가 날아가면서 떨어뜨린 알을 삼킨 후 임신하여 대업을 낳았다.

사실을 중시한 사마천은 직접 찾아가서 조사했던 역사가다. 기본적으로는 괴력난신怪力亂神을 그다지 믿지 않았던 그는 은족, 주족, 진족의 고대 기억이 담긴 전설을 근거로 각 나라의 선조에 관한 출생 신화를 기술했으며, 문헌 근거가 있었다. 이런 전설은 황당무계하지만 세심하게 연구하면 그 안에 숨겨진 역사의 진실을 엿볼 수 있다.

은, 주, 진의 선조에 얽힌 출생 신화를 과학적으로 분석하면 다음과 같은 사실을 확인할 수 있다. 먼 옛날부터 대대로 전해져온 씨족인 은족·주족·진족 최초의 남성 조상은 설·기·대업까지 거슬러 올라갈 수 있고, 그들의 마지막 여성 조상은 간적·강원·여수가 되는 셈이다. 여기서 우리는 원고遠古 시대 인류 사회 변혁의 한 자락을 엿볼 수 있다. 즉 여성이 권력을 장악하던 모계 씨족 사회가 은족은 간적에서 끝났고, 주족은 강원에서 끝났고, 진족은 여수에서 끝났다. 이에 상응하여 남성이 권력을 쥐는 부계 사회가 은족은 설에서 시작되었고, 주족은 기에서 시작되었고, 진족은 대업에서부터 시작되었다. 모계 씨족 사회의 군혼제群婚制에서는 사람들이 오직 어머니만 알 뿐 아버지는 몰랐고, 세계世系는 모계를 통해 확인할 수밖에 없었다. 설·기·대업은 은·주·진의 부계 씨족 사회의 선조이므로 그들 이후의 세계世系는 남성의 혈통으로 확인하고 배열했으나, 정작 당사자의 혈통에 대해서는 어머니만 알 수 있을 뿐이었다.

사마천은 유방의 고향인 패현 풍읍 일대에 직접 가서 보고 듣고 조사했다. 그는 패현 출신의 한나라 개국원로 몇 명의 생애를 기술하면서 이렇게 말했다.

> 나는 풍·패 일대로 가서 자료를 모았다. 그곳 노인들을 방문하고 소하蕭何, 조참曹參, 번쾌樊噲, 하후영夏侯嬰의 옛집을 찾아가 그들 당시의 일화를 전해 들었는데, 참으로 여태 들어보지 못한 이야기로 지식이 많이 늘었다.[3]

유방의 출생 신화는 사마천이 현지를 방문했을 때 들은 민간 전설일 것이다. 황당한 전설의 뒷면에 아직 우리가 모르는 역사의 진실이 감춰져 있어 후대의 역사가가 해독해주길 기다리고 있는 건 아닐까?

3

풍현 용무교를 찾아가다

패현(페이현)에 가기 전에 나는 쉬저우徐州의 몇몇 사람과 친분을 맺었다. 다들 옛것을 좋아하는, 같은 일에 종사하는 사람들이다. 우리는 만나기만 하면 유방이 패현에 있었을 때의 일들을 이야기했다. 쉬저우 사범학원의 왕윈두王雲度 선생은 쉬저우에서 여러 해 지냈기에 풍현豐縣(평현)의 산천과 인물에 대해 손바닥 들여다보듯 훤했다. 그의 말에 따르면, 패현 민간에서는 남녀 간의 관계가 개방적이어서 사통私通하거나 정부를 두는 풍조가 흔했다. 유방의 맏아들 유비劉肥도 혼외의 정부였던 조曹씨 소생이다. 즉 유비는 유방과 정부 사이의 사생아다. 그러나 유방은 황제가 된 뒤에 당당하게 유비를 제국齊國의 왕으로 봉했다. 당시 현지에서 이를 꺼림칙하게 여기는 자들은 없었으며 심지어 미담으로 널리 전해지기도 했다. 이로써 사마천이 채록한 유방 출생에 관한 신화적 전설의 뒷면에는 유방이 사통으로 태어난 사생아라는 은밀한 비밀이 숨어 있음을 추리해볼 수 있다.[4] 일리 있는 이 견해를 듣고 나는 현지에 가봐야겠다는 생각이 들었다.

2005년 3월, 선인의 발자취를 따라 풍·패 지역의 고적을 찾았다. 풍현 현성縣城 동북쪽으로 2킬로미터 되는 지점의 고포수古泡水(지금의 푸신허復新河강) 강변에 용무교龍霧橋 옛터가 있었다. 유방의 어머니가 용과 교합했다는 곳이다. 용무교에는 일찍이 사당이 있었지만 이미 훼손되어 사라졌고, 지금은 비정碑亭 두 개가 세워져 있다. 이는 풍현 정부가 지정한 보호 문물이다. 1981년에 유적지 근처의 량러우촌梁樓村에서 석비 두 개가 출토되었다. 하나는 명明나라 대종代宗 경태景泰 2년(1451)에 새긴 「중수풍현용무교묘기重修豐縣龍霧橋廟記」이고, 또 하나는 청淸 강희康熙 59년(1720)에 새긴 「풍현중수용무교비기豐縣重修龍霧橋碑記」다. 지금 용무교 비정에는 다시 새긴 비석이 있다.

「중수풍현용무교묘기」 비석을 세운 사람은 명나라 경태 연간의 풍현령 후손侯孫이다. 그는 비가 내리기를 기원하는 마음으로 용무교 사당을 중수하던 중 다리 옆에서 송宋나라 때의 석비를 발견했다. 북송 철종哲宗 소성紹聖 3년(1096)에 풍현령 두杜 아무개가 세운 석비였다. 서로의 뜻이 통했는지 후손은 "물건과 건축에는 다하는 때가 있지만 신령과 정기는 쇠멸하지 않는구나"[5]라는 감개가 일어, 특별히 글을 지어 비석에 새겼다. 비문에는 인간과 용이 만나 한 고조가 태어난 옛일을 부각시켜놓았다.

아! 다리와 사당은 물건이라 본래 다하는 때가 있지만 거기에 있던 운기雲氣에는 신물神物이 응집되어 있어 오래 지나도 쇠하지 않는다. 하물며 용과 안개는 천지의 음양을 오롯이 갖춘 것으로, 변화하고 모이고 흩어지는 것 모두 예측할 수가 없다. 용이 떨쳐 일어나면 운무가 사

용무교龍霧橋 비정碑亭
풍현 현성 동북쪽으로 2킬로미터 되는 지점의 고포수(지금의 푸신허강) 강변 용무교 옛터에 있다. 풍현 정부 지정 보호 문물(저자 촬영. 별도의 설명이 없는 경우 이 책의 사진은 저자가 촬영한 것이다.)

방에서 일어나는 것이 필연적인 정세다. 이 다리의 이름은 단연코 한 고조의 모친이 용과 교접해 고조가 태어난 데서 비롯되었으니, 고조가 이후 400년 제업의 터를 닦은 것이 어찌 우연이겠는가![6]

"용과 안개", 용은 바로 안개다. 용무교라는 이름은 용과 안개가 뒤얽힌 데서 유래했다. 물기 머금은 안개가, 영기靈氣가 응집된 신괴한 용으로 변한 광경인 것이다. 용무교가 영기를 상실한 것이 바로 농무교濃霧橋다.

내가 용무교에 도착했을 때는 노을이 지고 있었다. 강변은 적막하고 비정은 파손되어 있었다. 배 하나가 지나가면서 물결이 아득히 펼쳐졌다. 현장에서 직접 눈으로 보니 감정이 새록새록 일어나며 패현의 풍도가 느껴졌다. 남녀의 농밀한 정사, 거기에 신괴를 끌어들인 견강부회, 까마득한 역사가 축축한 안개 속에서 보일 듯 말 듯했다.

과거의 일은 아득해지는 법이므로 대부분의 고대사는 추측에 기댈 수밖에 없다. 유방의 탄생 신화에 관한 다양한 해설 중 짙은 안개 속에서 사통했다는 추리는 민속학 연구에 부합할뿐더러 과학적으로 사고하는 현대인에게 설득력을 지닌다. 원고 시대의 씨족 전설 가운데 어머니와 신괴神怪가 결합해 영웅이 탄생했다는 이야기는 부계가 불확실했던 고대 혼인관계의 흔적일 것이다. 그렇다면 근고近古 시대의 민간 전설에서 어머니와 신괴의 결합으로 탄생한 영웅은 혼외 야합의 결과일까?

역사를 거슬러 올라가 선조를 추억하면서 자신의 유래를 이해하는 것은 인류의 본성이다. 고대 사회에서 선조와 신명의 일체는 나를 보호해주는 것이자 정신의 귀의처였다. 후대의 자손은 과거를 추적하고 추억함에 있어 경외와 더불어 신중을 기할 수밖에 없으며, 현재의 도덕과 어긋나는 옛일을 접하게 됐을 때 본능적으로 또는 무의식적으로 복잡한 표현으로써 감추고자 했을 것이다. 그래서 설명이 필요한 잠꼬대를 후대에 남겨놓게 된 것이다. 근고 이래로 문화가 발전하면서 본능을 규범화함에 따라 지위가 높거나 나이 많은 사람을 함부로 입길에 올리는 것을 금기시했고, 도덕적으로 거북한 것을 피하는 게 문화 전통이 되었다. 위인과 영웅의 점잖지 않은 일은 종종 은폐되거나 개조되었다.

한나라 초, 신령에 감응해 귀인을 낳는 이야기는 유방에 국한된 것이 아니었다. 박희薄姬는 한 문제 유항劉恒을 낳기 전에 청룡이 배 위에 거하고 있는 꿈을 꾸었고, 왕王 부인은 한 무제 유철劉徹을 낳기 전에 태양이 품속으로 들어오는 꿈을 꾸었다. 이는 '귀하게 될 징조'로 간주되었다. 특히 무제의 탄생에서 태양이 품속으로 들어오는 꿈은 한 경제景帝가 유철을 태자로 세우고 왕 부인을 황후로 세우는 결정에 직접적인 영향을 주었다. 꿈과 현실을 연결시키고 괴이함과 큰 일을 관련짓는 문화의식을 엿볼 수 있다.[7] 흥미롭게도 이처럼 용과 태양을 빌려 제왕을 신격화하는 것은 선진先秦 시대에서는 찾아볼 수 없고 오히려 한나라 초에 출현한다. 이는 깊이 생각해볼 만한 문제다.

생각해보면 선진 시대는 세습귀족 정치의 시대였다. 혈통의 유구함과 대대로 고귀함을 자부하던 귀족 왕후는 용의 자손이나 태양에 기댈 이유가 없었다. 그러한 신격화로써 분명하고도 영광스러운 선조의 계보를 어지럽힐 필요가 없었기 때문이다. 그러나 유방 같은 평민 출신의 제왕은 뽐낼 만한 혈통 계보가 없기에 용의 자손이라는 신화로써 경력의 부족을 메우고 태양의 빛에 힘입어 사람들이 눈부심을 느끼게 할 필요가 있었다.[8]

4

기원전 256년을 전후한 전국 시대의 세계

기원전 256년은 유방이 태어난 해다. 유방의 조국인 초나라의 역법으로 계산하면 초 고열왕考烈王 7년이고, 천자가 있는 주 왕조의 역법으로 계산하면 주 난왕赧王 59년이다. 훗날 천하를 통일하는 진나라의 역법으로 계산하면 진 소왕昭王 51년이다. 바로 이해에 진나라가 서주西周를 멸망시켜 천하는 명목상의 천자를 상실했다. 이때 진시황은 4세였다. 그는 모친과 함께 조趙나라의 수도 한단邯鄲에 볼모로 있었다.

당시 중국은 전국 시대 말기였다. '전국戰國'이라는 명칭에는 열국이 혼전混戰을 거듭하던 시대라는 의미가 있다. 당시 혼전에 참가했던 나라는 주로 일곱 대국으로, 진·초·제·위魏·한韓·조趙·연燕이다. 역사에서는 이들을 '전국칠웅戰國七雄'이라 한다.

전국 시대가 열국이 혼전을 벌이던 시대라고는 하나, 나름의 맥락이 있었으며 각국 간의 이합離合의 추세 역시 무질서했던 것만은 아니다. 대략적으로 말하자면 혼전 중에도 각 나라는 기본적으로 이합 관계에 있었다. 이를 '합종연횡合從連衡'이라 한다. 합종연횡의 '종'은 남북 방향을 가리키고, '횡'은 동서 방향을 가리킨다. 즉 합종은 남북 연합이고, 연횡은 동서 연맹이다. 합종연횡이라 함은 남북 연합을 통해 동서를 끊어놓거나 동서 연맹을 통해 남북을 갈라놓는 것이다. 여기서 중요한 것은 열국 간 다극 외교에서의 전략과 모략이다. 합종연횡의 관계는 매우 뒤얽혀 있고 복잡하기 때문에 결코 몇 마디 말로 명확히 설명할 수 없다. 하지만 우리가 당시의 중국 지도를 펼쳐놓고 본다면 합종연횡이 보여주는 천하의 형세는 대체로 일목요연하다.

[진나라] 수도는 함양咸陽(지금의 산시陝西 셴양)이었다. 관중關中 지역이 중심이었으며 사천四川 분지 및 감숙甘肅·영하寧夏 일부 지역을 보유하고 있었다. 전국 시대 세계의 서쪽에 자리했다. 진나라는 상앙商鞅의 변법을 통해 국세가 나날이 강대해졌다. 소왕 때 진나라는 열국 가운데 가장 강대한 나라가 되어 기세등등하게 주변 국가를 침공했고, 차츰 동쪽을 잠식하여 확장해나갔다. 천하의 서쪽 끝이었으며 열국 가운데 초강대국이었다.

[초나라] 회하淮河 유역과 장강長江 중하류가 중심이었고 전국 시대 세계의 남쪽 끝이었다. 초나라는 일찍이 한동안 강대했으며, 회북淮北과 하남河南 일대까지 세력을 확장한 적이 있다. 하지만 초 회왕懷王 때에 이르러 초나라의 내란과 분쟁이 그치지 않아 국세가 날로 쇠락했다. 기원전 278년에 진나라 장군 백기白起가 군사를 이끌고 초나라의 수도 언영鄢郢 지역(지금의 후베이湖北 이청宜城·장링江陵 일대)을 공

격해 초나라 서부와 남부의 광활한 영토를 점령했다. 초나라는 부득이하게 수도를 동북 방향의 진陳(지금의 허난河南 화이양淮陽)으로 옮겼다. 이후 초나라는 날로 약화되어 확장의 기세를 상실했다.

[제나라] 산동山東반도가 중심이었고 수도는 임치臨淄(지금의 산둥성 쯔보淄博)였다. 지리상 진나라와 동서로 마주하고 있었다. 전국 시대 세계의 동쪽 끝이었다고 할 수 있다. 제나라 역시 일찍이 한동안 강대했으며 진나라와 더불어 각기 동서에서 호응하며 패왕과 제왕을 자처했다. 기원전 284년, 연·진·조·한·위의 5국 연합군이 제나라를 공격해 국세가 쇠퇴한 이후 다시 일어나지 못한 채 열국 간의 투쟁에서 물러나 생존에 힘썼다.

[연나라] 하북河北 북부가 중심이었고 요령遼寧 남부를 겸했으며, 수도는 계薊(지금의 베이징北京)였다. 전국 시대 세계의 북쪽 끝이었다. 연나라는 지리상 중원의 동북쪽에 치우쳐 있는 데다가 칠국 가운데 가장 세력이 약했다. 약소한 연나라는 단독으로 일을 이루기가 어려웠기에 보다 더 많은 외교 수단을 이용해 이익을 획득해야 했다. 그래서 합종연횡을 제창하는 유세객이 늘 이곳으로 몰려들었다. 당시 가장 유명한 종횡가였던 소진蘇秦이 바로 연나라에서 뜻을 이루었다. 제나라가 5국 연합군에게 무너진 것은 바로 소진이 연나라를 위해 모략을 펼쳤기 때문이다.

[조나라] 서쪽의 진, 동쪽의 제, 남쪽의 초, 북쪽의 연 사이에 한·조·위 삼국이 있었다. 한·조·위 삼국은 모두 원래의 진晉나라에서 분리되어 나왔으므로 삼진三晉이라고도 한다. 조나라는 한단(지금의 허베이성 한단)이 수도였고, 영토는 북쪽으로 섬서陝西 동북부에 이르

렀다. 산서山西 대부분과 하북 동남부와 산동 서부와 하남 북부의 일부 지역 역시 경내에 있었다. 조나라는 삼진 가운데 가장 강대했다. 조나라 무령왕武靈王은 호복胡服과 기사騎射로 유명한데, 그는 유목민족의 기병술과 장비와 복식을 받아들이는 데 앞장섰다. 이로써 조나라의 군사 역량은 각국에서 가장 뛰어나다 할 만했고, 오랫동안 진나라와 맞설 정도로 세력이 비슷했다. 기원전 260년, 진나라와 조나라는 장평長平(지금의 산시山西성 가오핑高平 서북쪽)에서 대전을 치렀다. 결국 조나라 군대가 참패했고 40만의 조나라 군사가 진나라에 투항한 뒤 진나라 장군 백기에 의해 생매장되었다. 이후 조나라는 쇠약해졌고 더 이상 진나라와 함께 천하를 놓고 다툴 힘을 잃었다.

[위나라] 위나라의 수도는 대량大梁(지금의 허난성 카이펑開封)이었다. 영토는 주로 지금의 산시山西성 서남부의 하동河東 지역과 허난 북부의 하내河內 지역이었다. 위나라의 국토는 분산되어 있었다. 서쪽으로는 진나라와 접하고 동남쪽으로는 초나라와 접하고 동쪽으로는 제나라와 접하고 북쪽으로는 조나라와 접했으며 중간에는 한나라와의 경계가 들쑥날쑥하여, 공격받기 쉬운 나라였다. 위 문후文侯가 개혁에 앞장섰던 때는 국세가 매우 강대했다. 하지만 기원전 342년, 위나라 군대가 마릉馬陵 전투에서 제나라에 대패함으로써 그대로 주저앉고 말았다. 기원전 293년, 위나라와 한나라의 연합군이 진나라 장군 백기에게 격파당해 24만 장병이 전몰했다. 이후 계속된 진나라의 공격으로 위나라는 서서히 잠식되었다.

[한나라] 한나라의 수도는 정鄭(지금의 허난성 신정新鄭)이었다. 영토는 주로 지금의 산시山西성 동남부와 허난성 중부 지역이었다. 국토는

서쪽으로 진나라와 접하고 남쪽으로 초나라와 접하고 동·서·북 삼면이 위나라와 교착되어 잇닿아 있었다. 한나라는 삼진 가운데 영토가 가장 작았고 국력 역시 가장 약소했으며, 주변 대국들 사이에서 내내 곤경에 처해 있었다. 기원전 293년에 위나라와 한나라의 연합군이 진나라 장군 백기에게 패한 이후 한나라는 기본적으로 진나라의 속국으로 몰락했다.

총체적으로 말하자면, 기원전 256년 전후의 전국 시대 세계는 일강육약一強六弱의 천하였다. 일강인 서쪽 진나라가 쉼 없이 동쪽을 잠식해들었으며, 이에 진나라가 육국을 멸망시키고 천하를 통일하는 대세가 갖추어졌다. 진나라는 동쪽 공략의 편의를 위해 육국을 갈라놓고자 육국과 개별적으로 연맹을 맺음으로써 수세에 처한 육국을 회유하고 겁박했다. 이것이 바로 그 당시 연횡책의 기본 방향이다. 관동關東에 있던 여섯 약국인 초·제·연·조·위·한은 단독으로 진나라에 맞설 힘이 없었다. 진나라의 끊임없는 침공을 저지하기 위해서 육국은 남북 동맹을 조직해 진나라에 공동으로 저항했다. 이것이 바로 그 당시 합종책의 기본 방향이다. 물론 각국 간의 이해관계가 복잡하게 얽혀 있어, 분합分合이 한결같지 않은 데다가 인간의 힘과 환경의 힘이 갈마들면서 그 당시 열국의 관계에 무한한 변수가 더해지자 복잡함이 어지러울 정도였다.[9]

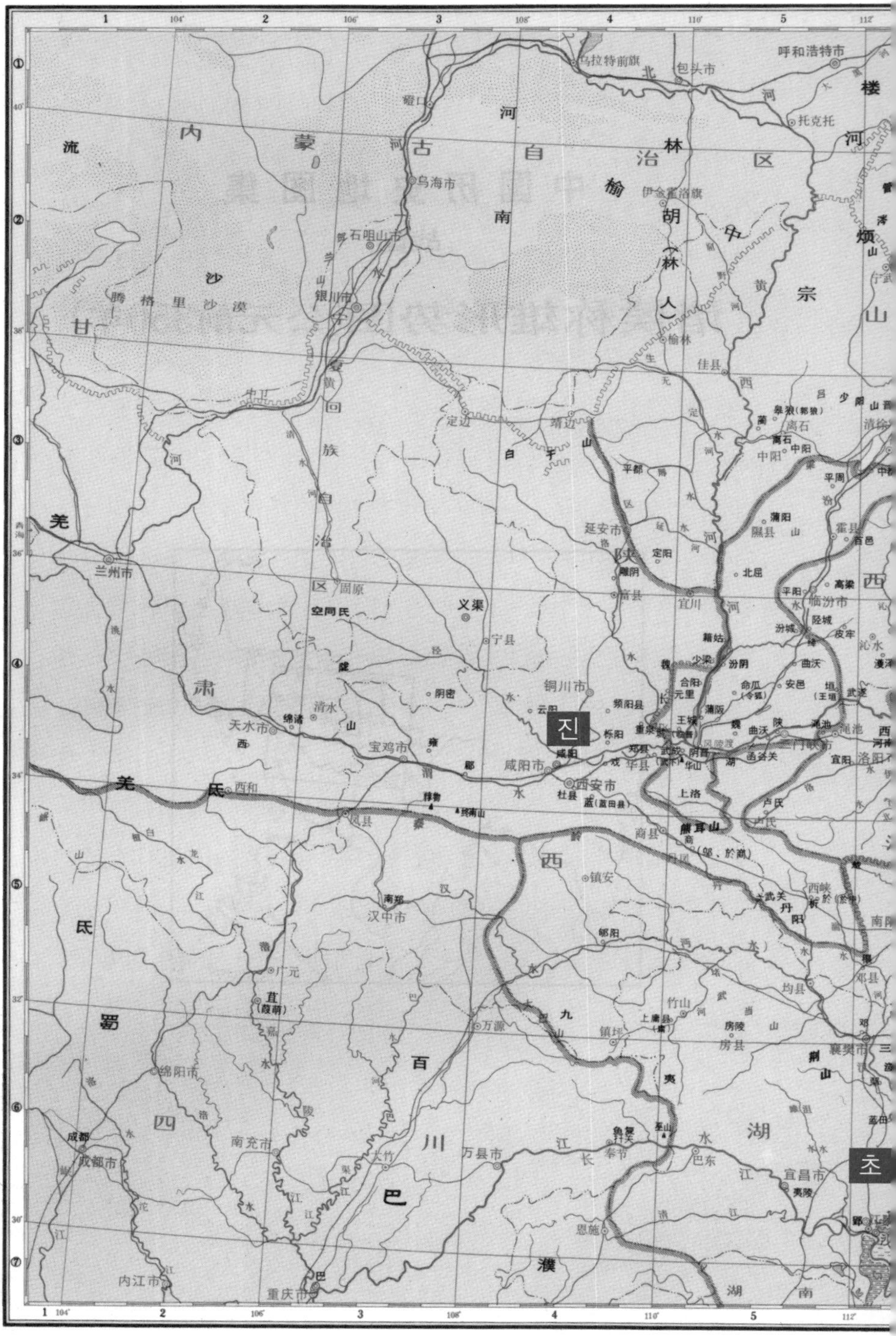

제후들이 할거하여 군림하던 형세도

(탄치샹譚其驤 주편, 『중국역사지도집中國歷史地圖集』 제1책, 지도출판사, 1982)

연
제
조
노
위
송
월
北京市
天津市
唐山市
秦皇岛市
承德市
张家口市
石家庄市
沧州市
德州市
济南市
淄博市
潍坊市
青岛市
烟台市
威海市
旅大市
营口市
济宁市
枣庄市
徐州市
淮北市
连云港市
开封市
商丘市
蚌埠市
淮南市
合肥市
南京市
镇江市
扬州市
泰州市
南通市
常州市
无锡市
苏州市
上海市
马鞍山市
芜湖市
铜陵市
安庆市
杭州市
绍兴市
宁波市
九江市
武汉市
黄石市
信阳市
阜阳市
漯河市
渤海湾
莱州湾
辽东湾
黄海
东海
长江

5

패현의 산천지리

유방이 출생한 패현 풍읍 중양리는 지금의 장쑤성 북부의 평현 일대다. 패현 풍읍 중양리는 진시황이 천하를 통일한 이후의 지명이다. 유방이 출생했을 때 패현은 초나라에 속했으므로 유방은 초나라 백성이었다.

패현 지역은 본래 송宋나라의 영토였다. 송나라는 은나라 유민遺民의 나라였다. 기원전 11세기에 주 왕조가 은나라를 멸한 뒤 은의 유민을 안정시키기 위해서 은나라 주왕紂王의 서형인 미자微子를 제후에 봉하고 송나라를 세워 은나라 선조의 제사를 받들게 했다. 송나라 영토는 회북의 수수睢水와 사수泗水 일대에 있었다. 전국 시대 후기에 이르자 송나라는 다른 여러 소국과 마찬가지로 빈사 상태였고, 대국의 쟁탈 속에서 겨우 목숨만 부지하고 있었다.

기원전 286년, 동방의 대국 제나라가 송나라를 멸망시켰고 그 영토를 가져갔다. 제나라의 세력 확장은 다른 대국의 불만을 불러일으켜, 두 해 뒤에 연·진·한·조·위의 다섯 나라가 연합해 제나라를 공격했다. 제나라의 수도 임치가 함락되었고 나라마저 망할 뻔했다. 제나라가 병탄했던 송나라의 영토 일부는 서쪽 이웃 위나라가 차지했고, 또 일부는 남의 위기를 틈타 한몫 본 초나라에 겸병되었다. 패현의 주인은 여러 차례 바뀌다가 초나라로 편입되었다. 이후 기원전 225년에 이르러서 진나라 군대가 회북淮北을 공격해 빼앗음으로써 패현은 진나라로 편입되어 진나라 사수군泗水郡의 속현이 되었다. 패현이 진나라에 귀속되었을 때 유방의 나이는 서른둘이었다. 그는 초나라의 패현에서 전반생을 보냈으니, 초나라 백성인 셈이다.

패현은 회하의 북쪽, 옛 사수의 서쪽, 황화이黃淮 평원 중부에 자리했다. 경내의 지세는 평탄하며 서남쪽이 높고 동북쪽이 낮은데, 예로부터 소택과 습지가 많았다. 유방이 출생한 풍읍은 패현에 속한 마을로, 향촌과 도시의 중간 성격을 지닌 성진城鎭형 취락이었다. 그의 출생지인 중양리는 풍읍 내의 여러 주거지역 가운데 하나였다. 패현의 서북쪽에 위치한 풍읍은 패현 내의 대읍이었는데, 성벽으로 둘러싸여 있어서 자체 방어가 가능했다.

유방은 풍읍에서 태어나 패현을 근거로 천하를 얻었다. 그는 황제가 된 뒤에 풍읍을 패현에서 분리해 풍현을 설치했다. 그리고 고향을 그리는 아버지 유태공의 마음을 위로하기 위해 수도 장안長安 동쪽(지금의 시안西安 린퉁구臨潼區 일대)에 따로 풍읍을 건설했는데, 옛 풍읍의 원래 모습과 똑같이 조성하여 신풍新豐이라 칭했다. 이곳으로 옛 풍읍의 주민을 일제히 이주시켜 유태공에게 이웃을 선사했다. 유방 스스로도 패현을 자신의 사읍私邑으로 간주할 정도로 패현을 편애했으며, 패현 주민의 요역과 조세를 대대로 면제해주었다. 또한 진나라 때 패현에 속했던 사수군을 패군沛郡으로 개명했다. 그래서 한나라 때는 풍현과 패현이 모두 패군의 속현이 되었고, 수도 장안 부근에는 따로 신풍현이 있었다. 물론 모두가 나중의 일이다. 초나라 시대 풍·패 지역의 행정구역에 관해서는 사서의 기록이 없기 때문에 확실치는 않으나, 대체로 진 제국 시대의 현황과 크게 다르지 않을 것이다.[10]

진시황이 천하를 통일하고 제국에 설치한 군현은 기본적으로 육국 구토舊土의 구획에 따른 것이다. 진 제국의 행정구역도를 펼쳐보면, 사수군의 북부는 설군薛郡, 동부는 동해군東海郡, 남부는 구강군九江郡, 서남부는 진군陳郡, 서북부는 탕군碭郡이다. 전국 시대 말에 사수군은 초나라 지역이었고 진군과 구강군과 동해군 역시 초나라 경내에 있었다. 설군은 본래 노魯나라의 소재지로 공자의 고향이다. 기원전 256년, 바로 유방이 출생한 해에 초나라는 진나라와 조나라가 장평대전에서 대치하는 틈을 타 노나라를 병탄해 초나라로 귀속시켰다. 서북 방향의 탕군은 위나라의 속지였다.

종합해서 말하자면, 사수군을 중심으로 하는 이 지역은 고대에 회사淮泗 지역이라 칭했다. 바로 오늘날의 황화이 평원 일대다. 이 지역은 자고이래로 늘 전장이었으며, 역사상 중국의 운명을 결정짓는 큰 전쟁이 여러 번 펼쳐졌다. 그 가운데 초·한의 팽성彭城 전투와 해하垓下 전투, 진秦·진晉의 비수淝水 전투가 손꼽히고, 현대에 이르러서는 국민당과 공산당의 승패를 결정짓는 화이하이淮海 전투를 말할 수 있다.

전장에서 영웅이 나고, 영웅에서 제왕이 난다. 진나라 말의 반란·

봉기 및 초·한이 줄곧 싸웠던 중심 지역이 바로 회사 일대다. 진나라 말 한나라 초의 풍운아는 대부분 이곳 출생이다. 1500여 년 후 원元나라 말의 군웅들 중에서 굴기한 또 한 명의 영웅, 즉 명나라를 세운 주원장朱元璋의 원적 역시 패현이다. 그는 나중에 호주濠州(지금의 안후이安徽성 펑양鳳陽)로 이주했다. 주원장은 유방과 동향인 셈이다.

6

모범 소년에서 방탕한 유협으로

유방의 유년 시절이 어땠는지는 거의 알 수 없다. 그는 아마도 가정 형편이 넉넉한 당시의 다른 소년들처럼 장난치며 놀고 싸움질도 하면서 성장했을 것이다.

유방의 어린 시절 친구 가운데 우리가 알고 있는 인물은 평생 유방을 따라다닌 노관盧綰이다. 그는 훗날 연왕燕王에 봉해진다. 흥미롭게도 진시황의 어린 시절 친구 중에도 우리가 알고 있는 인물이 있다. 바로 훗날 형가荊軻를 함양으로 보내 진시황을 암살하도록 한 희단姬丹인데, 그 역시 연나라의 태자였다.

노관과 유방은 같은 고향의 이웃이었다. 유방의 아버지 유태공과 노관의 아버지 노태공은 의기투합하여 친밀하고 우애롭게 지냈으며, 두 집안은 한 가족처럼 왕래했다. 게다가 유온이 임신했을 때 공교롭게도 노온盧媼 역시 임신했고, 유방이 태어난 날에 노관도 태어났다. 자고이래로 의형제를 맺을 때, 같은 해 같은 달 같은 날에 태어나지는 못하더라도 같은 해 같은 달 같은 날에 죽자고 하늘에 맹세함으로써 함께 태어나지 못한 것을 유감으로 여겼다. 그런데 유방과 노관은 같은 해 같은 달 같은 날에 태어났고, 같은 고향 사람이었다. 아버지끼리 우애가 돈독했기에 부로父老를 비롯한 마을 사람들은 경사스런 일이라 하여 너도나도 양고기와 술을 가져와서 이웃 간의 정을 나누었다.

유방과 노관은 어려서부터 함께 자랐다. 10여 세가 되어 읽기와 쓰기를 배울 때도 둘은 함께 배웠고 서로를 아꼈다. 마을 사람들은 이 또한 칭찬하고 격려할 일이라며 다시금 양고기와 술로 축하했고, 한동안 미담으로 전해졌다. 지금 풍현 지방에는 '마공서원馬公書院' 유적지가 있다고 하는데, 소년 시절의 유방과 노관이 마유馬維 선생에게 가르침을 받던 곳으로 추정된다. 후세에 미담으로 첨가된 가십거리로 보아도 무방하다.

대체로 유방은 유소년에 이르기까지 넉넉하고 평범하게 생활했다. 먹고 입는 데 별 걱정이 없었고 천재지변이나 전쟁 걱정도 없었다. 또한 이 시기에는 외부 세계와 접촉한 바가 별로 없는 듯하다. 그는 풍읍의 폐쇄적인 향리鄕里 사회에서 화기애애하게 생활했다. 고향에서 그는 최대한 좋은 교육을 받았고, 존경스런 스승 밑에서 공부했고, 혈육의 정과 친구와의 우애가 돈독하여 가정과 사회의 기대를 받는 모범적인 존재였다. 적어도 유방의 천성에 깃든 반항적이고 고집스럽고 오만불손한 요소가 이 시기에는 드러나지 않은 채 억압 또는 억제되었던 듯하다. 어쩌면 그러한 성정이 표출될 상황이 아직 무르익지 않았을 뿐인지도 모른다.

유방의 생애를 정리하는 과정에서, 그는 다른 인물에 비해 모든 면에서 늦된 편이었다는 사실을 알 수 있었다. 벼슬길에도 늦게 들어섰고(34세), 결혼도 늦었고(37세), 자식을 본 것도 늦었으며(40세), 군사를 일으킨 것도 늦었고(47세), 황제가 된 것도 늦었다(50세). 태어난 해의 오차까지 감안한다면 그는 전형적인 대기만성 형이다. 유방이 만숙晩熟한 인물이었다면 그의 기본적인 천성도 성년이 되어서야 밖으로 드러났을 것이다. 특이한 점 없이 평범하고 모범 소년에 가까웠던 그의 어린 시절은 가정과 사회의 억압을 가만히 견뎌냈다. 이러한 억압은 그의 출생에 관한 소문과 관계가 있을 수 있고, 스승으로부터 엄격한 교육을 받아서일 수도 있다. 훗날 그는 유생을 멸시했는데, 공개적인 장소에서 사도師道의 상징인 유생의 모자를 거리낌 없이 벗기고 오줌을 싸기도 했다. 이런 행위는 초년의 억압이 없이는 이해하기 어려운 것이다.

전국 시대 말기의 남자에게 17세라는 나이는 일생에서 중요한 시기라 할 수 있다. 그 당시 가장 강대한 국가였던 진나라에서 17세의 남자는 성년이었다. 즉 국가의 부세와 요역을 담당하기 시작할 나이였다. 이를 부傅 혹은 부적傅籍이라고 했는데, 부역할 적령이 된 자를 호적에 등록한다는 의미다. 관리가 되든 종군하든 17세가 기준이었다. 진나라 외의 다른 나라의 상황은 확실하지 않지만 진나라와 별반 차이가 없었을 것이다.

초 고열왕 23년, 즉 기원전 240년은 유방이 17세가 되던 해다. 그는 순조롭고 근심걱정 없던 소년기와 고별하고 성년 시대로 접어들었다. 진나라는 진시황이 왕이 된 지 7년째 되던 해였다. 유태공이 보기에 맏아들 유백과 둘째 아들 유중은 본분을 지키고 가업도 제대로 잇고 있었다. 결혼해서 자식을 낳고 열심히 일해 일찍이 자립했다. 반면 셋째 유계는 농사나 재테크에 별 흥미가 없었다. 유태공이 보기에 유계가 다소 제멋대로이긴 하지만 우애롭고 배움도 있고 마을 사람들로부터 칭찬도 받고 있으니 장차 향리의 추천을 얻어서 관리에 선발되기를 바랐다. 그리하여 유계가 고향의 하급관리로 일하게 된다면 썩 괜찮은 활로라고 여겼다. 향리의 추천을 받으려면 우선 집안이 어느 정도 부유해야 하고, 추천 받는 자의 품행이 우수하다는 평판도 얻어야 했다. 유태공은 유계가 이 두 조건을 갖추고 있다고 판단했다. 정부의 선발 시험은 주로 읽고 쓰고 셈하는 것으로, 유계는 어려서부터 준비해왔기에 별 문제가 없었다.

그런데 무엇 때문인지 성년기에 접어든 유방은 관리의 길을 걷지 않았다. 우리로서는 그가 향리의 추천을 받지 못한 것인지, 시험에 실패한 것인지, 다른 원인이 있는지 알아볼 방법이 없다. 다만 성년기로 접어든 이후 유방이 이전과 딴판으로 변했다는 사실만 추정할 수 있을 뿐이다. 부모에게 사랑받고 마을 사람들로부터 칭찬과 격려를 받던 모범 소년이, 어느덧 방탕한 패거리를 끌고 다니며 말썽이나 일으키고 빈둥거리는 불량 청년으로 변한 것이다. 이제 가족도 그를 싫어하고 이웃은 그를 백안시하게 되었다. 당시의 표현으로, 성년기로 접어든 유방은 임협任俠의 길로 나아갔다. 그가 성년이 된 이후 30여 세가 되기까지의 세월은 임협의 역사였다.

7

전국 시대의 유협 기풍

정부의 법제法制는 힘이 미치지 않는 데가 있기 마련이다. 그리고 통치의 진공眞空에는 그 공간을 메우려는 숨겨진 힘이 존재하기 마련이다. 통치의 진공을 메우려는 숨겨진 힘이 바로 민간의 정치 사회다. 민간의 정치 사회는 정부의 정치 사회와 대립한 통일체다. 양자는 상호 대립하면서 상호 보충하거나 전환될 수 있다. 모든 것이 상호 존재의 조건이 어떻게 변하느냐에 달려 있다. 통속적인 표현으로, 정부의 정치 사회는 묘당廟堂이고, 민간의 정치 사회는 강호江湖다. 정부의 정치 세력은 백도白道(합법적인 길)이고, 민간의 정치 세력은 흑도黑道(어둠의 길)다. 정부의 정치는 명류明流(드러난 흐름)고, 민간의 정치는 암조暗潮(드러나지 않는 조류)다. 양자는 동질의 이체異體로, 본질적으로는 모두 인간 사회의 강제적 통치 체계다.

상·주 이래의 고대 사회는 세습 씨족 사회로, 모든 관계가 혈연 씨족에 기초했다. 천하는 씨족 국가의 연방 체제였고, 사회는 세습 씨족의 종법 사회였으며, 정치는 씨족에게 분봉하는 세경세록제世卿世祿

制였고, 경제는 씨족 공동체의 정전제井田制로서 모든 것이 씨족 혈연의 그물망 안에 있었다. 묘당과 강호는 동일체였고, 백도와 흑도는 뒤섞였고, 명류와 암조는 함께 솟아났다. 인간관계에서 독립적인 개인의 관계는 없었고, 혈연 씨족으로부터 독립적인 민간의 정치 사회 역시 존재하지 않았다.

전국 시대 열국들의 전쟁과 겸병으로 말미암아 고래의 국가·사회가 붕괴되고 정치·경제 관계가 와해되었다. 각국은 전쟁의 압력 속에서 변법 개혁을 잇달아 실행했다. 모든 백성이 병사가 되었고, 관료정치의 성립에 따라 관제·법제로 국가와 사회를 다스리고 인간의 관계는 새롭게 규범화되었다. 사회의 이러한 신·구 교체 속에서, 기존의 씨족 혈연관계의 그물망에서 벗어난 일부의 무사武士는 여러 이유로 새로운 관제·법제 체계 안에 편입·흡수되지 못한 채 주류 바깥의 유민遊民이 되었다. 그들은 신·구 사회 교체의 틈바구니에서 인간간의 새로운 연결고리를 추구하고 새로운 민간 사회를 구축하기 시작했다. 이렇게 해서 생겨난 새로운 인간관계가 바로 임협의 기풍이고, 이렇게 구축된 새로운 민간 사회가 바로 유협遊俠 사회다.[11]

임협이란 기개와 절개를 소임으로 여기며 의협심을 발휘하는 것이다. 자신을 알아봐주는 자와 친교를 맺고, 생사보다 약속을 중시하여 무술로써 은혜에 보답하는 삶을 추구한다. 따라서 임협은 형제 같은 이들의 의협심, 사내들 간의 우정, 대장부 간의 의리를 뜻한다. 임협인 사이에 엄밀한 조직성은 없으며, 뜻이 맞으면 머무르고 그렇지 않으면 떠나는 식이다. 고정된 규정이나 제약도 없으며, 오직 인간과 인간 간의 우의를 기반으로 한 광범한 사회관계 속에서 그물망 형태의 민간 사회세력을 구축했다.

전국 시대에 임협인은 대개 강직한 유민遊民이었다. 그들은 생산에 종사하지 않고 무력을 숭상하며, 주류의 법제·예제禮制·윤리·도덕의 바깥에 있으면서 구속받지 않는 생활과 순종하지 않는 정신에 기대어 자신만의 정신과 실력을 길렀다. 이들은 받은 게 있으면 반드시 돌려주어야 하고, 은혜를 입으면 반드시 보답해야 한다. 오직 의로움을 중시하여 약속한 바는 반드시 실천해야 하고, 위난에 처한 사람을 구함에는 죽음도 불사하며, 오직 신의만을 중시했다. 임협인에게 인생의 목적은 돈과 향유가 아니며, 위대한 업적을 이루는 것도 아니었다. 그들이 추구한 것은 오로지 인정으로 관계를 맺고 의로운 경지에 도달하는 것이었다. "선비士는 자기를 알아주는 사람을 위해 죽는다"는 말은 임협 사상의 최고 경지를 뜻한다.

전국 시대 임협의 기풍은 개인의 자유와 방임에 뿌리를 두고 있었다. 사회와 집단의 구속을 받지 않는 천성은 법제에 의한 통치에 반동적이었다. 전국 시대의 유협 기풍은 중국 역사상 처음으로 출현한 개인과 개인 간의 자유로운 우의였고, 새로운 가치관이자 새로운 생활방식이었다.

전국 시대의 유협 기풍은 상층 사회에서부터 민간 하층까지 퍼져 있었다. 그 안에는 불법 체류자도 많았고 왕공 귀인도 적지 않았다. 전국칠웅 가운데 엄격하고 공정한 법제를 구축했던 진나라는 유협을 명백히 금지하고 탄압했다.[12] 관동의 육국은 상대적으로 행정이 느슨했기에 유협들은 육국을 오가며 귀족 문하에 기탁함으로써 각국의 양사養士 기풍을 활성화했다. 초나라의 춘신군春申君, 조나라의 평원군平原君, 제나라의 맹상군孟嘗君, 위나라의 신릉군信陵君은 당시 명성이 자자했던 4대 공자다. 이들은 양사로 유명했고, 그들의 저택은 유협들의 집합처였다.

유방의 임협 생활에 가장 큰 영향을 끼친 유협 인물로는 세 명이 있다. 패현의 왕릉王陵, 외황外黃의 장이張耳, 위나라의 신릉군이다.

8

신릉군이 병부를 훔쳐 조나라를 구하다

신릉군은 성이 위魏이고 이름이 무기無忌다. 그는 위나라 소왕昭王의 작은아들로, 안희왕安釐王의 동생이다. 그의 누나는 바로 조나라 공자 평원군의 부인이다. 기원전 276년 위나라 안희왕이 즉위한 뒤 무기를 신릉군에 봉하고 식읍과 봉토를 하사했다. 위나라 경내의 제후가 된 신릉군은 공자라는 귀한 신분에도 남에게 오만하게 굴지 않았다. 그는 저택의 문을 활짝 열어놓고 재능과 덕 있는 자를 예로써 대했으며, 천하의 뛰어난 인재와 두루 사귀었다. 신릉군은 사람들과 교유할 때 상대의 혈연과 혈통은 물론 재산과 지위를 따지지 않았다. 그가 중시한 것은 오직 개인의 능력과 재주였다. 위로는 나라를 다스리는 능력에서부터 아래로는 계명구도鷄鳴狗盜 같은 하찮은 재주에 이르기까지, 뛰어난 재주를 하나라도 지닌 이라면 모두 기용되었다. 그의 명성이 전해지자 각국의 재능 있는 인사들이 잇달아 찾아와 문하에 들어가길 다투었다. 극성기에는 신릉군 문하의 식객이 3000명에 달했다.

신릉군에 관하여 가장 많이 회자하는 이야기이자 역사에 큰 영향을 준 사건은 바로 '절부구조竊符救趙', 즉 병부兵符(군대를 동원하는 표지)를 훔쳐 조나라를 구한 일이다. 기원전 260년 진나라와 조나라는 장평에서 대전을 치렀다. 조나라의 패배로 40만의 조나라 군사가 투항했으나 진나라 장군 백기에 의해 죄다 생매장되었다. 장평대전 이후 진나라 군대는 승세를 몰아 조나라의 수도 한단을 포위했고, 조나라는 위급한 상태에 놓였다. 당시 조나라 왕은 젊은 효성왕孝成王이었다. 그의 숙부는 조나라 승상인 평원군 조승趙勝이었고, 조승의 부인이 바로 신릉군 무기의 누나였다. 조나라를 구하기 위해 평원군은 직접 초나라로 가서 구원을 요청했다. 한편 평원군의 부인은 계속 위나라로 사자를 파견해 도움을 청했다.

위나라는 평원군 부인의 친정으로, 위나라 안희왕은 그녀의 오빠이고 신릉군은 그녀의 동생이다. 조나라와 위나라는 모두 진晉나라에서 나왔고, 두 나라 모두 진秦나라의 침공을 받아 영토를 잠식당하는 처지였다. 두 나라는 뿌리가 같을뿐더러 순망치한脣亡齒寒 관계에 있는 이웃나라였다. 위나라 안희왕은 대장 진비晉鄙에게 위나라 군사 10만을 이끌고 출동하게 했다. 진비는 한단 남쪽의 업성鄴城에 도착해 장하漳河 가에서 진나라 군대와 대치했다. 진나라 소왕은 사자를 보내 위나라 왕에게 경고했다.

"조나라는 곧 멸망할 것이다. 제후국 가운데 감히 조나라를 돕는 나라가 있다면 내가 조나라를 멸한 후 곧장 군사를 이동시켜 그 나라를 공격할 것이다."

위나라 안희왕은 두려워하며 진비의 군대를 업성에 머물게 한 뒤,

신릉군의 옛집
카이펑의 대상국사大相國寺는 북제北齊 천보天寶 6년(555)에 처음 세워진 불교 사원으로, 신릉군의 옛집이 있던 곳이라고 전해진다.

진나라와 조나라의 전쟁 형세를 관망했다.

한단이 포위된 지 8, 9개월 된 즈음 조나라의 왕과 신하를 필두로 모든 남녀노소가 일심동체로 진나라에 대항했다. 평원군 집안의 처첩을 비롯한 모든 이가 군영으로 가서 병사들을 위해 밥하고 바느질하며 함께 적개심을 불태우는 데 귀천의 구별이 없었다. 조나라의 군사와 백성이 죽음을 각오하고 버틸 수 있었던 것은 원군이 오리라는 희망 때문이었다. 위나라 군대가 멈춘 채 나아가지 않자 평원군은 연달아 사자를 보내 다그쳤고, 신릉군도 위나라 왕에게 여러 번 도움을 청했지만 위나라 왕은 시종일관 망설이면서 군대를 진격시키지 않았다.

위나라 왕이 결국 자신의 요청을 들어주지 않으리라 판단한 신릉군은 의협심이 솟구쳤다. 누이가 도움을 받지 못해 울고 있는데 자신은 목숨이나 보존한 채 조나라가 멸망해가는 것을 그대로 두고 볼 수 없었다. 개인으로서 할 수 있는 한 돕기로 결심한 그는 문하의 빈객을 이끌어 거마 100여 대를 몰고 한단으로 달려가 조나라와 함께 죽고자 했다. 급하게 내린 결단이었지만 신릉군은 인정과 의리를 중시하는 사람인지라 떠나기 전에 자신의 상객上客이자 스승으로 여기는 벗인 은사隱士 후생侯生을 만나는 것을 잊지 않았다. 후생을 만난 자리에서 신릉군은 진나라 군대와 맞서 싸우려는 저간의 사정을 자세히 말했다. 이제 고국을 떠나 타향에서 죽게 될 처지이기에 오랜 친구에게 마지막 작별을 고하고자 찾아온 것이다. 그런데 뜻밖에도 후생은 담담히 한마디를 건넸다.

"공자께서는 힘쓰십시오. 노신老臣이 함께 가지 못함을 용서하십시오."

신릉군은 불쾌했다.

후생의 성은 후이고 이름은 영嬴이다. 그는 위나라 도성 대량 동쪽의 성문, 즉 이문夷門의 문지기였다. 그의 집안은 가난했지만 강호 사회와 유협 민간에서는 현명하고 사리에 통달한 인물이라는 평판을 받고 있었다. 신릉군이 풍문으로 후생의 명성을 들었을 때 후생은 이미 일흔이 넘은 나이였다. 신릉군이 후한 예물로써 후생을 초빙했을 때 후생은 완곡히 거절했다. 그러자 신릉군은 손님들을 저택에 초대하여 큰 연회를 마련했다. 손님들이 정해진 자리에 앉자, 신릉군은

이문의 옛터
이문은 위나라 수도 대량의 동문으로, 인근의 이산夷山으로 인해 이문이라는 이름을 얻었다.

거마를 준비시켰다. 그리고 수레에 한 자리를 비워두고 손수 말고삐를 쥐었고, 시종과 기사를 뒤따르게 했다. 신릉군 일행은 위풍당당하게 후생을 맞으러 이문으로 향했다.

신릉군이 집 앞에 도착하자 후생은 겸손의 표현인 사양도 않고 평상복 차림으로 수레에 올라탔다. 후생은 신릉군이 어떻게 반응하는지 주시했다. 신릉군은 마부가 손님을 대하듯 공손히 후생을 맞이했으며, 고삐를 쥐고서는 더욱 공경스럽고 조심스런 태도를 보였다. 후생은 이 모습을 눈에 담으며 신릉군에게 말했다.

"소신에게는 시장의 도살장에서 일하는 친구가 있는데, 수레를 돌려서 잠시 들렀으면 합니다."

신릉군이 모는 수레가 앞서고 거마 일행이 그 뒤를 따라 시장 번화가로 들어섰다. 후생은 수레에서 내려 친구인 백정 주해朱亥를 만나 한동안 이야기를 나눴다. 그는 주변에 아무도 없는 양 자신을 기다리고 있는 거마 쪽으로는 눈길 한번 주지 않았다. 그 무렵 신릉군의 저택에는 위나라의 장군과 재상, 종실의 귀인들이 자리를 메운 채 신릉군이 나타나기만을 기다리고 있었다. 대량의 시장에서는 백성과 상인들이 수레 주변으로 몰려들었다. 위나라 공자의 거마가 시장으로 들어오더니 공자가 고삐를 쥔 채 손님을 기다리는 보기 드문 광경을 보기 위해서였다. 신릉군을 따라온 시종과 기사는 물론 다른 모든 사람은 낮은 소리로 후생을 욕했지만, 신릉군만은 초조하거나 화난 기색 없이 환한 낯빛이었다. 그렇게 한참을 기다리자 드디어 후생은 주해와 작별인사를 나눈 뒤 수레에 올라탔다.

거마가 신릉군 저택에 당도하자 신릉군은 후생을 상석에 안내했다. 그리고 자신을 기다려준 손님들에게 일일이 후생을 소개했고, 손님들은 놀라거나 의아해했다. 술자리가 무르익자 신릉군은 후생의 곁으로 가서 장수를 기원하며 술을 권했다. 후생은 그제야 신릉군에게 말했다.

"소신 후영은 오늘 공자님께서 굴욕감을 느끼실 만한 일을 많이 했습니다. 후영은 이문의 문지기인데, 공자께서는 소신을 맞이하러 많은 사람이 있는 곳으로 거마를 이끌고 오셨습니다. 저는 일부러 친구까지 만나러 갔습니다. 시장에서 공자님의 수레를 오래 기다리게 한 것은 공자님의 명성을 드높이기 위해서였습니다. 오가는 행인들이 쳐다볼 때 소신은 오만하고 예의가 없었지만 공자께서는 공손하고 예의가 있으셨습니다. 다들 저 후영을 소인으로 여겼지만 공자님은 덕이 있어 자신을 낮출 줄 아는 분이라고 했습니다."

신릉군은 마음이 확 트여 후생과 실컷 술을 마셨다. 이후 신릉군은 후생을 상객으로 받들고 스승과도 같은 벗으로 존중하여 가까이 지냈다.

앞선 대목에서, 후생과 마지막 인사를 나눈 신릉군은 몇 리를 가는 동안 내내 마음이 불쾌하고 무언가를 잃어버린 듯 심란했다. 그는 이렇게 혼잣말했다.

"내가 후생을 예우하고 후대하는 데 조금도 모자람이 없었음은 천하가 안다. 그런데 내가 죽으러 간다는데 후생은 송별의 말을 한마디도 하지 않았다. 나에게 무슨 잘못이라도 있단 말인가?"

생각할수록 마음이 불편하여 그는 수레를 돌려 다시 후생의 집을 찾아갔다. 후생은 웃는 얼굴로 신릉군을 맞이하며 자리에 앉도록 했다.

"소신은 공자께서 다시 오시리라 생각하고 있었습니다."

신릉군이 어리둥절해하자 후생이 계속 말을 이었다.

"공자께서는 선비를 아끼고 대접하는 것으로 천하에 알려지신 분입니다. 지금 조나라가 위난에 처해 위나라에 도움을 청한 상태에서 공자께서는 자신의 역량도 가늠하지 않은 채 무작정 빈객들을 이끌고 수십만 진나라 군대와 맞서고자 하십니다. 이렇게 하시는 건 굶주린 호랑이에게 신선한 고기를 던져주는 것과 마찬가지니, 어떤 효용이 있을 것이며 또 빈객들을 무슨 낯으로 보시겠습니까? 공자께서는 소신을 후대하시어 특별히 작별인사를 하러 찾아오셨는데 소신이 예에 어긋나게 전송해드리지 않은 것은 공자께서 마음이 불편해 돌아오실 줄 알았기 때문입니다."

신릉군은 후생이 깊이 생각한 바가 있음을 깨닫고 거듭 절하며 가르침을 청했다. 후생은 신릉군에게 측근을 물리도록 한 뒤, 가까이 다가가 소리를 낮추어 말했다.

"소신이 듣기로는 위나라의 병부가 위나라 왕 침실에 있다고 합니다. 여희如姬는 위나라 왕에게 총애를 받는 애첩이라 늘 침실을 드나듭니다. 그러니 병부를 훔치기에 가장 유리합니다. 여희는 부친을 살해한 원수를 잡기 위해 왕에게 청을 했다고 들었습니다. 3년 동안 대대적으로 수색했으나 아무 성과도 거두지 못했다지요. 끝내 여희가 공자께 눈물로써 호소했을 때 공자께서는 수하의 빈객을 시켜 그 원수를 죽이고 목을 베어 여희에게 바치셨습니다. 여희는 공자의 은혜에 보답하는 일이라면 죽음도 아까워하지 않을 겁니다. 다만 기회가 없었을 뿐이었지요. 공자께서 부탁하시면 여희는 반드시 허락할 겁니다. 천하의 대사를 위한 계책이니, 공자께서는 여희에게 부탁해 병부를 훔치도록 하십시오. 그 병부를 가지고 왕의 명이라 속인 뒤 진비의 군대를 빼앗아 북쪽으로 가서 조나라를 구하고 서쪽으로 진나라 군대를 물리친다면, 춘추오패春秋五霸의 공업을 성취하실 수 있습니다."

전국 시대에 군권은 군주가 장악하고 있었다. 군주가 병력을 이동시키고 장수를 파견할 때는 병부를 증표로 삼았다. 병부는 청동으로 만드는데 대부분 호랑이 형태다. 이를 반으로 나누어 왼쪽 절반은 병사를 이끌고 출정하는 대장에게 주고 오른쪽 절반은 군주가 지닌다. 그러다가 왕이 군대를 이동시키고자 할 때 왕명을 작성하여 반쪽의 병부와 함께 사자에게 건네주면 사자는 군대로 달려가 왕명을 낭독한 뒤 가져온 병부를 장군이 지니고 있는 반쪽의 병부와 부합하는지 맞추어본다. 이 검증이 끝나면 명령의 효력이 발생한다. 후생은 사회 모든 계층의 법도와 물정에 정통한 현명한 인물로, 위나라의 정치·군사 상황은 물론 왕실의 은밀한 사생활까지도 손바닥 보듯 훤히 알고 있었다. 병부를 훔쳐 조나라를 구하는 방법은 그가 심혈을 기울여 구상한 계책이었다. 신릉군은 후생의 건의를 받아들여 여희에게 위나라 왕의 병부를 훔쳐달라고 부탁했다.

신릉군은 병부를 지닌 채 빈객들을 이끌고 다시 이문으로 가서 후생과 작별했다.

후생은 신릉군에게 경고했다. "장수가 밖에서 군무를 수행 중일 때 왕명일지라도 받들지 않는다면 그것은 나라를 위해서입니다. 공자께서 군대로 가서 병부를 맞춰보고도 진비가 명을 받들지 않고 다시 사자를 보내 왕의 확인을 요청한다면 일이 위험해집니다. 소신의 친구인 백정 주해는 역사力士이니, 공자께서는 그에게 같이 가자고 하십시오. 진비가 명령을 따른다면 좋겠지만 그렇지 않을 경우에는 주해를 시켜 그를 죽이도록 하십시오."

그 말에 신릉군이 눈물을 흘리자 후생이 물었다. "공자께서는 왜 우십니까? 설마 죽음이 두려우신 건 아니겠지요?"

신릉군이 대답했다. "진비는 위나라에 큰 공을 세운 노련한 노장이오. 아마 명령을 따르지 않을 것이오. 어쩔 수 없이 죽여야 하는 것 때문에 가슴이 아플 뿐, 어찌 죽음이 두려워서겠소?"

신릉군이 주해에게 동행을 청하자 주해가 웃으며 말했다. "소신은 시장에서 칼을 쥐고 일하는 백정의 무리인데, 공자께서 뜻밖에도 여러 차례 친히 찾아오셔서 안부를 물으셨습니다. 제가 아무런 감사의 표시도 하지 않았던 것은 그런 작은 예절이 쓸모없다고 생각해서였습니다. 이제 공자께서 위난에 처하셨으니 지금이야말로 소신이 목숨을 바칠 때입니다."

신릉군과 주해는 밤낮으로 업성을 향해 내달려 진비 군대가 있는 곳에 도착했다. 진비는 부절을 맞추어본 뒤에도 의심을 거두지 않았다. 그는 병부를 쥔 채 신릉군을 주시하며 말했다.

"지금 저는 왕명을 받들어 10만 대군을 이끌고 국경에 머물고 있습니다. 위나라 정예군이 죄다 여기에 있습니다. 장수를 바꾸고 진군하는 것은 국가의 대사입니다. 공자께서는 왕명이 적힌 문서나 다른 신표도 없이 수레 한 대로 호부虎符만 가지고 오셨습니다. 어찌된 일입니까?"

후생의 예상대로 진비는 병권을 건네주길 거부하면서 왕에게 다시금 확인을 청할 작정이었다. 미리 40근이나 되는 철추를 소매에 숨기고 있던 주해는 신릉군의 명이 떨어지자마자 철추를 내리쳐 진비를 죽였다. 신릉군은 병권을 탈취해 전군에게 왕명을 선포하고 진비의 죄상을 알린 뒤 명령을 내렸다.

"아비와 자식이 함께 군중에 있다면 아비가 집으로 돌아가고, 형과 아우가 함께 군중에 있다면 형이 집으로 돌아가라. 독자인 자는 집으로 돌아가 부모를 봉양하라."

이렇게 해서 정예병 8만 명을 선발해 출정 의지를 불태운 뒤 조나라를 구하기 위해 진나라 군을 향해 진군했다.

당시 초나라 군대는 장군 경양景陽의 통솔 아래 이미 출동한 상태였다. 초나라와 조나라는 국토가 닿아 있지 않고 중간에 위나라가 있기 때문에 위나라 군대의 동향을 관망하지 않을 수 없었다. 신릉군은 사자를 보내 초나라 군대에 통고한 뒤, 위나라 군대를 이끌고 빠르게 장하를 건너 조나라 장성을 지나 초나라 군대와 협력함으로써 한단을 포위 중인 진나라 군대를 일거에 격파했다. 진나라 장수 정안평鄭安平은 위·초·조 연합군에게 포위된 채 부하 2만 명을 이끌고 투항했다. 조나라를 공격하던 진나라의 또 다른 장수 왕흘王齕은 서쪽으로 퇴각했다. 신릉군은 위·초·조 연합군을 지휘해 그 뒤를 바짝 추격하여 하동 분성汾城에서 진나라 군대를 대패시켰고, 위나라가 잃어버렸던 하동의 일부 지역을 수복했다. 위·초·조 연합군이 승세를 몰아 진나라 군대를 추격하던 중에 한나라도 합종 연합군 진영에 합류하여 진나라에 잠식당했던 영토를 수복했다.

신릉군은 병부를 훔쳐 조나라를 구함으로써 천하에 이름을 떨쳤다. 조나라 효성왕과 평원군은 감격하여 직접 변경까지 나가 신릉군을 영접했다. 평원군은 본래 신릉군과 더불어 전국 시대의 4대 공자의 반열에 드는 인물이지만 이때는 심복하여 머리를 숙였다. 평원군은 몸소 화살통을 지고 신릉군을 위해 앞에서 길라잡이 역할을 했다. 신릉군은 위나라로 돌아가는 것은 적절하지 않다고 판단하여 위나라 군대를 돌려보내고 자신은 조나라에 머물렀다.

9

문객 후영·주해·장이

신릉군은 초나라를 구할 때 문객의 힘에 의지했다. 신릉군 문하에는 3000명이나 되는 빈객이 있었는데, 역사에 이름을 남긴 이는 단 세 명이다. 바로 후영, 주해, 장이다.

후영은 조나라를 구하기 위해 병부를 훔치게 주모한 자로, 신릉군과 친분을 맺었을 때 이미 일흔이 넘었다. 그 됨됨이와 일처리로 볼 때 후영은 인생 경험이 상당히 풍부하고 모략과 책략에 뛰어났다. 그는 왕후·공경公卿에서부터 시정의 서민에 이르기까지 넓은 교제 범위를 지닌, 민간 사회에서 명망과 세력을 갖춘 리더였다.

후영과 친분을 맺기 전부터 신릉군은 수많은 빈객과 교유함으로써 위나라의 민간 사회에서 상당한 장악력을 발휘하고 있었다. 여희의 부친이 피살되었을 때 위나라 왕은 왕권을 행사했으나 살인범을 잡지 못했다. 반면 신릉군은 문객을 활용해 단시일에 살인범의 머리를 여희에게 갖다 바쳤다. 그러니 수도 대량의 성문에서 후영과 같은 고명한 은사를 아직 모르고 있던 신릉군이 큰 연회를 열어 손님을 초대한 뒤 기꺼이 몸을 낮추어 후영을 손수 수레로 모셔옴으로써 상객으로 예우한 것은 이상할 게 없다. 신릉군이 후영을 문객으로 포섭한 것은 위나라 민간 사회의 정치세력을 완전히 장악한 것이나 마찬가지다.

후영은 외부에서 이주해온 인물일 가능성이 매우 높다. 그는 당시의 유세객이나 호협豪俠처럼 각국 민간에서 활동하며 강호에서 영향력과 명망을 쌓았으나, 어떤 범죄 사건으로 인해 지명 수배되었을 것이다. 어쩌면 은원 관계로 인한 복수 때문에 원수에게 쫓겨 대량으로 피신한 뒤 이문의 문지기로 지냈을 수도 있다. 피신하여 은거하던 후영에게 신릉군과의 만남은 자신의 신분이 세상에 드러나는 것으로, 그에게 남은 선택은 두 가지밖에 없었다. 세상에 나와 신릉군의 문하로 들어가거나, 또다시 도피해 은거하는 것이다. 늙은 후영은 전자를 택했다. 하지만 그는 대다수의 빈객과 달랐다. 그들은 신릉군 저택의 객사로 들어가 지내면서 등급에 따라 음식과 거마와 경비를 제공받았지만 후영은 꿋꿋이 문지기 생활을 하면서 종속되지 않은 상객으로서 자신의 인격과 정신의 독립을 지켰다. 그는 빈곤함 때문에 재물을 받지 않았다.

신릉군이 조나라를 구할 때 후영의 인생은 이미 황혼에 접어들었다. 신릉군이 주해에게 함께 가길 청한 뒤 후영과 마지막 인사를 나눌 때, 후영은 이렇게 말했다.

"소신도 함께 가야 마땅하지만 늙어서 그럴 수가 없습니다. 공자께서 떠나신 뒤 소신은 일정을 계산하여 공자께서 진비 군대에 도착하시는 날이 되면 북쪽을 향해 목을 베어 자결함으로써 멀리서나마 대군을 이끌고 떠나시는 공자를 전송하겠습니다."

신릉군이 문객들과 더불어 업성의 군중에 도착해 진비를 죽이고 병권을 탈위했을 때 대량에서 소식이 왔다. 후영이 북쪽 업성 방향을 향해 스스로 목을 베었다는 것이었다. 그는 열사의 의로운 죽음으로써 영웅을 격려하고 자신의 인생을 아름답게 마무리했다.

주해는 후영과 비슷하다. 역사인 주해는 민간을 떠돌며 무협 생활을 하던 협객이었으나 시장에서 도살업자로 생계를 꾸렸다. 흔히 고대 사회에서 전렵田獵은 귀족 군대의 전쟁 연습장이었고, 도살은 민간 협객이 선택하던 직업이었다. 전국 시대 초에 섭정聶政은 한나라 대신 엄중자嚴仲子로부터 예우를 받자 자신을 알아준 데 감격하여 한나라 승상 협루俠累를 죽임으로써 엄중자의 원수를 갚아주었다. 처음 엄중자가 천릿길을 마다 않고 찾아와 백금百金의 예를 갖춰 친분을 맺고자 했을 때, 섭정은 이미 사람을 죽이고 떠돌다가 제나라에 숨어 지내면서 시장 도살장에서 개백정 노릇을 하고 있었다. 전국 시대 말에 형가荊軻는 연나라 태자 희단姬丹을 위해 진나라 왕 영정嬴政을 암살하려다 성공 직전에 실패했다. 형가의 친구인 고점리高漸離는 축筑 연주의 대가로, 이름을 바꾼 뒤 진나라 궁정으로 들어갔다. 이후 두 눈이 도려내어져 실명했으나 진시황을 향해 축을 내리쳤다. 죽음을 각오하고 지음知音의 원수를 갚으려 했던 것이다. 일찍이 고점리가 형가와 지기知己가 되었을 때, 그 역시 연나라의 수도 계성薊城에 은거하며 시장에서 개백정으로 생계를 꾸리고 있었다.

후생은 신릉군이 수레를 몰고 시장의 도살장으로 오게 하여 주해와 신릉군을 연결해주었다. 이후 후생은 주해가 세상에 알려지지 않은 현자이자 용사라고 신릉군에게 소개했다. 신릉군은 여러 번 주해를 초청했으나 주해는 완곡히 거절했을뿐더러 감사의 예도 표하지 않아 신릉군은 의아하게 여겼다. 전국 시대 유협들 사이에는 마음으로 이해하는 것을 중시하고 은혜와 원한을 각골명심하되, 기쁨과 노여움을 드러내지 않고 약속한 바를 가볍게 누설하지 않는 기풍이 있었다. 주해는 신릉군으로부터 예우를 받았을 때 그 은혜에 몇 곱절로 보답하고자 마음먹고 적당한 때를 기다리고 있었기에 신릉군이 진비의 군대로 함께 가자고 했을 때 흔쾌히 수락했다. 조나라를 구한 뒤에 주해가 어떻게 되었는지는 사서에 기록되어 있지 않다. 계속 신릉군을 따라 조나라에서 타향살이를 했는지, 아니면 다른 나라로 떠났는지 알 수 없으나 한 번의 삶으로 역사에 광채를 더할 수 있다면 그것으로 충분하리라!

장이는 신릉군 문하의 이름난 문객으로, 전국 시대 말부터 전한 초까지 활약했다. 따라서 그는 전국 시대에서 진·한 시대로 이어지는 역사의 목격자라고 할 수 있다. 위나라 수도 대량 사람인 장이는 어려서부터 신릉군의 사적을 귀로 듣고 눈으로 접하면서 마음속으로 동경하고 있었다. 당시 신릉군은 병부를 훔쳐 조나라를 구했으나 감히 위나라로 돌아가지 못한 채 조나라 왕과 평원군의 예우를 받아들여 한단에서 타향살이를 했다. 이후 위나라 안희왕 30년(기원전 247), 진나라 군대의 맹렬한 공격으로 위기에 처하자 안희왕은 신릉군에게 돌아와줄 것을 거듭 청했다. 이에 신릉군은 10년 동안의 조나라 망명생활을 접고 대량으로 돌아왔고, 왕의 명을 받아 상장군上將軍에 임명되었다. 신릉군은 제후 각국과 연락하여 위·초·조·한·연

다섯 나라의 연합군을 조직하여 하동에서 진나라 군대를 대파했다. 이로써 진나라 병사들을 함곡관函谷關 내에 묶어둘 수 있었다. 당시 진나라 군대를 이끌었던 장수는 훗날 진 제국의 명신 몽염蒙恬·몽의蒙毅 형제의 조부인 몽오蒙驁였다. 신릉군이 합종 작전으로 진나라 공격에 성공하여 또다시 천하에 이름을 날리자 사방에서 빈객이 몰려들었다. 평소 신릉군을 경모하던 열혈 소년 장이는 신릉군 문하로 들어가 빈객이 되었고, 용의 꼬리에 붙어 유협과 양사의 풍조 속에 완전히 물들었다.

"부귀하면 주변에 선비가 많고 빈천하면 벗이 적은 게 인지상정"이라는 옛말처럼, 위 안희왕 34년(기원전 243)에 신릉군이 세상을 떠나자 문하의 빈객들도 제각기 흩어졌다. 장이 역시 의지할 곳을 잃자 민간을 떠도는 유협이 되었다. 직업이 없었던 장이는 대량을 떠나 외황外黃현성(지금의 허난 민취안民權 서북쪽)으로 가서 유랑했다.

대량에서 동쪽으로 200리쯤 거리에 있는 외황 성안에는 자부심이 강한 한 여자가 있었다. 외황의 절세미인이었고 그녀의 부친은 내로라하는 부호였다. 그녀는 혼인했으나 남편이 용속하기 그지없는 속물임을 깨닫고 남편 곁을 떠나 부친의 빈객이었던 이에게 잠시 의탁하고 있었다. 이 빈객은 장이와 알고 지내던 사이로, 외황의 미인에게 이렇게 말했다.

"좋은 남편감을 원한다면 장이 말고는 없을 것이오."

장이를 소개하는 빈객의 말에 외황의 미인은 동의했다. 그녀는 빈객에게 부탁하여 남편과의 관계를 정리한 뒤, 다시 빈객을 중매인으로 삼아 장이의 의사를 알아보았다. 장이는 홀몸으로 타향살이하는 빈곤한 처지였기에 부잣집 미인을 얻는다는 것은 하늘의 복이 아닐 수 없다. 그는 당장 혼사에 동의했다.

전국 시대의 민풍은 개방적이었고 남녀의 교제도 비교적 자유로웠다. 혼인 관계에서도 평생 한 남편만을 섬겨야 한다는, 훗날 유가의 도덕군자가 만들어놓은 부덕婦德 따위는 통용되지 않았다. 부부는 대등했다. 만남도 헤어짐도 쿨했다. 남편이든 아내든 상대방을 저버리는 게 도리와 풍속에 어긋나는 일이 아니었다. 혼인신고는 특별히 복잡하진 않았지만 관부에서 제작한 독립가구 호적이 필요했다. 원적지인 대량을 떠나와 외황에서 유랑하는 장이는 불법 체류자와도 같은 처지였다. 다행히 현 내에서 외황의 세도가였던 처가의 청탁이 통하지 않는 곳이 없었다. 미인을 아내로 얻어 외황에 정착한 장이는 밖으로는 부유한 처가의 물적 도움에 힘입고 안으로는 자부심 강한 미인의 기대와 성원에 기대어 물 만난 고기처럼 성공 가도를 달리기 시작했다.

장이는 신릉군의 문하에서 빈객으로 지내다가 신릉군이 세상을 뜨자 유협으로 돌아갔고, 외황에서 미녀와 재부를 얻고 나서는 신릉군의 기풍과 정취를 이어받아 영웅의 후예를 자임했다. 그는 의를 중시하고 재물을 가볍게 여기며 떠도는 선비들을 망라함으로써 금세 문주門主가 되었고, 그의 저택은 원근의 유협이 동경하는 고귀한 곳이 되었다.

문주와 빈객, 빈객과 유협은 한 사물의 양면이다. 그것을 관통하는 것은 남자들 간의 약속과 우정이며 호협들 간의 인간관계와 사귐이다. 장이는 민간 사회에서 영향력이 나날이 커지고 세력도 강해졌고,

처가와 빈객들의 지원 하에 정계에 진입하여 위나라 왕에 의해 외황 현령으로 임명되었다. 이로써 그는 관부와 민간을 관통하고 백도와 흑도를 뛰어넘는 중요 인사가 되었다. 장이의 명성은 외황현을 넘어 위나라 수도 대량에 이르렀을 뿐만 아니라 나라 밖 각국에도 널리 알려지게 되었다.

이때 장이의 명성을 듣고 문하로 들어온 이가 있었다. 바로 유협을 자임하던 유방이다.

10

우상을 좇던 유방의 발자취

유방의 집은 초나라의 패현 풍읍에 있었다. 패현은 위나라와 가까웠던 만큼 풍읍에는 위나라에서 이주해온 사람이 많았다. 심지어 유방의 조상이 위나라 수도 대량에서 이주해왔다는 풍설도 있다. 너무 오래전 일이라 사실을 확인할 수는 없지만 유방의 시선은 청소년기부터 늘 서쪽을 향해 있었다. 처음엔 위나라를 향했고 나중에는 진나라를 향했다.

유방의 시선이 위나라를 향했을 때는 수도 대량을 바라보았고, 앙모한 사람은 신릉군이다. 그의 시선이 진나라를 향했을 때는 수도 함양을 바라보았고, 앙모한 사람은 진시황이다. 신릉군과 진시황은 유방이 숭배했던 우상으로, 유방에게는 인생의 모델이자 가장 큰 영향을 끼친 역사인물이다.

유방은 진시황을 본 적이 있다. 그가 진 제국의 신민이 된 뒤 요역徭役을 하러 함양에 왔을 때 멀리서 진시황의 거마 행렬을 보고, 저와 같이 휘황찬란한 인생이야말로 사내대장부가 추구할 만한 것이라며 감탄했다. 유방에게 끼친 진시황의 영향에 대해서는 유방이 군사를 일으킨 뒤의 정치 생애를 이야기할 때 다시 언급하게 될 것이다.

유방이 유협 생활을 시작할 때 이미 신릉군은 세상을 떠났기 때문에 그는 신릉군을 만나본 적이 없다.[13] 그러나 신릉군의 영향은 유방의 삶 전체를 관통한다. 인간세상에서 한 존재의 진정한 가치는 사후의 명성으로 반영되기도 한다. 현인을 좋아하고 양사養士에 힘쓰던 신릉군이 병부를 훔쳐 조나라를 구한 일은 그의 당대에 각국 조야에 널리 알려졌고, 사후에는 천하 민간에 퍼졌다. 신릉군에 대한 정부 묘당의 여론은, 그가 군주의 명에 맞서서 나라의 위기를 안정시켰고 군주가 아닌 도를 따름으로써 보필한 신하라는 것이었다. 민간 강호에서는 신릉군이 지체 높은 명망가였음에도 천하의 인재를 사귀는 데 집안을 따지지 않고 현명함과 능력을 기준으로 하였으며 유협의 풍조를 역사의 정점까지 밀어올린 인물이라고 평가했다.

유방의 유협 생애는 풍읍에서 시작되었다. 직업 없이 몰려다니며 말썽을 피우는 소년들이 유방을 따랐다. 그는 맏형이자 문주를 자처하여 동생들을 데리고 형수 집을 찾아가 밥을 먹이곤 했다. 유협의 기식寄食하는 풍모를 모방한 행동이었다. 여러 아우 중에는 태어날 때부터 친구이며 훗날 연왕에 봉해지는 노관도 끼어 있었다.

유협 사이에 엄밀한 조직은 없었지만 상하존비의 관계는 존재했다. 위로는 맏형, 아래로는 동생으로, 맏형은 동생을 돌봐주고 동생은 맏형에게 복종했다. 유협 사이에 국적과 계급의 차이는 없었지만 불문율의 등급은 존재했다. 유협은 문주를 따르고, 거기에는 하객·중객·상객의 구별이 있었다. 유협의 등급을 논하자면, 국협國俠·현협

縣俠·향협鄕俠·이협里俠으로 나뉜다.

대략적으로 전국 시대의 유협 세계에서 가장 높은 등급에 해당하는 인물은 위나라 신릉군, 조나라 평원군, 제나라 맹상군, 초나라 춘신군, 연나라 태자 희단 등이다. 왕족 공자이거나 고관 호족으로 수도에 살되, 따로 영지가 있고 의협심을 발휘해 양사함으로써 전국 또는 외국에서 모여든 빈객이 천 명을 헤아릴 정도라면 유협 양주養主로서 나라에 견줄 만한 국협이라 할 수 있었다.

다음 등급의 유협으로는 외황의 장이, 패현의 왕릉 등이다. 현지 출신의 부유한 권세가 혹은 타지 출신이지만 현성縣城에 살면서 돈과 권세를 지닌 자와 밀접한 관계를 맺고 있는 인물이다. 문하에 따르는 자들이 백 명을 헤아릴 정도면 현협이라 할 수 있다.

다음 등급은 풍읍 향진의 유방과 같은 부류다. 향진에 살면서 집안이 부유하거나 달리 돈벌이 방도가 있어 마을 소년들을 이끌고 다니는 자들이었다. 삼삼오오 무리를 이뤄 방탕하게 빈둥거리곤 하는데, 그 무리가 수십 명을 헤아리면 향협의 축에 들었다.

가장 낮은 등급의 유협은 대체로 여리閭里에서 향진의 맏형을 따라다니며 행세하는 소년들이다. 예컨대 풍읍 중양리의 노관, 패현 도살장의 번쾌 같은 인물이 이협에 속한다.

유방은 풍읍 유협 소년들의 맏형 노릇을 하던 향협이었다. 비와 바람을 부릴 기세로 작은 지역을 호령했지만 풍읍에서 벗어나 패현에만 가도 통하지 않았다. 왕릉은 패현의 현협으로, 집안이 부유하며 의를 중시하고 재물을 가볍게 여기며 거침없고 솔직했다. 패현의 강호에서 꽤 명망 있는 우두머리 인물이었다. 유방은 패현 내의 많은 항협·이협과 마찬가지로 왕릉의 문하에서 왕릉을 맏형으로 섬기고 따랐다. 하지만 항협 유방은 포부를 지닌 인물이었다. 그가 생각하는 최고 경지는 신릉군을 따라 천하를 돌아다니는 것이었다. 유협 소년 유방에게 신릉군은 위대하고 아득히 멀어 몸으로는 다다를 수 없고 마음으로 동경하는 우상이며, 자신은 그에게 심복하는 추종자였다. 지금 말로 하자면, 신릉군은 세계를 비추는 찬란한 스타이고 유방은 지방에 칩거하던 광팬이었다. 유방은 황제가 된 후 대량을 지날 때면 반드시 신릉군의 묘에 들러 제사를 지냈다. 기원전 195년, 유방은 마지막으로 대량에서 제사를 지내면서 신릉군을 위한 묘지기 다섯 호를 두어 대대로 제사를 지내도록 했다. 유방은 유협 소년이던 때부터 자신이 품어온 흠모와 경모를 죽기 전에 이렇게 마지막으로 표현했다.

고금과 내외를 막론하고 우상을 향한 동경은 존재했다. 영화와 드라마가 없던 시절, 구비전승과 문자로 전해진 정치문화 인물은 자연스레 사람들이 주목하는 대상이 되었다. 신릉군이 세상을 떠난 이후, 그 기풍을 이어받은 장이가 외황에서 천하 호걸과 교유했고 그 명성은 위나라에서 초나라까지 전해졌다. 이를 접한 유방은 흠모하는 마음이 일어나 장이를 찾아가 따르기로 결심했다. 외황현은 풍읍에서 수백 리 떨어진 곳으로, 위나라의 선현單縣·몽현蒙縣·치현菑縣 등지를 거쳐야 했다. 소년 유방으로서는 처음 집을 떠나는 경험이었다. 지금으로 치자면, 갓 스물의 무명 청년이 자신이 경모하고 숭배하는 명사에게 의탁하기 위해 장쑤 펑현(풍현)에서 허난 민취안民權까지 풍찬노숙 생활을 하면서 두 다리에 의지하여 가는 것이나 다름없다. 이로써 그 열정과 의지와 결심을 미루어 헤아릴 수 있다.

유방이 어떻게 장이를 만났고 장이가 유방을 어떻게 대우했는지에 관한 자세한 내용은 사서에 기록되어 있지 않다. 다만 유방이 일찍이 여러 차례 장이의 문하에서 빈객으로 지냈으며, 그를 따라 강호에서 활약하던 시기에 외황에서 여러 달 지냈다고만 기록되어 있다. 처음부터 둘 사이가 좋았음을 알 수 있다. 두 사람은 이후로도 한결같은 관계를 유지했으며 왕이 된 이후 사돈을 맺기도 했다.

유방이 장이를 따르던 때는 대략 17~32세 무렵으로, 기원전 240~기원전 225년의 전국 시대 말기였다. 진나라의 역법으로 계산하면, 진왕 정政 7~32년에 해당한다. 기원전 240년 진왕 정은 20세로, 당시 친정을 시작해 정권을 장악하고 육국 멸망의 속도를 올리고 있었다. 유방이 27세이던 기원전 230년, 진나라는 한나라를 멸망시키고 영천군穎川郡을 세웠다. 유방이 29세이던 기원전 228년, 진나라 군대는 조나라를 멸망시키고 조왕 안安을 사로잡았다. 유방이 31세이던 기원전 226년, 진나라 군대가 연나라 수도 계성을 공격했다. 유방이 32세이던 기원전 225년, 진나라 군대가 대량을 수몰시켜 대량성이 파괴되었고 위왕 위가魏假는 투항했다. 진나라는 멸망한 위나라에 동군東郡과 탕군을 설치했고, 외황현은 탕군에 귀속되었다.

진나라 군대가 외황에 들어와 질서를 잡기 시작하자 민간의 불법 세력은 타격에 직면했다. 유협 명사인 옛 외향현령 장이 역시 진나라 정부에게 지명 수배되어 쫓기는 처지가 되었다. 위나라 지역에서 도망친 장이는 본래 초나라에 속했던 진군陳郡 진현陳縣으로 가서 이름을 바꾸고 숨어 지냈다. 이때 유방과 장이의 유협 관계가 중단되었고, 유방의 유협 생활 역시 일단락을 고했다. 시대의 조류는 한 걸음 씩 제국으로 진입했다.

11

진퇴양난의 불신

명나라 당순지唐順之는 육국의 멸망이라는 각도에서 볼 때 신릉군이 병부를 훔쳐 조나라를 구한 일은 무죄이며 공을 세운 것이라고 긍정했다. 그는 「신릉군이 조나라를 구한 것에 대하여信陵君救趙論」[15]에서 이렇게 말했다.

> 강한 진나라의 포악함이 극에 달해 이제는 모든 병력을 동원해 조나라를 공격하려 하니 조나라는 반드시 망할 터였다. 조나라는 위나라의 장벽이므로 조나라가 망하면 위나라는 장차 그 다음 차례다. 조나라와 위나라 또한 초나라·연나라·제나라의 장벽이므로 조나라와 위나라가 망하면 초나라·연나라·제나라 모두 그 다음 차례다. 천하의 대세가 이보다 더 위급한 게 없었다. 그러므로 조나라를 구하는 것이 또한 위나라를 구하는 일이며, 하나의 나라를 구하는 것이 또한 여섯 나라를 구하는 일이었다. 위나라 병부를 훔침으로써 위나라의 근심을 없애고 한 나라의 군사를 빌림으로써 여섯 나라의 재난을 덜었는데, 어찌 불가한

것이겠는가?[16]

글이 또랑또랑하고 빈틈이 없으며 그 논지는 힘 있게 정곡을 찌르고 역사적 안목이 풍부하다.

장평대전 이전에 연나라는 약소하고 제나라는 쇠퇴한 상태였다. 반면 진나라는 진 소왕의 견고한 통치 아래 양후穰侯 위염魏冉과 모사 장록張祿의 계획과 협조에 따라 군사 천재인 장수 백기를 기용했다. 한·위 연합군을 선제공격하여 승리를 거둔 뒤 초나라의 수도 언영을 공격해 점령했다. 기원전 260년, 진나라와 조나라의 장평대전이 폭발하자 백기가 통솔하는 진나라 군대는 조나라 주력군을 섬멸했고, 이로써 진나라에 맞설 나라는 없었다. 진나라 군대가 한단을 포위하자 조나라는 매우 위급했다. 당시의 형세에서 진나라가 육국을 병탄하는 것을 저지할 가장 중요한 장벽은 바로 조나라였다. 일단 조나라가 멸망하면 한나라·위나라·연나라 역시 원군과 의지할 곳을 상실하게 되므로 머지않아 망국에 처하게 된다. 한나라·위나라·연나라가 진나라에 귀속되면 초나라와 제나라는 직접 진나라 군대에 포위당하게 되어 싸워도 이길 수 없고, 지켜도 보존할 수 없이 소멸의 운명을 걷게 된다.

다국간 전략의 측면에서 논하자면, 조나라를 원조함이 위나라를 지키는 것이며 육국을 지키는 것이기도 했다. 역사의 결과로 볼 때 신릉군은 조나라를 구함으로써 진나라가 육국을 병탄하는 시기를 40년 지연시켰다. 대량이 일찌감치 허물어지지 않고 안희왕이 생전에 진나라 군대에 사로잡히지 않은 것은 모두 신릉군의 공적이 아닐 수 없다. 따라서 신릉군이 병부를 훔쳐 조나라를 구한 일은 위나라와 육국에 큰 공을 세운 것이므로 비난의 여지가 없다.

당순지도 처음에는 이러한 공을 치켜세웠지만 글의 후반에는 군신론君臣論의 관점으로 방향을 바꾸어 깎아내리고 만다. 병부를 훔쳐 조나라를 구한 신릉군의 행위는 오직 인간관계의 은혜와 신의만을 중시했을 뿐 신하로서 위나라 왕의 권력과 위엄을 무시한 채 무리를 지어 공을 저버리고 사사로운 은혜를 베푼 것이라고 질책한다.

> 세상이 쇠미해진 이래 사람들은 모두 공公을 저버린 채 목숨을 다해 사적 무리를 위하는 일에 익숙해진 반면, 절개를 지키고 나라를 위해 힘쓰는 도리를 잊었다. 중요한 재상은 있으나 권위 있는 왕은 없고, 사적 원한은 있으나 정의로운 분노는 없었다.[17]

당순지의 이러한 견해는 전제군주 독재 시대인 명나라 때의 도리로써 투쟁의 전국 시대의 군신관계를 평가한 것이니, 초점에서 한참 벗어난 것이다!

순자荀子는 신릉군과 동시대 사람으로, 「신도臣道」라는 글에서 신릉군을 사직지신社稷之臣, 국군지보國君之寶이며 명군이 존중하고 후대하는 불신拂臣이라고 했다. 순자는 군주가 일처리를 잘못하여 국가와 사직에 위험이 미치려 할 때 멸망과 위험으로부터 이를 구해내고 국난에서 벗어나게 해주는 네 유형의 신하가 있다고 했다. 즉 간신諫臣, 쟁신爭臣, 보신輔臣, 불신拂臣이다. 간신은 간언하는 신하다. 간신은 예로써 군주에게 간언하여 받아들여지면 남고 그렇지 않으면 떠난다. 쟁신은 목숨을 걸고 간언하여 다투는 신하다. 쟁신은 목숨을 걸고 군주에게 강력히 간언하여 받아들여지면 살고 그렇지 않으면 죽는다. 보신은 보필하는 신하다. 보신은 여러 신하와 힘을 합하여 강력하게 군주를 바로잡기 때문에 군주의 마음이 편치 않더라도 받아들이지 않을 수 없다. 그 덕분에 국가의 재난이 제거되면 최종적으로는 군주가 존귀해지고 나라가 평안해지는 결과를 얻는다. 불신은 거스름으로써 보필하는 신하다. 불신은 군왕의 명령에 맞서 군왕의 권력을 훔칠지언정 위난에 처한 국가를 안정시키고 정치를 그르친 군왕의 욕됨을 없앰으로써 최종적으로는 국가와 사직에 크게 이롭다.[18]

신릉군이 병부를 훔쳐 조나라를 구하려 할 때 이미 조나라와 위나라는 순망치한의 형세였다. 진비 군대가 출동하여 국경에 이르렀을 때 위나라 왕은 두려움과 의심 속에서 위나라 군대를 수서양단首鼠兩端하게 만들었고, 시국은 비상사태에 빠져 정상적으로 해결할 여지를 상실했다. 비상시기에 비상한 일이 생기면 반드시 비상한 인물이 비상수단을 써야 해결될 수 있다. 당시 신릉군이 병부를 훔쳐 조나라를 구한 불신의 행위는 비록 군왕의 권력과 의지를 거스르는 것이었으나 국가와 사직을 안정시켰다.

신도臣道의 근본은 도를 따르는 것이지 군주를 따르는 게 아니다. 국가와 사직이 먼저고 군주와 제왕은 그다음이다. 당시 신릉군은 먼저 간신과 쟁신의 도리를 한 뒤에 불신의 행위를 택했다. 군왕을 거스른 뒤에 공을 세웠고, 공을 이룬 뒤에는 군대를 위나라 왕에게 돌려보내고 자신은 조나라로 정치적 망명을 선택하여 타향살이를 했다. 이러한 행위는 생사를 돌보지 않은 것으로, 사심이 없고 충성스러우며 두려움이 없었으니 대공大公의 경지라 할 수 있다. 신도의 극치에 이르렀고 네 유형의 신하 가운데 최고봉에 도달했다고 보아 마땅하다.

최고봉은 최고의 경지이자 위험의 정점이기도 하다. 신도의 극한에 이른 불신의 행위로써 국가와 사직을 위난에서 구할지라도 군왕 통치의 기반을 흔드는 것으로, 신하로서 자신의 입지도 끊어질 수 있다. 전국 시대에 살았던 신릉군은 문객의 도움을 받고 유협의 행위를 드높였다. 그가 조나라로 망명을 선택한 것은 높은 인격과 굳은 절개를 지닌 불신으로서 유종의 미를 거둔 것이다. 한편 수십 년 뒤에 등장한 항우 역시 초 회왕의 명에 맞서 송의宋義를 죽이고 군대를 탈취해 조나라를 구함으로써 신릉군이 진비를 구하고 조나라를 구한 역사를 재연하여 불신이 되었다. 그러나 항우는 업적을 이룬 뒤 회왕을 죽이고 스스로 왕위에 올랐다. 그는 탈권奪權 혁명을 선택했고 패왕霸王의 도를 행하여 위험한 정세를 변화시킴으로써 천하를 재건하고자 했다. 일시적으로 성공하긴 했지만 최후에는 유종의 미를 거두지 못했다.

역사를 정리하며 역대 영웅을 두루 살펴본 결과, 나는 불신이란 실천하기 어려운 것이며 그 결말도 위험하다는 사실을 느낄 수 있었다. 젊고 혈기왕성하여 생사를 돌보지 않는 사람이 아니라면 할 수 없는 일이다. 신릉군이 병부를 훔쳐 조나라를 구했을 때의 나이가 서른 즈음이었고, 항우가 송의를 죽이고 강을 건너 조나라를 구했을 때는 겨우 스물다섯이었다. 2000년 뒤 장쉐량張學良은 장제스蔣介石를 구금한 시안西安사변을 일으켜 현대의 불신拂臣이 되었으며, 당시

그의 나이는 서른다섯이었다. 그의 운명은 종신 연금軟禁이었다.[19]

역사는 서로 다른 형식으로 되풀이될 뿐 결국 비슷하다. 비슷한 구조 속에서 변하지 않는 인성이 대동소이한 사극을 엮어낸다. 불신은 군주의 보물이며 명군은 불신을 존중하고 후대한다고 한 순자의 말은 이상화된 가상이라 하지 않을 수 없다. 역사상 불신을 용인한 군왕은 한 명도 없었다. 불신이 출현하는 날은 바로 군왕이 위태로운 때다. 불신은 군왕과 신하가 모두 다치는 비상수단을 사용해 위기의 국가를 구하고자 한다. 하지만 성패의 여부를 막론하고 동일한 군왕 아래서 공생할 수 있는 세상을 잃고 만다.

제 2 장

진 제국의 민간에 흐르는 암류

1

패현, 진나라에 귀속되다

유방은 초나라 사람으로, 전반의 32년 생애를 초나라의 패현에서 보냈다. 그 가운데 초 고열왕 치하에서 18년을 보냈고, 초 유왕幽王 치하에서 10년을 보냈고, 마지막 4년은 초왕 부추負芻 치하에서 보냈다. 초나라 사람으로 살았던 32년 동안 그는 벼슬길과는 인연이 없었다. 종군하여 싸우지도 않았고 지방의 하급관리가 되지도 않았다. 또한 농사와 장사에 힘쓴 적도 없고 재산을 불리는 데도 무관심했다. 어려서부터 읽고 쓰고 셈하는 것을 배우긴 했으나 말 그대로 읽고 쓰고 셈하는 법을 배웠을 뿐, 배다른 막냇동생 유교처럼 학자의 가르침 아래 장차 학문을 탐구할 뜻은 없었다. 그 길은 그의 취향에 맞지 않았다. 성년이 된 유방은 유협을 자임하며 거리로 나가 제멋대로 돌아다니며 귀천을 따지지 않고 호걸들과 어울렸다. 아버지와 형은 이런 유방을 좋아하지 않았고 향리 사회에서도 칭찬이나 인정을 받지 못했다. 주류와 정도正道에서 완전히 멀어진 유방은 그저 무뢰한으로 간주되었다. 직업도 없이 불량하게 돌아다니는 교활하고 완고하며 쓸모없는 부류였다.

“탕자가 개심改心하는 것은 금으로도 바꿀 수 없을 만큼 귀하다”는 속담이 있다. 모든 탕자가 개심하는 건 아니며, 개심한 탕자는 각자 나름의 이유가 있다. 유방이 정도로 돌아와 유협에서 지방 하급 관리가 된 것은 시국의 변동 때문으로, 어쩔 수 없는 상황이었다. 기원전 223년, 즉 진왕 정 24년이자 초왕 웅계熊啓 원년이던 해에 진나라 장수 왕전王翦과 몽무蒙武가 60만 대군을 이끌고 초나라를 공격했다. 이에 초나라 군대가 패하자 초왕 웅계는 죽고 초나라 장수 항연項燕은 자살함으로써 초나라는 멸망했다.[1] 유방의 고향 패현 역시 진나라 군대에 점령당했다. 초나라가 진나라에 귀속된 것은 패현 지방의 풍읍 사람들에게 중대한 정치 변혁이었으며, 유협 유방에게도 인생의 중대한 전환점이었다.

진나라는 법으로 다스리는 국가였다. 엄격한 법령과 고효율의 관료기구야말로 육국을 치고 천하를 통치하게 된 비결이다. 진나라 군대는 회북을 점령한 뒤, 오랫동안 추진해온 정책에 따라 기존의 초나라 지방정부를 없애고 사수군을 설치해 회북을 다스렸다. 패현이 사수군의 속현으로 편제된 것도 이때부터였다. 새로운 군현 정부는 진나라의 호적 십오什伍제도에 따라 신속하게 향리 사회를 새롭게 편제했다. 다섯 집이 1오伍가 되고 열 집이 1십什이 되어 군대의 십오 편제와 연동되었다. 이로써 집권 정부의 행정 통제가 각 집안의 개인에게까지 철저히 실현되었다. 진나라의 호적 십오제도는 소가족을 단위로 하여 인구와 재산을 등록하고 부세·병역·노역을 징수했다. 모든 백성은 호적이 있는 토지에 고정되어 있었고, 마을 사람들은 서로 감독하고 연좌되어 있어 마음대로 호적지를 떠날 수 없었다. 이러한 새로운 제도의 실행에서 가장 큰 영향을 받은 대상은 바로 직업 없는 유민이었다. 특히 직업 없는 유민의 대표인 유협은 생존의 기반을 거의 상실했다.

진나라 법치의 이론적 기초는 법가法家 사상이다. 법가는 유민의 우두머리인 유협을 국가의 제도를 어지럽히는 해충으로 간주하여 엄하게 금할 것을 명백히 공포했다. 패현이 소재한 곳은 초·위의 접경 지역으로, 예로부터 행정이 느슨해 유협의 성행이 골칫거리였던 지역이다. 당연히 새 정권이 들어서자 관할구역 내 유협과 위법자에 대한 진압이 단행되었다. 유방이 추종하던 장이는 일찍이 위나라 대량 외황 일대에서 활약하던 유협이었으나 이제 진 정부의 수배 대상이 되어 몰래 행방을 감추었다. 이렇듯 시국이 변하자 유협 유방은 새로운 체제에 편입되어 고정 주거지와 직업을 가지고 새 사람이 될 것인가, 이곳저곳 떠돌아다니면서 제국의 법 바깥에서 죄인으로 살아갈 것인가 하는 중대 기로에 섰다.

법치국가인 진나라는 모든 일을 법률 규정에 따라 처리했다. 법률 규정이 냉혹하고 무정하긴 하지만 서로 다른 지역과 계층 그리고 서로 다른 사회관계에 있는 사람들에게 차별 없이 공평한 것이기도 했다. 신임 현령과 주요 관료는 진나라 관제에 따라 정부가 직접 임명했으며 현지인은 기용하지 않았다. 이하 관리들은 현지인 중에서 추천과 시험을 통해 선발했다. 진나라 군현의 하급관리 선발에는 여러 경로가 있었다. 군대의 관리였다가 전임할 수도 있고, 일정한 재산과 행동 기준에 근거해 지역 인사를 추천하거나 시험을 거쳐 선발할 수도 있었다. 패현은 새로운 점령 지역으로, 진나라 군대는 외부에서 온 탓에 군관의 전임에는 한계가 있었기에 추천이나 시험이 편리할 수밖에 없었다. 이런 방식은 현지인이 현지 정권에 참여하도록 문호를 열어줄 뿐만 아니라 호적에 등록된 일반 백성에게 정권으로 진입할 기회를 주는 것이었다.

공자는 '삼십이립三十而立'이라고 했다. 초나라 멸망 후 패현이 진나라에 귀속되었을 때 이미 서른 넘은 유방에게 유협의 길은 막혀버렸고, 농사에 힘쓰는 데는 흥미가 없었다. 추천을 통해 관리가 되려면 향리로부터 좋은 평판을 받고 덕행이 있어야 했으니, 유방은 도리 없이 시험을 통해 관리가 되는 길을 택했다. 진나라에서 선발하는 하급관리는 문文과 무武 두 분야가 있었다. 문관은 주로 읽기·쓰기·셈하기를 평가받고, 무관은 검술과 무예에 능숙해야 했다. 읽고 쓰고 셈하는 건 어려서 배운 적이 있기 때문에 그간 잊었다 해도 다시 익히는 일은 어렵지 않았다. 검술과 무예는 유협의 근본이었으므로 유방에게는 좀더 쉬웠다. 진왕 정 24년(기원전 223) 무렵 유방은 지방 하급관리 선발시험에 합격하여 패현 관할의 사수정泗水亭 정장亭長으로 임명되었다. 그해 유방의 나이 34세였다.

정권이 교체되고 사회가 동요하는 시기에는 어중이떠중이가 섞이고 온갖 잡배가 출몰하는 법이다. 한편 옛 사회에서 인정받지 못하던 건달 무뢰배에게는 새롭게 시작할 기회가 되기도 했다. 아무튼 시대가 바뀌었고 묵은 빚을 말끔히 청산하고 형제들 모두 혁명을 빌려 새롭게 다시 돌아올 수 있었다. 초나라가 진나라에 귀속되었다는 것이 초나라의 귀족 관료에게는 국가와 집안의 불행이자 치욕이지만 시정의 서민인 유방에게는 그저 생계가 바뀌었을 뿐이다. 유협에서 하급관리로 바뀐 것은 유방의 삶에 각별한 의미가 있다. 무엇보다도 그는 체제 바깥에서 내부로 진입함으로써 대항과 통치라는 두 측면을 몸소 체험했다. 이 극단의 체험은 그의 미래를 위한 큰 자원이 되었다고 할 수 있다.

2

사수정 정장과 그의 형제들

정亭은 진·한 시대 정부의 말단 조직 가운데 하나로,[2] 전국에 분포되어 있었다. 주로 교통의 요지에 설치되며 대략 10리(3킬로미터에 상당)마다 하나씩 있었다. 정은 본래 군사 교통을 위한 기구였으나 차츰 군사 교통과 치안 행정을 겸한 기층 정부기구로 변모했다. 정의 교통 기능 면으로는, 우선 오가는 교통 사절들을 접대하거나 숙소로 제공되는 정사亭舍가 있었고 정부 우편물의 수발과 전달을 체계적으로 담당했다. 지방행정 기능 면으로는, 정이 소재한 지역을 정부亭部라고 하여 정부 지역의 치안 및 질서를 유지하고 도적을 추포할 책임을 지고 있어 지금으로 치면 우편·통신 거점 겸 파출소라 할 수 있다. 정에는 일반적으로 정장 한 명을 두고 그 아래에 치안을 책임진 구도求盜 한 명, 정사亭舍의 개폐·청소·관리 등의 잡무를 책임진 정부亭父 한 명이 있었다. 정은 준準 군사기구이기도 하여 평소 활·창·방패·검·갑옷 등의 무기가 구비되어 있었다. 이곳을 지키는 정장은 무직武職으로, 퇴역 군인 혹은 시험에 합격한 무관이 맡았다. 정은 현 정부에서 직접 통할하는 파출 기구이기 때문에 현의 주리연主吏掾이 관장했다.

사수정은 패현의 동쪽에 있었는데, 현성 동쪽 교외의 요도에 자리했다. 그 옛터는 지금의 웨이산호微山湖 근방이다. 웨이산호는 훗날에 생겨난 호수로, 진·한 시대에는 습지와 소택이 많은 저지대였다. 유방의 출생지인 풍읍은 패현의 서쪽에 있었고, 사수정과는 100리 정도 떨어져 있었다. 사수정 정장으로 임명된 유방은 집을 떠나 단신으로 부임하여 어슬렁거렸다.

속담에 이르길 "강산은 바꾸기 쉽지만 타고난 본성은 바꾸기 어렵다"[3]고 했다. 청소년기에 형성된 개성과 습관은 대개 평생토록 바꾸기가 어렵다. 관리가 되기 전의 유방은 향리의 유협으로, 유협은 사방을 구름처럼 떠돌며 벗을 사귀고 형제들 간의 의리를 중시하는 특징이 있다. 그러나 이제 관부의 하급관리가 되어, 관리의 도[4]와 관리의 법이 규정한 여러 가지 통제를 받아들여야 했다. 마치 미후왕美猴王(손오공)이 필마온弼馬溫이 되어 더 이상 제멋대로 나쁜 짓을 못하게 된 것과 같았다. 정부의 법령은 엄밀하고 관리로서의 공무를 맡고 있는 이상 사방을 쏘다니는 건 불가능하다. 하지만 아무래도 술은 마셔야 하고 벗은 사귀어야 했다.

유협 시절 유방의 벗은 패현의 만형 왕릉, 풍읍의 친구 노관 같은 민간의 형제들이었다. 그러나 사수정 정장이 된 뒤로는 어쨌든 한 곳의 우두머리로서 관인을 차고 관모를 쓰고 갑옷을 입고 칼을 찼으며, 한 손엔 죽간을 쥐고서 명령하고 다른 한 손엔 포승줄을 쥐었다. 수하로 부리는 관원도 두셋 있었으니, 마치 미국 서부영화의 보안관처럼 위엄을 갖게 되었다. 물이 불어나면 배도 올라가듯 환경이 바뀌면 상황도 달라지게 마련이다. 유방의 왕래 범위도 자연스레 건달들에서 확대되어 패현 정부의 말단 속관까지 알고 지내게 되었다. 이러한 인간관계는 그에게 큰 자산이 되었다. 진나라 말에 유방이 군대를 일으켰을 때 그를 따랐다가 훗날 한 제국의 개국공신이 된 일군의 인물들은 대부분 유방이 사수정 정장으로 있을 때 친분을 맺은 패현의 하급관리였다.

사수정

패현의 관리 가운데 가장 이른 시기에 유방과 교류한 인물로는 소하를 꼽아야 할 것이다. 소하는 패현 풍읍 사람으로, 유방과 고향이 같다. 유방과 소하가 친분을 맺게 된 계기는 초나라 시대에 유씨와 소씨의 마을이 왕래하던 때까지 거슬러 올라간다. 유방보다 나이가 좀더 많았을 법한 소하는 유방과는 전혀 다른 유형의 인물이었다. 소씨는 풍읍의 대성大姓으로 종족宗族이 수십 집이나 되는, 대대로 지체 높은 집안이었다. 더욱이 소하는 풍읍 소씨 일족에서 모범적인 인물로, 사람됨이 신중하고 법도가 있었으며 일처리가 노련하고 관리 행정에 능했다. 마을 안팎 및 위아래 사람들과 관계된 일들을 질서정연하게 세세히 처리하곤 했다.

진나라가 들어선 뒤 소하는 관리가 되었으며 문법文法관리(문관)의 일에 능했다. 그는 상급 주관자에게 인정받아 패현의 주리연, 즉 현 정부 사무실의 주임으로 승진했다. 그는 현부縣府의 사무를 책임지고 관할 관리의 심사·승진·강등을 모두 관장했다. 진 제국 정부는 해마다 정부 관리의 업적을 평가하여 상벌과 지위를 결정하는 엄격한 심사제도를 시행했는데, 소하는 이 심사에서 군 전체 일등으로 평가받아 사수군의 감찰장관인 군어사郡御史의 인정을 받았다. 군어사는 소하를 보기 드문 인재라 여기고 중앙정부에 그를 추천하여 봉직하게 하려 했다. 소하가 이를 거듭 사양하여 이 일은 추진되지 않았으나, 이미 유능한 관리로서의 평판은 패현 시대에 갖추어졌다.

유방이 사수정 정장이 되기 전에 여러 차례 불법을 저질렀는데, 소하는 같은 고향 사람으로서 허물을 덮어주었다. 유방이 사수정 정장으로 일할 때도 때때로 탈선하여 법을 어겼다. 그때마다 주리연인 소하는 유방의 상사로서 일을 무마하여 별 탈 없이 넘어가게 해주었다. 젊은 시절 방탕한 유협이었던 유방은 향리에서 환영받지 못했을 뿐더러 사수정 정장이 되어서도 위로 오르려 하기보다는 술과 여색을 즐겼으며, 사납고 고집스럽고 오만방자했으며 터무니없는 언동을 일삼았다. 소하는 그런 유방의 행동을 마뜩잖게 여겼으나 행동이 과감하고 일이 생기면 충분히 감당할 만한 유방의 품성을 좋게 보았다. 현명한 그는 유방의 독특한 매력을 알아챌 수 있었다. 유방은 아랫사람에게 호기롭게 대하여 다양한 부류의 사람이 그를 따랐고, 위로는 자신을 낮출 줄 알아서 일찍이 장이를 따르고 왕릉을 형님으로 섬겼다. 더욱이 관리가 된 뒤로는 규칙을 잘 지키진 않았지만 세력이 있어 패현의 이졸吏卒 가운데 무시할 수 없는 인물이었다. 우연히 몇 차례 이야기를 나눠본 소하는 유방이 겉으로는 오만하고 무례하지만 내면은 지혜롭고 도량이 넓다는 것을 깨달았다. 유방은 곤드레만드레 술에 취해 허튼소리를 늘어놓다가도 일리 있는 말을 들으면 즉시 깨닫고 입을 다물거나 사죄하며 딴사람처럼 굴었다.

패현의 여러 관리와 백성 가운데 소하는 특히 유방을 눈여겨보았다. 진시황 35년(기원전 212), 사수정 정장이던 유방은 수도 함양으로 일 년 동안 부역을 가게 되었다. 먼 곳으로 떠나게 되자 유방과 알고 지내던 패현 관리들이 전송을 해주러 찾아와서는 관례에 따라 전별금으로 300전을 주었다. 유방이 소하의 봉투를 열어보니 500전이 가지런히 담겨 있었다. 진·한 시대 관리는 달마다 임금을 받았는데, 이를 '월봉月俸'이라 불렀다. 정장 같은 기층 하급관리의 월봉은 고작해야 수백 전에 불과했고 여러 해를 거듭해도 인상되기는 어려웠다.[5] 전별금으로 300전을 주는 것만으로도 봉록에 맞먹는 후한 예우인데, 소하는 상사로서 전례를 깨고 500전을 주었으니 각별한 경우가 아닐 수 없었다. 이 일을 유방은 평생 잊은 적이 없다. 훗날 천하를 평정하고 논공행상을 할 때 유방은 특별히 소하에게 2000호의 봉읍을 더해주었다. 바로 옛날에 소하가 더 얹어주었던 200전에 대한 보답으로, 작은 은혜에서 샘이 솟아나듯 큰 보답을 하는 유협의 기풍을 읽을 수 있다.

하후영은 유방이 사수정 정장으로 있을 때 새로 친분을 맺은 형제들 중 한 명이다. 하후영 역시 패현 사람으로, 패현 정부의 말과 수레를 관리하던 구사어廐司御였다. 그는 사신과 빈객을 태운 수레를 몰거나 문서와 우편을 전달하느라 자주 사수정을 지나갔다. 오래 왕래하면서 하후영은 유방과 마음이 맞다고 느꼈다. 그는 빈객을 전송하고 사수정을 지나갈 때면 늘 수레에서 내려 유방과 시간 가는 줄 모르고 환담을 나눴다. 나중에 하후영이 정식으로 현 정부에 임용되어 하급관리가 되어서는 더욱 유방과 돈독한 관계가 되었다.

어느 날 놀이 삼아 칼싸움을 하던 중 유방이 실수로 하후영을 다치게 했는데, 누군가 유방을 고발했다. 진 왕조에서는 관리가 다른 사람을 다치게 할 경우 법률상 형사 책임을 엄격히 추궁해 가중 처벌했다. 중죄를 면하기 위해서 유방은 하후영을 다치게 한 사실을 부인했고, 하후영 역시 유방의 죄가 아니라고 극구 부인했다. 그러자 관리끼리 한패가 되어 서로를 비호했다는 혐의로 상부로부터 엄중한 취조를 당했다. 하후영은 이 때문에 거의 1년 동안 감옥에서 고문을 받고 수백 대의 매질을 당했지만 이를 악물고 견뎌냈다. 결국 증거 삼을 자백이 없어 하후영은 석방되었고 유방도 추궁과 정죄에서 벗어났다. 이후 두 사람은 생사를 함께하는 사이가 되었다. 유방이 기병했을 때 하후영은 패현의 영사令史로서 그를 따라나섰으며, 이후 내내 유방의 곁을 지킨 채 수레를 몰았다. 한 제국이 세워진 뒤 하후영은 제국의 교통부장인 태복太僕이 되어 중앙 대신의 반열에 섰으나, 여전히 황제 유방의 수레를 직접 몰기를 좋아했고 옛날과 마찬가지로 친밀하고 영광스럽게 여겼다.

유방이 사수정 정장으로 있을 때 깊이 사귄 또 한 명의 형제는 임오任敖다. 임오 역시 패현 사람으로, 젊었을 때 패현 감옥에서 하급관리로 있었다. 의리를 중시한 그는 벗을 위해서라면 자신이 칼을 맞는 인물이었다. 2세가 제위에 올랐을 때 유방이 관직을 버리고 달아나 관부에 쫓기게 되자 부인 여치呂稚가 체포되어 감옥에 갇혔다. 이에 대로한 임오는 여치가 갇힌 감옥의 옥리를 때려눕혀 만형의 아내가 고초를 덜 겪도록 보호했다. 임오 역시 유방이 기병했을 때 따라나 섬으로써 광아후廣阿侯에 봉해졌으며 상당군上黨郡 군수에 제수되었다. 여후呂后가 정권을 장악했을 때는 과거의 은혜 덕분에 어사대부御史大夫에 임명되어 한 제국의 사법 정무를 주관하는 부승상의 지위에 올랐다. 황제가 된 유방은 사수정 정장으로 생활하던 때의 옛 은원을 거의 모두 보답했다.

유방의 초기 교우 관계에서 우리는 몇 가지 유형을 찾아볼 수 있다. 장이, 왕릉과의 사귐은 윗사람에 대한 아랫사람의 심복으로, 빈객이자 후배가 윗사람을 추종하는 것이었다. 이러한 친분은 만형에 대한 동생의 앙모와 경외로, 종(유방)과 주의 관계였다. 반면 유방이 관리가 되기 전의 노관, 관리가 된 이후 하후영이나 임오와의 사귐은 윗사람으로서 아랫사람을 대하는 것이었다. 유방은 무리의 중심에서 의기투합한 형제들을 규합하며 주(유방)와 종의 관계를 형성했다. 유방과 소하는 또 다른 유형의 관계였다. 유방과 소하는 집안 배경이 다르고 품성과 성정도 판이했기 때문에 사적으로 흥겹게 술잔을 주고받는 사귐은 없었다. 술자리를 하더라도 서로 예절을 지켰다. 그들 간에는 시종일관 일정한 거리가 유지되었으며, 서로 인정하면서 경계하고 협력했다. 자신에게는 없는 상대의 장점을 인정했으며, 상대의 결점을 분명히 알았지만 허물로 여기지 않았다. 그들은 상호 보완의 필요성을 느꼈다. 유방과 소하의 교분은 대등한 사인士人 간의 의례적 관계로, 물처럼 담담한 투명한 성격이 강했다. 유방 초기의 이런 인간관계는 평생 동안 영향을 끼쳤고, 한 제국이 세워진 이후의 군신관계에서도 마찬가지였다.

3

주색가가 결혼하여 새 생활을 하게 되다

유방은 술과 여색을 좋아해 주색가로 불렸다. 술과 여색을 좋아하는 사람은 대개 끓어오르는 열정을 지니고 있다. 이런 사람이 업적을 이루고 못 이루는 것은 어떤 상황에서 어떤 사람을 만나는가에 달려 있다.

유방의 시대에는 화하華夏의 고풍이 남아 있어 혈기왕성한 사내는 생명을 가벼이 여기고 의를 중시하며 무武와 호협을 숭상했다. 술과 여색을 좋아하고 술주정 부리며 내키는 대로 행동하는 것도 장부의 자연스런 습성이었다. 위魏·진晉 이후의 민감하고 문약하며 현학玄學에 심취하고 목숨을 아끼며 정기가 문화에 소모되어 쪼그라든 상태 따위는 찾아볼 수 없었다.

사수정 정장 유방이 자주 찾아가던 술집들은 사수정사 근처에 있었다. 한 곳은 왕王 아주머니 술집이었고, 다른 한 곳은 무武 아주머니 술집이었다. 두 곳 모두 향진의 작은 주점으로, 일상적인 몇 가지 요리와 직접 빚은 시골의 곡주를 팔았다. 단골손님들은 대부분 사수정 인근 마을에 사는 이웃이었기에 속내를 잘 알았고, 술집에 들어오면 모두가 상객이었다. 술과 밥을 배불리 먹고 나서 주머니에 돈이 있으면 내고, 돈이 없으면 적어두었다가 월말이나 연말에 결산했다.

유방은 왕 아주머니 술집과 무 아주머니 술집에서 늘 외상으로 마셨다. 전해지기로 그가 술에 취해 술집에 누워 있을 때면 온갖 괴이한 것이 모습을 드러내 왕 아주머니와 무 아주머니가 놀라고 기뻐하며 보았다고 한다. 대체 어떤 괴이한 것인지 자세히 설명된 바는 없지만 아마도 유방이 출세한 뒤의 민간 전설일 것이다. 아무튼 유방이 외상으로 술을 먹는 날이면 두 술집은 몇 배로 장사가 잘 되어서 왕 아주머니와 무 아주머니는 특별히 기뻐했으며, 연말이 되면 유방의 외상 기록이 적힌 죽편을 잘라서 없앴다.

생각해보면 이 이야기는 거짓이 아니다. 사수정 정장인 유방은 그 일대에서는 유력가인 셈으로, 술집 주인으로서는 유방이 술집을 찾아오는 것이야말로 가장 바라는 일이며 유방이야말로 소홀히 할 수 없는 고객이었을 것이다. 유 정장이 취해서 뻗는 것은 술집 주인들이나 사수정에 실질적인 이익이었으니, 선전할 만한 미담이었다. 호사가들이 이를 전하면서 약간의 과장을 추가한 것은 자연스런 일이다.

유방은 혼자 몸으로 부임했으니 친구 사귀기에 더없이 좋았다. 마침 사수정은 교통의 요지였으며, 유방은 우편 행정과 교통을 관장하는 역장이었다. 남북을 왕래하며 공적·사적으로 교류하는 사람들을 죄다 자신의 단골 술집으로 데려갔을 테니 장사가 몇 배나 잘되지 않을 수가 없었을 것이다. 또한 술집을 하는 사람이 가장 두려워하는 것은 난폭한 자가 소동을 일으키는 것으로, 흑도黑道와 백도白道 양쪽에서 돌봐주고 보호해주지 않으면 순조롭게 운영할 수가 없다. 그런데 파출소 소장이기도 한 유 정장이 드나드는 술집에서 어느 멍청이가 소란을 피우겠는가? 시간이 흐르면서 유 정장이 두 술집의 단골이라는 사실이 알려지자, 마을 사람들은 부탁할 일이 있으면 술집에서 술을 마시면서 자연스럽게 말을 건네는 편이 한결 쉬웠을 것이다. 이 또한 술집 영업에 큰 도움이 되었을 것이다. 왕 아주머니와 무 아주머니의 나이가 얼마이고 어떻게 생겼는지는 알 수 없지만 향진의 중요한 길에 술집을 차린 여주인이다. 그 둘이 (『수호전水滸傳』에 나오는) 양산박梁山泊의 손이낭孫二娘이나 (경극京劇에 나오는) 사자빈沙家濱의 아칭싸오阿慶嫂 같다고 말할 수는 없지만 적어도 세상물정에 밝고 처세에 능한 인물이었을 것이다. 유방 같은 고객은 최고급 가마로도 모셔올 수 없는 재신財神이므로 평소 외상 장부에 기재하는 건 형식이었을 뿐이다. 연말이 되면 유 정장에게 정성을 다해 술과 요리를 대접하고, 그의 흥이 한창일 때 외상이 기록된 죽간을 절단하는 것은 묵계이자 모두를 기쁘게 하는 일이었다.

유방은 여색을 좋아했지만 늦게 결혼하였고 자식도 늦게 얻었다. 유방의 맏아들 유비는 훗날 한 왕조의 제1대 제왕齊王에 봉해진다. 유비는 서출로, 유방이 출세하기 전 정부였던 조曹 부인의 소생이다. 정부란 정식 부인이 아닌 남몰래 정을 통하는 혼외 여자다. 조 부인에 대해서 알려진 사실은 거의 없는데, 유방이 조 부인과 교제한 것은 결혼하기 전이었다. 아마 조 부인은 유부녀였을 테고 유방과 몰래 관계를 맺어 유비를 낳았을 것이다. 유비는 조씨 집안에 호적을 올리고 조씨 집안에서 자랐다. 유방이 출세했을 때 조 부인은 세상을 떠난 뒤였던 듯하다. 유방은 유비에게 유씨 성을 돌려주고 유비의 모친을 위해 조 부인이라는 칭호를 추증해줌으로써 옛 인연을 원만하게 갈무리했다.

유방은 사수정 정장으로 일할 무렵, 혼인이라는 인륜대사를 이루었다. 유방에게 시집와서 본부인이 된 여인은 여呂씨 성에 치雉라 불렸다. 사서에서 여후呂后로 칭한 그녀는 훗날 중국 역사에서 사실상 첫 여황제가 되었다.

여치의 아버지 여공呂公은 네 명의 자식을 두었는데, 맏아들 여택呂澤, 둘째 아들 여석지呂釋之, 셋째 여치, 막내딸 여수呂嬃다. 여택과 여석지는 훗날 기병한 유방을 따라 공을 세워 후侯에 봉해졌고 여수는 유방의 오랜 전우 번쾌에게 시집갔으니, 모두가 대단한 인물이다. 여공은 선보현單父縣 사람이었다. 선보는 패현 서쪽에 이웃한 현으로, 진나라 때는 탕군에 속했다. 예로부터 송나라의 영역이었는데 송나라가 멸망한 이후 위나라에 귀속되었다. 여공이 패현령과 교분이 두터운 사이였던 것으로 보아, 선보에서 명망을 지녔을 것이다. 선보에서 여공이 누군가와 원수 사이가 되었고, 그 원수가 분쟁을 일으키고 성가시게 굴자 이를 피하여 집안이 패현으로 옮겨왔다. 여공이 갓 패현으로 왔을 때 처음엔 잠시 동안 패현령에게 의지해서 지내게 되었다. 패현령은 여공을 상빈上賓으로 대했다. 여공 역시 패현의 풍토와 사람들에게 친근함을 느껴 마침내 패현에 정착하기로 결심했다.

여공은 거처할 집이 정해지자 큰 연회를 베풀어 패현령의 보살핌에 감사를 표하고 패현 부로父老의 정에 보답하고자 했다. 패현령은 연회에 참석하기로 하고 현의 주리연인 소하에게 연회를 관장하게 했다. 이렇게 해서 현 전체가 떠들썩해졌다. 패현의 거물, 관리, 호걸은 이 소식을 여기저기 알렸고 사람들은 잇달아 예물과 하례금을 가지고 찾아왔다. 이날 예물을 거두고 접대하는 일과 좌석 배치는 모두 소하가 담당했다. 소하는 예물을 많이 낸 사람은 상석에 앉히고 적게 낸 사람은 하석에 앉히도록 부하에게 지시했다. 또한 하례금이 1000전이 안 되는 사람은 당하堂下에 앉히도록 했다.

소식을 들은 유방도 어울려 즐기고자 사수정에서 달려왔다. 사수정 정장이 된 이후로 유방은 패현의 속리屬吏들과 안면을 익혀왔으나 진심으로 심복할 만한 인물은 없으며 대부분 변변찮다고 느끼고 있었다. 유방이 즐거운 마음으로 여공의 새집에 도착하자 알자가 손님들의 하례금을 일일이 명부에 적고는 큰소리로 하례금의 액수를 외친 뒤 상석과 하석을 정해주고 있었다. 유방은 자신이 빈손으로 온 것을 떠올리고는 콧방귀를 뀌고 크게 외쳤다.

"사수정 정장 유계, 하례금 1만 전!"

유방은 말이 떨어지기가 무섭게 곧장 상석으로 향했다. 자리에 있던 빈객과 알자는 깜짝 놀라 어안이 벙벙한 표정을 지었다. 여공이 깜짝 놀라 자리에서 일어나 직접 유방을 안으로 맞이했다.

당시 돈의 가치로 따졌을 때 하루치 품삯은 대략 10전이 되지 않았고, 정장인 유방의 한 달 봉록은 수백 전에 불과했다. 군현의 말단 하급관리 사이에서 관혼상제와 전별금으로 오가는 돈은 대략 100전 단위였다. 여공은 현령의 귀빈으로, 현령의 봉록은 급에 따라 600석에서 1000석이었다. 한 달 봉록을 1000전이라고 쳤을 때 하례금이 1000전이 넘으면 현령으로서는 상객을 상대하는 후한 예우였다. 하물며 1만 전으로 하례하는 것은 장상將相·왕후 간에나 오갈 숫자로, 패현 지방에서는 아마 전대미문의 일이었을 것이다. 당시 깜짝 놀란 이가 어찌 여공뿐이었으랴. 자리에 있던 모든 이가 대경실색했을 것이다.

여공은 지모가 뛰어난 사람으로 관상을 즐겨보았다. 그가 유방의 생김새를 자세히 훑어보니 코가 높고 얼굴이 넓으며 수염도 멋진 편으로, 평범해 보이지 않았다. 그는 얼른 존경하는 태도로 유방을 상석에 앉게 했다. 연회의 주관자이자 유방의 상사이기도 한 소하는 여공에게 가까이 다가가 말했다.

"유계라는 인간은 큰소리만 칠 뿐 실행에 옮기는 일은 별로 없습니다. 진지하게 받아들이지 마십시오."

소하는 어떻게든 곤란한 상황을 완화시키려 애썼다. 여공은 아무 말도 하지 않고 웃으면서 유방을 자세히 관찰했다. 빈말로 하례금을 외치고 상석에 앉은 유방의 표정에는 자책이나 불안한 기색이 없었다. 오히려 술자리에서 태연하게 손님들에게 농담을 던지는 표정이 마치 상전이 아랫사람 대하는 듯했다. 여공은 속으로 그를 칭찬했다.

술자리가 끝날 즈음 여공은 눈짓으로 유방을 남게 했다. 손님들이 모두 떠난 뒤 여공은 유방을 안으로 들어오게 해 앉혀놓고는 깊은 이야기를 나누었다. 그리고 유방에게 말했다.

"내가 어려서부터 관상 보길 좋아해서 사람들 관상을 많이 봐주었다오. 당신처럼 귀한 상은 여태 본 적이 없소. 부디 자중자애하시길 바라오. 내 슬하에 딸이 있는데, 싫지 않다면 집안에 들여 청소라도 시켜주시오."

유방은 총명한 사람이어서 농담은 농담으로 받아들이고 진지한 일은 진지하게 받아들일 줄 아는데, 여공이 자신을 중시하는 태도로 기대를 보이자 감사함에 북받쳐 진지한 태도로 즉시 응낙했다. 유방이 감사의 말을 남기고 돌아가자 여공의 부인이 화를 내며 질책했다.

"당신은 우리 딸을 애지중지하시면서 반드시 귀인과 짝을 지어주겠다고 하셨잖아요. 당신과 오랜 친분을 맺어온 패현령이 딸을 달라고 거듭 청해도 허락하지 않으시더니 어째서 헛되이 유계 같은 사람과 맺어주려 하십니까?"

여공이 대답했다. "다 생각이 있어서 하는 일이오. 그 이치는 당신 같은 아녀자가 이해할 수 있는 게 아니오."

여공의 계획 아래 유방은 여치를 아내로 맞았고, 이로써 독신생활을 끝냈다.

나는 『사기』의 이 대목을 읽을 때마다 느끼는 바가 있다. "하례금 1만 전"을 외친 유방의 흰소리는 확실히 인상 깊은 것으로, 그가 보통사람과 다르다는 것을 느끼게 한다. 일반적 관점으로 그의 품행을 논하자면, 그럴 듯하게 속이고 생떼를 쓰는 태도는 그야말로 후안무치한 건달이다. 관리의 도리라는 관점에서 논하자면, 상사를 무시하고 허무맹랑한 거짓말을 했으니 당장 끌어내 곤장 300대를 때려 마땅한 교활한 관리다. 하지만 정치가의 자질이라는 관점에서 논하자면 그는 정말 비범하다.

정치는 무대와 같아서 정치가에게는 연출과 연기가 필요하다. 지금으로 치자면 정치가는 '쇼'를 할 줄 알아야 한다. 그리고 정치가의 흔한 수법 중 하나는 빈말과 거짓말로 사기를 진작시키고 군중을 동원하는 것이다. 소위 '위대한 빈말'이 바로 그것이다. 빈말과 거짓말을 하는 자는 흰소리를 하고도 부끄러워하지 않아야 한다. 거짓인 줄 알지만 거짓을 이용해 허세를 부려야 하며, 거짓인 줄 알지만 거짓을 이용해 남들이 진짜라고 믿게 만들어야 한다. 쇼의 최고 경지는 자신조차 사실로 믿을 만큼 물아일체에 이르러 진짜와 가짜가 같아지는 것이다. 훗날 유방의 정치 생애를 놓고 볼 때 그의 정치 쇼와 연기는 일류라 할 만하다.

여공은 정치적 인물이었다. 그가 유방을 사위로 고른 이유는 확실히 관상을 볼 줄 알았기 때문이다. 유방을 알아본 예리한 안목을 가진 이는 소하와 여공 외에, 훗날 한 명이 더 있었다. 그가 바로 장량張良이다.

4

한나라의 귀족 장량

유방이 사수정 정장으로 지내고 있을 때, 장량은 패현 근처로 이사했다.

장량은 한韓나라 귀족의 후예로 한나라 왕실과 동성同姓이다. 한나라의 선조는 주 왕실에서 나온 희성姬姓의 지파로, 후대에 진晉나라에서 관직에 임명되고 한원韓原(지금의 산시陝西 한청韓城)을 봉지로 받았으며, 봉지인 한원의 '한韓'을 성씨로 삼아 이때부터 '한'씨라 칭했다. 기원전 453년, 진晉나라의 대신 조씨·위씨·한씨 가문에 의해 진나라가 나뉘어 한나라가 건국되었고, 훗날 전국칠웅의 하나가 된다. 장량의 조부 한개지韓開地는 한 소후昭侯(기원전 362~기원전 333), 선혜왕宣惠王(기원전 332~기원전 312), 양애왕襄哀王(기원전 311~기원전 296) 때 승상을 지냈다. 아버지 한평韓平은 한 희왕釐王(기원전 295~기원전 273)과 도혜왕悼惠王(기원전 272~기원전 239) 때의 승상이었다. 예로부터 세경세록世卿世祿의 관례가 있었다 하더라도 이처럼 한 집안에서 할아버지와 아버지 2대가 다섯 명의 한왕을 보좌하여 승상을 지낸 것은 흔치 않은 일로, 장량 일가와 한나라의 관계가 얼마나 깊었는지 충분히 알 수 있다.

장량의 아버지 한평은 도혜왕 23년(기원전 250)에 세상을 떴는데, 당시 장량은 아직 어렸다. 도혜왕은 34년 동안 재위하다가 기원전 239년에 세상을 떠났다. 이듬해 한나라의 마지막 왕인 안安이 즉위했는데, 겨우 9년 동안 치세한 후 진秦나라 군대에 사로잡혔다. 장량의 아버지 한평이 세상을 뜨고 한나라가 멸망하기까지 20년 동안 한나라는 해마다 진나라 군대의 잠식과 공격의 위협 아래 풍전등화의 처지였다. 기원전 249년, 진나라 군대가 한나라의 요새 성고成皐와 형양滎陽을 함락한 뒤 삼천군三泉郡을 건립하고 한나라를 남·북으로 나누었다. 그리고 그해 한나라 북부 영토 상당군을 함락했다. 기원전 244년, 진나라 군대는 한나라의 13개 성을 함락했다. 기원전 233년, 진나라의 강력한 군사 압력에 의해 한왕 안은 어쩔 수 없이 진나라의 번신藩臣이 되길 청하며 땅과 옥새를 바치고 진왕 정의 요구에 따라 왕실 귀족과 법가 학자 한비韓非를 진나라로 보내 진왕을 보게 했다. 기원전 231년, 한나라 남양군南陽郡의 대리 군수 등騰이 진나라에 투항했다. 이듬해 진나라는 등을 장군으로 임명해 진나라 군대를 이끌고 한나라의 수도 신정을 공격하게 했다. 한왕 안은 사로잡혔고 한나라는 멸망했다.

진나라는 한나라를 멸망시킨 뒤 영천군을 설치했다. 또 진나라의 방침과 제도에 따라 한나라 유민을 처리했다. 진나라가 한나라를 멸망시킬 때 한왕 안은 죽음을 각오하고 저항하는 대신 성을 열어 투항했기에 진나라는 한나라를 비교적 관대하게 처리했다. 우선 진나라는 사로잡은 한왕 안을 진군 진현 부근으로 이주하게 했다. 진현은 지금의 허난 화이양으로, 한나라의 수도 신정에서 멀지 않은 곳이다. 본래는 초나라의 옛 수도였으나 당시는 진나라 군대가 차지하고 있었다. 진나라가 한왕 안을 초나라의 옛 땅으로 이주시킨 이유는 한왕과 본국의 연계를 끊기 위한 것이었다. 그럼에도 이주지를 한나라의 옛 수도에서 멀지 않은 곳으로 정한 것은, 한나라 유민을 비롯해 장차 정복해야 할 다른 다섯 나라의 군신과 백성을 향한 회유와 관용의 제스처이기도 했다.[6] 진나라는 한나라의 귀족 관료에게 가혹한 보복을 하지 않고 그들이 고향에 머물 수 있도록 토지와 재산도 남겨주었다.

하지만 옛 조국에 집착하며 진나라를 증오하는 한나라 민심의 뿌리는 깊었다. 기원전 262년, 진나라 군대는 처음으로 한나라를 남북으로 분단시켰다. 한나라가 북부 영토인 상당군을 진나라에 할양할 수밖에 없었을 때 상당군의 병사와 백성은 진나라에 복속되는 데 반기를 들고 군수 풍정馮亭의 인솔 아래 조나라에 투항함으로써 진나라와 조나라 간의 장평대전을 야기했다. 그로부터 36년이 지난 기원전 226년, 즉 한나라가 멸망한 지 4년이 되었을 때 한나라의 옛 수도 신정에서 대규모의 반진反秦 반란이 폭발했다. 곧 반란은 진압되었지만 그 여파가 한왕 안의 이주지인 진현으로 전해져, 진현을 중심으로 한 초나라 지역에서 더 큰 규모의 반란 및 진나라와 초나라 간의 새로운 전쟁이 촉발되었다.

진현을 중심으로 한 반진 전쟁에서 두 명의 유명한 역사적 인물이 출현했다. 한 명은 진나라에서 오랫동안 거류한 초나라 공자 창평군

昌平君이다. 그는 진왕 정에 의해 진현으로 파견되어 현지 군정을 주관하며 초나라 사람들을 회유했다. 다른 한 명은 항우의 조부이자 진나라에 맞선 초나라의 대장 항연이다. 그는 창평군이 진나라에 맞서도록 책동하여 진나라 장수 이신李信이 이끄는 20만 군사를 진현에서 대파함으로써 초나라의 멸망을 지연시켰다.[7]

한나라가 멸망했을 때 장량의 나이는 스물이 넘었다. 성년이 되도록 그가 듣고 본 것은 진나라 군대가 성을 공격하고 국경까지 쳐들어와 국세가 비통하게 쇠락하는 모습이었다. 장량이 한나라 정계에 진출하기도 전에 수도 신정이 진나라 군대에게 함락되어 그는 도리 없이 망국의 유민이 되었다. 장량은 왕실 혈통의 귀족으로, 총명하고 지혜로운 젊은이였다. 나라와 집안의 고난 이후 위대한 선조에 대한 그의 그리움은 더욱 깊어졌고 파멸한 조국에 대한 애착 또한 강렬했다. 그는 진나라에 대한 원한을 마음속 깊은 곳에 간직한 채 한나라를 위해 복수의 날을 벼렸다.

진나라에 반기를 든 신정의 반란에 장량은 가담할 수밖에 없는 조건을 갖췄다. 장량이 어떤 행동을 했는지 우리로서는 살펴볼 수 없다. 하지만 그가 반란에 말려들지 않을 수 없었으며 그 영향을 크게 받았음은 충분히 헤아릴 수 있다. 후에 장량은 한나라를 떠나 타향을 떠돌며 임협 생활을 했는데, 그에게 가장 중요한 체류지는 진현陳縣이었다. 앞에서 말했듯이 전국 시대 말 진현은 초나라의 옛 수도, 한왕의 이주지, 창평군과 항연의 반진 거점 등 누적된 역사적 현장이자 반진의 본향이었다. 진 제국이 들어선 이후 진현 일대에는 시종일관 반진의 암류가 용솟음쳤다. 제한적이나마 우리가 알 수 있는 사실은, 위나라의 이름난 유협 장이와 진여陳餘가 진나라 정부에게 지명 수배되자 진현으로 숨어들어 문지기를 하면서 지냈다는 것이다. 진나라 말에 처음으로 기의를 일으켰던 진승陳勝은 진현 사람이고[8], 오광吳廣은 진현 인근의 양하현陽夏縣 사람이다. 진승과 오광은 사수군 대택향大澤鄉에서 기의하여 빠르게 서진하여 진현으로 이동했다. 그들은 진현의 부로와 마을 사람들의 열렬한 지지를 받아 진현에서 건국하고 이곳을 수도로 삼았다. 이는 모두 진현의 독특한 지리·역사 조건에서 비롯된 것이다. 장량은 진현 일대에서 활동하면서 진나라에 반대하는 호협 영웅을 두루 사귀었다. 진현의 반진 풍토는 한나라를 위해 복수하겠다는 그의 결심을 심화시켰다.

진나라는 육국을 멸망시키고 천하를 통일한 뒤, 군사 진압과 동시에 법제 건설을 진행하면서 각국의 무장 반란을 평정했다. 군현 십오 호적제를 기초로 한 제국화 정책이 각지에서 차근차근 추진되면서 정권은 나날이 견고해지고 통치도 더욱 강화되었다. 젊고 혈기왕성한 장량은 조국 부흥의 희망이 갈수록 옅어지는 것을 목도하면서 다른 선택이 없다고 느꼈다. 그는 개인의 힘으로 진시황을 암살함으로써 한나라 멸망의 원한을 되갚으리라 결심했다.

동서고금을 막론하고 암살은 개인적 복수의 방식이자 정치 투쟁의 수단으로서, 두 가지 상황에서 유효한 선택이다. 첫째는 약소한 자가 강대한 자에게 조직적으로 대항할 수 없을 때다. 둘째는 강대한 적의 권력이 개인에게 집중되어 있을 때다. 춘추 시대 말 명장 오자서伍子胥는 격앙하여 초나라에서 오吳나라로 도망가 용사 전제專諸를 오나라의 공자 광光에게 천거해 오왕 요僚를 암살하고 공자 광을 왕

위에 앉혔다. 그 뒤 출병하여 초나라를 함락하고 자신의 부친과 형을 죽인 원수 초나라 왕에게 복수했다. 전국 시대에 엄중자嚴仲子는 한나라 승상 협루俠累와 원수를 진 뒤 협객 섭정聶政에게 부탁해 협루를 암살하게 했다. 이로써 엄중자는 사람을 얻은 인물로, 섭영聶榮·섭정 남매는 의협심이 강한 인물로 역사에 이름을 남기게 되었다. 진나라가 한나라를 멸한 지 3년째 되었을 때 연나라 태자 희단은 형가를 시켜 진왕 영정을 암살하려 했다. 이 시도는 성공 직전에 좌절되긴 했지만, "바람은 쓸쓸하고 역수易水는 차구나. 장사壯士 한 번 가면 다시는 돌아오지 못하리"[9]라고 표현된 슬픔과 호방함은 지금까지도 사람들의 귓가에 메아리치고 있다.[10]

나라가 망한 뒤 장량은 귀족 자제에서 민간의 유협으로 몰락했다. 그의 동생이 불행히도 젊은 나이에 세상을 떠났을 때만 해도 집안에는 300여 명의 종이 있었고, 토지와 재산도 넉넉했다. 그럼에도 장량은 동생의 시신을 대충 매장하고 가산을 죄다 팔았다.[11] 의를 중시하고 재물을 가볍게 여긴 그는 천하의 호걸들과 널리 사귀면서 진시황을 암살할 용사를 물색했다.

장량은 먼저 진현 일대에서 활동하다가 나중에는 점차 동쪽으로 유랑했는데, 한반도까지 가서 동이東夷의 군장君長인 창해군倉海君을 만난 적이 있다고 한다. 예로부터 연나라와 조나라에는 진나라에 대해 비분강개하던 이들이 많았다. 진나라가 연나라의 수도 계성을 함락하자 연나라는 거국적으로 동쪽 요동遼東으로 옮겨갔다. 이에 진나라 군대가 진격하여 요동을 멸망시키자 연나라 사람들은 대거 한반도로 향했다. 아마도 장량은 연나라 사람들의 자취를 좇아 조선

(고조선)으로 갔을 것이다. 창해군은 근해 지역에서 출중한 현인이었고, 장량은 곳곳을 두루 주유하다가 마침내 창해군을 통해 120근의 철추를 휘두를 만한 건장하고 용감한 무사를 소개받았을 것이다.[12] 장량은 진시황을 암살하려는 계획에 착수했다.

5

박랑사에서의 일격

진시황은 한 곳에 가만히 있지 않고 돌아다니길 좋아했다. 천하를 통일한 뒤 갖가지 공사를 일으켜 대규모의 천하 순행에 나섰다. 12년 동안 다섯 차례 순행했고, 사망한 것도 순행 도중이었다. 진시황의 천하 순행은 온갖 정치적 또는 개인적 원인과 연루되어 미스터리로 남아 있다. 이 부분은 몇 마디로 명백히 설명하기 어려운 만큼 추후 상세히 논의하기로 하겠다.

기원전 220년, 천하를 통일한 지 2년째 되는 해에 진시황은 첫 번째 순행에 나섰다. 진나라 선조가 흥기한 발자취를 따라 서북쪽으로 나선 순행의 목적은 역대 조상에게 천하통일의 위업을 고하는 제사를 드리기 위함이었다. 진시황은 함양에서 출발하여 위하渭河를 따라 서쪽으로 이동하여 옹성雍城(지금의 산시陝西 바오지寶鷄)에 도착했다. 진나라의 옛 수도인 옹성에는 정공靜公부터 출공出公까지 22대에 달하는 진공秦公의 능묘와 종묘가 있다. 진시황은 옹성에서 조상에게 제사를 올린 뒤 견하汧河를 따라 북쪽으로 갔다. 이어서 회중궁回中宮

(옛터는 지금의 산시陝西 룽현隴縣이다)을 지나 농산隴山을 넘어 남쪽으로 내려가 농서군隴西郡으로 들어가 서현西縣으로 갔다. 서현은 진나라의 첫 번째 도읍이자 진 양공襄公의 능묘와 종묘가 있는 곳이었다. 진 양공은 제1대 진공, 즉 진나라의 개국 선조이므로 진시황은 몸소 진나라의 조묘祖廟를 찾아가 제사를 올려야 했다.

서현에서 조상의 혼령에게 아뢰는 성대한 제사의식을 치른 진시황은 이어서 농서군과 북지군北地郡을 순행하면서 산천 신기神祇에게 제사지냈다. 순행을 마치고 함양으로 돌아오자 그는 종묘 제사를 포함한 일련의 개혁에 착수했다. 이와 관련된 자세한 맥락은 역사학자들이 재차 관심을 가져야 할 과제이기도 하다.[13]

고대 중국에서 태산泰山은 천하의 성산聖山으로, 태산에 올라 봉선封禪을 올리는 것은 위업의 완성이자 하늘에 제사지내는 대례大禮였다. 천하통일의 위업을 역대 선조에게 고하는 제사를 끝낸 다음에는 태산에 올라 봉선을 올리는 것이 진시황의 두 번째 순행의 목적이었다. 서쪽 순행을 마친 이듬해에 시황제 일행은 함양에서 출발해 함곡관을 나와 낙양·형양·대량·정도定陶를 지나 설군 추현鄒縣의 역산嶧山(지금의 산둥 쩌우청鄒城 남쪽)에 도착해 비석에 공덕을 새기고 봉선 준비에 착수했다. 모든 준비가 끝나자 진시황은 비가 내리는 와중에도 태산에 올라 하늘에 고하는 봉선 대제大祭를 거행했다. 태산에서 내려온 진시황은 흥이 나서 임치臨淄를 지나 교동膠東반도의 황현黃縣(지금의 산둥 룽커우龍口)에 이르러 바다를 따라 수현腄縣을 지난 뒤, 교동반도 동쪽 기슭의 성산成山에 갔다가 다시 바다를 따라 서남쪽으로 가면서 지부산之罘山에 올라 비석에 공덕을 새기고 낭야琅邪

로 갔다. 진시황은 낭야에서의 생활이 즐거워 돌아가길 잊을 정도였다. 그는 3만 호를 낭야로 이주하게 했으며, 이궁離宮과 높은 대臺를 만들고 무려 석 달이나 머물렀다.

황해黃海의 파도와 낭야대琅邪臺의 환상적인 기묘함은 진시황에게 잊을 수 없는 즐거움을 주었다. 아득히 멀어 닿을 수 없는 바다 위 선산仙山, 선산에서 사는 불사의 선인仙人, 선인이 먹는 불로의 선초仙草, 영원히 살면서 근심과 걱정도 없고 질병과 고통도 없으니 이 얼마나 매혹적인 극락세계인가. 어느 누가 매혹되지 않을 수 있겠는가. 함양으로 돌아온 지 1년도 안 되어 시황제는 다시 동쪽 여정에 나섰다. 세 번째 순행을 시작한 때는 진시황 29년(기원전 218)으로, 두 번째 순행과 완전히 같은 노선이었다. 함곡관을 나와 낙양과 형양을 지나 대량으로 향하면서 즐거웠던 두 번째 순행을 되새겼을 것이다. 그러나 옛길을 가면서 옛 정을 환기하고 다시금 환영을 보고 싶었을 진시황의 기분은 냉혹한 현실 탓에 깨져버리고 말았다. 위풍당당한 거마 행렬이 양무현陽武縣 박랑사博浪沙(지금의 허난 중머우中牟)를 지나갈 때 별안간 자객을 맞은 것이다.

양무현은 삼천군三川郡의 동쪽에 있고, 박랑사는 양무현 남쪽에 있다. 낙양에서 대량까지의 동서 대로에 자리한 박랑사는, 전국 시대에는 한나라와 위나라 사이에 있던 곳이다. 한나라 사람인 장량은 지혜롭고 계산에 뛰어난 데다가 한·위 지역의 교통 요지와 산천 지형을 손바닥 보듯 훤히 알고 있었다. 그는 역사力士를 구해놓고 진시황의 동향을 세심하게 주시하던 중 진시황의 제3차 출행 소식과 노선을 확보하였다. 진시황이 반드시 박랑사를 통과할 것이라 판단한 그는 창해의 역사와 함께 이곳에 잠복한 채 진시황의 거마 행렬을 기다렸다.

진시황은 평생 네 번의 암살 기도를 당했다. 제1차 시도는 진왕 정 20년(기원전 227)으로, 그 유명한 형가의 암살 사건이다. 멸망 직전에 있던 연나라의 태자 희단이 형가를 국가 사절의 자격으로 진나라 궁정에 보내 암살을 지시한 것이다. 이는 약국이 강국을 상대로 한 국가 테러 행위였다고 할 수 있다. 손에 땀을 쥐게 하는 형가의 암살 기도에 관한 상세한 내막은 당사자였던 어의御醫 하무저夏無且의 구술을 통해 전해지고 『사기』 「자객열전刺客列傳」에 담겨짐으로써 역사 서사의 경전이 되었을 뿐만 아니라 영원한 예술 제재가 되었다.[14] 진시황에 대한 제2차 암살 시도는 천하통일 이후에 발생했는데, 형가가 시도한 암살 사건의 속편이다. 자객은 형가의 참된 벗 고점리高漸離였다. 축 연주가로 이름난 고점리는 형가가 연나라의 수도 계에서 지낼 때의 지음知音이었다. 그는 진왕을 암살하러 떠나는 형가를 역수에서 배웅했다. 형가는 "바람은 쓸쓸하고 역수는 차구나. 장사 한 번 가면 다시는 돌아오지 못하리"라는 천고의 명곡을 원통해하며 서글피 노래했고 고점리는 축을 연주했다. 형가가 죽은 뒤 고점리는 형가가 이루지 못한 대업을 완성하고자 자신의 기예로써 진나라 궁전에 들어갔다가 두 눈을 잃고서야 진시황에게 접근할 수 있었다. 그는 납덩어리를 넣어둔 축을 던져 진시황을 죽이려 했으나 수포로 돌아가 결국 죽임을 당했다. 아름다운 죽음으로써 형가에게 응답한 것이다.

마지막 암살 시도는 진시황 31년(기원전 216)에 있었다. 당시 진시황은 밤에 미복微服을 하고 함양 교외로 출행했다가 난지蘭池에서 자객을 만났다. 상당히 위험한 상황이었으나 그를 수행하던 무사 네 명이 자객을 죽였다. 분노한 진시황은 자객의 패거리를 체포하기 위해 스무날 동안 관중을 샅샅이 수색했다. 민간은 두려움에 휩싸였고 쌀 한 섬이 1600전까지 오를 정도로 물가가 치솟았다.

박랑사에서의 저격은 시황제가 겪은 제3차 암살 시도였다. 오롯이 장량 개인이 심혈을 기울여 기획한 이번 암살은 육국 귀족으로서 쌓이고 쌓였던 망국의 한이 터져 나온 것이다. 매우 유감스럽게도 당사자의 증언이 없었기 때문에 사마천은 이 일에 대해 다음과 같이 간단히 서술할 수밖에 없었다.

> 시황제가 동쪽으로 순행할 때 장량이 창해 역사와 박랑에서 시황제를 저격했다. 바람에 모래가 날리는 가운데 철추가 부거副車를 잘못 내리쳤다. 시황제는 대로하여 자객을 잡아들이라고 천하에 엄명했다. 열흘간 수색이 이루어졌다. 이처럼 상황이 급박하고 긴장했던 것은 모두 장량 때문이었다.

고대사는 빠진 부분이 많게 마련이다. 지나치게 간단한 서술은 후대인들에게 갖가지 의문과 무궁한 상상의 공간을 남겼다. 박랑사, 나는 그곳에 가본 적이 없다. 2000년이 지난 옛터가 아직도 남아 있을까? 진나라 역사 전문가인 마페이바이馬非百 선생은 1930년대에 직접 박랑사로 가서 고찰했다. 마 선생은 「박랑사 고찰기」[15]에서 이렇게 말했다.

박랑사는 지금의 허난 옛 양무현성陽武縣城 동남쪽 모퉁이에 있었다. 읍령邑令 사포경謝包京이 세운 오래된 박랑사비가 아직 그곳에 있다. 1934년 11월에 양우(양무)를 찾은 나는 특별히 그곳에 들러보았다. 직접 가보기 전에는 박랑사라는 곳이 깊은 산이나 큰 호수, 무성한 숲이나 구불구불한 계곡 같은 데라서 몸을 숨기거나 도망칠 수 있을 거라고 생각했다. 아니면 지형이 매우 험준하고 협소하여 힘으로 적을 상대하면서 요행히 빠져나갈 수 있는 곳이라고 생각했다. 그렇지 않다면 장량이 왜 굳이 이곳에서 시황제를 저격하려 했겠는가? 그리고 어째서 저격이 실패한 뒤 열흘이나 대대적으로 수색하고도 찾아내지 못할 수 있었겠는가? 직접 가본 뒤에야 그곳이 초목도 없고 골짜기와 계곡도 없는, 황폐한 모래밭의 대평원임을 알았다. 소와 양이 그곳에 있으면 셀 수 있을 정도였다.·
(…) 박랑은 당시의 지명으로, 그곳은 분명 모래바람이 많았을 것이다.(…) 장량은 시황이 동쪽으로 순행할 때 반드시 이 길을 지난다는 사실을 알았기 때문에 창해 역사와 이곳에 매복해 있었을 것이다. 또 천만다행으로 시황제의 수레가 이곳을 지나갈 때 모래바람이 크게 일었기 때문에 그 모래바람 속에서 그를 저격했던 것이다. 이런 곳의 모래바람은 공중에 자욱하게 일기 때문에 낮에도 코앞에 있는 사물을 분간할 수 없을 정도다. 양우만 그러한 것도 아니다. 나는 카이펑에 있을 때 서너 번씩이나 이런 모래바람을 만난 적이 있다. 역사는 모래바람 속에서 저격해야 했기 때문에 부거를 내리칠 때 정확히 조준하지 못한 것이다. 또한 저격에 실패하긴 했지만 모래바람 때문에 수많은 사람 속에서 주범을 찾아낼 수 없었던 것이다. 열흘 동안 대대적으로 수색

하는 사이에 장량 등은 이미 멀리 달아났다!

모래바람 현장에서 얻은 마 선생의 체험은 「박랑사 고찰기」를 읽을 때마다 강렬한 인상을 준다. 이 대목을 장량이 창해 역사와 함께 시황제를 암살하려고 했다는 『사기』의 몇 마디와 연결해보면, 그 장소에서 직접 현장을 보는 듯한 느낌에 사로잡힌다. 역사를 되돌릴 수는 없지만 역사를 체험할 수는 있다. 분명히 현장 고찰은 시간과 공간을 초월하여 역사의 모습을 재현할 수 있게 해준다!

6

지자智者 황석공

진왕 암살이 실패로 돌아간 뒤 진나라 정부의 추적은 날로 긴박해졌다. 장량은 이름을 바꾸고 동쪽 동해군 하비현下邳縣(지금의 장쑤 쑤이닝睢寧)으로 가서 은거했다. 대체로 동해군은 지금의 장쑤 지역으로, 과거에는 초나라의 동쪽 영토였다. 진나라의 중심인 관중에서 멀리 떨어져 있고 외진 지역이라서 관리의 힘이 미치지 않았다. 다시 말해 진 왕조의 통치가 상대적으로 약해서 범법자를 비롯한 온갖 잡배들의 낙토樂土였다. 진나라 말의 난에 굴기한 영웅호걸들 중에는 동해 및 인근 지역 출신이 적지 않다. 예를 들면 한신韓信은 동해 회음淮陰(지금의 장쑤 화이안淮安) 사람이고, 진영陳嬰은 동해 동양東陽(지금의 안후이 톈창天長) 사람이다. 하비현은 동해군에 인접한 사수군 근처의 현으로, 하비에 인접한 사수 하상현下相縣(지금의 장쑤 쑤첸宿遷)은 항씨 일족이 이주하여 모여 살던 곳이다. 장량과 항씨 일족의 밀접한 관계는 여기서 비롯되었다. 장량과 유방의 관계 역시 동해가 사수와 가깝고 하비가 패현에서 멀지 않은 지리적 원인과 관련되어 있다.

하비에서 은거한 지 시간이 꽤 흐른 어느 날, 홀로 하비성을 산책하던 장량은 기수교沂水橋에서 삼베를 입은 노인과 마주쳤다. 노인은 장량에게 다가오더니 실수인지 고의인지 신발을 다리 아래로 떨어뜨렸다. 그러고는 장량을 돌아보며 말했다.

"얘야, 내려가서 내 신발을 주워 오너라."

장량은 육국 귀족의 후예로서 시황제 암살의 주모자였다. 비록 도망 중인 신세지만 젊고 혈기왕성하며 영웅다운 인물이었다. 노인의 말에 장량은 놀라기도 하고 화도 났지만 상대가 노인이기에 다리 밑으로 내려가서 신발을 주워 왔다. 그러나 노인은 감사해하는 기색도 없이 발을 내밀며 장량에게 명령했다.

"신발을 신겨라."

장량은 잠시 주저했지만 이왕 주워 왔으니 무릎을 꿇고 노인에게 신발을 신겨주었다. 그러자 노인은 태연히 일어나 한마디 말도 없이 웃으면서 떠났다. 이 상황에 놀란 장량은 노인이 멀어질 때까지 가만히 바라보았다. 노인은 500걸음쯤 가다가 되돌아와 말했다.

"너는 가르칠 만하다. 닷새 뒤 날이 밝아올 때 여기서 나를 기다려라."

이제야 장량은 노인이 범상치 않은 인물임을 깨닫고 무릎을 꿇고서 예를 취하여 대답했다.

"알겠습니다."

닷새 뒤 날이 밝자 장량은 약속대로 다리로 갔다. 이미 다리 어귀에 나와 기다리고 있던 노인은 화를 내며 꾸짖었다.

"늙은이와 약속해놓고 늦게 나오다니, 말이 되느냐?"

노인은 몸을 돌려 떠나면서 한마디 내뱉었다.

"닷새 뒤에 더 일찍 나오너라."

닷새 후 장량은 한 시진 더 서둘러서 닭이 울 때쯤 다리 어귀로 달려갔다. 이번에도 노인이 먼저 와 있었다. 노인은 또 화를 내며 장량을 꾸짖었다.

"왜 또 늦었느냐? 닷새 뒤에 다시 오거라."

다시 닷새가 지났다. 바짝 긴장한 장량은 아예 한밤중이 되기 전에 다리 어귀로 가서 기다렸다. 얼마 뒤 노인이 나타나더니 장량을 보고 기뻐하며 말했다.

"이번에야 됐군."

노인은 보따리에 싸인 책을 품에서 꺼내어 장량에게 주며 말했다.

"이 책에 정통하면 왕을 보좌하는 스승이 될 수 있다. 10년 뒤 뜻을 이루고, 13년 뒤 제북濟北에서 나를 만나게 될 것이다. 곡성산谷城山 아래의 누런 돌黃石이 바로 나다."

말을 마친 노인은 몸을 돌려 떠났고, 이후로 나타나지 않았다.

날이 밝자 장량은 보따리를 풀었다. 비단에 쓰인 책은 '태공병법太公兵法'이라는 제목의 병서兵書였다. 태공은 주 문왕文王과 무왕武王의 군정軍政 스승이었던 강자아姜子牙를 일컫는다. 강자아는 병법과 모략에 뛰어났으며 문왕을 보좌해 강력한 군대를 운영했고, 무왕을 보좌해 은나라를 멸망시키고 주나라를 흥성하게 했다. 강자아는 강태공으로 숭상되어 제북의 제나라를 봉지로 받았다. 그러한 인물이 저술한 『태공병법』은 평생의 정치·군사 경험을 총망라한 것이라 한다. 장량은 노인에게 받은 기이한 책을 늘 품고 다니면서 수시로 읽고 공

기수교 옛터

현지인은 '교橋'를 '이圯'라고 하기 때문에 기수교를 '기이沂圯'라고 부른다. 황석공은 장량과 다리 위에서 만나기로 약속한 뒤 병서를 전수해주었다.

기수교 아래의 풍경

이곳은 황석공이 신발을 다리 밑으로 떨어뜨리고 장량에게 주워 오게 한 이야기의 현장이다.

장량을 기념하기 위해 세운 유후사留侯祠

부했다.

장량에게 책을 전수해준 노인은 훗날 황석공黃石公이라 칭해졌다. 황석공이라는 이름은 그가 장량에게 남긴 "13년 뒤에 제북에서 나를 만나게 될 것이다. 곡성산 아래의 누런 돌이 바로 나다"라는 말에서 유래했다.

13년 뒤 장량은 유방을 따라 제북군을 지나던 중 과연 곡성현 경내의 곡성산 아래서 누런 돌을 보았다고 한다. 장량은 크게 감명하여 그 돌을 보물처럼 받들며 때를 정하여 제사를 지냈고, 자신이 죽을 때는 관곽 안에 함께 매장하도록 했다. 그리고 성묘나 제사 때가 되면 자신이 생전에 했던 것처럼 돌을 모시라고 후손에게 분부했다.

황석공과 장량의 이야기는 사마천이 수집한 전설이다. 사마천은 귀신을 맹신하는 사람이 아니었지만 인간 세상에 괴이함과 신기함이 존재한다고 생각했다. 장량은 그 자체로 신기한 인물이다. 그는 일찍이 진시황을 암살하고자 했으며, 나중에는 유방이 천하를 평정하도록 보좌했고, 만년에는 인간 세상을 초탈하여 곡기를 끊고 신선이 되고자 했다. 그의 일생은 평범하지 않았으며, 그의 사람됨과 하는 일은 마치 신선이 이끌어주는 듯했다. 사마천은 장량이 황석공을 만난 일이 괴이하긴 하지만 있을 수 있는 이변이라 여겼기에 특별히 자세히 기록한 것이다.

역사는 지난 일의 기록일 뿐만 아니라 지난 일에 대한 해석이기도 하다. 역사학의 관점에서 해석하자면, 장량은 황로도가黃老道家를 신봉하는 사람이었다. 황로도가란 황제黃帝와 노자老子를 시조로 삼은 새로운 도가학파다.[16] 누런 돌의 화신으로 언급된 황석공은 아마도 전국 시대 말 황로도가의 지혜로운 전수자였을 것이다. 그는 제나라 제북 곡성 사람으로, 제나라가 멸망한 이후 재난을 피해 하비에서 은거하긴 했지만 천하의 형세를 꼼꼼히 살피고 있었다. 그리고 장량이 하비로 왔을 때 황석공은 장량의 출신과 일거수일투족을 꿰뚫고 있었다. 한나라 귀족의 후예로서 진시황 암살을 주모하여 세상을 깜짝 놀라게 만든 장량은 진나라 정부에게는 죽을죄를 지은 중범죄자이지만 옛 육국 사람들에게는 천하의 영웅이었다. 황로의 지자인 황석공이 보기에 영웅 장량은 아직 다듬지 않은 옥과 같았다. 진시황을 암살하는 행위는 개인적인 원한에서 비롯된 필부의 용기에 불과하다. 근본적으로 조국의 복수를 위한 대업은 포악한 진나라를 뒤엎고 고국을 회복하는 데 있었다. 이러한 근본에서 벗어나 멋대로 맞붙으려는 행동은 젊은이의 혈기에 불과하다. 큰일을 성취하려면 단련이 필요하게 마련이다. 성품의 측면으로 말하자면 강권을 휘두르는 폭정을 참으면서 때를 기다릴 수 있어야 한다. 실행의 측면으로 말하자면 진나라를 멸망시키고 복국復國하는 것은 조직적 군정軍政으로 치러야 할 대사이므로, 상당한 지혜와 모략이 필요할뿐더러 병법과 정략政略을 익히는 것이 우선이라 할 수 있다. 황석공은 노쇠한 자신을 대신할 사람으로 장량을 택했고, 감춰두었던 병서를 내줄 생각으로 그의 인내심을 시험해본 것이다. 즉 거듭 장량을 억울한 상황에 빠뜨린 것은 뛰어난 인재를 단련하고자 함이었다.

황석공이 장량에게 전해준 『태공병법』은 강태공의 이름을 빌린 고대의 병서로, 지금까지 전해지는 것으로는 『황석공삼략黃石公三略』 『음부경陰符經』 『육도六韜』가 있다. 이 세 가지 태공 병서를 다 읽어보고 나는 감탄하고 또 감탄했다. 훗날 장량이 유방을 보좌해 천하를 평정할 때 장막 안에서 설계한 전략으로 천리 밖의 승부를 결정지었는데, 그 지혜와 모략은 바로 『태공병법』에서 유래한 것이다. 원래 장량이 『태공병법』을 익혀 도우려 했을 때 아무도 반응을 보이지 않았던 반면 유방만이 호응하여 하나씩 실행에 옮겼다고 한다. 그래서 장량은 "패공沛公은 하늘이 내려주셨도다天授"라고 감탄했고, 이후로 유방 곁을 떠나려 하지 않았다. 하늘은 장량에게 총명함과 지혜를 내려주었고, 유방에게는 영명한 결단과 결행을 내려준 셈이다. 또한 하늘은 황석공과 『태공병법』을 통해 장량과 유방을 연결함으로써 스승과 군주, 모신謀臣과 사령관이라는 인연을 만들어냈다.

나는 『육도』의 다음 문장을 읽고 머릿속이 확 트이는 느낌을 받았다.

"천하는 한 사람의 천하가 아니며 천하의 천하입니다. 천하와 이로움을 함께하는 자는 천하를 얻고 천하의 이로움을 독차지하려는 자는 천하를 잃습니다.[17]"(「문도文韜·문사文師」)

"천하는 한 사람의 천하가 아니며 천하의 천하입니다. 천하를 취하는 것은 야생 사슴을 쫓는 것과 같아서 천하가 모두 그 고기를 나누어 갖고픈 마음이 있습니다. 또한 배를 함께 타고 강을 건너는 것과 같아서 잘 건너면 모두가 그 이익을 함께하지만 실패하면 모두가 그 해를 함께하게 됩니다."[18](「무도武韜·발계發啓」)

오래전에 나는 유방 집단을 연구한 적이 있다. '공천하共天下'의 이념, 즉 천하의 권익을 공동으로 소유하고 공평하게 분배한다는 의식은 유방 집단의 원칙이자 공통 인식이었다. 유방 집단이 천하를 얻을 수 있었던 사상적 근원, 새로 건립된 한 왕조가 진시황의 절대 전제 황권을 극복하고 새로운 유형의 유한有限 황권을 발전시킬 수 있었던 사상적 근원은 바로 여기에 있다.[19]

유방 집단의 '공천하' 이념은 장량이 제시한 것으로, 기원전 202년 유방과 항우가 해하垓下에서 결전을 펼칠 때 정식으로 제시했다. 이는 군주가 제후 신하들과 '천하를 함께할' 수 있어야만 위아래 안팎으로 협력하여 항우를 격퇴하고 승리할 수 있다는 내용이었다. 유방은 장량의 건의를 받아들여 천하의 권익을 공동 분배하기로 여러 나라와 약속했고, 마침내 제후국 연합군을 결집해 일거에 항우를 무찔렀다. 이 시기의 역사를 연구할 무렵, 나는 공천하 이념이 한漢 왕조 정권에 끼친 영향을 살피는 데 주력하느라 공천하 사상의 근원을 추적할 겨를이 없었다. 황석공이 장량에게 준 『태공병법』을 다시 접한 이제야 공천하 이념의 사상적 근원을 분명히 깨닫게 되었다. 그리고 사람이 책을 남기고 책이 사람에게 영향을 끼치면서, 사상이 역사를 추동하고 역사가 사상을 일깨우는 관련성을 깨달았다.

믿을 만하도다, 『태공병법』이여! 위대하도다, 공천하 이념이여! 그 존재와 영향은 2000년이 지난 지금까지도 끊임없이 이어지고 있다.

7

유방이 진시황을 보다

진 제국 시대의 유방은 보잘것없는 사수정 정장에 불과했다. 제국의 호적에 편입된 천만 평민들, 수만 명의 소리小吏나 졸사卒史와 하등 다를 바 없는 무명의 존재였다. 반면 진시황은 천하에 홀로 귀한 존재였다. 당연히 그는 유방이라는 존재를 몰랐고, 유방을 몰랐으니 어떤 영향도 받을 수 없었다. 하지만 유방은 날마다 황제의 위엄과 권세 아래 생활했던 만큼 진시황은 늘 유방에게 영향을 주는 존재였다. 역사학자가 특히 주목할 만한 부분은 일찍이 유방이 함양에서 진시황의 풍모를 직접 봤다는 사실이다. 이 우연한 만남은 유방에게 영원히 지울 수 없는 인상을 남겼을 뿐만 아니라 장차 역사 전개에도 깊은 영향을 주었다.

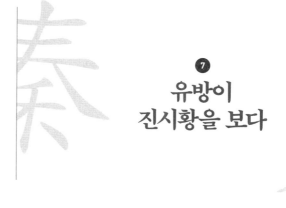

진시황 35년(기원전 212), 시황제는 인구가 많은 함양의 궁전 규모가 작은 데 불만을 느끼고 함양 남쪽 교외에 아방궁阿房宮을 짓기 시작했다. 아방궁의 공사 규모는 거대했다. 진나라 정부는 제국 각지에서 수많은 농민을 징발하여 함양에서 부역하게 했다. 진나라 정부의 규정에 따르면 17세 이상의 모든 성년 남자는 정부를 위한 노역과 병역의 의무를 져야 했다. 병역과 노역을 따로 구분하지 않았고 해마다 관할하는 현에서 한 달 부역하는 게 평년의 요역으로 간주되었다. 또 일생 중 1년은 관할 군이나 현에서, 1년은 외지에서 부역해야 했다. 외지는 수도나 변방의 군 또는 다른 군이었다. 이 2년간의 집중적인 요역은 평생의 대역大役이었으며, 특히 고향을 떠나 외지에서 감당해야 하는 1년간의 요역은 가장 힘든 것이었다. 사수정 정장 유계도 진시황 35년에 함양으로 파견되어 1년간 아방궁 건설 요역을 하게 되었다. 외지 요역을 나가는 유방을 송별하면서 동료와 친구들은 관례상 300전 정도씩 여비를 모아주었는데, 소하는 500전을 투척했다.

진 제국 시대에는 호적 제도가 엄밀하여 개인의 이주는 엄격히 제한되었다. 특히 평민 백성의 생활 범위는 대부분 출신지에 국한되었으며 외지를 마음대로 돌아다닐 수 없었다. 초나라 유협 시절에 유방은 위나라 외향현에 거하는 장이의 문하에서 여러 달 지낸 적이 있으나 진나라로 편입된 이후로는 멀리 나가본 적이 없다. 이번에 함양으로 가는 것은 요역 의무에 따른 파견이지만 시야를 확장하는 계기가 되었다. 패현은 함양에서 동쪽으로 2000여 리 떨어져 있었다. 유방이 함양으로 가려면 삼천동해도三川東海道를 따라 사수를 떠나 탕군으로 진입하여 삼천군을 횡단한 뒤, 형양—성고—낙양 노선을 따라 서쪽으로 가서 신안新安과 민지澠池를 거치고 효산崤山·함산函山 일대를 지나 함곡관에서 관중으로 들어가야 했다. 이 여행은 전국 시대 옛 나라를 기준으로 말하자면, 초나라에서 출발해 위나라·한나라를 거쳐서 진나라에 이르는 것으로, 세계여행이라 할 만한 것이었다. 길을 따라 펼쳐지는 웅장한 산천 그리고 각지의 다양한 풍속과 민심을 접하면서 유방은 감명을 받았다. 또한 제국의 엄격한 법제와 잘 정비된 교통이 효율적으로 관리되고 있는 것 또한 인상 깊었다. 특히 진나라 본토인 관중으로 들어서자 지세는 뛰어나고, 경제는 풍요롭고, 궁실 건축은 휘황찬란하고 웅장했으며, 민풍과 관리는 소박하고 청렴하여, 관동에서 온 일개 백성인 유계로서는 모든 게 새로울 뿐이었다.

관동 육국의 사람이 처음 진나라로 들어왔을 때의 느낌은 『순자』 「강국強國」에 생동적으로 서술되어 있다. 순자는 이렇게 말했다.

"진나라는 국경의 요새가 험준하고 관중의 산림이 무성하며 강이 종횡으로 흐르고 땅이 기름지고 물산이 풍부하니, 천연의 뛰어난 지세를 갖춘 나라입니다. 경내로 들어와 풍속을 보니, 백성이 순박하고 음악 소리가 점잖고 복식이 수수하며 사람들 모두 관부를 두려워하며 순종함에 옛 민풍이 보존되고 있습니다. 마을의 관부로 들어가보니, 관리들은 엄숙하고 진지하며 직무에 공손·절검·성실·공경·충성·신의를 지키고 있어 나쁜 관습에 전혀 물들지 않은 것이 마치 고대의 좋은 관리 같았습니다. 수도 함양으로 들어왔더니, 사대부는 직무에 충실하여 집에서 관청으로 가거나 관청에서 집으로 가는 길에 사사로이 곁길로 빠지지 않았습니다. 파벌을 이루거나 붕당을 이루지도 않고 일처리와 사람됨이 모두 사리에 맞고 공정하니, 옛 선비의 기풍이라 할 수 있습니다. 진나라의 조정을 보면 일처리에 질서가 있고 모든 일을 깨끗이 처리하여 그 정연함이 마치 무위지치無爲之治와 같습니다. 실로 옛 기풍을 지닌 조정입니다. 따라서 진나라가 4대에 걸쳐 강성한 것은 결코 일시적인 요행이 아니라 천시天時·지리地利·정치·인화人和의 결과이자 필연적으로 정해진 운명입니다."

순자는 대략 기원전 312년에 태어나 기원전 238년에 사망했다. 유방보다 나이가 많지만 장수했기 때문에 거의 20년간 유방과 같은 하늘 아래 살았다. 순자는 조나라 출신으로 훗날에는 열국을 두루 다녔으며 초나라 난릉현蘭陵縣에서 현령을 지냈다. 초나라의 동해군에 위치한 난릉현은 유방의 출생지인 패현과 매우 가까웠다. 따라서 그들이 처음 진나라를 땅을 밟았을 때의 느낌은 크게 다르지 않았을 것이다. 특히 진나라 산천의 뛰어난 지세와 민풍과 정치에 대한 순자의 찬미는 유방이 처음 진나라에서 절절히 느낀 그대로였다고 할 수 있다.

앞서 여러 번 언급했듯이 유방은 지난 일의 은혜와 원한을 잊지 않는 사람이었다. 특히 유협 시절 맏형수가 솥을 씻는 꾀를 써서 유방이 데려온 무리들에게 밥을 주지 않은 일을 마음에 담아두고, 황제가 되었을 때 맏형의 집안을 제후에 봉하지 않았다. 이후 아버지 유태공의 줄기찬 부탁으로 마지못해 맏형의 아들을 제후에 봉해주었으나, 음식이 있는 솥을 닦는다는 뜻의 갱힐후羹頡侯라는 악명을 내려줌으로써 옛날의 원망을 나타내었다. 반면 유방이 진나라 수도로 부역을 떠날 때 패현의 관리들이 내놓은 전별금은 대개 300전이었는데 오직 소하만이 500전을 내놓았다. 유방은 이를 마음속에 새겨두었다가 황제가 되어 공신들을 봉할 때 특별히 소하에게 2000호를 더해주었다. 이는 옛날 200전을 얹어주었던 것에 대한 보답이었다.

진나라 말기, 반란이 한창일 때 유방은 가장 먼저 군대를 이끌고 관중을 공격했다. 그는 약법삼장約法三章을 정해 진나라 백성들을 위로하고 관중 각지에 자세히 알렸으며, 기존의 정부 기구를 존치하고 관중의 부로들과 직접 대화하며 진나라 관리와 백성들에게 각별히 친화적인 태도를 보였다. 그 이유는 무엇보다도 정치적 고려였다. 유방은 진왕이 되기 위해 민심을 끌어들이고자 했다. 한편 유방은 기분파이기도 했다. 그가 처음 진나라에 발을 디뎠을 때 정감을 느꼈을 뿐만 아니라 관중에서 학대를 받거나 쓴맛을 본 적이 없었다는 것 역시 중요한 정서적 원인으로 작용했다. 유방은 항우를 격파한 뒤 낙양을 도읍으로 삼으려 했는데, 이는 고향을 그리는 관동 출신 노장들의 마음에 부합하는 것이었다. 그런데 관중의 지세가 뛰어남을 강조한 수졸戍卒 누경婁敬의 말을 듣고 유방의 마음은 서쪽으로 기울었다. 게다가 장량까지 부추기자 유방은 즉각 관중으로 천도하기로 결정했다. 유방의 이런 시원스런 행동에는 전략적·이성적 고려 외에도, 그가 처음 진나라에 들어갔을 때 형성된 관중에 대한 감정이 이곳으로 천도하는 것에 저항감이 전혀 없도록 하는 데 작동했을 것이다.

유방이 처음 관중에 들어선 당시, 그는 대부분 함양 교외의 공사 현장에서 보내야 했다. 고생스럽긴 했지만 그에게는 흥미진진한 시기였고, 바로 이 기간에 자신의 일생에 중대한 영향을 끼치게 되는 사건을 겪기도 했다. 직접 진시황의 풍채를 목격한 것이다.

미래의 한 고조와 재위 중인 진시황의 이 만남에 대해, 사마천은 『사기』 「고조본기」에서 이렇게 적고 있다.

진시황의 행차를 백성들이 거리에서 바라볼 수 있도록 허락된 적이 있었다. 유방은 운 좋게도 사람들 사이를 비집고 들어가서 성대한 거마 의장 행렬과 정예의 보병·기병 경위警衛를 직접 보았다. 그는 멀리서 진시황의 모습을 존경스럽게 바라보았다. 함양에 일하러 온, 패현의 사수정 정장 유계에게 진시황은 하늘의 해처럼 휘황찬란했다. 그 빛에 유방의 몸과 마음은 크게 요동쳤다. 그는 한동안 발걸음을 떼지 못하고 감개에 흠뻑 빠져들었다. "아! 대장부란 마땅히 이래야 한다!"

"아! 대장부란 마땅히 이래야 한다!" 유방은 이 말을 되풀이했다. 이 말에 담긴 감개는 유방 평생의 정치적 방향을 개괄해준다. 진나라 말 전국 시대의 부활이라는 커다란 조류 속에서 유방은 왕이 되는 것을 달갑게 여기지 않고 오로지 황제가 되고자 했는데, 그 이유 가운데 하나는 일찌감치 그의 마음속에 자리한 진시황이라는 우상 때문이었다. 유방은 진시황처럼 천하에 군림하여 만인이 우러러보는 거마 행렬로써 인생의 만족을 체험하고자 했다.

❽

정장이 도망자가 되다

진시황 37년(기원전 210), 47세의 유방은 내내 사수정 정장으로 일하면서 그럭저럭 살아가고 있었다. 유방은 결혼이 늦었다. 일찍이 정부였던 조曹씨와의 사이에서 아들 하나를 얻었으나, 혼외 사생아로서 조씨 집안의 호적에 올라 있는 데다가 남들에게도 떳떳하지 않은 일이었기에 숨길 수밖에 없었다. 여치와 결혼하고서는 딸을 먼저 낳았는데, 훗날의 노원魯元 공주다. 진시황 37년에 여치가 아들을 낳자 유방은 매우 기뻐했다. 중년에 얻은 아들인 데다가 정처 소생이었기 때문이다. 평민 집안이라 적장자에게 물려줄 작위 같은 것은 없었지만 마침내 호적에 아들을 올리게 되었으니 제사는 끊이지 않을 터였다. 벌써 유방의 나이 쉰을 바라볼 때였다. 정장으로 지낸 지도 오래되었고 앞으로 10년이 지나면 은퇴해야 했지만 자식을 낳을 수 있다는 건 유방의 정기가 아직 왕성하다는 뜻이다. '끌리는 부인을 만났으니 자식 열은 더 낳아주겠노라' 했을 터, 유방의 마음에서 뜨거운 기운은 아직 꺼지지 않았다.

그해 9월, 시황제의 사망이 세상에 알려지고 막내아들 호해胡亥가 황위를 계승해 2세 황제가 되었다. 2세 황제는 천하에 조령을 내려 시황제의 공덕을 칭송하는 한편 대통을 계승하게 된 황공함을 밝혔으며, 죄인을 사면하고 부세를 감면하여 민심을 안정시켰다. 그러나 어쨌든 궁벽한 곳에는 정부의 힘이 미치지 못하게 마련이다. 그나마 패현성에는 조용히 슬퍼하는 동향이라도 있었지만 사수정 사람들은 여전히 해가 뜨면 일하고 해가 지면 쉬는 일상의 나날이었다. 황제가 바뀌었다고는 하지만 생활은 예전 그대로였다.

유방은 아들을 얻고서도 여전히 왕 아주머니 술집과 무 아주머니 술집을 출입했다. 다만 아들을 얻은 화제가 늘었을 뿐이다. 얼마 후 들고나는 손님들 사이에서 2세 황제의 즉위가 수상쩍다는 소문이 퍼져나갔다. 맏아들 부소扶蘇가 적장자인데 애매하게 죽음을 명받았고, 시황제의 명령으로 부소를 보좌하며 흉노에게 위세를 떨치던 몽염 장군과 시황제의 심복 대신인 그의 동생 몽의 역시 연루되어 피살됐다는 것이었다. 시황제는 사구沙丘의 이궁離宮에서 죽었는데, 그곳은 예전에 조나라의 무령왕이 피살된 곳이기도 했다. 시황제의 거마 담당 관리인 조고趙高는 조나라 사람으로서 2세 황제의 스승이기도 한데 갑자기 낭중령郎中令으로 승진했다. 여기에는 모종의 음모가 있을 터였다. 또 얼마 후 함양성에서 대대적인 살육이 있었다는 소식이 전해졌다. 2세 황제가 자신의 형제자매인 10여 명의 공자와 공주를 죄다 죽였고, 선제의 노신들은 살벌한 분위기 속에서 차례로 숙청될 상황에 직면했다는 것이다. 풍문은 갈수록 불어났다. 아니 땐 굴뚝에 연기 날까, 진실과 거짓이 뒤섞인 가운데 유방은 위쪽의 낌새가 심상치 않음을 느꼈다.

오래지 않아 명령이 내려왔다. 중지되었던 아방궁 공사가 재개되고 시황제의 여산驪山 능원 역시 완성에 박차를 가한다는 것이었다. 패현에서도 오랫동안 외지로 나가 요역할 사람을 징발하기 시작했다. 여산 공사에서 일하게 될 부역꾼 징발이 끝나자 즉시 그들을 함양까지 호송하라는 명령이 사수정 정장 유계에게 떨어졌다. 유방은 재작년에 함양 아방궁 공사 현장에서 1년간 부역했고, 패현의 집으로 돌아온 지 1년쯤 되었다. 아들이 막 태어나 집안일도 한창 바쁜 터라 또 다시 풍찬노숙 생활에 나서기는 싫었다. 하지만 명령은 하달되었고 유방은 감히 거부할 수 없었다. 그는 처자식과 작별한 뒤 110명을 호송해 서쪽으로 길을 나섰다.

유방이 호송하는 부역꾼은 모두 패현 현지에서 징발한 주민으로, 대부분은 농민이었고 기술자·장사꾼 등 다양한 부류도 섞여 있었다. 패현성의 개백정인 우악스런 사내 번쾌 역시 그 중 한 명이었다. 이들은 외지로 나가 종군하게 되면 같은 부대의 동료로 생사고락을 함께 할 한 고향 사람들이다. 끊어낼 수 없는 고향 사랑을 지닌 사람들이다. 멀리 떠나는 가족을 위해 아내와 자식은 울고, 늙은 부모는 탄식하고, 마을 사람들은 거듭 당부의 말을 건넸다. 죽은 황제는 능묘를 만들라 하고 살아 있는 황제는 궁전을 만들라고 하니, 별 도리 있겠는가. 백성을 혹사시켜 물자를 낭비하니, 고생하는 이는 일반 백성이 아닌가. 다른 말 필요 없이, 유방은 이제 막 부역에서 돌아왔는데 다시 처자식과 헤어져야 하는 처지다. 그러나 패현의 토양에서 자랐기에 이들을 안심시킬 수 있다면 자신이 감당할 수 있는 한 무거운 짐을 짊어지고자 했다.

유방은 사람들을 호송해 패현성을 나와 서쪽으로 향했다. 휴식을 취하던 중 몇 명이 도망쳤고, 자신의 출생지인 풍읍 일대에 들어서자 또 몇 명이 도망쳤다. 풍읍 서쪽의 커다란 못이 있는 곳에 이르자 유방은 일행을 이끌고 인근 정사亭舍에 묵었다. 다시 인원수를 점검해보니 몇 명이 더 줄어들었다. 유방은 마음이 불편하고 조바심이 났다. 이런 식으로 가다가는 함양에 도착하기도 전에 죄다 도망칠 판이었다. 부역꾼이 도망치면 호송을 책임진 관리가 그 벌로 부역을 해야 했다. 죄다 도망쳤을 경우는 말할 것도 없고 한 명만 없어져도 엄형에 처해질 터였다. 또한 남은 자들도 같은 고향 사람이라는 이유로 고초를 당하게 될 것이다. 유방은 모두가 고통을 당할 수는 없다는 생각에 차라리 시원스럽게 대처하기로 했다.

그날 저녁 유방은 정사에서 부역꾼들을 모아놓고 술과 안주를 마련하여 함께 먹고 마셨다. 술을 석 잔 정도 마셨을 때 유방이 사람들에게 말했다.

"지금이 어떤 상황인지 다들 잘 알 거요. 나 유계는 여러분을 난처하게 만들지 않을 테니 다들 여기서 떠나 각자 살길을 도모하시오. 나 또한 멀리 타향으로 도망칠 것이오. 다들 알아서 잘 지내면 훗날 만날 수 있을 것이오."

다들 감격하며 떠나갔다. 번쾌를 비롯한 10여 명은 딸린 식구가 없는 젊은이들로, 평소 유계의 의협심에 대해 들어왔기에 유계를 따르면서 고락을 함께하고자 했다.

이렇게 하자 유방은 마음이 안정되었고 오히려 후련하기까지 했다.

갈수록 생활이 팍팍해지는 마당에 관의 압박과 착취가 심하면 백성은 저항하게 마련이다. 사수정 정장이라고 해봤자 수하에 병졸 둘에 대여섯 개의 무기뿐인데, 그동안 법을 지키느라 마음고생이 녹록찮았다. 이제 자신을 따르는 10여 명의 형제들과 함께 관부의 힘이 닿지 않는 곳으로 숨어들기로 결정하자 유방의 마음은 도리어 편했다. 유방은 번쾌 등과 의논했다. 지금 패현 경내에서 일이 벌어졌으니 모두가 패현 출신인 만큼 이 지역에서는 지낼 수가 없는 노릇이었다. 여기서 서쪽으로 가면 탕군 경내로 들어가게 되고, 더 남쪽으로 가면 사수군과 탕군의 인근 지역에 망탕산芒碭山이라는 산지가 있다. 망탕산 지역에는 10여 개의 크고 작은 산이 수십 리 이어져 있다. 산은 높지 않지만 나무가 무성하고 주위는 소택지로 덮여 있어 재난을 피해 숨어 지내기 좋은 곳이었다. 사정이 다급해지자 더 생각할 여지가 없었다. 술과 밥을 배불리 먹은 뒤 유방 일행은 밤새 망탕산으로 향했다. 그들은 패현 경내에서 종적을 감추었다.[21]

이후 유방 등은 망탕산에 숨어들었고, 진 정부의 지명 수배 대상인 도적 패거리가 되었다. 패현 관방의 입장에서 보면, 유방은 법을 알면서도 일부러 법을 어기는 수괴였다. 그러나 패현 마을 사람들의 입장에서 유방은 백성을 재난에서 벗어나게 해준 호한好漢이었다. 유방이 호송하던 이들을 풀어주자 그의 아내 여치가 체포되었는데, 위로는 소하 등이 발 벗고 나서서 비호해주었고 아래로는 임오 등이 힘껏 협력한 데다가 민심이 힘을 실어준 덕분에 큰 고난을 당하지 않고 석방되었다. 여치는 석방된 뒤 은밀히 유방과 연락을 취했고 망탕산으로 가서 그를 만나보기도 했다.

당시 패현뿐 아니라 관동 각지가 점점 불안한 형세였다. 갈수록 극심해지는 요역과 징발 때문에 각 군현의 백성은 고통을 겪었다. 위에서 강제 징발을 다그치면 백성의 원성이 드높아질 수밖에 없고, 민심이 흉흉해지면 제대로 다스려질 수 없으니 도적이 생겨나게 된다. 유방 집단처럼 부역꾼과 변경을 지키는 병졸이 빈번히 산림 소택으로 달아나 무장한 채 관부에 대항했다. 탕군 창읍현昌邑縣 사람인 팽월彭越은 도망자들을 모아 탕군·설군·동군東郡 일대의 거야택巨野澤에서 출몰했다. 구강군九江郡 육현六縣 사람인 영포英布는 여산에서 부역하던 기간에 형도刑徒와 부역꾼들을 이끌고 도망해 도당을 이루어 구강 일대에서 출몰했다. 불안한 시국을 모두가 느낄 수 있었다.

각급 관리들도 진퇴양난의 상황이라 보고도 못 본 체하며 발등에 불이 떨어질 때까지 하루살이로 지낼 수밖에 없었다. 유방의 무리는 관부의 힘이 미치지 않는 사수군과 탕군 사이의 망탕산 일대에서 숨어 지냈으나 큰일을 저지르지 않고 관부의 추적을 받지도 않았다. 그렇게 지내다 보니 점점 모여드는 이들이 많아졌고, 궁지에 몰린 이들의 피난처가 되었다. 패현 및 그 주변 지역에 사는 젊은이들 중에 현실에 불만을 품은 자들이 그 명성을 흠모해 이곳을 찾아들었다. 오래지 않아 100여 명이 유방의 수하로 모였다.

9

망탕산이 징강산과 감응하여 통하다

진나라 역사 전문가로 이름난 마페이바이 선생은 유방 집단의 초기 활동에 대해 감개를 금치 못했다. 그는 탕碭·사泗 지역의 풍·패 일대는 기병 전의 유방 집단에게 마치 『수호전』의 양산박과 같은 곳이며, 유방이 사수정 정장이던 때 이미 반란의 기미가 뚜렷했고 패현의 하급관리로 이루어진 조직의 기본 형태 역시 이미 출현했다고 보았다.[22]

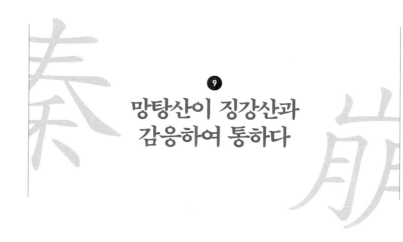

유방이 기병한 뒤 그 조직의 기초는 바로 패현의 관리와 백성으로, 훗날 한 제국 조직의 핵심이기도 하다. 그런데 패현의 말단관리에 몸담기 이전의 유방은 강호의 유협이었다. 유협 사회에 엄밀한 조직성은 없었으나 광범한 연락망이 있었다. 유방은 이를 통해 일찌감치 민간 사회에서 인적 관계망을 쌓았다. 진나라에 반기를 들기 전 패현의 관리 조직은 정부 조직이었다. 진 제국 건립 이후, 정부의 민간 기초를 확대하기 위해 패현 정부 조직은 유방과 같은 조직 바깥의 파괴력을 속박하고자 힘썼다. 유방이 법도를 벗어나 제멋대로 하는 행동은 그저 조직의 규범에 적응하지 못한 개인의 불안정한 충돌에 불과했을 뿐 조직적 반항이라 할 수는 없었다. 유방이 정식으로 진 정부에 항거한 것은 그가 풍읍 서쪽의 못에 있는 정에서 부역꾼들을 놓아주었을 때였다. 그리고 일부 부역꾼들을 이끌고 망탕산으로 들어가 산적패가 됨으로써 정부의 지명 수배를 받는 도적 집단이 되었고, 이것이 처음으로 결성된 반진 조직이었다. 이로써 보자면, 유방이 사수정 정장으로 지냈을 때의 활동은 송강宋江이 운성현鄆城縣의 현리를 지낸 경력에 해당한다. 유방 집단의 양산박이 바로 망탕산이었다.

유방은 젊은 시절 유협이었다. 유협은 검으로 맹위를 떨치며 무武로써 금제禁制를 범한다. 유방은 이후 정장이 되었는데, 정장은 무로써 도적을 체포하고 병졸과 무기를 관장한다. 이후의 경력으로 볼 때, 유방은 병기를 다룰 줄 아는 무공을 지닌 사람이었으며 조직을 꾸리는 재능과 군사적 재능도 일류였다. 부역꾼들을 함양으로 호송할 때 유방은 무기를 지니고 있었고, 부역꾼들을 풀어준 뒤에는 검을 휘두르며 앞장서서 망탕산으로 향했다. 그는 애초에 무장을 갖춘 상태였다. 유방을 좇아 망탕산의 산적이 된 이들은 패현 출신의 청장년들이었으나 나중에는 사수와 탕군 일대의 현지인도 섞여들었다. 진나라 말기 난이 폭발할 무렵 이들의 수는 100명에 이르렀고, 무력으로 패현을 포위해 안팎에서 호응함으로써 진나라의 패현 정권을 전복할 수 있었다. 망탕산에 있을 때 유방을 우두머리로 한 도적 집단이 이미 무장을 완비하고 조직을 갖추었음을 헤아릴 수 있다.

진나라 말 각지에서 도적 집단이 출현했다. 망탕산의 유방 집단을 비롯하여 거야택의 팽월 집단, 구강의 영포 집단이 유명하다. 당시 팽월 집단의 경우를 통해 유방 집단을 분석해보자면, 이미 그들은 군사 조직의 형식에 따라 편제되어 명령 체계와 형법을 갖추고 있었다. 집단 내 위아래의 통괄·관할이 존재했고 병참 보급을 비롯해 탐문·연락 등 갖가지 직무가 분업화되었다. 유방 망탕산 집단의 유명한 일원인 번쾌는 마치 정보원처럼 망탕산과 패현을 오가며 소식 전달을 책임졌다. 유방은 망탕산으로 들어간 뒤 줄곧 풍읍 향리 및 패현 속리와 밀접한 연계를 유지했다. 패현에서 사변이 일어났을 때 소하는 번쾌를 통해 유방이 부하들을 이끌고 패현성으로 들어오도록 했다. 무장 조직을 이끌고 망탕산을 점거하여 도적으로 지내던 시절, 유방이 공개적으로 반진의 기치를 내걸었던 것은 아니지만 그 행위는 확실히 정부에 무력 항거하는 것이었다. 망탕산 시절의 유방 집단은 이미 군중을 모아 반란을 일으키는 무장 할거 집단이었다.

진시황이 천하를 통일한 이래, 중국은 여러 나라가 전쟁을 벌이던 열국 시대를 매듭짓고 왕조가 교체되는 제국 시대로 진입했다. 열국 시대에는 정권 교체의 동력이 대부분 국외에서 비롯되었고, 권력은 통치계급 사이에서 평행으로 이동했다. 반면 제국 시대에 정권 교체의 동력은 주로 국내 민간 사회의 무장 폭력에서 나왔고, 권력은 통치계급과 피통치계급 간의 수직으로 이동했다. 이것이 2000년 중화제국 정권 교체의 기본 특징을 형성했다. 즉 왕조의 순환과 농민전쟁이다. "작디작은 불티가 들판을 태울 수 있다"[23]는 중국의 명언이 있다. 들판을 태우는 큰불은 작디작은 불티에서 시작된다는 말이다. 통일 제국을 멸망시킬 수 있는 농민전쟁은 반드시 통일 제국에 맞설 수 있는 대규모의 민중 폭동이어야 했다. 하지만 대규모 민중 폭동은 일시에 돌연히 생겨나는 게 아니다. 작은 것에서 큰 것으로, 약한 것에서 강한 것으로 발전하는 과정을 거치게 마련이다. 산간·수택에서 드문드문 발생한 무장 할거는 그 발전 과정의 최초 단계였다.

2000년 동안 군중을 모아 반란을 일으킨 무장 할거는 왕조의 흥망성쇠사와 역방향으로 이루어졌다. 왕조가 강대하고 흥성하면 할거와 반란은 소멸되고, 왕조가 해체되고 쇠락하면 할거와 반란이 봉기한다. 2000년 동안 군중 반란의 무장 할거가 그 얼마나 많았던가. 하지만 최후에 제업을 성취한 자는 극소수였고, 절대다수는 정부에 의해 소멸되거나 정부에 귀순하거나 저절로 소멸되었다. 역사에 동력은 있되 필연은 없다. 소위 선택된 자가 결국에 성공을 이루는 것은 얼마나 대단한 우연인가!

망탕산 지역은 지금의 허난 상추商丘 지역 융청永城 동북부에 해당하는 산지로, 10여 개의 작은 산이 이어져 있고 면적은 10여 제곱킬로미터다. 망탕산은 그다지 높지 않아서 가장 높은 봉우리도 해발 150여 미터밖에 안 되지만 이곳이 무장 할거지였기에 유명해졌다. 평야에서 돌출해 있는 망탕산은 행정 관내에 횡으로 걸쳐 있다.

2005년 3월, 나는 우선 풍·패로 가서 고조가 흥기한 옛 땅을 방문했다. 그날 저녁 쉬저우徐州로 돌아와서 하룻밤을 묵고서 이튿날 오전에 서초西楚 항우의 옛 수도의 자취를 좇았다. 오후에는 서쪽으로 가서 쉬저우를 나와 롄훠連霍(롄윈강連雲港·훠얼궈쓰霍爾果斯) 고속도로를 타고 장쑤를 나와 안후이 샤오현蕭縣을 경과해 허난 융청으로 들어가는 200여 리 노정에 나섰다.

세 성과 세 현을 가로지르는 길 양쪽에는 논밭과 평야, 촌락과 수목이 태양 아래 변함없이 일망무제로 펼쳐져 있었다. 융청 망산진芒山鎮에서 평지를 나와 망탕산 관광지旅遊區로 들어가면 산지가 생생히 펼쳐진다. 오래된 사당이 녹음 속에 숨겨져 있고 왕의 무덤이 연못에 의지해 있는, 전혀 다른 광경이다.

망탕산에서 발길 가는 대로 걸으며 당시 유방을 생각했다. 그는 풍읍 서쪽의 못에 있는 정에서 무리를 풀어준 뒤로는 패현에 머물 수 없게 되었다. 주변을 바라보면 천리가 평지인데 어디에 몸을 숨길 수 있었겠는가. 당시 갑작스런 상황에 닥쳐 그는 자못 주저했을 것이다. 망탕산은 산과 물과 숲이 있어서 숨어들기 좋았고, 행정구역으로는 망현과 탕현碭縣, 사수군과 탕군 사이의 편벽한 곳으로 통치가 취약한 변두리였기에 무장 할거하며 위험을 피하기에 좋은 거처였다. 망탕산과 패현 사이에는 군과 현이 끼어 있지만 거리가 200여 리에 불과했다. 이러한 행정구역의 이점과 지리적 유리함 때문에 망탕산의 유방 집단은 패현 당국의 추적을 피할 수 있었고, 패현의 관리와 백성과도 지속적으로 연계할 수 있었다. 덕분에 큰 난리가 발생하자 패현의 관리와 백성은 유방을 불러들일 수 있었고, 유방 역시 신속히 패현으로 돌아가 위업을 이룰 수 있었다. 망탕산에서의 무장 할거는 유방 집단의 기점이었을 뿐만 아니라 한 제국의 기점이었다고 할 수 있다.[24]

역사는 성패로 영웅을 논하고, 역사학은 원류로써 발전을 논한다. 통일 제국 2000년 역사에서 처음으로 민중을 모아 반란을 일으키고 무장 할거로써 대업을 이룬 영웅은 망탕산에서 흥기한 유방이었

망탕산

다. 이후 그의 발자취를 잇는 인물들이 잇달았다. 무장 할거를 통해 대성공을 거둔 경우는 두말할 것 없이 징강산井岡山의 마오쩌둥毛澤東이다. 30년 전 소년이었던 나는 조국의 성지를 순례하고자 2500리를 걸어서 광둥廣東을 나와 후난湖南으로 가서 장시江西로 들어가 세 성에 걸친 뤄샤오羅霄산맥을 따라가며 징강산에 올라갔다. 징강산은 산세가 험준하고 기복이 심해 천연의 무장 할거지라 할 만했다. "황양제黃洋界에 포성이 울리고, 적군이 밤을 타 도망쳤다는 소식 전해 오네."[25] 영웅이 할거하던 기세는 지금도 여전히 내 안에 메아리치고 있다.

2000년 역사에서 산천지리로 따지자면 낮은 망탕산이 어찌 높고 험준한 징강산에 비할 수 있겠는가. 하지만 영웅의 발자취를 생각할 때 징강산과 망탕산은 모두 용이 날아오르고 호랑이가 도약하기 전에 숨어 지내던 곳이다. 일단 바람과 구름이 홀연히 일어나고 천하에 변고가 생기자 망탕산의 도망자 집단과 징강산의 홍군紅軍은 결국 중국을 석권하고 조대朝代를 바꿨으니, 조국의 역사에도 감응하여 통하는 바가 있었던 걸까?

망탕산이 징강산과 감응하여 통했다. 고금을 두루 훑어보면 역사의 연속과 반복은 바로 망탕산·징강산과 연결되어 감응한다. 세계적인 역사의 전환과 격변 역시 망탕산·징강산과 연결된 감응 속에 감춰져 있다. 징강산의 무장 할거의 승리는 왕조의 종결을 의미하는 것일까? 2000년의 어려운 과제가 여전히 역사의 검증에 직면해 있다.

제 3 장

높은 건물이 무너지기 전날 밤

1

진시황이 갑자기 죽다

진시황 37년(기원전 210), 시황제는 다섯 번째 순행 도중에 병에 걸린다. 수레가 거록군巨鹿郡 남쪽의 사구궁沙丘宮 평대平臺(지금의 허베이 광쭝廣宗 서북쪽의 다핑타이大平臺)에 이르렀을 때 병이 중해져 일어나지 못했다. 7월 병인丙寅일에 시황제는 불길함을 예감한 듯 병상 앞에서 유조遺詔를 받아 적게 한 뒤 멀리 북부 변경에서 군대를 감독중이던 장자 부소에게 전달했다. 유조는 중거부령中車府令 겸 행새부령行璽符令 조고가 받아 적었다. 주요 내용은 "(부소는) 감독하고 있는 군대를 장군 몽염에게 맡기고 신속히 함양으로 가서 장례를 주관하라"는 것이었다. 유서가 밀봉되어 발송되기도 전에 시황제는 세상을 떴다. 향년 50세였다.

만년의 시황제가 심리적으로 악화되고 있음을 궁정의 핵심 측근들은 알고 있었으나 발설하지 않았다. 천하를 통일하고 천년의 위업을 완성한 시황제는 성대한 경사 이후 급작스레 깊은 실의失意와 불안을 겪게 된 듯하다. 그것은 정치 목적을 상실한 데서 비롯된 실의였고, 자연 생명에 대한 불안이었다. 천하가 통일되기 전에는 나라의 모든 이가 일찍 일어나고 늦게 자며 부지런히 힘썼다. 모든 게 '육국을 멸망시키고 천하를 통일한다'는 하나의 목적을 위해서였다. 공을 세우고 이름을 날린 이후 남은 일이란 이를 공고히 지키는 것뿐이었다. 진나라가 세워진 이래로 수백 년 동안 출격에 쓰였던 칼끝이 갑자기 지향점을 상실한 것이다. 시황제는 친정한 이래로 근 20년 동안 자신을 덮고 있던 전쟁의 풍운이 순식간에 걷혀지자 평온해졌다. 무거운 짐을 벗어버리듯 제1차 순행에서 선조에게 고하고 제사를 지내자 눈부시던 인생의 강렬함도 사라졌다. 오랫동안 버텨주었던 몸의 기력이 쇠퇴하기 시작했고 온갖 병의 징조가 차례차례 나타났다. 마흔에 들어선 시황제는 별안간 병리적·심리적 건강 이상에 맞닥뜨린 것이다.

최고 권력자의 건강은 국가의 최고 기밀과 관계된 것이다. 예로부터 병자가 나라를 다스리거나 미치광이나 바보가 정권을 장악하는 일이 전혀 없었다고 말할 수는 없지만 대부분은 은폐되었다. 마흔 이후의 진시황 건강에 대체 어떤 문제가 있었는지 우리는 알 길이 없다. 만년에 진시황이 스스로를 진인眞人이라고 하면서 자신의 행방을 비밀에 부치고, 사방으로 의원과 약을 구해오게 하고, 방사方士에게 희망을 갖거나 봉래蓬萊 선경仙境을 흠모하여 장생의 선약을 갈구했던 것으로 보아 죽음에 대한 두려움에 사로잡혀 있었음을 알 수 있다. 정신적으로 우울증과 과대망상증의 징조가 이미 뚜렷했다. 지나치게 일찍부터 죽음을 두려워하는 것은 대부분 오랫동안 육체적인 병에 시달린 데서 기원한다. 어떤 사람은 시황제가 계흉鷄胸으로 천식이 있었을 것이라 추측하기도 한다.[1] 시황제가 원기왕성하게 순행하던 도중 갑작스레 죽은 것으로 볼 때 나는 고혈압과 뇌일혈 종류의 질병이 있었을 것으로 짐작한다.

시황제의 죽음은 너무도 급작스러웠다. 시황제 곁에서 시중을 드는 몇 명의 환관 외에 내막을 아는 이는 오직 시황제의 막내아들 호해와 승상 이사李斯 그리고 중거부령 조고 셋뿐이었다. 천하의 안위와 관련된 일이기에 승상 이사는 즉시 결정을 내렸다. 죽음을 비밀에 부치고 소식을 봉쇄한 뒤, 시황제의 시신을 통풍이 잘 되는 온량거轀輬車(누워서 쉴 수 있는 수레로, 창문이 달려 있어서 닫으면 따뜻하고 열면 시원하다)에 두고 시황제가 총애했던 환관을 함께 타도록 했다. 때에 맞춰서 음식을 올렸고 백관이 국사를 아뢰는 것도 전과 다름이 없었다. 음식을 먹거나 정사政事를 처리하는 일은 수레에 은신한 환관이 대신했다. 시황제가 살아 있을 때와 다름없이 이루어지도록 조치를 취한 채 수레는 서쪽 수도 함양을 향해 곧장 달렸다.

2

조고에게 기회가 찾아오다

12년 동안 진 제국은 정밀한 구조의 대형 수레와 같았다. 시황제가 모는 이 수레는 고속으로 내달려왔으나, 갑작스런 시황제의 사망으로 수레는 졸지에 운전자를 잃었고 정치권력에 거대한 공백이 생겨났다. 아득한 하늘 아래 불안이 차츰 스며들기 시작했다. 이러한 불안은 황제와의 거리에 따라서 시기와 깊이에 차이가 있게 마련이었다. 일찍이 내막을 알고 있는 세 명 가운데 가장 큰 불안을 느낀 자는 중거부령 조고였다. 동시에 그는 기회를 얻었다는 유혹과 행동에 나서고자 하는 흥분을 느꼈다. 조고는 꼼꼼하고도 신속히 계략을 짠 뒤 유조를 압수한 채 사자에게 건네주지 않았다. 그는 행동에 돌입했다. 우선 공자 호해를 알현하기로 결정했다.

조고는 호해의 스승으로, 오랫동안 호해에게 서법과 법률을 가르쳤으며 호해의 신임을 얻어 가까이 지내왔다. 큰일을 성취하기 위해서는 호해를 설득해야 한다는 것을 조고는 알고 있었다. 그는 친분에 근거하여 호해를 설득하는 데 자신이 있었다.

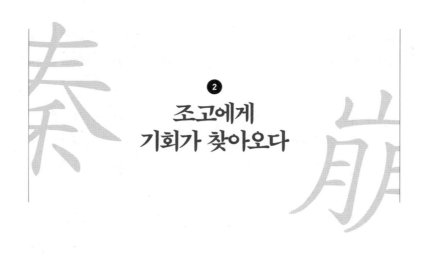

호해를 알현한 조고가 말했다. “황제께서 붕어하셨는데, 장자 부소에게만 유조를 남기시고 다른 아들에 대해서는 전혀 언급하시지 않았습니다. 부소가 유조를 받들어 함양으로 가게 되면 즉시 황제가 되어 천하를 차지할 것입니다. 공자 역시 황자이신데 한 치의 땅조차 받지 못하실 겁니다. 이 어찌 급작스럽고 어이없는 일이 아닌지요?”

호해의 대답은 명쾌했다. “부황께서 하신 일이니 당연한 겁니다. 현명한 군주는 신하를 잘 알고 현명한 아버지는 아들을 잘 아는 법이오. 부황께서 돌아가시면서 여러 아들에게 토지를 봉한다고 하지 않으셨으니, 아들인 내가 무슨 말을 할 수 있겠소.”

조고가 말했다. “신은 그렇게 생각하지 않사옵니다. 황제께서는 공자를 매우 아끼셨습니다. 부소는 수도를 떠나 상군上郡으로 갔고, 황제께서는 공자를 가자假子로 삼아 천하를 순행하는 데 동행하도록 하셨습니다. 이는 공자를 후계자로 삼겠다는 의향을 널리 알리신 겁니다.[2] 방금 황제께서 붕어하셨고, 천하의 대권은 아직 정해지지 않았습니다. 신의 생각에 그것을 취하느냐 버리느냐는 공자와 신과 승상 세 사람의 손에 달려 있으니, 공자께서는 부디 대권을 도모하십시오.”

호해가 대답했다. “장자를 버리고 막내를 세우는 것은 불의이고, 부황의 명령을 받들지 않고 죽음을 두려워하는 것은 불효이고, 재능이 천박함에도 남에게 의지해 억지로 공을 구하는 것은 무능함이오. 불의와 불효와 무능을 행하며 덕행에 어긋나면 천하가 복종하지 않을 뿐만 아니라 장차 자신도 위태롭게 만들고 사직과 국가 역시 이어지지 못할 것이오.”

조고가 말했다. "신이 듣기로 상나라 탕왕湯王과 주나라 무왕은 각각 자신의 주군인 하夏나라 걸왕桀王과 상나라 주왕紂王을 죽였지만 천하는 의로운 행위라고 칭송했지 불충함으로 여기지 않았습니다. 위魏나라 군주는 자기 부친을 죽였지만 위나라 신민은 그 은덕을 입었고, 공자는 이 일을 기록하면서 불효라고 여기지 않았습니다. 큰일을 행할 때는 자잘한 일에 얽매일 필요가 없고, 큰 덕은 사양하며 피해서는 안 됩니다. 지역마다 대처 방법이 다르고 관직마다 서로 다른 직분이 있게 마련입니다. 따라서 작은 것을 고려하다가 큰 것을 잊으면 나중에 반드시 해로움이 있고, 의심하며 주저하면 반드시 후회하게 됩니다. 결단하여 감행하면 귀신도 피해가는 법이니, 실행하면 반드시 성공할 수 있습니다. 부디 공자께서는 추세에 따라 행동하십시오."

호해는 동요했다. 그는 탄식하며 말했다. "부황의 상례를 거행하지도 않은 지금 상황에서 어떻게 이런 일로 승상을 번거롭게 할 수 있단 말이오?"

조고는 바로 이 말이 나오기를 기다리고 있었다. 호해의 마음이 움직이기만 하면 일의 절반은 이루어진 것임을 그는 알고 있었던 것이다. 권력을 탈취하는 포석에서 호해는 한가운데의 핵심이 되는 바둑돌이다. 호해의 마음을 움직이면, 왕의 자리를 놓고 두는 바둑판을 시작할 수 있다. 바둑판이 시작된 뒤의 전개는 승상 이사의 참여 여부에 달려 있었다. 그러자 조고는 시간과 사정의 긴박함을 한층 더 실감했다. 승패의 길목에 이르렀음을 직감한 조고는 반드시 승상 이사의 마음을 움직여야 했다. 그는 소리를 내어 말하지 않을 수 없었다. "기회, 기회가 눈앞에 임박했어. 행장을 다 갖추고 출격하다가는 시기를 놓친다고!" 조고는 우리에서 나온 맹수처럼 사냥감의 생생한 숨결을 맡았다.

3

조고는 환관이 아니라 만능인이었다

조고는 사구의 음모를 주모한 자이자 미래에 진 제국을 멸망시킬 주요 인물이었다. 조고의 내력에 대해서는 2000년 동안 이해가 부족할뿐더러 곡해도 많았다. 후한後漢 이후로 조고는 추악한 환관으로 묘사되었고 그 가족 역시 환관 가족으로 추화되어, 오늘날까지도 사실이 아닌 고정관념이 자리 잡고 있다.

조고에게 자식이 있었다는 건 알려진 사실이다. 그의 딸은 망이궁望夷宮 정변에 가담하게 되는 함양현령 염락閻樂에게 시집갔는데, 이는 조고가 환관이 아니었다는 명확한 증거다. 실제로 사마천은 조고가 환관이라고 말한 적이 없다. 사마천뿐만 아니라 후한 이전의 그 어떤 사서에도 그러한 기록이 없으니, 조고를 환관으로 보는 것은 오해다. 이런 오해는 우선 '환宦'이라는 글자를 잘못 이해한 데서 비롯된 것이고, 다음으로는 잘못된 글자 '은궁隱宮'에 대한 추화와 곡해에서 비롯된 것이다.

『사기』「이사열전」에는 조고가 '환인宦人'이고 '환적宦籍'이 있다고 되어 있다. 이것이 바로 조고를 환관으로 오해하게 만든 대목이다. 하지만 새로 출토된 『장자산 한묘 죽간張家山漢墓竹簡』에 따르면 '환宦'이란 궁중의 내정內廷에서 일한다는 의미다. 즉 환인이란 궁내에서 일하는 사람으로, 왕이나 황제를 가까이서 모시며 호위하는 신하다. 또한 환적은 궁문을 출입하는 자를 등재한 등록부다. 진·한 시대에는 '환인'이든 '환적'이든 '환관'이든, 거세된 남자가 궁내에서 맡은 관직, 즉 후대의 '환관'의 의미는 없었다. 당시에는 거세된 남자를 엄인閹人이라 칭했는데, 궁중에서 일하는 엄인은 '환엄宦閹'으로 불렸으며 정의가 매우 분명하다. 최신 자료에 근거하면, 조고는 궁중에서 일한 환인이었다. 즉 조고는 황제의 측근 신하였을 뿐 거세된 환엄이 아니었다.

『사기』「몽염열전」에서 "조고 형제는 모두 은궁 태생이다"라고 했다. 이것은 조고를 환관으로 오인하게 만든 또 다른 자료다. '은궁'이라는 단어는 본래의 뜻이 불분명하다. 후한 이후 『사기』에 주석을 단 유劉 아무개가 이를 이용해 자기의 의견을 펼쳤는데, '은궁'의 '궁'을 궁형으로 해석했을 뿐만 아니라 조고의 부친이 궁형을 받아 거세되었으며 모친이 다른 남자와 야합하여 조고 형제를 낳았다고 확대 해석했다. 조고 형제가 조씨를 사칭했으며, 궁형을 받아 환관이 되었다는 것이다. 거짓말은 꾸밀수록 더 커지고 꾸밀수록 더 통쾌해진다. 이렇게 해서 헛소문이 이어지다가 당나라 이후로는 조고 일가가 모두 환관이라는 근거 없는 유언비어가 고착화되었다. 진나라 역사에 정통한 마페이바이 선생은 일찍이 『수이후디 윈멍 진간睡虎地雲夢秦簡』에 근거해 "조고 형제는 모두 은궁 태생이다"에서 '은궁'이라는 단어는

'은관隱官'의 오기誤記임을 지적했다. 『장자산 한묘 죽간』이 출토된 이후로 은관의 의미는 더욱 명백해졌다. 은관이란 형기를 마친 이들이 일하는 곳 또는 형기가 만료된 자의 신분을 가리키는 것이지, 궁형이나 거세와는 전혀 관계가 없다.

저명한 역사학자 구제강顧頡剛 선생은 '누층적으로 형성된 고대사'라는 매우 유명한 논증을 제시했다. 그는 오늘날 우리가 보는 고대사는 끊임없이 개조되고 새롭게 쓰여져 이미 원래의 것이 아니며, 대대로 선호하는 맛이 첨가되었다고 보았다.[3] 진실한 고대사를 이해하기 위해서는 대대로 첨가된 것을 반드시 청산하고 고대의 진상을 복원해야 한다. 후한은 환관의 화禍로 인해 나라가 망했기 때문에 유씨劉氏[4]의 곡해는 환관을 미워하던 당시 사람들의 심정을 만족시켜 주었다. 다들 "망국의 원흉은 모두 환관"이라는 유언비어를 퍼뜨리고 싶었던 것이다. 당나라 역시 환관이 권력을 휘두르며 정치를 어지럽힌 데다가 환관이 나라를 망하게 했던 옛 망령이 사라지지 않았기에, 옛 일에 빗대어 성토하는 분위기 속에서 자연스럽게 조고가 환관이라는 유언비어가 확산되면서 반박할 수 없는 정설이 되었다. 명나라 때는 환관의 화가 갈수록 심해졌고, 청나라 말에 이르러서는 대태감大太監 이연영李蓮英이 자희慈禧태후의 궁중에서 멋대로 권력을 휘둘렀다. 이처럼 대대로 누적된 곡해 역시 정사로 전해져 지금에 이르렀다. 아무튼 이것은 이 글의 주제를 벗어난 이야기다. 다만 나는 이를 통해 인성의 연약함을 깊이 느낄 따름이다. 우리는 자신이 믿고 싶은 것만 믿는다. 참인지 아닌지, 거짓인지 아닌지는 부차적이다.

역사 서사는 역사 사실에 근거한 서사다. 따라서 역사학자는 역사 사실의 진상을 확인하는 작업에 기초해야 한다. 사실에 토대하지 않은 진실은 모래 위의 건축에 불과하기 때문이다. 진위의 판별과 사료의 고증은 논문의 형식을 통해 전달되어야 하는 또 다른 역사다.[5] 여기서는 역사 서사로 돌아가서, 사구의 음모 이전의 조고라는 인물 됨됨이와 행위를 다시금 짚어보기로 한다.

'조趙'는 조나라 왕족의 성씨다. 조고의 부계는 조나라 왕실의 먼 친척이었다. 전국 시대에는 천하가 합종연횡하면서 국가 간의 결맹 조건으로 왕실의 공자를 볼모로 삼았다. 군주의 여러 자녀 가운데 총애 받지 못하고 소원해진 자가 볼모로 보내지면, 그 공자는 오랫동안 이국 타향에서 살아야 했다. 볼모의 처지가 된 이들은 평생 의욕을 잃은 채 빈한하게 지내면서 죽을 때까지 귀국하지 못하기도 했다. 아마도 조고의 조상은 조나라 출신으로 진나라의 볼모가 된 공자였을 것이다. 조나라에서 총애 받지 못하고 진나라에선 도움을 받지 못해 뜻을 이루지 못한 채로 진나라에서 아내를 얻고 자식을 낳았을 것이다. 그 후손이 함양의 시정을 떠돌다가 진나라 사람이 되어 일반 서민이 되었을 것이다.

조고에게는 형제가 여럿 있었는데 모두 은관에서 출생했다. 그의 형제들 가운데 역사에 이름을 남긴 이는 동생 조성趙成뿐으로, 그는 훗날 조고를 대신하여 진 제국의 낭중령이 되었으며 2세 황제를 모살한 망이궁 정변에 참여하기도 했다. 은관은 정부가 뭇 사람들의 이목을 끌지 않는 곳에 설치한 수공 작업장으로, 형기가 만료된 죄인을 배치해 일하도록 했던 곳이다. 일찍이 조고의 모친은 죄를 짓고 형벌을 받게 되었는데, 불구가 된 탓에 남들과 어울려 살기 불편했

거병군리용車兵軍吏俑
속칭 장군용이라고 한다. 진용秦俑 가운데 급이 가장 높은 도용陶俑이다. 도용의 모습을 통해 문무를 겸비한 만능인으로서의 조고가 어떤 모습이었는지 조금이나마 엿보고 상상할 수 있다.(『진시황제릉 출토 1호 청동마차秦始皇陵出土一號青銅馬車』, 문물출판사, 2012)

고 남의 시선에 뜨이길 원치 않았으므로 은관에서 계속 일하며 생활했다.

진나라의 신분 등급 규정에 따르면, 은관에서 일하는 사람의 신분 역시 은관으로 칭했다. 지금 말로 하자면 '만기 출소자'에 해당하며, 지위는 일반 서민보다 낮았고 획득할 수 있는 토지와 주택도 일반 서민의 절반뿐이었다. 제국의 법률은 공정함을 중시했으므로 은관의 지위는 낮았지만 혼인에는 제한을 두지 않았다. 은관 자녀의 신분 역시 일반 서민과 동등했다. 조고의 아버지는 아마도 은관에서 일하던 하급 문법관리로, 법률에 통달하고 서법에 정통했을 것이며 은관에 재직할 때 조고의 모친과 인연을 맺어 가정을 이루고 조고 형제를 낳았다. 진나라는 가업을 중시하여 자식이 아버지의 직업을 계승하고 관리를 스승으로 삼는 것을 훗날 제국의 국책으로 삼았다. 따라서 성년이 된 조고가 문법관리의 길로 들어서 일류의 서법가이자 법학가가 되었던 건 부친의 직업 및 영향과 밀접한 관련이 있다.

조고는 진 소왕 말년, 대략 소왕 51년(기원전 256) 전후에 진나라의 수도 함양에서 태어났다. 당시는 진나라와 조나라 간의 장평대전이 막바지에 접어들고, 조나라의 수도 한단이 진나라 군대에 겹겹이 포위당한 상태였다. 한단에서 3년 전 출생한 진시황은 모친과 함께 성 안에서 불안한 나날을 보내고 있었다. 생각해보면 매우 흥미롭다. 진시황과 조고는 불과 세 살 차이 나는 동년배였는데, 역사에서 이들은 나라의 멸망을 교환하는 역할을 맡았다. 진시황의 아버지는 진나라 왕족으로, 진나라에서 조나라의 볼모로 보내졌고 조나라 여인을 아내로 맞았다. 진시황은 조나라의 수도 한단에서 태어나 훗날 조나라를 멸망시켰다. 반면 조고의 조상은 조나라 왕족으로, 조나라에서 진나라의 볼모로 보내져 진나라 여인을 아내로 맞았다. 조고는 진나라 수도 함양에서 태어나 훗날 진나라를 멸망시켰다. 그 외에 관련 인물인 유방은 조고와 동갑으로, 초나라 패현에서 태어나 50년 뒤에 조고와 손을 잡고 진나라를 멸망시켰고 얼마 후 진시황의 유업을 계승해 진나라를 기반으로 한나라를 창건했다. 진 제국의 흥망과 관련된 또 다른 중요 인물인 이사李斯는 이때 이미 스물 즈음의 성년이었으며, 초나라에서 군郡의 하급관리로 있었다. 장차 역사를 추동시킬 이 인물들은 아직 서로 충돌하지 않은 채 각지에 흩어져 지내면서 역사의 소환을 묵묵히 기다리고 있었다.[6]

진나라는 상앙商鞅의 변법變法 이후 농업과 전쟁으로 나라의 기반을 다지고 법률로 나라를 다스렸다. 군인은 사회에서 숭상되었고, 백성은 관리를 경외했다. 진나라의 남자가 사회에 나아가는 정도正道는 종군하거나 관리가 되는 길이었다. 남자는 17세 성년이 되면 명부에 기록되어 국가의 요역과 조세의 의무를 담당해야 했고, 종군하여 적을 죽이는 공을 세우거나 학실學室에서 공부하여 시험을 치러 관리가 되었다.

학실은 전문적인 문법관리를 양성하기 위해 관에서 설치한 학교로, 수도와 각 군에 설치되었다. 학생은 대부분 문법관리의 자제 중에서 선발했는데, 17세에 입학하여 3년간 글자와 서법과 법률을 배웠다. 학습 기간을 다 마치면 소속 학실에서 자격시험에 참가했는데, 5000자 이상 외워 쓸 수 있는 자는 합격하여 사史에 제수되었다. 즉 문서와 법률 업무를 담당하는 사무직원으로 하급관리가 될 수 있었다. '사'에 제수된 자는 중앙정부에서 주관하는 초등 선발고시에 참가할 수 있었다. 초등 선발고시는 각지에서 거행되었고 답안지를 거두어 수도 함양으로 보내면 소부少府 관할 하의 대사大史가 일괄적으로 심사해 판정했다. 그 결과 가장 우수한 자를 선발하고 성적이 가장 낮은 자는 처벌했다. 성적이 가장 우수한 자는 출신지의 영사令史로 임명되었는데, 이는 비서에 해당하는 직책으로 현령 바로 밑에서 일했다. 성적이 가장 나쁜 자는 제수받은 '사'의 직책을 취소했다. 영사에 임명된 자는 3년 후 고등 선발고시에 참가할 수 있었다. 엄격한 시험과 심사를 가장 우수한 성적으로 통과한 한 명은 궁정에 들어가 상서졸사尙書卒史를 담당했다. 이는 내정 비서의 직무로, 진왕의 측근에서 일했다.[7]

조고의 부친이 문법관리이자 자녀에 대한 요구가 엄격한 사람이었기에 조고 형제는 어려서부터 부친의 감독 아래 읽고 쓰기와 법률을 배워 기초를 탄탄히 다졌을 것이다. 조고는 어려서부터 총명하고 유능하고 민첩하고 배우기를 좋아했으며, 꾸준한 마음과 근성이 있었다. 그가 문법관리가 되는 과정은 아주 순조로웠을 것이다. 열일곱에 문법관리의 자제로 학실에 들어간 조고는 3년 뒤에 자격고시에 합격하여 사에 제수되었고, 초등 선발고시에서도 가장 우수한 성적을 보여 영사 종류의 문법관리가 되었다. 3년 뒤에는 고등 선발고시에 참가해 또 일등을 차지하여 진왕의 궁정에 들어가 상서졸사를 맡아 진왕의 곁에서 비서 업무에 종사했다. 진나라의 수많은 문법관리 중에서 조고는 군계일학이었다고 할 수 있다. 궁정으로 들어간 이후 조고는 발군의 능력으로 진왕 영정, 즉 미래의 진시황의 눈에 띄게 된다.

조고가 궁정에 들어갔을 때의 나이는 23세가량으로, 진왕 정 13년(기원전 234) 즈음이었다. 이해에 진왕 영정은 26세였고 친정한 지 5년째로, 정치적으로 원대한 계획을 펼치기 시작했다. 진나라의 관료제도는 엄밀하고 완벽했으며, 문법관리의 승진은 규정에 따른 심사와 누적된 햇수에 의해 이루어졌다. 조고는 운이 좋은 편이었다. 그는 진왕 영정에게 인정을 받아 소부 밑의 상서졸사들 가운데 두각을 드러내어 중거부령으로 임명되었다.

진나라의 청동거마
(『진시황제릉 출토 1호 청동마차』, 문물출판사, 2012)

중거부령은 태복太僕의 수하다. 제국의 주요 관직인 구경九卿 중 하나인 태복은 오늘날 교통부장관에 해당하는 직책으로, 제국의 수레와 말과 관련된 교통 업무를 관장한다. 태복 아래로는 각종 거부령車府令과 원마감령苑馬監令이 있었다. 중거부령은 각종 거부령과 마찬가지로 관봉이 600석이었으며, 그 아래로 관봉이 300석인 중거부승中車府丞이 부관副官으로 있고 수십 명의 하급관리가 있었다. 등급으로 따지자면 중거부령은 중급관리에 불과하다. 하지만 궁중의 거부령인 중거부령은 황제를 시종하는 거마 반장의 직무를 맡고 있었으며 황제의 거마 관리 및 출행 시에 수행을 책임졌다. 심지어 황제를 위해 직접 수레를 몰기도 하는 지극히 중요한 직위였기에 황제가 절대적으로 신임하는 심복이 아니면 맡을 수 없었다.

진왕 영정은 직접 조고를 중거부령으로 선발했다. 조고가 진왕 영정의 눈에 든 이유는 시험 성적이 특출한 것 외에도 그가 진나라 궁정에 들어온 뒤 펼쳐 보인 개인의 능력과 지혜가 중요하게 작용했기 때문이다. 조고의 서법은 일류라 할 만했다. 이후 방대한 진 제국에서 승상 이사를 제외하고는 조고보다 나은 이가 없었을 것이다. 조고는 문자 방면에도 조예가 매우 깊었다. 그는 훗날 진 제국의 문자개혁에 상당한 공헌을 했다. 그는 『원력爰歷』 6장章을 지었는데, 이는 진 제국이 공식 지정한 식자識字 교본의 일부이자 유명한 문자학 저작이기도 하다.[8] 진 제국은 실용주의적 법치 국가로, 서법과 식자는 행정문서와 형률刑律 옥법獄法에 숙달하기 위한 도구였다. 조고의 문자와 서법이 정밀하고 아름다운 것은 그가 형률 옥법에 숙달하고자 노력한 결과다. 복잡하고 엄격한 진 제국의 법제 체계에서, 조고는 법률에 정통한 전문가이자 가학家學에 연원을 둔 명인이었다고 할 만하다. 만년의 진시황이 막내아들 호해의 교육을 조고에게 맡긴 것도 그가 문자와 서법과 법학에 조예가 깊었기 때문이다.

사서에는 조고가 업무에 충실하고 일처리에 끈기가 있었으며 행동에 결단성이 있었다고 밝히고 있다. 이는 조고의 출중한 행정능력을 개술한 것으로, 이러한 면모 역시 그가 진시황의 눈에 들었던 요소 중의 하나다. 그러나 조고가 중거부령으로 발탁된 데는 그 직위를 맡기에 적합한 실질적인 이유가 있었기 때문이다.

중거부령은 황제를 시종하는 거마 반장이다. 수레와 말을 부리고 관리하며 황제의 안전을 보위하는 일에는 매우 엄격한 조건이 따랐다. 진나라의 법률 규정에 따르면, 일반적인 수레와 말을 부리는 거사車士는 최소한 4년 동안 훈련을 받아야 한다. 훈련을 마친 후에 수레와 말을 제대로 부리지 못하면 교관은 벌금을 물어야 하고 당사자는 4년 동안 노역을 감당해야 한다. 합격한 거사는 나이가 마흔 이하에 키가 7척 5촌 이상이어야 하며, 달리는 말을 따라잡을 정도로 발걸음이 세차야 한다. 뿐만 아니라 수레를 자유자재로 몰 수 있을 만큼 몸놀림과 손동작이 민첩해야 한다. 수레를 몰면서 전후좌우를 살필 수 있을 정도의 숙련된 기술, 수레 위에서 깃발을 제어할 정도로 건장한 힘, 질주하면서 8석石의 강한 쇠뇌를 당기고 좌우전후로 활을 쏠 정도의 뛰어난 무예를 갖춰야 한다. 중거부에 모인 이들은 진 제국에서 수레를 가장 잘 부리는 인재로, 그들에게는 일반적인 마차꾼을 초월하는 기준이 요구되었다. 그들은 모두 수레와 말의 고수였고 개개인이 궁중 무사였다.

시황제릉에서 출토된 청동거마는 시황제가 생전에 타던 수레에 근거해 2분의 1의 크기로 정교하게 주조한 것이다. 마차꾼은 검을 차고 있으며 쇠뇌를 곁에 두고 있다. 허리띠를 차고 관을 쓴 채 수염을 휘날리는 모습은 위풍당당하면서도 침착하다. 이것이 바로 중거부 관속官屬의 형상이다. 중거부령은 중거부 관속의 통솔자로, 제국의 마차꾼 가운데 최고 고수였다. 중거부령 조고는 체격과 기백이 건장하고, 기마술과 수레를 모는 기술이 심오하며, 활과 병기를 능숙히 다루고, 무예가 매우 뛰어난 인물로, 진 제국의 궁중에서 드물게 문무를 겸비한 인재였음을 충분히 상상할 수 있다.

조고의 일생에서 중거부령이라는 직위를 얻게 된 것은 단순한 승진 이상의 중대한 의미를 지닌다. 조고가 진나라 정치권력의 핵심과 중추에 발을 들여놓음으로써 자신의 일거수일투족이 전체에 영향을 끼칠 수 있는 핵심에 접근했다는 데 큰 의미가 있다. 기회만 닿는다면 그는 천하의 정국에 직접적으로 영향을 끼칠 수 있었다. 중거부령으로 재직할 당시 조고의 나이는 마흔 전후로, 호시절을 맞아 찬란한 미래가 기다리고 있었다.

하지만 전제 체제와 등급 제도 하의 관리 사회에서 군주 밑에 있는 모든 사람은 자기 뜻대로 할 수 없는 바둑돌에 불과했다. 하늘에서는 예측할 수 없는 풍운이 일고, 인생의 화복은 시시각각 바뀐다. 창창한 길을 걷던 중 조고는 죄를 지어 감옥에 갇히고 말았다. 시황제는 몽의에게 심리하도록 했고, 심리 결과 죽을죄로 판정되자 조고는 파직된 동시에 궁중을 출입하는 관리 명단에서도 제명되어 형 집행을 기다리는 신세가 되었다. 황제 측근이 관련된 중요한 일이었으므로 몽의는 죄의 내막과 심리 결과를 시황제에게 고하고 지시를 청했다. 시황제는 조고가 자신의 곁에서 일하는 동안 일처리에 민첩하고 열심이었으며 출중한 재능을 발휘했던 점을 감안해 그를 사면토록 하고 중거부령의 관직을 회복시켰다. 이 사건에 대한 자세한 경위는 사서에 기록되어 있지 않으나, 이후의 역사로 가늠해볼 때 이 사건은 조고의 일생은 물론 사구의 음모, 몽씨 가족의 운명, 심지어 진제국의 멸망을 망라하는 영향을 끼친 것이 분명하다. 이에 대해서는 뒤에서 자세히 설명하기로 하겠다.

4

쥐의 철학을 신봉한 승상 이사

조고는 호해를 설득하자마자 다음 단계에 착수했다. 정권을 탈취하려는 계획이 성공하려면 반드시 승상 이사의 지지를 얻어야 한다는 점을 그는 똑똑히 알고 있었다. 이사를 어떻게 설득할 것인지, 조고는 심사숙고했다.

승상 이사는 노련한 정치가이자 관료로, 당시 진 왕조에서는 진시황 다음의 권세가였다. 이사의 인생은 시종일관 진 제국의 역사와 함께했다.

이사는 초나라 사람으로, 초나라의 상채현上蔡縣(지금의 허난 상차이)에서 태어났다. 상채현은 진 제국에 병합된 이래로 진군에 속했다. 이사는 대략 초 경양왕頃襄王 19년(기원전 280)[9]에 태어났는데, 진 소왕 27년에 해당한다. 따라서 이사는 진시황보다 21세 위였고 조고보다 24세 위였다.

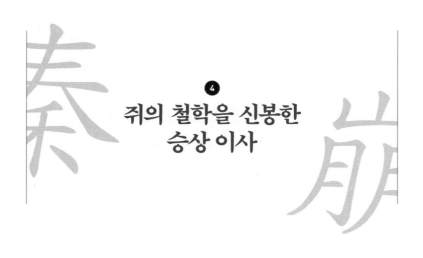

젊은 시절 초나라 군부郡府에서 문법관리로 지낼 당시, 이사는 자신의 재능을 펼칠 기회를 얻지 못해 답답하고 괴로웠다. 그는 군의

관청 숙소에서 혼자 지냈는데, 측간에 갈 때면 쥐가 똥오줌 속의 찌꺼기를 훔쳐 먹다가 사람이나 개가 오면 놀라 도망치는 것을 보았다. 그는 이를 가엽고도 슬프게 느꼈다. 어느 날 이사는 관청에 갔다가 그곳의 곳간에서 쥐들을 보게 되었다. 죄다 비대하고 윤기가 반지르르한 쥐들은 지붕 근처에 서식하면서 종일 배불리 먹을 뿐만 아니라 사람과 개에게 괴롭힘을 당할 일도 없었다. 그 유유자적함은 측간의 쥐와는 천양지차였다. 그 순간 총명하고 예민한 이사는 큰 울림을 얻고 큰소리로 감탄하지 않을 수 없었다.

"곳간에 사는 쥐와 측간에 사는 쥐처럼 사람의 현명함과 못남은 서로 다른 지위에 달려 있을 뿐이다."

지위가 귀천을 결정하고 인생은 선택에 달려 있음을 깨달은 그는 더 이상 울적하고 비천한 생활을 하지 않기로 결정했다. 삶의 근본적인 개혁이 필요함을 느낀 것이다.

백가쟁명百家爭鳴의 전국 시대에는 많은 학자가 잇달아 글을 써서 이론을 내세우며 논쟁하고 변론했다. 도가道家는 우주만물에 몰두하며, 천지와 인간세상을 관통하는 원리와 대도를 규명했다. 유가儒家는 군신·부자·부부의 예의를 질서정연하게 하여 윤리도덕의 건립에 힘썼다. 음양가陰陽家는 일월日月의 기복起伏과 사계절의 변천에 근거해 국가의 흥망과 역사의 변천을 통괄했다. 묵가墨家는 현능한 이를 숭상하고 절검節儉을 제창하며, 박애와 반전反戰의 정신으로 민간에 깊숙이 들어갔다. 법가法家는 실용에 가장 뛰어나 법法·술術·세勢로써 정치와 사회를 규범화했으며, 강력한 권력을 수립하는 데 힘썼다. 명가名家는 명사와 실물 간의 속성이나 관계를 뽑아내는 철리哲理로,

명목과 실제 간의 차이에 엄격했으며 세상을 초탈하여 일찌감치 논리 사변으로 빠져들었다.

제자백가諸子百家는 분야가 다양해 천차만별이었으며, 중국 역사상 매우 드물게 이성의 각성을 성취했다. 독자적으로 한 파를 형성하고 학문적 성취를 이룬 선생들은 종종 사학私學을 일으키고 제자를 모아 천하를 두루 돌아다녔다. 그들은 각국의 권세가들에게 유세하거나 직접 정계에 투신해 경세치용經世致用을 추구했다. 혹은 제자를 보내어 벼슬하면서 정치에 간여하게 하고 자신은 막후에서 영향을 발휘하기도 했다. 이런 풍조 아래 사상이 요동치자 인재가 유동하는 조류가 일었다. 포부와 능력을 지닌 젊은이로서는 스승을 찾아 유학하고 타국의 관리가 되는 것이야말로 두각을 드러낼 크고 눈부신 길이었다.

당시 저명한 학자 순자는 초나라에 있었다. 당시 전국 시대 4대 공자 가운데 한 명으로 초나라 대신이자 양사養士로 이름난 춘신군 황헐黃歇에게 인정을 받은 그는 난릉현의 현령으로 임명되었다. 춘신군이 사망하자 그는 관직을 내려놓고 난릉에 거주하면서 저술과 가르침에 힘썼다. 그의 명성은 각국에 멀리 퍼졌다. 순자는 선진先秦 시대 제자諸子 중에서 대사大師 급에 해당하는 마지막 인물로서 전국 시대 후기의 도가, 유가, 묵가, 법가, 명변가名辯家, 음양가에 두루 통달했다. 순자의 학문은 도와 예와 법이 상통 상생할뿐더러 현재의 임기응변에도 유용했기 때문에 세상에 뛰어들고자 하는 젊은이들을 매료시켰다. 그를 흠모하는 젊은 학자들이 각국에서 찾아와 문하에 의지했다. 이사도 일찍이 순자의 명성을 듣고 고심 끝에 군의 말단관리를 접고 상채에서 난릉으로 먼 길을 달려와 순자 문하의 학생이 되었다.

이사가 순자 문하로 들어가서 배운 것은 경세치용의 제왕술로, 지금으로 말하자면 실용정치학이다. 몇 년 후 학업을 마친 이사는 학문의 쓰임새를 추구했다. 그는 자신이 배운 것으로 집정자에게 유세하여 관리가 되고 정치에도 참여해 높은 지위와 녹봉을 얻기로 결심했다. 이때의 이사는 몇 년 전 스스로를 측간의 쥐에 비유하던 군현의 하급관리가 아니었다. 그는 지식과 안목을 갖게 되었고, 자신의 능력으로써 곳간의 쥐가 되고자 했다.

이사는 당시의 국제 정세를 자세히 분석하고 연구한 뒤 진나라로 가기로 결정했다. 진나라가 강대하니 앞으로 천하는 진나라가 지배할 것이라는 정확한 판단 아래, 능력을 발휘하여 업적을 쌓으려면 진나라로 가야 한다고 생각한 것이다. 그는 스승 순자에게 말했다.

"제자 이사는 이런 말을 들은 적이 있습니다. '기회가 왔을 때 결코 태만해서는 안 된다.' 지금은 각 나라가 패권을 다투는 시대이며, 유세가들이 각국의 정사를 주재하고 있습니다. 진왕이 천하를 병탄해 황제가 되고자 하는 지금은 평민이 종횡으로 활약할 기회이고, 학자와 유세가가 중용될 수 있는 기회입니다. 사람이 비천한 지위에 있으면서 변화를 생각하지 않는 것은 우리 안에 가두어 키우는 금수가 입을 벌린 채 먹이를 기다리는 것과 같습니다. 그저 사람의 얼굴을 하고 두 다리로 서서 걷는 존재에 불과합니다. 그래서 비천은 인생 최대의 치욕이고 빈궁은 인생 최대의 비애입니다. 오래도록 비천한 지위와 빈궁한 지경에 있는 처지에 부귀를 비웃고 이록利祿을 혐오하면서 노력하지 않음을 위로와 해탈로 삼는 것은 무능에 불과

한 것이지, 사인士人이 가져야 할 마음가짐은 결코 아닙니다. 저는 서쪽 진나라로 가서 진왕에게 유세하기로 마음먹었습니다."

순자의 많은 제자 가운데 가장 이름난 제자는 둘이다. 그 한 명이 이사고, 다른 한 명은 훗날 법가를 집대성한 학자 한비韓非다. 한비는 이사보다 나이가 조금 많았지만 같은 시기에 순자 문하에 있었으니 동문인 셈이다. 하지만 한나라의 왕족 자제인 한비는 언변에 능하지 못한 말더듬이였기 때문에 저술을 통해 자신의 주장을 펼치는 길을 택했다. 그러나 하층 평민 출신인 이사는 자신의 운명을 바꾸는 데 급급했기에 진나라로 들어가 관리가 되는 길을 선택했다. 순자는 이사의 운명에 불안을 느끼고 잠을 이루지 못했다고 한다. 스승인 순자는 이사의 심정을 이해했고 그의 능력도 높이 평가했지만 이록을 인생의 최대 목적으로 여기는 극단적인 공리주의관이 결국엔 불행을 초래하리라고 생각했던 것이다. 사물이 극에 이르면 반전하게 마련으로, 도가에서는 이를 꺼리는 바이기도 하다.

이사가 진나라에 들어간 때는 대략 장양왕莊襄王 3년(기원전 247)[10]이다. 장양왕은 진시황의 아버지로, 조나라에서 여러 해 동안 볼모로 있다가 나중에 한단의 거상 여불위呂不韋의 도움을 받아 진나라로 돌아와 왕위에 올랐다. 이사가 34세 즈음 진나라로 들어왔을 때 장양왕은 세상을 떠나고 13세에 불과한 소년 정政이 막 즉위한 시기였다. 진왕 정은 양조모인 화양華陽태후와 친조모인 하夏태후와 모친 제帝태후의 감호 아래 있었고, 주요 정무는 승상 여불위를 비롯한 대신들이 주관했다.[11]

여불위가 정권을 맡고 있던 전국 시대 말은 세력가들이 양사養士

하며 유협이 흥성하던 시대였다. 각국의 권세가와 정계의 요인은 물론 왕족과 공자들도 문을 활짝 열고 이록으로써 인재를 끌어 모았다. 위나라의 신릉군, 초나라의 춘신군, 조나라의 평원군, 제나라의 맹상군은 '4대 공자'로 불리며 천하에 이름을 날렸다. 여불위는 진나라의 부국강병 노선을 계승해 적극적으로 대외 확장을 꾀하는 한편 정치·군사 대국의 문화가 낙후한 것을 부끄럽게 여겨 문화 진흥에 착수했다. 그는 관동의 4대 공자가 한 것과 같이 후한 녹봉과 관직으로 천하의 인재를 받아들인 뒤 『여씨춘추呂氏春秋』를 편찬하기 시작했다.

백과전서 성격의 총서인 『여씨춘추』는 여불위가 문하의 빈객들에게 각자 배우고 들은 것을 기록하게 함으로써 각 가의 학설을 집결한 잡가雜家의 대저작이다. 여불위는 위衛나라 사람으로 여러 해 동안 각국에서 장사하다가 조나라에서 입신출세했다. 그는 경험이 많고 박식했으며 각국의 온갖 사람들과 교유했다. 여불위는 조나라 사람인 순자와 안면이 있는 사이였거나 이름만 아는 정도였을 수도 있다. 순자 역시 각국을 두루 돌아다녔고 천하에 명성을 떨쳤으며 각국의 사람들과 교유했다. 여불위가 『여씨춘추』를 편찬하기 위해 천하의 학자들을 불러 모을 때 순자는 우선적으로 초빙되었을 것이다. 하지만 당시 순자는 연로하여 서쪽 진나라로 떠나기 어려웠을 테니 아마도 이사를 추천했을 것이다. 순자의 수제자인 이사의 학문은 고금을 관통하고 제자백가에 통달했다. 그는 당시의 일류 문학가이자 문자학자이자 서법가였으며, 줄곧 진나라로 들어가 포부를 펼치려는 희망을 품고 있었다. 그런 때에 순자가 이사를 추천하여 진나라로 가서 『여씨춘추』의 편찬에 참가하도록 한 것은 이치상 그럴 만한 일이다.

하지만 이사는 세상의 공명과 이익을 추구한 사람이었다. 그는 현실에 응용하기 위해 배웠고, 벼슬길에 나서서 정치를 펼쳐 높은 지위와 부귀를 얻는 것이야말로 인생의 최종 목표였다. 그가 지닌 학문과 서법, 기예와 문장은 목적을 달성하기 위한 수단이었다. 여불위의 문하로 들어간 뒤에 이사는 여불위를 직접 대면하여 자신의 서법과 문학과 정치적 재능을 적극적으로 드러냈다. 여불위는 이사가 마음에 들어 그를 진나라 궁정의 낭관郎官으로 추천했다. 궁정으로 들어간 이사는 진왕 영정 곁의 문관 시종이 되어 점차 젊은 진왕의 신뢰를 얻어나갔다. 그의 정견과 계획은 하나씩 하나씩 채택되었고, 오래지 않아 진왕에 의해 장사長史에 임명되어 진왕 궁정의 비서장祕書長으로서 정치에 직접 참여할 수 있었다. 이후 이사는 걸출한 정치적 재능과 기민한 정치적 지혜로써 30여 년간 순풍에 돛을 단 듯 차츰 차츰 높이 올라갔다.

장사가 된 뒤에 이사는 객경客卿으로 임명되었는데, 이는 대신 급의 고문이다. 나중에는 사법司法대신에 상당하는 정위廷尉에 임명되어 정부의 주요 각료로서 육국을 멸망시키고 천하를 통일하는 정책을 제정하고 집행하는 일에 깊이 관여했다. 진 제국 건립 이후 이사는 자신의 국정 능력을 십분 발휘하게 되었으니, 진 제국의 통치를 강화하고 공고히 하는 갖가지 정책은 거의 모두 그로부터 나온 것이다. 진시황 30년(기원전 217) 즈음 시황제는 이사를 승상으로 임명하고 열후列侯에 봉했다. 이로써 이사는 제국의 정부에서 황제에 버금가는 권세가가 되었다. 이사는 많은 자녀를 두었는데, 맏아들 이유李

由는 진나라 삼천군 태수가 되어 관중과 관동의 요지가 잇닿는 경계를 관장하는 중책을 맡았다. 다른 아들들은 모두 진나라 공주를 아내로 맞았고 딸 역시 진나라 공자에게 시집갔다. 이 무렵 이사는 가장 지체 높은 대신으로, 찬란한 영광을 누리고 있었다.

사물이 극성하면 쇠하는 법으로, 영예가 가장 빛나는 순간이 우환이 싹트는 시기다. 이사는 자신이 본래 비천한 측간의 쥐에 불과한 초나라의 평민이었으며, 진나라로 들어와 30여 년 지내는 동안 승상의 직위에 오르고 작위가 열후에 봉해짐으로써 크나큰 부귀를 거머쥐었음을 분명히 인지하고 있었다. 더 이상 곳간의 쥐에 비교할 바가 아니었지만, 이 모든 것이 황제의 신임과 인정에 달려 있음도 잘 알고 있었다. 그러니 황제의 신임이 흔들리는 순간 모든 영화와 부귀는 모래 위의 건물처럼 무너질 수 있었다. 높은 곳에 있으면 한기를 느끼듯, 이사는 지위가 높을수록 불안한 위기감이 몰려든다는 이치를 실감했다.

이사가 승상에 오른 후 삼천군수인 맏아들 이유가 부모를 뵈러 함양으로 돌아온 적이 있다. 이사가 환영의 뜻으로 잔치를 열자 함양성 안에 사는 관리들이 구름처럼 몰려들었다. 승상의 저택 앞에 1000대가 넘는 수레가 즐비한 전대미문의 성황을 맞은 이사는 뿌듯한 영광을 느끼던 어느 순간 비애에 잠겼다. '만물이 극성하면 쇠퇴하거늘 이를 어찌 수습할 것인가.' 그는 이유를 앞에 두고 탄식하며 말했다.

"나는 스승 순경荀卿께서 하신 말씀을 기억하고 있다. '사물이 크게 번성하는 것을 금해야 한다'고 하셨지. 나 이사는 상채 출신의 포의布衣로, 골목에 거주하던 평민이었다. 황상의 인정을 받아 등용되어 지금에 이르렀지. 지금 신하의 지위로 따지자면 천하에 나보다 위에 있는 이가 없으니 부귀의 극치라고 할 수 있다. 사물이 극성하면 쇠퇴하고 미래의 길흉은 예측하기 어려우니, 지금의 흥성함을 어떻게 수습해야 할지 모르겠구나."

시간이 흐르면서 이사의 불길한 예감은 점차 현실에 가까워졌다.

진시황 35년(기원전 212), 시황제가 함양 교외의 양산궁梁山宮에 행차하여 산에 올랐다. 그는 마침 멀리 승상 이사의 거마 행렬이 지나가는 모습을 바라보게 되었는데, 성대하고 화려함이 장관이었다. 시황제의 안색이 바로 어두워지면서 마뜩잖은 표정을 지었다. 이후 시황제를 현장에서 모시는 시위侍衛가 이 사실을 이사에게 귀띔했다. 이사는 당황하여 즉시 자신이 출행할 때의 거마 규모를 적절히 낮추었다. 이사는 스스로를 단속함으로써 시황제의 불만을 제거하고, 높은 지위와 영화가 초래할 위험을 경감코자 한 것이다. 그런데 뜻밖에도 시황제가 이사의 거마 행렬을 다시 보게 되었을 때 그러한 맥락을 바로 알아채고 갑자기 안색이 변하면서 소리쳤다.

"누가 내 말을 누설해 승상에게 알려주었느냐?"

호되게 추궁했지만 시인하는 사람이 없었다. 시황제는 진노했다. 당시 현장에서 시위했던 모든 이가 사형에 처해졌다. 이사의 예상에서 완전히 빗나간 결과였다. 추궁이 이사에게까지 이르지는 않았지만 높은 곳에서의 위험은 더해지는 법, 누각이 언제 붕괴될지 모르는 위기감은 이미 그의 뼛속까지 스며들었다.

시황제가 세상을 떴을 때 이사는 71세 정도였다. 시황제의 급작스런 죽음은 이사에게 큰 충격을 안겼다. 응당 자신이 먼저 가야 하거늘 뒤에 남겨졌으니, 삶이 얼마 남지 않았음을 직감했다. 이사는 생명의 짧음에 대한 비애를 느꼈다. 어쨌거나 그는 세상 속으로 뛰어든 사람이었으며, 착실한 정치가였다. 그의 마음속에는 삶의 비애보다 시국과 미래에 대한 우려가 더 큰 자리를 차지하고 있었다. 이제 시황제가 세상을 떠났으니 새로운 황제의 즉위와 더불어 제국과 자신의 미래는 중대한 변화를 맞으리라는 것을 그는 명백히 알고 있었다.

전제 황권제도 아래 신민 자신과 일가의 생명은 한 명의 주인에게 달려 있었다. "한 왕조에서의 천자, 한 왕조에서의 신하一朝天子一朝臣"라는 말이 있다. 오늘의 '일인지하 만인지상'이 내일은 '계단 아래의 죄인, 칼 아래의 귀신'이 되지 않으리라 장담하기는 어렵다.

5

조고와 이사의 게임

조고가 이사를 만나러 왔을 때는 이미 자신감에 차 있었다.

조고는 시세를 잘 살폈고 현재의 권력 게임을 철저하게 분석하고 있었다. 그는 이해득실을 가늠한 뒤 세 사람이 함께하는 이해득실에 한 치의 실수가 없도록 계산했다. 시황제 사후에 생겨난 정치 공백은 자신과 호해와 이사 세 사람이 나서서 메울 수 있었다. 제국이 수레라면 호해는 수레 주인이고, 조고 자신은 수레를 모는 사람이며, 이사는 수레에 타고 왕을 모시는 사람이다. 세 사람이 함께하면 대권은 수중에 있고, 제국의 기계가 운행하도록 강행할 수 있다. 권력을 탈취하기 위해 세 사람이 힘을 모은다면 제위와 인연이 없는 막내아들 호해가 대통을 이을 수 있고, 이사는 황제를 옹립한 새로운 공로로 승상의 지위를 계속 누릴 수 있으며, 자신은 황제와 승상 그리고 궁정과 정부 사이에서 정국을 좌우할 수 있다. 이는 세 사람에게 어떤 해로움도 없이 이로움만 불러올 수 있는 계산이다.

이미 호해는 설득했으니, 2대 1의 우세로 이사를 만나는 것이었다.

조고는 황자 호해를 이용해 미래 황제의 위력을 과시하려 했다. 조고가 생각하기에, 이사는 자신과 20년 가까이 알고 지내온 사이인 데다가 이사의 사람됨과 현재의 처지를 볼 때 자신의 제안을 따르지 않을 리 없었다. 조고는 이익이 있는 곳에 곧 선택이 존재하는 것이라고 굳건히 믿었다. 자신은 물론이거니와 호해도 이사도 마찬가지라고 생각한 그는 승상 이사를 설득할 수 있으리라 확신했다.

조고는 이사에게 인사를 하자마자 단도직입적으로 말했다. "황상께서 붕어하시기 전에 장자 부소에게 보내는 조서를 남기셨습니다. 속히 함양으로 돌아와 상례를 주관하고 후계자가 되라는 내용입니다. 조서는 아직 발송하지 않았고, 다른 사람들은 황상께서 붕어하신 사실을 아직 모릅니다. 지금 조서와 황제의 옥새는 호해에게 있습니다. 후계자를 결정하는 일은 오직 승상과 이 조고의 말에 달려 있습니다. 어찌할지 잘 생각하시기 바랍니다!"

이사는 안색이 변하면서 놀라 꾸짖었다. "나라를 망칠 말을 어찌 꺼내는 것이오? 이 일은 신하된 자가 논의할 게 아니오."

조고가 침착히 말했다. "제가 우둔하여 승상을 놀라게 해드렸습니다. 그렇다면 화제를 바꿔보도록 하지요. 승상께서 생각하시기에 승상과 몽염을 비교하면 어떤 것 같습니까? 고생하여 세운 공로를 따지자면 몽염에 비할 수 있는지요? 계책의 원대함을 따지자면 몽염에 비할 수 있는지요? 천하에 원망을 사지 않은 것으로 따지자면 몽염에 비할 수 있는지요? 부소와 관계가 오래되고 두터운 신뢰를 받는 것으로 따지자면 몽염에 비할 수 있는지요?"

이사는 잠시 주저하며 생각한 뒤에 대답했다. "실로 그 다섯 가지 모두 내가 몽염보다 못하오. 하지만 지금 상황에서 그대가 이렇게 나를 질책하는 것은 느닷없는 일 아니오?"

조고는 기민한 사람이다. 그는 이사의 마음이 움직이는 방향을 알아채고서 틈을 타 말했다. "이 조고는 내정의 잡일을 하는 자에 불과합니다. 다행히 문서를 담당한 관리로 진나라 궁정에 들어와 일한 지 이미 20여 년이 되었습니다. 그 20여 년 동안 파면된 승상과 공신 가운데, 황제로부터 하사받은 은택이 2대로 이어진 경우를 본 적이 없습니다. 대부분 죄를 추궁당해 죽고 말았지요. 시황제의 자손 20여 명이 어떠한지는 승상께서 잘 알고 계십니다. 장자 부소는 강직하고 용맹하여 사람들로부터 신뢰를 얻고 있을뿐더러 다른 이를 격려할 수 있는 인물이니, 즉위하면 반드시 몽염을 승상으로 임명할 겁니다. 그러한 정국이라면 결국 승상께서는 열후列侯의 인장을 가지고 편히 고향으로 돌아가실 수 없을 게 분명하지 않습니까? 제가 황제의 명을 받아 호해에게 법률과 정사를 가르친 지 여러 해가 되었는데, 호해가 잘못을 저지르는 것을 본 적이 없습니다. 또한 호해에게 불안감을 느낀 적도 없습니다. 호해는 인자하고 인정이 두터우며 재물을 가볍게 여기고 인재를 중시합니다. 마음속으로 분명히 분별하면서도 입으로 거론하는 것은 신중하며, 예의를 다해 선비를 존중합니다. 진나라의 여러 공자 중에서 호해와 견줄 만한 분이 없으니 후계자로 세울 만합니다. 승상께서는 잘 생각해 결정하시기 바랍니다."

이사는 두렵고 당혹스러웠다. 그는 더 깊이 이야기하고 싶지 않았다. 자리에서 일어난 그는 조고를 배웅하며 말했다. "그대는 돌아가시오! 나 이사는 황제의 명령을 받들고 하늘의 명령을 들을 뿐이니,

대체 무엇을 생각해 결정하라는 말이오?"

조고는 움직이지 않고 대답했다. "평안함이 위태로움이 될 수 있고 위태로움이 평안함이 될 수 있습니다. 스스로의 힘으로 안위를 결정할 수 없다면 어찌 하늘의 이치를 따르는 성인聖人일 수 있겠습니까?"

이사가 말했다. "나 이사는 상채 마을의 평민이었소. 황상의 은총 덕분에 승상으로 발탁되었고 열후에 봉해졌으며 자손 모두가 높은 지위와 후한 봉록을 받게 되었소. 황상께서 국가의 존망과 안위를 나에게 맡기셨는데 어찌 이를 저버릴 수 있겠소? 죽음을 피하며 요행을 바라는 것은 충신이 할 바가 아니고, 위기에 뛰어드는 것은 효자가 할 일이 아니오. 신하된 자는 각기 그 직분을 지킬 따름이오. 그대는 더 이상 말하지 마시오. 내가 죄를 짓게 하지 마오."

조고가 듣기에 이사의 말은 두 가지 의미로 해석할 수 있었다. 죄를 짓는 방향이 가리키는 바가 조고라면, 조고를 쫓아내고 그런 생각을 끊어내야 하는 것이다. 하지만 죄를 짓는 방향이 가리키는 바가 이사 자신이라면, 계획에 착수해야 하는 것이다. 조고는 이야기의 방향을 확고하게 이끌었다.

"제가 듣기로 성인은 수시로 바뀌면서 변화에 따르고, 시대와 더불어 발전하며, 대수롭지 않은 것을 보고서 근본을 감지하며, 동향을 관측해 귀착점을 알 수 있다고 합니다. 시대의 흐름을 따라 변하는 것이야말로 사물의 본래 속성이니, 변함없이 지켜야 하는 법칙이 어디에 있습니까! 지금 천하 대권의 운명이 호해에게 달려 있습니다. 그리고 호해의 성공은 제가 승상과 안팎으로 연합하는 데 달려 있습니다. 정권을 운영할 때 외부에서 내부를 제압하는 것을 혹惑이라 하고, 아래에서 위를 제압하는 것을 적賊이라 합니다. 위에서 아래를 제압하고 내부에서 외부를 제압하는 것이야말로 정권을 잡는 길입니다. 가을에 서리가 내리면 풀과 꽃은 시들어 떨어지고, 얼었던 물이 녹아 흐르면 만물이 소생합니다. 근본이 말단을 결정한다는 것이야말로 필연의 법칙입니다. 높은 식견을 지닌 승상께서 설마 이것을 모르시진 않겠지요?"

이사는 몸을 앞으로 구부리며 말했다. "내가 듣기로 진晉나라 헌공獻公은 태자를 교체했다가 삼대에 걸쳐 평안하지 못했고, 제나라 환공桓公 형제는 제위를 놓고 다투다가 공자 규糾가 내란 속에 죽었으며, 상나라 주왕紂王은 비간比干을 죽이고 기자箕子를 가둔 채 간언을 듣지 않다가 결국 수도가 폐허가 되었소. 이 세 가지 일은 하늘을 거스르고 도리에서 벗어난 탓에 종묘의 제사가 끊어지게 된 경우요. 나 이사는 신하의 도리를 지키고자 하는데 어찌 후계자를 세우는 일에 간여할 수 있겠소?"

조고는 검을 차고 무武를 행하는, 건장하고 군센 인물이다. 그는 이사에게 바싹 다가가 말했다. "천하의 일은 사람에게 달려 있습니다. 위아래가 마음을 합하면 오래갈 수 있고, 안팎이 하나가 되면 일의 겉과 속의 구분이 사라집니다. 승상께서 저의 계획을 따르신다면, 장차 오래도록 열후의 지위를 유지하고 대대로 봉군封君으로 칭해지며 왕자교王子喬나 적송자赤松子처럼 장수하고 공자나 묵자처럼 지혜로울 수 있을 겁니다. 승상께서 이 일을 포기하고 따르지 않으신다면, 끔찍한 재앙이 자손에게까지 미칠 겁니다. 처세에 능한 사람은 재앙을 복으로 바꿀 수도 있으니, 승상께서는 부디 잘 선택하여 결단하십시오."

이사는 모순에 빠졌다. 두려움과 당혹스러움에 사로잡힌 그는 자신을 설득할 수도, 조고에 항거할 수도 없었다. 그는 신하의 도리와 일신의 보전 사이에서, 나라의 근본을 안정시키는 것과 권익을 탈취하는 것 사이에서 흔들렸다. 이미 이사는 일흔이 넘은 늘그막이었으며 일을 처리하는 모든 면에서 자손을 고려할 수밖에 없었다. 그는 눈물을 흘리며 탄식했다.

"아! 황혼에 난세를 만났으니 선제先帝를 따라 죽을 수도 없고, 이 목숨을 장차 어디에 의지한단 말인가!"

이사는 하늘을 우러러 길게 탄식한 뒤 조고의 제의를 받아들였다.

❻

사구의 음모 배후에 도사린 갈등

진시황은 20여 명의 자녀를 두었는데, 아들이 15명이었다. 맏아들이 부소이고 막내아들이 호해다. 이 밖에 이름을 알 수 있는 이들로는 공자 장려將閭 형제 셋과 공자 고高가 있다. 10명의 딸 중에서 사서에 언급된 이로는 이사의 며느리들, 즉 이유와 그 형제의 부인들이 있다.

사서에서는 부소의 사람됨이 강직하고 용맹하며 아랫사람을 신임했다고 한다. 또한 사람들로부터 신뢰가 두텁고, 다른 이를 잘 격려하며, 정사에 힘쓰고 분발하여 시황제가 가장 중시했으며 조야의 위아래 사람들이 믿고 따랐다고 한다. 그러나 시황제 만년에는 독재가 심화되고 행정이 날로 가혹해졌다. 34년에는 분서焚書로써 백가百家의 책을 금지하여 각계의 불만을 초래했다. 35년에는 선약仙藥을 찾지 못해 달아난 방사를 처벌하라 명하고, 분서와 금령에 불만과 원망을 입에 올린 뭇사람들을 연좌시켰다. 공자 부소는 인자하고 유가를 좋아하여 너그러운 정치를 베풀 것을 주장했다. 그는 앞으로 나와 시황제에게 간언했다.

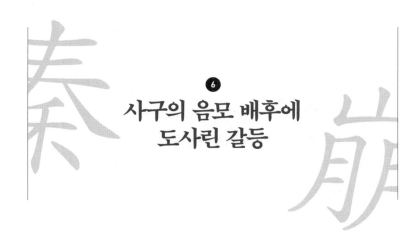

"천하가 이제 막 평정되어 먼 곳의 백성은 아직 안정되지 못했습니다. 유생들이 송독하는 책은 모두 공자의 책인데, 부황께서 법을 엄하게 하시니 소자는 천하가 불안해질까 두렵습니다. 부황께서는 이를 잘 살펴주소서."[12]

아마도 당시 시황제는 방사들이 올린 약을 복용한 데다가 신기한 방술을 수련하느라 성격이 비뚤어지고 거칠고 급해졌을 것이다. 그는 버럭 화를 내며 부소에게 수도를 떠나 상군으로 가서 몽염이 이끄는 북부군을 감시하는 감군監軍으로 지내게 했다.

시황제 만년의 중대한 실정은 바로 계승자를 책봉하는 데 망설인 것이다. 부소는 맏아들이고 현명했으며 시황제가 중시했다. 그는 조야의 모두가 공인한 계승자였다. 부소가 외지로 방출된 것은 훗날 황위 계승 및 제국의 정국에 중대한 영향을 끼쳤다.[13]

분서 사건은 승상 이사의 건의에서 비롯되었다. 이사는 법가로, 유가와 분봉제分封制에 반대하면서 선왕의 정치와 인의도덕이 타당하지 않다고 여겼다. 그는 모든 사람이 법을 담당하는 관리를 스승으로 삼아 배워야 한다고 주장하며 제자백가의 다원多元 문화에 반대했다. 이와 반대로 부소는 공자를 대표로 하는 제자백가를 용납하고 도덕과 인의를 중시할 것을 주장하면서 분서에 반대했다. 이에 부소는 정치 주장과 정책을 놓고 이사와 대립하게 되었다. 이사가 시황제 사후에 불안을 느낀 정치적 근원은 여기까지 거슬러 올라갈 수 있을 것이다.

이사는 몽염과도 정견이 대립했다. 진나라가 중국을 통일하자 북부 변경 전체가 강대한 흉노와 직접적으로 접하게 되었다. 기마민족

갱유곡坑儒谷

의 남하에 따른 위협은 멀리 요동에서부터 수도에까지 미쳤다. 시황제는 스스로 천하 유일의 군주라 여겼기에 대등이나 대항을 용인할 수 없었다. 이에 시황제는 흉노를 공격해 흉노가 남하할 때의 진출 기지인 하투河套 지역을 점령하고자 했는데, 이사는 이의를 제기하며 출병에 반대했다.

이사는 유목민족과 농경민족 간에는 생활방식에 근본적 차이가 있다고 간언했다. 흉노는 정착생활을 하지 않고 성곽 없이 물과 풀을 따라 철새처럼 옮겨 다니므로 제어하기 어려우며, 초원에서의 기마전은 성을 수비·공격하는 전투와 전혀 다르다는 점을 지적했다. 진나라 군대가 가볍게 무장하고 깊이 쳐들어가면 군량을 보급받기 어렵고, 군수품을 가지고 깊이 쳐들어가면 기동력을 발휘할 수 없다는 것이다. 흉노의 지역을 점령하더라도 상주할 수 없고 흉노의 병사와 백성을 포획하더라도 부릴 수 없으니, 소모는 크고 수확은 작아 장기적인 계책은 아니라고 했다.[14]

시황제는 이사의 의견을 받아들이지 않았다. 그는 몽염을 대장으로 임명해 30만 대군을 이끌고 흉노를 공격해 하투 지역을 점령하게 하고 구원군九原郡을 설치했다. 몽염은 흉노 공격의 사령관으로, 북진 정책의 추진자였다. 이사와 몽염의 정견 불일치는 여기서 싹텄다.

부소는 군대를 감독하러 상군으로 가서 대장 몽염과 함께 지내는 동안 일심동체와도 같은 사이가 되었다. 몽염의 동생 몽의는 시황제의 총애를 받아 여러 해 시황제 곁에서 중요한 직무를 담당했다. 부소는 황장자로, 황위 계승 서열 1위였다. 몽염은 제국 북부군 대장이자 수도 지역의 군정軍政 장관(내사內史)이었다. 몽의는 내정內廷 중추의 중요 인물로, 시황제가 가장 신임하고 가까이하는 대신이었다. 부소는 몽염과 함께 일하면서 내부적으로는 몽의의 지지를 받았다. 황장자와 몽씨 형제가 정치적으로 연맹하여 시황제 아래의 최대 정치 세력이 된 것이다. 부소가 황위를 계승할 형세도 이렇게 형성되었다.

만년의 이사는 부소와 몽씨의 정치 연맹에서 완전히 동떨어져 있었고, 정견도 어긋났으며 파벌도 달랐다. 시황제가 재위했을 때 이사는 시황제의 신뢰 덕분에 편안히 지낼 수 있었지만 부소가 정권을 잡게 되면 그 정치적 변동에서 가장 먼저 공격을 받게 될 처지였다. 만물이 번성한 뒤에는 쇠락한다는 위기의식을 갖게 된 것도 여기서 유래했을 것이다. 조고는 오랫동안 내정의 깊숙한 곳에 있었던 인물인 만큼 어둠 속에서 정탐하는 데 익숙한 올빼미였다. 그는 권력에 매우 민감했으며 관찰력도 분명하고 세심했다. 조고는 바로 이런 상황을 제대로 이해하고 있었고 이사의 사람됨 역시 잘 알고 있었기 때문에 그를 설득할 수 있다고 자신한 것이다.

정치상의 분합과 대립에는 망網이 있고 선線이 있고 악감정이 있다. 정견의 분기점은 망이고, 인사상의 줄서기는 선이며, 그 사이에 개인 간의 은원이 섞여 있다. 이사와 부소·몽염의 관계에는 정치적 대립이 있었고, 인사상으로도 부소와 몽씨의 연맹으로 인해 그들과 대립한 입장이었다. 호해의 스승인 조고는 호해를 옹립하려면 반드시 부소를 제거해야 했다. 조고와 부소 간에는 정치적 용납의 여지가 없었고, 조고와 몽씨 간의 악감정은 개인적 원한이었다.

앞서 말했듯이, 조고는 중거부령으로 있을 때 큰 죄를 지어 몽의에게 심리를 받았다. 몽의는 공무를 받들고 법을 지키는 사람으로서 맡은 임무를 태만히 처리할 수 없었다. 몽의는 법에 따라 조고에게 사형을 판결하고 관직을 삭탈하여 궁중 출입 명부에서 그의 이름을 삭제했다. 시황제의 측근 신하에 관한 사건이었으므로 몽의는 시황제에게 자신의 판결을 알리고 결정을 청했다. 조고의 재능을 아끼던 시황제는 차마 그를 죽이지 못하고 사면해주었으며, 얼마 후 조고는 다시 중거부령에 복귀할 수 있었다.

이 일의 맥락과 상세한 내막에 대해서는 사서의 기록이 없기 때문에 알 수가 없다. 하지만 인지상정으로 논하자면, 사형 판결은 이미 죽음을 체험한 것이고, 사면은 죽음에서 살아난 것이다. 인생에서 죽었다가 다시 살아나는 것보다 더 큰 자극은 없다. 이 사건 이후로 조고는 마치 재생한 듯 환골탈태하여, 신중하고 성실하게 맡은 일에 힘썼다. 그의 태도는 매우 조심스러워졌고 남과 어울리는 일에도 신중을 기했다. 다시 신임을 얻은 조고는 황제가 출행할 때면 거마 준비를 지휘했고, 황제의 옥새 역시 그가 관리했다. 더 나아가 시황제는 막내아들 호해의 교육까지 조고에게 맡김으로써 그야말로 조고에 대한 신임이 나날이 깊어졌다. 하지만 이 모든 것은 표상적인 것이었다. 죽음에서 살아난 뒤로 조고의 마음속에는 몽의를 비롯한 몽씨 일족에 대한 원한이 깊이 뿌리내리기 시작했다. 복수, 복수, 복수야말로 죽었다가 다시 살아난 그의 외침이 되었다.

이미 한 번 죽었던 조고로서는 인간세상의 모든 윤리강상倫理綱常과 생명과 도덕 따위는 고려할 바 아니었다. 그가 갈구하는 것은 오로지 권력이었다. 권력만 손에 쥔다면 복수할 수 있고 마음대로 할 수 있었다. 죽음에서 살아난 뒤로 조고는 권력에 집착하여 목숨 걸고 악행을 저지르는 자가 되었다. 조고는 이사를 설득하다가 필사적 위협을 가했고, 연로한 이사는 그의 말을 따르지 않을 수 없었다.

조고는 이사를 설득하러 가기 직전에 자신도 모르게 외쳤다. "기회, 기회가 눈앞에 임박했어. 행장을 다 갖추고 출격하다가는 시기를 놓친다고!" 그가 이처럼 긴박하게 서둘러야 했던 이유는 몽의 때문이다. 몽의는 시황제의 곁을 떠난 적이 없었으나, 마침 이때 시황제의 명으로 다른 곳으로 제사를 드리러 가서 아직 돌아오지 않았던 것이다. 이는 좀처럼 얻기 힘든 좋은 기회였다.

7

제국의 계승자 부소의 죽음

조고는 이사를 설득한 뒤 신바람이 나서 호해를 찾았다. 그는 호해에게 보고했다.

"신이 태자의 현명하신 명령을 받들어 승상에게 알렸으니, 승상이 어찌 감히 명령을 받들지 않을 수 있었겠습니까!"

호해는 매우 기뻐했다. 삼두 정치동맹이 결성된 것이다.

삼두 정치동맹이 결성된 뒤 호해·조고·이사는 손을 잡고 권력을 탈취하기 위한 정치 행동에 들어갔다. 권력 탈취의 핵심은 최대의 경쟁 상대인 부소를 없애는 데 있었다. 부소의 배후에는 몽씨와 30만에 달하는 진나라 북부군이 있으니 힘으로 빼앗을 수는 없고 오로지 모략으로 탈취해야 했다. 이사는 노련한 정치가였고 조고는 궁정 정치의 고수였다. 그들은 시황제가 부소에게 쓴 서신을 재빨리 불사른 뒤 조작한 유조를 만들었다. 승상 이사는 황제의 유언을 받드는 방식으로 호해를 태자로 세웠다. 위조된 유조에는 부소와 몽염을 질책하며 죽음을 명하는 내용도 담겼다. 위조된 유조는 다음과 같다.

짐은 천하를 순행하면서 명산의 여러 신에게 장수를 기원했다. 지금 부소와 장군 몽염은 수십만 군사를 이끌고 10여 년 동안 변방에 주둔했으나 앞으로 나아가지 못한 채 병사들만 소모하고 아무 공도 세우지 못했다. 그런데 오히려 여러 번 상서를 올려 짐의 일을 비방하며, 경성으로 돌아와 태자가 되지 못함을 밤낮으로 원망했다. 부소는 자식으로서 불효하니 짐이 내린 칼로 자결하라. 장군 몽염은 외지에서 부소를 보필하며 그의 잘못을 알면서도 바로잡지 못했다. 신하로서 불충하니 죽음을 명하노라. 장군 몽염이 관할하던 군대는 부장 왕리王離가 통솔하도록 하라.

이사 수하의 심복 사인舍人과 호해 수하의 문객이 황제의 옥새가 찍힌 밀봉된 유조를 상군으로 가져갔다.

사자를 보낸 뒤, 이사와 조고는 시황제가 북쪽으로 올라가 제국 북부의 변방을 시찰할 것이라고 공표했다. 사구는 거록군 남쪽에 있다. 순행하는 수레가 사구에서 출발해 서북쪽으로 가다가 항산군恒山郡(지금의 허베이 스자좡石家莊 일대)으로 들어가 정형관井陘關을 거쳐 태원군太原郡(지금의 산시山西 진중晉中 일대)으로 들어가 태원군에서 다시 북상해 안문군雁門郡(지금의 산시山西 북부 일대)을 거쳐 운중군雲中郡(지금의 네이멍구內蒙古 후허하오터呼和浩特 일대)으로 들어가 계속해서 구원군(지금의 네이멍구 바오터우包頭 일대) 방향을 향해 서쪽으로 갔다.

당시 부소와 몽염이 30만 대군을 이끌고 방위하던 북쪽 변방은 구원·운중·안문·이동에서 요동에 이르는 지역이었다. 북부군 사령부는 상군(지금의 산시陝西 북부의 위린楡林 일대)에 있었다. 북부군 총사령관 몽염의 본직은 내사內史로, 수도 지역의 최고 군정 장관이자 수도 지역을 방위하는 중책을 맡고 있었다. 이사·조고·호해는 온량거에 시황제의 시신을 싣고 천하를 속인 채 천릿길을 순행했다. 주로 상군을 둘러싸는 길로 갔는데, 유조를 발송한 것에 맞춰서 황제가 북쪽 변방을 순행하고 있는 것처럼 꾸밈으로써 북부군을 가라앉히고 상군에 있는 부소와 몽염을 위협하기 위한 의도였다.

시황제가 사망했을 때는 마침 여름이었다. 시신을 싣고 순행하니 부패한 시신에서 악취가 났다. 그래서 소금에 절인 생선 100근을 수레에 싣게 하여 시신의 악취를 눈치 채지 못하게 했다. 죽은 자가 산 자를 위해 일했으니, 독재자는 죽어서도 안녕을 얻지 못했다. 가련한 천고일제千古一帝 진시황은 만년에 간절히 장생을 추구했지만 이루지 못한 채 죽은 시신의 혼마저 정치를 위해 일해야 했으니, 인생의 비애가 아니겠는가?

호해와 이사의 사자가 상군에 도착하자 부소는 시황제가 보낸 편지를 읽었다. 부소는 안으로 들어가 눈물을 흘리면서 명을 받들어 자결하려 했다. 몽염이 부소를 말리며 말했다.

"폐하께서는 지금 순행 중이시고 아직 태자를 세우지 않으셨습니다. 신에게 30만 대군을 이끌고 변경을 지키게 하시고 공자께 군대를 감독하라 하셨습니다. 이는 천하의 안위와 나라의 안정과 관계된 일입니다. 사자가 조서를 가지고 왔지만 지금 목숨을 끊으시면 이것이 진짜인지 거짓인지 어찌 알겠습니까? 부디 공자께서는 다시 살펴달라고 상서를 올리십시오. 그래도 착오가 없다면 그때 목숨을 끊으셔도 늦지 않습니다."

성패는 생각 하나의 차이로 결정되고, 후회는 한 순간의 실수로 빚어진다. 높은 지위에서 국정을 좌우하는 자의 순간의 선택이 역사의 향방을 결정짓기도 한다. 시황제의 신임을 받던 몽염은 중요한 임무를 띠고 여러 해 동안 밖에서 군대를 통솔해온 대장으로서, 현재의 정치 상황을 고려할 때 황제가 내린 편지의 진위에 의혹을 품을 수밖에 없었다. 옛날 신릉군이 병부를 훔쳐 조나라를 구할 때 대장 진비를 죽이고 군권을 탈취한 수법은 바로 왕명을 받든 사자를 사칭한 것이었다. 고령의 병든 황제가 순행을 하던 중에 느닷없이 황장자와 대장에게 자결하고 병권을 내놓으라는 조서를 보냈다는 것은 아무래도 수상쩍었다. 몽염의 판단과 권고는 이치에 맞고 사리에 부합하는 것이었다. 그런데 뜻밖에도 이러한 몽염의 권고에도 부소가 바로 자결했다는 사실은 이해할 수 없는 대목이다. 부소는 죽으면서 "아버지께서 자식에게 죽음을 명하셨는데 어찌 다시 간청할 수 있겠소?"라는 말을 남겼다. 후대 사람들은 그가 어질고 효성스러운 인물이라고 칭찬하기도 하고 유약한 인물이었다고 비판하기도 한다. 나로서는 부소가 지나치게 강직하고 자부심이 강해 굽힐 수 없었거나 말 못할 속사정이 있었을 것이라고 본다.[15] 어찌됐든 부소는 정치적으로 종횡무진할 수 있는 인물이 아니었다.

재확인을 청하든 항명하며 시간을 끌든, 부소가 자살하지 않았다면 진 제국의 운명은 완전히 다른 양상으로 흘렀을 테고 역사의 방향 또한 바뀌었을 것이다. 부소의 자살로 의탁처를 잃은 몽염은 피동적인 상황에 놓이자 병권을 부장 왕리에게 넘겼지만 자결하길 거부하여 상군 양주현陽周縣에 감금되었다. 이사 수하의 사인舍人이 부소를 대신해 호군도위護軍都尉를 맡아 북부군을 감시했다.

부소가 자살했다는 소식이 구원에 전해지자, 초조해하던 호해와 이사와 조고는 매우 기뻐하며 수도 함양으로 연결된 직도直道를 따라 서둘러 남하했다. 그들은 발상發喪하고 유조를 공포하고 호해를 태자로 세워 제위를 계승케 하고, 시황제의 생전의 뜻에 따라 2세 황제라 칭했다. 이사는 계속 승상을 맡아 정사를 주관했고, 조고는 정부 주요 대신의 지위인 낭중령으로 승진하여 궁정의 경위警衛를 책임졌다. 세 사람이 집권하는 2세 신정권이 정식으로 성립한 것이다.

8 몽염과 몽의

2세 황제가 즉위한 뒤의 첫 번째 정치적 과제는 부소의 옛 무리 가운데 몽씨를 제거하는 것이었다.

몽씨의 조상은 제나라 사람이다. 몽염의 조부 몽오蒙驁는 제나라에서 진나라로 들어와 벼슬길에 오른 객경客卿으로, 관직이 상경上卿에 이르렀다. 그러는 동안 그는 진시황의 고조부 진 소왕昭王, 조부 효문왕孝文王, 부친 장양왕을 잇달아 섬겼다. 군사적 재능이 풍부한 몽오는 진나라 군대를 이끌고 각국을 정벌해 군공을 세웠다. 진 소왕 때 제나라를 공격하고 장양왕 때 한나라·조나라·위나라를 공격하는 과정에서 몽오는 주요한 장수였다. 진왕 영정이 즉위한 후 몽오는 네 왕을 섬긴 노장의 신하로서 한나라와 위나라를 침공하는 전쟁을 이끌었다. 몽오는 진왕 정 7년에 사망했고, 이어서 그의 아들 몽무蒙武가 관직을 맡았다. 몽무는 초나라와의 전쟁에서 청년 장군 이신李信과 협력해 초나라를 공격했다. 진왕 정 23년에는 노장 왕전王翦의 부장副將으로서 그와 함께 초왕 웅계와 초나라의 대장 항연을 죽이고 초나라를 평정했으며, 계속 남하해 백월百越을 평정함으로써 혁혁한 전공을 세웠다.

몽염과 몽의 형제는 몽무의 아들이다. 몽씨 형제는 뭇 관리의 자제들과 마찬가지로 어려서부터 글자와 서법과 법률 규정을 배워 문법리(문관)로서 벼슬길에 들어섰다. 진나라 때는 만능 관리의 시대로, 문직과 무직 간에 확연한 경계가 없었다. 문법리는 종군하여 전쟁을 해야 했고 군공리軍功吏 역시 문법리로 옮겨가야 했다. 진왕 정 26년, 왕분王賁이 대장에 임명되어 진나라 군대를 이끌고 연남燕南 지역에서 진군해 제나라를 공격해 점령했다. 영정은 몽씨 가족이 제나라에서 진나라로 들어와 대대로 장수를 지냈으며 제나라에서 영향력이 있다는 점을 고려해 몽염을 장군에 임명하고 왕분을 도와 제나라를 공격하게 했다. 제나라를 멸망시킨 이후 몽염은 내사에 임명되었고 제국 수도 지역의 군정 장관을 맡아 정계의 새로운 별이 되었다.

진시황 32년(기원전 215), 대장에 임명된 몽염은 30만 진나라 군대를 이끌고 흉노를 공격해 하투 지역을 탈취하고 구원군을 설치했다. 더 나아가 그는 전국 시대의 진나라·조나라·연나라의 장성을 연결시켰고, 구원에서 수도 함양까지 관통하는 군용 고속도로인 직도直道를 구축하여 진 제국 전체의 북부 변방을 공고하게 통괄했다. 덕분에 수도 함양은 북방 기마민족의 남침에 대한 우려를 해소할 수 있었다.

몽염의 동생인 몽의는 법률 규정에 정통했으며 행정에도 노련하고 유능했다. 그는 시황제로부터 돈독한 신임을 얻어 항상 시황제 곁에서 정무를 처리함으로써 상경上卿의 지위에 이르렀다. 몽의는 출행할 때마다 시황제와 같은 수레에 탔다. 시황제가 입궁하면 몽의는 늘 그

구원에 있는 진나라 장성. 고산준령에 쌓은 장성은 그 존재 의의가 군사적 방어보다는 경계의 표지에 있었다.

앞에서 정무를 보았다. 시황제의 총애와 신임과 존귀함을 한 몸에 얻었던 몽의의 관직에 대해서는 사서에 기록되어 있지 않은데, 상경으로서 여러 해 동안 궁중에서 시황제를 곁에서 모셨던 정황으로 보아 낭중령을 지냈을 것이며, 오랫동안 시황제의 내정총관內廷總管이자 시위 대신이었을 것이다.

명문인 몽씨 집안은 삼대에 걸쳐 유능한 공신과 장군을 배출했다. 몽염은 대군을 통솔하며 북쪽 변방에 위세를 떨쳤고, 몽의는 핵심 참모로서 황제의 총애를 받았다. 몽씨 형제는 문무를 겸비한 지혜롭고 용감한 이들로, 대대로 충성과 신의를 다한 집안 출신이었다. 시황제 시기의 정계에서 몽씨 형제에 견줄 만한 사람은 아무도 없었다.

시황제가 황장자 부소를 상군으로 보낸 이유는 부소가 그의 뜻에 반하는 간언으로써 노여움을 샀기 때문이다. 하지만 내사內史(수도 지역의 군정 장관인 내사가 다스리던 지역은 군郡이라 칭하지 않고 '내사'라고 한다)의 북쪽에 위치한 상군은 함양에서 멀지 않을뿐더러 제국의 가장 중요한 군사기지로, 북부군의 총본부가 소재한 곳이자 수도 방어의 요지였다. 상군으로 간 부소는 대장 몽염과 함께 일하면서 군정에 직접 참여하여 군사軍事를 장악했고, 안팎으로 몽씨 형제의 지원을 얻어 후계자 기반을 탄탄히 다져갔다. 이는 시황제가 고심하여 구상한 후계자 구도가 아닐 수 없다. 부소가 죽은 뒤 몽염은 상군 양주현에 구금되었고, 몽의는 순행 중인 시황제의 명으로 제사를 올리기 위해 순행 행렬을 떠났다가 대현代縣에 구금되어 2세의 처분을 기다렸다.

2세는 몽씨 형제를 꺼릴 이유가 없었기에 몽씨 형제를 풀어주고 계속 기용할 생각이었다. 하지만 몽염은 이사와 정적이었고, 몽의는 조고와 개인적 원한이 있었다. 몽씨 형제의 처리에 관한 한 이사와 조고의 이해가 맞아떨어졌다. 이사와 조고는 자신들의 지위와 2세의 계승에 걸림돌이 될 것을 우려하여 몽씨 형제의 복권에 극력 반대했다. 조고는 2세에게 이렇게 말했다.

"신이 듣기로, 선제께서 일찌감치 현명한 공자님을 태자로 세우시려 했는데 몽의가 반대했다고 합니다. 몽의는 공자님이 현명하심을 알면서도 공자님이 태자가 되시는 것을 오래도록 저지했습니다. 이는 신하로서 불충이며 군주를 미혹시킨 것입니다. 신의 생각에 이런 난신亂臣은 장래를 위해 죽여야 합니다."

2세는 몽씨 형제를 기용하려던 뜻을 접을 수밖에 없었다. 그리고 그들을 계속 가둬두었다.

2세가 정식으로 즉위한 뒤 시황제를 안장하고 천하에 대사면령을 내리면서 또다시 몽씨 형제의 처리가 정치적 초점이 되었다. 그러나 낭중령 조고와 승상 이사의 강력한 반대로 인해 2세 황제는 몽씨 형제를 사면하지 않고 주살하기로 결정했다. 바로 이때 신비한 역사적 인물, 2세의 사촌형인 영영嬴嬰이 나서게 된다. 영영은 은밀히 2세를 만나 간언했다.

"신이 듣기로, 조왕 천遷은 어질고 훌륭한 장수 이목李牧을 죽이고 안취顔聚를 장수로 삼았고, 연왕 희喜는 몰래 형가의 계책을 써서 진나라와의 약속을 저버렸고, 제왕 건建은 옛 신하들을 죽이고 아첨배인 후승后勝을 등용했습니다. 잘 알려진 이 일들은 갑작스럽게 인사를 변경하면 나라를 잃고 군주가 죽임을 당하게 된다는 교훈입니다. 몽씨 집안은 대대로 진나라의 대신으로 삼대에 걸쳐 진나라에 공을 세운 국가의 동량입니다. 폐하께서 즉위하시자마자 그들을 까닭 없이 죽이고자 하시는데, 삼가 신은 안 된다고 생각합니다. 신이 듣기로 생각이 경솔한 사람은 나라를 다스리기 어렵고, 남의 의견을 무시하고 자기 고집대로 하는 사람은 군주를 보좌할 수 없습니다. 충신을 죽이고 파렴치하며 절조 없는 사람을 등용한다면, 안으로는 신하들로 하여금 의심하게 만들고 밖으로는 장수로 하여금 배반의 마음을 갖게 하는 일이니, 폐하께서는 부디 심사숙고하시기 바랍니다."

영영은 이사와 조고를 생각이 경솔하고 고집스러우며 파렴치하고 절조 없는 자들로 지적하면서, 몽씨를 주살하면 장차 정권의 안정에 위기가 닥칠 것이라고 했다. 하지만 2세는 이런 충언을 받아들이지 않았다.

9

진나라 마지막 왕의 신비한 내력

흔히 '자영子嬰'이라 칭하는 영영은 진나라 말 정국에서 중요한 인물로, 최후의 진왕이다.

자영의 태생 문제는 2000년 내내 사학계를 곤혹스럽게 하고 있다. 어떤 이는 시황제의 동생이라 하고, 어떤 이는 2세 황제의 형이라 하고, 또 어떤 이는 2세 황제 형의 아들이라고 하는 등 의견이 분분하다. 실제로 이것들 모두 확실하지 않은 견해다. 자영은 마땅히 시황제의 동생인 장안군長安君 성교成蟜의 아들로 2세 황제의 종형從兄, 즉 사촌형이다. '자영'의 이름은 '영영'이라고 해야 하며, 자영은 잘못된 것이다. "아들子의 이름은 영嬰"이라고 쓴 것을 연결하여 잘못 읽은 탓이다.

시황제 영정에게는 형제 넷이 있었다. 모친 제帝태후 조희趙姬와 면수面首 노애嫪毐와의 사이에서 태어난 어린 두 동생은 진왕 정 9년 영정의 명으로 죽음에 처해졌다. 이밖에도 시황제에게는 나이가 비슷한 이복동생 장안군 성교가 있었다.

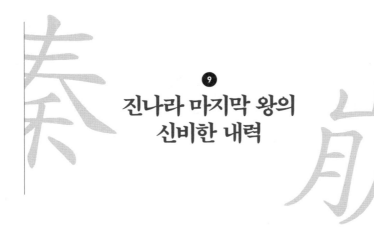

영정은 조나라의 수도 한단에서 태어났다. 그의 부친 영이嬴異는 진 소왕의 손자이자 왕태자 안국군安國君 영주嬴柱의 아들로, 한단에서 오랫동안 볼모로 지내다가 거상 여불위의 자금을 지원받고 여불위 집의 무희舞姬를 아내로 맞아 영정을 낳았다. 영정은 영이의 큰아들인 셈이다. 영정이 막 태어났을 때 진나라 군대가 조나라를 공격해 한단을 포위했으며, 영이와 여불위는 성을 빠져나와 진나라 군대에 합류하여 진나라로 돌아왔다. 성에 남겨진 영정 모자는 조나라에서 5년 동안 외롭게 머물면서 인간세상의 온갖 고난을 맛보았다.

영이가 함양으로 돌아왔을 때 나이는 24세였다. 그는 정식으로 안국군의 계승자가 되었고, 생모 하희夏姬의 주관으로 하희의 친정 한나라의 왕녀를 아내로 맞아 아들을 낳았다. 그가 바로 둘째 아들 장안군 성교다. 8년 뒤인 기원전 251년, 56년 동안 진왕을 지낸 소왕이 죽자 왕태자 안국군이 계승하여 효문왕으로 즉위했고, 영이는 효문왕의 태자가 되었다. 이때 진나라와 조나라가 화해하여 9세의 영정은 모친과 함께 한단에서 함양으로 돌아왔고, 왕태자 영이의 계승자가 되었다. 53세에 즉위한 효문왕이 등극 사흘 만에 사망하는 바람에 영이가 왕위를 계승하여 장양왕으로 즉위했다. 장양왕은 3년간 통치하다가 사망했다. 그는 고작 35년을 살았으며 영정과 성교 두 아들을 남겼다.

기원전 247년, 영정은 13세에 즉위했다. 정권은 양조모 화양태후, 조모 하태후, 모친 제태후, 승상 여불위, 창평군 웅계 등이 대신하여 주관했다. 영정은 성년이 되자 친정하며 정권을 장악해갔다. 권력을 둘러싼 투쟁이 벌어지면서 진나라 궁정 안에서는 일련의 정치 변동이 발생했다. 진왕 정 8년, 하태후가 사망하고 국내 정국에 변화가 발생했다. 진나라 군대를 이끌고 조나라로 진격한 왕의 동생 성교가 전선前線에서 진나라를 배반하고 조나라에 투항한 것이다. 역사에서는 이를 '성교의 난'이라 칭한다. 이듬해에는 노애가 제태후의 인장을 위조해 병사를 동원하여 반란을 일으킨 '노애의 난'이 일어났다. 이에 따라 함양에서 대규모 내전이 벌어졌고, 그 결과 노애는 주살되고 제태후는 쫓겨나 연금되었으며, 여불위는 파면된 뒤 얼마 지나지 않아 자살했다. 이로써 화양태후를 필두로 한 초나라계 외척 집단이 진나라 정권을 장악하게 되었다.

성교의 난과 노애의 난은 진나라 왕실과 궁정 내의 정치 계파 간에 벌어진 왕권 탈취전이었다. 즉 화양태후를 필두로 한 초나라계 외척, 하태후를 필두로 한 한나라계 외척, 제태후를 필두로 한 조나라계 외척이 이합집산하며 승부를 겨룬 결과다. 이 시기 역사는 지나치게 복잡하고 우여곡절이 많아 해명되지 못한 의혹이 많은데, 나는 『진나라의 수수께끼: 진시황을 새롭게 발견하다秦謎: 重新發現秦始皇』에서 상세히 설명한 바 있다.[16] 성교가 출생했을 때 영정 모자는 한단에 포위된 채 생사조차 불분명했다. 성교는 태어날 때부터 적장자 진왕 영정에게 위협적인 존재였다. 왕위 투쟁에 말려들어 조나라로 투항한 성교는 조나라에 의해 장안군에 봉해지고 요饒 지역(지금의 허베이 라오양饒陽)을 봉지로 받았다. 이후로 그는 내내 조나라에서 살았고 다시는 진나라로 돌아오지 않았다.

성교가 조나라로 투항했을 때는 20세가 채 안 되었고, 함양에 남겨둔 그의 아들은 아직 강보에 있을 정도로 어려서 '영嬰'이라 칭했는데 갓난아이라는 의미다. 영은 당시에 겨우 한두 살이었다. 영이 진왕 정 7년(기원전 240)에 태어났다고 계산하면, 시황제가 천하를 통일했을 때 영의 나이는 20세였다. 진2세 원년에 영이 2세에게 대신을 주살하지 말라고 간언했을 때의 나이는 서른둘로, 한창 성숙하고 침착할 나이였다. 성교의 성은 '영嬴'이므로 그의 아들 '영嬰'은 영영이라고 칭해야 한다. 사서에서는 영영을 "시황제 동생 자영始皇帝弟子嬰"이라고 했는데, 정확한 독법은 "시황제 동생의 아들 영"이다.[17]

10

몽씨 형제를 죽이다

2세는 막내아들로서 맏형을 죽이고 권력을 탈취했다. 10여 명의 형은 모두 제위를 위협할 가능성이 있었기에 꺼림칙스러운 존재였고 제거의 대상이 되었다. 그 당시 형세에서는 모든 공자가 목숨을 보존하는 데 급급하여 국정 대사에 관해서는 감히 한 마디도 하지 못했고, 영영은 방계이기 때문에 제위 계승의 분쟁 바깥에 있었다. 2세가 즉위할 당시 서른을 훌쩍 넘긴 영영은 적통이 아닌 종실 중에서는 가장 나이가 많았기 때문에 자연스럽게 2세에게 간언할 수 있었고, 그런 행동이 뜻밖의 미움을 살 우려도 없었다. 간언한 내용으로 볼 때 그는 조고와 이사의 행태와 인품에 반감을 지니고 있었을 것이다. 2세는 최종적으로 영영의 간언을 받아들이지 않고 이사와 조고의 의견에 따라 몽씨를 주살하기로 결정했다.

2세는 어사 곡궁曲宮을 사자로 파견해 역마를 타고 대현代縣으로 가서 몽의에게 조서를 전하도록 했다.

"선제께서 나를 태자로 세우려 하실 때 경은 이를 비난했소. 승상은 경이 불충해 죄가 일족에게 미친다고 했소. 짐은 차마 그렇게 할 수 없어 경에게만 죽음을 내리니 다행한 일이오. 경은 스스로 결단하시오."

억울하다고 느낀 몽의는 자살을 택하지 않았다. 그는 사자에게 이렇게 대답했다.

"신이 선제의 뜻을 몰랐다고 질책하시지만, 신은 젊어서부터 선제 밑에서 벼슬하며 오랫동안 은혜를 입고 신임을 얻었으며 선제께서 승하하실 때까지 그 뜻을 거스른 적이 없으니 선제의 뜻을 알았다고 할 수 있습니다. 신이 태자의 능력을 몰랐다고 질책하시지만, 선제께서 순행하실 때 오직 태자만 수행하셨으니 그 가까움이 다른 공자들과 비교할 수 없다는 것을 신은 믿어 의심치 않았습니다. 선제께서 태자를 택하신 것은 일시적으로 생각을 바꾸신 게 아니라 오랫동안 심사숙고하신 것일 텐데, 신이 어찌 감히 간언했겠으며 어찌 다른 생각을 했겠습니까! 신은 죽음을 피하기 위해 사리에 맞지 않는 말로 억지를 부리려는 게 아닙니다. 다만 사실과 다른 일로 선제의 명예에 누를 끼칠까 걱정스러울 뿐입니다. 대부大夫께서는 깊이 생각하시어 신이 명백한 사실에 따라 죽도록 해주십시오. 더군다나 순리를 따르는 것이야말로 도가 귀히 여기는 바이며, 사실과 다른 형벌로써 죽는 것은 도가 용납하지 않는 바입니다. 옛날에 진 목공穆公은 세 명의 어진 신하를 자신과 함께 순장하게 했고, 사실과 다른 죄명으로 백리해百里奚를 죽게 했습니다. 그래서 '무繆(잘못하다)'라는 시호를 받았습니다. 진 소양왕昭襄王은 무안군武安君 백기白起를 죽였고, 초 평왕平王은 오사伍奢를 죽였고, 오왕 부차夫差는 오자서伍子胥를 죽였습니다. 이는 모두 큰 실수로서 천하의 비난을 초래했고, 제후들 사이에 현명하지 못한 군주로 악명이 퍼졌습니다. 그러므로 '도로 다스리는 자는 죄 없는 사람을 죽이지 않고 무고한 사람에게는 벌을 주지 않는다'고 합니다. 원컨대 대부께서는 이를 유념하소서."

사자 곡궁은 2세와 이사와 조고의 의도를 알았기에 몽의의 말을 전하지 않고 그를 죽여 복명했다. 2세는 또 상군 양주에 사자를 보내 몽염에게 자결을 명했다.

"그대의 아우 몽의는 대죄를 범하고 이미 죽임을 당했다. 그대에게도 죄가 있으니 마땅히 법을 따르라."

몽염이 말했다. "저희 몽씨 집안은 조부 때부터 삼대에 걸쳐 진나라에 충성을 바쳐왔습니다. 신은 30여 만 대군을 거느리고 여러 해 동안 북부 변방을 지켰습니다. 지금 비록 감옥에 갇혀 있으나 병란을 일으키기에 충분한 세력이 있습니다. 제가 죽을 것을 알면서도 대의를 지키는 까닭은 조상의 유훈을 욕되게 하지 않고자 함이며 선제의 은덕을 잊지 않았기 때문입니다. 저희 몽씨 집안은 대대로 충성스러웠으며 두 마음을 품은 적이 없으나, 이런 뜻밖의 결과를 맞은 것은 분명 반역을 꾀한 간신이 참언으로써 알력을 조장했기 때문일 겁니다. 신이 이런 말씀을 드리는 것은 죄를 면해 살고자 함이 아니라 다만 죽음으로써 간언코자 함이니, 원컨대 폐하께서는 만인을 위해 생각하시고 도로써 나라를 다스립시오. 사자께서는 이 말씀을 폐하께 전해주시기 바랍니다."

사자가 대답했다. "신은 명령을 받고 장군에게 법을 집행하는 것이니, 감히 장군의 말을 폐하께 전해드릴 수는 없소."

몽염이 탄식하며 말했다. "하늘이 밝게 살피거늘, 내게 무슨 죄가 있다고 죽어야 한단 말인가?"

몽염은 한참을 탄식하다가 천천히 말했다. "나 몽염에게도 응분의 죄가 있다. 서쪽 임조臨洮에서 동쪽 요동에 이르기까지 만리가 넘게 성을 쌓았으니, 그 사이에 어찌 지맥을 끊고 생명의 뿌리를 끊은 일이 없었겠는가? 어쩌면 그것이 나 몽염의 죄이리라."

그는 독약을 삼켜 자살했다.

진나라는 공로와 공훈을 중시한 국가다. 장수는 공을 따져 승진하고 관리는 공로가 쌓이면 승진한다. 법치 아래서 관리의 치적과 상벌은 분명하고 질서정연했다. 시황제는 천하를 통일한 이후로 공신을 죽인 적이 없고 까닭 없이 대신을 연좌시키지도 않았기에 관리를 통한 다스림이 안정되고 정권 내부가 평온했다. 2세가 몽씨 형제를 죽인 사건은 죄 없는 대신을 죽이는 선례를 열었다. 함양 조정의 관리들한테서 불안의 정서가 자라나기 시작했다.

11

골육지친을 죽이다

몽씨 형제의 주살은 이사와 조고가 계획한 것이다. 그들은 정적을 제거하기 위해 물심으로 협력하여 2세 황제를 설득하고 압박했다. 삼두마차로 달리는 2세 정권에서, 밖으로는 승상 이사가 정무를 주관하고 신하들을 어루만졌으며, 안으로는 낭중령 조고가 궁정을 지키며 내위內衛를 제어했다. 2세는 가운데에 가만히 있었다. 안팎이 일치되고 일에는 겉과 속의 구별이 없었으며 한순간에 안정되기 시작했다. 시황제의 장례가 끝나고 종묘 제사의 예법이 정해지고 백성이 안정되고 지방이 안정된 뒤, 2세는 시황제의 전례를 따라 천하를 순행하기로 결정했다.

진2세 원년 봄, 2세는 승상 이사와 낭중령 조고를 핵심으로 한 백관의 수행을 받으며 관중 동쪽으로 향했다. 시황제가 공덕비를 새기면서 순행하던 노선을 따라 삼천동해도에서 방향을 바꿔 북상하여 갈석碣石을 거쳐 요동으로 간 뒤, 바다를 따라 돌아오면서 병해도並海道[18]를 따라 남하해 태산·지부·낭야·구현朐縣을 거쳐 장강을 건너 회계會稽에 도착했다. 4월에는 남양무관도南陽武關道를 지나 함양으로 돌아왔다.

2세의 이 순행은 순조롭게 진행되었다. 즉위 초 각지에서 불온한 소식이 전해지기도 했지만 황제의 순행으로 민심은 가라앉았고 천하가 복종했다. 그러나 모든 일에는 외우外憂가 없으면 내환이 있게 마련이다. 막내아들인 호해가 음모를 꾸며 만형을 죽이고 권력을 탈취해 즉위한 만큼 종실 대신들은 의혹을 품고 있었다. 특히 10여 명의 손위 형제는 존재 자체로 제위를 노리는 복병이었기에 2세는 항상 바늘방석에 앉은 것처럼 안절부절못했다.

호해는 궁중 깊숙한 곳에서 지냈고 종실 대신과는 소원했다. 이사는 나이가 너무 많았다. 호해가 마음속 시름을 터놓고 의논할 만한 사람은 조고뿐이었다. 2세는 자신의 불안한 심정을 조고에게 털어놓았다.

조고가 말했다. "신은 일찌감치 공감했지만 감히 먼저 입을 열지 못했을 뿐입니다. 지금 폐하께서 하문하시니, 신이 일일이 말씀드리도록 윤허해주십시오. 사구에서의 일에 대해 모든 공자와 대신들이 의문을 품고 있사옵니다. 공자들은 모두 폐하의 손윗사람이고, 대신들은 모두 선제의 노신입니다. 폐하께서 즉위하시자 공자들은 겉으로는 복종하지만 속으로는 비방하고 있습니다. 신 조고가 가운데서 일을 맡자 대신들은 불만스러워하며 복종하지 않습니다. 신 조고는 폐하를 모시면서 변고가 생길까 밤낮으로 전전긍긍하고 있습니다. 이런 상황이니 폐하께서 어찌 안정을 바라실 수 있겠습니까?"

2세가 물었다. "어찌해야 좋겠소?"

조고가 대답했다. "우선 폐하께서는 선제의 옛 신하를 제거하시고 새로운 사람을 등용하십시오. 빈궁한 자를 부유하게 하고 비천한 자를 고귀하게 하면 가까운 신하 가운데 폐하의 은덕을 입지 않은 자가 없을 테니 옛 간신들이 숙청되도록 계책을 꾸밀 것이옵니다. 골육지간에는 가까운 이가 적입니다. 폐하께서는 종실을 멀리하시어 제위를 노리는 자를 근절하십시오. 또한 법과 형벌을 엄중하게 하시어 죄가 있는 자는 가족까지 연좌시키십시오. 옥사를 다급히 일으켜 날마다 그치지 않도록 하신다면 모두들 죽음을 걱정하며 자구책에 고심하느라 반란의 음모를 꾸밀 겨를이 없을 것이옵니다."

조고의 건의는, 첫째 새로운 사람을 발탁함으로써 황제의 은덕을 입은 새로운 관리로 기존의 노신을 대체하라는 것이다. 즉 나중 사람을 위쪽에 앉히는 인사 방침이다. 둘째 억울한 죄를 씌워 잔혹하게 처리함으로써 모두가 두려움에 떨게 하고 위아래 할 것 없이 일신의 안전을 돌보느라 반란을 꾀할 엄두조차 내지 못하게 만들라는 것이다. 즉 정치 박해를 끊임없이 일으키라는 것이다. 조고는 권력투쟁의 고수다웠다. 2세는 조고의 두 가지 독재술이 적합하다고 판단하여 그대로 실행하게 했다. 이러한 독재술은 오래도록 전수되어 독재자가 전제 독재를 실시하는 데 통용되는 상투적인 수단이 되었다.

조고는 죄명을 망라해 진나라의 공자 12명을 함양에서 죽이고 공주 10명은 두현杜縣에서 사지를 찢어 죽였다. 이들의 재산은 일제히 몰수되었고, 가까운 이들은 대부분 연좌되었다. 공자 장려 형제 세 사람은 궁중에 연금되어 있다가 결국 '불신不臣'의 죄명으로 사형에 처해졌다. '불신'이란 신하의 예의를 잃었다는 것으로, 황제에 대한 불경 그리고 모반을 꾀했음을 의미한다.

공자 장려는 누구보다도 신중하고 예의를 중시하는 사람으로, 자신에게 억울하게 씌워진 죄를 인정하지 않았다. 그는 판결을 전달한 사자에게 해명했다.

"나는 지금까지 조정의 예절에 복종하지 않은 적이 없고, 조정의 질서를 따르지 않은 적이 없소. 황제의 명을 받으면 반드시 응답하였고, 여태 실언하거나 예를 어긴 적이 없소. 그런데 어찌 신하의 예의를 잃었다고 하는 것이오? 나의 죄명을 분명히 하고 죽길 바랄 뿐이오."

사자는 자신은 조서를 받들어 행할 뿐이라며 장려에게 죄를 인정하라고 독촉했다.

전제 독재정권에서 신하는 군주가 명령한 죽음을 피할 수 없다. 일인지하에서는 그 누구도 생존을 제도적으로 보장받을 수가 없다. 심증이든 날조든 죄를 씌우려고 작정하기만 하면 죄명은 충분히 만들어낼 수 있었다. 가련한 장려 형제 세 명은 하늘에 소리쳤으나 응답이 없었고, 억울한 죄를 뒤집어쓴 채 자살했다.

살육의 공포 속에서 공자 고高는 도망치려 했지만 가족의 연좌를 걱정하여 궁리 끝에 2세에게 상서를 올렸다. 시황제를 위해 자신을 순장시켜줄 것을 청한 것이다. 2세는 그의 간청에 따라 10만 전을 하사해 묘를 조성한 뒤 시황제의 능에 공자 고를 배장陪葬하도록 하고 그 가족은 연좌시키지 않았다. 사서에 따르면, 공자 고는 2세에게 다음과 같은 상서를 올렸다.

선제께서 무탈하실 때, 신이 입궁하면 음식을 하사하시고 외출할 때면 수레를 타도록 해주셨습니다. 신은 황실 창고의 옷과 일상용품, 궁중의 귀한 말까지 하사받았습니다. 선제께서 붕어하셨으니 신이 마땅히 따라 죽어야 했으나 속히 행하지 못했습니다. 이는 자식으로서 불효이고 신하로서 불충이옵니다. 불효하고 불충하여 세상에 좋은 이름을 남길 수 없으니, 신은 순장을 청하옵니다. 부디 여산 기슭에 묻어주십시오. 간절히 간청하오니 주상께서 은혜를 베푸시어 불쌍히 여겨 허락해주시기 바라옵니다.

지금도 역사를 읽을 때면 황자와 왕손이 죽음에 닥쳐 울부짖던 비명이 귓가에 메아리친다.

2세가 즉위한 뒤, 공포와 박해가 전염병처럼 확산되자 신하들은 위기를 느꼈으며 백성도 놀람과 불안에 사로잡혔다. 1년도 채 안 되어 폭풍전야의 분위기가 진 제국 전체를 뒤덮었다. 점성가의 말을 빌리자면, 높은 건물이 무너지려 할 때는 그 징조가 뚜렷하다.

12

무덤에서 전해온 먼 옛날의 정보

시안西安은 내가 가장 많이 찾아간 고성古城으로, 여산 시황제릉 곳곳의 자취가 늘 발길을 잡곤 한다.

천고의 웅장함을 간직한 시황제릉, 불쑥 나타나 세상을 깜짝 놀라게 한 병마용갱兵馬俑坑 등 린퉁구의 산과 평원과 숲 곳곳에는 역사의 한과 비밀이 담겨 있다. 여산 기슭 시황제 능원陵園 안 서북쪽에는 '甲' 자 형태의 커다란 배장묘 한 기가 있는데, 규모는 왕후 등급에 해당하고 무덤 끝자락은 시황제릉의 봉분 가까이에 있다. 고고학자들은 그 묘주가 황실 종친일 것이라고 추정하는데, 아마도 공자 고의 묘일 가능성이 높다고 한다. 순장을 선택한 그는 10만 전을 하사받아 이곳에 매장되었다.

시황제릉의 봉분에서 동쪽으로 1리 정도 걸어 능원 밖으로 나가면 상자오촌上焦村이라는 마을이 있다. 마을 밖 물가에 심어진 석류나무, 살구나무, 감나무 등의 과수 아래 '甲' 자 형태의 배장묘 17기가 있다. 서쪽 시황제릉을 향해 남북으로 줄지어 펼쳐져 있는 묘들

시황제릉에서 동쪽으로 1리 정도 떨어진 지점에 있는 상자오촌에는 2세에 의해 육사·책사된 여러 공자와 공주의 묘가 있다.

가운데 8기의 묘는 이미 발굴되었다. 규모가 크지는 않으나 모두 관곽과 벽감壁龕이 있으며 금·은·동·철·도陶·옥·패貝·골骨로 만든 부장품이 발굴되었다. 부장품 중에는 진나라 소부少府의 관리가 제작한 황제의 물품이 있어 자연스럽게 묘주와 황실 궁정의 관련성을 추정케 한다. 매장된 묘주의 유골에 관한 고고학자의 보고서는 다음과 같다.

- 제7호 묘: 묘주는 남성, 나이는 서른 전후, 머리와 몸통과 사지가 분리되어 있다.
- 제10호 묘: 묘주는 남성, 나이는 서른 전후, 머리·몸통·손·다리뼈가

분리되어 있다. 곽실槨室의 두상頭廂 내에 거꾸로 놓여 있다.

- 제11호 묘: 묘주는 여성, 나이는 서른 전후, 골격이 완전하고 반듯이 누운 자세다. 위턱뼈와 아래턱뼈가 좌우로 비틀어져 있다.
- 제12호 묘: 묘주는 남성, 나이는 서른 전후, 머리뼈는 곽실 두상의 뚜껑 위에 있고, 늑골 및 기타 뼈는 두상 내에 있다.
- 제15호 묘: 묘주는 남성, 나이는 서른 전후, 머리와 몸통과 사지가 분리되어 곽실 두상의 뚜껑 위에 놓여 있다. 머리뼈는 곽실 밖에 널브러져 있고, 오른쪽 관자놀이뼈에 청동 활촉 하나가 박혀 있다.
- 제16호 묘: 묘주는 남성, 나이는 서른 전후, 상반신은 곽실 안에 있고 머리뼈는 곽실 두상의 덮개 위에 있으며 다리뼈는 흙에 묻혀 있다.
- 제17호 묘: 묘주는 여성, 나이는 스물 전후, 머리·몸통·다리가 분리되어 있다. 왼쪽 다리의 정강이뼈가 분리되어 있다. 양팔을 뻗고 엎드린 자세다.
- 제18호 묘: 청동검 한 자루만 있고 인골은 없다.

8기의 무덤에서 7구의 시신이 출토되었고, 남성 5명과 여성 2명 가운데 6명의 몸통과 머리와 사지가 분리되어 있다. 팔다리가 찢기는 가혹한 형벌을 받은 게 분명하다. 제11호 묘의 유골은 형태가 완전하지만 위턱뼈와 아래턱뼈가 좌우로 비틀어져 있는 것으로 보아 밧줄에 목이 졸린 형벌이었다. 진나라의 모든 공자와 공주가 2세에 의해 육사戮死와 책사磔死에 처해졌던 비참한 지난 일이 떠오르지 않을 수 없다. 육사란 죽은 뒤에 대중 앞에서 그 시신을 처형하는 것이고, 책사란 사지를 찢어서 죽이는 것이다. 이는 모두 진나라의 혹형酷

刑이었음을 유골 7구의 참상을 통해 검증할 수 있다.

유명한 고고학자 위안중이袁仲一 선생은 앞의 8기 무덤의 발굴자 가운데 한 명이다. 그의 추측에 따르면, 진시황은 기원전 259년에 태어나 기원전 210년 향년 50세로 사망했으므로 20~30세 전후의 시신 7구는 그 자녀들의 나이와 맞아떨어진다. 여러 공자와 공주가 기원전 209년에 동시에 피살된 사실 역시 17기의 무덤이 동시에 조성되고 매장되었던 상황과 맞아떨어진다. 이들이 피살된 진2세 원년 봄은 진력秦曆으로는 1~3월의 추운 시기로, 당시 무덤을 만들었던 이들이 불을 지핀 흔적이 발굴 과정에서 발견된 것 역시 확실한 방증이다. 2세의 형제자매인 여러 공자와 공주는 비록 피살되긴 했지만 종실의 귀인이므로 관곽을 갖추어 시황제의 능 동쪽에 배장했다는 해석이 사리에 맞다.[19] 인골 없이 청동검 한 자루만 출토된 제18호 묘는 맏아들 부소의 의관총衣冠塚일 것으로 추정하는 이도 있다. 부소는 유조를 받들어 북쪽 변경의 상군에서 자살했기 때문에 검만 넣은 빈 무덤으로 만들었다는 것인데, 신기함과 더불어 끊임없는 회상을 불러일으킨다.

역사는 과거의 일로, 지난 시간의 흔적이다. 지금 우리가 역사를 알 수 있는 것은 지난 일이 정보를 남겼기 때문이다. 그 정보들에 근거하여 우리는 지난 일의 영상을 그려보고 복원할 수 있다. 지난 일의 정보로는 구술, 문헌, 유물이 있다. 가장 불가사의한 것은 유물이다. 그것은 시공을 초월하여 우리 눈앞에 똑똑히 나타나 있다. 손으로 만질 수 있는 이 유물들은 지금에 속하는 것인 동시에 과거에 속한 것이어서 회상할 수 있게 해주고 정보를 전해주기 때문에 가장 믿을 만하고 실감이 있다.

나는 역사의 발자취를 찾아 상자오촌 일대에 간 적이 있다. 해가 뉘엿뉘엿하여 산은 어두워지고 땅이 차가워질 때 바람이 쏴 불어오자 마치 귀신이 우는 소리처럼 들렸다. 천년 동안 떠나지 못한 원혼이 싸늘한 달빛과 차가운 별빛에 서려 있는 듯했다. "어찌 천하를 소유할 것인가, 골육에게도 은덕을 베풀지 않았음이라"[20]라고 했던 어느 시인의 감개가 참으로 적절하게 느껴졌다. 인간세상에서 혈육의 정보다 가까운 것은 없다. 그런데 인간세상의 통치가 골육상잔을 통해 유지되는 것이라면 그 얼마나 슬픈 일인가.

혈육의 정을 잃음은 개인에게는 인성의 상실이고, 가족에게는 계승의 단절이며, 단체에게는 내부의 붕괴이고, 국가에게는 질서를 상실한 궤멸이다. 혈육의 정으로 용인할 수 없는데 타인을 포용할 수 있겠는가? 혈육의 정이 사라진 통치에서 나라가 빨리 망하지 않을 수 있겠는가? 혈육의 정이 사라진 통치에서 종묘 제사가 끊어지지 않을 수 있겠는가? 혈육의 정이 사라진 통치에서 자손 후대가 절멸되지 않을 수 있겠는가?

진 제국의 멸망은 먼 옛날부터 전해져온 혈육의 정과 직접적으로 연좌되어 있다.

제 4 장

천하대란

❶ 아방궁과 시황제릉

당나라 때의 두목杜牧은 「아방궁부阿房宮賦」에서 아방궁의 화려함과 웅장함과 아름다움을 거침없이 나열했다.

> 시황제가 육국을 멸망시켜 천하가 통일되니, 촉산蜀山의 나무를 죄다 베어 아방궁을 지었도다. 궁전이 300여 리를 덮으며 하늘의 해까지 막았도다. 궁전 건물은 여산 북쪽에서 시작되어 서쪽을 향해 꺾였다가 곧장 함양으로 이어졌다. 위하와 번천樊川 두 강이 넘실대며 궁전 안으로 흘러 들어왔다. 다섯 보 간격으로 누대 하나, 열 보 간격으로 전각 하나. 긴 복도는 띠처럼 감돌아 있고, 처마는 새부리처럼 높이 들려 있다. 건물은 지세에 따라 지어져 낮은 건물의 추녀는 다투어 높은 건물의 중심을 향해 있는데, 얽히고 구불구불한 것이 벌집인 듯 소용돌이인 듯하다. 우뚝 솟은 건물이 그 얼마나 많은지 알 수가 없도다.

이 얼마나 휘황찬란한 걸작인가!

진시황 35년(기원전 212)에 건설되기 시작한 아방궁은 천하의 궁전 건설을 집대성한 것이다. 시황제는 열국을 하나씩 하나씩 무너뜨릴 때마다 그 나라의 궁전을 본뜬 건물을 함양 북쪽 교외에 지음으로써 천하에 업적을 과시했다. 천하 통일 후에도 여전히 큰일을 벌였고, 이에 토목 공사는 해가 갈수록 심해졌다. 천하를 통일한 뒤 사구에서 병사하기까지 12년 동안 시황제는 천하를 다섯 차례 순행했으며, 치도馳道를 고치고 장성을 세우고 영거靈渠라는 운하를 뚫고 여산릉을 축조하는 등의 사업을 끊임없이 전개했다. 진시황 31년에는 30만 대군을 북쪽으로 보내 흉노를 공격하고, 방사를 바다로 보내 신선을 찾고 선약을 구하게 했다. 33년에는 대군을 다섯 갈래로 나눠 파견함으로써 남월南越을 정벌했다. 34년에는 50만 남녀를 징발해 오령五嶺 이남을 지키게 했고, 제자백가의 책을 불태웠다. 35년에는 수도 함양과 구원의 북부 변경을 연결하는 군용 고속도로를 개통했다.

시황제는 갈수록 초조하고 불안했다. 도성 함양의 인구는 많은데 선왕 이래의 궁전은 협소하여 상고 이래 최초인 황제의 명성과 위엄에 걸맞지 않다고 생각한 그는 위하 남쪽 기슭에 토목 공사를 크게 일으켜 아방궁을 짓게 했다.

수백 년 동안 진나라 역대 왕들을 거치면서 관중 지역 사방에는 궁전과 묘당, 이궁과 별관, 원유苑囿와 정원 등이 끊이지 않고 세워졌다. 대체로 서쪽의 옹성雍城(지금의 산시陝西 바오지)에서 동쪽 여산의 관중 일대에 걸쳐 300개에 달하는 이궁과 별관이 있었다. 이름난 것으로는 감천궁甘泉宮, 흥락궁興樂宮, 망이궁望夷宮이 있다. 함양궁을 정궁正宮으로 삼는 게 선왕 시대의 관례였다. 관중 지역 외 각지에는 400개 안팎의 행궁이 존재했다. 북으로 연·조 지역에 있었던 사구 행궁, 동으로 요동에 있었던 갈석 행궁, 바다 쪽에 있었던 낭야 행궁 등은 대부분 육국 때부터 존재했던 건축이다.[1]

갑작스레 성공한 사람에게는 만족이라는 행복이 없다. 욕망의 부추김에 영원히 들끓을 뿐이다. 사람이 나이가 들면 짧은 생명을 뛰어넘는 영원함을 남겨두고픈 바람이 생기게 마련이다. 시황제에게는 세상에 오래도록 전해질 덕행과 글이 없었다. 대신 업적과 건축이 그가 영원을 기탁하는 대상이 되었을 것이다. 고금의 천하제일을 추구한 아방궁의 설계와 구상은 천상天象의 별자리를 본떴으며, 드높은 기세와 웅장함과 휘황찬란함을 과시하고자 했다. 이 거대한 공정은 전전前殿에서 시작되었다. 전전은 동서 길이가 750여 미터에 달하고 남북 너비가 120미터 정도였다. 8만 제곱미터 이상의 넓은 정전은 여러 층의 건축물이 에워싸는 구조로 만들어졌고 만 명을 수용할 수 있었다. 또한 넓은 처마가 연이어져 11~12미터 높이의 깃발을 나란히 꽂을 수 있었다.

아방궁은 위하 남쪽에 자리하고 함양궁은 위하 북쪽에 자리했는데, 시황제는 위하를 천한天漢으로 상정하고 아방궁을 천극天極으로 상정하고 함양을 영실營室로 상정했으며, 위하에 복도를 만들어 강의 양쪽 기슭을 연결한 것은 천극에서 나와 천한을 건너 영실에 이르는 것으로 상정했다. 천한은 천하天河라고도 하는데, 이는 넓은 하늘을 가르는 은하銀河다. 천극은 북극자궁北極紫宮이라고도 하는데, 이는 북극성으로 천제 태일泰一이 거하는 곳이다. 영실은 실수정성室宿

定星이라고도 하는데, 이는 페가수스자리의 알파α 별과 베타β 별에 해당하며 28수의 북방 현무玄武에 속한다. 복도는 상하 이층으로 된 통로인데, 공중 회랑과 같았다. 점성가의 해설에 따르면, 천제의 출행은 북극자궁에서 출발해 천한(은하)을 건너 실수정성에 이르는 것이었다. 새로운 건설 계획에 따르면, 시황제는 아방궁에 거하면서 북쪽으로 출행하여 공중의 복도를 통해 위하를 건너 함양궁에 도착하는 것이었다. 이것은 천제의 출행 및 별의 운행에 비유할 수 있다.

아방궁 주위는 각도閣道가 둘러싸고 있었다. 각도란 지붕이 있는 긴 복도로, 양쪽에 난간이 둘러 있다. 아방궁의 동·서·북 삼면은 담으로 둘러싸고 남쪽은 개방하여 전전에서부터 남산까지 각도로 쭉 이어져 있었다. 이 독창적인 구상은 남산 꼭대기를 궁성의 궐闕로 상정한 것으로, 먼 곳의 산을 근경近景으로 삼은 이것은 풍수이자 이념이었다. 방사들의 진인眞人설을 믿은 시황제는 자신의 행방을 다른 사람이 알지 못하도록 함양 사방의 이궁·별관·원유를 복도와 각도로 연결했다. 부근 200리 범위에는 공중에 복도가 걸쳐져 있고 물 위로 긴 다리가 세워져 있었다. 황제가 탄 수레가 지날 때면 천둥이 치는 듯한 소리에 깜짝 놀라게 되고 덜컹거리는 바퀴소리를 멀리서도 들을 수 있었지만, 그 행적은 알 수 없이 묘연하기만 했다.

아방궁의 설계와 구상은 그야말로 신비롭고 정교했지만 시황제의 갑작스런 죽음으로 인해 공사 역시 중단되었다. 항축夯築으로 다진 토대와 삼면의 담만 겨우 완성되었지만 거대한 공간은 후대 사람들에게 무한한 상상을 남겨주었다.[2] 제국의 모든 인력과 물력은 일시에 시황제 능원에 집중되었다.

아방궁 유지
아방궁의 설계와 구상은 그야말로 신비롭고 정교했지만 시황제의 갑작스런 죽음으로 인해 공사 역시 중단되었다.

시황제 능원은 기원전 246년, 즉 진왕 영정이 즉위한 해부터 건설되기 시작했다. 그 당시 영정은 13세였다. 한창 자라서 어른이 되기를 바랄 때이거늘, 어찌 자신의 죽음을 예상하고 어찌 자신이 묻힐 묘실에 흥미와 관심을 가졌단 말인가. 하지만 즉위하자마자 능을 만드는 것은 예로부터 있어온 제도로, 옛 전통을 이어받은 것이다. 선왕·선공의 규칙과 관례에 따라 초기에 시황제의 능원 규모는 크지 않았으며 과다한 겉치레와 장식도 없었다.

천하를 통일한 후 모든 면에서 큰 변화가 생겼다. 기원전 221년, 신하들은 진왕의 칭호에 대해 논의했다. 고래로 사용해온 왕이라는 칭호는 천하 통일의 위업에 부응하지 못하고, 오제五帝의 존호 역시 천하를 하나로 귀속시킨 업적에 비할 수 없으며, 고대의 천황天皇·지황地皇·태황泰皇 가운데 태황이 가장 존귀하니, 태황이라 칭하길 주청했다. 하지만 진왕 정은 여전히 만족할 수 없었다. 그는 삼황三皇의 '황'과 오제의 '제'를 취해 '황제'라 할 것을 명했다. 황제는 인간세계와 신의 세계를 통치하는 상제上帝로, 업적이 삼황오제를 뛰어넘으며 의지는 인간세상을 압도하고 귀신을 부리며 그 휘황찬란함이 높은 하늘과 두터운 땅 같은 존재다. 하늘은 높아서 도달할 수가 없지만 땅은 두터우니 깊이 팔 수 있다. 시황제는 하늘·지상·지하를 관통하는 상징물을 만들고자 했다. 아방궁은 천극으로 상정되었으니, 시황제릉은 제국의 수도로 상정되어야 했다. 황제는 먼 옛날 이래로 존재한 적이 없는 대제국을 통치하고 있으니, 시황제릉 역시 고금을 통틀어 최대 규모의 능원으로 축조되었다. 그것은 진나라 수도 함양의 축소판과 같았다.[3]

시황제 능원이 얼마나 거대한지에 대해서는 지금까지도 확실한 결론에 이르지 못했다. 오랫동안 고고학자들이 찾고 또 찾았는데도 더 크고, 파고 또 팠는데도 더 많았기 때문이다. 발굴 조사 결과를 토대로 시황제릉의 윤곽을 그려낼 수 있게 된 것은 최근이다.

시황제 능원은 진나라의 수도 함양을 본떠 만들어졌다. 상하 2층에 안팎으로는 3중이며, 총면적은 56.25제곱킬로미터에 달한다. 지하층은 명성冥城 지궁地宮이고, 지상층은 내성과 외성 및 외성 밖의 능역陵域이다. 명성 지궁은 봉분 아래에 있는데, 시황제가 거주하는 황궁을 본떠 만들어졌다. 명성은 지하 성벽으로 둘러싸여 있는데, 지하 성벽의 남북 길이는 460미터, 동서 너비는 392미터다. 명성의 내부는 지궁으로 남북 길이 145미터, 동서 너비 170미터다. 지궁의 중앙은 묘실이다. 묘실은 석회암으로 만들어졌으며 남북 길이 50미터, 동서 너비 80미터, 높이 15미터고 사방에 두께 16~22미터의 담이 둘러 있다. 시황제의 시신이 담긴 관곽이 바로 이 묘실에 안치되어 있다. 『사기』에서는 시황제릉의 명성 지궁을 이렇게 묘사했다.

> 여산을 뚫어 지하 깊은 곳까지 최대한 파서 구리물을 부은 뒤 관곽을 안치했다. 궁실과 별관을 상징하는 건축을 비롯해 금은보화와 진기한 기물로 사방을 가득 채웠다. 지궁의 천장에는 일월성신을 그려 넣었으며, 온갖 하천·강·바다를 수은으로 재현해놓고 기계를 이용해 그것이 흘러가게 만들었다. 위로는 천문天文을 갖추고 아래로는 지리地理를 갖추었다고 할 수 있다. 물고기 기름으로 등을 밝히고 영원토록 꺼지지 않길 바랐다. 몰래 발사되는 활을 장인에게 만들도록 하여 도적의 침입

을 방비했다.

이 얼마나 사치스런 극락세계인지 충분히 상상이 된다!

명성 지궁의 위쪽은 무덤의 봉분이다. 높이 115미터, 남북 길이 515미터, 동서 너비 485미터다. 두斗를 엎어놓은 듯한 형태의 봉분이 여산 기슭 평야에 위엄 있게 우뚝 솟아 능원의 지상 표지 역할을 한다. 봉분은 내성 남쪽에 있는데, 내성은 함양 궁성을 본떠 만들었다. 내성은 남북 길이 1355미터, 동서 너비 580미터이며, 주위에 10미터 두께의 성벽을 쌓았다. 이 우뚝 솟은 성벽 곁으로는 긴 복도가 이어져 있었다. 내성의 서·남·동 삼면에 각각 문이 하나씩 있고 북쪽에는 두 개가 있었다. 우뚝 솟은 궐闕들은 곡각曲閣을 통해 이어져 있었다. 내성 안에는 묘주의 혼령이 거주하며 생활하는 공관公館인 침전寢殿, 휴식하는 장소인 편전便殿이 있었다. 모든 것이 시황제가 살아 있었을 때를 본뜬 것으로, 궁성과 내원內院도 이에 포함되어 있었다.

내성의 밖은 외성이다. 외성은 남북 길이 2165미터, 동서 너비 940미터이며, 주위에 6~7미터 두께의 성벽을 쌓았다. 성벽 네 면에 각각 성문이 하나씩 있었다. 외성은 함양 도성을 본뜬 것으로, 그 안에는 백관百官의 관사를 비롯해 무기고·창고·수라간이 있었다. 또한 진기한 날짐승과 들짐승이 있는 원苑과 백희百戲 오락장이 있었다. 시황제가 출행할 때 사용하던 거마 의장儀仗을 절반 크기로 청동으로 주조하여 이곳에 묻었다. 외성의 서측과 북측에는 군사 장비가 있는데, 이는 위위衛尉의 거처가 궁전 담장을 둘러싸며 지키고 있던 것에 해당한다.

외성 밖의 능역은 진나라 수도 함양 교외의 관중과 같다. 병마용은 능역의 동쪽에 있는 방대한 군단으로, 관중에 주둔하며 진나라 수도를 지키는 중위中尉 경사군京師軍을 본뜬 것이다. 능역의 북쪽에는 마치 살아 있는 듯한 청동 물새가 묻혀 있는데, 이는 황제의 원유苑囿 풍경이었을 것이다. 100개에 이르는 마구갱馬廐坑은 경성 교외의 황실 마원馬苑이 틀림없다. 능역의 서북쪽에는 능원을 섬기는 관리의 처소에 해당하는 관저가 있다. 더 멀리에 조성된 여읍驪邑은 시황제릉을 돌보기 위해 특별히 세워진 신성新城으로, 수만 명이 이곳으로 이주했다.

시황제가 매장될 때 2세는 시황제의 후궁들 가운데 자녀가 없는 비빈을 죄다 순장하게 했다. 또 그는 능묘 안 기계 장치의 비밀을 장인들이 누설할 것이라는 사람들의 말에, 장례를 마친 뒤 능묘 안의 문을 폐쇄하게 하여 장인들을 죄다 산 채로 매장했다.

2
치도와 직도

시황제는 여행을 좋아했던 사람이다. 역대 황제가 천하를 순행하던 풍조는 시황제에서 비롯되었다. 기원전 221년 천하 통일 이후 황제로 지내는 12년 동안 그는 다섯 차례 순행했는데, 서쪽으로 농서·북지(지금의 간쑤甘肅·닝샤寧夏·산베이陝北 일대)에 이르고, 동쪽으로 교동膠東·낭야(지금의 산둥반도)에 이르고, 북쪽으로 구원·요동(지금의 네이멍구와 랴오닝遼寧)에 이르고 남쪽으로 회계·장사長沙(지금의 저장浙江과 후난)에 이르는 수만 리에 달하는 여정이었다. 그의 발자취는 제국 각지의 명산대천에 두루 닿았다. 기원전 210년, 다섯 번째 순행 도중에 사망함으로써 비로소 그의 발걸음도 멈추었다.

고대의 교통에 대해 말하자면, 하늘에는 비행기가 없고 땅에는 철도가 없었으며 길에는 아스팔트와 시멘트가 깔리지 않았고 에어컨 달린 고속버스도 없었다. 백성이 멀리 외출할 땐 봇짐을 짊어지고 두 다리로 걸었고, 황제가 순행할 땐 수레를 탔다. 황제의 순행에서는 먹고 마시는 걸 수발해주는 이가 있고 수행원이 함께했으며 제국에서 누릴 수 있는 사치의 극한을 향유할 수 있었다고는 하지만 흙으로 닦은 길, 목재로 만든 수레, 눈·비·바람·서리, 추위와 더위, 흙먼지 날리는 길을 흔들리며 가야 했다. 목욕 같은 부분은 더한 어려움이 따랐을 것이다. 오늘날 우리의 여행 기준으로 따지자면, 시황제의 순행은 결코 쾌적했다고 할 수 없다. 강력한 욕망의 동력이 없었다면 빈번히 먼 곳을 다니는 건 절대적으로 어려웠다.

천하를 통일한 뒤 시황제는 순행을 위해 진 제국의 교통을 대규모로 정비하기 시작했다. 그는 전국의 주요 지역을 치도馳道로 연결하도록 명령했다. 치도는 일반 도로와는 다른 고속도로를 말한다. 좀 더 설명하자면 치도의 폭은 50미터 전후로 지면보다 높으며, 땅을 여러 층으로 단단히 다져서 넓고 평평하게 만들었다. 3차로인 치도의 가운데는 황제 전용도로이므로 특별 허가 없이는 사용할 수 없었고, 관리와 백성은 양쪽의 도로를 사용했다. 치도 옆에는 청송·버드나무·회화나무·측백나무·느릅나무·노송나무를 쭉 심어놓아 웅장하고 아름답고 시원스러웠다.

치도는 수도 함양을 중심으로 제국의 동서남북을 소통시켰으며, 다른 도로와 방사형으로 연결되어 있었다. 서쪽으로 진입하는 치도로는 농서북지도隴西北地道가 있고, 동쪽으로 진입하는 치도로는 삼천동해도三川東海道가 있었다. 남북으로는 하내광양도河內廣陽道가 있고 동남으로는 남양남군도南陽南郡道가 있어 발해渤海·황해黃海·동중국해에 인접해 있었다. 그리고 요서회계도遼西會稽道도 있었다. 이처럼 치도는 사방 이곳저곳을 연결하며 종횡으로 교차되어 있었다.

진나라 때의 전체 지도
(탄치샹 주편, 『중국역사지도집』 제2책, 지도출판사, 1982)

• **농서북지도** : 함양에서 위하를 따라 서쪽으로 향하여 옹성(지금의 산시陝西 바오지)을 지나고 견하를 따라 북상하여 농산을 넘어 농서군으로 들어갔다가 남하하여 서현에 이른 뒤 북상하여 북지군北地郡으로 진입해 다시 경수 하곡河谷을 따라 함양으로 돌아오는 길이다. 기원전 220년에 시황제가 첫 번째 순행 당시 지나간 길이 바로 이 길이다. 서현은 진나라의 발상지로, 진나라의 첫 번째 도읍이자 제1대 진공인 양공의 능묘와 종묘(진나라의 조묘祖廟)가 있는 곳이었다. 옹성은 예전에 오랫동안 진나라의 수도였으며, 22대에 걸친 선왕의 능묘와 종묘가 있었다. 시황제는 천하를 통일한 뒤 특별히 서현 옹성으로 가서 위업의 성공을 선조에게 알리고 도중에 산천 신기神祇에게 제사지냈다.

• **삼천동해도** : 함양에서 위하를 따라 동쪽 함곡관으로 나와 황하黃河 남쪽 기슭을 따라가면서 삼천군·낙양을 거쳐 진류陳留(지금의 허난 카이펑)를 지나 탕군을 통과해 사수군 팽성(지금의 장쑤 쉬저우)을 경과하여 곧장 동해군 구현朐縣(지금의 장쑤 롄윈강)에 이르는 길이다. 대체로 지금의 룽하이隴海 철로[4] 방향을 따라 제국의 동서를 관통하는 교통의 대동맥이었다. 기원전 219년, 시황제가 두 번째로 천하를 순행할 때, 삼천동해도를 따라 동쪽으로 가다가 도중에 북상하여 동쪽의 태산에 도착해 하늘에 제사지내는 봉선封禪을 행했다. 삼천동해도에 있는 함곡관은 관중을 드나드는 문호이고 형양은 관동을 제어하는 요새이며 팽성은 위·초·제에 잇닿아 있는 요충지였다.

• **남양남군도** : 함양 동쪽 교외에서 파하灞河를 따라 동남쪽으로 가 남전藍田을 지나 상락商洛으로 들어가 무관武關으로 나와서 남양

군 완현宛縣(지금의 허난 난양南陽)을 거쳐 남하하여 강한江漢 평원을 통과해 남군南郡 강릉江陵(지금의 후베이 징저우荊州 일대)에 도착한다. 큰길이 여기에 이르면 다시 장강을 따라 동쪽으로 내려오는데, 수륙 교통을 교차하여 형산군衡山郡과 구강군을 지나면 곧장 장강 하류의 회계에 이르러 제국의 동남쪽을 연결한다. 기원전 210년, 시황제는 다섯 번째 순행에서 바로 남양남군도를 따라 운몽雲夢(지금의 둥팅호洞庭湖 일대)에 이른 뒤 다시 동쪽으로 내려가 강을 건너 회계(지금의 저장 사오싱紹興)에 도착하여 회계산에서 비석에 공적을 새기고 돌아왔다.

- **하내광양도**[5] : 하내군은 황하와 장하漳河 사이(지금의 허난 신샹新鄉·자오쭤焦作·안양安陽 일대)에 있다. 하내광양도는 하내에서 북상해 안양安陽(지금의 허난 안양)을 지나 한단(지금의 허베이 한단)에 이른 뒤 항산군 동원東垣(지금의 허베이 스자좡)을 지나 광양군廣陽郡 계현(지금의 베이징)에 이르는 길이다. 큰길이 남북으로 화북華北 평원을 관통하며, 동서로는 태항산太行山과 평행한다. 대체로 지금의 징광京廣철도(베이징-광저우廣州 철로) 방향을 따라가며 동쪽으로 우북평군右北平郡의 무종無終(지금의 톈진天津)까지 뻗어나가 더 나아가면 갈석 일대(지금의 허베이 라오팅樂亭)에 이른다. 하내광양도는 제국 남북 교통의 주간선도로다. 이 길에 있는 계현은 연나라의 옛 수도이고, 한단은 조나라의 옛 수도이며, 안양은 위나라의 요지다. 하내에서 출발해 황하를 건너 삼천으로 진입하면 제국의 동서 교통 대동맥인 삼천동해도와 직접 연결된다. 전국 시대 이래로 위나라·조나라·연나라 간의 왕래는 대부분 이 길을 통해 이루어졌다. 기원전 215년, 시황제가 네

번째로 천하를 순행했을 때 아마도 삼천동해도를 지난 다음 이 노선을 따라 북상하여 요서군遼西郡의 갈석에 도착해 연·조 땅을 방문하고 바다를 보고 비석에 공적을 새긴 뒤 돌아왔을 것이다.

• **요서회계도**[6] : 시황제는 다섯 차례의 순행에서 네 번 바다에 갔고 늘 해안선을 따라 움직였다. 그의 행적은 북으로는 갈석에 이르렀고 남으로는 회계산에 이르렀다. 요서회계도는 대략 시황제의 행적을 따르자면, 북쪽 요서군 남부에서 시작해 남하하면서 우북평·어양漁陽·광양·거록·제북·임치·낭야·동해 등의 군郡을 지나 곧장 회계군에 이른다. 대체로 발해·황해·동중국해 해안선을 따라 지금의 허베이 동부와 산둥반도를 지나 남쪽 저장 연해를 관통한다. 요서에서 동쪽으로 가면 이 길은 요동과 통할 수 있으며 진 제국의 동북 끝까지 이른다. 회계에서 남쪽으로 가면 민중閩中의 월越 경내로 진입할 수 있다. 이 노선에 있는 갈석·낭야산·회계산에는 시황제의 공적을 새긴 비석이 있다.

진 제국의 5대 교통 간선도로는 모두 시황제의 순행을 위해 만들어진 것이다. 5대 간선도로 외에도 시황제는 북변도北邊道와 직도를 건설하게 했는데, 이는 흉노의 침략에 대비한 군용 도로다. 시황제는 천하를 통일한 뒤 진나라·조나라·연나라의 장성을 연결해 북방 변경의 새로운 방위선을 구축했다. 새 장성은 서쪽 임조에서 동쪽 요동에 이르기까지 만리에 걸쳐 길게 이어졌다. 시공 및 방어 병력의 배치를 위해 동서를 관통하는 군용 교통로가 장성을 따라 건설되었다. 역사학자들은 이를 '북변도'라 부른다. 기원전 215년, 시황제는 네 번째로 천하를 순행할 때 갈석에 이르렀고 돌아오는 길에 북부 변방을 순시하면서 어양·상곡上谷·대군代郡·안문·구원을 지나 상군에서 함양으로 돌아왔다. 이때 지나온 길이 바로 이 북변도였다.

구원군은 몽골 초원에 자리하고 있었다. 진나라 군대가 흉노를 공격해 하투 지역을 점령한 뒤로 구원군은 제국의 변방 요지가 되었으며 대군이 연중 내내 주둔했다. 진시황 35년, 즉 아방궁을 짓기 시작한 해에 시황제는 대장 몽염에게 명하여 구원과 수도 함양을 잇는 직도를 건설하게 했다. 이 군용 고속도로는 함양 북쪽 교외의 감천궁(지금의 산시陝西 춘화淳化의 북쪽)에서 시작해 자오령子午嶺을 거쳐 섬북陝北 고원을 통과해 오르도스 동부를 지나 구원군의 치소가 있는 구원현(지금의 네이멍구 바오터우 서쪽)에 이르는데, 총 길이가 1500여 리에 달했다. 진시황 37년, 시황제는 순행 도중 사구에서 병사했다. 호해·이사·조고가 시황제의 시신을 싣고 길을 돌아 북상할 때, 항산恒山·태원·안문·운중을 지나 구원으로 들어간 뒤 마지막으로 구원에서 상군을 거쳐 감천을 지나 함양에 도착했다. 이때 바로 이 직도를 이용했다.

3 망국의 전조

나라의 흥망에는 반드시 전조가 있다.

역대로 역사학자들은 진 제국의 급속한 멸망에 대해 논하면서 백성을 과도하게 혹사시킨 것을 가장 큰 원인으로 지적했다. 특히 시황제와 2세가 추진한 아방궁과 시황제릉 건설을 비판하는데, 순전히 군왕의 사욕을 만족시키기 위한 공사였기 때문이다. 직도의 건설은 국방을 위한 군용이었으니 일단 논외로 하고, 순행을 위한 치도 건설은 공적인 면과 사적인 면이 있다. 공적 업무의 측면에서 보자면, 시황제의 순행은 사방을 두려워 떨게 함으로써 새로 건립된 제국을 안정시키기 위한 것이었다. 사적 욕망의 측면에서 보자면, 시황제의 순행은 산수를 노닐고 감상하면서 불사약과 신선을 찾기 위한 것이었다.

이러한 관점은 일리가 있긴 하다. 제왕이 천하를 개인의 소유로 삼는 전제 독재 체제에서, 제왕의 개인적 행동과 국가의 정무 행위는 명확히 구분되기 어려웠다. 짐이 바로 국가였고, 황제의 사욕은 왕조의 바람이기도 했다. 아방궁의 건설은 시황제의 개인적 애호에 의한 것으로, 그는 함양궁을 대신해 아방궁을 국정을 논하는 정궁으로 삼고자 했다. 즉 진 왕조 조정을 아방궁으로 옮기고자 한 것이다. 시황제릉은 진시황 개인의 능원이면서 선공·선왕의 능원을 잇는 것으로, 왕조의 국가 제사를 치르는 중요한 장소이기도 하다. 하지만 공적이든 사적이든, 군왕의 욕망이든 왕조의 바람이든, 국방을 위한 군용이든, 아방궁과 시황제릉을 건설하고 치도를 정비하고 직도를 건설하는 전대미문의 방대한 공사에 소요되는 거액의 재원과 거대한 인력 징발에는 공사公私의 구별이 없었다. 죄다 백성의 고혈이었고 죄다 진 제국 백성이 부담해야 했다.

아방궁과 여산릉을 만들고 치도와 직도를 정비하는 데 진 제국이 얼마나 많은 인력과 물력을 동원했는지 우리는 알 길이 없다. 사마천에 따르면, 진 제국이 동원한 70만 명 중에서 일부는 아방궁을 건설하는 데 투입되고 일부는 여산릉을 조성하는 데 투입되었다. 치도와 직도에 대해서는 구체적인 숫자가 없다. 최신 연구에 근거하면, 진시황 36년부터 아방궁을 짓기 시작해 진2세 원년에 반군이 여산릉에 이르기까지 4년 동안 아방궁과 여산릉의 공사 현장에서는 해마다 70만 명이 일했다. 이들은 거의 청장년 남자로, 일부는 복역 중인 죄인이었고 일부는 부역하러 온 이들이었다. 부역자들은 전국 각지에서 징발되어 1년 동안 일한 뒤 교대되었다. 진 제국 시대에는 노역과 병역이 동일하여 군대 편제를 따랐다. 70만 노동자가 1년 동안 일했으니 70만 군대가 해마다 주둔한 것과 같다.

70만 명이 주둔하며 일한다는 건 70만 명이 생활한다는 의미다.

이들이 먹을 식량은 죄다 함곡관 밖의 관동 지역에서 공급해야 했다. 고대 사회는 생산도구가 빈약해서 모든 것을 인력과 축력에 의지했고, 원거리 운송의 효율은 극히 낮았다. 운송 거리 600킬로미터로 계산하자면 1명의 식량 공급을 유지하는 데 15명이 운송을 전담해야 했으니, 겨우 6.7퍼센트의 효율이었다. 관중에는 황하와 연결된 위하가 있어서 배로 운송할 수 있었으므로 운송 거리가 짧고 효율이 높다는 점을 고려하여 20퍼센트의 고효율로 계산하더라도, 노동자 1명의 식량 공급을 유지하기 위해서는 5명이 전담해야 했다. 즉 70만 명의 식량 공급을 위해 350만 명의 보급 인력이 동원되어야 했던 것이다. 진 제국 시대에는 한 가정이 대략 5명으로 구성되었다. 따라서 아방궁과 여산릉의 70만 노동자는 전국 각지의 280만 명의 생활·생계와 관련되어 있었다. 또한 350만 명의 운송 전담 노동은 1400만 명의 생활·생계와 관련되어 있었다. 이 얼마나 엄청난 숫자인가!

치도와 직도의 건설은 길이 통과하는 구간의 지역에서 책임졌을 것이다. 이 공사에 따르는 장거리 수송의 고통이 여산릉이나 아방궁만큼은 아니었다 해도 대규모의 재원이 투입되고 인력이 동원되었음은 의심의 여지가 없다. 사마천은 직도에 대해 느낀 바를 이렇게 말했다.

> 나는 북쪽 변경에 가서 살펴보고 직도를 통해 장안으로 돌아오는 도중에 몽염이 쌓은 장성의 보루를 보았다. 산을 깎고 골짜기를 메워서 개통한 직도를 보며 진나라가 백성을 혹사한 것에 통감했다.

아무튼 시황제는 아방궁과 여산릉을 건설하고 치도·직도를 정비하는 것과 병행하여 대군을 파견해 흉노를 공격하고 장성을 연결했다. 그는 30만 수졸戍卒을 일 년 내내 북방에 주둔시켰다. 또 대군을 파견해 남월을 공격하고, 50만 수졸을 영남嶺南에 일 년 내내 주재토록 하여 그곳을 지키게 했다. 제국 남북의 두 변방에 분포한 80만 군대를 유지하기 위한 병참 보급 인력은 내군內郡에서부터 원거리 운송을 담당했는데, 동원된 인력은 고효율로 계산하더라도 400만 명에 달한다. 80만 군인은 400만 가솔과 관련되고, 400만 운송 노동자는 2000만 가솔과 관련된다. 이 또한 얼마나 거대한 숫자인가! 진 제국의 인구가 4000만 명 안팎임을 고려하면, 앞에서 말한 계산에 근거했을 때 아방궁과 여산릉 및 장성과 남월 두 변방에 동원된 인력의 수만 하더라도 이미 900만 명이니 관련된 가솔까지 더하면 무려 4000만 명을 초과한다. 제국의 거의 모든 인구가 관련되어 있었던 셈이다.

이처럼 대략적인 계산으로 나타난 엉성한 수치만으로도 인력과 물력을 혹사하여 제국이 붕괴에 직면한 그림이 그려진다. 2200년 전 중화의 대지에 남쪽으로는 오령, 북쪽으로는 장성과 사막, 서쪽으로는 농서와 임조, 동쪽으로는 황해와 동중국해에 이르기까지 4000만 백성이 일개미나 일벌처럼 종횡으로 교차된 도로를 쉼 없이 뛰어다니며, 사방에 촘촘히 분포된 거점에서 죽도록 일했다. 관중 함양의 아방궁 전전의 높은 대 위에서 황제는 깃발을 높이 쳐들고서 거미줄처럼 전국에 분포한 관료 기구를 지휘하고 제국 신민의 일거수일투족을 조종했다. 황제가 깃발을 서쪽으로 흔들면 천만인이 서쪽으로 가고, 황제가 깃발을 북쪽으로 흔들면 천만인이 북쪽으로 가고, 황제가 깃발을 남쪽으로 흔들면 천만인이 남쪽으로 갔다. 황제의 깃발이 빈번해질수록 4000만의 움직임은 나날이 격렬해졌으며, 이동 거리는 나날이 길어졌다. 도로는 막히고 방어는 부실해져 균형을 잃었으며, 지쳐버린 백성은 관리들의 압박에 숨거나 도망쳤다. 정부가 집행하는 법과 형벌의 위협은 민중의 반감과 저항을 불러일으켰다.

시황제 만년의 진 제국은 미친 듯이 질주하는 수레처럼, 점점 팽팽히 당겨지는 활시위처럼 통제력을 상실했다. 수레가 언제 부서질지, 활시위가 언제 끊어질지 모르는 일촉즉발의 상태였다.

4

귀족의 후예 진승

진2세 원년(기원전 209) 7월, 북방 변경으로 가던 부대가 사수군 기현蘄縣 대택향(지금의 안후이 쑤저우宿州 동남쪽)에서 머물렀다. 여름에서 가을로 넘어갈 때는 큰비가 줄기차게 내려 강물이 불어나고 호수와 연못이 범람하여 길이 진창길로 변하기 때문에 지날 수가 없었다.

이 부대의 인원은 대략 900명으로, 제국 진군陳郡의 각 현에서 징발된 수졸이었다. 그들은 명을 받고 북부 변방의 어양(지금의 베이징 동부의 미윈密雲 일대)에 주둔하러 가는 길이었다. 두 명의 군관이 이 부대를 통솔했는데, 현위縣尉 급에 해당하는 무관인 장위將尉로서 지금 말로 하자면 현의 무력부장이었다.

제국의 군제에 따르면, 군대는 십오제什伍制로 편성되었다. 사병 다섯 명을 하나의 오伍로 편제하고 여기에 오장伍長 한 명을 두어 통솔하도록 했다. 두 개의 오를 하나의 십什으로 편제하고 여기에 십장什長 한 명을 두어 통솔하도록 했다. 다섯 개 십에 해당하는 약 50명을 하나의 둔屯으로 편제하고 여기에 둔장屯長 한 명을 두어 통솔하도록 했다. 두 개 둔의 약 100명을 하나의 백인대百人隊로 편제하고 여기에 백인장百人長 한 명을 두어 통솔하도록 했다. 다섯 개 백인대의 약 500명을 하나의 오백인대五百人隊로 편제하고 여기에 오백인장五百人長을 두어 통솔하도록 했다. 두 개 오백인대의 약 1000명을 하나의 천인대로 편제하고 여기에 천인장을 두어 통솔하도록 했다.

앞의 900여 명의 군대는 두 개의 오백인대에 해당하고, 현위 급의 장위 두 명은 오백인장에 해당한다. 그들의 수하에는 10명 정도의 백인장과 20명 정도의 둔장이 있었다. 진승과 오광은 이 부대의 둔장이었다.

진승은 진군 양성현陽城縣(지금의 허난 상수이商水) 사람이고[7], 오광은 진군 양하현(지금의 허난 타이캉太康) 사람이다. 빈곤한 농민이었던 이들이 군대에 징발된 것은 확실히 이상한 일이다. 제국은 무력으로 나라를 세웠고, 군대는 국가의 근본이었다. 종군하여 공을 세우는 것은 제국 백성의 주요한 출세 수단으로, 개인의 토지·재산·지위·영예 등과 직결되어 있었다. 종군은 영광스러운 일로, 제국의 병사는 주로 먹고살 만한 중산계층에서 선발·징발했다. 일정한 재산恒産이 있는 사람이라야 항심恒心이 있는 법, 중산계층은 확실한 진취성을 갖고 있을뿐더러 가정과 국가에 대한 책임감이 강하기 때문에 조직의 건강과 안정에 가장 유리했다. 또한 제국 사병의 무기와 투구·갑옷 등의 장비는 정부가 제공하지만 일반적인 생활용품은 병역에 복무하는 자가 스스로 부담해야 했기에, 웬만큼 자산이 없는 집안에서는 종군하는 데 어려움이 따랐다. 여러 해 동안 제국은 군대 건설을 중심으로 완정完整하고 엄밀한 일련의 제도를 갖추었으며, 토지와 재산을 소유하고 작위와 존엄이 있는 중산계층을 대량으로 배양했다. 군대에 안정적이고 우수한 병사 공급원을 확보하는 것은 제국이 천하무적의 강대함을 유지하는 데 매우 중요한 요소였던 것이다. 바로 이 때문에 자산이 없는 빈곤한 집안은 일반적으로 제국의 징병 대상에 포함되지 않았다.

제국의 법률과 제도는 확실히 합리적이고 공평했으며, 진 제국이라는 거대한 기계가 질서정연하게 돌아가도록 유효하게 작동하고 있었다. 하지만 시황제의 만년에 이르러서 이 기계의 운행이 지나치게 빨라졌다. 요역과 군무軍務를 위한 빈번한 징발로 인해 백성의 고통은 감내할 수 없을 지경에 이르렀고, 국가와 백성 모두 과부하의 수렁에 빠지고 말았다. 2세가 즉위한 뒤 과중한 징발을 잠시 중단하기도 했지만 반년도 못 되어 기존의 사업을 재개했다. 당시 백성의 혹사는 시황제 만년보다 더하면 더했지 덜하지 않았다. 2세의 뜻에 따라, 선제가 추진하던 일은 태만하거나 멈출 수 없었으며 더욱 박차를 가해야 했다. 여산릉을 신속히 마무리하고, 아방궁도 대대적으로 해치워야 하고, 흉노도 철저히 막아야 하고, 장성도 완비해야 하고, 남방 원정군의 인원과 군용 식량도 보충해야 하고, 황제의 순행을 위한 도로 건설도 완성해야 했다. 이 모든 일에 대규모의 인력 징발이 필요했다. 이미 중산계층의 징발은 동이 났기에 어쩔 수 없이 하층민까지 동원해야 했다.

당시 빈궁한 집안을 '여좌閭左'라고 불렀는데, 여좌에는 도망쳐 돌아다니는 유민遊民도 많이 섞여 있었다. 따라서 여좌에서 종군할 인력을 대규모로 징발한다는 것은 실로 드물고 심상치 않은 일로, 제국의 백성이 전면 동원되는 긴급한 상황에 놓여 있었던 것이다. 제국의 실상을 토대로 볼 때, 자립이 어려운 빈민은 종군에 따르는 경제적 부담을 감당할 수 없었다. 강제 징발되어 군대에 들어가면 당사자는 당연히 큰 고통을 받을 뿐만 아니라 군대 역시 불안정해질 수밖에 없었다. 결국 무작위 징병이 대대적으로 추진되면서 체재에 편입되지 않고 현실에 만족하지 못하는 유민이 대량으로 유입되었다. 빈곤한 유민은 안정을 교란시키고 기존의 조직 질서를 파괴하기 십상이다. 그들이 무장함으로써 반란과 반역과 혁명의 역량이 되기도 한다.

진승이 기병하기 전에 어떤 인물이었는지에 관한 기록은 매우 적다. 지금으로서는 그가 젊었을 때 남에게 고용되어 밭일을 하다가 가난을 사무치게 통감했다는 것만 알 수 있을 뿐이다. 당시에 자기 소유의 땅과 재산이 없는 고용농은 징발 대상에 속하지 않는 빈호貧戶였다. 그런데 진승이 고용농이 된 것은 진나라가 천하를 통일한 이후의 일로, 더 앞선 시기 그의 집안과 출신 등의 행적은 사서에 전하지 않는다.

사서에 기록이 없다고 해서 부재했던 것은 아니다. 고대사의 기록은 누락된 것이 너무 많다. 사서에서는 진승의 성이 진이고 이름이 승이며 자字는 섭涉이라고 한다. 사마천이 『사기』에 진승의 사적을 수록하면서 그 편명을 「진섭세가陳涉世家」라 지은 것도 그의 자에 따른 것이다. 우리가 알고 있듯이 '자'라는 것은 아칭雅稱이자 존칭이다. 전국·진·한 시대에 자를 지닌 사람은 대개 귀족 신분이었다. 귀족 출신인 항우는 성이 항이고 이름이 적籍이며 자가 우였다. 평민 출신인 유방은 성이 유, 이름이 계였고, 자가 없었다. 유계는 속칭 '유씨네 셋째'라는 뜻으로, 그는 황제가 된 이후에 유방으로 이름을 바꾸었다. 나라를 다스린다는 대의에 따라 '방邦'자를 취하여 이름의 수준을 높인 것이다. 이상에 근거하면, 자가 있는 진승은 보통의 평민 출신일 리가 없으며 아마도 귀족의 후예였을 것이다.

진승의 출신지인 진군 양성은 지금의 허난 상수이에 있었다. 양성은 진군의 치소가 있는 진현(지금의 허난 화이양)에서 매우 가깝다. 이 일대는 과거에 진陳나라 영토였다. 진나라는 서주 이래의 고국古國으로, 그 왕족은 순제舜帝의 후예다. 진나라는 500년 역사를 지켜오다가 기원전 479년에 초나라에 멸망당했고, 이후에는 초나라의 일부가 되었다. 역사적 연원을 살펴보자면 진승은 옛 진나라 출신이다. 고대 중국의 귀족에게는 출신국의 이름을 성씨로 삼는 관습이 있었다. 예를 들어 한韓은 한나라 왕족의 성씨고 조趙는 조나라 왕족의 성씨다. 진陳은 진나라 왕족의 성씨로, 진군 양성현 출신의 진승 역시 옛 진나라 왕족의 후예로 몰락한 귀족일 것이다.

전국 시대는 예전의 귀족 사회가 쇠망해가던 때로, 진승의 집안은 몇 번의 부침과 변화를 겪었지만 진승에게는 고대 귀족의 기풍과 여운이 보존되어 있었다. 사서에 따르면 재산을 불리지도 못하고 벼슬길에 나서지도 못한 채 고용농으로 일하던 진승은 잠시 일손을 놓고 쉴 때마다 실의에 빠져 한탄했다고 한다. 그는 일찍이 함께 일하는 사람들에게 이렇게 말했다.

"장차 부귀해진다면 서로 잊지 말게나."

함께 일하던 이들은 현실에 순응하는 사람들이었기에 진승을 비웃으며 이렇게 말했다.

"남에게 고용되어 일하는 주제에 밥 먹고 연명하면 그뿐이지, 부귀하게 될 것을 말해 무엇 하나?"

똑같은 고용농이었지만 품고 있는 뜻은 전혀 달랐다. 진승은 이렇게 탄식했다.

"연작燕雀[제비와 참새]이 홍곡鴻鵠[큰 기러기와 고니]의 뜻을 어찌 알리오!"

진승은 자신을 홍곡에 비유했다. 진승이 품은 홍곡의 뜻은 고대 귀족의 엘리트 의식을 반영하는 것으로, 그는 몰락한 현재의 처지를 바꾸고 남보다 뛰어났던 조상의 영광을 회복하고자 했다.

5

진승과 오광이 반기를 들다

군대 징발의 규정에 따라 진승 일행이 어양에 도착해야 할 날짜는 정해져 있었다. 지정한 시간에 지정한 지점에 군대가 도착하지 못할 경우에는 군법에 따라 '기간을 어긴 죄'로 참수에 처해졌다. 큰비가 그치지 않는 바람에 발이 묶인 채 하루하루 지나자 징발된 자들은 점점 불안에 떨었다. 운명에 순응하는 이가 아니었던 진승과 오광은 몰래 대책을 논의했다. 이미 기한 내에 어양에 도착하기는 글렀으니 살기 위해서는 도망칠 수밖에 없었다. 하지만 군에서 도망치다 잡혀도 죽음을 면치 못하는 신세이니, 차라리 반란의 거사를 일으키는 게 나았다. 막다른 길목에 처한 진승과 오광은 군사를 일으켜 진나라에 반기를 들기로 했다.

진승이 오광에게 말했다.

"천하가 진나라의 가혹한 통치에 오래도록 시달렸네. 내가 듣기에 2세는 막내아들로, 황제가 되어서는 안 되고 원래의 황제 계승자는 공자 부소라고 하네. 부소가 여러 차례 간언을 올렸기 때문에 시황제가 그를 변경으로 보내 군대의 장병을 감독하게 했다지. 듣자 하니 부소는 2세에게 억울한 죽임을 당했다고 하네. 백성은 부소가 현명하다고 생각한다네. 부소의 소식을 아는 사람은 그가 억울하게 죽었다 여기고, 소식을 모르는 사람은 그가 아직 세상에 살아 있다고 여긴다지. 항연은 초나라 대장으로 군공이 탁월하고 병졸들을 아꼈기 때문에 초나라 사람들이 그를 그리워한다네. 그가 이미 전사했다고 생각하는 사람들도 있고 그가 도망쳐서 아직 살아 있다고 생각하는 사람들도 있지. 그러니 우리가 부소와 항연의 이름을 이용해서 천하에 호소하면 두루 호응을 얻어낼 것이네."

오광은 적극 찬성하며 진나라 공자 부소와 초나라 장수 항연의 이름으로 거사를 일으키기로 결정했다.

거사에는 반드시 명분이 필요하며 국가대사와 관련된 큰일을 일으키는 데는 대의大義가 요구된다. 몰락한 귀족 진승은 빈곤하게 생활하긴 했지만 그가 기획한 거사의 대의명분을 살펴보면 그는 당시의 정치 동향을 긴밀히 주시하고 있었을 뿐만 아니라 정치적 식견도 지니고 있었다. 시황제는 폭력으로 육국을 멸망시키고 천하를 통일했으며, 진나라 정치는 오랫동안 지나치게 가혹했다. 시황제가 죽자 백성은 온화한 노선을 주장했던 공자 부소가 즉위해 정치가 완화되길 기대하고 갈망했다. 그러나 부소가 애매하게 피살되고 막내아들 호해가 즉위하여, 폭정이 완화되기는커녕 도리어 심화되어 전보다 지나치면 지나쳤지 모자라지 않았다. 이런 억압과 고통 속에서, 어진 이에 대한 그리움에 힘입어 상징적으로 폭군에게 맞서는 것이야말로 당시의 민심이었다. 부소의 명의로 기의起義하는 것은 민심에 순응하

진승과 오광이 기의한 지점인 대택향은 지금의 안후이 쑤저우 동남쪽에 자리하고 있다. 현재 이곳에는 기의 기념비가 세워져 있다.

는 것이자, 진 정부와 진나라 군대를 동요시키고 와해하는 데도 유리했다.

진승의 출생지인 진군 양성현과 오광의 출생지인 진군 양하현은 과거에 초나라 영토로, 옛 나라로 따지면 진승과 오광은 초나라 사람이다. 그들 고향에는 옛 초나라의 말씨와 풍속이 여전했고 초나라 사람이라는 귀속 의식 또한 농후했다. 대택향이 있는 사수군 기현도 과거에 초나라 영토였다. 이곳은 15년 전, 마지막 초왕 창평군 웅계와 초나라 대장 항연이 나라를 지키기 위해 진나라 장수 왕전의 60만 군대와 격전을 치른 곳이기도 하다. 결국 초나라 군대의 패배로 항연은 자결했으며 초나라는 멸망했다. 기현은 항연을 비롯해 수십만 초나라 군사가 순국한 곳이 되었고, 항연에 대한 초나라 사람들의 그리움은 내내 이어져왔다. 그런 지역에 마침 진승 일행이 머물고 있었고 동료들은 모두 옛 초나라 지방 출신의 수졸이니, 막다른 길에서 기억 속의 영웅을 빌려 고국 산하를 회복하자는 구호야말로 인심을 끌어모아 투지를 불러일으키기에 가장 효과적이었다.

대의명분은 확정되었지만 두 사람은 불안을 거둘 수 없어 은밀히 점쟁이를 찾아갔다. 점쟁이는 총명한 사람이었다. 그는 점괘가 길하다며 이렇게 말했다.

"두 분의 일은 성공할 겁니다. 그런데 두 분은 어째서 귀신에게 점을 쳐보지 않습니까?"

점쟁이가 하는 말에는 종종 두 가지 의미가 담겨 있다. 귀신은 죽은 이의 넋이기에, 귀신에게 묻는 것은 죽음에 관한 일이다. 한편 귀신은 사람을 위협하기에, 귀신에게 묻는다는 것은 귀신으로 사람을 으르고 협박하는 일이다. 이중적 의미가 담긴 말을 이해하고 선택하는 것은 듣는 이의 의도와 해석에 달려 있다. 진승과 오광은 점쟁이의 말에 기뻐하면서 결심했다. 자기들의 생각과 점쟁이가 제시한 의미에 따라 귀신을 빌려 사람들을 위협하기로 결정한 것이다. 그들은 비단에 붉은 글씨로 '진승왕陳勝王'이라는 세 글자를 써서 사람들이 잡아온 물고기 뱃속에 슬쩍 넣은 다음 취사병이 사올 물고기들 사이에 섞어놓았다. 병사들은 물고기 배에서 나온 비단에 적힌 글을 보고 놀라며 기괴하다고 생각했다. 저녁이 되자 오광은 주둔지 근방의 신사神祠에 잠입해서 풀숲에 불을 피워 도깨비불을 일으켰다. 그는 여우 소리를 흉내 내어 "초나라가 흥하고 진승이 왕이 된다"라고

오늘날의 대택향은 매우 평온한 분위기다.

외쳤다. 진·한 시대는 귀신과 점이 성행했다. 낮에도 괴이한 일이 나타나고 밤에는 귀신이 설쳐 사람들은 놀라고 두렵고 불안했다. 날이 밝은 뒤 수졸들은 진승을 주목하게 되었고, 다들 이 일에 관해 비밀스럽게 이야기를 나누었다.

오광은 평소에 사람들을 잘 대해주었기에 부하들의 마음을 얻고 있던 터였다. 이튿날 식사 때 부대를 이끄는 두 장위도 답답한 마음에 술을 마시고 곤드레만드레 취해 있었다. 오광은 일부러 탈주에 관한 화제를 끄집어내어 두 장위를 자극했다. 분노한 장위는 사람들 앞에서 오광을 채찍질했고, 이에 오광이 반항하자 장위는 검을 뽑아 위협했다. 오광은 이 기회를 틈타 잽싸게 검을 빼앗아 진승과 함께 두 장위를 죽였다. 혼란한 와중에 진승과 오광이 사람들을 불러 모아놓고 말했다.

"다들 비를 만나 기한을 어기게 되었다. 기한을 어기면 마땅히 참형이다. 요행히 죽지 않는다 하더라도 변경을 지키다가 열에 예닐곱은 죽는다. 장사壯士는 그런 식으로 죽지 않는다. 죽으려거든 대의를 위해 당당히 죽어야 한다. 지금의 천하를 봐라. 왕후장상王侯將相이 어찌 처음부터 따로 있겠느냐!"

모든 게 계략에 들어맞았다. 함께하던 수졸들 모두 진승과 오광을 따라 진나라에 반기를 들고자 했다. 이렇게 해서 두 장위의 수급을 제사의 희생으로 삼아 제단에 놓고서, 900명이 오른쪽 팔을 드러내고 대초大楚의 부흥을 맹세했다. 그리고 진나라 공자 부소와 초나라 장수 항연에 호응하겠노라 공언했다.

진 제국의 하늘 아래 폭풍이 별안간 닥쳐오고 있었다.

6

장초 정권의 건립

대택향 기의는 처음에는 제국의 주둔군이 일으킨 병변兵變에 불과했다. 제국 군대의 편제는, 군郡을 기본 단위로 독립적인 군단軍團을 조직하는 방식이었다. 군郡은 군軍·정政 합일의 군사 행정기구로, 군수郡首는 장군이라 칭해졌고 군정과 민정을 전면적으로 통솔했다. 군수 밑에는 한 명 또는 여러 명의 도위都尉를 부장으로 두어 군무軍務를 전담하게 했다. 군의 군단은 군이 관할하는 각 현의 현군으로 조직되었다. 현 역시 군·정 합일의 군사 행정기구로, 징병의 기본 단위였다. 현군이 징발되어 모아지면, 현의 군정을 전면적으로 책임지는 현령장縣令長 혹은 현의 군무를 전담하는 현위縣尉의 통솔을 받는 현의 군단으로서 군의 군단에 편입되었다. 제국은 중대한 군사 행동이 있을 때 몇 개 혹은 수십 개의 군 군단을 모아 전쟁을 했고, 전쟁이 끝나면 군단을 해산하여 각자의 고향으로 돌려보냈다. 진승과 오광이 부대의 영도권을 탈취한 뒤, 900명의 수졸들은 신속히 제국의 편제에 따라 새롭게 조직되었다. 그들은 원래의 현군 규모에 해당하는 부대를 군 군단으로 확대 편제한 뒤, 진승을 장군으로 삼고 오광을 도위로 삼아 공격을 개시했다.

진승의 군대는 우선 주둔지인 대택향을 점령한 뒤 대택향이 속한 기현을 공격했다. 기현은 과거에 초나라의 영토였고 초나라 대장 항연이 진나라에 맞서 격전을 벌이다가 죽은 전장이기 때문에, 부역과 폭정이 극심할 때 진승과 오광이 항연과 초나라 부흥을 명분으로 기병한 것은 천시天時와 지리地利와 인화人和를 획득한 것이라 할 수 있다. 기현 민중은 진승의 군대에 적극 호응하고 지지를 보냈다. 진승의 군대는 기현을 점령함으로써 의지할 첫 번째 거점을 확보했다. 병사를 징발해 군대를 확충하고 정리·개편하는 계획도 순조롭게 추진되었다.

기현에서 진승 군대는 동서로 나뉘어 진격하는 전략을 세웠다. 부리符離(지금의 안후이 쑤저우 남쪽) 사람 갈영葛嬰을 장수로 삼아 일부 군대를 이끌고 기현 동부와 남부 지역으로 뻗어가게 하고, 진승과 오광은 주력군을 이끌고 서쪽으로 진공했다. 서진한 진승의 주력군은 회하澮河를 따라 진군하면서 먼저 기현 서북쪽 인근 현인 질현銍縣(지금의 안후이 쑤저우 서남쪽)을 공격한 뒤 강을 따라 서북쪽으로 달려가 탕군 경내로 진입했다. 탕군으로 진입한 이후에는 찬酇(지금의 허난 융청永城)을 함락하고, 다시 동남쪽으로 방향을 바꿔 초현譙縣(지금의 안후이 보저우亳州)을 함락하고, 서쪽으로 가서 진군陳郡으로 진입해 고현苦縣(지금의 허난 루이鹿邑)과 자현柘縣(지금의 허난 저청柘城 서북쪽)을 함락하고, 기세를 몰아 남쪽으로 내려가 진군의 치소治所가 있는 진현陳縣(지금의 허난 화이양)을 공격했다. 이 돌발적인 난이 벌어질 무렵 진군 군수와 진현 현령은 모두 임지에 없었다. 진군의 부장관에 해당하는 수승守丞이 진나라 군대를 이끌고 저항했지만 수승이 전사하자 진승의 군대가 진현 현성으로 밀고 들어갔다.

진현은 진승 군대가 공격한 곳 가운데 처음으로 군의 치소가 있는 대성大城으로, 지금의 허난 화이양에 그 옛터가 있다. 진현은 남북으로 통하고 동서를 관통하는 지역에 자리했다. 황하 수계와 회하 수계를 연결하는 홍구鴻溝가 바로 이곳에 있었다. 진현은 중원 지역의 중요한 도시로, 서주와 춘추 시기에 진陳나라의 수도였고 전국 시대에는 초나라 땅이 되었다가 전국 시대 말기에는 한동안 초나라의 수도였다. 진秦나라가 초나라를 멸망시킨 뒤에는 진군陳郡을 설치하고 치소를 진현에 두었다.

제2장의 '한나라 귀족 장량'에서 이미 상세히 말했듯이 진현은 전국 시대 말부터 줄곧 반진의 본향이었다. 이곳에는 초나라의 옛 수도, 한왕의 이주지, 창평군과 항연의 반진 거점 등 여러 역사가 누적되어 있다.

제국이 들어선 이후로 진현 일대에서는 시종일관 반진의 암류가 부글거렸다. 위나라의 유협 명사 장이와 진여는 진나라 정부에 의해 지명 수배되자 진현으로 들어와 문지기를 하며 지냈다. 장량이 한나라를 떠나 반진의 편에 서기 시작했을 때 처음으로 장기간 머물렀던 곳 역시 진현이다. 진승은 진현 서남쪽의 양성현에서 태어났고, 진승과 함께 대택향 기의를 이끈 오광은 진현 북부의 양하현 출신이고, 거사에 가장 먼저 가담했던 900명의 수졸 중에도 진현 부근 사람이 많았다. 독특한 지리와 역사 조건으로 인해 진현은 진승의 군대가 가장 먼저 탈취해야 할 목표가 되었다. 진승 군대가 대택향에서 기병한 지 불과 한 달여 만에 진현을 공격할 때는 이미 600~700대의 전차, 1000여 명의 기병과 수만 명의 보병을 보유하고 있었다.

진현을 점령한 후 진승은 진현 지방의 부로와 호걸 등 영향력 있는 인사를 초대해 앞으로의 대사를 협의했다. 이 회의에서 진현의 지방 부로들은 진승에게 신속히 정권을 건립해 칭왕稱王하여 초나라를 부흥시킬 것을 건의했다. 그러한 명분으로 천하에 진 왕조 정복을 호소하라는 뜻이었다. 진승과 오광은 진현 부로들의 의견을 받아들여 진현을 수도로 삼고 국호를 장초張楚라 했으며, 신정권을 건립해 진승이 왕을 자처했다. 장초라는 국호는 '초나라를 확장한다'는 의미로, 초나라의 부흥과 확장을 나타낸 것이다.

장초 정권이 건립되자, 진승 기의군과 진 왕조 간의 투쟁은 질적으로 변화하였다. 국가 정권이 들어선 만큼 주둔병이 일으킨 병변은 국가 간의 대항으로 바뀌어, 부흥한 초나라가 포악한 진나라에 대항하는 양상이 되었다. 장초라는 기치를 내걸자 천하가 호응하고 인심이 모여들었다. 관동의 각 나라, 각 지역, 각 계층, 각계 인사가 멀리서 찾아와 진승의 휘하로 들어가거나 현지에서 기병하여 장초의 명분에 호응했다. 공자의 후손인 공부孔鮒는 공씨의 예기禮器를 가지고 진승의 편이 되어 장초의 박사관博士官을 지냈다. 위나라 왕실의 후예인 위구魏咎, 초나라에서 군君에 봉해졌던 채사蔡賜, 위나라의 명사 장이와 진여 등의 인사 역시 잇달아 장초 진승의 휘하로 몰려들었다.

두세 달 사이에 초나라 지역을 중심으로 여기저기서 기병했다. 진가秦嘉·주계석朱鷄石 등은 회북淮北에서, 항량項梁·항우 등은 강동江東(지금의 장쑤 쑤저우蘇州 일대)에서, 유방 등은 패현에서, 영포·오예吳芮

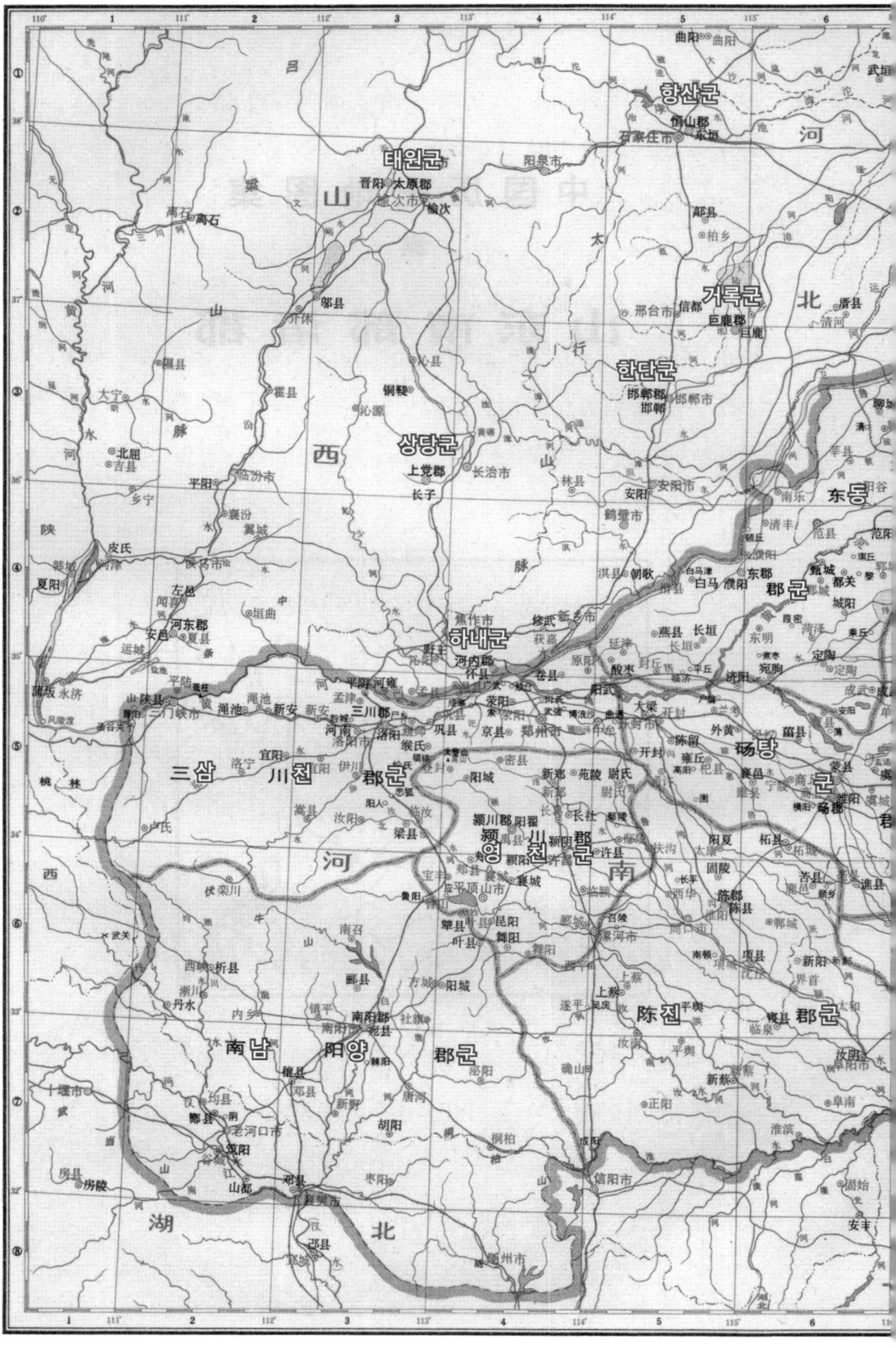

산둥 남부의 제군도諸郡圖
(탄치샹 주편, 『중국역사지도집』 제2책)

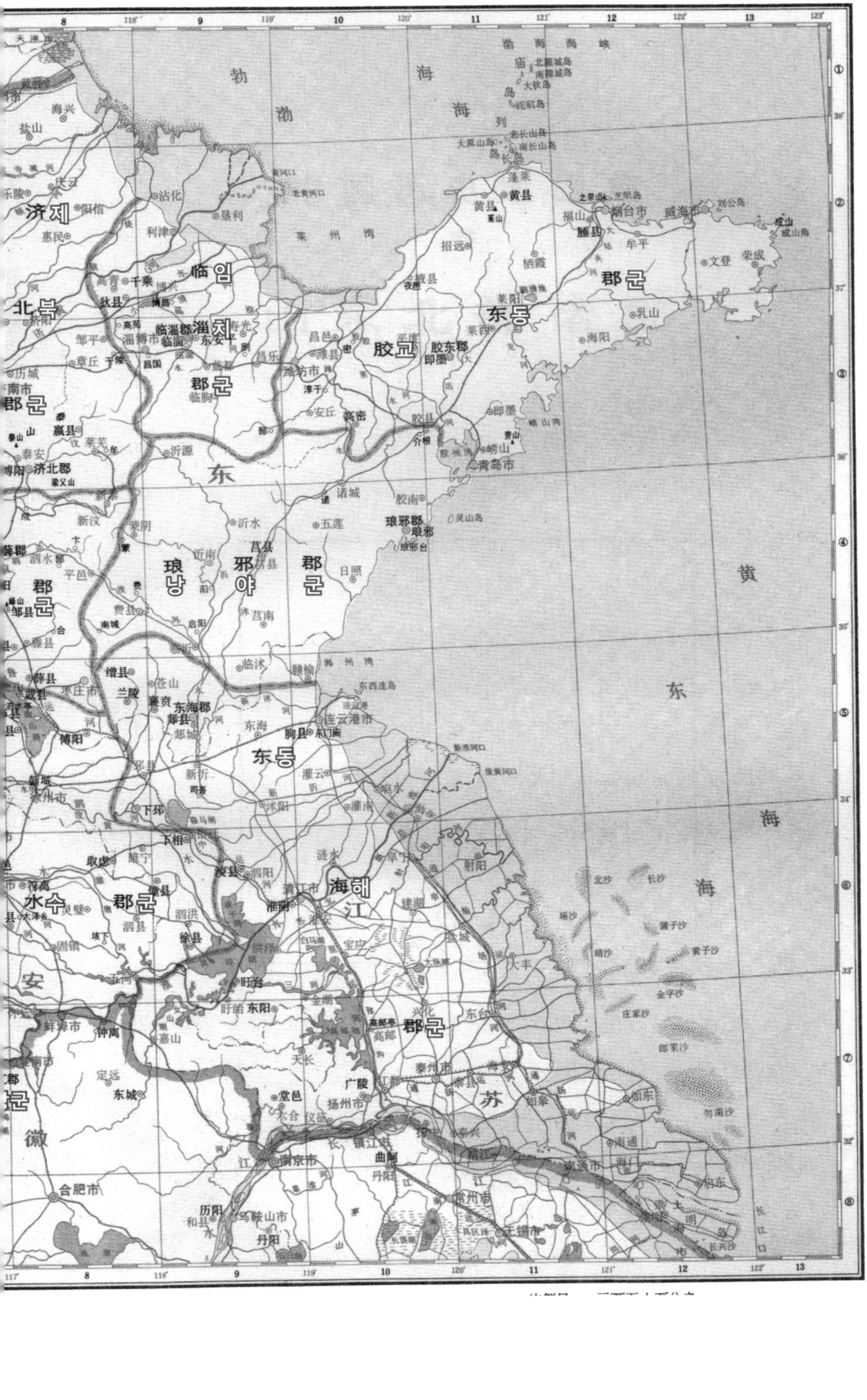

渤海
渤海海峡
庙岛列岛
黄海
东海
济 제
北 북
临 임
淄 치
郡 군
胶 교
东 동
琅 낭
邪 야
郡 군
海 해
水 수
安
徽
苏
江
天津
海兴
盐山
庆云
乐陵
阳信
惠民
沾化
垦利
利津
莱州湾
黄县
蓬莱
烟台市
威海市
福山
牟平
招远
栖霞
掖县
莱阳
莱西
文登
荣成
乳山
海阳
即墨
胶县
高密
安丘
潍坊市
昌乐
昌邑
平度
胶东郡
青岛市
崂山
胶南
诸城
五莲
琅邪郡
日照
莒县
沂水
沂南
沂源
临朐
临淄
淄博市
临淄郡
济北郡
泰安
新泰
新汶
蒙阴
平邑
费县
莒南
临沭
赣榆
东海郡
东海
连云港市
灌云
响水
灌南
沭阳
新沂
徐州市
下邳
下相
睢宁
泗阳
淮阴
清江市
涟水
阜宁
射阳
建湖
盐城
大丰
东台
兴化
高邮
宝应
金湖
盱眙
泗洪
泗县
天长
广陵
扬州市
仪征
泰州市
如皋
如东
南通
南京市
镇江市
丹阳
常州市
无锡市
合肥市
蚌埠市
定远
东城
长江口

등은 번양番陽(지금의 장시 포양鄱陽의 동북쪽)에서, 진영陳嬰 등은 동양東陽(지금의 안후이 톈창天長 서북쪽)에서 기병했다. 모두 장초를 내세워 호소하면서 초나라 부활과 반진에 함께했다. 진현에 도읍을 둔 장초 정권은, 주력군은 서진하여 진나라를 공격하게 하고 다른 방면에서도 군대가 출격하도록 신속히 병력을 나눠 배치했다. 이후 진·초 시기의 군사 형세는 대략 다음과 같은 흐름으로 전개되었다.

1. 진나라가 관동 각지를 제어하기에 가장 중요한 군사 기지는 형양(지금의 허난 싱양)이었다. 진승은 오광을 가왕假王, 즉 초왕 대리로 삼아 초나라 주력군을 이끌고 삼천동해도를 따라 서진케 하여 형양에서 서쪽 관중을 함락할 기회를 엿보게 했다.

2. 남양군南陽郡 서쪽의 무관(지금의 산시陝西 단펑丹鳳 동쪽)은 관중을 드나드는 남대문이다. 진승은 송류宋留를 장군으로 삼고, 동남쪽으로 진출하여 남양(지금의 허난 난양 일대)을 점령한 뒤 함양을 목표로 삼아 무관을 함락할 기회를 엿보게 했다.

3. 무신武臣을 장군으로 삼아 군대를 이끌고 북상해 황하를 건너 연·조 지역을 함락하게 했다.

4. 주불周市을 장군으로 삼아 탕군과 동군으로 북상해 옛 위나라 지역(지금의 허난 동부와 산둥 서부 일대)을 함락하게 했다.

5. 등종鄧宗을 장군으로 삼아 군대를 이끌고 구강 방향(지금의 안후이와 장시 일대)으로 진격하게 했다.

6. 소평召平을 장군으로 삼아 군대를 이끌고 광릉廣陵 방향(지금의 장쑤 양저우揚州 일대)으로 진격하게 했다.[8]

7

항씨 집안의 숙부와 조카가 강동에서 군사를 일으키다

진2세 원년 9월, 항량과 항우는 강동 지역에서 군사를 일으켰다. 역사에서는 이를 항씨의 강동 기병起兵이라 칭한다.

장강은 서쪽에서 동쪽으로 세차게 흐르다가 강서 구강에 이르러 동북으로 꺾여 안휘 무호蕪湖로 흘러간다. 무호를 지난 뒤에는 북으로 흘러 남경南京에 이르고, 여기서 동쪽으로 꺾여 바다로 흘러든다. 예로부터 장강의 양쪽 기슭은 남북으로 나뉘는데, 구강에서 무호 및 무호에서 남경에 이르는 구간만큼은 동서로 나뉜다. 이 때문에 장강 이동의 강소 남부와 절강 북부 일대는 강동이라 칭해졌다.

강동 지역은 자고이래로 오나라와 월越나라의 땅이었다. 월왕 구천句踐이 쓸개를 맛보며 복수를 꾀해 오왕 부차夫差를 멸망시킨 이야기의 발생지다. 초 회왕懷王 23년(기원전 306), 초나라가 월나라를 멸망시킨 이후로 이곳은 초나라 영토가 되었다. 진시황은 초나라를 멸망시킨 이후 강동 지역에 회계군會稽郡을 설치했다. 회계군의 치소는 오현吳縣(지금의 장쑤 쑤저우蘇州)에 있었으며 단도丹徒·곡아曲阿·강승江

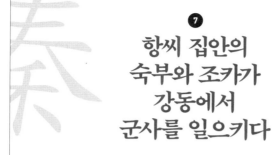

乘·말릉秣陵·단양丹陽·누현婁縣·양선陽羨·해염海鹽·유권由拳·오정烏程·장현鄣縣·여항餘杭·전당錢塘·산음山陰·흡현歙縣·이현黟縣·구장句章·제기諸暨·오상烏傷·대말大末 등의 현을 관할했다. 회계군은 인구가 많고 경제가 발달한 지역이었다.

항씨 일족은 초나라의 명문 귀족이다. 조상은 초나라 왕족에서 갈라져 나왔는데, 대대로 초나라 군대의 장수로서 공을 세워 항項 땅을 분봉 받아 봉국封國을 세웠다. 그 땅의 이름을 성씨로 취하여 항씨 일족이 이어졌다. 항씨의 봉지인 항국은 본래 영수潁水의 남쪽, 즉 지금의 허난 샹청項城 일대였다. 진나라의 정치 구역으로 말하자면 진군 항현이다. 전국 시대 중후기부터 진나라가 동진하며 초나라를 압박하자 항현 영토는 점점 잠식되고 침탈되어 동쪽으로 후퇴했다. 항씨 일족 역시 진나라 군대의 위협을 피해 함께 동쪽으로 옮겨갔다. 그들은 처음엔 사수군 서쪽의 상현相縣(지금의 안후이 화이베이淮北)으로 옮겼다가 나중에 더 동쪽으로 들어가 사수泗水 동쪽 연안의 하상현下相縣, 지금의 장쑤 쑤첸宿遷 일대로 후퇴한 듯하다. 항項은 상相과 음이 같다.[중국어로 모두 '샹'이다] 진군 항현—사수 상현—사수 하상현, 이렇게 서쪽에서 동쪽에 이르는 지역은 항씨 일족 가문의 변천 및 이주 노선을 반영하는 것이리라.

항우의 이름은 '적籍'이고 자는 '우'이며, 초 유왕幽王 6년(기원전 232)에 하상현에서 태어났다. 그의 조부는 초나라의 명장 항연으로, 기원전 224년 침입한 진나라 군대를 대파했다. 이듬해 진나라는 대대적으로 초나라를 공격했고, 항연은 진나라 장수 왕전에 의해 사수군 기현에서 패배한 뒤 자결했다. 초나라 역시 이로써 멸망했다. 항연

항왕(항우)의 옛집 터

이 죽었을 때 항우는 겨우 9세였다. 그는 숙부 항량 밑에서 자랐다. 항량은 항연의 넷째 아들로, 그의 초기 행적에 대해서는 알려진 바가 별로 없다. 시황제는 천하 통일 후 육국의 왕족과 귀족을 타지로 이주시켰는데, 외지고 먼 곳으로 보내거나 관중 함양 부근으로 보냈다. 항씨 일족은 아마도 이주되지 않고 하상의 옛 땅에 계속 거주했을 것이다. 하지만 다른 육국 귀족과 마찬가지로 항씨 일족도 봉지와 특권을 잃은 채 제국 치하의 평민이 되었다.

"백족충百足蟲(노래기)은 죽어서도 자빠지지 않는다"는 속담이 있다. 항씨 일족이 일반 백성으로 몰락하긴 했지만 초나라 귀족과 왕후장상으로서의 의식을 잃지는 않았다. 그들은 여전히 자긍심을 지닌 채 전국 시대 귀족의 기풍을 유지했다. 고래의 귀족 사회와 신흥 평민 사회가 교체되던 당시, 전국 시대의 육국 귀족은 옛 전통과 새로운 풍조가 합류하고 융합하는 상황에 놓여 있었다. 조정에서 그들은 관직에 있으면서 군대를 인솔하고 국정과 외교에 종사하며, 예로부터 전해진 세경세록의 전통을 답습했다. 한편 집에서 그들은 빈객과 유사遊士를 불러 모으되 집안과 출신을 따지지 않고 몸을 낮추면서 신분이 낮은 신흥 평민 선비들과 친분을 맺었다. 군신 간은 동족의 친족으로, 혈연과 혼인으로 묶여 있었다. 주객 간에는 은혜와 신뢰와 의협심이 있어, 개인 간의 약속과 의리로 연결되어 있었다. 육국이 멸망한 이후 각국 귀족은 관리가 되어 정치에 참여할 수 있는 길이 단절되었다. 용기 없고 무능한 사람은 기개도 사그라들게 된다. 혹은 농사를 짓거나 혹은 양치기를 하면서 평범한 백성으로 변했다. 반면에 강직하고 굽히지 않는 사람들은 민간사회에 은신하면서, 반역에 뜻을 둔 지사와 관계를 맺었다. 유협遊俠의 호탕함과 대범함을 지닌 그들은 고국의 옛 땅을 회복하고 나라를 재건하려는 일념뿐이었다. 항씨 일족은 후자에 속했다.

초나라가 멸망한 이후 항량은 항씨 일족의 기둥이자 거물이 되었다. 항우를 돌본 이는 항량이다. 항량은 멀리까지 다녔고 교류의 범위가 넓었다. 아래로는 여리의 민간까지, 위로는 현·군의 관부에 이르기까지, 곳곳에 위아래 안팎으로 촘촘한 관계망이 형성되어 있었다. 이 관계망은 항량의 일생과 관계있는 것은 물론이고 진나라 말의 역사에도 중대한 영향을 끼쳤다.

항량은 일찍이 관중 지역에 갔다가 법을 어기고 체포되어 역양현櫟陽縣(지금의 시안 옌량구閻良區 동북쪽)의 감옥에 갇힌 적이 있다. 이때 그는 자신의 인맥을 동원해, 기현(지금의 안후이 쑤저우宿州)의 옥연獄掾 즉 현 정부의 사법국장인 조구曹咎에게 부탁해 역양의 옥연 사마흔司馬欣에게 편지를 써서 보내도록 함으로써 일을 수습하고 무사히 감옥에서 나왔다. 조구는 후에 항량과 항우를 따라 함께 전쟁을 치렀고 해춘후海春侯에 봉해졌으며 관직은 대사마大司馬에 이르렀고 초나라 군대의 주요 장수 가운데 한 명이 되었다. 사마흔 역시 평범한 인물이 아니다. 그는 관중 역양 사람으로, 후에 진나라 장수 장함章邯의 심복이 되었다. 거록 전투 이후, 그는 장함을 재촉해 항우에게 투항하도록 했다. 항우는 천하를 분봉할 때 옛 정과 새로운 공적을 생각해 사마흔을 새왕塞王에 봉했다. 그 수도가 바로 역양이었다. 항씨 일족과 관중 및 진나라 사람들과의 관계는 적어도 여기까지 추적할 수 있다.

항왕의 옛집 터에 있는 항가고정項家古井

항량은 일찍이 사람을 죽이고 원수를 진 탓에 고향 하상에서는 더 이상 살아갈 수가 없었다. 그는 항우를 데리고 동남쪽으로 이주하여 회계군 오현에 정착했다. 강동은 오·월의 옛 땅으로, 민풍이 강건하고 용맹스럽고 호전적이었다. 오현은 강동의 중심으로, 회계군 치소治所가 여기에 있었다. 또한 전국 시대 말 초나라의 유명한 정치가로서, 위나라 신릉군, 조나라 평원군, 제나라 맹상군과 이름을 나란히 했던 4대 공자 가운데 한 명인 춘신군 황헐의 봉지가 바로 여기에 있었다. 영웅의 주도와 사회 풍조의 영향으로, 오현 일대에는 유협의 사귐과 주종의 의존 기풍이 성행했다.

오중吳中의 인사들은 명족名族 항씨를 경모했고 항량의 명성을 오래전부터 들어온지라 항량이 이곳에 오자 그에게 심복하여 잇달아 그의 문하에 의지했다. 오중에서 타향살이를 하게 된 항량은 은연중에 민간사회의 우두머리이자 지방의 유력자가 되었다. 그 영향력과 세력은 군현의 장관일지라도 특별히 중시해야 할 정도였다. 항량은 회계군부會稽郡府와 오현 현정縣廷의 상객이 되었다. 오중 지방에서 요역 징발 및 장례·제사 등의 큰일이 생기면 항량이 추천을 받아 일을 주관하게 마련이었다. 대대로 명장을 배출한 집안의 영향으로, 항량은 병법을 잘 알았으며 사람들을 조직하는 능력이 탁월했다. 그는 지역의 의뢰로 일을 처리할 때 은밀히 병법을 사용해서 빈객과 젊은이들을 조직적으로 배치해 의도적으로 이들을 활용하는 중에 그 능력을 살폈다. 오중 지역의 인력과 물력의 배치와 사용은 일찌감치 그의 손아귀에 있었다.

항우가 항량을 따라 강동으로 왔을 때 그는 이미 성년이었다. 그는 키가 팔 척이 넘었으며(185~190센티미터), 힘은 정鼎을 들어올릴 정도였고 무장의 체력과 기백을 타고났으며 재기와 용맹이 보통사람을 뛰어넘었다. 항우를 접해본 사람이라면 누구나 두려운 마음이 생겼다. 항량은 항우를 보살펴 키우면서 글을 익히게 해 문법관리의 길을 가게 하려고 했지만 항우는 제대로 배우려 하지 않았다. 그래서 항량은 항우에게 검술을 배우게 해 무관의 길을 가게 하려고 했지만 역시 중도에 그만두었다. 항량은 그가 재목감이 되지 못한다며 화를 냈다. 그러자 항우는 이렇게 변명했다.

"글을 배우는 건 이름을 쓸 수 있을 정도면 됩니다. 무예와 검술을 배우는 건 일대일로 상대하는 것일 뿐입니다. 제가 배워야 한다면 만인과 대적할 수 있는 수완을 배우겠습니다."

이렇게 해서 항량은 항우에게 병법을 가르쳐주었다. 항우는 매우 기뻐하며 그 대략적인 내용을 배웠지만 역시 깊이 배울 마음은 없었다.

시황제가 다섯 번째 천하 순행에서 회계군으로 진입해 오현을 지나갈 때 항량은 항우와 함께 그 모습을 보러 갔다. 인파가 몰린 성대한 대열 속에서 항우는 시황제의 수레 행렬을 멀리서 보며 차갑게 말했다.

"저 사람을 내가 대신할 수 있다."

항량은 화들짝 놀라 항우의 입을 틀어막고 경고했다.

"허튼 소리 집어치워! 그러다 멸족의 화를 입는다고!"

하지만 이후로 항우를 보는 항량의 눈이 달라졌다. 항량은 자신의 경험과 식견에 근거해 항우가 예사롭지 않은 인물임을 알아챘다. 이때 항우의 나이 스물셋으로, 강동에서 군사를 일으키기 일 년 전이었다.

진2세 원년 7월, 진승이 군사를 일으켜 관동에 대란이 일어났다. 회계군에도 파급이 미쳐 정국이 불안정했다. 9월까지 관망하던 회계군 대리 태수 은통殷通은 진 왕조의 대세가 이미 지나갔고 천하 정국의 새판을 짜는 게 불가피하다는 것을 감지했다. 은통은 진 정부가 직접 임명한 지방 고관으로, 현지인이 아니었다. 그는 평소에 항량의 집안과 능력을 중시했기에 회계군에서 기병하려면 반드시 항량의 위세와 명망에 기대야 한다고 판단했다. 그는 항량을 군부郡府로 청해 대사를 의논했다.

"강서江西 지역 전체에서 이미 잇달아 반란이 일어나고 있으니 아마도 하늘이 진나라를 멸망시키려는 때가 된 것 같소. '선수를 잡으면 남을 제압하지만 늦으면 남에게 제압당한다'는 말이 있소. 나 역시 기병하기로 결심했다오. 항공項公과 환초桓楚를 부장部將으로 삼아 함께 대업을 성취했으면 하오."

항량은 다른 속셈이 있어 이를 준비해온 사람이다. 진승이 기병한 이래로 항량은 정세를 꼼꼼히 주시하면서 은밀히 행동을 계획했다. 그는 일거에 일어설 기회를 기다리고 있었던 것이다. 은통의 말을 듣고 항량은 마음속으로 몰래 기뻐하며 계략을 떠올렸다. 환초는 현지의 명족으로 오현 지역에서 명망이 매우 높았는데, 당시에 외진 곳으로 도망가 있던 중이었다. 항량은 이렇게 대답했다.

"환초는 외지로 도망가서 그의 소재를 아는 이가 없습니다. 제 조카 항적項籍이 환초와 친분이 있어 그의 종적을 알고 있습니다. 환초를 찾으려면 항적에게 물어봐야만 합니다."

은통은 동의했다. 항량은 은통의 허락을 받은 뒤 군부에서 나와 항우를 만나 분부했다. 그는 항우에게 검을 차고 문밖에서 은통이 부르기를 기다리고 있으라고 명령했다. 항량은 다시 군부로 들어가 자리에 앉은 뒤 은통에게 말했다.

"항적이 이미 문밖에서 대기하고 있으니, 불러서 환초를 찾아오라고 명령하십시오."

은통은 항우를 들어오게 하라고 명했다. 항우가 들어와서 은통과 묻고 대답하는 사이에 항량이 눈짓을 보냈다. 항량의 명이 떨어지자 항우는 신속히 검을 뽑아 은통을 죽이고 그의 머리를 베어 항량에게 건넸다. 항량은 은통의 머리를 들고 그가 찼던 군수의 인수印綬를 차고서 부중府中을 호령했다. 갑작스런 사건에 군부의 관리와 경위警衛는 지도자를 잃은 채 일시에 대란이 일어났다. 항우는 명령에 따르지 않는 수십 명을 그 자리에서 베어 죽였다. 군부에 있던 이들 모두가 두려워 순종하며 잇달아 항량에게 복종했다.

항량은 회계군부를 탈취한 뒤 즉시 회계군과 오현의 관리와 지방 호걸을 불러 만났다. 항량은 그들에게 자신이 군수를 죽인 이유와 군사를 일으켜 진나라에 맞서고 초나라를 부흥시키고자 하는 대의를 알려주었다. 그들의 지지를 확보한 항량은 회계군 태수로 추대되어 군정을 전면적으로 책임졌다. 항우는 군郡 도위都尉를 맡아 항량이 군대를 통솔하는 데 협조했다. 항량의 주재 아래 회계군 각 현에서는 병사를 징집했다. 선발을 거쳐 정예병 8000명을 얻었다. 이 8000명의 군대는 훗날 항씨 초나라 군대 및 초나라 정권의 핵심 역량이 된다. 그 구성원 모두가 회계군 소속 각 현의 강동 자제이므로 사서에서는 이를 강동 자제병이라 칭한다.

항량과 항우는 오현에서 강동 기병을 개시했고 진 왕조 오현의 현령 정창鄭昌의 유력한 지지를 얻었다. 정창은 훗날 초나라 군대의 핵심 장수가 되고 항우에 의해 한왕에 봉해져 한韓나라 군정을 주관하면서 유방의 동진에 맞선다. 그는 가볍게 여길 수 없는 역사인물이다. 아무튼 이것은 뒷날의 이야기다.

8
유방이 패현에서 군사를 일으키다

진2세 원년 9월 망탕산의 서늘한 가을날, 패현에서 중대한 소식을 가져온 사자가 있었다. 그는 바로 번쾌였다.

번쾌는 본래 패현성에서 개를 잡아 팔던 개백정으로, 유방이 부역꾼들을 여산으로 호송할 때 번쾌도 그 일행 중 한 명이었다. 유방이 부역꾼들을 풀어준 뒤 망탕산으로 숨어들었을 때도 번쾌는 그 곁을 떠나지 않고 동행했다. 경력으로 따지자면 번쾌는 유방 집단에서 가장 먼저 혁명에 참가한 원훈元勳이다. 훗날 번쾌는 여치의 동생 여수를 아내로 맞아 유방의 동서가 되어 평생 유방과 고향 사람이자 동지이며 사이좋은 인척으로 친밀한 관계를 유지했다. 번쾌는 거칠기는 했지만 용맹하고 의리를 중시하는 솔직한 사람이었다. 그는 투박하면서도 세심한 데가 있고 충성심이 깊어 유방으로부터 두터운 신임을 받았다. 유방이 망탕산으로 숨어든 이후로 풍읍에 있는 집과의 연락 및 패현의 옛 친구들과의 통신은 대부분 번쾌가 맡았다.

진승과 오광이 기병한 뒤로 관동 각지에서 대란이 일어나자 진 제국의 통치는 마비 상태에 빠졌다. 사수군의 패현과 대택향은 기의의 동향과 불안한 정치 상황을 느낄 수 있는 곳이었다. 패현령은 주위 지역이 잇달아 진나라에 반기를 들면서 갈수록 정부의 통제력이 약해지는 것을 보면서, 자신도 대세에 순응하여 진승에게 호응하고자 했다. 진 제국 정부는 관리를 임명할 때 출신지 제한을 엄격히 했다. 즉 군현의 주요 장관은 현지인을 쓰지 않고 조정에서 타지 사람을 직접 임명했다. 군현 관할의 관리들은 현지인을 기용했는데, 추천이나 시험을 통해 군현 장관이 선발·임용했다. 외지에 적을 둔 관료와 현지에 적을 둔 역리役吏 간에는 엄밀한 구별이 존재했다.[9] 제국의 관제는 심혈을 기울여 제정한 것이다. 현지인을 역리로 채용해 지방정권의 말단이 현지에 뿌리내리게 한 것은 정령이 하달되거나 민정이 위로 전달되는 데 유리했다. 장관의 경우 현지인을 기용하지 않고 중앙에서 임명하여 파견하는 방식은 중앙정부가 지방을 통제하는 데 편리하고, 지방 세력과 지방 장관이 의기투합해서 중앙을 기만하지 못하게 하는 데도 유리했다.

패현령은 현지인이 아니며, 현지의 일은 죄다 현지 출신의 역리가 처리했다. 진나라에 반기를 드는 것은 중차대한 일이었기에 패현령은 수하의 주요 역리인 소하와 조참曹參을 불러 상의했다. 소하는 주리연으로서, 그의 직책은 현정부 사무실의 주임 겸 인사국장에 상당하며 인사 고과와 일상 사무를 책임지고 있었다. 조참은 옥연獄掾으로서, 패현의 사법을 담당하고 있었는데 이는 사법국장에 상당한다. 소하와 조참은 현령의 생각에 찬성하면서도 우려를 나타냈다. 그들은 현령에게 이렇게 말했다.

"현령께서는 진나라의 관리입니다. 지금 패현의 관리와 백성을 이끌고 진나라에 반기를 들고자 하는 건 좋은 일이지만 패현의 젊은이들이 따르려 할지는 장담할 수 없습니다. 예전에 패현의 사수정 정장이었던 유방이 외지에 도망해 있는데, 100여 명의 수하들은 대부분 패현의 젊은이입니다. 유방 일행을 불러들인 뒤 그를 앞세워 사람들을 위협한다면 감히 명령에 따르지 않는 자가 없을 겁니다."

패현령은 동의했다. 망탕산은 대택향과 진현에서 멀지 않아서 유방은 이미 진승의 기의와 관동에서 일어난 대란 소식을 알고 있었다. 하지만 편벽한 산에 있는 탓에 정세를 파악하기 어려워 호응하고 싶어도 경솔히 행동할 수 없었다. 그런 때에 번쾌가 소식을 가져오자 유방은 흥분했다. 유방은 당장 수하들을 데리고 패현으로 떠났다.

유방 일행이 패현성에 이르렀을 때 성문은 굳게 닫힌 채 경계가 삼엄했다. 상황이 변한 것이었다. 번쾌가 패현을 떠난 뒤 패현령은 유방을 불러들이기로 한 결정을 후회했다. 패현령은 소하와 조참이 유방과 결탁해 자신을 협박하고 해치려는 것으로 의심하여, 성문을 닫아 출입을 금지하고 소하와 조참을 체포하게 했다. 소하와 조참은 현지의 유지이자 관아에서 영향력 있는 관리였던 만큼 눈과 귀가 되어주는 사람도 많고 소식도 빨랐다. 그들은 체포되기 직전에 성벽을 넘어 유방의 무리를 찾아갔다.

유방은 소하·조참과 의논한 뒤 비단에 편지를 써서 화살에 묶은 뒤 성 안으로 쏘았다. 편지에는 성을 지키고자 하는 관리와 백성 그리고 부로와 젊은이를 일깨우는 내용이 담겨 있었다. 즉 오랫동안 진나라의 가혹한 통치로 인해 현재 각지에서는 진나라에 반대하는 봉기가 일어나 제후가 병립해 있다는 것, 패현령은 타지 출신의 진나라 관리로 변덕스럽고 신의가 없다는 것, 그는 지금 패현을 위하기보다는 진나라를 위해 성을 지키면서 사람들을 혹사하고 있다는 것, 제후들이 공격하여 성이 함락되면 생명을 잃게 된다는 것, 우리는 모두 고향 사람이니 고향을 위해 생각하고 본인과 처자식을 위해 생각하자는 것, 함께 현령을 죽이고 패현의 자제 가운데 고향을 지킬 만한 인물을 새로운 현령으로 세우고 제후들과 호응해 진나라에 반기를 드는 게 낫다는 것, 그렇게 하면 가족이 무사하고 고향도 평안할 수 있다는 내용이었다. 패현의 관리와 백성은 대부분 유방·소하·조참의 옛 친구이거나 속관이었다. 그들은 유방의 편지를 읽은 뒤 안팎에서 호응하여 현령을 죽이고 성문을 열어 유방 일행을 맞이했다.

이제 패현은 새 정권을 건립해야 하는 과제에 직면했다. 당시 패현의 형세로 말하자면, 대략 세 갈래 세력이 정국을 좌우하고 있었다. 첫째는 소하와 조참을 대표로 하는 패현 구정권의 중하급 관리다. 둘째는 패현 지방의 부로와 호걸로 대표되는 민간 정치세력으로, 이름을 언급할 수 있는 이들로는 왕릉과 옹치雍齒가 있다. 셋째는 유방이 망탕산에서 데리고 온 100명 남짓의 군사들로서 주로 패현 출신의 젊은이다.

소하와 조참은 현리 가운데 유력자로, 지위가 높고 인맥이 넓으며 사람들을 조직하는 능력이 뛰어나므로 썩 괜찮은 인선이라 할 수 있다. 그런데 문법관리인 두 사람은 보좌형 인물이어서 기존 조직에 익숙했다. 더욱이 이들에게는 가족이 많아 고려할 부분도 많았기에 선두에서 군사를 일으키고자 하지 않았다. 왕릉은 패현에서 얼마 되지 않는 세력가이자 민간 유협사회의 우두머리로, 여태 유방을 어린 동생으로 여겼고 소하와 조참 같은 패현의 속관 역시 안중에 없었다. 왕릉이라면 결코 사양하지 않고 과감히 앞장서서 책임 있게 행동할 것이다. 하지만 왕릉은 관부의 관직을 맡아본 적이 없다. 관리들도 패현 속관의 범위 바깥에 있는 왕릉에게 경계심을 품고 있었다. 게다가 왕릉은 지나치게 솔직하고 성미가 불같아서 일처리에 융통성이 없고 언행이 투박했다. 그를 믿고 일을 맡길 수는 있지만 여러 사람을 이끌고 활로를 찾게 하는 건 어려웠다.

누구를 뽑을지 의논한 결과 사람들은 유방이 적합하다고 판단했다. 유방은 일찍이 사수정 정장을 지낸 무관으로, 비록 지위는 소하와 조참보다 낮지만 패현 관리 사회에 속했던 인물이기에 관리들도 쉽게 받아들일 수 있었다. 또한 과거 유협 시절에는 왕릉을 형님으로 모시면서 강호 민간을 두루 돌아다닌 적이 있다. 지금 진왕(진승) 휘하의 위나라 명사 장이는 과거에 유방의 문주였으므로, 유방이 거사를 주관한다면 내외의 민간 호걸과 교류하기에도 유리했다. 게다가 지금은 현 전체가 생존을 위해 반란을 일으킨 상황으로, 패현 지방의 수많은 목숨이 기사起事의 성패에 달려 있었다. 패현 사람들 중에서 유방은 가장 먼저 진나라 정권의 체제 밖에서 대오를 이끌고 산에서 무장 할거하는 녹림호걸이 되었다. 과감하게 행동하고 용감하게 책임질 수 있는 유방을 우두머리로 세우는 것이 각계의 사람들에게는 최선의 인선이었다. 의논과 협상을 거친 뒤 그들은 유방을 우두머리로 추대해 패현의 군정軍政과 대사를 주관하게 했다.

유방은 관례적으로 한 번 사양했다가 추대를 받아들여 수장이 되었다. 그는 패현 정권을 새롭게 편성했다. 우선 기사의 대의명분을 명확히 하고 진승의 장초 정권에 호응했다. 즉 장초의 명의로 현 전체가 진나라에 맞서는 무장 봉기를 선언한 것이다. 그리고 초나라의 제도를 본떠 패현의 정권을 건립하고 자신은 장관인 패공을 맡은 뒤, 패공의 명의로 전 지역에서 징병하여 정식으로 군대를 조직했다. 패현은 1만 호 이상의 규모가 큰 현이었다. 유방은 진 왕조 패현 정권의 조직을 완벽히 접수했고, 지역의 부로와 민중으로부터 지지를 얻어냈다. 징병을 통해 유방은 2000~3000명의 군대를 조직했다. 그 병사들은 모두 패현의 지연地緣으로써 결성되었는데, 패현 자제병이라 불리는 이들은 훗날 유방 군단의 핵심이자 한 제국 정권 인사人事의 기반을 이루게 된다. 초기 한 제국 정권의 대신 각료는 대부분 이들 풍·패 출신 사람들이었다.

9

"진나라를 멸망시킬 것은 반드시 초나라"라는 말의 참된 의미

진승은 대택향에서 기병하고, 항씨는 회계산에서 기병하고, 유방은 패현에서 기병했다. 이는 진·초·한의 역사 동향을 결정짓는 세 가지 대사였다. 이후 역사의 흐름은 대체로 진승·항우·유방, 세 영웅이 주도했다. 이들은 모두 초나라와 긴밀한 관련이 있다. 전국 시대 말에 한동안 세상에 유행한, "초나라에 삼호三戶가 남는다 할지라도 진나라를 멸망시킬 것은 반드시 초나라다"라는 참언讖言 역시 여기서 해답을 구할 수 있다.[10]

진승은 장초 정권을 세움으로써 포악한 진나라를 멸망시킬 대업을 열었다. 항우는 진나라 주력군을 소멸시키고 진나라 멸망의 운명을 결정했으며, 천하 분할의 기초를 마련했다. 유방은 관중을 공격해 진나라 정부가 투항하게 함으로써 최종의 제업을 성취했다. 사마천은 이 시기의 역사를 종합해 이렇게 말했다.

진나라에 맞서 반란을 일으킨 건 진승이 시작했다. 진나라를 잔혹하게 멸망시킨 것은 항씨다. 어지러운 세상을 바로잡고 폭군을 주벌誅伐하여 해내海內를 평정하고 제업을 성취한 것은 유방이다. 5년 사이에 천하 정국의 주도권은 차례대로 세 사람에게 넘어갔다. 백성이 있은 이래로 천명天命의 전이가 이처럼 촉박한 적이 없었다.[11]

『사기』에서는 진승의 일생을 왕후 세가에 넣고 항우와 유방을 제왕 본기에 넣었으니, 세 사람 모두 높은 평가를 받은 셈이다. 사마천은 또한 「진초지제월표秦楚之際月表」에 진나라 말의 난에서부터 한 왕조 건립까지의 역사를 진·초 시기로 간주했는데, 여기서 강조한 것은 진나라 말 역사에서 초나라와 초나라 사람의 독특한 지위와 역할이다.

진승은 진군 양성 사람이고, 오광은 진군 양하 사람으로, 대택향에서 기의했다. 이 지역들은 모두 전국 시대 말에 초나라 영토였으며, 진승과 오광을 따라 기병한 900명의 수졸 역시 초나라 지역 출신의 빈민이었다. 진승이 세운 정권을 장초라고 칭한 것은 '초나라를 확장한다'는 의미다. 항씨는 초나라의 명문 귀족으로 봉지는 진군 항현에 있었으나 나중에 사수군 하상현으로 옮겨갔다. 항량과 항우는 회계군 오현에서 기병했는데, 이곳들 역시 초나라의 옛 땅이다. 항씨를 따랐던 8000명의 강동 자제병 역시 죄다 초나라 사람이다. 항량은 이후 회왕을 옹립하고 초나라 왕정을 부흥시켰다. 항우는 초나라 군대를 이끌고 진나라 주력군을 섬멸했으며, 스스로 서초패왕西楚霸王이 되어 천하를 분할했다. 어디든 시시각각 초나라 사람과 초나라 땅이었다. 유방은 사수군 패현 사람이다. 전국 시대 말 패현은 초나라 영토였고,

패현의 관리와 백성들은 유방을 따라 패현에서 기병했다. 이 역시 초나라 사람이 초나라의 옛 땅에서 일어선 것이다. 유방은 기병한 뒤 패공으로 추대되었는데, 이는 초나라 제도에 따른 패현 장관이다. 유방은 시종일관 초나라의 기치 아래 부단히 활동했는데, 관중으로 들어가 진왕의 항복을 받았을 때는 초나라 회왕의 탕군장碭郡長이었다.

하지만 후한의 역사가 반고班固의 『한서漢書』 이래로 진승과 항우는 열전으로 강등 편입되었고, 「진초지제월표」는 「이성제후왕표異姓諸侯王表」로 대체되었으며, 진·초·한 시기의 역사는 진·한 시기의 역사로 간주되었다. 이러한 역사의 수정으로 일찍이 천하의 정국을 주도했던 초나라의 존재는 말소되었고, 장초왕 진승과 서초패왕 항우는 희석되었다. 유방이 일찍이 초나라의 신민이었으며 한나라가 초나라에서 나왔다는 역사 역시 은폐되었다. 반고는 이 시기의 역사를 이렇게 종합했다.

> 유방은 봉토를 받은 왕후도 아니며 검 한 자루에 의지해서 5년 만에 제국의 위업을 성취했는데, 지금껏 역사에 없었던 일이다.[12]

동일한 시기의 역사 서술인데, 반고는 오직 한나라의 건국과 유방의 위업만 강조했다. 역사 인식의 차이는 역사 사실의 처리에도 직접적으로 영향을 미친다.

역사의 해독에는 해독자의 식견이 섞이게 마련이다. 역사 저술은 저술자의 인식에 의해 좌우된다. 『사기』는 사마담司馬談과 사마천 부자에 의해 2대에 걸쳐 완성되었다. 사마씨 부자의 시대는 진·초·한 시기로부터 불과 110년쯤 뒤였으므로 아직 과거의 흔적이 남아 있었고 그들은 이를 분명하게 느낄 수 있었다. 또한 『사기』는 개인의 저작으로, 관방의 간섭과 규제를 받지 않고 진실하게 쓸 수 있었기에 고풍을 지닌 신뢰할 만한 역사를 성취했다.

『한서』는 반표班彪와 반고 부자의 저작으로, 후한 때 편찬되었다. 당시는 진·초·한의 시기로부터 300년 정도 멀어졌으며, 왕조가 순환하며 교체된다는 정통 관념의 사관이 형성된 때다. 『한서』는 관방에서 편찬하는 정사의 시초가 되었다. 후대 왕조가 전대 왕조의 역사를 편찬하는 체재 및 이전 왕조에서 다음 왕조로 천명이 옮겨간다는 역사관념 역시 중국사학의 주류와 전통이 되었다. 통일 왕조가 순서에 따라 교체된다는 관념에 의해 한 왕조는 진 왕조를 이어 천명을 받은 것으로 간주되었기 때문에 진·한 사이에는 천명을 받은 제3자의 출현을 용납하기 어려워졌다. 이렇게 해서 역사는 기존 틀에 따라 재단되었다. 이러한 재단 속에서 일찍이 천하를 주도했던 초나라와 초나라 사람이 말소되었다. 또한 이러한 말소와 더불어, 진나라 말 난의 본질은 진 제국의 통일을 부정하고 전국 시대를 회복하자는 것이었으며 이 역사의 특징은 전국 시대 이래의 칠국 관계가 재연되는 것이었다는 시대정신의 갖가지 진상 역시 덧칠되어 왜곡되고 말았다. 모호하고 왜곡된 고정관념이 2000여 년 동안 사람들을 오도했다.

역사를 읽는 데 가장 미묘한 것은 시대정신을 파악하는 일이다. 사학에 입문한 이래로 나는 오랫동안 선입견에 오도되어 진·한 시기에서 갈피를 잡지 못한 채 수시로 헤맸다. 진나라와 한나라 사이에 초나라가 있는지도 몰랐으니, 한—초—진을 전국 시대와 연결할 생각을 어찌 할 수 있었겠는가. 1982년에 나는 베이징대에서 톈위칭田餘慶 선생의 진한사秦漢史 강의를 선택과목으로 들었다. 선생의 강의를 들으면서 눈앞이 확 트이고 식견이 명확해졌다. 1989년에 톈위칭 선생은 「장초를 말하다: "진나라를 멸망시킬 것은 반드시 초나라다"라는 문제에 관한 연구」라는 글을 정식으로 발표했다. 나는 그 글을 손에서 놓지 않고 지금까지도 존경하는 마음으로 거듭 읽고 있다.[13]

역사가로서 역사를 논의할 때 가장 어려운 것은 시대정신이다. 자칫 공허하게 흘러서 교조적이고 내용이 없게 되거나 혹은 평이함에 빠져서 남이 한 말을 따라하게 된다. 그래서 대부분 위험한 길이라 여기고 경이원지한다. 톈위칭 선생은 독창적으로 길을 개척했다. 그는 창사長沙 마왕두이馬王堆 한묘漢墓에 남아 있는 흔적에 착안해, 출토된 역서曆書에 나오는 장초의 연호에서부터 착수하여 전한 초 진승 장초의 정통성을 밝혀냈고, 나아가 탐색과 고증을 통해 진·한 사이에 말소된 초나라와 초나라 사람을 재현했다. 또한 숨겨진 사실을 탐색해 이 시기를 전국 시대와 연결했다. 또한 전국 시대 말에 진·초 관계를 중심으로 한 열국 관계의 재연과 발전이 진·초·한 시기의 역사적 특징이며, 이러한 재연과 발전은 새로운 역사 조건 아래서 초나라가 진나라를 계승해 다시 통일로 나아가는 것이었음을 지적했다.

장초의 성립으로 진나라와 초나라의 전쟁이 다시 시작되었다. 유방은 진나라를 멸망시킴으로써 장초의 군대가 강한 진나라를 공격했으나 완성하지 못한 임무를 완수했다. 진나라와 초나라의 전쟁에서 최후의

> 승리자는 초나라였다. 승리한 초나라는 유방을 대표로 하며 한나라의 황권으로 전환되었다. 이는 진시황이 이미 단서를 열었던 통일로의 회귀이자 제업의 승리이기도 하다.

이 얼마나 핵심을 찌르는 사론인가! 이 뛰어난 식견은 2000년 역사 인식의 안개를 걷어내고 내가 진·초·한 시기의 역사 진상을 해독할 수 있게 인도해주었다.

종합해 말하자면, 전국 시대 이래 진나라와 초나라의 각축전에서 최후의 승리자는 초나라 사람이고 최후의 승리를 성취한 세 명의 초나라 사람은 진승·항우·유방이다. 이것이 바로 "초나라에 삼호三戶가 남는다 할지라도 진나라를 멸망시킬 것은 반드시 초나라다"라는 말의 진정한 의미다. 나는 이것을 계승 발전시켜 진·초·한 시기 역사의 연속성에 착안하여 포스트 전국 시대론을 내놓았다.[14] 진나라 말 역사가 전국 시대로 돌아가 진나라 말부터 전한 초에 이르기까지, 역사는 포스트 전국 시대로 접어들어 열국이 병립해 분쟁하고, 제자백가와 유협 호걸이 다시 출현하고, 왕업—패업霸業—제업으로 이동하는 갖가지 역사적 특징이 약 60년 동안이나 변천하며 지속되었다. 한 무제武帝가 즉위한 뒤에 제2차 통일이 완성되어 역사는 다시금 새로운 통일 제국의 시대로 접어들게 된다. 하지만 이것은 훗날의 이야기다.

지금의 역사는 육국이 부활하고 칠웅이 분쟁하는 문턱에 진입했다. 바로 포스트 전국 시대의 도래다.

제 5 장

장함이 위험한 국면을 버텨내다

1

균형을 잃은 제국의 방위 업무

진나라가 천하를 통일한 때(기원전 221)로부터 시황제가 사망하기(기원전 210)까지 12년 동안 국내는 전쟁 없이 태평했다. 민간의 병기를 죄다 녹여 없애고, 육국의 관문을 제거하고, 문자와 화폐를 통일하고, 도량형을 가지런히 하고, 교통로를 정비하고, 군현제도와 호적제도를 시행하고, 나라의 모든 이가 통일 제국의 내부 건설에 전심으로 힘썼다. 시황제는 다섯 차례 순행에 나서 선조와 각지 산천의 신령에게 제사를 지내고 백성을 위무했다. 또한 전쟁을 멈추고 통일을 이룬 위업을 드러내고자 석각石刻에 공적을 새겼다. 역산의 석각에는 "지금 황제께서 천하를 한 집안으로 만드시어 전쟁이 더 이상 일어나지 않게 되었다"[1]고 공포했으며[2], 동관東觀의 석각에는 "천하를 두루 아우르시어 재해가 그치고 전쟁이 영원히 종식되었다"[3]고 밝혔으며, 낭야의 석각에는 "지금 황제께서 천하를 통일하고 군현을 설치하시어 천하가 평화롭다"[4]고 공포했다. 이는 모두 시황제가 몸소 각지를 찾아가 전쟁의 종식과 평화가 자자손손 이어지고 영원히 태평할 것임을 선포한 것이다. 이처럼 세상이 평화롭고 안정되자 당연히 내군內郡 각지의 병력과 군비軍備가 완화되었다. 그런 한편, 진나라는 육국을 통일한 후에도 확장의 발걸음을 멈추지 않았다. 진 제국의 군사 역량은 내군에서 남북 변경으로 집중되었고, 흉노·남월과의 전쟁을 준비하기 시작했다.

몽염 일가는 삼대에 걸쳐 진나라 군대의 명장이었다. 몽염의 조부 몽오와 부친 몽무는 모두 통일 전장에서 활약한 명장이었다. 진왕정 26년(기원전 221), 몽염은 왕분과 이신李信을 도와 제나라를 멸망시키는 군공을 세웠다. 몽염이 제나라를 멸망시키고 돌아오자 시황제는 그를 내사에 임명하여, 대군을 이끌고서 상군에 주둔하며 관중 지역과 수도 함양의 방위를 책임지도록 했다. 상군의 치소가 있는 부시膚施의 옛터는 지금의 산시陝西 위린楡林 동남쪽에 있다. 몽염이 대군을 이끌고 섬북陝北에 주둔하면서 수도를 지킨 것은, 진 제국의 주된 군사 배치가 동방에서 북방으로 전향했음을 의미한다. 즉 진 제국이 공격하고 방어할 대상은 육국이 아니라 몽골 고원에서 활약하는 흉노였던 것이다. 몽염이 상군에 주둔한 것은 무엇보다도 수도의 북부를 안정시키고 흉노 기병의 남하를 막기 위해서였다. 또한 그는 요새를 구축해 변방의 방위를 강화했고, 도로를 만들고 군량을 비축해 흉노와의 전쟁에 대비했다.

진시황 32년(기원전 215), 시황제는 흉노를 토벌하라고 명령했다. 그는 몽염을 대장으로 임명해 30만 대군을 이끌고 출격해 하투 지역을 점령하게 했다. 이듬해 몽염 군대는 황하를 건너 고궐高闕(지금의 네이멍구 항진허우치杭錦後旗 동북), 양산陽山(지금의 네이멍구 랑산狼山), 북가

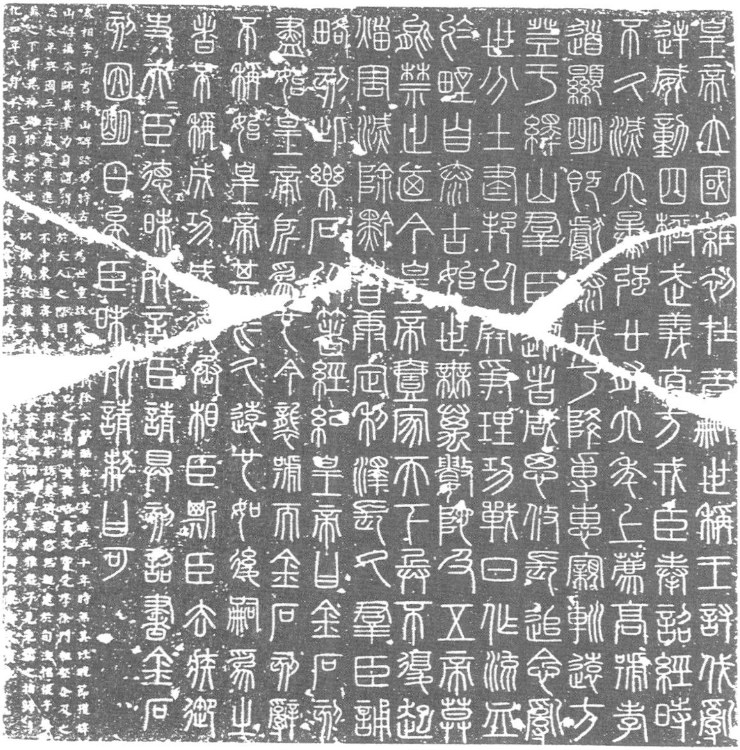

역산 석각

北假(지금의 네이멍구 황허 허타오河套 이북 및 인산陰山 산맥 이남 지역)를 함락하여 음산陰山 지역과 하란산賀蘭山 고지를 탈취함으로써 흉노가 음산 이북 및 하란산 이서로 물러나게 했다. 이로써 흉노는 남진南進할 근거지를 잃었다. 승리를 거둔 몽염 군대는 계속 주둔하면서 하남 지역에 구원군을 설치하고 백성을 이주케 하여 영구적인 점령지로 조성했고, 경계에 대규모의 요새와 보루를 세워 변방의 방어시설을 갖추었다. 또한 구원에서 함양에 이르는 군용 고속도로인 직도를 만들어 수도와 북쪽 변방을 직접 연결시켰다. 흉노가 일시적으로 하투 지역에서 물러나긴 했지만 세력은 여전히 강대하여, 서쪽 알타이산阿爾泰山에서부터 동쪽 요하遼河 유역에 이르는 지역을 지배했다. 이에 진 제국의 북부 및 서부 변경이 거의 흉노에게 포위되어 있었다. 시황제의 명령을 받은 몽염은 예전의 진나라·조나라·연나라의 북부 장성을 전부 연결시켜, 서쪽 임조에서 동쪽 요동에 이르기까지 통일된 북부 변방 방어 체계를 갖추었다. 제국 북부 변방의 방위를 책임진 30만 주둔군을 북부군이라고 하며, 상군에 있는 그 총본부는 몽염이 지휘했다.

진나라는 초나라를 멸망시킨 다음 과거에 초나라에 복종했던 지역, 즉 본토의 씨족 수령과 부족 군장君長이 다스리는 광대한 백월百越 지역을 공격하여 점령했다. 그리고 군현제도에 따라 직접 통치했다. 당시의 백월은 장강 이남에서 동남아에 이르기까지 널리 분포하던 고월족古越族이다. 지금의 저장 사오싱紹興 일대에 분포했던 곳을 우월于越, 지금의 원저우溫州 일대에 분포했던 곳을 동월東越, 지금의 푸젠福建 푸저우福州 일대에 분포했던 곳을 민월閩越, 지금의 광둥 및 그 이남에 분포했던 곳을 남월南越, 지금의 광시廣西 및 그 이남에 분포했던 곳을 낙월駱越(서구西甌라고도 한다)이라고 칭한다.

진왕 정 26년, 진나라 장수 왕전은 초나라를 멸망시킨 위세를 몰아 강을 건너 우월을 멸망시키고 회계군을 설치함으로써 백월 공격의 실마리를 열고 군사적 위력으로 동월과 민월을 몰아붙였다. 이와 동시에 왕전의 별동대가 호남湖南·강서 방향에서 초나라를 멸망시키고 남하하여, 그 위세가 초·월의 접경지인 영남 지역에 이르러 남월·낙월과 충돌하게 되었다.

진 제국이 월나라를 전면 공격한 시기는 진시황 27년(기원전 220)부터 32년(기원전 215)까지다. 당시 진시황은 도휴屠睢를 대장으로 임명해 10만에 가까운 대군을 이끌고 남진하게 했다.[5] 도휴의 군대는 병력을 다섯으로 나눈 뒤 세 방향에서 진군했다. 서남 방향으로는 두 갈래로 진군했는데, 각각 월성령越城嶺(광시 쯔위안資源과 싱안興安 사이)과 맹저령萌渚嶺(후난 장화江華)으로 가서 낙월을 공격했다. 남쪽 방향 역시 병력을 둘로 나눠서 각각 기전령騎田嶺(후난 이장宜章과 천저우郴州 사이)과 대유령大庾嶺(장시 다위大余와 광둥 난숑南雄 사이)으로 가서 남월을 공격했다. 동남 방향으로 진군한 군대는 지금의 장시 위간余幹 남쪽의 신장信江으로 가서 동월과 민월을 공격했다.[6] 동남 방면의 군대는 순조롭게 진군해 동월과 민월을 멸망시키고 민중군閩中郡을 설치해 진나라의 직접 통치를 실현했다. 남쪽 방면과 서남 방면으로 진군한 군대는 남월과 낙월의 완강한 저항에 부딪혀 대장 도휴를 비롯하여 수많은 병사가 전사했다. 진나라 군대는 3년 동안 월 지역 사람들이 전개한 유격전의 수렁에 빠져 남월과 낙월을 점령하지 못했다.

진시황 33년, 시황제는 임효任囂를 대장으로 임명해 다시금 월을 대대적으로 공략하면서 병사와 이민移民 50만 명을 동원했다. 대량의 인력·물력·재력을 남월과 낙월 전장에 지속적으로 투입한 끝에 마침내 영남 지역을 함락했다. 낙월 지역에는 계림군桂林郡을 설치했고 남월 지역에는 남해군南海郡과 상군象郡을 설치하여 군대를 장기 주둔시키고 백월에 대한 직접 통치를 실현했다. 진 제국이 영남에 주둔시킨 군대 및 보조 인원은 50만에 달했고, 이를 남부군이라 했다. 도휴·임효·조타趙陀가 잇달아 남부군을 이끌었으며, 대본영은 번우番禺(지금의 광저우)에 있었다.[7]

진나라 건국 이래로 관중 지역은 나라의 근본이 있는 근거지였기에 군사 배치상으로도 가장 중요한 지역이었다. 진나라는 오랫동안 동쪽으로 영토를 확장했는데, 공격과 방위의 목표는 관동 육국이었으며 관중 동부의 문호인 함곡관은 가장 중요한 군사 요지였기에 일 년 내내 대군이 주둔했다. 순조롭게 동쪽으로 확장하면서 진나라의 군사 중심도 점차 동쪽으로 옮겨가서 형양 일대가 새로운 군사 요충지가 되었다. 육국을 통일한 이후 중원에서 전쟁이 멈추자 남북으로 각각 백월·흉노와의 전쟁이 시작되면서 진나라의 군사 중심은 중원에서 남북 양쪽의 변경으로 이동했고, 상군 이북과 오령 이남은 대군이 주둔하는 요지가 되었다. 진 제국 전체의 군사 방어진은 밖은 굳건한 반면 안은 부실한 구조가 형성되었다. 내군內郡이 부실해졌을 뿐만 아니라 진 제국 본토인 관중 지역의 방위 업무 역시 느슨해졌다.

② 영웅 주문

진승과 오광이 기병한 사수군 대택향은 관중 함양에서 동쪽으로 멀리 떨어져 있었다. 또한 남북 양쪽 변방에서도 멀리 떨어져 그 가운데에 자리했다. 밖은 굳건하고 안은 부실한 제국의 군사 구조에서 가장 부실하고 취약한 지역 가운데 하나였던 것이다.

진승은 7월에 기의해, 900명으로 대택향 및 대택향이 속한 기현을 점령했다. 한 달도 되지 않아 질銍·찬酇·초譙·고苦·자柘 등의 여러 현을 잇달아 함락하고, 600~700여 대의 전차, 1000여 명의 기병, 수만 명의 보병을 보유했다. 진승은 나아가 진군의 치소가 있는 진현을 일거에 함락하고 왕으로 자처하며 장초 정권을 세웠다. 진승 군대의 맹렬한 성장은 물론 초나라 옛 땅 민중의 호응에 힘입은 바가 크다. 하지만 진승 군대가 아무 저항도 받지 않고 거침없이 성장할 수 있었던 핵심 요인은 군사적 대비가 느슨했던 내군內郡 각급의 진 정권이 효과적인 저항을 할 수 없었던 데 있다.

진현에 장초 정권이 세워지자 군사 조치가 신속히 추진되었다. 주력군은 관중으로 서진하여 함양을 탈취하고 별동대는 사방으로 출격하기 위한 조치였다. 서진한 장초 군대는 두 부대로 구성되었다. 오광을 가왕假王으로 삼은 주력군은 형양을 공격하고 관중의 동대문인 함곡관으로 향했다. 그리고 송류 장군이 이끄는 병력은 남양을 점령한 뒤 관중의 남대문인 무관으로 진입할 기회를 엿보았다. 이상의 양 갈래로 진격하는 진승 군대의 목표는 모두 관중 함양이었다. 삼천군 경내에 있는 형양은 관동 지역에서 삼천동해도를 따라 관중으로 통하는 첫 번째 문호로서, 동서남북 교통을 제어하는 길목이었으며 진 왕조가 대군을 주둔시켜 지키는 곳이었다. 또한 형양 동북부의 오창敖倉은 진 제국이 건설한 유명한 식량 비축 기지로, 대량의 군량이 저장되어 있었다. 형양의 주둔군과 오창의 양식은 진 제국이 관동 지역을 제어하는 전략적 토대였다.

오광 군대는 순조롭게 진군하며 진나라 군대를 격파하고 형양을 포위했다. 당시 진 왕조의 삼천군수는 이사의 맏아들 이유였다. 삼천군의 치소가 있는 낙양에 머물던 그는 반란군이 근접하자 형양으로 달려가 형양의 주둔군을 이끌고 필사적으로 싸우며 방어했다. 오광 군대는 형양을 포위하긴 했지만 함락하지 못해 전쟁은 교착상태에 빠졌다. 역시 서쪽으로 진격한 송류 부대는 순조롭게 남양군에 진입하긴 했지만 역시 그곳 진나라 군대의 저지에 부딪쳐 무관에 신속히 접근할 수 없었다. 서진한 군대가 이처럼 교착 상태에 빠지자 장초 정권은 새로운 전략을 짰다. 형양을 에둘러서 직접 함곡관으로 진격한다는 것이었다. 이렇게 해서 영웅 주문周文이 역사 무대에 등장하게 된다.

주문은 진현의 현명한 호걸로 주장周章이라고도 불리는 인물이다. 그는 일찍이 전국 시대 4대 공자 가운데 한 명인 초나라 춘신군의 문하에서 문객으로 지냈는데, 병법을 익혔다고 자처했다. 진나라와 초나라 사이에 전쟁이 벌어지자 그는 항연의 군대에 들어가 참전했다. 그는 장군 막부의 시일視日이었는데, 이는 작전참모에 해당하며 날씨와 지형과 점치는 일을 담당했다. 이처럼 주문은 군사 경험과 재능을 지니고 있었다. 진승 군대가 진현을 함락한 이후 주문은 지방 호걸의 신분으로서 장초 정권의 건립에 참여해 진승의 신임을 얻었다. 형양을 에두르는 전략은 주문이 진승에게 건의했을 것이다. 이에 주문은 장군으로 임명되어 별도의 군대를 이끌고 형양을 에둘러 함곡관으로 향했다. 함곡관을 기습적으로 돌파하고 관중으로 돌입해 함양을 탈취하려는 것이었다. 주문의 군대는 형양을 포위 중이던 오광 군대의 지원을 받아 순조롭게 진군해 낙양·신안·민지 일선의 진나라 군대의 방어선을 무너뜨리고 일거에 함곡관을 뚫어냈다.

함곡관은 관중의 동대문으로, 진나라에게는 관중 본토를 수호하는 요지이자 군사 요충지였다. 전국 시대 이래로 진나라는 관중 육국과 싸우면서 이길 때도 있고 질 때도 있었고, 나아가기도 하고 물러나기도 했다. 이러한 진퇴의 기본 저지선은 함곡관이었다. 함곡관을 내준 적이 없었기에 진나라는 함곡관 뒤에서 제후국 군대를 저지할 수 있었고 적군의 침입과 유린으로부터 관중 본토를 지킬 수 있었다. 진나라가 최종적으로 육국과 싸워 이길 수 있었던 주요한 이유도 함곡관을 지킴으로써 관중 근거지를 안정적으로 보유했기 때문이라고 할 수 있다.

주문의 함곡관 돌파는 진나라 건국 이래 매우 드문 중대한 실패였으며, 장초 군대로서는 첫 번째 결정적 승리이기도 했다. 관중은 충격과 공포에 휩싸인 반면 반진 군대는 고무되어 기쁨에 휩싸였다. 함곡관이 무너지면 관중 800리 평원에는 방어할 만한 요새가 거의 없다. 관문으로 들어온 주문은 승세를 몰아 진군했다. 위하 남쪽 기슭의 큰길을 따라 급속히 서진하여 영진寧秦·정현鄭縣을 지나 함양 동쪽 교외의 여산 기슭의 시황제릉 근방까지 거의 아무 저항 없이 도달할 수 있었다. 병거 천승千乘과 보병 수십만 명을 거느린 주문의 부대는 위풍당당하게 진나라의 수도 함양을 바라보았다. 일거에 진 제국을 멸망시킬 엄청난 기세였다.

하지만 주문의 군대가 여산 동쪽의 희수戱水에 이르렀을 때, 진나라 정예군은 희수 서쪽 기슭에서 조용히 진지를 정비해놓고서 적을 기다리고 있었다. 전국 시대 말 주문은 항연이 왕전에 맞섰던 대전에 참가하여 초나라와 진나라의 백만 대군이 치르는 전쟁을 목도한 적이 있다. 또한 그는 진나라 말 난이 일어나자 장초 군대의 장수로서 서진하는 와중에 진나라 군대와 셀 수 없이 많은 교전을 펼쳤다. 숱한 전쟁에서 어떠한 난적도 이겨낸 그가 이제 희수 서쪽 기슭의 진나라 군대를 바라보면서 두려움에 몸이 떨리는 듯 자신도 모르게 숨을 들이켰다. 희수 서쪽 기슭의 진나라 군대는 대략 5만 명으로, 다섯 군단으로 나뉘어 선봉과 후위後衛 두 진영으로 배치되어 있었다. 선봉 중의 우군右軍은 여산에 의지해 포진했고, 좌군左軍은 위하 곁에 포진했으며, 좌우군 사이에는 중군中軍이 횡렬로 펼쳐져 있었다. 선봉의 세 군단 뒤쪽의 후위 두 군단은 선봉의 각 군단의 결합부에

진 병마용 출토 상황

진 병마용 대열
(『진시황제릉 병마용갱 1호갱 발굴 보고秦始皇陵兵馬俑坑一號坑發掘報告』, 문물출판사, 1988)

집결한 채 지원 태세를 갖추고 있었다. 진나라의 다섯 군단은 각 군단마다 1만 명으로 독립 군단을 이루고 있었다. 각 군단의 포진은 동일한데, 우방진右方陣·좌곡진左曲陣·중방진中方陣 그리고 군막 지휘소로 이루어져 있었다.

우방진은 종심縱深으로 배열된 장방형 형태를 띠며 대략 6000명으로, 노병弩兵·보병·거병車兵으로 구성된 주요 부대다. 가장 앞쪽에는 노병이 3열 횡대로 배치되었는데, 각 열은 68명으로 총 204명이며, 병사들은 갑옷을 입지 않고 궁노와 같은 원거리 공격 무기를 쥐고 군진의 선봉을 이룬다. 선봉의 뒤로는 거병과 보병이 섞여서 38열 종대로 배치되었다. 거병은 갑옷을 입고 과戈·모矛·극戟 등의 긴 창을 쥐고서 네 필의 전마戰馬가 끄는 전차에 나누어 탔다. 보병은 갑옷을 입지 않은 경장輕裝 보병과 갑옷을 입은 중장重裝 보병으로 나뉘는데, 이들은 길고 짧은 각종 병기를 쥐고 있다. 우방진 양익兩翼에는 각각 노병 횡대가 1열로 배치되어 바깥을 향해 있는데, 양익에서 습격하는 적군을 막아 우방진의 날개를 지킨다. 우방진의 맨 끝줄에도 노병이 바깥을 향해 횡대로 배열하여 배후의 습격을 막아 우방진의 후위를 지킨다. 우방진의 포진은 길이가 긴 병기長兵를 쥔 병사가 앞쪽에 자리하고 길이가 짧은 병기短兵를 쥔 병사가 뒤쪽에 자리하며, 공격과 수비를 두루 고려하여 물 샐 틈 없이 배치되었다.

좌곡진은 4개의 진으로 구성된 곡척형曲尺形 군진으로, 900명의 노병·보병·거병·기병으로 이루어진 혼합 편성이다. 4개의 진은 각각 노병진·기병진·혼성진·거병진이다. 노병진은 좌곡진의 맨 앞쪽에 돌출되어 있으며, 332명의 노병으로 구성되었다. 노병진의 진표陣表, 즉 군진의 사면은 172명의 입사立射(서서쏴) 노병으로 이루어져 있고, 진심陣心은 160명의 궤사跪射(무릎쏴) 노병으로 이루어져 있으며, 8열 종대로 배열되었다. 노병진 뒤쪽의 외측은 기병진으로, 전차 6승과 기병 108기로 편성된 장방형 군진이다. 전차가 앞에서 선도하고 기병이 뒤를 따르며, 전차는 3승이 1열을 이루고 기병은 4기가 1조를 이룬다. 노병진 뒤쪽의 내측은 혼성진으로, 거병·기병·보병으로 혼합 편성된 장방형 군진이다. 19승의 전차가 3열 종대로 배열되고 264명의 보병이 그 뒤를 따르며, 진의 뒤쪽에는 또 8명의 기병이 후미에서 행군한다. 거병진은 측면이 혼성진과 맞닿아 있고 선봉은 우방진과 나란히 정렬되었으며, 64승의 전차와 192명의 갑사甲士로 구성된 정방형 군진이다. 64승의 전차는 8열로 배열되어 있으며, 각 열마다 8승의 전차로 이루어져 있다. 각 전차는 네 필의 전마가 끌고 전차에는 어자御者 1명과 갑사 2명이 타고 있는데, 모두 중장비를 갖춘 갑옷을 입은 병사다. 좌곡진의 진형은 복잡하여 커다란 진이 작은 진을 씌우고 있는 형태라 할 수 있는데, 진 안에 진이 있는 배치로서 4개의 진이 자유자재로 변환할 수 있었다. 특히 기병의 기동력과 활용력은 전대미문이라 할 만했다.

좌곡진의 뒤쪽은 중방진이다. 중방진의 구성은 우방진과 유사하다. 3000명의 노병, 경장 보병과 중장 보병, 거병으로 구성되었다. 중방진 역시 장방형 군진이다. 중방진이 우방진과 다른 점은 횡으로 배열되어 있다는 것이다. 중방진은 좌곡진의 뒤를 지키고 우방진의 오른쪽을 돕는, 군단 방진方陣의 지원 부대였다. 군단의 지휘부와 전차의 작전소 및 의장대와 북과 깃발은 좌곡진과 우방진의 종심부縱深部인,

전체 군단 방진의 후방에 배치되었다.

진나라 군대의 대본영은 선봉 세 군단의 뒤에서 후위 두 군단에 의지해 이동했다. 격식이 분명하고 경비가 삼엄했으며, 명령을 전달하는 기사騎士가 들락거리고, 징과 북과 깃발이 질서 있게 바뀌었다. 그림자극의 막 뒤에서 조종하는 손처럼 지휘소에서는 각 군단 각 군진의 이동을 지휘했다. 그 관계는 몸과 그림자 같았다.

진나라 정예군의 포진을 본 주문은 놀라고 혼란스러웠다. 주문은 자신의 풍부한 군사 경험에 비추어볼 때 눈앞의 진나라 군대가 여느 군대와 다르다는 것을 알아챘다. 이들은 진나라 군대의 정예 중의 정예로, 아마도 소문으로 듣던 시황제의 근위군 가운데 수도 함양을 지키는 경사京師 중위군이었을 것이다.

숫자로 보면 초나라 군대가 절대 우세였지만 지형적 제한으로 수십만 대군이 활약할 수 없었기 때문에 주문은 감히 적을 얕잡아볼 수 없었다. 그는 우선 초나라 군대의 경무장한 정예 부대를 동원해 가교를 설치한 뒤 희수를 건넜다. 초나라 군대의 전차가 앞장서고 보병이 뒤따르면서 진나라 선봉 세 군단의 결합부를 노렸다. 진나라 군대는 초나라 군대가 강을 건너는 것을 방임했다. 초나라 군대 일부가 희수를 건널 때 진나라 군대 선봉의 세 군단이 발맞추어 진형을 전환하더니 9개의 진으로 펼쳐지며 결합부와 합쳐져 공격을 개시했다. 우선 노병이 서서쏴와 무릎쏴를 교대로 사격했다. 수많은 화살을 일제히 발사한 뒤 노병은 양익으로 비켜났다. 진이 펼쳐지자 전차가 출동하고 보병이 뒤를 따르면서 초나라 군대의 군진으로 돌입하여, 앞서 노병의 사격을 받은 초나라 군대를 공격했다. 전차가 교전하고 보병이 격투를 벌이는 사이, 집결해 있던 진나라 군대의 기병이 양익에서 출동하여 강을 반쯤 건넌 초나라 군대의 뒤로 돌아가더니 가교를 불태웠다. 이로써 희수 양쪽 기슭에 있는 초나라 군대의 연결을 끊어 놓았다. 진나라 군대가 펼친 맹렬한 사격에 병사들이 쓰러지자 초나라 군대는 두려움에 휩싸였다. 이어서 진나라 전차의 공격에 초나라 군대의 대형이 분열되었다. 정연한 대열을 갖춘 진나라의 보병 부대가 기세 사납게 달려드는 상황에서 진나라 기병의 포위 공격이 이어지자 초나라 군대의 후방은 동요되어 잇달아 흩어졌다. 조직적인 저항은 도저히 불가능했고 대부분 진나라 병사들의 전리품을 위한 수급이 되었다.

희수 전투의 결과, 초나라 군대는 대패했다. 희수를 건넌 초나라 군대는 거의 살아서 돌아가지 못했다. 주문은 희수 동쪽 기슭에서 전열을 다질 뿐 감히 다시 강을 건너지 못했다. 그는 수적 우세를 이용해 희수 동쪽에서 결전을 치르고자 진나라 군대가 희수를 건너도록 유인해보았다. 하지만 진나라 군대는 첫 전투에서 승리한 여세를 몰아 추격에 나서지 않았으며, 주문 군대의 유인에도 꿈쩍 않고 서쪽 기슭에서 굳건히 방어할 뿐이었다. 진나라와 초나라 양군은 희수에서 대치했다.

3

희수 전투의 비밀

주문의 군대가 희수에 머문 채 신속히 함양으로 진군하지 못한 내막은 사서에 나오지 않아 천고의 의문이 되었다. 이후의 역사를 볼 때 주문 군대가 희수에서 발목이 잡힌 것은, 진승과 오광이 대택향에서 기병한 이래로 진나라와 초나라의 군사 형세에 중대한 전환점이 되었다. 장초 정권으로서는 급변하는 정세를 타고 일거에 함양을 공격해 진 제국을 멸할 기회가 전광석화처럼 사라진 셈이다. 이후 장초 군대는 동력을 잃어 연이어 패퇴하였고 오래지 않아 소멸되었다. 반면 숨 돌릴 시간을 번 진 제국은 창졸지간의 혼란을 털어내어 군대를 동원하고 집결시킴으로써 동진하여 반격하기 시작했다. 위기의 순간에서 벗어나 안정을 되찾은 것이다. 예로부터 장초의 진승을 동정하는 이들은 주문 군대가 희수에 머문 채 나아가지 못한 일을 애석해했고, 역사를 논하는 이들은 주문이 신속히 서진하지 않음으로써 군사적 결정에 엄중한 실수를 범했다고 평가했다.

주문 군대의 이런 실수를 현대 전쟁사에 비유한다면, 제2차 세계

대전의 됭케르크와 유사하다. 1940년 5월, 유럽을 신속히 소탕한 독일 주력군은 패배한 영·프 연합군을 노르파드칼레 해협(도버 해협)의 됭케르크까지 추적했다. 50킬로미터 너비의 험한 해안에서 절체절명의 위기에 처한 40만 연합군에게 유일한 희망은 배를 타고 해협을 건너 영국으로 철수하는 것이었다. 연합군에게 가장 긴박한 것은 시간으로, 1분 1시간 1일이 절실한 상황이었다. 그런데 이상하게도 5월 24일, 이미 됭케르크에 바싹 접근해 연합군의 퇴로를 막 끊으려던 독일군 전차부대는 갑자기 전진을 멈췄다가 5월 27일에야 다시 진격했다. 그 사흘 동안 영·프 연합군은 혼란을 수습하여 해안 방어선을 지키면서 신속히 철수 작전을 실행할 수 있었다. 6월 4일, 독일군이 됭케르크를 함락하고 4만 명의 연합군 후위 부대를 포로로 사로잡았지만 이미 33만 명의 연합군 주력은 영국으로 철수한 뒤였다. 바로 이때 살아남은 군대가 훗날 연합군 재건의 힘이 되었고, 됭케르크는 제2차 세계대전에서 독일군이 쇠퇴하게 된 전환점으로 여겨졌다.

전쟁은 예술이다. 여간해선 얻을 수 없는 승리의 기회는 순식간에 사라진다. 됭케르크 전투에서 독일군은 왜 갑자기 전진을 멈춤으로써 영·프 연합군을 섬멸할 기회를 놓쳤을까? 역사학자의 연구에 따르면, 5월 24일 히틀러가 "전진을 멈추라"는 명령을 내렸다고 한다. 히틀러가 왜 그런 명령을 내렸는지는 지금까지도 해결되지 않은 역사의 수수께끼다. 독일군 전차부대의 너무 빠른 진격에 최고사령부가 조심성이 생겼기 때문이라는 연구도 있고, 히틀러가 영국과의 정치적 교섭을 바라다가 수를 잘못 쓴 것이라는 연구도 있다. 이유가 무엇이든 역사적 실수는 이미 빚어진 것이었다.

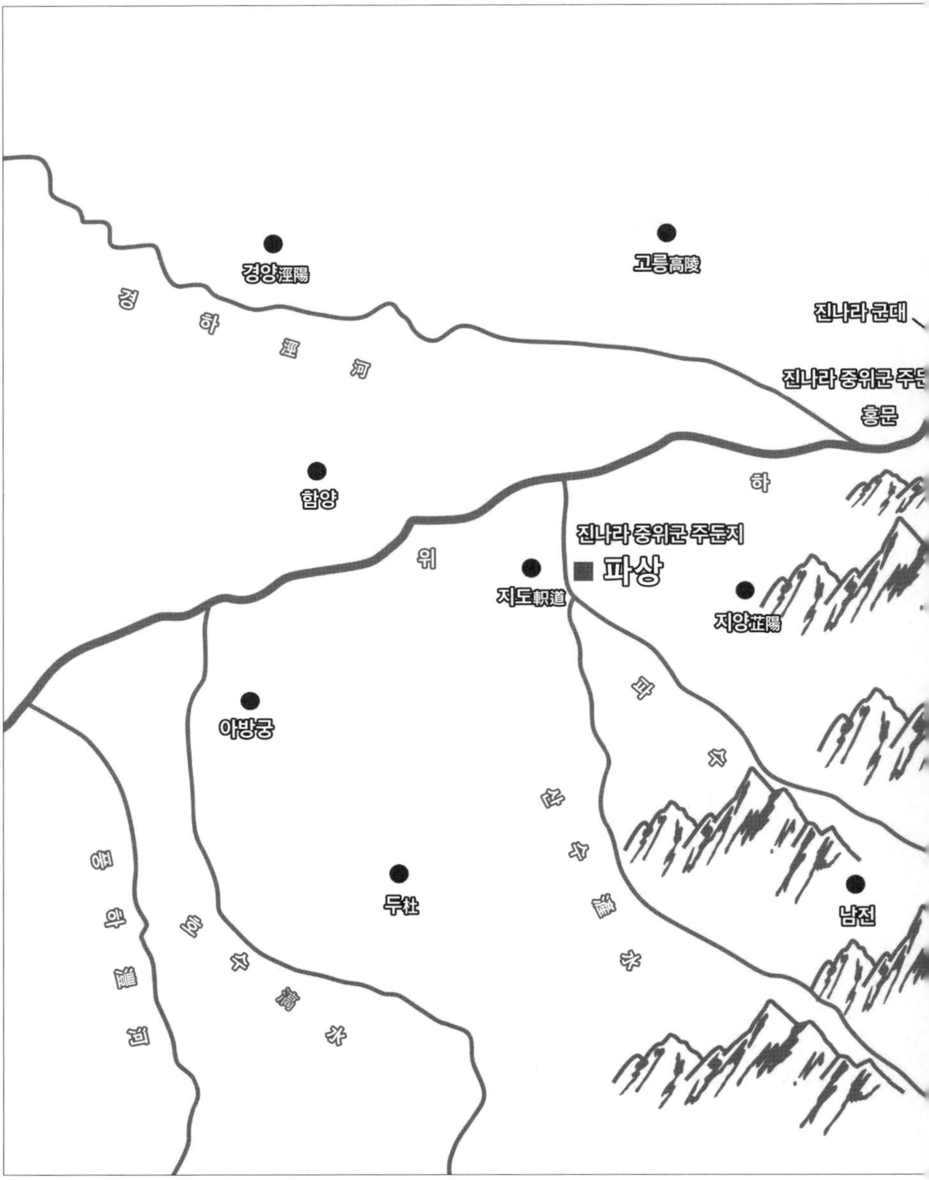

경양涇陽
고릉高陵
진나라 군대
경 하 涇 河
진나라 중위군 주둔
홍문
함양
하
진나라 중위군 주둔지
위
파상
지도軹道
지양芷陽
아방궁
파 수
산 수 滻 水
남전
두杜
풍 하 灃 河
호 수 滈 水

희수 전투도

역양
하규下邽
저수沮水
함곡관
주문 군대
정현
희수
요관嶢關

나는 진나라 말의 역사를 좇다가 희수의 주문에까지 이르렀다. 고금을 연상하면 감개무량한 나머지 매번 의심이 들기도 한다. 주문이라는 인물은 진승 정권에서 드문 군사 인재로, 전국 시대 말에는 항연 군대에서 시일을 지냈고 작전참모로서 진·초 대전에 참가했다. 오광 군대가 형양에서 저지당했을 때 주문은 기이한 책략을 내놓아 기습 군대를 이끌고 일거에 함곡관을 함락하여 수십만 대군을 거느리고 희수 동쪽 기슭에 도달함으로써 자신의 걸출한 군사적 역량을 발휘했다. 희수에 도착한 이후 신속히 서진하여 일거에 함양을 함락하는 것이 주문의 전략이었으니, 어찌 군대를 멈춘 채 주저하여 승리의 기회를 놓쳐버릴 수 있었겠는가? 합리적인 추론을 해보자면, 주문 군대가 희수를 건너 서진하지 못한 것은 하지 않았다기보다는 뜻밖의 암초에 부딪혀 할 수 없었던 것이다.

사마천은 주문 군대가 희수에서 머물렀던 일을 『사기』「진섭세가」에 기록했다. 사마천은 주문이 "가는 도중 병마를 모아 함곡관에 이르렀는데, 그때 전차가 1000대이고 병사가 수십만이었다. 희수에 도착해 군대를 주둔시켰다."[8] 이 중대한 사실史實에 대해 고작 16자로 서술했다. 주문 군대가 왜 여산에서 머문 채 나아가지 않았는지에 대해서는 아무런 설명이 없다. 바로 이어서 말하길, 장함章邯이 2세에게 요청해 여산의 형도刑徒와 노예를 사면하여 군대에 편입시킨 뒤 주문 군대를 물리쳐 함곡관 밖으로 물러가게 했다고 한다.

주문이 함곡관을 돌파하고 희수에 이르러 진나라 군대와 대전을 펼친 것은 진2세 원년 9월이었다. 주문이 희수에서 패한 뒤 함곡관에서 물러나 조양曹陽(지금의 허난 링바오靈寶 동쪽)에서 다시 진나라 군대와 싸우다가 패한 것은 11월이다. 민지澠池(지금의 허난 멘츠의 서쪽)로 퇴각해 다시 진나라 군대와 격전을 펼치고 패전하여 자결한 때는 조양 전투로부터 열흘 남짓 지나서였다. 석 달 사이에 초나라와 진나라의 수십만 대군이 세 차례 대전을 치렀으니, 얼마나 격렬한 전투였는지 상상할 수 있다. 그런데 『사기』에서는 고작 80여 글자로 이 역사적 사건의 과정을 기록했을 뿐 구체적인 전황, 특히 진나라 군대의 상황에 대한 언급이 없다. 사령관인 장함의 이름과 그가 형도와 노예를 사면해 군대에 편입시켜줄 것을 제의했다는 몇 마디 내용 외에는 모든 게 생략되어 있다.[9] 고대사에는 종종 누락된 게 많아서 나는 여러 번 개탄스러웠다. 고대사 기술은 문언문이라는 문체의 제약으로 인해 구체적이지 않으며, 자세한 내용이 누락되는 건 통상적인 관례다. 때문에 주문의 수십만 대군이 왜 희수에서 멈춘 채 나아가지 않고 일거에 함양을 함락할 기회를 앉아서 놓쳤는지는 천고의 의문이지만, 현존하는 사서와 문헌에 기대서는 해답을 얻을 수 없다. 역사의 진상을 해명하기 위해서는 다른 출로를 찾아야 한다.

1974년 3월, 여산 진시황 능원 동쪽에서 병마용갱이 발견되었다. 1·2·3·4호 용갱의 8000여 개의 병마용 군단은 제국 진나라 군대의 원래 모습과 전투 배열을 충실하게 재현하고 있다. 역사학자의 연구에 따르면, 병마용은 있는 그대로의 사실적 풍격이다. 4개 용갱의 배열은 진나라 군대의 실전 포진이고, 병마용은 실제 진나라 군대의 부대를 원형으로 삼아 빚은 것이다. 즉 8000여 개의 병마용으로 이루어진 군단은 진군의 조직과 진용을 사실적으로 재현했다. 병마용은 시황제를 지키기 위해 지하에 배치된 진나라 군대의 정예부대다.

희수
희수는 산시 시안 린퉁臨潼구 동남쪽에 자리하고 있으며, 여산 동쪽에서 나와 북쪽 위하로 흘러 들어간다.

그것의 원형은 진나라의 경사 수비 부대로, 경사군의 일부다.[10]

진 제국의 경사군은 낭중령군郎中令軍, 위위군衛尉軍, 중위군의 세 부대로 구성되었다. 낭중령군은 황제의 시종 무관 집단으로 대부·알자謁者·낭중이라는 세 종류의 관리로 구성되는데, 낭중령의 통솔 아래 황제의 곁에서 시종과 경호를 책임진다. 낭중령은 황제의 시종총관, 내정 경위총장이다. 대부는 황제의 내정참의이고, 알자는 주로 황제의 의전을 담당한다. 대부와 알자의 수는 많지 않아서 각각 수십 명 정도였다. 낭중령은 주로 황제의 시종 근위이자 예비 관리집단인 낭관郎官(낭중)을 관할했는데, 낭관은 수가 가장 많고 역할도 중요했다. 낭관의 수는 일정하지 않은데 많을 때는 1000명 전후에 달했다.

군사 조직 편제에 따라 낭중령 아래로 오관중랑장五官中郎將·좌중랑장·우중랑장·거랑장車郎將·호랑장户郎將·기랑장騎郎將 등이 통솔하는 소규모의 정예 무관 집단이다.

위위군은 황궁 숙위군宿衛軍으로, 구경九卿 대신의 하나인 위위衛尉가 통솔한다. 위위군은 경성 안팎의 모든 궁성 성문의 경호 및 성 내부의 보안을 책임지며, 황제가 출행할 때는 안전과 경호 업무를 담당했다. 위위 관할 하의 부대는 위사衛士로 구성되었다. 위사는 정해진 기간 복무하는 사병으로, 1년 단위로 교체되며 수는 2만 명 전후다. 각 궁성의 요소에 분산되어 주둔하는 이들은 궁성 성벽을 따라 막사를 설치하고 지냈으며 통일된 군영이 없었다.

중위군은 내사 지역의 군사와 치안을 관장하는 중위의 관직명을 따른 이름이다. 내사는 수도가 있는 곳이기 때문에 성격이 특수했다. 중위는 내사 지역의 군사장관으로서 중앙관과 지방관을 겸하며, 국무대신의 지위였고 구경의 하나였다. 중위의 직무는 둘로 나눌 수 있다. 첫째, 외부의 공격으로부터 내사 지역을 지키고 치안을 유지하며 지방군을 관리하는 책임을 맡았다. 이런 직무는 대체로 제국의 지방 각 군의 군위郡尉에 해당했다. 둘째, 경성의 방위 부대를 이끌고 수도 함양의 수비와 중앙 각 부처의 보위 및 중앙 무기고의 관리를 책임지며, 황제가 출행할 때 부대를 이끌고 앞에서 수행하고 경호하는 임무를 맡았다. 이는 중앙 군사 고관의 직무에 해당한다. 중위가 관장하는 군대는 대략 두 종류로 나눌 수 있다. 하나는 수도 내사 각 현에 분산된 지방군이고, 다른 하나는 함양 궁성 밖에 집중적으로 주둔한 경성 위수군衛戍軍이다. 경성 위수군은 5만 명 내외로, 주로 내사 지역에서 징집되어 복무하는 사병으로 구성되었다. 그들은 해마다 겨울이 되면 본적지에서 군사훈련을 받았으며, 선발을 거쳐 위수군에 편입되어 1년 동안 복무하고 만기가 되면 교체되었다.

전반적으로, 낭중령군·위위군·중위군으로 구성된 진나라의 경사군은 각각 궁전, 궁성, 경성 안팎에 분포되어, 황제를 중심으로 하는 관중 지역의 다중 방위 체계를 엄밀히 갖추고 있었다. 따라서 수도 구역의 안위는 경사군의 손에 달려 있었다. 병마용의 원형이 되는 부대를 경사군에서 찾는 건 확실히 이치에 맞는 추론이다. 나는 여기서 힌트를 얻어 추론을 확장했다. 경사군의 다중 방위 체계에서 낭중령군은 황제의 측근 경호부대이며, 궁성 숙위군인 위위군은 대체로 야전野戰하지 않고 수도 함양 근교에 주둔했다. 수시로 출동할 수 있는 야전 부대는 중위군뿐이다.

중위군은 진 제국 군대의 정예 중의 정예로, 수도 함양의 경비를 담당했을 뿐만 아니라 국가의 중대한 의식·의례 역시 중위군이 출동하여 담당했다. 진·한 시대에 황제를 매장할 때면 중위군 전사가 검은 갑옷을 입고 대오를 이루어 황궁에서부터 능침까지 배열하여 장송葬送했는데[11], 이것이 바로 병마용 군진의 원본이다.

이로써 가늠해보면, 희수 기슭에서 주문 군대의 서진을 저지한 역량은 아마도 진 제국의 경사 중위군이었을 것이다.

❹ 부활한 군단

2004년 7월 말, 진용학秦俑學 제6차 학술토론회가 병마용박물관에서 열렸다. 회의 주최 측의 배려로 나는 여산 기슭에서 일주일간 머물며 오랜 숙원을 풀었다. 시황제릉 병마용 유적, 파상灞上 홍문鴻門의 옛터, 함양성 아방궁 옛터, 동릉東陵 진왕묘秦王墓, 장안長安 고성故城 등을 하나하나 볼 수 있었다.

유유히 흐르는 위하는 농서 위원渭源에서 나와 천수天水를 지나 감숙에서 섬서로 들어와 보계寶鷄를 거쳐 관중 평원을 횡으로 관통하는데, 진나라의 수도 함양을 지나면서 남쪽에서 풍하灃河와 파수灞水를 받아들인 뒤 북쪽에서 견하汧河·경하涇河와 합류한다. 그 도도하고 넓은 물길은 지금의 시안 린퉁구 경내로 진입한 다음 갑자기 동남쪽으로 바뀌어 여산을 향한다. 그리고 다시 90도로 꺾어 동쪽으로 몇 리를 흐르다가 다시 90도로 꺾어 북쪽을 향해 흘러가 여산과 위하 사이에 좁은 통로가 형성된다. 이는 마치 함곡관에서 함양으로 통하는 큰길을 지키는 병목과 같다.

희수는 여산 동측에서 나와 북쪽 위하로 흘러 들어가는데, 마침 병목의 동쪽 입구에 남북으로 걸쳐 있어서 마치 통로를 지키는 참호와 같다. 파수는 여산 서측에서 나와 북쪽 위하로 흘러드는데, 마침 병목의 서쪽 바깥에 걸쳐 있어서 통로를 열고 닫는 참호와 같다. 관중으로 진입하는 남쪽 도로인 무관남전도武關藍田道는 파수의 하곡을 따라 나 있으며 이 길을 통해 위하 평원으로 진입한다. 그래서 동으로는 희수를 해자로 삼고 서로는 파수를 둑으로 삼으며, 북으로는 위하에 의지하고 남으로는 여산을 등지고 있는 이곳이야말로 함곡관과 남양무관도 이후에 함양을 지켜주는 최후의 장벽이자 진나라 주둔병의 요충지가 되었다. 수도를 방위하는 진 제국의 중위군 주력은 마땅히 이 일대에 주둔했다.

나는 먼저 여산에서 홍문으로 갔다. 항우가 유방을 초대했던 홍문연鴻門宴 옛터가 지금도 남아 있다. 나는 "항장이 검무를 춘 것은 패공을 노린 것이다"[12]라는 명구를 음미하면서, 당시 항우의 40만 대군이 이곳에 주둔한 이유를 생각했다. 그것은 바로 옛 진나라 경사군의 병영 주둔지를 이용했기 때문이다. 희수는 홍문의 동쪽 근처에 있다. 홍문의 주둔군을 출동시켜 희수 서쪽 기슭에 포진해 방어진을 치면, 함곡관 방향에서 서진하는 적군을 차단할 수 있다. 진·한 시기의 함양-함곡관도는 대체로 지금의 시퉁(시안·퉁관潼關)도로 방향인데, 나는 이 길을 여러 번 오갔다. 이번에 나는 특별히 여산 남쪽 기슭의 작은 길을 따라 한위韓裕(한유)로 가서 동릉에 들렀고, 훙칭위안洪慶原(홍경원)으로 가서 갱유곡坑儒谷에 애도를 표했으며, 거기서 내려와 곧장 파하灞河 하곡河谷으로 가서 하천 둑을 따라 서쪽으로

가며 멀리 란톈藍田(남전)을 바라보았다. 내가 걸어 올라갔던 산기슭의 작은 길은, 옛날 홍문연에서 도망쳐 나온 유방이 번쾌 등과 함께 검과 방패를 들고 도보로 여산을 내려와 지양芷陽의 샛길을 통해 파상의 군영으로 돌아갈 때 거쳤던 오솔길이다. 10만 유방 군대가 주둔했던 파상의 군영은 파수 곡구谷口 일대에 있었다. 이곳은 진나라 경사군의 병영 주둔지이기도 했다. 진나라 경사 중위군의 일부는 파상 군영에 주둔하면서 무관-남전도를 제어하고, 진나라 경사 중위군의 또 다른 일부는 홍문 군영에 주둔하면서 함곡관—함양도를 제어했다. 파상과 홍문 일대는 바로 경사 중위군 주력의 주둔지였다.

현지조사는 이것으로 갈음하고, 다시 문헌 기록으로 돌아가보자. 『한서』 「고조기」에서는 "진섭의 장수 주장周章이 서진하여 함곡관으로 들어와 희수에 이르렀을 때 진나라 장수 장함이 지키면서距 그를 쳐부쉈다破"[13]고 했다. 거距는 지킨다는 뜻이고, 파破는 쳐부순다는 뜻이다. 우선 지키며 방어한 뒤에 진군하여 격파한 것이다. 혹시 한 글자의 차이[14]로 인해 희수 전투와 관련된 내용이 누락된 게 아닐까? 먼 옛날을 생각하니, 지나간 역사가 마치 영상을 거꾸로 돌리듯 생생하게 눈앞에 펼쳐졌다. 병마용은 경사 중위군을 원형으로 만든 것이다. 홍문 중위군의 주둔지는 바로 여산릉 근방이었으며, 홍문에 주둔하던 중위군 장수와 병사가 바로 병마용의 모델이 되었다. 그들이 연습하던 군진이 바로 병마용갱의 배열 진형이다. 그들의 장비와 대열은 바로 병마용 군단의 장수와 병사들의 무장 대형隊形이다. 중위군의 장수와 병사는 훈련이 잘 되어 있고 장비가 우수하며 막강한 전투력을 갖추고 있을 뿐만 아니라 엄격한 선발을 통해 뽑힌 충

근대 시기 지도로 재현해본 당시 전투 지형의 모습.

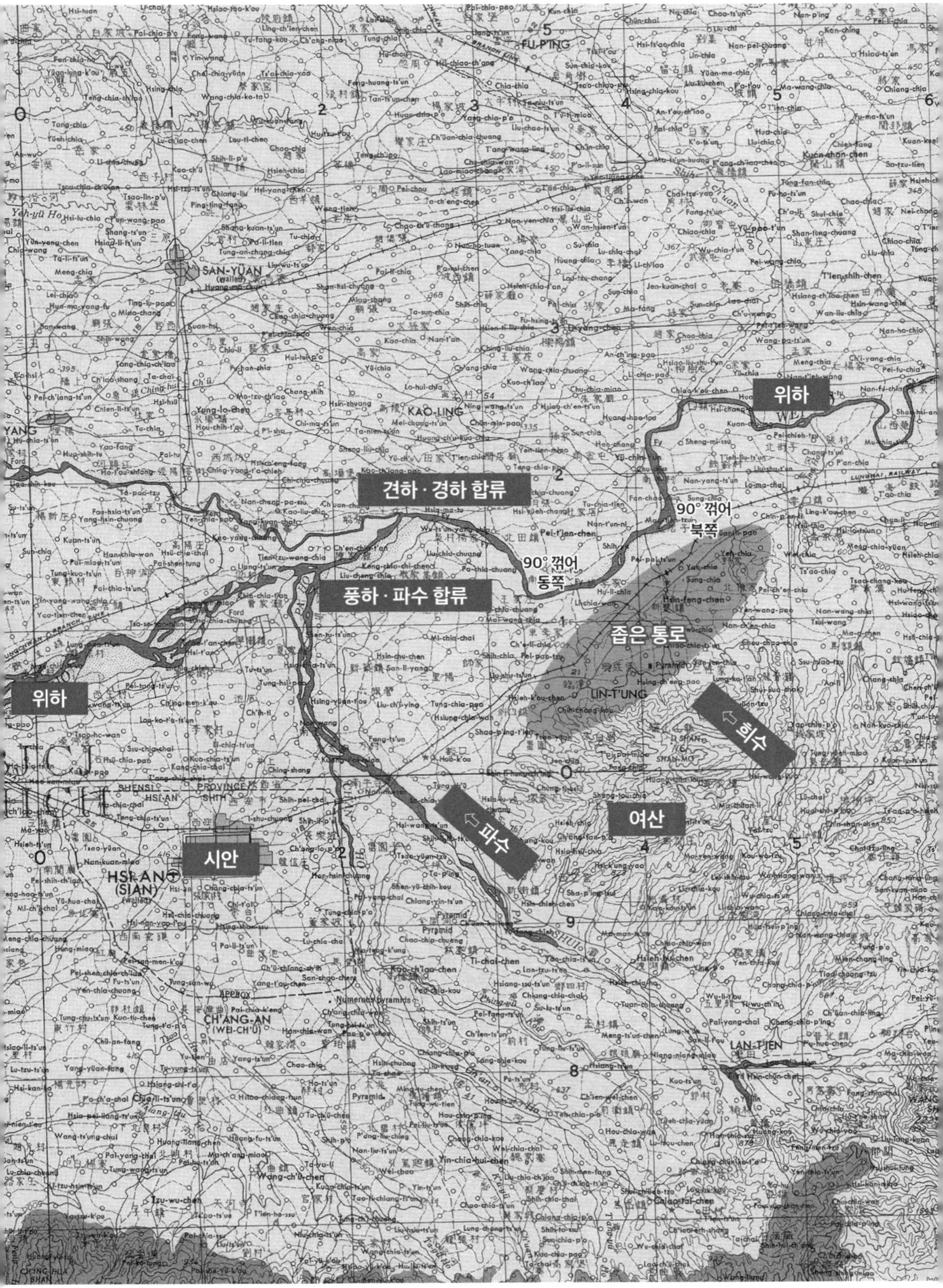
위하
견하 · 경하 합류
90° 꺾어
북쪽
90° 꺾어
동쪽
풍하 · 파수 합류
좁은 통로
위하
희수
여산
파수
시안
FU-P'ING
SAN-YÜAN
KAO-LING
LIN-T'UNG
HSI-AN
(SIAN)
CH'ANG-AN
(WEI-CH'Ü)
LAN-T'IEN

성스럽고 믿을 만한 이들로서, 제국의 군대에서 특별히 중시되었고 수도의 최후 관문을 지키는 중임을 맡고 있었다. 진2세 원년 9월, 주문의 수십만 대군이 희수에 이르렀을 때, 홍문 파상에 주둔하고 있던 중위군이 출동하여 희수 일대에 진을 치고 방어했다. 이 성공적인 방어전으로 주문 군대의 서진을 저지하고 위급한 시점에서 진 제국을 구했다.

역사란 무엇인가? 현재와 과거의 대화인가, 과거를 반영하는 거울상인가, 아니면 끊임없이 약화되고 멀어져가는 정보인가? 가장 불가사의한 것은 역사 유적이다. 그것은 역사에 속하면서도 현재에 속한다. 그것을 보아야만 역사가 일찍이 존재했음을 비로소 확신할 수 있다. 그것을 보는 순간 자신도 모르게 지난 일을 알고 싶은 유혹에 빠져들게 된다.

2004년 7월 진용학회의 마지막 날 저녁 무렵, 웅장한 병마용 군단 앞에 선 나의 눈앞에는 전차가 굴러가면서 격렬한 전투가 벌어지고 군대의 북이 울리고 전마가 울부짖는 소리가 들렸다. 여산 아래 희수 가에서는 진 제국 경사 중위군의 주력이 포진하여 기다리고 있다가 주문 군대를 맞이해 싸웠다. 장자가 나비 꿈을 꾼 것인지 나비가 장자 꿈을 꾼 것인지, 아스라한 가운데 물아일체의 경지에 빠지는 것은 문학과 사상의 환영이다. 사료를 고증해 지난 일을 건져내고, 유물을 찾아서 시간과 공간을 역전시키며, 연상과 추리를 통해 고금을 관통하는 것은 사학의 지혜로운 깨달음이다. 진상은 가공의 것보다 더 뛰어나고, 밝은 거울은 환상보다 더 낫다. 병마용이 정면에서 거세게 다가오자, 나는 사실에 근거해 병마용이 전투하도록 했다. 마치

귀신이 지시하듯 나는 역사를 부활시켜 주문 군대가 서진하여 희수 전투를 펼치던 장면을 기록했다.[15]

5

소부 장함

주문 군대가 희수의 동쪽 기슭에 이르렀을 때 소부少府 장함은 여산에서 시황제 능침 공사의 마무리 작업을 감독하고 있었다.

진나라는 농경과 전쟁으로 나라를 세우고 무력으로 천하를 통일했다. 진나라 군대를 총애했던 시황제는 출행할 때마다 군대를 앞세워 호위 수행하게 했다. 그는 즉위했을 때부터 여산에 능묘를 조성하기 시작했다. 천하를 통일한 뒤 시황제는 제국의 수도 함양을 여산 능원에 담아내 자신의 영원한 거처로 삼고자 소망했다. 당연히 제국의 군대도 지하 명계에서 그를 영원히 지켜주어야 했다. 시황제의 명령에 따라 여산릉은 함양의 궁실과 백관의 관공서를 본떠 지상과 지하가 일체가 되도록 건축되었다. 또한 시황제의 뜻을 받들어 여산릉 동쪽에는 진나라 정예군을 본뜬 병마용이 제작되기 시작했다. 여산릉 공사의 총책임자는 승상 이사였지만 구체적인 사무는 소부 장함이 책임졌다. 병마용의 제작은 장함이 직접 감독했다.

중위군의 주둔지는 바로 여산릉 곁에 있었다. 병마용은 중위군 일부를 선택해 제작했으며 적을 맞아 싸우는 진형으로 배열했다. 실물 그대로 모조한 병사와 수레와 말은 진나라 군대의 전투 대형을 사실적으로 보여준다. 주문 군대가 희수에 이르렀을 무렵, 6000 병마용의 우방진과 1000 병마용의 좌곡진 및 후방의 지휘부는 제작이 완료되어 자리에 맞게 배치되었으며, 중방진은 갱을 거의 다 파놓은 상태에서 병마용을 제작하던 중이었다. 공사 현장에 있던 장함은 초나라 군대가 함곡관을 돌파하고 관중으로 진입했다는 소식을 접하고 크게 놀라며 심각한 일임을 알아챘다. 선제 때는 군인이었고 현재 구경 대신인 장함은 위급한 군사 상황이 닥치자 즉각 희수 전선으로 달려와 중위군의 방어에 합세했다. 첫 전투에서 주문 군대의 공격을 격퇴한 후 전세가 조금 안정되자 그는 중위군에게 방어하면서 명을 기다릴 것을 당부한 뒤 밤새 서둘러 수도 함양으로 돌아갔다.

진승과 오광의 난으로 촉발된 반진 세력의 급속한 확산은 2세 정권의 예상을 완전히 벗어난 것이었다. 2세 조정의 정책 결정권은 2세 황제, 승상 이사, 낭중령 조고 세 사람에게 있었다. 갓 스물을 넘긴 나이에 정치 경험이 전무한 2세는 즉위 이후 황위 계승의 잠재적 위협을 제거하고 편안히 집정하면서 인생을 마음껏 즐기는 데만 관심이 있었다. 관동에서 난이 일어났다는 소식이 처음 함양 조정에 전달되었을 때 진 정부는 그다지 긴장하지 않았다. 방대한 제국 경내에서 일반 도망병이 저항한 우발적 사건으로 치부하여, 해당 지역에 잡아들일 것을 명했을 뿐이다. 난이 점점 퍼지면서 부소가 부활했다느니 항연이 군대를 이끈다느니 하는 풍문이 제국 각지에서 끊임없이 올라오자, 조정의 핵심은 황위 계승과 관련된 일로 의심하면서 의도적으로 낭설을 퍼뜨리는 것으로 여겼다. 2세는 풍문을 추궁하라고 명했다. 그리고 관동의 대란에 관한 소식을 전달한 사자를 하옥시켜 치죄했다. 그 결과, 제국의 소식통은 막혀버리고 전해지는 소식은 죄다 "도적이 난을 일으켰지만 진압되었다"는 따위의, 조정이 듣고 싶어 하는 것뿐이었다.

주문 군대가 함곡관을 돌파해 희수에 이르자 관중은 충격에 빠졌고 함양은 위급해졌다. 2세 조정은 비로소 꿈에서 깨어난 듯 현실에 직면했다. 놀람과 두려움에 갈팡질팡하던 2세는 스승 조고와 승상 이사에게 의지하는 것 외에 다른 방도가 없었다. 줄곧 내정內廷 관원을 지낸 낭중령 조고는 권술과 음모에는 능했지만 군정 경험은 전혀 없었다. 진나라를 이끌어가는 세 사람 가운데 선제의 노신이었던 승상 이사만이 집정 경험이 풍부했지만, 그 역시 문직 관료로서 군사적 경험이 없었으며 너무 연로하여 긴급한 군사 위기가 닥치자 유효한 대책을 내놓지 못했다. 2세 조정은 일시에 마비상태에 빠져들었다.

바로 이때 희수 전선에서 달려온 소부 장함이 군사 상황을 진술하면서 긴급히 제안했다. 희수에 도달한 반군의 세력이 강대하고 사정이 긴박하여 가까운 곳에서 병력을 징발한다 하더라도 시간 여유가 없으니, 여산릉에 동원된 많은 부역꾼과 형도를 사면하여 군대에 편입시킨 뒤 무기를 내주고 참전시키자는 것이다. 장함의 등장은 절망 속에서 발견한 구원의 손길이었다. 다른 선택의 여지가 없는 2세 조정은 당장 장함의 건의를 받아들였다. 2세는 이사의 추천을 거쳐 장함을 정식으로 대장에 임명함으로써 진나라 군대를 통솔하는 전권을 주고 수도 방어전을 책임지게 했다.

"시대가 영웅을 만든다"[16]는 속담이 있다. 진나라 말 반란이 있기 전까지 장함이라는 인물은 어떤 기록에도 보이지 않는다. 다만 우리가 알 수 있는 것은, 장함의 자字가 소영少榮이며 시황제가 천하를 통일할 때 그가 한韓나라와 초나라를 멸망시키는 전쟁에서 군공을 세웠다는 것이다.[17] 한나라를 멸망시킨 전쟁은 진시황 17년(기원전 230)에 있었다. 당시 혈기왕성한 나이에 군대에 들어온 장함은 한나라 공격을 책임진 내사 등騰을 따라 남양으로 갔다가 북상하여 한나라 도성 신정을 공격했다. 장함은 용감히 싸워 공적을 세우고 상을 받으면서 점점 두각을 나타냈다. 천하가 통일된 뒤에는 정계에 들어가 한 단계씩 승진했다. 그리고 시황제의 두터운 신임을 얻어 궁정 사무를 담당하는 대신인 소부에 임명되어 제국 대신들 가운데 신예 소장파로 자리를 다졌다. 시황제의 여산 능원 공사의 명목상 책임자는 승상 이사였고, 구체적인 일처리는 장함이 도맡았다. 2세가 즉위한 후에도 이사는 계속 권력을 장악했고, 장함 역시 그대로 여산 능원의 마무리 공사를 주관했다.

장함은 사람됨이 꿋꿋하고 완강하며 용맹하고 지략이 있었다. 진나라 군대의 지휘권을 손에 쥔 그는 곧 희수 여산 전선으로 돌아가 새로운 군사 배치에 착수했다. 우선 여산의 모든 작업을 멈추게 한 뒤, 종군하여 공로를 세우는 조건으로 형도를 사면해주면서 부역꾼과 더불어 무기와 장비를 제공하여 군대로 편입시켰다. 장함은 경험이 많은 장수로, 강적을 맞이하여 일단 물러나 약한 척하면서 은밀히 병력을 결집한 다음 기습을 전개하는 데 익숙했다. 그는 신속히 신군을 보충·재편한 뒤, 정예의 중위 주둔군을 핵심으로 하고 신군을 양익의 지원으로 삼아 주문 군대를 습격했다. 주문 군대는 장함이 여산의 형도와 부역꾼을 석방해 군대를 편제한 사실을 눈치 채지 못했다. 주문의 군대는 수적 우위를 차지하고 있었지만 단시간에 결성되었기 때문에 증원된 진나라 군대의 공격을 받자 패하여 퇴각했다. 장함은 진나라 군대를 지휘해 조금씩 압박함으로써 주문 군대를 함곡관에서 내쫓았다.

주문 군대가 함곡관에서 물러나자 수도 함양의 직접적인 위협이 제거되었고, 제국의 조정과 관중 지역은 잠시 안정을 되찾았다. 이 엄중한 위기를 교훈삼아 2세 조정은 신속한 반란 진압에 총력을 기울였다. 진 제국은 네 부분에서 새롭게 군사를 배치했다. 첫째는 전국이 전시체제에 돌입하여 군사 총동원을 실행하는 것, 둘째는 장함을 진나라 군대의 총사령관으로 삼아 반란 진압과 관련된 모든 군무를 총괄하게 하는 것, 셋째는 관중 지역의 군사 장비와 수비를 강화하고 촉·한·관중에서 서둘러 병사를 징발하여 장함을 돕는 것, 넷째는 장성을 따라 주둔 중인 북부군과 영남에 주둔 중인 남부군을 내지로 이동시켜 장함의 군대를 도와 반란을 진압하는 것이다.

주문 군대를 격퇴하고 함곡관을 수복한 장함은 진군을 멈추고 관문을 닫은 뒤, 함곡관 앞 조양 일대에 머물고 있는 주문 군대에 방어태세를 취했다. 장함은 용병술에 노련하고 신중했다. 그는 초나라 군대가 궤주한 것이 아니라 잠시 퇴각하여 조양에 집결해 있을 뿐 언제든 함곡관을 향해 재진격할 수 있음을 잘 알고 있었다. 희수 전투에서 의지한 것은 중위군이었다. 중위군의 동원은 만부득이한 것이었다. 수도의 위협이 해제되자 경사 수비의 핵심인 중위군은 관중에 주둔하며 다시 조정의 직접 통제를 받게 되었다. 결국 당장 동원할 수 있는 부대는 최근에 징발한 여산의 부역꾼과 죄수들이었다. 절박한 상황에서 일시적으로 이들을 주력군인 중위군의 지원 병력으로 쓸 수는 있지만 단독으로 관문 밖으로 출동시킬 수는 없는 노릇이었다. 당장은 공세를 취하기보다 방어하면서 시간을 확보하여 각지의 진나라 군대를 신속히 동원하고 배치함으로써 반란을 전면적으로 진압할 통일된 조치를 취하는 것이 급선무였다.

앞서 말했듯이, 천하를 통일한 이후 진 제국의 군사 배치는 남북 양쪽의 변방으로 중심이 이동했다. 30만 대군이 북쪽 변방에 주둔하고, 50만 병사와 백성이 영남에 주둔했다. 반면에 관동은 부실해지고 관중은 쇠약해져, 외부를 중시하고 내부를 경시하는 구조가 되었다. 진승·오광의 난이 일어나자 전국 시대 육국이 부활해 천하의 정국은 과거 진나라와 육국 간의 합종연횡이 재연되었다. 진 제국의 군사 배치는 당장 새로운 조치가 필요했다.

조정의 긴급 명령 아래 우선 촉·한·관중 지역의 예비 병력이 동원되어 장함의 휘하로 편제되었다. 제국의 북부군 역시 장함의 지휘 통제를 받았다. 북부군의 주력 부대는 동쪽으로 황하를 건너 태원·상당 지역으로 들어가, 조나라 지역을 점령한 반란군 이량李良 부대와 장염張黶 부대의 서진을 막았다. 북부군의 일부는 직도에서 남하해 장함 군대에 편입되었다.[18] 유감스럽게도 제국의 남부군은 초 지역의 반란과 도로의 두절로 인해 조정과의 연락이 끊겼고, 나중에는 봉쇄된 변경 지역이 독립해 남월 왕국을 세움으로써 진나라 말의 난에 개입하지 못했다. 이에 관한 역사는 향후에 다시 서술할 수밖에 없다.

장함이 주문 군대를 함곡관에서 내쫓은 것은 진2세 원년 9월의 일이다. 이후 두 달 가까이 장함은 관문을 굳건히 지키면서 출정하지 않은 채 은밀히 병력을 이동·배치하여 군대를 정비하며 전쟁에 대비했다.

6

진나라 군대의 반격

진2세 원년 11월, 장함 군대는 동원이 마무리되자 대대적으로 관문을 나섰다. 그리고 조양에 주둔하고 있던 주문 군대를 전면적으로 공격하기 시작했다. 주문 군대는 장함 군대에 맞서지 않고 동쪽 민지로 철수했다. 장함은 그 뒤를 바짝 추격하여 민지에서 대전을 치렀다. 이 싸움에서 패한 주문은 자살했으며 그의 군대는 철저히 섬멸되었다.

장함 군대는 승세를 몰아 동진하여 삼천동해도를 따라 신안新安·하남을 거쳐 삼천군의 치소가 있는 낙양에 도달했다. 또 길을 재촉해 공현鞏縣·성고를 지나 형양으로 내달렸다. 형양은 삼천동해도를 제어하는 군사 요새로, 진 제국이 관동을 지배하는 전략 기지였다. 당시 오광이 장초의 주력군을 이끌고 형양을 포위한 지 넉 달째로, 승상 이사의 아들인 삼천군수 이유는 형양을 굳게 지킨 채 고군분투하고 있었다. 형세는 매우 위급했다.

장함은 형양 사수의 전략적 의의를 잘 파악하고 있었다. 즉 방어에서 공격으로 형세를 전환하려면 반드시 형양의 포위를 풀어줘야

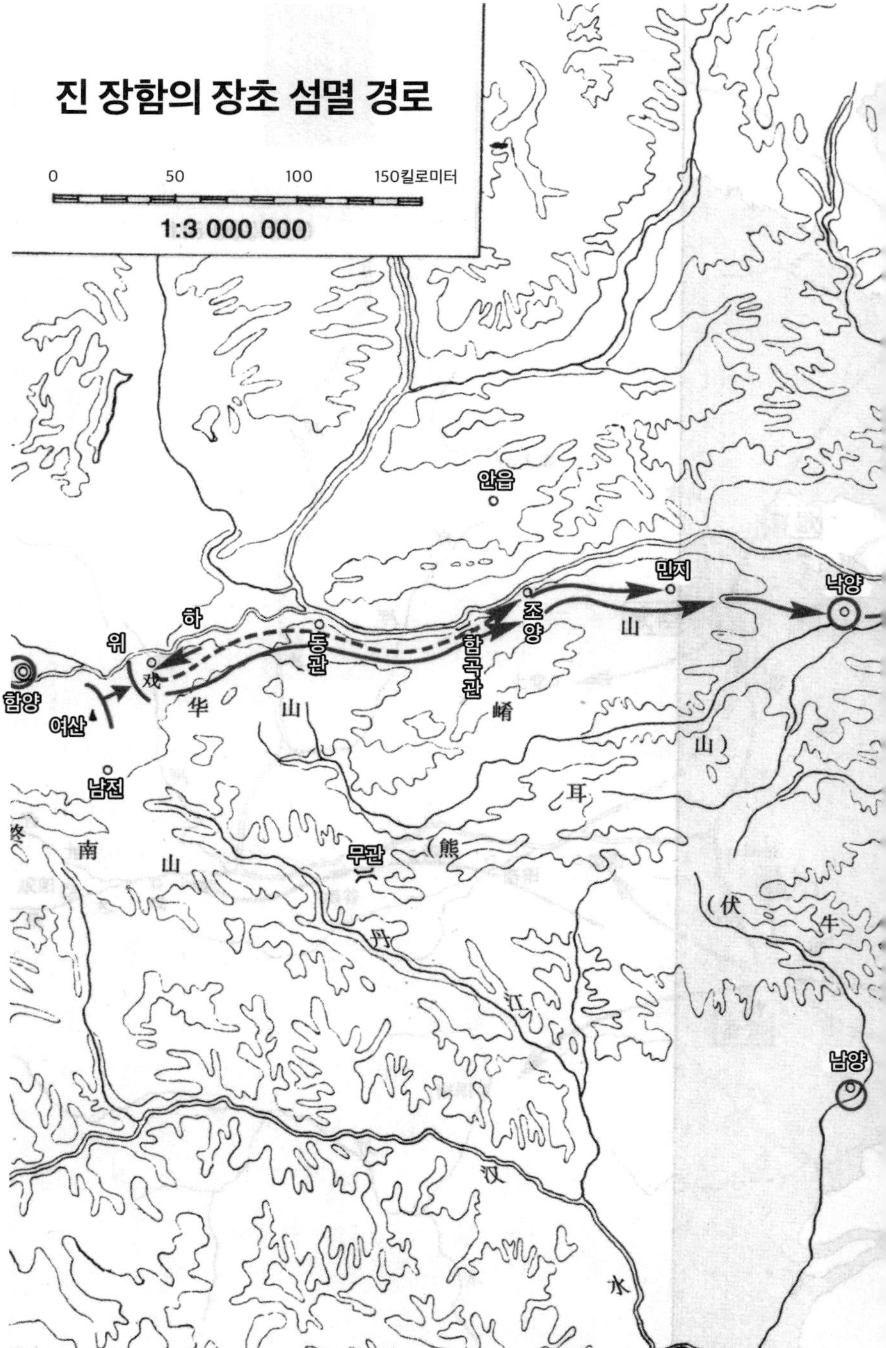

진 장함의 장초 섬멸 경로
0
50
100
150킬로미터
1:3 000 000
안읍
민지
낙양
조양
하
위
동관
함곡관
함양
여산
남전
무관
남양
华
山
崤
山
山）
耳
（熊
终
南
山
丹
江
（伏
牛
汉
水

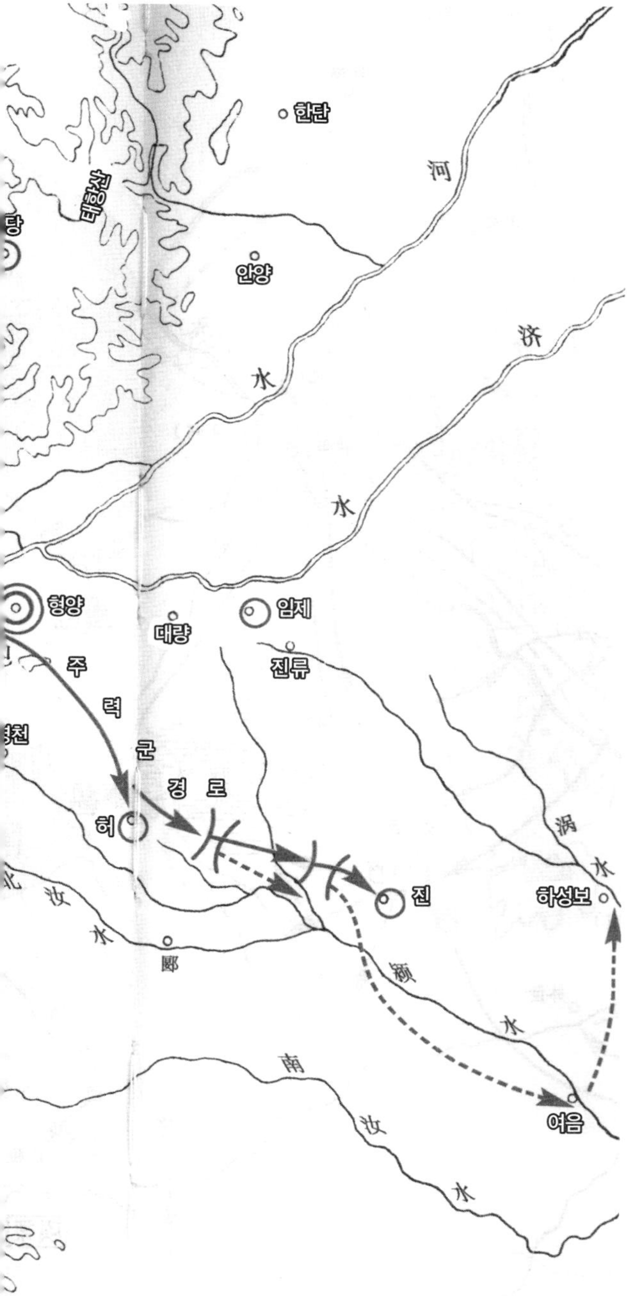

진나라 장함이 장초를 섬멸할 때의 경로도

했다. 형양에 근심이 없어야 삼천이 안전하고 관중 본토가 비로소 평온히 무탈할 수 있기 때문이다. 또한 형양을 효율적으로 제어함은 높은 곳에서 내려다보며 관동 지역 전체를 두려워 떨게 하는 것으로, 중원으로 진출하는 관문을 장악하는 셈이었다.

장함은 용병에서 후방의 보급을 중시했다. 군량 운송로를 확보해야 확실한 승리의 기초를 마련할 수 있음을 그 누구보다 체득하고 있었기 때문이다. 장함은 군대를 이끌고 성고를 지난 뒤 곧장 형양으로 뛰어들지 않고 형양을 에둘러 형양 북부의 오창(지금의 허난 싱양 서북쪽)을 향했다. 오창은 진 제국 최대의 전략적 식량 기지로, 이때는 오광 군대에 점령된 상태였다. 장함은 오창을 먼저 탈취해 오광 군대의 군량 운송로를 끊어놓고자 했다.

오광은 군대를 이끌고 넉 달이 넘도록 형양을 포위 공격했지만 함락시키지 못한 상태였다. 주문 군대는 패했고 장함 군대가 바싹 접근하여 내외 협공의 국면에 직면한 오광 군대의 내부에서는 불안한 기운이 일었다. 오광은 진승과 함께 군사를 일으킨 전우로, 진승의 두터운 신임 아래 가왕假王으로서 모든 장수를 지휘해 낙양을 포위 공격했다. 하지만 오광은 군사적 재능이 특출하지 않았다. 시간이 꽤 지나도록 형양을 함락시키지 못하자 장수와 병사들은 점점 지치고 사기도 떨어졌다. 눈앞의 형세가 급변하는 상황에서도 적절한 대응책을 내놓지 못한 오광은 부하들의 두려움과 불만을 야기했다. 오광 휘하의 장군인 전장田臧과 이귀李歸 등은 장함 군대가 바짝 접근해오자 위기감이 심해졌다. 이대로 현상만 유지한 채 적절한 군사 배치를 하지 않으면 형양성 아래의 초군은 섬멸당할 운명이라는 판단 아래,

형양 고성 옛터

형양 황하 기슭

그들은 진왕(진승)의 명령을 가장하여 오광을 죽이고 군대 지휘권을 빼앗았다. 그리고 현 상황을 승인하도록 진승을 압박했다.

진승의 추인을 받은 전장은 승상에 상당하는 영윤令尹에 임명되어 전권을 쥐고 군대를 통솔했다. 그는 이귀에게 일부 군대를 이끌고 계속 형양을 포위토록 하고, 자신은 군대 대부분을 이끌고 오창으로 진군하여 장함 군대를 공격했다. 오창에서 대전을 치른 끝에 전장은 전사하고 그의 군대는 패하여 뿔뿔이 흩어졌다. 장함의 군대는 여세를 몰아 형양성 쪽으로 진군하여 이귀의 군대를 공격했다. 이귀 군대는 패하고 이귀는 전사했다. 이로써 형양의 포위가 해제되자 장함은 이유와 합류해 삼천 경내에 남은 장초 군대의 잔류병을 소탕했다. 그들은 형양-오창 방어선을 재건해 진 제국의 동방 방어선을 안정시켰다.

얼마 후 장함은 진나라 군대를 지휘해 전략적인 공격에 돌입했다. 병력을 두 방면으로 나눠 영천군潁川郡으로 남하했다. 별동대는 양성(지금의 허난 덩펑登封의 동쪽) 방향에서 겹현郟縣(지금의 허난 자현郟縣)으로 남하해, 이 일대에서 활동하던 장초의 등열鄧說 부대를 공격했다. 장함은 진나라 주력군을 이끌고, 허현許縣(지금의 허난 쉬창許昌의 동쪽)에 주둔하고 있던 장초 군대의 오서伍徐 부대를 동남쪽 신정 방향에서 공격했다. 격전 끝에 등열 군대와 오서 군대는 모두 격파되었고 병사는 뿔뿔이 흩어졌다. 등열과 오서는 남은 병력을 이끌고 장초의 도성 진현으로 돌아갔다. 등열은 진승에게 죄를 추궁당하고 사형에 처해졌다.

장함은 영천군을 점령한 뒤 겹현 방면의 군대를 계속 남하시켰다. 이는 남양군을 점령한 장초 군대의 송류 부대를 겨냥한 것이었다. 장

망탕산에 자리한 진승의 묘

함 자신은 진나라 주력군을 이끌고 서쪽 진군陳郡으로 들어가 장초 정권의 수도 진현을 공격했다. 진현에 접근한 장함 군대는 장초 정권의 국무대신 상주국上柱國인 방군房君 채사蔡賜가 이끄는 초나라 군대와 맞붙었다. 장함 군대는 초나라 군대를 격파했고 채사는 전사했다. 장함 군대는 승세를 몰아 진군하여 진현성 밑까지 쳐들어갔다. 초왕 진승은 친히 성에서 나와 군대를 감독하며, 장초 군대의 장하張賀 부대로 하여금 진현 서문 밖에서 장함 군대에 맞서 싸우도록 했다. 격전를 치른 결과 장하 군대는 패했고, 장하는 전사했다. 진승은 도리 없이 진현을 포기하고 동남쪽 여음汝陰(지금의 안후이 푸양阜陽) 방향으로 퇴각했다. 장함은 부장을 보내 진승을 추격하게 했다. 진승은 결국 성보현城父縣 동남쪽의 하성보下城父(지금의 안후이 궈양渦陽 동남쪽) 지역에서 마부 장가莊賈에게 피살되었다. 장가는 진나라 군대에 투항했고, 장초 정권은 소멸되었다.

진승은 고작 칭왕 여섯 달 만에 패배하고 목숨을 잃었다. 거사를 일으킬 때 진나라를 멸망시키겠다던 목표는 결국 달성하지 못했다. "처음으로 용俑을 만든 자는 후손이 없을 것"[19]이라는 말이 있다. 사업을 처음 시작한 사람은 그 사업을 완성하지 못하는 경우가 많다. 진승이 처음으로 진나라에 반기를 들었고, 그가 완수하지 못한 과업은 그가 보낸 부하들이 계승하였으며, 최종적으로 항우와 유방에 의해 성취되었다. 진승은 죽은 뒤 망탕산에 묻혔다. 한 제국 건립 이후 유방은 특별히 30호를 배치하여 진승의 무덤을 지키도록 했으며, 전한 말까지 제사가 이어졌다.

나는 망탕산의 고적을 탐방하러 가서 진승의 묘지를 참배했다. 무덤은 잘 복원되어 있고 담이 둘러져 있으며 나무가 무성했다. 묘비에 새겨진 "진말 농민기의 영수 진승의 묘秦末農民起義領袖陳勝之墓"라는 문구는 궈모뤄郭沫若가 쓴 것이다. 생각해보니 유방이 달아나 산속으로 몸을 숨긴 곳도 바로 이곳이다. 뜻밖에도 작은 산지인 망탕은 개창자(진승)의 시신을 묻은 곳이자 성공한 이(유방)가 흥성하게 된 곳이다. 반신반의하는 중에 불가사의한 신기함이 느껴졌다.

다시 본론으로 돌아와, 장함은 장초의 수도 진현을 점령한 뒤 남양군 방향으로 시선을 돌렸다. 진나라 군대가 삼천군과 영천군을 수복하고 진군陳郡을 통제한 뒤 장초 주력군은 거의 소멸되었다. 남은 것은 남양 지역을 점령하고 있던 장초 군대의 송류 부대뿐이었다. 송류 부대는 관중 지역을 위협할 수 있는 최후의 장초 군대로, 무관을 공격해 관중으로 진입하려고 했다.

남양군 서부는 진 제국의 관중 본토이고, 북부는 삼천군, 동부는 영천군과 진군이다. 장함은 군대를 이끌고 삼천에서 영천으로 들어갔다. 장함 부하의 별동대가 겹현에서 등열 군대를 격파한 뒤 송류 군대는 남하하는 진나라 군대의 위협에 직면했다. 장함의 주력군이 진현을 점령하자 퇴로가 끊긴 송류 군대는 고립되어 진나라 군대에 포위되는 형세에 처했다. 송류는 무관을 공격해 관중으로 진입하려던 목표를 포기하고 남양에서 물러나 진군 방향으로 부대를 이동했다. 송류 군대가 진군 남부의 신채현新蔡縣(지금의 허난 신차이)으로 퇴각할 때 장함의 주력군은 이미 신채 일대에서 진지를 정비하고 송류 군대를 기다리고 있었다. 진나라 군대에 포위된 채 막다른 골목에 이른 송류 군대는 진나라 군대에 투항할 수밖에 없었다. 진나라 군대는 송류를 수레에 태워 수도 함양으로 보냈다. 2세는 송류를 반역죄로 거열형車裂刑이라는 혹형을 명하고 시신을 만인에게 공개하도록 했다.

장함의 주력군이 여음·신채로 남하해 진승을 추격하고 송류를 포위하는 동안 진현 방면의 정세에는 반복과 변화가 있었다. 진승의 부하 여신呂臣은 진군 동남쪽의 신양현新陽縣(지금의 안후이 제서우界首 북쪽)에서 군대를 결집하여 진현을 기습해, 진승을 죽이고 진나라 군대에 투항한 장가를 사형에 처한 뒤 진승을 다시 안장했다. 곧이어 장함 군대의 별동대가 반격에 나서 여신 군대를 격파하고 진현을 탈환했다. 진현에서 후퇴한 여신 군대는 구강 방면에서 북상해온 초나라 영포 부대와 회합했다. 양군은 함께 싸워서 다시 진현을 탈환하고 진승 장초의 기치를 계속 내걸었다. 하지만 이들이 진현을 다시 차지한 시간은 매우 짧았다. 장함이 진나라 주력군을 이끌고 송류 군대를 처치한 뒤 곧장 북상하여 다시 진현을 탈환한 것이다. 여신과 영포는 장함 군대의 강공에 못 이겨 동쪽 사수군 방향으로 퇴각했다. 이들이 나중에 항량 군대로 들어가게 되는 것은 훗날의 이야기다.

진나라 장수 장함은 희수 전투에서 굴기했다. 두 달이라는 짧은 기간에 병력을 집중시켜 장초 군대의 각 주력 부대를 남김없이 소멸시키고 삼천·영천·남양·진군에서 빼앗긴 땅을 수복함으로써 겨우 여섯 달 존속한 장초 정권을 끝장냈다. 한동안 멸망의 위기에 빠졌던 진 제국 정권은 장함의 승리 덕분에 구조되었다. 전국 시대 이래 백전백승의 진나라 군대의 위세 역시 그 덕분에 다시 떨칠 수 있게 되었다. 진 제국의 생사존망은 군사적으로 완전히 장함 한 명의 손에 달려 있었다. 2세 황제, 낭중령 조고, 승상 이사, 이 세 사람이 주도하던 진 제국 정국은, 장함의 굴기로 인해 네 명이 이끌어가는 새 국면을 맞았다. 대장 장함의 일거수일투족은 정국의 안정 및 제국의 존망과 직접적으로 관련되어 있었다.

장초를 평정한 뒤 초나라 남부 지역과 한나라 지역의 전세는 안정되었다. 장함 군대의 공격은 탕군과 동군 방면을 향하기 시작했으며, 위나라 지역의 반란을 평정하는 데 착수했다. 장함의 목표는 임제臨濟(지금의 허난 펑추封丘 동쪽)를 점거하고 있던 위왕 위구와 위나라 주력군을 소멸하는 것이었다. 하지만 바로 이때 동남쪽 모퉁이에 치우친 회계군 방면으로부터 초나라 정예군이 장강을 건너 동해군을 따라 북상하면서 하상·하비·팽성(지금의 장쑤 쉬저우) 방향으로 접근하며 진나라 군대를 향하고 있었다. 이 초나라 군대가 바로 강동에서 기병한 항량의 군대다.

7

항량이 장강을 건너 북상하다

항량은 노련하고 계산속이 있는 사람이었다. 그는 오현에서 기병한 이후 북상하여 동진하는 데 급급하지 않았다. 병사를 모으고 군대를 정비하며 군郡 내의 각 현을 위무함으로써 우선 강동 근거지를 공고히 건설하는 데 힘을 쏟았다. 진2세 원년 9월부터 12월까지 항량 군대는 내내 강동에서 정비하고 훈련하면서 진행되는 상황을 면밀히 주시했다.

12월, 장함 군대가 장초의 수도 진현을 무너뜨린 후 진승은 행방이 묘연해졌다. 당시 진승의 부장 소평召平은 동해군 남부 일대를 점령하고 있었다. 소평은 광릉현 사람으로, 동해군 남부 변두리 현인 광릉현은 지금의 장쑤 양저우에 있었다. 여기서 장강을 건너면 바로 회계군이다. 소평은 군대를 이끌고 광릉현을 공격했으나 함락하지 못했다. 진승이 패했으며 진나라 군대가 동진하고 있다는 소식을 들은 소평은 광릉 공격을 포기하고 남하해 장강을 건너 오현으로 가서 항량을 만났다. 소평은 초왕 진승의 명의를 빌려 항량을 초나라의 상주국으로 임명한 뒤, 신속히 군대를 이끌고 강을 건너 서진하여 진나라 군대를 공격하게 했다. 상주국은 초나라의 최고 군정대신 가운데 하나로, 지위는 영윤 다음이었다. 이미 기병하여 회계군수를 자임하면서 강동 지역을 안정시키고 동진할 기회를 엿보던 항량은 소평의 명에 따라 정예를 선발해 8000명의 강동병을 이끌고 북상해 장강을 건너 동해군으로 진입했다.

항씨는 초나라 명족으로, 초나라 지역에서 막강한 영향력을 지니고 있었다. 이제 진승의 임명을 받아 진나라를 공격하러 출정하게 되었으니, 범이 날개를 얻은 격이자 용이 구름을 탄 격이었다. 항량 군대가 온다는 소문이 전해지자 항량의 명성을 흠모하던 초나라 각지의 기의군이 그 휘하로 잇달아 모여들었다. 진영의 군대가 가장 먼저 항량을 따랐다. 진영은 동양현東陽縣(지금의 장쑤 쉬이盱眙) 사람이다. 본래 그는 진나라 동양현의 영사令史로, 현 정부의 직원이었다. 그는 사람됨이 신중하고 믿음직하여 지역민들에게 존경을 받았다. 관동에서 대란이 일어났을 때 동양현의 젊은이들은 현령을 죽이고 수천 명을 규합해 진나라에 맞서면서 진영을 우두머리로 세웠다. 항량 군대가 동양에 접근했을 때 진영의 부대는 2만 명 규모였다. 항량은 동양현의 진영에게 사자를 보내 함께 서진하여 진나라와 싸울 것을 청했다.

진나라 말은 전국 시대에서 멀지 않기에 세경세록의 고대 귀족 사회 유풍이 남아 있었다. 특히 초나라 지역은 혈연 씨족의 뿌리가 깊었다. 평민 출신인 진영은 본래 반란을 일으킬 만한 신분이 아니었으나 여러 사람에 의해 우두머리로 추대되었다. 마지못해 수락한 자리였기에 그는 늘 불안했다. 진영은 일찍 아버지를 여의고 어머니 슬하에서 자랐기에 일처리나 사람됨에 있어서 모친의 영향을 크게 받았다. 그가 항량의 연합 제안을 모친에게 상의하자, 모친은 이렇게 말했다.

"내가 진씨 집안으로 시집와서 네 조상 중에 부귀한 사람이 있었다는 말을 들어본 적이 없다. 네가 지금 두각을 드러내고 갑자기 명성을 얻는 것은 좋은 일이 아니다. 차라리 남의 밑에 있는 게 낫다. 일이 성공하면 그 덕에 제후에 봉해질 수 있고, 실패하더라도 앞장선 사람이 아니니 빠져나갈 수 있다."

진영은 모친의 말에 수긍하여 항량의 휘하로 들어가기로 결정했다. 그는 부하들에게 말했다.

"항씨 일족은 대대로 장수의 집안이고 초나라에서 명성이 높다. 지금 거병하여 대사를 이루려면 항씨가 이끌어야 마땅하다. 우리가 명족에 의탁해 항씨의 명망과 실력에 기댄다면 포악한 진나라를 반드시 멸망시킬 수 있을 것이다."

부하들은 잇달아 찬성했고, 진영은 부대를 이끌고 항량의 휘하에 들어가 항량 군대의 일부가 되었다.

소평이 진승의 명의를 빌려 항량을 초나라 상주국으로 임명한 이유는 항량이 신속히 군대를 이끌고 서진하여 진군과 사수군 일대에 집결해 있는 진나라 군대를 공격해주길 바랐기 때문이다. 그래서 임명과 동시에 "급히 군대를 이끌고 서쪽으로 가서 진나라를 공격하라"는 명령을 내렸던 것이다. 하지만 항량은 명령대로 신속히 서진하지 않고 도중에 북상했다. 그는 광릉에서 북상해 장강을 건너 동양으로 가서 진영 군대를 합병한 뒤 군대를 이끌고 대택大澤(지금의 홍쩌호洪澤湖)을 따라 동북으로 향했다. 이후 회음 방향에서 회하를 건너 계속 북상하여 능현凌縣을 지나 하상현에 도착했다. 그는 하상에 머물면서 군대를 재편한 뒤 동북 방향의 하비로 이동해 군대를 주둔시켰다.

항량은 전략적 안목을 지닌 장수였다. 그가 곧장 서진해서 진나라를 공격하지 않고 북상한 데는 명확한 전략적 의도가 있었다. 우선 항씨 가족의 봉토와 토대가 회북 사수 유역의 하상현에 있었기 때문이다. 항량과 항우가 화를 피해 오현에서 타향살이를 할 때 항씨 종족은 모두 하상에 거주했다. 항량은 대대로 초나라 장수를 지낸 가문의 명망에 기대어 강동에서 기병할 수 있었다. 항량으로서는 강동의 회계를 장악한 다음 신속히 북상해 하상으로 돌아가 항씨 가족과 회합하는 게 급선무였다. 동해군은 초나라의 옛 땅으로, 관중에서 멀리 떨어져 있어서 진나라가 통일한 이래 반진 세력이 도망쳐 모이는 곳이 되었다. 초나라 장수의 명의로 동해군을 점령함으로써 땅을 차지하고 병사를 징집해 군대를 키우는 것이 항량이 북상한 또 다른 목적이었다. 항량의 이 두 가지 큰 목적은 모두 원만히 달성되었다고 할 수 있다.

석 달 내내 북쪽으로 진군한 항량 군대는 중대한 전투에 맞닥뜨리지 않고 순조롭게 동해군을 점령했다. 이 일대에서 활동하던 반진 무장 세력이 잇달아 항량에게 귀속되어 항량의 군대는 이미 6~7만 명으로 불어났는데, 이 군대가 훗날 초나라 군대의 근본 역량이 된다. 초나라의 여러 명장이 모두 이 시기에 항량 군대에 들어왔다. 진영 군대가 항량에게 의탁한 데 이어서 회남 일대에서 활동하던 강양江洋의 대도 영포, 포장군蒲將軍으로 불린 시무柴武[20] 등이 이끄는 무장 세력이 잇달아 귀속해 항량 군대의 일부가 되었다. 영포와 포장군은 후에 모두 초나라 군대의 명장이 된다. 진나라 주력군을 소멸시킨 거록 전투에서 가장 먼저 황하를 건너 진나라 군대를 공격한 선봉은 바로 그들이 이끈 부대였다. 모사 범증范增, 군사 천재 한신, 용맹한 장수 종리매鍾離眛, 장초 정권의 대신 여신과 그의 아들 여청呂靑 등도 모두 이 시기에 항량군에 들어왔다.

항량 군대는 하상에 도착한 뒤 선조에게 아뢰고 고향의 부로父老를 안심시켰다. 항씨의 모든 종족宗族이 종군했으며, 이들은 훗날 항씨 정권의 핵심이 된다. 사서에서 '제항諸項'이라고 일컬어지는 이들 가운데 항백項伯·항장項莊·항타項它·항관項冠·항성項聲·항한項悍 등도 대략 이 시기에 항량의 군대에 합류했다. 이번에 장강을 건너 북진함으로써 미래 항씨 초나라 정권의 군정軍政 설립의 기본적인 형태를 갖추게 된 것이다.

8

초 회왕이 된 목동

진2세 원년 8월, 하상에서 항씨 가족과 회합을 마친 항량은 곧 하비로 진군해 팽성을 엿보았다. 당시 항량의 군대는 정예를 양성해 잘 정비되어 있었고 구름처럼 많은 명장을 거느린 막강한 군대로, 명령만 떨어지면 즉각 진격할 수 있는 상태였다.

팽성은 하비의 동쪽에 있는데, 지금의 장쑤 쉬저우다. 회사淮泗 지역의 중심에 자리한 팽성은 일찍이 초나라의 수도였으며, 위나라와 초나라 지역을 연결하는 동서대로와 제나라와 초나라 지역을 연결하는 남북대로가 합류하는 곳이었다. 예로부터 팽성은 모든 전술가가 노리는 지역이었으며, 진 제국 시대에는 함양·형양과 더불어 천하 3대 교통 중추의 하나로 여겨졌다. 당시 팽성은 초왕 경구景駒의 군대가 점거하고 있었다. 항량 군대의 의도를 알아챈 경구는 항량 군대의 서진을 저지하기 위해 대장 진가秦嘉를 팽성 동부에 주둔하게 했다. 경구는 초나라의 옛 귀족으로, 패전한 진승의 행방이 묘연해지자 회북 지역에서 독립적으로 활동하던 장초 군대의 장수 진가에 의해 초왕으로 옹립되었다. 경구가 장초 진승을 계승해 초나라 지역 기의군의 기치를 내걸자 유방과 장량은 일시에 초왕 경구의 기치 아래 모였다.

항량은 초왕 진승의 명을 받았다는 명분으로 북상하여 장초 정권의 상주국이 되었다. 경구를 초왕으로 옹립한 진가와 장초의 기치를 내건 항량의 대립과 충돌은 불가피했다. 항량은 부하 장수들을 불러 이렇게 말했다.

"장초 진왕(진승)은 처음으로 기병하여 진나라에 반기를 들었으나, 전쟁 상황이 불리해졌고 진왕의 행방은 알 수 없다. 지금 진가는 진왕을 배반하고 경구를 옹립했으니 대역무도하다."

항량은 군대를 이끌고 하비에서 서진하여 진가 군대를 공격했다. 진가 군대는 팽성 동쪽에서 패하고 북쪽으로 퇴각했다. 항량 군대는 설군 호릉현胡陵縣(지금의 산둥 위타이魚臺 동남쪽)까지 추격하여 다시 진가를 격파했다. 진가는 전사하고, 그가 이끌던 초나라 군대는 항량에게 투항했다. 초왕 경구는 서쪽 탕군 방향으로 도망쳤으나 혼란 속에서 죽었다. 항량은 진가 군대를 합병한 뒤 호릉에서 잠시 머물며 경구의 옛 부대를 정돈·재편하면서 서진하여 진나라 군대와 싸울 준비를 했다.

이때 장초 진승 정권을 멸망시킨 장함은 이미 군대를 이끌고 북상해 위나라를 공격하기 시작했으며, 진나라 군대의 일부는 탕군 동부의 율현栗縣(지금의 허난 샤이夏邑)에 이르렀다. 항량은 부하 주계석과 여번군餘樊君을 남쪽으로 보내 장함 군대를 공격하게 했다. 그러나 초나라 군대는 패하고 여번군은 전사했으며 주계석은 호릉으로 되돌아갔다.

진2세 2년 4월, 항량은 군대를 이끌고 북상해 설군 설현薛縣(지금의 산둥 텅저우滕州 동남쪽)으로 들어갔다. 초왕 진승이 확실히 죽었다는 소식을 들은 그는 진왕(진승)의 뒤를 잇는다는 기치를 내걸기로 결의한 뒤, 패전군의 장수 주계석을 주살하고 초왕 진승을 제사지냈다. 그는 장초 상주국의 이름으로 초나라 각지의 기의군을 설현으로 소집한 뒤, 초나라 정권을 재건하고 진 왕조를 뒤엎을 대사를 협의했다. 이것이 바로 역사상의 설현 회의다. 설현 회의의 가장 중요한 과제는 바로 진승 사후의 초나라 정권을 어떻게 재건하느냐는 것이었다.

설현 회의에서 모사 범증은 항량에게 이렇게 진언했다.

"진승의 실패에는 물론 그 이유가 있습니다. 진나라가 육국을 멸망시킬 때 초나라가 가장 무고하게 당했습니다. 회왕이 기만당해 진나라로 돌아오지 못했는데, 초나라 사람들은 지금까지도 이 일을 늘 상기하며 잊지 않고 있습니다. 초나라 남공南公이 예언하길 '설사 초나라에 삼호만 남겨진다 해도 반드시 진나라를 멸망시킬 것'이라고 했습니다. 진승이 군사를 일으켜 진나라에 맞섰지만 초왕의 후예를 세우지 않고 스스로 왕이 되었기 때문에 호소력에 한계가 있어서 정권이 오래갈 수 없었던 겁니다. 장군께서 강동에서 군사를 일으키자 초나라 각지에서 봉기한 장수들이 앞 다투어 장군 휘하로 들어온 것은 장군의 집안이 대대로 초나라의 장수였기 때문이며, 장군께서 초왕의 후대를 옹립하고 초나라의 천하를 회복케 하리라 기대하기 때문입니다."

항량은 범증의 건의를 받아들여 초왕의 후예를 찾으라는 긴급 명령을 내렸다. 항량은 민간에서 양치기로 살고 있던 초 회왕의 손자 웅심熊心을 찾아냈다. 이렇게 해서 진2세 2년 6월, 항량은 설현에서 각 방면의 초나라 군대 장수들과 함께 웅심을 초왕으로 옹립했다. 그리고 진나라의 신의 없음을 원망하고 무고하게 죽은 초 회왕을 그리워하는 초나라 사람들의 바람에 순종하고자 웅심을 초 회왕이라 칭하고 우이盱台(지금의 장쑤 쉬이盱眙의 북쪽)를 수도로 삼아 정식으로 초나라 정권을 다시 세웠다. 항량은 스스로 무신군武信君이라 칭하고 초나라 군대의 장수가 되었으며, 그 밑의 초나라 군대 10만 여 명은 명실상부한 육국 반진군의 주력이 되었다.

당시 진나라 주력군은 탕군과 동군 일대에 있었기 때문에 탕군 인근에 위치한 설현은 진나라 군대의 공격을 당하기 십상이었다. 그리하여 동해군 남부에 있는 우이가 새로운 수도로 정해졌다. 우이는 초나라 내지에 자리한 곳으로, 앞쪽은 회하로 막혀 있어 전쟁을 피할 수 있고 뒤쪽은 초나라의 옛 땅인 회계군과 구강군이 있어 의지할 수 있었다. 회계는 항량이 군사를 일으킨 근거지이고 구강은 번군番君 오예와 영포가 군사를 일으킨 근거지로, 두 곳 모두 초나라 세력이 강대한 지역이었다. 항량이 우이를 수도로 택한 데는 또 다른 이유가 있다. 우이는 동양현 바로 옆에 위치하는데, 초나라 장수 진영의 고향이 동양이었다. 기병한 뒤 동양의 관리와 백성은 자발적으로 진영의 밑으로 결집하여, 민심이 안정되고 정권의 기초가 견고했다. 항량은 진영을 상주국에 임명하고 초 회왕을 보좌하여 우이에 도읍하고 정권을 안정시켰다.

설현 회의는 진승이 패망한 이후 초나라 지역에 우두머리가 없는 혼란 국면을 종결시켰다. 초 회왕의 이름으로 초나라 지역의 반진 무장 역량을 통일하여 초나라의 법통을 계승하고 정식으로 복국復國하여 초나라 정권을 재건했다. 설현 회의에는 항량과 항우를 비롯한 항씨 가족 그리고 진영·영포·포장군·범증·환초 및 여신과 여청 부자 등이 참여했다. 유방과 장량 역시 경구 진영을 떠나 회의에 참가하여, 초 회왕을 옹립한 공신의 반열에 들었다.

설현 회의는 초나라 정권을 재건하는 회의였다. 초나라는 진나라에 반대하는 나라들의 맹주였던 만큼 이 회의에서 중대한 결정을 내렸다. 바로 한韓나라를 회복시키자는 것이었다. 진승이 군사를 일으킨 이래, 진나라에 의해 멸망당한 전국 시대 육국 가운데 초·제·조·위·연은 이미 나라를 수복했지만 오직 한나라만은 복국의 숙원을 실현하지 못했다. 한나라 회복은 장량이 항량에게 건의한 것으로, 항량의 동의를 얻어낸 장량은 민간에서 한나라 왕의 후손인 한성韓成을 찾아내 한왕으로 옹립했으며 자신은 한나라 사도司徒가 되었다. 두 사람은 함께 군사를 이끌고 옛 한나라의 영천 지역으로 가서 한나라의 복국 운동에 힘썼다.

육국의 복국 운동은 진 제국 군대의 공격 목표를 분산시켰다. 장함은 진승 장초 정권을 신속히 소멸시킨 뒤, 다음 공격 대상으로 이제 막 나라를 수복한 위나라를 점찍었다.

9

장함이 위나라를 멸망시키다

진승은 장초 정권을 세운 후 부하 장수들을 각지로 출격하게 했다. 위나라 사람 주불은 진승의 명령을 받아 군대를 이끌고 북상해 원래의 위나라 지역이었던 진나라의 탕군과 동군 일대를 공격했다. 주불 군대는 줄곧 북상하여 제나라 지역에 도착했는데, 제북군濟北郡으로 진입했을 때 전담田儋의 공격을 받았다. 주불은 동군으로 되돌아가 위나라 지역의 발전에 전심전력으로 애썼다. 당시 전담은 제나라를 부흥시켜 스스로 제왕이 되었고, 무신은 조나라를 함락하고 스스로 조왕이 되었다. 주불의 부하들은 주불이 위왕이 되어 위나라 지역의 군정을 주재하길 희망했다. 조나라와 제나라 역시 주불에게 위왕이 될 것을 적극 종용했다. 그가 공동으로 진나라 군대에 맞서주길 바라는 한편으로, 초나라로부터의 압력을 완화해주길 바랐기 때문이다.

주불은 진영과 비슷한 성향의 인물로, 자신이 선두에 나서기보다는 보좌하길 원했다. 주불은 자신을 위왕으로 옹립하려는 제안을 거절하며 이렇게 말했다.

"천하가 어지러울 때 충신이 나타난다. 지금 천하가 함께 진나라에 맞서고자 하니, 우리 위나라 지역에서는 마땅히 위왕의 후예를 옹립해야 대의명분에 맞다."

주불은 일찌감치 위왕으로 세울 인물을 점찍어두고 있었다. 바로 당시에 진현에 있던 위구다. 위구는 위나라 왕실의 공자로, 영릉군寧陵君에 봉해졌다. 봉지인 영릉은 지금의 허난 닝링寧陵으로, 진나라에 귀속된 뒤로는 탕군에 속했다. 위나라는 위왕 가假 3년(기원전 225)에 진나라에게 멸망했는데, 망국의 상황은 비장하고도 장렬했다. 당시 위나라 병사와 백성은 진나라 장수 왕분에 의해 고립된 성에서 석 달 동안이나 포위된 채 수도 대량을 지키고 있었다. 대량은 황하 남쪽에 있었는데, 왕분은 황하의 둑을 파서 강물이 성으로 흘러들게 했다. 이에 대량성은 파괴되었고 진나라 군대가 성안을 공격했다. 위왕 가는 투항했으나 피살되었고 위나라는 멸망했다. 대량은 폐허가 되었다. 위나라 멸망 이후 위구는 위나라 옛 귀족들과 마찬가지로 봉지를 잃고 타향으로 옮겨져 일반 백성으로 몰락했다. 진승이 기병하자 위구는 사촌동생 위표魏豹와 함께 진현으로 가서 장초 정권의 신하가 되었다.

자신의 옹립을 거절한 주불은 부하들을 설득해 위구가 귀국하여 위왕이 되도록 진승에게 청하기로 했다. 진승은 기병한 이후로 부하가 왕을 자칭하는 것에 분노했으며, 육국 귀족의 복국에 대해서는 더욱 경계심이 강했다. 주불의 사자가 진현을 네 번 찾아가 요청했지만 모두 거절당했다. 진2세 원년 12월, 진현은 장함 군대의 공격에 직면해 위태로운 상황에 놓였다. 진승은 어쩔 수 없이 주불의 다섯 번째 요청을 받아들여 위구를 귀국하게 했다. 위구는 위나라로 돌아와 위왕으로 옹립되었고 주불은 승상이 되었으며, 위나라가 부흥하고 위구의 위나라 정권이 세워졌다. 옛 수도 대량이 진나라 군대에 의해 수몰되어 폐허가 되었기 때문에 위구의 위나라 수도는 대량 인근 북부의 임제臨濟(지금의 허난 펑추封丘의 동쪽)로 정해졌다.

위구의 위나라 정권이 건립된 지 오래지 않아서 장함 군대는 장초 정권을 소멸시킨 뒤 북상했다. 진격 목표는 위나라로 정해졌다. 진 2세 2년 2월, 장함 군대가 탕군에 진입하여 위나라를 공격하기 시작했다. 3월, 장함 군대는 탕군 동부의 율현에서 항량의 별동대인 주계석 부대와 여번군 부대를 격파한 뒤 동북으로 올라가 탕군을 소탕하고 임제에서 위나라 군신을 겹겹으로 포위했는데, 마치 왕분이 대량의 옛 성을 포위한 것을 재연하는 듯했다. 장함 군대가 진지를 견고히 쌓기 전에 위구는 인근 각국에 급히 대신을 보내 구원을 요청했다. 승상 주불은 제나라로 가고, 왕의 아우 위표는 초나라로 갔으며, 조나라에도 중신을 사신으로 보냈다. 위나라가 위급함을 알리며 구원을 청하자 제왕 전담은 제나라 주력군을 직접 거느리고 주불과 함께 제북에서 남쪽으로 내려왔다. 항량은 팽성에서 항타를 보내 초나라 군대 일부를 이끌고 위표와 함께 급히 서쪽으로 가게 했다. 조나라는 진나라 북부군 주력이 동진하여 남하하고 있는 긴박한 상황에 처했기 때문에 위나라를 도울 힘이 없었다.

장함의 위나라 공격은 심혈을 기울여 계획한 것이었다. 우선 일찌감치 성을 포위해놓고 제나라와 초나라의 원군에 대적할 준비를 해

두었다. 진지를 정비하고 적을 기다리고 있던 장함 주력군은 임제성 아래서 제나라와 초나라 양국의 원군을 대파했다. 전투는 격렬하고 잔혹했다. 제왕 전담과 위나라 승상 주불은 전사했고 초나라 군대는 패주했다. 위왕 위구는 성을 지켜봐야 희망이 없다는 판단 아래 성문을 열고 투항하기로 결정했다. 투항 약조의 효력이 발생한 뒤 위구는 분신자살했다. 전국 시대 이래로 전쟁에서 항복하지 않고 필사적으로 저항하는 도시에 대해서는 성을 함락한 군대가 보복성의 대량 학살을 자행하곤 했는데, 이를 도성屠城이라고 한다. 위나라 주력군은 소멸되고 원군이 섬멸되었을 때 위구가 성문을 열고 투항한 것은 진나라 군대가 위나라 임제의 군사와 백성을 죄다 살육하는 것을 막기 위해서였다. 이는 위나라 백성을 지키기 위한 책임을 다한 것이니, 어질고 의롭다 하지 않을 수 없다. 분신하여 자살한 것은 한 나라의 군주로서의 존엄을 더럽히지 않은 것이니, 장렬하다고 하지 않을 수 없다.

10

항량의 패망

임제에서 대패한 뒤, 전담의 동생 전영田榮은 제나라의 잔존 병력을 이끌고 제나라로 철군했다. 항타는 초나라의 잔존 군대를 이끌고 위표와 함께 초나라로 철군했다. 임제를 함락하고 위나라를 멸망시킨 것은, 장함이 군대를 이끌고 함곡관을 나와 장초 진승을 무찌른 것에 이은 두 번째의 중대한 승리였다. 초나라와 위나라를 멸망시킨 이후 장함은 승세를 몰아 제나라를 공격하기로 결정했다. 그는 전영을 바짝 추격하여 동군 동쪽의 동아성東阿城(지금의 산둥 양구陽谷의 동북쪽)에서 전영을 포위했다.

설현 회의 이후 항량은 군사를 양분했다. 우선 항타에게 초나라 군대 일부를 이끌고 서둘러 위나라를 구하게 했고, 항량 자신은 초나라 주력군을 이끌고 설현에서 서진하여 북쪽으로 가서 설군 서쪽의 항보현亢父縣을 함락했다. 이곳에서 항타의 패전 소식을 접한 항량은 정세가 심각함을 깨닫고 전영을 구원하기 위해 신속히 북상하여 동아로 내달렸다. 항량 군대와 동아성 아래에서 격전을 펼친 끝에 장함 군대는 서남쪽 복양현濮陽縣(지금의 허난 푸양의 남쪽) 방면으로 퇴각했다. 항량은 그 뒤를 추격하여 복양 동쪽에서 다시 교전을 벌였고, 또 장함 군대를 크게 무찔렀다. 이에 장함 군대는 둘로 나뉘었다. 별동대는 동쪽으로 퇴각해 성양현성(지금의 산둥 허쩌菏澤 동북쪽)[21]으로 들어가고, 장함은 잔존 주력 부대를 이끌고 서쪽으로 퇴각해 복양성으로 들어간 뒤 그곳을 굳게 지켰다. 복양은 동군의 치소가 있는 곳으로, 황하 남쪽 기슭에 있었으며 황하의 주요 나루터인 백마진白馬津에 바짝 붙어 있었다. 복양으로 물러난 장함은 서둘러 해자와 참호를 만들고 황하의 물을 끌어들여 장기전 태세를 갖췄다. 장함의 전략은 황하의 수운과 나루터를 제어하고 보충과 원조의 루트를 유지하면서 기회를 보아 반격하려는 것이었다.

승리를 거둔 항량의 군대는 둘로 나뉘었다. 항량은 주력군을 이끌고 장함을 추격해 복양을 포위 공격했다. 항우와 유방이 이끄는 별동대는 동쪽 성양을 향해 퇴각하는 진나라 군대를 추격했다. 진나라 군대는 성양으로 들어가 성을 지켰지만 항우와 유방 연합군이 맹공을 펼쳐 성을 함락시킨 후 도성屠城을 시행해 보복했다. 이후 항우와 유방 연합군은 남하해서 정도定陶(지금의 산둥 허쩌 딩타오定陶 서북쪽)를 공격했다. 하지만 성과 해자가 견고하고 수비군이 강력하여 결국은 정도 공격을 포기했다. 항우와 유방은 남하하여 외황현을 에둘러 옹구현雍丘縣(지금의 허난 치현杞縣)으로 쳐들어가 삼천군 방면에서 오는 진나라 증원 부대를 저지했으며 진나라 군대를 대파하고 진나라 장수 삼천군수 이유의 목을 베어 죽였다. 이유 군대를 격파한 항우와 유방은 북쪽으로 군사를 되돌려 외황현을 공격했다. 복양에서 정도로 와서 싸우고 있는 항량 주력군에 호응하기 위해서였다.

동아 전투는 항씨 초나라 주력군과 진나라 주력군의 첫 번째 대전이었다. 항량은 강동에서 기병한 이래 내내 동쪽 초나라의 변두리 군郡에서 군대를 정비하고 정권을 수립하는 데 힘쓰느라 진나라 주력군과 맞붙어 싸운 적이 없었다. 새로 조직한 군대가 진나라 군대에 대항할 수 있는지 알 수 없는 상태에서 치른 첫 전투에서 대승을 거둠으로써 항씨 초나라 군대는 조직과 편제, 장비와 무기, 사기와 투지 면에서 검증되었고, 이로써 명실상부한 육국 반진군의 주력이자 중추가 되었다. 진나라 군대와 싸워 이길 수 있다는 항량의 자신감도 크게 강화되었다.

항량 군대는 동아 전투 이후 복양 전투에서도 대승을 거두었다. 별동대인 항우·유방 연합군은 성양을 함락하고, 옹구에서 이신 군대를 섬멸하여 서남 방향에서의 진나라 군대의 증원을 차단했다. 장함 군대가 복양을 굳게 지키며 나오지 않자, 항량은 정도로 군대를 이동하여 진나라 군대를 또다시 격파했다. 정도는 동쪽의 대성大城인 부유한 도시로, 일찍이 진 소왕 때의 권신 양후穰侯 위염魏冉의 봉지였다. 항량의 대군은 정도를 포위하고 일거에 함락할 태세를 갖추었다.

승승장구하던 항량은 진나라 군대를 얕보는 마음이 생겨났다. 그러한 정서가 위로부터 아래까지 군중軍中에 만연하기 시작하자 부장 송의宋義가 항량에게 주의를 주었다.

"싸움에서 이긴 뒤 장수가 교만해지고 병사들이 나태해지면 패할 징조입니다. 지금 병사들 속에서 나태한 정서가 생기고 있는데, 진나라 군대는 원군을 기다리면서 점차 전력을 보충하고 있습니다. 신은 심히 걱정되고 두렵습니다."

승리에 도취한 항량은 이 충고에 귀 기울이지 않았다. 군대의 기를 꺾고 흥을 깨는 송의가 거북했던 항량은 그를 제나라에 사신으로 보내 전영과 출병을 교섭하게 했다. 항량은 진나라 군대의 동향에 대해 단단히 경계하지 않았다.

한편 동아 전투는 장함 군대의 첫 번째 패전이었다. 관문을 나온 이래로 이제까지 장함 군대는 진승을 격파하고 위구를 멸망시키고 전담을 죽이는 등 연전연승을 거두면서 반란군의 주력을 차츰 격파했고, 반란을 일거에 평정할 기세였다. 그러나 동아 전투에서 패전한 이후, 복양에서 패하고 성양이 함락되고 이유 군대를 잃음으로써 미증유의 심각한 좌절을 겪었다. 하지만 철인哲人 노자老子의 말처럼 "재앙 안에 복이 깃들어 있고 복 안에 재앙이 숨어 있다."[22] 처음 출발할 때 순풍을 탄 배는 갑작스런 폭풍우에 침몰하기 십상인 반면, 풍랑을 여러 번 겪으면 도리어 치명적인 재난에서 벗어날 수 있는 신중함을 얻는 법이다. 항량 군대와의 일련의 교전에서 패한 장함은 항씨 초나라 군대가 이전의 적과는 다르며 조직이 엄밀하고 전투력이 강한 정예 부대라는 사실을 깨달았다. 그러한 강적이기에 우세한 병력을 집결해 신중하게 싸워야 함을 인식한 것이다.

장함의 용병은 진나라의 명장 백기白起 이래의 전통을 계승한 것이다. 즉 강적을 맞아 형세가 불리할 때는 일단 전술적으로 적에게 약함을 드러내고 퇴각하여 방어 태세로써 상대의 경계를 늦춘다. 이렇게 시간을 벌어놓고 은밀하고 신속하게 장비와 군력을 보충하여 진격 태세를 갖추고, 인내심을 가지고 적군의 동향을 꼼꼼히 주시해야 한다. 그러다가 적군이 태만한 틈을 보이면 우수한 병력으로 대규모 기습을 단행해 일거에 승리를 거두는 것이다. 백기는 이러한 전법으로 장평에서 조나라 군대를 대파했고, 왕전은 회북에서 초나라 군대를 대파했다. 진2세 원년 9월, 장함 역시 동일한 전법으로 주문 군대를 섬멸한 바 있다. 주문 군대를 격퇴한 후 관중을 사수하면서 은밀히 군대를 보충·재편한 뒤 함곡관에서 나와 돌격함으로써 주문 군대를 철저히 섬멸할 수 있었던 것이다.

이번에도 장함은 기존 전법을 되풀이했다. 그는 복양성으로 퇴각한 뒤 방어 태세를 취한 채 싸우지 않았다. 표면상으로는 연속된 패전으로 두려워 움츠러든 것처럼 보이지만 은밀히 황하의 조운을 통해 장비와 군량을 보충하고 원군을 집결시키고 있었다. 외황 방향에서 급히 달려와 지원하려던 이유 군대가 섬멸되자 장함은 더욱 조심스러워졌다. 장함은 하동군과 하내군의 진나라 군대를 황하 북쪽 기슭을 따라 서쪽으로 이동시켰다. 이와 동시에 그는 하북에서 조나라를 공격하고 있던 왕리 군대의 일부를 남으로 이동시켜 황하를 건너게 함으로써 초나라 군대를 공격하는 데 합류시켜줄 것을 조정 당국에 요청했다.[23]

진2세 2년 9월, 하동·하내의 원군과 왕리 군대의 일부는 백마白馬 복양 일대에 이르러 몰래 황하를 건너 장함 군대와 합류했다. 이로써 진나라 군대의 사기가 크게 진작되었다. 증원을 얻은 장함 주력군은 복양에서 정도 방향으로 은밀히 움직여 밤에 항량 군대의 본영을 기습했다. 정도성 내의 진나라 군대 역시 호응해 출격했다. 항량 군대는 하동·하내·하북의 진나라 군대가 남하하는 낌새를 알아채지 못한 탓에 속수무책인 상태에서 섬멸되었다. 항량 역시 진나라 군대에 의해 최후를 맞았다.

정도 전투 이후 진나라와 육국의 전쟁은 새로운 국면에 접어들어, 주요 전장이 황하 이남에서 황하 이북으로 옮겨졌다. 역사가들은 이를 '하북 전쟁'이라 칭한다.

제 6 장

항우의 굴기

1
연나라와 조나라의 복국 운동

진2세 원년 7월, 정도 진현의 장초 진승 정권은 중대한 전략적 결정을 내렸다. 군사를 황하 이북으로 북상시켜 연·조 지역의 전장을 개척한다는 것이었다. 이 결정은 오랫동안 진현에 은거했던 유협 장이와 진여가 내놓은 것이다.[1] 옛 조나라와 연나라 지역의 병사와 백성이 진나라에 항거하도록 책동하고, 장성 방위선에 배치된 진 제국의 북부군을 견제하기 위해서였다. 진승의 두터운 신임을 받고 있던 무신은 초나라 진현 사람으로, 진승이 대택향에서 군사를 일으킨 때부터 그 곁을 지켜온 부하였다. 진승은 무신을 장군으로 임명해 병사 3000명을 이끌고 북상하게 했으며, 장이와 진여를 교위에 임명해 부장으로서 무신을 보좌하게 했다. 이와 동시에 진승은 자기를 대신할 심복 소소邵騷를 호군護軍으로 임명해 군사軍事를 감독하게 했다.

전국 시대 황하 이북에는 주로 조나라와 연나라 두 대국이 있었다. 조나라는 전국 시대 중기 이래로 한단(지금의 허베이 한단)을 수도로 삼아 오랫동안 황하 이북에서 군림했다. 영토는 북으로 섬서 동북부에 이르렀고, 산서 대부분과 하북 남부 지역을 겸유했으며, 산동 서부와 하남 북부의 일부 지역을 차지하고 있었다. 진 제국의 행정구역으로 논하자면, 서에서 동으로 그리고 남에서 북으로 안문·대군·태원·항산·상당上黨·한단·거록의 7개 군을 영유하고 있었다. 기원전 307년 조 무령왕은 유목민족의 기병술과 장비와 복식의 일환인 호복胡服과 기사騎射를 앞장서 도입했고, 그로 인해 조나라의 군사 역량은 각국에서 단연 월등해졌다. 또한 명장을 배출하여 오랫동안 진나라에 맞서 천하 통일의 주도권을 다투었으나 기원전 260년 진나라와의 장평대전으로 패전했다. 40만 조나라 병사가 진나라에 투항했으나 진나라 장수 백기에 의해 생매장되었고, 이로 인해 조나라의 국력은 쇠약해졌다. 하지만 조나라 군대는 명장 염파廉頗와 이목李牧의 통솔 아래 오랫동안 완강하고 유효하게 진나라 군대의 침공에 저항했다. 진나라가 무력으로 천하를 통일한 이후 진나라에 대한 조나라 사람들의 원한은 사무쳤다.

무신의 군대는 진현을 출발해 탕군을 지나 동군으로 들어간 뒤 백마진(지금의 허난 화현滑縣 동북쪽)에서 황하를 건너 조나라 지역의 한단군으로 들어가 정식으로 북부 전장을 개척했다. 장이와 진여의 계획에 따라 무신 군대는 진나라에 대한 조나라 사람들의 원한을 환기시킴으로써 진승에게 호응하도록 부추기면서 포악한 진나라를 전복시키는 데 힘썼다. 민심에 순응한 덕분에 무신 군대는 조나라에서 순조롭게 성장했으며 오래지 않아 10여 성지城池를 함락시켰다. 군대는 수만 명으로 확충되었고, 무신은 무신군武信君으로 칭해졌다. 더 나아가 무신은 괴통蒯通의 계책에 따라 조나라 지역의 진 왕조 관리들에게 투항을 권하는 회유책을 전개하여 조나라 지역에 존재하는 진 왕조 정권의 조직을 최대한 평화롭게 접수했다. 조나라 동부 지역은 신속히 평정되었으며, 옛 조나라의 수도 한단 역시 무신 군대에 점령되었다. 무신이 한단으로 진입한 뒤, 주문의 군대가 관중에서 물러났다는 소식이 전해지자 반진 전쟁이 장기화될 조짐이 분명해졌다. 장이와 진여의 책동 아래 무신은 자신을 조왕이라 칭한 뒤 장이를 우승상으로, 소소邵騷를 좌승상으로, 진여를 대장군으로 삼아 독립적인 조나라 정권을 세웠다.

무신의 조나라 정권이 세워진 때는 진2세 원년 8월이다. 무신 정권은 한단을 수도로 삼았으며 대체로 조나라 동부 지역의 한단군과 거록군 및 연나라 남부의 광양군을 영유했다. 무신은 조나라 정권을 수립하자, 초나라 군대를 지원해 진나라를 공격하라는 장초 진승 정권의 요구에 따르지 않았다. 대신 내실을 다지고 조나라의 영토를 넓히는 데 힘썼다. 무신은 병사를 세 방면으로 파견했다. 이량에게는 군대를 이끌고 북쪽으로 가서 항산군을 공략하게 했고, 장염에게는 서쪽으로 가서 상당군을 공략하게 했고, 한광에게는 북상해서 연나라 지역을 공략하게 했다. 항산군과 상당군은 모두 옛 조나라의 영토로, 이량과 장염의 진군 목적은 조나라의 옛 땅을 회복하는 것이었다. 또한 한광을 연나라 지역으로 보낸 까닭은 기회를 엿보아 연나라를 겸병함으로써 조나라 세력을 확장하기 위한 것이었다.

전국 시대에 연나라는 세계의 북쪽 끝이었다. 하북 북부를 중심으로, 동으로는 요동반도, 북으로는 장성, 서로는 장북張北 지역에 이르렀다. 진 제국의 행정구역으로 말하자면, 서쪽에서 동쪽으로 상곡

上谷·어양·우북평·요서遼西·요동의 다섯 개 변방 군郡 및 한 개의 내군內郡 광양을 포함했다. 연나라는 전국칠웅 가운데 가장 약국이었고 동북 귀퉁이에 치우쳐 있어 천하 정국에서의 영향력도 가장 작았다. 또한 연나라의 서부와 남부는 조나라에 둘러싸여 있어 중원으로 진출하기 어려웠고, 연나라 국세는 조나라의 영향을 가장 많이 받았다.

진나라는 조나라를 정복하는 데 나라 전체를 동원했으며, 오랫동안 이어진 싸움과 승부를 주고받는 과정에서 막대한 대가를 치렀다. 조나라를 친다면 이후에 연나라를 정복하는 것은 식은 죽 먹기였다. 연나라는 조직적으로 진나라에 맞설 군사력이 없었기에 테러 활동을 택할 수밖에 없었다. 태자 희단은 자신을 낮추고 인재를 구해 진왕을 암살하고자 했다. 결국 그는 형가를 자객으로 보냄으로써 강개하고 슬픈 사극史劇을 연출했고, 오랜 세월 후대 사람들에게 전해 내려오며 끊임없이 칭송되었다. 진왕 암살의 실패는 갑절의 보복을 초래했다.

진나라 군대는 연나라를 공격해 점령한 후 연나라 귀족을 잔혹하게 처벌했다. 서주西周 소공召公 이래로 연나라 귀족은 진나라 군대의 잔혹한 공격에 동쪽으로 대거 퇴각한 후 요동반도에서 마지막 저항을 이어갔다. 이들 귀족은 진나라 군대에 주살되거나 한반도로 도망쳐 옛 땅과의 연계가 단절되었다. 진나라 말 난이 일어나 민간을 떠돌며 고생하던 각국 귀족들은 고국의 왕정을 부활시키려 잇달아 기의했지만, 연나라의 옛 귀족은 한반도에 안거한 채 중국의 내란에 휘말려들기를 원치 않았기에 이 시기 그들의 활동에 대해서는 어떤 기록도 찾아볼 수 없다.

한광韓廣은 연나라 사람으로, 연나라 지역의 상곡군上谷郡 출신이다. 그는 일찍이 진나라 상곡군의 졸사卒史, 즉 군정부의 하급 사무원을 지낸 적이 있다. 무신이 한광에게 연나라 지역을 공략하게 한 이유는 연나라 출신인 그의 배경을 이용해 현지의 병사와 백성에게 반진 복국을 호소하면서 그들을 포섭하려는 것이었다. 무신의 예상대로 한광은 연나라 병사와 백성에게 환영받았으며, 순조롭게 진군해 연나라의 대부분 지역을 신속히 점령했다. 하지만 무신이 장초를 벗어나 왕을 자처했던 것처럼, 연나라 지역으로 들어간 한광도 스스로 왕을 자처했다. 이렇게 한광이 연나라를 회복한 것은 진2세 원년 9월로, 무신이 조왕이라 칭하며 조나라를 부흥시킨 지 겨우 한 달 뒤였다. 독립한 연나라는 서쪽과 남쪽에 방어진을 치고 조나라에 항거하면서 동쪽으로 뻗어나가 옛 땅을 회복하고자 노력했다. 대략 전국 시대 이래 연나라의 전통대로 한쪽에 치우쳐 지내면서 스스로를 지키고자 애썼다. 이로써 황하 이서 및 이북의 화북 지역에서는 진나라가 조나라·연나라와 대립하는 국면이 다시 형성되었다.

2

변사 괴통의 등장

진 제국의 북부군은 흉노 토벌과 제국 전역의 북쪽 변방 수비를 책임진 군대다. 진시황 32년, 시황제는 대장 몽염을 파견해 30만 대군을 이끌고 북쪽 흉노를 치게 했다. 하투 지역에 있는 흉노의 기름진 목장을 탈취하여 구원군을 설치하고 백성을 이주시켜 둔전屯田하도록 했다. 한편 진나라·조나라·연나라 장성을 연결시키고 요새에 직도를 건설했으며, 상군에 북부군 총본부를 설치하고 제국 북부 변방의 수비 배치를 통일화했다. 진 제국이 천하를 통일한 뒤 진나라 군대의 전략적 주력군은 셋으로 나뉜다. 첫째는 관중 지역의 경사군京師軍이고, 둘째는 남월 지역의 남부군이고, 셋째가 바로 북부군이다. 북부군은 두 가지 주요 임무를 맡고 있었다. 하나는 제국의 북부 변방을 책임지는 역할로서, 몽골 고원으로 물러간 흉노 기병이 권토중래할 것에 대비하는 것이다. 다른 하나는 수도 지역의 북부 보호벽으로서 관중 지역에 일어날 습격을 방지하는 것이다. 북부군의 초대 총사령관은 몽염이었고, 감군監軍은 황장자 부소였다. 진시황 37년,

시황제가 순행 중에 사망하자 호해·조고·이사는 조서를 위조해 상군으로 보내어 부소와 몽염을 자살케 했다. 그 뒤로는 왕리가 북부군을 통솔했다.

왕리는 내사 빈양현頻陽縣(지금의 산시陝西 푸핑富平) 사람이다. 그의 조부 왕전과 부친 왕분은 모두 진나라의 명장으로, 천하 통일의 공신이었다. 시황제가 천하를 통일할 때 왕전은 군대를 이끌고 조나라와 연나라를 멸망시켰고, 왕분은 군대를 이끌고 대량을 수몰시켜 위나라를 멸망시켰다. 왕전과 왕분은 초나라 공격 역시 주도했다. 진왕 정 23년, 왕전은 60만 진나라 군대를 이끌고 초나라의 마지막 왕 창평군 웅계와 항우의 조부 항연이 이끈 군대를 격파하여 초나라를 멸망시켰다. 또한 진왕 정 26년, 왕분은 몽염과 함께 군대를 이끌고 제나라를 공격해 멸망시킴으로써 통일을 완성했다. 진나라는 군공과 훈벌(공훈을 세운 가문)을 중시했기 때문에 천하 통일을 이룬 뒤 왕씨와 몽씨 집안은 진 왕조에서 가장 빛나는 훈벌이 되었다. 한 집안에서 삼대에 걸쳐 장수가 되었고 부자 양대가 제후로 봉해졌다. 진시황 28년, 시황제가 동쪽으로 천하를 순행할 때 왕전은 무성후武城侯에 봉해지고 왕분은 통무후通武侯에 봉해져 부자가 나란히 최고의 영광과 부귀를 누렸다.[2] 흉노를 토벌한 몽염은 제국 북부 변경에 주둔했고, 왕리는 몽염 군대에서 부장을 맡았다. 왕리가 몽염에 이어 북부군의 사령관이 되었을 때 그의 두 부장은 소각蘇角과 섭간涉間이었다.

진2세 원년 9월, 장초의 주문 군대가 관중에 쳐들어왔을 때 진 왕조는 미처 제국 각지의 군대를 징발하지 못한 상태였다. 장함은 경사군을 주축으로 하고 여산릉의 부역꾼과 죄수들을 군대로 편입시켜 주문 군대를 격퇴했다. 주문을 함곡관에서 퇴각시킴으로써 수도 지역이 위기를 넘기고 진 정부는 진용을 정비할 시간을 확보할 수 있었다. 이후 두 달 남짓 동안 진 제국은 총동원령을 시행해 군사 배치를 전면적으로 조정하여 관동 반란에 대한 반격을 주도면밀하게 준비했다. 이 전면적인 군사 조정에 따라 북부군의 일부는 직도를 통해 남하해 관중으로 들어가 장함의 군대를 지원했다. 북부의 주력 부대는 왕리의 통솔 아래 동쪽으로 황하를 건너 황하 이북 지역인 옛 조나라와 연나라 지역의 반란을 평정하는 임무를 맡았다.[3]

진2세 원년 11월, 장함 군대는 함곡관을 나와 주문 군대를 공격했고, 삼천산양도三川山陽道를 따라 장초 군대에 전면적인 반격을 개시했다. 이와 동시에 왕리 군대는 상군에서 동쪽으로 황하를 건너 태원군으로 들어갔다. 당시 조나라의 이량 부대는 이미 태원군 동쪽의 항산군을 점령하고 서쪽 태원군으로 진격할 준비를 하고 있었다. 조나라의 장염 부대는 이미 태원군 남쪽의 상당군을 점령하고 서쪽 하동군으로 진격할 준비를 하고 있었다. 이에 왕리 군대는 태원군으로 들어가서 항산군으로 통하는 모든 교통 요도를 봉쇄하여 이량 군대의 서진을 막았다. 왕리 군대는 태원군을 안정시킨 뒤 하동군의 진나라 군대를 증원해 서쪽으로 하동을 나와 상당군을 협공했다. 조나라 장염 부대는 패하여 상당군에서 물러나 한단군으로 철수했다. 왕리는 상당군을 수복한 뒤 병력을 두 방면으로 나눴다. 한 병력은 하내군으로 들어가서 장함 군대가 수복한 삼천군과 황하를 사이에 두고 호응하며 남쪽 루트에서 조나라로 진격했다. 또 다른 병력은 정형관 방향에서 동진하여 항산군을 공격했다.

무신의 조나라 정권은 무성武成·소소邵騷·장이·진여 등이 이끄는 3000명의 옛 장초 군대의 일원이 세운 것으로, 그들은 조나라 사람이 아니었지만 정권과 군대의 핵심 세력을 이루었다. 한단군과 거록군으로 진입한 무신 군대는 장초가 진나라에 맞선다는 대의를 선양하며 진나라에 대한 조나라 사람들의 원한을 환기함으로써 조나라 민중의 지지를 얻어 10여 개의 성읍城邑을 손에 넣었다. 군대는 수만 명으로 늘었고, 조나라 사람들이 군대와 정권으로 대거 들어와 조나라 무신 정권의 기초 외곽 조직이 되었다. 무신 군대는 조나라 지역으로 들어오자마자 장초가 기병한 이래의 관례에 따라 현지의 진나라 구정권을 철저히 타파했으며, 진나라 군현의 관료를 죄다 주살했다. 그 결과 조나라 각지의 진나라 관료들은 공포에 사로잡혀 잇달아 성을 사수한 채 완강히 저항했다. 그런데 무신 군대가 연나라 지역으로 들어가 광양군 범양현范陽縣(지금의 허베이 이현易縣)에 이르렀을 때 등장한 변사 괴통의 존재로 인해 진나라 관리를 주살하는 정책에 중대한 변화가 생겨나고, 무신 정권과 군대의 구성에도 중대한 변화가 생기게 된다.

범양 사람 괴통은 장이·진여와 마찬가지로 강호의 전기적 영웅인물로서 진나라 말 한나라 초 세상에 영향을 끼쳤다. 전국 시대 유세객의 전통을 계승한 괴통은 시세를 살피는 데 정통하고 임기응변과 유세에 능했다. 진 제국 시기, 괴통은 수많은 영웅호걸과 마찬가지로 고향에서 조용히 숨어 지내면서 책을 읽고 글을 쓰며 묵묵히 때를 기다리면서 천하의 형세를 면밀히 살폈다. 한나라 때의 도서목록인 『한서』「예문지藝文志」에 종횡가의 서적으로 분류되는 『괴자蒯子』 다섯 편이 저록되어 있는데, 바로 괴통의 대작이다. 『괴자』는 전국 시대의 유명한 유세객 소진蘇秦과 장의張儀의 저작과 나란히 언급되는데, 이는 모두 사신으로서 유세하는 것과 일에 따라 임기응변하는 외교 모략에 관한 논술이다.

무신 군대가 범양에 도착했을 때 괴통은 세상으로 나갈 기회가 왔음을 감지했다. 그는 곧장 진나라 범양현 현정縣廷으로 가서 현령 서공徐公을 만나길 청했다. 서공을 만난 괴통은 자신을 소개했다.

"저는 범양 백성 괴통이라 하옵니다. 듣자 하니 족하께서 오래지 않아 세상을 떠나게 되었다고 하여 조문을 드리러 왔습니다. 하지만 족하께서는 이 괴통으로 인해 불행을 면하실 수 있으니 경하 드립니다."

서공은 사리를 아는 사람으로, 괴통의 말을 듣더니 평범치 않은 인물임을 알아챘다. 서공은 측근을 물린 뒤 몸을 굽혀 인사하며 물었다.

"제가 우둔하여 그러하니, 선생께서는 부디 가르침을 주십시오. 조문한다는 건 무엇 때문이고 경하한다는 건 무엇 때문인지요?"

괴통이 말했다. "진나라의 법이 가혹해 족하께서 범양현령으로 지내는 10년 동안 남의 아비를 죽이고 남의 자식을 고아로 만들고 남의 다리를 자르고 남의 얼굴에 묵형을 가한 경우가 헤아릴 수 없을 정도입니다. 그런데도 그들의 자애로운 아버지나 효성스러운 아들이 공의 배에 칼을 꽂지 않은 것은 진나라의 법을 두려워해서입니다. 지금은 천하가 크게 혼란하여 진나라의 법이 폐기된 상태니, 백성은 공의 배에 칼을 꽂아 육친의 복수를 함으로써 자애로운 아버지나 효성스러운 아들이라는 명성을 이루려 할 것입니다. 이제 무신군의 대군이 이곳으로 쳐들어올 터인데, 족하께서 진나라를 위해 범양을 굳게 지키신다면 범양의 부로와 젊은이들은 반드시 족하를 죽여 무신군에 호응할 것이니, 이것이 바로 제가 조문 드리러 온 이유입니다. 하지만 족하께서 신을 믿고 사자로 삼아 무신군과 교섭하신다면 화를 복으로 돌릴 수 있고 위기를 벗어나 안전해지실 수 있으니, 이것이 바로 제가 경하 드리는 이유입니다."

서공은 진 제국 군현의 모든 주요 관료와 마찬가지로 현지인이 아니라 중앙정부의 임명을 받아 범양으로 파견된 현령이다. 오랫동안 그는 진나라 군대의 위세에 기대어 제국의 법령을 엄격히 집행했다. 법을 어기는 자들을 냉혹하게 진압하며 범양 지역을 효율적으로 다스리면서 제국의 정권을 위해 전심전력했다. 그런데 갑자기 세상이 어지러워지고 반군이 수도 바로 밑까지 쳐들어와 조정은 마비 상태에 빠졌다. 각지의 정부는 스스로 살 길을 찾아야만 하는 형세에서 현지에 민심의 기초가 없는 서공으로서는 진퇴양난의 처지였다. 민심이 이반하고 병력도 약하여 진나라를 위해 저항하다가는 살아남을 성싶지 않았다. 성문을 열고 투항한다 해도 장초 군대는 진나라 관리를 가차 없이 주살할 터이니 마찬가지로 죽음의 길이었다. 이러한 형세를 꿰뚫어본 괴통이 대책을 가지고 찾아왔으니, 그의 출현은 서공에게 절망적인 상황에서 활로를 알려주는 한 줄기 빛이었다. 서공은 일어나 재배하고 괴통을 상객의 예로 모시며 그 말에 따랐다. 그는 수레와 행장을 차려서 괴통을 사자로 삼아 정식으로 무신 군대에 보내어 투항에 관한 강화 교섭을 추진하게 했다.

괴통은 무신을 만나 이렇게 말했다. "장군께서는 조나라에 들어오신 이래로 전쟁에서 승리하여 땅을 점령하는 식으로만 성을 함락하려 하시는데, 저는 그것이 지나치다고 생각합니다. 그것은 결코 좋은 계책이 아닙니다. 장군께서 저의 계책을 따르신다면 공격하지 않고서도 성을 함락시킬 수 있고, 싸우지 않고도 땅을 차지할 수 있으며, 격문을 전달하는 것만으로도 천리를 평정할 수 있을 것입니다."

무신이 물었다. "그게 무슨 말이오?"

괴통이 말했다. "장군께서 공격하려 하시면 범양현령 서공은 사졸을 정돈해 방어전을 준비할 것입니다. 서공은 겁이 많아 죽음을 두려워하고 탐욕스러워서 부귀를 중시하기 때문에 장군께 투항하고 싶어도 주살될까 봐 진퇴 사이에서 방황하고 있습니다. 범양의 젊은 폭도들은 어지러운 상황에서 기회를 틈타 서공을 죽이고 범양을 점령해 독립적으로 장군께 항거하고자 합니다. 이런 형세인데 장군께서는 어찌 제후의 인印으로써 서공에게 작위를 내리지 않으십니까? 서공이 작위를 받으면 성문을 열고 장군께 귀순할 것이고, 젊은 폭도들도 감히 경거망동하지 못할 것이옵니다. 범양을 항복시킨 뒤에 장군께서는 서공을 사자로 삼아 그가 제후의 인을 차고 화려한 장식을 한 붉은 수레를 타고서 연나라와 조나라의 각지를 달리며 투항을 권고하는 유세를 하도록 하십시오. 서공을 본 각지의 관리들은 마치 자신의 미래를 본 듯이 희소식을 전할 것입니다. 그들은 맞서 싸우지 않고 장군께 투항할 게 분명합니다. 이것이 바로 제가 말씀드린, 격문을 전달하는 것만으로도 천리를 평정할 수 있다는 것입니다."

무신은 괴통의 계책을 받아들였다. 그는 괴통에게 제후의 인을 가지고 서공에게 작위를 내리도록 했다. 모든 것이 괴통의 예측대로 되었다. 조나라 각지에 있는 진나라 군현의 관리들은 잇달아 저항을 포기했고 30여 개의 성이 무신군에게 평화롭게 귀순했다. 이로써 진나라 군대의 장수와 병사가 대거 무신의 군중으로 들어와 무신 정권과 조나라 군대의 중요한 일부가 되었다.

대략적으로 무신의 조나라 정권과 군대는 세 부류로 이루어졌다. 첫째는 무신을 따라 함께 강을 건너 북상한 3000명의 옛 장초 군대로, 정권과 군대의 주축이었다. 조왕 무신, 우승상 장이, 좌승상 소소, 대장군 진여 및 명을 받아 군대를 이끌고 상당을 공격한 장군 장염 등이 모두 그 일원이다. 둘째는 연·조 지역에서 가입한 현지인으로, 수가 가장 많았다. 괴통은 말할 것도 없고, 무신의 부장이자 훗날 장함 군대를 공격할 때 큰 공을 세우고 항우에 의해 은왕殷王에 봉해지는 사마앙司馬卬[4], 군대를 이끌고 연나라 지역을 공격한 한광 등이 대표적인 인물이다. 셋째는 괴통과 서공의 유세를 통해 무신에게 투항한 옛 진나라 관리와 장수 및 병사로, 수만 명에 달한다. 명을 받아 군대를 이끌고 항산군을 공격한 조나라의 장수 이량이 대표적인 인물이다.

3

배반한 장수 이량

이량은 본래 진나라 군대의 고위 장수로, 괴통과 서공의 유세를 통해 대세를 따라 조나라에 귀순한 인물이다. 그는 한광·장염과 더불어 군사 중임을 맡아 조나라 항산 방면 군대의 장수가 되었다. 이량이 조나라에 귀순하기 전의 내력에 대해서는 사서에 남겨진 기록이 없다. 진나라 군대의 대장 왕리가 2세 황제의 서신을 사칭한 내용과 이량이 조나라에 귀순하여 곧바로 항산 방면 군대의 장수가 되었다는 사실에 근거할 때, 이량은 본래 진나라의 군郡 도위都尉 급의 장군이었을 것이다. 추측컨대 범양현령 서공이 있는 광양군 도위였을 것이다.

이량은 조왕 무신의 명으로 항산군을 함락시킨 뒤 한단으로 돌아가 복명했다. 그리고 태원군으로 진군하라는 명을 받들어 다시 항산군으로 돌아갔다. 그가 군대를 이끌고 항산군과 태원군의 경계지인 석읍현石邑縣에 이르렀을 때는 이미 왕리 군대가 항산군에서 태원군으로 진입하는 요도인 정형도井陘道를 봉쇄한 상태였다. 진나라 군대의 강력한 저지로 인해 이량 군대가 전진할 수 없게 된 상황에서 진나라 군대는 이량에게 이간책을 썼다. 대장 왕리가 2세 황제의 이름을 사칭해 이량에게 서신을 보냈다.

"그대는 일찍이 나를 섬기어 귀하게 되었고 총애를 얻었다. 지금 잠시 잘못된 길로 들어서긴 했으나, 새로운 상황을 깨달아 조나라를 버리고 진나라로 다시 돌아온다면 죄를 용서 받고 상도 받을 것이다."

서신은 의도적으로 봉해져 있지 않았다. 이량은 내용이 이미 누설되었을 것이라는 추측에 의심과 불안에 휩싸였다.

이량이 조나라에 귀순할 무렵 진 제국 관동 지역에서 전면적인 모반이 있었다. 주문 군대가 관중을 공격해 함양 가까이 접근하여 진 왕조 정권의 붕괴가 코앞에 닥쳤고, 이량의 주둔지인 국경까지 조나라 군대가 쳐들어오자 민심은 술렁였다. 그런 상황에 자신과 마찬가지로 진나라 관리였던 범양현령 서공이 직접 찾아와 조왕의 우대 조건을 제시하니, 이량은 득실을 헤아려 조나라로 귀순하기로 결정한 것이다. 그런데 상황은 순식간에 급변하고 말았다. 장함이 관중을 안정시키고 함곡관을 나와 주문 군대를 일거에 소멸시키더니, 나아가 전장·이귀 군대를 격파하고 삼천군을 탈환한 뒤 오서·등열 군대를 격파해 영천군을 수복했다. 이어서 진나라 대군이 장초 정권의 수도 진현으로 쳐들어온 것이다. 석 달이라는 짧은 기간에 전세는 완전히 뒤집혔고, 장초 정권은 멸망의 위기에 직면했다. 진 제국의 북부군이 동쪽 황하를 건너 연·조 국경까지 접근한 상황에서, 대장 왕리는 2세의 '친서'를 보내어 과거의 나쁜 감정을 옛 정으로 털어버리고 다시 황제 휘하로 돌아올 것을 권유했다. 이량이 조나라에 귀순한 것은 이해득실을 따진 결과이니, 상황이 역전된 이상 당연히 다시 따져봐야 했다. 2세 황제의 친서를 받은 이량은 선불리 믿지 못한 채 반신반의했다. 그는 한단으로 돌아가서 조왕을 만나 적군의 상황 변화를 알리고 병사의 증원을 요청하기로 결정했다.

이량이 한단 교외에 이르렀을 때 길에서 화려한 거마 행렬과 마주치게 되었다. 행렬 앞뒤로 100여 명의 기병이 따르고 있었고 깃발에는 '무武'자가 적혀 있었다. 조왕 무신의 출행이라고 생각한 이량은 자신을 수행 중인 호위병 함께 말에서 내려 길옆에 엎드려 절했다. 거마가 지나간 뒤 한 기사가 와서 인사하며 이량을 일으켜 세웠다. 그제야 이량은 조왕의 거마 행렬이 아니라 조왕의 손위누이가 외출하여 술을 마시고 돌아오는 길이라는 사실을 알았다. 이량은 본래 진나라 군대의 고위 장수였고 조나라로 귀순한 뒤로는 조나라 장수이자 해당 지역의 통솔자로서, 평소 조왕으로부터 존중과 예우를 받았다. 예절을 따지자면 조왕의 손위누이는 이량과 같은 중신을 만났을 때 으레 거마를 멈추고 겸손히 수레에서 내려와 인사해야 했다. 당시 수레 안에 있던 조왕의 손위누이는 술에 취한 상태였기에 엎드려 절하는 이가 대장 이량인 줄 모르고 지방의 말단관리로 여겨 그대로 지나쳤다. 이후에 자신의 수종을 보내 왕의 누이가 지나갔으니 이제 그만 일어나라고 알려준 것이다. 이량은 이처럼 무례한 대우에 심히 불쾌했다. 더욱이 수행원 앞이라 난처하고 수치심마저 들었다. 수행원 가운데 심복 무사가 그 자리에서 화를 내며 이량에게 소리쳤다.

"장군, 천하가 진나라에 반기를 든 지금은 능력 있는 이가 실력으로 왕이 되는 겁니다. 조왕은 평소 장군을 예우하면서 태만함이 없었는데, 지금 일개 여자가 망령되게 장군의 절을 받으면서 수레에서 내려와 인사조차 하지 않으니 그야말로 장군을 업신여기는 겁니다. 장군께 청하오니, 제가 쫓아가서 죽이겠습니다."

이량은 2세의 친서를 받은 뒤로 마음이 동요하고 있는 터에 이런 일을 당하자 감정이 격해졌다. 노기에 휩싸인 그는 부하의 기세에 힘입어 조나라를 배반하기로 결심했다. 이량은 당장 수행 기사를 보내 조왕의 손위누이를 쫓아가 길에서 죽이도록 하고, 자신은 신속히 군대를 이끌고서 한단성을 습격했다. 이런 사정을 전혀 모르고 있었던 한단성 안의 조나라 정권은 무방비 상태였다. 조왕 무신과 좌승상 소소는 죽임을 당했고, 무신 조나라 정권의 중추는 이량 반군에 의해 철저히 분쇄되었다. 우승상 장이와 대장군 진여는 본래 민간의 유협이었기 때문에 민간 깊숙한 곳까지 넓은 관계망을 갖고 있었다. 특히 진여는 일찍이 조나라 곳곳을 유력遊歷했고 부유한 공승씨公乘氏의 딸을 아내로 맞이한 덕에 조나라 사람들과 두루 친분을 쌓으며 안팎으로 뿌리를 내리고 있었다. 자신의 눈과 귀가 되어주는 사람이 많았던 덕분에 진여는 이량의 반군 소식을 신속히 전달받고 자신을 보호할 수 있었다. 운 좋게 장이와 진여는 한단성에서 달아나 생명을 건졌다.

이량의 반란은 조나라로 귀순했던 옛 진나라 군대의 국부적인 반란으로, 조나라 민중의 지지를 얻지 못했고 장초 옛 군대의 결연한 저항에 부딪쳤다. 도망친 장이와 진여는 신속히 옛 부대를 모아 수만 명의 군대를 편성하고 제나라의 원군에 힘입어 조나라 정권의 재건에 착수했다.

장이와 진여가 조나라 정권을 재건한 때는 진2세 2년 1월이었다. 무신 조나라 정권이 건립된 시기에 비해 당시는 천하의 정세가 크게 변화되던 시기였다. 진승이 패망하고 장초 정권이 소멸됨으로써 하층 평민을 주축으로 하는 육국의 반진 복국 운동은 침체에 빠졌다. 반진 운동에서 육국 복국의 기본 방향은 바뀌지 않았지만 그 핵심 세력은 육국의 옛 귀족에게로 이동되기 시작했다. 즉 반진 복국의 주류가 평민 왕정王政에서 귀족 왕정의 부흥으로 바뀌게 된 것이다.[5]

제나라의 전담 정권은 가장 먼저 옛 귀족이 세운 왕정으로, 시종일관 왕정 부흥에 앞장섰으며 반진 복국의 주도권을 두고 평민 왕정인 장초 정권과 내내 경쟁했다. 진2세 2년 12월, 위나라의 옛 왕족 위구가 진현에서 위나라로 돌아와 오랫동안 공석이었던 왕위에 정식으로 오름으로써 위나라의 왕정 부흥이 완성되었다. 진2세 2년 1월, 초나라의 옛 귀족 경구가 새로운 초나라 정권을 세운 것이 초나라의 왕정 부흥의 시작이었다. 장이와 진여 역시 본래는 왕정 부흥의 창도자로서, 일찍이 그들은 진승이 주관한 진현 회의에서 육국의 복국과 왕정 부흥의 형식으로 진나라에 맞서자고 건의했으나 진승이 받아들이지 않았다. 이제 변화된 국내외 형세에서 장이와 진여는 외지인을 핵심으로 건립한 정권은 결국 조나라에서 뿌리 내리기 어렵다는 것을 절감하게 되었다. 그들은 모신과 유세객의 의견을 받아들여, 민간에서 조나라 왕족의 후예 조헐趙歇을 찾아내어 왕으로 옹립하고 새로운 조나라 정권을 세웠다. 조헐 정권의 수도는 한단 북부의 신도

현信都縣(지금의 허베이 싱타이邢台의 남쪽)으로 정해졌다. 장이와 진여는 계속해서 조나라의 승상과 대장을 맡았다.

조나라가 왕정을 부흥시키고 조헐 정권을 세우는 과정에서 제왕 전담은 상당히 중대한 역할을 했다. 이량의 반란으로 무신 정권이 무너지자, 전담은 즉시 전간田間을 장수로 삼아 제나라 군대를 이끌고 황하를 건너가 조나라를 지원하게 했다. 제나라의 군사 지원을 받은 조나라의 왕정 부흥은 제나라의 바람이 반영된 것이기도 하다. 조헐의 신정권은 건립되자마자 옛 수도 한단을 차지하고 있던 이량 군대의 공격을 받았다. 새로 편성된 조나라 군대는 진여의 통솔 아래 제나라 전간 군대와 연합해 이량 군대를 격파하고, 승세를 몰아 남진하여 한단을 수복했다. 진여와 전간이 이끄는 조·제 연합군에게 격파된 이량의 반군은 한단에서 물러나 장함 군대에 의탁했다. 한단을 수복한 신정권은 무신 정권의 기존 인사들을 규합해나가는 한편, 현지의 민심에 순응하여 현지화를 추진함으로써 조헐 정권이 조나라 본토에 뿌리내리도록 힘썼다. 현지화 정책 덕분에 조헐 정권은 조나라의 동부 지역에서 입지를 굳혔다.

진2세 2년 1월부터 8월까지 조나라와 제나라는 공동으로 진나라에 맞섰고, 북부 한광 연나라의 성원을 얻어 삼국이 서로 의지하여 진나라 왕리 군대의 공격을 막아내며 진나라 북부군 주력을 황하 이북에 단단히 묶어두었다.

4

거록을 포위하다

왕리가 이끄는 진나라 북부군 주력은 태원군으로 들어가 상당군을 수복한 뒤, 남북 양면으로 조나라 수도 신도信都를 협공했다. 즉 일부는 동쪽으로 태원을 거쳐 정형에 이르러 항산군 방향으로부터 조나라를 위협하고, 일부는 하내군으로 들어가 황하를 따라 동진해 한단군 남부를 위협했다. 왕리 군대의 이 전략은 23년 전 왕리의 조부 왕전이 조나라를 멸망시킬 때 썼던 전략과 유사하다. 진왕 정 18년, 왕전은 진나라 군대 일부를 이끌고 상군에서 태원을 거쳐 정형관을 나와서 항산군을 공격한 뒤 남하해 조나라를 공격했다. 또 한 명의 장군 양단화楊端和는 진나라 군대 일부를 이끌고 하내군에서 동진하며 북상해 직접 한단을 공격했다. 두 군대가 남북으로 협공하여 조나라를 멸망시켰던 것이다.

하지만 시간이 흘러 상황은 변했다. 제나라와 연나라가 지원하는 데다가 조나라와 제나라 양국 연합군의 저항이 완강하여 왕리 군대의 진공은 결코 순조롭지 않은 듯했다. 태원에서 동쪽으로 향한 진나라 군대는 정형관 일대에서 조나라 군대와 대치했고, 하내에서 북상한 진나라 군대는 장수 남쪽 기슭에서 조·제 연합군에게 저지당했다. 진2세 원년 3월부터 8월까지 황하 이북의 북부 전장에서는 진나라 군대와 조·제·연 군대가 대치하며 일진일퇴를 반복했다. 장함 군대가 동아에서 패전해 복양으로 철수한 뒤에야 비로소 교착 상태가 종결되었다.

진2세 2년 8월, 장함 군대는 동아에서 항량 군대에 대패하고 복양성(지금의 허난 푸양의 남쪽)으로 물러난 뒤 황하의 물을 끌어다 성 주변에 해자를 두르고 황하에 기대어 견고한 방어벽을 구축해놓고 원군을 기다렸다. 당시 항량이 이끄는 초나라 주력군은 복양을 포위한 다음에 정도를 공격했다. 초나라 군대의 항우와 유방 부대는 옹구·외황·진류陳留로 남하해, 이유가 이끄는 진나라 증원 부대를 소멸시킴으로써 삼천 방면에서 복양을 지원할 루트를 차단했다. 장하 남쪽 기슭에 머무르고 있던 왕리 부대는 복양의 긴급한 상황을 지원하기 위해 은밀히 남쪽으로 이동해 하동과 하내의 원군과 함께 복양 부근에서 황하를 건너 장함 군대와 합류했다. 지원군을 얻은 장함 군대는 사기가 진작되어 신속한 기세로 정도를 습격해 항량의 주력군을 일거에 섬멸했다. 정도 전투가 끝난 뒤 장함은 황하 이남에 잔류한 반란군의 세력이 가라앉아 다시 일어나기 어렵다고 보았다. 정도 전투로 인해 장함은 진나라의 남북 주력군이 연합했을 때의 위력을 깨달았다. 이제 그의 체계적인 지휘 아래 진나라 주력군은 황하를 건너 조나라를 일거에 궤멸하고 황하 북부 지역의 반란을 평정할 태세였다.

장함 군대가 황하를 건넌 뒤 진 제국의 두 주력 부대는 합류하여 연합 작전을 펼쳤다. 그 결과 조·제 연합군을 대파했고, 승세를 몰아 조나라의 옛 수도인 한단성을 함락했다. 장함은 명을 내려 한단성의 성곽을 파괴하고 현지의 거주민을 하내군으로 강제 이주시킴으로써 그들이 다시 한단성을 근거지로 삼아 반항할 여지를 없애버렸다. 조나라 군대가 패전하고 한단이 함락되자 조나라는 수도 신도를 버리고 거국적으로 동천하여 거록성으로 들어갔다. 조나라는 제나라에 의지해 장기 방어에 들어갈 태세를 갖추는 한편 육국에 긴급 구조를 요청했다. 장함과 왕리는 당시의 형세에 맞게 진나라 군대의 전략을 새롭게 조정했다. 왕리 군대는 조·제 연합군을 추격해 거록군으로 진입하여, 조왕과 그 신하 및 조·제 연합군 주력을 거록성 안에 몰아넣고 성을 함락시킬 태세를 갖추었다. 장함 군대는 하내와 한단군 안에 머물며 왕리 군대를 엄호하면서 오창의 식량이 거록 전선으로 지속적으로 운송될 수 있도록 했다.

장함의 용병에는 몇 가지 특징이 있다.

첫째, 기습에 능하다. 우세한 적군을 맞으면 우선 적에게 약함을 드러내어 경계를 느슨하게 만든 뒤 몰래 병력을 집결했다가 허를 찌르는 공격으로써 일거에 섬멸하는 식이다. 희수에서 주문을 격파하고 정도에서 항량을 쳐부수는 데 사용한 전술이다.

둘째, 식량 보급로를 중시한다. 군대가 출동하기 전에 먼저 군량을 확보하는 것이다. 장함은 후방에서의 보급이 군대의 생명줄임을 잘 알고 있었다. 형양 전투에서 먼저 오창을 공격해 전장 군대가 어쩔 수 없이 결전을 벌이도록 한 것도 바로 식량 운송로를 공격하는 전술이었다. 이번에 대군이 적국 경내로 깊이 들어가 싸우는 데 필요한 보급로를 확보하는 것은 중차대한 일이었고, 장함이 직접 이를 지휘했다.

셋째, 성을 포위하고 원군을 치는 것이다. 장함은 위나라를 공격해 위왕 위구와 위나라 주력군을 임제성臨濟城 안에 고립시킴으로써 제나라와 초나라에서 구원군을 보내도록 유인했다. 멀리서 양군이 나타나자 일찌감치 대비하고 있던 장함의 군대는 피로한 적군을 맞아 싸웠다. 먼저 제나라 군대를 격파해 제왕 전담과 위나라 승상 주불을 죽였고, 이어서 초나라 군대를 공격해 항타와 위표를 패주시킨 뒤 회군하여 임제를 공격했다. 고립무원의 위왕 위구는 어쩔 수 없이 투항해 자살했다.

거록성을 포위한 진나라 군대는 중부군과 북부군 양대 주력을 집중 동원해 장기전에 대비했다. 장함은 다시 성을 포위하고 원군을 치는 전술을 이용해 거록성을 포위하고 힘을 비축하여 피로한 적군을 상대하기로 한 것이다. 즉 육국의 원군이 온다면 우세한 병력으로 거록 일대에서 전략적으로 싸우고, 육국의 원군이 오지 않는다면 거록의 양식이 떨어지고 적군이 지치기를 기다렸다가 일거에 공격하는 계획이었다.

5

초 회왕이 권력을 잡다

정도에서 항량이 전사하고 초나라 주력군이 궤멸되었다는 소식이 회왕 초나라의 수도 우이에 전해졌다. 회왕 정권은 크게 놀랐다. 전대미문의 위기에 처한 회왕 정권은 신속히 북상하여 도읍을 팽성으로 옮긴 뒤 국면을 수습하고 초나라 군대를 다시 진작시키는 데 힘썼다. 우선 회왕은 전략적 차원에서 초나라 군대를 팽성으로 집결시킨 뒤 군대를 새롭게 배치했다. 회왕은 여신 군대를 팽성 동쪽에, 항우 군대를 팽성 서쪽에, 유방 군대를 탕현에 주둔시켰다. 기타 초나라 군대의 여러 부대 역시 새로 배치되었고, 급변하던 정세는 안정되기 시작했다.

회왕은 초나라 왕실의 후예로, 망국 이후 민간에서 목동으로 지내고 있다가 항량에 의해 옹립되었다. 옛 왕족 출신으로서의 호소력 외에는 초나라 군대 내에서 아무런 기반도 실력도 없었다. 그는 이번의 전략 조정을 기회로 삼아 초나라 군대를 직접 장악하고자 했다. 우선 수도 팽성에 주둔하는 주력군인 여신 군대와 항우 군대를 합병하여 본인이 직접 지휘했다. 즉위 후 줄곧 진영의 보좌를 받았던 회왕은 그를 주국柱國에 임명해 초나라의 정무를 전면 책임지게 했다. 또한 여신을 사도司徒로 임명하고 여신의 부친 여청呂靑을 영윤으로 삼았다. 초나라 군대의 실력자인 여청과 여신 부자를 정권의 핵심으로 직접 흡수해서 정사를 보좌하는 요직을 맡긴 것이다. 회왕은 초나라 군대의 또 다른 실력자인 유방과 항우에게도 각각 다른 조치를 취했다. 항량 군대가 패했을 때 항우는 탕군 동부에서 유방과 연합해 외황현을 포위 공격하고 있었다. 항량이 전사했다는 소식이 전해지자 항우와 유방은 싸움을 멈추고 퇴각했다. 이후 회왕의 명령에 따라 항우는 팽성 서쪽에 주둔했다. 회왕이 친정한 뒤 항우는 장안후長安侯에 봉해져 노현魯縣을 영지와 식읍으로 받고 노공魯公으로 칭해졌다. 지위로는 초나라 한 지역의 제후였으나 군대의 지휘권은 회왕에게 회수되었다. 유방은 무안후武安侯에 봉해지고 탕군장에 임명되어, 탕현에 주둔하며 본부 병력을 이끌고 팽성 서부 외곽의 방위를 책임지면서 회왕의 신임과 중용을 얻었다.

장함 군대가 조나라를 공격하기 위해 북상하자 황하 이남은 전쟁이 잠잠해졌다. 정권이 어느 정도 안정되자 회왕은 이때를 놓치지 않고 군대를 정비하고 편제하는 데 힘써 정권을 강화했다. 나아가 그는 신하들과 논의해 향후 반진 전쟁의 전체적인 틀에 대한 전략을 새롭게 짰다. 이 전략적 기획을 역사에서는 '회왕의 약조懷王之約'라고 한다. 그 주요 내용은 대체로 다음 세 가지다.

첫째, 반진 전쟁의 기본 목표는 육국을 부흥시키고 포악한 진나라를 없애는 것이다. 육국의 복국은 전국 시대 말의 정국을 기초로 한다. 진나라를 멸망시키기 위해 초나라를 맹주로 삼아 연합해 싸운다.

둘째, 육국 정권의 건립은 왕정의 부흥에 정통성이 있으며, 포악한 진나라에 의해 중단된 각국 옛 왕족의 정치권력을 회복하는 것이다.

셋째, 포악한 진나라 정권은 반드시 타파하되, 진나라는 보존시킬 것이며, 가장 먼저 관중에 들어가 진나라 정권을 타파한 공신에게 새로운 진나라 왕정을 맡긴다.

회왕의 약조는 진2세 2년 후後 9월(윤閏 9월에 해당)에 제정되었다. 당시에는 전국 시대의 육국이 모두 복국하여 진나라와 육국이 대항하는 포스트 전국 시대의 국면이 다시 전개되었다. 외지고 먼 연나라를 제외한 각국 모두가 왕정 부흥을 실현했다. 초 회왕 웅심, 조왕 조헐, 제왕 전불田市, 위왕 위표, 한왕 한성韓成은 모두 옛 육국의 왕족이었다. 회왕의 약조는 이미 형성된 천하 정국에 대한 긍정이자 확인이었다. 또한 진승이 기병한 이래 육국의 부흥을 긍정하는 것이자 진승이 문을 연 평민 왕정에 대한 비판과 수정이기도 했다. 이는 각국의 왕정 부흥을 돕고 긍정함으로써 제멋대로 왕을 자처하고자 하는 실력자들의 야심을 차단하려는 것이었다. 그런 상황에서 회왕이 내건 약조, 즉 귀천과 국적을 막론하고 가장 먼저 관중을 공격해 진나라를 멸망시키는 자를 진왕으로 삼는다는 것은 영웅호걸로서 공을 세우고자 하는 여러 군웅에게는 매혹적인 유인책이 아닐 수 없었다. 야심과 실력을 지닌 인물들은 진나라 왕위에 대한 기대를 품게 마련이었다. 회왕의 약조는 모두에게 공개한 천하 공약으로, 반진 진영의 행동 강령 및 계획의 근본이 되었고, 미래의 역사에 큰 영향을 끼쳤다. 이에 대해서는 앞으로도 계속 언급하게 될 것이다.[6]

이 무렵 진나라의 양대 주력군이 하북에서 합류했다. 장함이 한단을 격파하고 왕리가 거록을 포위하자, 구원을 요청하는 조나라 사자가 거듭 팽성을 찾았다. 초나라는 반진을 선도한 나라로, 반진 진영의 맹주였다. 전국 시대 말 각국이 서로 돕지 않다가 진나라에 각각 격파되었던 교훈 때문에 회왕 정권은 초나라 주력군을 내보내 황하를 건너 조나라를 구해주기로 결정했다. 이와 동시에 별동대를 서쪽 관중으로 진격하게 하여 진나라 수도 함양을 직접 치기로 했다. 회왕이 병력을 둘로 나눈 결정으로 인해 역사에는 항우, 유방, 송의라는 세 영웅이 등장하게 되었다.

주문 군대가 함곡관으로 들어와 실패한 뒤 진나라 군대는 진승의 장초, 조왕 무신, 위왕 위구, 제왕 전담, 초나라 장수 항량을 연이어 격파했고 삼천·영천·남양·진군·동군·상당·태원·한단 등 광대한 지역을 수복했다. 진나라로서는 좋은 정세였다. 황하 이남 및 회하 이북 지역의 반진군은 사수·설군 일대로 퇴각했고, 황하 이북 지역에서는 진나라의 두 주력군인 장함 군대와 왕리 군대가 합류해 거록성을 포위하여 조나라는 멸망 직전이었다. 진나라 수도 관중 지역은 나날이 전쟁에서 멀어졌고, 안팎으로 새롭게 방어진을 쳐서 적의 침입이 어려운 전략적 후방이 되었다. 이런 형세에서 서진하여 진나라 후방으로 깊이 들어가 관중을 공략하는 것은 범의 아가리에서 살길을 찾는 것과 다름없었다. 초나라 군대의 장수 가운데 이 임무의 결과를 긍정적으로 예측하는 이는 아무도 없었다. 그런데 항우가 이 임무를 자청한 것이다. 그는 항량의 죽음 이후 진나라에 대한 증오심이 더욱 극심해져 진나라 멸망과 복수에 집착하고 있던 터였다. 항우는 용감하고 두려움을 모르는 전사로, 회왕의 약조를 받들어 서진하여 관중을 점령하고자 했다.

초 회왕 웅심은 항량에 의해 옹립되었고, 이후 항량에 의해 후방의 우이로 보내졌다. 그는 모든 것을 항씨에게 의지할 뿐 실력과 실권은 없었다. 회왕은 친정한 이후로 거대한 항씨 세력의 도움을 받을 수밖에 없었지만 그들을 억누르지 않을 수도 없었다. 항량이 죽은 뒤 항우가 항씨의 우두머리가 되었다. 항우는 용맹하고 전투에 능했다. 그의 군사적 재능과 군공과 위망은 초나라 장수들 가운데 견줄 자가 없었다. 하지만 그는 젊고 감정적이고 용맹하고 횡포하여 제어하기 어려웠다. 항우에 대한 회왕과 측근의 방침은 항우를 제어하면서 활용하는 것이었으며, 그에게 단독적으로 중임을 맡기는 것은 결코 원하지 않았다. 더욱이 회왕으로서는 항우가 손쉽게 강대해져 왕이 되는 꼴은 보고 싶지 않았다. 면밀히 고려한 회왕은 항우의 요청을 받아들이지 않고 관중을 공격할 중임을 유방에게 맡겼다. 회왕과 측근들은 유방이 노련하고 신중하며 도량이 넓어서 그가 서진하면 진나라의 인심을 쟁취하는 데 유리하고, 성공한 뒤에도 제어하지 못할 지경에 이르지는 않을 것이라고 생각했다. 이 일로 회왕과 항우 사이에는 악감정과 불화의 싹이 트기 시작했고, 유방과 항우 간에도 투쟁의 씨앗이 뿌려졌다. 회왕은 서진하겠다는 항우의 요청을 허락하지 않는 대신 항우를 대장 송의의 부장으로 임명해 초나라 주력군과 함께 북상하여 조나라를 돕게 했다.

6

송의의 부상

송의는 원래 항량의 부하였다. 항량은 동아·복양에서 장함을 대파하고 정도 부근에서 다시 진나라 군대를 격파한 뒤, 항우와 유방이 이유를 죽였다는 첩보를 듣자 오만하게 적을 얕잡아 보는 마음이 생겨났다. 당시 송의가 이와 관련해 항량에게 간언한 적이 있다. 연전연승의 기쁨에 도취해 있던 항량은 송의의 말을 듣지 않았을 뿐만 아니라 흥을 깬 그를 내켜하지 않으면서 제나라 사신으로 보냈다. 제나라로 가던 길에 송의는 제나라의 사자 고릉군高陵君 현顯을 우연히 만났다. 고릉군 현이 항량을 만나러 정도로 간다는 것을 알게 된 송의는 이렇게 권고했다.

"제가 예견하기에 항량 군대는 반드시 패할 겁니다. 그대가 천천히 가면 죽음을 면할 수 있고, 빨리 가면 큰 화를 입을 게 분명합니다."

고릉군 현은 반신반의하며 송의의 말을 믿는 것이 믿지 않는 것보다 낫기에 걸음을 늦추었다. 나중에 그는 과연 항량 군대가 패하고 항량이 죽었다는 소식을 듣고 크게 탄복했다.

고릉군 현은 노선을 바꿔 팽성으로 가서 회왕을 알현하고 이 일을 그대로 아뢰었다. 그는 회왕에게 송의를 추천하며 이렇게 말했다.

"전쟁이 시작되기도 전에 패배를 예견했으니, 군대를 인솔할 줄 아는 사람일 것이옵니다."

마침 회왕은 항씨를 대체해 초나라 군대를 통솔할 인물을 물색하고 있던 차였다. 회왕은 송의를 불러 향후 군정에 대한 의견을 경청했고 매우 만족했다. 회왕은 송의를 상장군에 임명하고 경자관군卿子冠軍이라 불렀으며, 초나라 군대의 사령관으로서 초나라 주력군을 이끌고 조나라를 구하게 했다. '경자'는 존칭이고 '관군'은 모든 군의 우두머리라는 의미다. 송의 휘하에서 항우는 부장을 맡았고 범증은 말장末將을 맡았으며, 환초·영포·포장군 등 초나라 군 각 부대의 장수가 죄다 그의 군중에 있었다.

진2세 3년 10월, 송의는 초나라 군대를 이끌고 팽성에서 출발해 조나라를 구하러 북상했다. 초나라 군대가 북상해 패현·호릉胡陵·항보亢父를 지나 무염현無鹽縣(지금의 산둥 둥핑東平) 부근의 안양에 진입했을 때,[7] 송의는 그곳에 머물라고 명한 뒤 전진하지 않았다. 초나라 군대가 안양에서 46일이나 머무르도록 송의는 출동 명령을 내리지 않았다. 조급해진 항우가 송의에게 요청했다.

"지금 진나라 군대가 조왕을 거록에서 포위하고 있으니, 신속히 강을 건너 북상해야 합니다. 성을 포위하고 있는 진나라 군대를 우리 초나라 군대가 바깥에서 치고 조나라 군대가 안에서 공격한다면, 진나라 군대는 협공을 받아 반드시 격파될 것입니다."

송의는 그렇지 않다고 생각해 항우의 말에 반박했다.

"소를 물어뜯는 등에를 없애려는 것이지 이를 잡으려는 게 아니오. 초나라 군대의 최종 목적은 진나라를 멸망시키는 것이지 조나라를 구하는 게 아니오. 지금 진나라가 조나라를 공격하면 승리한다 해도 병사들이 지칠 것이니, 우리는 진나라 군대가 피곤해졌을 때를 이용해 승리를 거둘 수 있소. 진나라 군대가 패배하면 우리 군대는 여세를 몰아 서쪽으로 진군해 관중을 직접 공격하여 일거에 진나라를 멸망시킬 수 있소. 그러니 진나라와 조나라가 먼저 싸우게 두고 우리는 지켜보는 게 상책이오. 나 송의는 무장하고 적진에 뛰어들어 적을 죽이는 것은 그대 항장군보다 못하지만, 앉아서 방책을 짜고 계략을 운용하는 일은 항장군이 나 송의보다 못할 거요."

말을 마친 뒤 송의가 명령을 내렸다.

"군중에서 호랑이처럼 사납거나 양처럼 제멋대로이거나 승냥이처럼 탐욕스러운 자는 죄다 목을 벨 것이다."

이것은 군령으로써 직접적으로 항우를 구속하는 것이었다.

송의는 신중한 인물로, 제나라와 친밀했고 항씨와는 화목하지 않았다. 회왕은 친정한 뒤로 항씨의 통제에서 벗어나고자 했고 군중에서 항우의 세력과 위신을 상당히 경계했다. 회왕으로서는 송의의 출현이야말로 초나라 군대를 이끄는 항씨를 억제할 수 있는 인선人選이었다. 회왕은 송의를 신뢰하여 그에게 큰 기대를 걸었다. 당시의 회왕 정권은 항량이 패전한 그늘에서 이제 막 벗어나, 분발하여 정권과 군대를 다시 조직하고 진나라를 공격할 전략을 새롭게 짜고 있었다. 새로운 전략의 최종 목표는 송의가 말한 바와 같이 관중을 공격해 진나라를 멸망시키는 것으로, 이 목표의 달성을 위해 초나라 군대는 두 방면으로 나뉘었다. 진나라 주력군을 견제하고 소멸시키기 위해 송의는 초나라 주력군을 이끌고 북상해 조나라를 구하러 갔다. 한편 진나라 주력군이 조나라에서 견제당하고 있는 때를 틈타 유방은 별동대를 이끌고 진나라 군대의 후방을 공격하고 기회를 보아 직접 관중을 치고자 했다. 송의가 안양에서 머물고 있는 동안 유방 군대는 동군의 성무成武 일대에서 진나라 군대를 격파한 뒤 역시 계속 머물면서 전진하지 않았다. 초나라 군대가 이렇게 관망한 것은 회왕 궁정 측의 의도였을 것이다.

서쪽으로 가서 관중을 공격하겠다는 항우의 요청은 회왕에게 거절당했다. 신속히 북상해서 조나라를 구하자는 항우의 요청도 송의에게 거절당했다. 회왕과 송의에 대한 항우의 불만은 분노로 바뀌었고, 항우의 사람됨으로 볼 때 그 분노가 폭발하는 것은 시간 문제였다. 송의가 엄격한 군령으로 항우를 구속한 것은 돌발적인 상황에 대비하기 위한 조치였다. 송의는 일찍이 제나라에 사신으로 가서 제왕 전불과 제나라 승상 전영을 만난 적이 있다. 송의가 제나라에 사신으로 가 있는 동안 제나라의 사자가 그를 회왕에게 추천해 초나라 군대의 대장이 되었기 때문에 송의와 제나라의 관계는 각별하다고 할 수 있다. 반면 제나라 전씨田氏 정권은 항씨 및 초나라 정권과는 얽히고설킨 은원 관계가 있었다.

7

제나라와 초나라의 갈등

제나라가 복국한 때는 진2세 원년 9월이다. 당시 진승의 부장 주불은 군대를 이끌고 임치군 적현狄縣(지금의 산둥 가오칭高青)에 접근했다. 적현에 거주하던 제나라 전씨 왕족의 전담, 전영, 전횡田横 삼형제는 진나라 적현령을 죽이고 기병했다. 그들은 전담을 왕으로 옹립하고 제나라를 부흥시켜 왕정 부흥의 정국을 열었다.

복국 이후 전담의 제나라는 주불의 초나라 군대가 제나라로 진입하려는 것을 격퇴하고 옛 제나라의 영토 대부분을 신속히 점령했다. 제나라의 옛 수도 임치를 수도로 삼았으며, 제북·임치·교동·낭야 등 여러 군을 확고히 점유했다. 제나라는 서쪽으로 조나라·위나라와 인접하고 남쪽으로는 초나라와 경계를 접하고 있었다. 진나라는 서쪽 멀리 떨어져 있었기 때문에 제나라가 진나라 군대로부터 직접적 공격을 받을 위협은 적었다.

전국 시대 말 제왕 전건은 진나라의 겸병에 맞서는 각국 제후들에 대한 지원을 거절하고, 진나라와 친선을 도모하려 했다. 그는 군비도 갖추지 않은 채 중원의 전쟁으로부터 멀찌감치 떨어져서 눈앞의 안일만 추구했다. 진나라가 각국을 멸망시킨 뒤 대군이 쳐들어오자 제나라는 싸우지 않고 항복했다. 제왕 전건은 포로가 되어 하내군 공현共縣(지금의 허난 후이현輝縣)으로 옮겨졌고 제나라 백성들로부터 원망을 받았다. 제나라를 부흥시킨 전담은 역사의 교훈을 수렴하여, 대국적 차원에서 반진 각국과 연합해 진나라에 맞섰다. 전담의 제나라는 무신의 조나라와 사이가 좋았다. 전담은 일찍이 무신과 함께, 위나라를 점령하고 있던 진승 군대의 장수 주불을 위왕으로 옹립하고자 했다. 주불은 위나라 왕족 위구를 옹립하길 바랐기 때문에 이 일은 성사되지 않았지만, 제나라와 조나라 양국의 합작 관계는 이로 인해 강화되었다.

진2세 2년 11월, 왕리가 진나라 북부군 주력을 이끌고 동진해 조나라를 공격했다. 이때 조나라 장수 이량이 배신하여 조나라 수도 한단을 기습 점령했고, 조왕 무신과 승상 소소邵騷가 피살되었으며 조나라 정권은 하룻밤 사이에 붕괴되었다. 조나라는 제나라의 서쪽 보호벽으로, 조나라가 무너지면 제나라는 진나라의 군사적 위협에 직접 맞닥뜨리게 된다. 전담은 부장 전간田間에게 명해 제나라 군대를 이끌고 황하를 건너 조나라를 지원하게 했다. 제나라 군대는 장이와 진여가 새롭게 집결한 조나라 군대와 함께 이량을 격파하고, 왕리에게 반격을 가하면서 조헐을 왕으로 옹립하여 신도에 다시금 조나라 정권을 세웠다. 조나라가 재건된 뒤, 제나라 군대의 전간 부대는 계속 조나라에 머물면서 조나라 군대와 공동으로 왕리 군대에 맞섰다. 조나라의 거록군은 황하의 나루터인 평원진平原津을 통해 제나라의 제북군과 잇닿아 있는 지역으로, 조나라의 전략적 후방이었다. 거록 전투 이전에 조나라 군대가 한단과 신도에서 패하여 거록성으로 퇴각한 뒤 원군을 기다리며 성을 지켰던 것도 바로 제나라의 후원에 기댄 것이었다.

장초 진승이 패망한 뒤, 진나라에 반기를 든 여러 나라 중에서 제나라가 가장 강대했다. 전담은 반진의 맹주를 자처하며 각국의 군정에 적극 간여했다. 진2세 2년 1월, 초나라 장군 진가가 초나라의 옛 귀족 경구를 초왕으로 옹립하자, 전담은 초나라의 도성 유현留縣으로 사자를 보내어 제나라의 동의도 없이 독단적으로 왕을 옹립한 진가를 질책했다. 진가는 이를 인정하지 않고 도리어 사자 공손경公孫慶을 제나라로 보내어, 전담을 제나라 왕으로 옹립하는 데 초나라의 동의를 거치지 않았음을 질책했다. 전담은 대로하여 공손경을 죽였고, 경구의 초나라와 관계가 급격히 악화되었다.

항량이 군대를 이끌고 북상해 경구와 진가를 죽임으로써 제나라와 초나라의 관계가 완화된 시기는 진2세 2년 4월이다. 이 무렵 장함 군대는 장초를 섬멸한 위세를 몰아 북상하여 위나라를 공격해 위왕 위구를 임제성 안에 포위했다. 매우 위급한 상황에 처한 위나라는 제·초 양국에 원병을 요청했다. 제왕 전담은 몸소 제나라 주력군을 이끌고 위나라를 구하러 왔으나 임제에서 장함 군대에 격파되고 전담은 피살되었다. 제나라의 잔존 병력은 승상 전영의 통솔 아래 제나라로 철수하다가 장함 군대에 쫓겨 동아현에서 포위되었다. 전영이 동아를 사수하고 있는 동안 항량이 초나라 주력군을 이끌고 와서 장함 군대를 대파하고 제나라 군대를 구조했다. 동아에서 패전한 장함 군대는 서남쪽 복양 방면으로 철군했고, 뒤따라 추격한 항량이 장함 군대를 복양에서 포위했다. 항량은 제나라와 조나라에 사자를 보내 연합작전을 펼칠 것을 요청했다. 일거에 장함을 소멸시킬 의도였다.

그런데 전담이 전사하고 제나라 승상 전영이 동아에 포위되어 있을 때 제나라 국내에서 정변이 발생했다. 제나라에 머물던 대신 전각田角 등이 옛 제왕 전건의 동생 전가田假를 제왕으로 옹립해 새로운 제나라 정권을 세우고, 전각이 제나라의 승상을 맡았다. 전영은 이 소식을 듣고 크게 분노했다. 동아의 포위가 풀리자 전영은 신속히 군대를 이끌고 제나라로 돌아가 전가를 공격했다. 패한 전가는 남쪽 초나라로 달아나 이제 막 세워진 회왕 정권에 의지했고, 전각은 동쪽 조나라로 달아났다. 제나라 군대를 이끌고 조나라를 구원한 제나라 장수 전간은 바로 전각의 동생으로, 곤경에 처한 전각은 전간을 찾아가 의탁한 것이다. 전영은 전가와 전각을 물리친 뒤 전담의 아들 전불을 제왕으로 옹립했다. 전영 자신은 승상을 맡고 동생 전횡을 대장으로 삼아 새로운 제나라 정권을 세움으로써 군정과 국가대사를 장악했다.

항량은 복양에서 장함을 포위하고 있을 때 제나라의 출병을 요청하는 사자를 보냈다. 그러자 전영은 제·초·조 삼국 연합 작전에 조건을 내걸었다. 초나라가 전가를 죽이고 조나라가 전각과 전간을 죽이지 않으면 제나라는 단 한 명의 병사도 내보내지 않겠다고 한 것이다. 전간은 조나라를 구한 제나라 장수로, 오랫동안 조나라에서 조나라 군대와 연합 작전을 펼치면서 이량을 처단하고 조헐을 옹립하고 왕리에게 반격을 가한 인물이다. 진나라 군대의 압박을 받고 있는 조나라에게 전간의 존재는 없어서는 안 될 외부 조력자였다. 장이와 진여의 현명함과 의협심을 고려할 때 조나라가 전영의 요구를 거절한 것은 당연했다. 초나라 역시 전영의 요구를 거절했다. 회왕 정권은 초나라가 반진의 맹주이며, 제왕 전가가 나라를 잃고 초나라에 의지해 있는데 전가를 죽이는 것은 천하에 의를 저버리는 짓이라고 여겨 단호히 거절했다. 전영은 난폭하고 집요한 인물로, 이후 그는 초나라·조나라와 연합 행동에 나서지 않았다. 반진 연합 진영에서 고립되기 시작한 것이다.

고릉군 현이 초나라에 사신으로 간 것은 항량이 패전하기 직전인 진2세 2년 9월이었다. 당시 항량과 전영은 제나라의 출병을 놓고 외교적 교섭을 진행 중이었다. 고릉군 현은 전영의 사자로서 항량을 만나기 위해 정도로 가는 길이었다. 한편 송의는 항량의 사자로서 전영을 만나기 위해 임치로 가는 길이었다. 그들은 우연히 길 위에서 만나 이야기를 나누게 되었고 서로의 상황을 어느 정도 알게 되었다. 항량의 군대가 패할 것을 송의가 예견했던 만큼, 그들은 항량 이후 제나라와 초나라의 관계에 대해서도 당연히 언급했을 것이다. 고릉군 현은 송의의 권고를 받아들여 항량 군대의 주둔지인 정도로 가는 속도를 잠시 늦추었다. 이후 항량이 패전했다는 소식을 들은 고릉군 현은 노선을 바꿔서 남하해 직접 팽성으로 가서 회왕을 만났다. 회왕은 전가를 죽이라는 전영의 요구를 받아들이지는 않았지만 송의를 추천한 고릉군 현의 의견은 받아들여 송의를 초나라 대장으로 임명했다. 송의는 제나라에 사신으로 갔다가 임치에서 제왕 전불과 승상 전영을 만난 뒤, 제나라 사자의 추천으로 다시 초나라로 돌아가 대장을 맡은 것이다. 송의와 제나라 왕 및 여러 신하와의 관계는 당연히 굳건해졌다. 전국 시기에 각국이 결맹하고 연합하는 주요 방식은 서로 인물을 추천하여 타국의 대신을 맡게 하는 것이었다. 여러 나라에서 연합·분열하던 객경客卿과 유세객 역시 이로 인해 국내·국제적으로 복잡하게 얽힌 인간관계를 형성했다. 초나라는 제나라의 추천을 받아 송의를 대장으로 명명했는데, 이는 제나라에 우호를 표시함으로써 제나라와 초나라의 관계 개선에 보탬이 되었다. 송의는 제나라의 추천으로 초나라 군대의 대장이 되었고, 제나라는 그의 외원外援이 되었다. 자연스럽게 송의는 초나라 정권 내에서 제·초 관계에 영향을 미치는 친제파가 되었다. 그가 가까이 지낸 제나라 정치세력은 바로 제나라의 권력을 장악하고 있던 전영이다.

송의가 제나라에 사신으로 가게 된 것은 항량의 냉대 때문이었으므로 송씨와 항씨는 당연히 불화했다. 초 회왕이 송의를 대장으로 임명한 또 다른 의도는 항우를 제어함으로써 초나라 군대에서 항씨 일족의 강대한 영향을 억제하려는 것이었다. 항량은 동아에서 전영을 구했지만 이후 전영은 장함을 공격하는 데 출병하려 하지 않았고, 이는 결국 항량이 패전한 원인 중 하나였다. 이 일로 항우는 전영을 원망했고 초나라 정권 내의 반제파가 되었다. 훗날 항우와 전영 사이의 갈등과 분쟁은 바로 여기서 비롯된 것이다. 항우는 회왕의 견제를 받으며 송의 밑에서 부장으로 지냈다. 초나라 정권 내부의 회왕 세력과 항씨 세력 간의 갈등은 송의와 항우에 집중되어 있었고, 전가가 초나라에 체류함으로써 유발된 제나라와 초나라 간의 불화 역시 송의와 항우에 집중되어 있었다.

8

항우가 송의를 죽이다

송의가 군대를 이끌고 안양에 머무른 때는 진2세 3년 10월부터 11월 사이였다. 한겨울에 안양 일대에는 큰비가 그치지 않아 몹시 춥고 길도 질척거려 초나라 군대의 후방 보급에 차질이 생겼다. 방수와 방한을 위한 의복과 식량 및 연료가 모두 부족했다. 바로 이때 송의와 제나라의 관계에 중대한 진전이 이루어졌다. 제나라가 송의의 추천을 받아들여 송의의 아들을 제나라 국무대신으로 초빙한 것이다.[8] 송의는 매우 기뻐하며 대군이 주둔하고 있는 안양을 떠나 초나라와 제나라의 변경에 있는 무염현까지 아들을 전송하러 가서 주연을 베풀어 경축했다.

무염현은 초나라 관할의 설군 북부에 있었으며 제나라의 제북군 가까이에 있었는데, 지금의 산둥 둥핑東平 동남쪽이다. 그리고 송의의 대군이 주둔하고 있던 안양은 무염의 서남쪽에 있었다. 송의가 아들을 전송하느라 무염으로 떠난 일은 초나라 군대 내부의 불만을 야기했다. 또한 송의가 장기간 군대를 비움으로써 그의 군대 장악력이 약화되었다. 송의가 무염으로 갔던 것은 그에게는 치명적인 실수였고, 항우에게는 좀처럼 얻기 힘든 기회였다.

송의가 무염으로 떠난 사이에 항우는 정변을 기획했다. 그는 군중에 있는 항씨와 심복 장수들을 소집해 이렇게 말했다.

"긴박한 상황에 처한 조나라는 각국이 진나라를 공격해 조나라를 구해주기만을 애타게 기다리고 있는데 지금 우리 군대는 가만히 머물러 있을 뿐이다. 올해 흉년이 들어서 백성은 궁핍하고 군량과 군복을 확보하기도 쉽지 않다. 큰비가 내리는 추운 날씨 탓에 후방의 보급 역시 순조롭지 않다. 군중에는 비축한 군량도 바닥을 보이고 먹을 것을 절반으로 줄인 탓에 병사들은 추위와 굶주림에 시달리고 있다. 이런 상황에서 우리 군대는 서둘러 황하를 건너 조나라의 군량을 공급받고 조나라 군대와 힘을 합쳐서 진나라를 공격하는 것이야말로 상책이다. 송의는 사령관으로서 병사들의 배고픔과 추위는 아랑곳하지 않고 무염으로 아들을 전송하러 가서 융성한 주연까지 베풀었다. 송의는 형세의 긴박함을 무시하고 관망한 채 진나라와 조나라가 싸운 뒤 진나라가 지친 다음에야 싸우겠다고 한다. 강대한 진나라 군대가 승세를 몰아 갓 세워진 조나라를 공격하면 조나라는 피폐해질 것이고, 이 싸움에서 조나라는 결국 패할 것이다. 조나라가 없어지면 진나라 군대는 더 강대해질 것인데, 어찌 지친 진나라를 상대할 수 있단 말인가?"

항우는 형세를 분석하고 송의의 행위와 전략을 비판한 뒤 자신이 송의를 대신하겠다는 뜻을 밝혔다.

"초나라 군대가 중대한 좌절을 겪은 직후인지라 왕께서 좌불안석하시며 초나라 전체 병력을 상장군에게 맡기셨다. 국가의 안위가 이 일에 달려 있는 와중에 상장군은 병사들을 돌보지 않고 사사로운 정에 연연하고 있다. 조나라를 구하는 일은 뒷전이고 무염에 머물러 있으면서 제나라와 내통하고 있다. 이런 자는 국가의 동량이 아니고 사직을 지키는 충신이 아니다. 송의를 제거하지 않으면 초나라에는 희망이 없다."

항우의 주장은 항씨와 그 부하들의 지지를 얻었다. 그는 송의가 자리를 비운 틈을 이용해 준비 태세를 갖추었다.

송의는 아들을 보내고 안양에 있는 초나라 군대 본영으로 돌아왔다. 이튿날 아침 항우는 여러 장수와 함께 상장군의 막사로 들어가 검을 뽑아 송의의 머리를 베고 나서 밖으로 나왔다. 그는 부장副將으로서 회왕의 명령을 사칭해 이렇게 말했다.

"송의는 제나라와 내통해 초나라를 배반하려 했기에 초왕께서는 나에게 그를 주살할 것을 은밀히 명하셨다."

항우는 용맹함과 난폭함으로 명성이 자자했다. 회계에서 기병할 때 그는 검으로 군수 은통의 머리를 베고 회계군부를 진압한 바 있다. 지금 초나라 군대의 부장인 항우는 전공이 탁월한 데다가 강대한 항씨 종족이 뒤를 받쳐주고 있기 때문에 그가 직접 송의의 머리를 벤 상황에서 장수들은 두려워 복종할 뿐 감히 다른 말을 하지 못했다. 그들은 일제히 항우를 지지하며 말했다.

"장군의 집안에서 초왕을 옹립했고, 지금 장군께서 초왕을 위하여 반역자를 주살하신 것은 명분에 합당한 일입니다."

모든 장수가 항우를 대리 상장군으로 옹립했다. 이렇게 초나라 군대의 통솔권을 쥐게 된 항우는 군대를 장악한 뒤 밤에 기병을 보내어 제나라 경내로 진입해 송의의 아들을 죽이라고 명했다. 이와 동시에 항우는 장군 환초桓楚를 팽성으로 보내 초 회왕에게 상황을 보고하게 했다. 회왕으로선 이미 벌어진 일을 받아들일 수밖에 없었기에 항우를 상장군으로 임명해 군대를 이끌고 조나라를 구하게 했다.

초나라 군대의 대장을 맡은 항우는 조나라를 구하기 위해 곧장 진군했다. 안양에서 출발한 초나라 군대는 빠르게 북상하여 평원진(지금의 산둥 핑위안)에 이르러 강을 건널 채비를 했다. 황하 하류의 평원진은 제나라 제북군에 속하며, 제나라와 조나라 사이의 주요 나루터였다. 진시황 37년, 최후의 순행길에 나섰던 시황제는 바로 이곳에서 강을 건너 사구에 도착한 뒤 병사했다. 진2세 2년, 조나라 장수 이량이 반란을 일으켰을 때, 제나라 전간이 조나라를 지원하러 황하를 건널 때도 평원진을 거쳐갔다.

항우가 조나라를 구하러 북상할 무렵, 제북군은 제나라 장수 전안田安과 전도田都가 장악하고 있었다. 전안은 옛 제왕 전건의 손자로, 거록에 포위되어 있던 전간·전가 형제와 마찬가지로 제나라 전씨 왕족 내부의 전가파田假派였으며, 조나라를 구할 것을 적극 주장한 인물이다. 전도는 전영의 부하로, 본래는 군대를 이끌고 제북에서 전안과 대치하고 있었다. 그런데 전영이 전씨 왕족 내부의 원한 관계에 집착하여 큰 적을 앞에 두고도 초나라·조나라와 함께 진나라에 맞서 싸울 것을 거절했기 때문에 제나라 정권 내부에서 분열이 발생했고, 전도 역시 전영의 정책에 불만을 품어 전영을 배반하고 전안과 함께 길을 열어 항우를 맞이했다.

전안과 전도의 적극적인 협력 아래 항우 군대는 순조롭게 제북군으로 들어가 평원진에 도착하여 강을 건널 채비를 했다.

9
거록 전투

진2세 2년 11월, 왕리가 거록성을 포위한 지 벌써 석 달이 지난 때였다. 장함 군대의 후방 보급 덕분에 왕리 군대의 양식은 충분했고 사기도 왕성하여 공세가 날로 맹렬해졌다. 반면에 거록성 안은 양식이 날로 줄어들고 병사들 가운데 사상자가 발생해도 충원할 수 없어서 점점 긴박하고 위태로웠다.

앞서 조나라 군대가 진나라 군대에게 패전했을 때 조왕 조헐, 승상 장이, 장수 전간·전각 등은 조·제 연합군의 주력을 이끌고 동쪽으로 철수해 거록성으로 들어갔다. 그들이 거록성을 지키고 있는 동안 조나라 대장 진여는 북상해 항산군으로 들어가서 그곳의 조나라 군대를 결집한 뒤 남하하여 거록성 북부에 주둔했다. 진나라 군대에 포위된 채 거록성 안에 있던 조왕 조헐과 승상 장이는 진여의 군영에 사람을 여러 번 보내어, 진나라 군대를 공격할 것을 재촉했다. 하지만 왕리·장함의 수십만 주력군에 비하면 수만 명 규모인 진여의 군대는 진격하기에는 병력이 약소했다. 이에 진여는 각국의 원군이

오면 함께 진나라 군대를 공격할 작정으로, 방어시설을 구축하여 진지를 굳게 지키는 한편 초·제·연·위 각국에 잇달아 사자를 보내 원조를 촉구했다.

거록성에 포위된 조왕 조헐과 장이는 진여 군대가 와주기만을 간절히 기다렸으나 올 기미가 보이지 않자 크게 분노했다. 장이는 더 이상 기다리지 못하고 장군 장염과 진택陳澤을 특별히 진여에게 보냈다. 장염과 진택은 포위망을 뚫고 성 밖으로 나가 진여 군대의 본영으로 가서 면전에서 진여를 책망하며 장이의 말을 전했다.

"우리가 알게 된 이래로 문경지교刎頸之交를 맺었고, 비록 함께 나지는 못했지만 함께 죽기를 맹세했소. 지금 조왕과 나 장이가 조만간 죽을 지경인 위기에 처해 있는데, 그대는 수만 명의 병사를 데리고 있으면서도 관망이나 하면서 구하러 오지 않으니, 신하로서의 대의는 고사하고 생사를 함께하고 서로를 위해 목이 잘려도 후회하지 않겠다던 맹세는 대체 어떻게 된 것이오! 신의가 남아 있다면 어째서 죽음을 함께하겠다는 각오로 진나라 군대를 공격하지 않는단 말이오! 진나라 군대를 공격하는 건 위험하겠지만 관망하는 것보다는 한 가닥이라도 더 생존할 가망이 있지 않겠소."

진여가 말했다. "지금의 병력으로 진격하면 거록의 위기에서 조나라를 구할 수 없을 뿐만 아니라 공연히 군사의 목숨만 잃을 뿐이오. 나 진여가 죽음을 자초하지 않으려는 까닭은 오직 조왕과 장이를 위하여 복수의 희망을 남겨두고자 함이요. 지금 상황에서 내가 죽음을 무릅쓰고 진나라 군대를 공격하는 것은 굶주린 범에게 고기를 던지는 것과 같으니 무슨 쓸모가 있겠소?"

장염과 진택이 말했다. "사정이 이 지경으로 위급하니 더 생각할 여지가 없습니다. 진장군께서는 죽음을 함께하겠다는 각오로 위험 속으로 뛰어들어 조왕과 장승상의 신의를 얻으셔야 합니다."

장염과 진택은 장이·진여와 함께 장초왕 진승의 명을 받들어 무신·소소와 함께 조나라로 들어간 초나라 군대의 옛 장수다. 이량이 반란을 일으켰을 때 장염은 조나라 군대의 주요 장수로서 군대를 이끌고 상당군에서 싸웠다. 무신이 피살된 후 요행히 도망친 장이와 진여는 남은 세력을 규합해 조나라를 재건했다. 장염 군대는 조나라의 주력군이 되었고, 장염은 조왕 조헐을 옹립한 중신이 되었다. 장염과 장이·진여 사이에는 생사를 함께하고 환난을 함께한 형제의 정과 전우의 의리가 있었다. 장이가 그런 장염과 진택에게 적의 포위망을 뚫고서 진여의 군영으로 가게 한 것은 긴급함과 신뢰라는 이중적 의미를 전달하는 것이었다. 장염과 진택이 찾아오자 진여는 당연히 큰 압박을 느꼈다. 진여가 형세를 분석하고 이치를 말한들 장염과 진택을 설득할 수 없었다. 진군하면 전군이 전멸하고, 진군하지 않으면 관계가 틀어지고 만다. 장염과 진택의 재촉으로, 진여는 진군하는 데 동의하지 않을 수 없었다. 진여는 장염과 진택에게 우선 5000명을 선봉으로 삼아 진나라 군대를 공격하게 했다. 그 결과 장염과 진택은 5000명의 병사와 전몰했다. 진여는 더 이상 경거망동하지 못하고 각국의 구원병이 오기만을 밤낮으로 간절히 바랐다.

평원진에 도착한 항우 군대는 잠시 숨을 고른 뒤 신속히 대열을 정비해 강을 건넜다. 가장 먼저 황하를 건넌 것은 초나라 군대로, 용장 영포와 포장군이 이끄는 2만 명의 초나라 정예군이었다. 그들은 황하를 건넌 뒤 곧장 극원棘原과 거록 사이에 있는 진나라 군대의 후방 보급 지원 부대를 공격했다. 조나라를 공격하며 거록성을 포위한 것은 왕리가 이끄는 진나라 북부군이었고, 장함 군대는 거록 남부의 하내군과 한단군에 배치되어 후방 보급을 지원하면서 황하 맞은편 기슭으로부터 오는 반진 원군을 저지하는 임무를 맡고 있었다. 장함은 용병에서 식량 보급로를 가장 중시했다. 당시 진나라 군대의 식량 공급은 주로 낙양 북부 황하 기슭의 오창에 저장된 군량미에 의지하고 있었고, 장함은 황하를 이용해 군량을 운송했다. 극원은 운송을 위한 부두와 창고가 있는 곳으로, 수십만 대군의 병참 보급 기지였다. 왕리 군대의 군량 보급은 극원에서 거록까지 육상으로 운송되고 있었다. 극원에서 거록까지의 안전하고 순조로운 보급을 확보하기 위해 장함은 황하와 장하 사이의 군량 운송로 양측에 방어용 보루를 쌓고 군대를 주둔시켜 방어하게 했다. 이를 용도甬道라고 하는데, 적군의 공격에 대비한 것이다.

영포 군대와 포장군 군대는 장함 군대와 왕리 군대 사이를 날카로운 칼처럼 파고들어가, 용도를 지키는 진나라 군대에 맹렬한 공격을 퍼부었다. 뱀처럼 긴 진나라 군대의 용도 여러 곳을 격파하고 점거함으로써 거록성으로 통하는 진나라 군대의 식량 보급선을 끊고, 장함 군대와 왕리 군대를 갈라놓았다. 선봉대의 쾌거를 접한 항우는 초나라 주력군을 이끌고 황하를 건너가 영포와 포장군을 지원하고 진나라 군대의 반격을 버텨내면서 장하와 황하 사이에서 진지를 확고히 다졌다. 영포 군대와 포장군 군대는 장함 군대에 맞서 보루를 쌓고 군건히 지켰으며, 이들의 엄호에 의지하여 항우의 주력군은 신속히

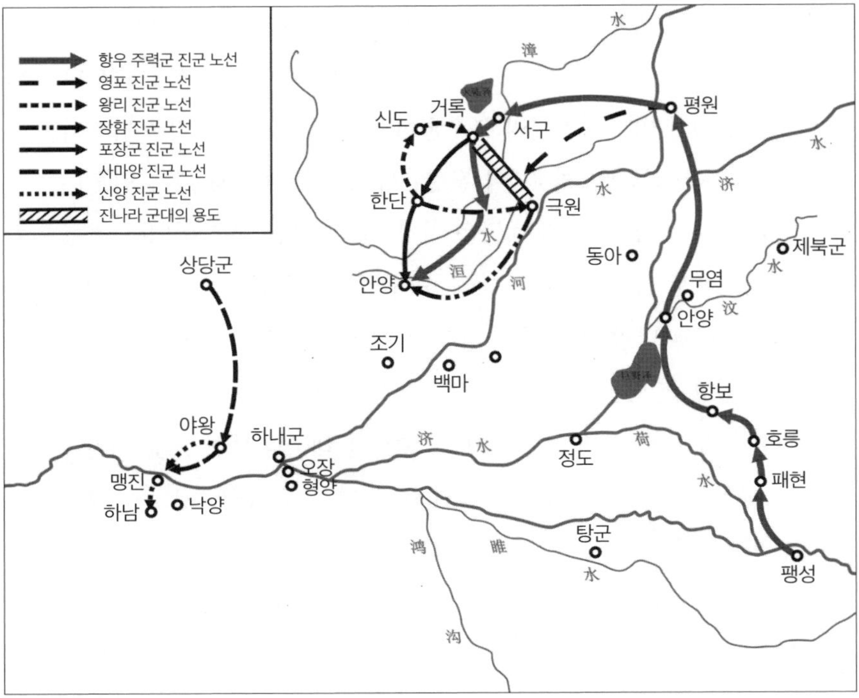

거록 전투 형세도

장하에 도착하여 맞은편 기슭의 왕리 군대를 공격할 준비를 했다. 장함 군대와 단절되어 식량 보급로가 끊긴 왕리 군대의 식량 공급이 부족해지면서 전세는 연합군에게 유리하게 바뀌었다.

거록성 안의 수비군은 초나라 군대가 온다는 소식에 한껏 고무되어 더욱 굳게 성을 지켰다. 거록성 밖에는 원군이 집결하기 시작했다. 수만 명의 진여 군대는 거록성 북쪽에 보루를 쌓고 주둔했으니 이는 가장 먼저 도착한 원군이다. 장이의 아들 장오張敖는 줄곧 대군

장하

장하 가의 경치

항우는 장하를 건넌 뒤 '파부침주破釜沈舟'라는, 청사에 길이 남을 결정을 내렸다.

代郡에서 활동했는데, 거록이 위급하다는 소식을 듣고 돕기 위해 대군의 병력 1만 명을 이끌고 와서 진여 군대 곁에 주둔했다. 연왕 한광은 본래 조왕 무신의 부하이자 장이·진여의 동료였는데, 조나라를 떠나 따로 연나라를 세웠다. 보호벽과 같은 조나라의 존재 덕분에 연나라는 진나라 군대로부터 직접 공격을 받은 적이 없다. 연나라와 조나라는 영토 등의 문제 때문에 여러 갈등이 있긴 했지만 한광은 두 나라가 순망치한의 관계임을 분명히 인식하고 있었기에 거록이 포위되자 부장 장도臧荼에게 원군을 이끌고 남하하도록 했다. 거록성 밖에 도착한 장도 부대 역시 진여 군대 곁에 주둔했다.

각국에서 지원 군대를 보내긴 했지만 진나라 정예군이 워낙 강대했기 때문에 누구도 감히 나서서 공격하려 들지 못했다. 진여 군대의 5000명 군사가 전멸했던 일을 거울삼아 원군은 일제히 보루를 높게 쌓은 채 밖으로 나오지 않고 초나라 주력군이 오기만을 한마음으로 기다렸다.

항우는 용맹하고 두려움 없는 군사 천재다. 원병을 요청하는 진여의 사자가 다시 찾아오자 항우는 병력을 집중하여 왕리 군대와 결전을 벌이기로 결정했다. 왕리 군대는 진나라 정예군의 주력 부대로, 오랫동안 북쪽 변방에 주둔했으며 일찍이 명장 몽염의 통솔 아래 흉노를 격퇴하기도 했다. 진나라 말에 난이 일어나자 줄곧 황하 이북에서 조·연·제 군대와 싸웠으며, 현재 거록을 포위 공격하고 있는 핵심 주력이다. 하지만 초나라 군대에 의해 식량 보급로가 끊기자 도리어 연합군에게 포위된 형세에 처하고 말았다. 항우는 이 유리한 기회를 포착했다. 그는 우선 왕리 군대와 연락을 취하려는 장함 군대의 시도를 차단하기 위해 영포와 포장군에게 장함 군대의 반격에 맞서도록 했다. 항우 자신은 초나라 주력군을 이끌고 장하를 건넌 뒤, 전군을 놀라게 하고 청사에 길이 남을 중대 결정을 내렸다. 그는 전군의 장수와 병사에게 각자 사흘 치 식량을 준비하게 했다. 그러고는 배에 구멍을 내어 죄다 강바닥에 가라앉혔고, 장막을 죄다 불태웠으며, 솥과 시루 등의 취사용구를 부쉈다. 스스로 퇴로를 끊음으로써 오직 속전속결로 승리를 거둘 뿐 퇴각하여 생환할 마음은 전혀 없음을 전군의 장수와 병사에게 알린 것이다.

파부침주破釜沈舟를 단행한 초나라 군대는 사흘안에 진나라 군대와 싸워 이기는 것 외에는 생환의 가능성이 없었기에 모두가 목숨을 걸고 싸워야 했다. 초나라 군대는 거록에 접근하자마자 왕리 군대를 향해 맹렬한 공격을 펼쳤다. 하루 동안 초나라 군대와 진나라 군대는 아홉 차례 교전을 펼쳤다. 초나라 군대는 연전연승하며 진나라 군대의 용도와 보루를 파괴했다. 진나라 군대의 사령관 왕리가 사로잡히고 부장 소각蘇角이 피살되었으며, 또 다른 부장 섭간涉間은 초나라 군대에 포위되자 투항하지 않고 분신자살했다. 각국의 원군은 섣불리 나서지 못한 채 군영의 외벽 위에 올라가서 초나라 군대가 왕리 군대를 공격하는 상황을 살폈다.

거록성 밖의 벌판에는 푸른 하늘 흰 구름 아래 초나라 군대의 깃발이 선명히 나부끼고 있었고 징과 북이 가지런히 놓여 있었다. 연기와 먼지가 자욱한 가운데 초나라 군대의 장수와 병사가 노호하는 소리가 천지를 진동했다. 그들 모두 용감히 달려들어 진나라 군대를 쳐부쉈다. 진나라 군대는 점점 패하여 퇴각했다. 군영은 하나씩 불태워졌고 장수와 병사들의 머리가 잘려나갔다. 해가 뜰 때 양군이 싸우기 시작했고, 해가 중천에 떴을 때 생사가 한쪽으로 기울었으며, 오후가 되어서는 초나라 군대의 대승과 왕리 군대의 패배가 정해졌다. 외벽 위에서 놀란 눈으로 관망하던 각국 원군은 그제야 군영의 문을 열고 출병시켜, 패주하는 진나라 군대를 공격하는 초나라 군대에 호응했다.

전투가 끝난 뒤 항우는 각국 군대의 장수를 불러 모았다. 모든 장수는 시신이 산처럼 쌓여 있고 피가 강처럼 흐르는 전장을 지나서 초나라 군대의 사령부로 바뀌어버린 왕리 군대의 본영으로 전전긍긍하며 도착했다. 전쟁의 먼지가 자욱하고 칼날이 번쩍이는 가운데, 군영 안으로 들어선 장수들은 두려움에 사로잡혀 몸을 낮추고 무릎으로 나아갔다. 항우의 면전에 이르렀을 때 감히 고개를 들어 항우를 쳐다보는 사람은 아무도 없었다. 이 전투를 통해 각국의 장수들은 항우를 두려워하며 따랐다. 그들은 일제히 항우를 각국 연합군의 통솔자로 추대했다.

10

유유히 흐르는 장하에서 영령을 제사지내다

초나라는 조나라를 구하기 위해 거록 전투에 모든 것을 쏟아 부었다. 초나라는 소집할 수 있는 모든 군대를 출동시켰다. 진나라가 육국과 사투를 벌이고 육국 내부의 관계 역시 복잡하게 얽힌 상황에서, 초나라 군대가 어떻게 조나라를 구했으며 어떤 노선을 경유해 조나라를 구하러 갔는지는 중대한 문제다. 하지만 사마천은 이 일을 간단히 언급했을 뿐이다. 송의가 군대를 이끌고 팽성에서 출발해 안양에 이른 뒤 46일 동안 가만히 머문 채 나아가지 않자 항우가 송의를 죽이는 사건이 벌어졌다. 초나라 군대의 지휘권을 탈취한 항우는 조나라를 구하기 위해 군대를 이끌고 강을 건넜다. 솥을 부수고 배를 가라앉힌 뒤 거록성에 도착해 왕리 군대를 일거에 섬멸했다. 이상의 기록은 지나치게 간단해서 이해할 수 없는 많은 난제를 남겼다.

송의는 군대를 이끌고 초나라 수도 팽성에서 출발한 뒤 안양에 도착해 그곳에 주둔하면서 나아가지 않았다. 안양의 위치는 초나라 군대가 조나라를 구하러 간 노선을 밝히는 핵심이다. 당나라 때의 학자 안사고顏師古는 안양이 황하 서쪽에 있는, 대체로 지금의 허난 안양 서남쪽 즉 당시의 하내군 안양이라고 보았다. 역시 당나라 때의 사마정司馬貞은 안양이 황하의 동쪽에 있는 동군(지금의 산둥 차오현曹縣)이라고 보았다. 역대로 학자들은 안사고 또는 사마정의 견해를 따를 뿐 일치된 결론을 내리지 못했다.[9]

나는 문헌을 자세히 검토하면서 고금의 지도와 거듭 대조한 결과, 안사고와 사마정의 견해가 상당히 의심스러워졌다. 그래서 현장을 찾아가서 안양·임장·성안成安(청안) 일대를 살펴본 바, 안사고의 견해를 즉시 배제했다. 거록 전투 당시 하내 안양은 황하의 서쪽, 원수洹水와 장하 남쪽 기슭에 있었다. 안양이 소재한 하내군은 진나라 말에 난이 일어난 이래로 내내 진나라 군대가 굳게 지키고 있었다. 서쪽으로는 하동군에 의지해 관중과 접하고, 남쪽으로는 삼천군에 기대어 오창으로부터 양식을 취하던 곳이다. 하내군은 하북 지역에서 진 제국의 가장 견고한 전략 기지였다. 장함이 정도에서 항량을 죽일 수 있었던 것은 하내에서 강을 건너서 온 원군 덕분이었다. 장함이 한단을 쳐부수고 한단의 백성을 하내로 이주시켰던 것 역시 하내의 안정에 의지한 것이다. 왕리 군대가 거록을 포위했을 때 장함 군대의 본영은 바로 하내 안양 일대에 있었다. 20만 대군이 밀집·포진한 채 제후국 군대의 원조 가능성을 철저히 막고 있었던 곳이다. 그런데도 송의가 초나라 군대를 이끌고 황하를 건너 하내 안양에 당도하여 한 달 넘도록 싸우지 않고 외부로 나가 주연을 즐길 만큼 한가롭고 태평할 수 있었다는 것은, 지세와 형세로 미루어볼 때 절대로 불가능하다.

동군 안양은 황하 동쪽에 있었는데, 여기서 황하를 건너면 가장 가까운 곳의 나루터가 300리 떨어진 백마진(지금의 허난 화현滑縣)이고 백마진을 건너면 하내군으로 진입하게 되어, 진지를 확고히 정비하고 적을 기다리고 있던 장함 군대를 직접 맞닥뜨리게 된다. 초나라 군대가 북상하여 조나라를 구하려면 우선 장함 군대와 싸워야 했던 것이다. 이렇게 해서는 거록의 포위를 해제할 수 없을뿐더러 진나라 군대의 그물 속으로 스스로 들어가는 꼴이었다. 이것은 일반적인 군사 상식에 어긋나기에 이해하기 어렵고 매끄럽게 설명할 수도 없다. 나는 누구의 말을 믿어야 할지 혼란스럽고 의심스러웠다.

이상의 고찰을 마친 나는 신더융辛德勇의 새 책에 나오는 '거록 전투의 지리에 대한 새로운 해석'을 읽고 눈앞이 환해지는 느낌이 들었다. 신더융은 신예의 역사지리 전문가로, 그는 여러 학설을 검토한 뒤 안양이 지금의 산둥 둥핑東平 일대라고 추측했다. 또한 그는 항우가 초나라 군대를 이끌고 조나라를 구하러 갈 때 동군 안양으로 가서 백마진에서 강을 건넌 게 아니라, 북상하여 제북군으로 가서 평원진에서 강을 건넌 것이라고 추측했다. 당시 부활한 포스트 전국 시대 칠국을 놓고 말하자면, 항우 군대는 서쪽 위나라를 경유한 게 아니라 북쪽 제나라를 지나서 조나라로 갔던 것이다. 안양이 지금의 산둥 둥핑 일대에 있었고, 항우가 북상하여 제나라 평원진으로 가서 황하를 건넜다는 견해는 새로 출토된 도문陶文에 의해 지지되었고 이미 반박할 수 없는 이론이 되었다.[10]

거록 전투의 역사적 배경과 관련하여, 제나라의 영향과 역할에 주목한 사람은 여태 아무도 없었다. 앞에서 말했듯이, 이량의 배반으로 무신 조나라 정권이 붕괴한 뒤 제왕 전담은 전간을 파견해 군대를 이끌고 신속히 황하를 건너 조나라를 지원하게 했다. 조헐의 신정권 건립은 여기에 의지한 바가 크다. 전간 군대가 제나라에서 황하를 건너 조나라로 들어갈 때 분명히 제북군의 평원진을 통했을 것이다. 조헐 정권은 옛 수도 한단이 아닌 북부의 신도에 도읍을 세웠다. 진나라 대군이 국경에 접근하자 조나라 왕과 신하가 신도를 포기하고 거록으로 물러난 것도 제나라의 지원에 의지했던 것과 관계가 있다. 신도는 거록과 가깝고, 거록은 평원진을 통해 제나라 제북군과 이어져 있으며, 신도—거록—평원진—제북 노선은 조나라와 제나라가 왕래하는 길이었다. 항우가 초나라 군대를 이끌고 제나라로 진입해 평원진을 통해 황하를 건너는 것이야말로 합리적인 선택이었다.

항우 군대는 조나라를 구하기 위해 강을 건널 때 두 방면의 제나라 군대의 지원을 받았다. 하나는 전안이 이끈 제나라 군대고, 다른 하나는 전도가 이끈 제나라 군대다. 전안 군대는 제북군의 일부 지역을 점령한 뒤 항우 진영에 가담했고 조나라를 구하기 위해 함께 강을 건넜다. 전도 군대가 항우 진영에 가담한 지점 역시 제북군이었을 것이다. 전안과 전도의 협력 덕분에 항우 군대는 순조롭게 제나라 제북군으로 들어갔다. 항우 군대가 평원진에서 황하를 건넌 것은 천시天時와 지리地利와 인화人和의 결과였다.

항우가 초나라 군대를 이끌고 평원진에서 황하를 건넜을 때, 거록성은 300여 리 밖에 있었고 그 사이에는 원수와 장하 두 커다란 강이 있었다. 특히 장하는 태항산에서부터 광대하게 흘러와 지금의 허베이 취저우曲周 일대에서 황하의 옛 물길을 따라가며 거록을 우회하여 동북으로 흘러간다. 황하를 건넌 항우 군대가 서쪽 거록으로 가는 데 장하는 천연의 요새였다. 황하와 장하라는 두 천연 요새를 맞닥뜨린 항우 군대가 어떻게 그 강을 건너 조나라를 구하러 갔는지는 역사적으로 유명하고 그에 대한 의견도 분분하다. 『사기』 「항우본기」에서는 항우가 조나라를 구하러 강을 건넌 일을 이렇게 서술하고 있다.

> 항우는 경자관군(송의)을 죽인 뒤 초나라에 위엄을 떨치고 제후들에게 명성을 드날렸다. 그는 당양군(영포)과 포장군에게 병사 2만 명을 이끌고 강河을 건너서 거록을 구원하도록 했다. 전황이 조금 유리해지자 진여가 또 구원병을 요청했다. 이에 항우는 전군을 이끌고 강河을 건넌 뒤 배를 죄다 가라앉히고 솥과 시루를 깨뜨리고 군영을 불사른 뒤 사흘치의 군량만 휴대함으로써 사졸들에게 필사적으로 싸울 것이며 돌아올 마음이 전혀 없음을 알렸다.[11]

이것이 바로 고사성어 '파부침주破釜沈舟'의 유래다.

항우 군대는 솥을 깨뜨리고 배를 가라앉힌 뒤 조나라를 구하러 갔다. 항우 군대가 건넌 강은 대체 어느 강일까? 항우 군대가 건너간 곳에 대하여 『사기』에서는 단지 '하河'라고만 표현했다. 그래서 어떤 이는 장하라 하고 또 어떤 이는 황하라고 하는 등 역사학에서 의견이 분분한 영원한 미스터리가 되었다. 나는 유명한 역사지리학자 탄치샹의 「전한 이전의 황하 하류의 물길西漢以前的黃河下游河道」[12]이라는 명문을 읽고 나서야 거록 전투 당시의 장하·원수·황하 간의 지리적 흐름을 이해하게 되었고, 이에 근거해 『사기』를 해독하면서 거록 전투의 군사 형세를 전면적으로 복원할 수 있었다. 탄치샹이 말한 바와 같이 당唐·송宋 이전의 '하河'는 황하의 전용명사였으며 다른 물길을 칭하는 데 사용하지 않았다. 그런데 황하뿐만 아니라 황하의 옛 물길도 '하'라고 칭할 수 있었다. 당시 거록을 지나가던 장하의 물길은 본래 과거 황하의 옛 물길이었으므로 자연스럽게 '하'라는 옛 명칭을 그대로 썼던 것이다. 이에 근거해서 당시 형세를 살펴보면, 조나라를 구하기 위해 거록으로 간 항우 군대가 건너야 했던 두 강은, 첫째로는 평원진을 지나가는 황하이고 둘째로는 거록을 지나가는 장하다.[13] 『사기』에서는 항우가 송의를 죽이고 군대를 빼앗은 뒤 먼저 영포와 포장군을 선봉으로 삼아 "병사 2만 명을 이끌고 강河을 건너게" 했다고 하는데, 여기서 강은 마땅히 황하다. 뒤를 이은 기록에서는 전황이 초나라 군대에 유리해지자 진여가 다시 사자를 보내 구원병을 요청했다고 한다. 이에 "항우는 전군을 이끌고 강河을 건넌 뒤 배를 죄다 가라앉히고 솥과 시루를 깨뜨리고 군영을 불사른 뒤 사흘치의 군량만 휴대함으로써 사졸들에게 필사적으로 싸울 것이며 돌아올 마음이 전혀 없음을 알렸다." 여기서 건넌 강은 마땅히 장하다.[14]

항우 군대는 장하를 건넌 뒤 신속히 거록성 아래서 진나라 군대와 결전을 펼쳤다. 『사기』에서는 전쟁 상황을 이렇게 개술했다. 항우는 "도착하자 즉시 왕리를 포위하고 진나라 군대와 여러 번 싸워 용도를 끊고 대파했으며, 소각을 죽이고 왕리를 포로로 잡았다. 섭간은 초나라에 투항하지 않고 분신자살했다."[15]

이처럼 『사기』에서는 패전한 진나라 군대의 처참함을 단 몇 마디로 전하고 있다. 거록 전투에 나선 20만 진나라 군대 가운데 전쟁포로가 된 소수를 제외하곤 거의 살아서 돌아가지 못했다. 찬바람 날리는 뿌연 석양 아래 진나라 장수와 병사들의 영령이 떠돌았다. 거록성 밖의 벌판에는 진나라 군대의 시신이 가득했고 피가 강물처럼 흘렀다. 거록 전투가 벌어진 날, 진 제국 멸망의 운명은 이미 결정되었다. 거록 전투의 날은 진 제국이 슬피 통곡하는 순국國殤의 날이었다.

나는 굴원屈原의 「국상國殤」을 읽으며 가슴 아파했다.

손에는 창을 쥐고 몸에는 무소가죽 갑옷을 입고서,
병거가 부딪치니 칼로 접전을 펼치네.
깃발이 해를 가리고 적군은 구름처럼 몰려오는데,
화살은 빗발쳐 떨어지고 병사들은 앞 다퉈 싸우는구나.[16]

양군의 장수와 병사가 창을 쥐고 무소가죽 갑옷을 입은 채, 덜컹거리는 병거의 바퀴 축이 부딪쳐 부러지는 가운데 칼로 접전을 펼치며 돌격하는 소리가 천지를 울린다. 수많은 깃발이 해를 가리고 강적은 구름처럼 밀집해 있다. 화살은 비 내리듯 쏟아지는데 병사들은 앞 다퉈 싸운다. 이 얼마나 격렬한 교전인가! 이 얼마나 용감한 병사들인가!

적군이 우리 진지를 능멸하고 우리 행렬을 짓밟아,
왼쪽 참마驂馬는 죽고 오른쪽 참마는 칼날에 다쳤네.
수레의 두 바퀴가 땅속에 박히고 네 마리 말도 한데 얽혀버렸는데,

북채를 쥐고 북소리 크게 울려본다.
천시天時가 불리하고 엄한 신령은 노하여,
잔혹하게 죄다 죽이고 시신은 벌판에 버려졌구나.[17]

패한 아군의 진지가 격파되고 대오가 짓밟힌다. 왼쪽 참마는 쓰러져 죽고 오른쪽 참마는 칼에 맞아 다친다. 병거의 바퀴가 진흙에 빠지자 수레를 몰던 말들도 발이 묶여 나아가지 못하는데, 앞쪽의 병사가 넘어지면 뒤쪽의 병사가 그 뒤를 이어 나아가며, 북채를 쥐고 전투를 독려하는 북소리를 울린다. 유감스럽게도 천시가 불리하고 신령이 노호하니, 아군의 장수와 병사가 죄다 죽임을 당하여 버려진 시신의 피가 아득한 벌판을 물들인다. 이 얼마나 비장한 저항인가! 이 얼마나 처참한 전황인가!

출정하면 돌아오지 못하고 나아가면 되돌아오지 못하니,
평원은 아득하고 길은 멀고멀구나.
긴 칼을 차고 튼튼한 활을 낀 채,
머리와 몸이 분리되어도 마음은 후회하지 않는다네.
진실로 용감하고 굳세어,
시종 강건하여 침범할 수 없도다.
몸은 이미 죽었어도 정신은 살아,
혼백은 굳세어 귀신의 영웅이 되리라.[18]

한 번 떠나면 돌아올 수 없고, 죽음만 있을 뿐 살 수는 없다. 아득히 펼쳐진 평야, 길은 멀고멀지만 종군한 이후 돌아가고자 하는 마음을 품은 적이 없다. 살아서나 죽어서나 예리한 검과 강한 활을 손에서 놓은 적이 없다. 설령 몸과 머리가 나뉜다 하더라도 후회와 원망은 없다. 정신은 용맹하고 무예는 뛰어나고 의지는 강건하니, 부러뜨릴 수는 있으나 능욕할 수는 없다. 전사가 나라를 위해 죽으니, 몸은 죽어 신령이 된다. 정신은 영원히 남아 귀신의 영웅이 되어 빛난다. 아득히 높은 신계神界에서, 죽은 육체는 정신의 승화를 얻었다.

굴원의 「국상」은 제가祭歌다. 2000년 전, 나라를 위해 죽은 초나라 군대의 장수와 병사를 추모하기 위해 지은 것이다. 2000년 뒤, 나는 「국상」을 읽으면서 나라를 위해 죽은 진나라 군대의 장수와 병사를 추모한다. 전국 시대 이래로 진나라와 초나라 양국의 전쟁은 그친 적이 없었고, 수백만 병사의 시신이 아무렇게나 벌판에 묻히거나 버려졌다. 수백만 병사의 망혼이 어둠 속에서 떠돌며 제도濟度되지 못했다. 진나라가 초나라를 멸망시켰고, 초나라가 다시 진나라를 멸망시켰으며, 진나라와 초나라가 융합되어 한나라가 세워졌다. 역사를 먼 눈으로 바라보면서 애초에 무엇을 위한 것이었는지 돌이켜본다. 순국 영령들이 하늘에서 만날 수 있다면 서로 손을 잡고 함께 노래할 것이다.

환희의 여신이여, 성결한 아름다움과 찬란한 빛이 대지를 두루 비추네.
열정으로 가득한 우리는 그대의 성전에 들어가리.
그대의 힘은 인간들의 모든 어긋남을 사라지게 할 수 있다오.
그대의 찬란한 빛 아래서 모든 인류는 형제가 된다네.[19]

제 7 장

유방이 서진하다

❶

이사와 장함의 협력

거록 전투의 결과, 왕리 군대는 섬멸되고 장함 군대는 겁에 질렸다. 장함은 부대를 지휘해 신중히 퇴각했다. 하내군 방향으로 퇴각한 그는 장수 남쪽 기슭 일대에서 보루를 높이 쌓고 원병을 기다리는 방위 태세를 취했다.

장함은 수비에서 공격으로 전환하는 데 능한 명장이다. 형세가 불리하면 진지를 굳게 지킨 채 힘을 모으면서 원병이 오기를 기다렸다가, 기회가 무르익으면 기습으로 일거에 적을 격파했다. 주문 군대를 무찌를 때 그는 이런 전술을 펼쳤고, 항량 군대를 격파할 때도 마찬가지였다. 장함은 이번에도 기존 전술을 되풀이하려고 했지만 이번에 맞닥뜨린 안팎의 형세는 전보다 훨씬 가혹했다.

진2세 원년, 주문 군대가 별안간 함양 교외에 나타났을 때 조정은 모든 군사 역량을 동원해 장함에게 전권을 위임하는 데 만장일치했고, 그 결과 주문 군대를 격퇴할 수 있었다. 진2세 2년, 장함이 항량 군대와 일진일퇴하며 악전고투할 때 이미 조정 내부에는 중대한 변화가 있었지만 전선까지는 영향을 끼치지 않았다. 그리하여 장함 군대는 왕리 군대와 하동군·하내군의 증원에 힘입어 항량의 군대를 일거에 격파했다.

거록 전투가 종결된 진2세 3년 12월, 왕리 군대는 섬멸되고 장함 부대는 원군을 잃은 채 고립되었다. 그들이 마주한 상대는 주문 군대처럼 임시 결성된 오합지졸이 아니었다. 교만하여 태만해진 항량의 군대도 아니었다. 그들의 상대는 격전을 치르고 대승을 거둔 뒤 조금의 흐트러짐도 없이 다가오고 있는, 항우가 이끄는 각국 연합군이었다. 더 심각한 것은 진 왕조의 정국 변화로 인해 정부 내부에 장함이 기댈 만한 세력이 사라졌으며, 도리어 의심과 시기와 질책을 받게 되었다는 사실이다.

2세 정권은 황자 호해, 중거부령 조고, 승상 이사의 정치 동맹이 정권 탈취에 성공함으로써 건립되었다. 새 정권의 핵심을 차지한 이들 세 명은 진 제국을 끌고 나가는 일심동체의 삼두마차였다. 그들은 공동으로 집정했다. 진시황의 막내아들인 호해는 참월하여 즉위한 데다가 정치 경험도 부족했기 때문에 제위를 노리는 이들을 제거하기 위해 집정 초기에 손위형제와의 골육지쟁에 몰두했다. 조고는 중거부령에서 낭중령으로 초고속 승진한 탓에 밖으로는 공경대신을 심복시킬 수 없었고, 안으로는 낭중의 관리들을 심복시킬 수 없었다. 궁전 내부를 효과적으로 제어함으로써 2세가 궁정 권력을 장악하는 데 협조하는 것이야말로 조고로서는 급선무였다. 선제의 노신老臣인 승상 이사는 덕망 높은 공경의 우두머리로, 정치적 업적도 탁월하고 집정 경험도 풍부해 호해의 신임을 얻었고 조고로부터 존중을 받았다. 새로운 궁정과 옛 정부를 소통시켜 2세 황제와 노신의 관계를 원만하게 만들 수 있는 인물은 삼두마차의 2세 신정권의 핵심 가운데 이사뿐이었다. 결국 새로 건립된 진 왕조 2세 정권에서 국정의 주역은 두말할 것 없이 이사였다.

장함은 이사의 신뢰를 받는 선제의 옛 신하다. 시황제 능원 공사에서 명목상의 총 책임자는 승상 이사로, 모든 상주와 보고는 이사의 이름으로 서명했다. 그러나 구체적 작업과 공사 현장의 감독을 실질적으로 책임진 사람은 바로 소부 장함이었다.[1] 소부는 구경에 속하는 직위로, 황실의 재정과 궁정 사무를 담당하는 내무대신에 해당한다. 이 시기의 이사와 장함은 한마음으로 협력하는 사이였다. 주문의 군대가 관중을 침입했을 때, 여산에 있던 장함은 죄인을 사면해 군대에 편입시킴으로써 경사군이 적군을 반격하는 데 동원하자고 건의했다. 그의 건의는 이사의 지지 덕분에 실행될 수 있었고, 장함은 진나라 군대의 지휘권을 가질 수 있었다. 주문 군대를 격퇴한 뒤 장함은 제국의 전략적 후방 예비부대를 보충하여 중부 방면의 군대를 편성한 뒤 관문 밖으로 나가 전투를 지휘했다. 그의 군대는 진나라 주력군이 되었고, 제국 정부로부터 지속적인 후방 지원을 얻어 전쟁을 순조롭게 치르며 혁혁한 전공을 세웠다. 이후 그는 반란의 진압을 책임지는 진나라 군대의 총사령관으로 임명되어 각 방면의 진나라 군대를 통일적으로 관리했다. 대군을 장악한 장함의 일거수일투족은 제국의 존망에 막강한 영향을 끼칠 정도가 되었다. 장함은 2세 황제, 낭중령 조고, 승상 이사의 뒤를 잇는 또 하나의 정치 세력으로, 진 왕조 정권의 외적 버팀목이 되었다.

장함의 정치적 부상과 군사적 승리의 배후 버팀목은 이사였다. 이 시기의 장군 장함과 승상 이사는 두 날개가 되어 안팎으로 일체를 이루고 있었다. 장군과 승상이 화목해야 천하가 안정되는 법, 이사와 장함의 신뢰와 협력은 진나라 군대가 반란을 순조롭게 평정하는 정치적 기초이자 필수 조건이었다. 그런데 장함 군대가 순조롭게 관동으로 진군해 각지의 반란을 하나씩 평정하고 있을 때, 2세 정권 내부에서 중대한 정치적 파열음이 발생했다. 승상 이사와 낭중 조고 사이에 권력 투쟁이 벌어진 것이다. 2세 황제는 최종적으로 조고의 편에 섰다.

2

2세 황제의 고뇌

주문 군대가 관중에 침입해 수도를 위협한 것은 진나라 건국 이래 처음 맞은 위기였다. 이는 진 왕조의 군신 모두에게 엄청난 충격이었다. 일단 수도 지역의 위협이 제거되자 책임을 추궁하는 여론이 일어나기 시작했다.

정부의 수반인 이사는 정무를 집행하는 주요 책임자이자 황제와 대신을 소통시키는 중심이었으므로 온갖 질책과 비난이 그에게 집중되었다. 연로하고 몸을 사리긴 해도 이사는 오랫동안 진 왕조의 국정을 관장하면서 풍부한 정치 경험을 지닌 인물이었다. 진승의 반란이 갑작스럽게 일어나 확대·만연되는 사태를 겪으면서 이사는 진시황 만년부터 이어진 가혹한 정치가 그 원인임을 인식했다. 진시황은 천하를 통일한 뒤 북으로는 흉노를 쫓아내고 장성을 쌓았으며, 남으로는 남월을 정벌하고 오령에 병사를 주둔시켰다. 또한 치도를 통해 각지를 연결하고, 직도를 만들어 변방과 막힘없이 통하게 했다. 게다가 여산 능원을 준공하기도 전에 아방궁을 짓기 시작했다. 이 모든 공사에 백성이 징발되어 부역을 떠맡았다. 백성이 과중한 부역에 시달려 농사를 그르치자 민생은 안정되지 못했고, 도망자와 범법자가 증가했다. 제국의 법제는 엄격해서 죄를 지으면 반드시 벌을 받게 되어 있었다. 이 때문에 형벌을 피하고 법에 대항하려는 움직임이 만연하게 되었다. 진승과 오광의 난은 과중한 노역과 엄격한 법 집행으로 힘들어진 백성이 궁지에 몰려 이판사판으로 행동하게 된 것이었다.

반란을 신속히 평정하고 제국을 안정시키기 위해서는 단호한 군사적 진압 외에도 제국의 정책을 알맞게 조정함으로써 요역을 경감하고 형법을 완화해야 했다. 이는 2세 정권에서 승상 이사를 우두머리로 하는 정부 측 의견을 대표하는 것이기도 했다. 우승상 풍거질馮去疾과 장군 풍겁馮劫 등 선제의 노신은 모두 이사를 지지했다. 제국의 안위와 관련된 일이기에 세 사람은 2세에게 이런 의견을 담은 상서를 올리기로 결정했다. 상서는 이사가 기초했다. 일류 정치가이자 일류 문장가인 이사는 상서 안에 형세를 분석하여 이해득실을 밝히면서 형벌을 완화하고 요역을 경감하는 정책 전환의 필요성을 완곡히 담았다. 이사는 선제의 유조를 따르는 노신들의 입장과 마찬가지로, 젊은 2세 황제가 고대의 성왕인 요堯와 우禹를 본보기로 삼아 부지런히 일하고 힘을 다해 나라를 다스림으로써 위난을 겪은 제국의 강산을 부흥시키길 바랐다.

하지만 예상은 완전히 빗나갔다. 이사의 상서는 2세로부터 정책을 전환하겠다는 동의를 끌어내기는커녕 도리어 2세의 매서운 비난을 초래했다. 2세는 형벌을 완화하고 요역을 경감하는 쪽으로 정책을 전환하는 데 동의하기는커녕 이사가 자신에게 요와 우처럼 되길 요구한 것에 강한 반감을 드러냈다. 2세는 날카로운 질문으로 이사를 질책했다. 그는 이사에게 편지를 내렸다.

내 생각은 이렇소. 한비자가 말했소. "요堯가 천하를 다스릴 때는 전당의 높이가 세 척밖에 되지 않았고 상수리나무로 서까래를 만들면서 장식도 하지 않았고 짚으로 이은 지붕은 가위로 다듬지도 않았다. 역참의 객실일지라도 이처럼 초라하진 않을 것이다. 겨울엔 사슴 가죽을 걸치고 여름엔 베옷을 입으며, 거친 음식을 먹고 야채 국을 마시며 질그릇에 밥과 국을 담아 먹었다. 문지기의 음식일지라도 이처럼 거칠지는 않을 것이다. 우禹는 용문龍門을 뚫어 큰 산을 통하게 하고 큰 강을 소통시키고 막힌 물길을 터서 바다로 통하게 했다. 하지만 우 자신은 정강이의 털까지 닳아 없어지고 손발에 못이 박이고 얼굴은 시커멓게 되었으며, 결국 밖에서 죽어 회계會稽에 묻혔다. 노예라 할지라도 그 수고로움이 이처럼 가혹하지는 않을 것이다." 이런 행위는 우매한 이들이 억지스럽게 하는 일이지, 총명하고 현명한 이가 자연스럽게 하는 일은 아니오. 현인은 천하를 소유함에 있어 소유를 귀하게 여기는 것을 중시하오. 소유를 귀하게 여기는 것의 핵심은 소유한 천하를 자신에게 적합하게 하는 데 있소. 현인이라면 반드시 천하를 안정시키고 만민을 다스릴 줄 아는 사람이거늘, 자신조차도 편하고 한가롭게 할 수 없다면 어찌 천하를 다스릴 수 있겠소? 그래서 나는 하고 싶은 대로 하면서 천하의 이로움을 오래도록 향유하되 천하로 인해 고생하지는 않을 것이오. 설마 이것이 안 된다는 말이오?

2세 황제 호해는 본래 정치적 포부나 정치적 야심이 없는 황실의 공자였다. 갓 스물이 넘은 그는 민감하고 조숙하며 신경질적이었다. 그는 부친이 요와 우처럼 평생 나랏일에 급급하며 고생하는 모습을 보았고, 천하의 위업을 이룬 뒤에는 병으로 고통 받는 것을 오랫동안 목도했다. 부친은 생명의 짧음을 괴로워하며 불사약과 신선을 간절히 추구하고 기대했지만 끝내 해탈을 얻지 못하고 기대와 달리 죽음을 맞아 어둡고 차가운 지하에 묻혔다. 호해는 부친의 일생의 진상에 가까이 있었다. 부친이 죽어가던 음침함의 현장에도 있었기에 그는 일찍이 생명의 짧음에 대한 고뇌를 강렬하게 느꼈다.

즉위 초, 호해는 자신의 이러한 심경을 스승 조고에게 사적으로 토로한 적이 있다. 그는 조고에게 이렇게 말했다.

"사람이 태어나 세상에 사는 것은, 여섯 마리의 말이 끄는 빠른 수레에 앉아 좁은 틈을 지나가는 것처럼 눈 깜짝할 사이에 끝난다오. 기왕 천하에 군림하게 되었으니, 눈과 귀에 좋은 것을 실컷 누리고 마음이 원하는 바를 다 하며 종묘와 국가를 안정시키고 백성을 즐겁게 하면서 천하를 오래도록 소유하고 천수를 누리고 싶은데, 할 수 있겠소?"

조고는 사람의 마음을 잘 짐작하는 인물이었다. 그는 2세의 말을 긍정하면서 오직 현명한 군주만이 행할 수 있는 이롭고 훌륭한 방법이라며 두둔했다. 조고는 계략이 뛰어난 인물이었다. 그는 2세의 불안과 향락을 추구하는 마음을 이용해 정적을 제거하고자 했다. 조고의 부추김 아래 2세는 형제자매를 죄다 죽였다. 황실에서 경쟁상대가 될 만한 이들을 제거함으로써 제위에 대한 걱정 없이 향락을 누릴 수 있는 여건을 만드는 것이 골육상잔의 목적이었다. 형제자매들을 깡그리 죽인 뒤 홀로 부업을 계승한 호해는 부정을 느낄 수 없는 쓸쓸함이 들긴 했지만 일시적으로나마 안심할 수 있었다. 그는 부친의 발자취를 좇아 수레를 타고 순행하며 편안히 천하의 이익을 누릴 수 있었다. 그런데 뜻밖에도 마른하늘의 날벼락처럼 천하대란이 일어난 것이다. 반란군이 성 아래까지 닥쳐와 개인의 생명뿐 아니라 제국 전체의 기반마저 하루아침에 소멸될 만한 일이 벌어졌다. 본래 정치적 재능이 없었고 정치에 흥미도 없었던 호해는 그 충격으로 인해 권력과 인생에 대한 안전감을 완전히 상실했다. 임박한 죽음을 느끼고 절망에 빠진 자가 향락에 더욱 몰입하는 것처럼 그는 인생을 즐기고 향락을 만끽하려는 욕망에 사로잡혔다.

당시 이사는 일흔이 넘은 나이였다. 막 스물이 된 호해에 비하면 할아버지뻘이었다. 이사는 궁정 밖에서 군무와 정무에 힘쓰느라 아침저녁으로 호해와 소통할 방법이 없었다. 정치에 참여한 지 50년이나 된 이사에게는 인생이 바로 정치고 정치란 바로 정치 행위였다. 그의 눈앞에 닥친 중요한 정치적 업무는 위난 이후 제국을 다시 안정시키는 것이었다. 호해가 맘껏 즐기고 싶다는 강렬한 의사를 분명히 밝힌 것이 이사로서는 매우 뜻밖이었고 당황스러웠다. 2세의 심경은 정말 의외의 것이었다.

나는 이사와 호해 사이에는 넘어서기 어려운 세대차가 있었음에 비애를 느꼈다. 이 세대차는 둘의 나이 차에서 비롯된 것이기도 하지만 서로 다른 시대정신 때문이기도 하다. 진·한 시대는 영웅의 시대로, 제자백가를 통한 지식 계몽의 세례를 거친 한漢민족이 막 장년으로 접어든 때다. 대장부로서 자신의 생명은 가볍게 여기고 의리를 중시하며, 국가와 사회를 향해 마음이 기울며, 영토를 개척하고 공적을 세우며, 높은 지위와 부귀를 힘껏 추구하는 것이야말로 시대의 풍조이자 인물의 풍모였다. 이사는 이런 영웅 시대의 모범이다. 영웅이 만년에 이르러서 생명에 대해 각성하고 내적으로 스스로를 성찰하는 가운데, 시간의 빠른 소멸과 생명의 급속한 쇠퇴를 느끼는 현묘한 정신의 풍조는 한참 나중인 400년 뒤의 위魏·진晉 시대의 것이다.[2] 하지만 그러한 만년이 도래하기 전에 시대를 앞선 조짐이 있게 마련이다. 조숙하며 먹고 입는 것에 대한 걱정이 없고 높은 지위에서 부유하게 지내는 왕실과 고관대작에게 종종 그런 조짐이 나타난다. 2세 황제 호해가 바로 그랬다.

호해처럼 생명의 짧음에 대한 번뇌를 깨달았을 경우, 출가하여 도를 퍼뜨린다면 석가모니처럼 해탈의 종교를 창립하게 될 것이다. 글로써 울분을 분출한다면 위·진 시대의 자유분방한 명사처럼 철학가나 시인이 될 것이다. 하지만 호해는 시대와 어긋났다. 그는 진·한 시대에 살면서 어려서부터 법률 교육을 받았다. 호해는 인생과도 어긋났다. 그는 자신의 천성적 기질과는 전혀 맞지 않는 인생의 자리, 즉 황권이라는 높은 지위에 잘못 배치되었다. 그에게는 내적 성찰과 느낌을 발산할 루트가 없었다. 그에게는 공명하고 공감할 친구가 없었다. 그의 억눌린 심경은 향락을 누리려는 욕망과 행동으로 차츰 전환되었다. 그의 욕망과 행동, 시대를 앞선 그의 깨달음은 광분과 파괴를 향해 한걸음씩 나아갔다.

❸

이사가 『한비자』를 다시 읽다

이사는 2세의 번뇌를 이해할 수 없었기에 적절히 이끌어주지도 완화해주지도 못했다. 이사는 착실한 정치가로, 권력과 이해득실에 능한 정객이었다. 그는 2세가 내린 편지를 읽고 불안에 사로잡혔다. 2세는 편지에서 이렇게 질문했다.

"그대는 삼공三公의 높은 지위에 있으면서 어찌 이처럼 도적이 일어나게 했소?"

질책의 창끝은 이미 자신을 향하고 있었다. 이사는 긴장했다. 살벌한 위험을 느낀 이사는 2세의 편지를 다시 자세히 읽으면서 황제의 뜻을 이해하고 짐작하고자 했다.

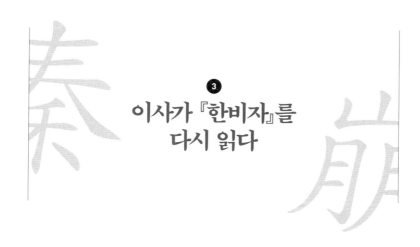

2세의 편지는 한비의 말을 인용하면서 시작되었다. 『한비자』라는 책은 진 왕조에게 정치 교과서와 같았다. 시황제는 살아 있을 때 『한비자』를 잠시도 손에서 놓지 않았을 만큼 절절한 흠모와 찬양의 마음을 품고 있었다. 시황제는 냉혹하고 엄하여 속마음을 가볍게 드러낸 적이 없는 사람이었으나, 신하들과 국정을 논의하는 자리에서 『한비자』를 인용하며 흥분해서 감개에 젖어 말한 적이 있다. "아, 과인이 이 책을 쓴 자를 만나 직접 교유할 수 있다면 죽더라도 유감이 없을 것이다."[3]

초나라 왕이 허리가 가는 여자를 좋아하여 천하에 굶어죽은 사람이 많았다고 하는데, 진시황이 이렇게 『한비자』를 숭배하자 왕후·공자·장상·대신이 너나 할 것 없이 『한비자』를 읽었다. 『한비자』를 빼면 국정을 논할 수 없고 『한비자』를 빼면 정치를 행할 수 없었다. 방대한 진 제국은 마치 한비의 법가적 주장을 시행하는 실험장이 된 듯했다.

2세가 편지에서 인용한 말은 『한비자』 「오두五蠹」에 나오는 것이다. 2세의 편지를 자세히 살펴보기 위해 이사는 다시 『한비자』를 펼쳤다. 한비가 말한 내용은 이랬다.

> 고대와 지금의 습속이 다르고 새로운 정치와 옛 정치의 시책이 다른데, 관대하고 완화된 정책으로 절박한 시대의 백성을 다스리고자 하는 것은 채찍을 쓰지 않고 사나운 말을 다루려는 것과 같으니 그야말로 현명한 행동이 아니다. 상고 시대는 도덕의 고하로 승부를 겨뤘고, 중고 시대는 지모의 다과로 승부를 겨뤘다. 지금은 실력의 강약으로 승부를 겨룬다. 따라서 인의와 관대한 정치는 고대에 쓰던 것이지 지금은 쓸 수 없다. 지금은 백성이 위세를 두려워해 순종할 뿐 인의에 심복하지 않는다. 현명한 군주라면 반드시 가혹한 형벌과 법률을 실시하고 용서함 없이 죽여야 비로소 나라를 다스릴 수 있다.

구구절절 죄다 이사 자신이 익히 아는 말이거늘 다시 되새겨보니 몸이 굳을 듯 한기가 느껴졌다.

이사와 한비는 평범한 관계가 아니었다. 순자가 초나라에 있을 때 두 사람은 순자의 문하에서 함께 공부한 사이로, 순자가 가장 높게 평가하는 제자였다. 하층 평민 출신인 이사는 영리하고 유능하고 노련하며 언변이 뛰어났으며 두각을 나타내고자 하는 바람이 강렬했다. 재능을 펼쳐 정치에 참여함으로써 출세와 성공과 부귀와 영화를 추구하는 게 그의 목표였다. 한나라 왕족 출신인 한비는 말더듬이여서 언변이 좋지 못했으며 괴팍하고 내성적이었다. 하지만 전국 시대 후기의 일류 정론가政論家였던 그는 사상이 깊고 글이 예리했다. 순자가 사망한 뒤로, 한비의 사상과 글을 가장 깊이 이해할 뿐만 아니라 한비라는 인물과 내력을 가장 잘 알고 있던 사람은 바로 이사였을 것이다.

인성과 권력에 대한 한비의 분석은 가혹하리만큼 냉혹했다. 한비에게 지고지상의 군왕이란 곧 국가권력의 절대적 구현자였다. 군왕의 의지는 전체의 뜻이고 신민의 바람은 사욕이기에, 양자는 상반된다. 군왕은 신민을 지배하고 통치하기 위해 반드시 법·술術·세勢의 세 가지를 장악하고 사용해야 한다. 법이란 나라와 백성을 다스리는 법률과 규정으로, 반드시 공개적이어야 한다. 술이란 신하를 지배하는 권술로, 반드시 은밀해야 한다. 세란 신민을 복종하도록 강제하는 정치적 강권으로, 반드시 독점해야 한다.

한비는 "권술權術은 마음속에 깊이 감춰두고 외부에서 사물에 응대하면서 몰래 신하들을 부리는 것"[4]이라고 했다. 권술을 펼쳐 신하들을 부릴 때는 “확실히 드러난 것을 장악해 감추어진 것을 탐문하고”[5] “이미 들어서 알고 있는 일을 선포하여 아직 드러나지 않은 것을 들춰낸다.”[6] 즉 이미 장악하고 있는 상황을 이용해 아직 드러나지 않은 비밀을 심문하고, 전해들은 자료를 선포해 아직 폭로되지 않은 비밀스런 행동을 추궁할 수 있다.[7] 신하를 심문할 때는 추궁의 목적을 미리 은밀히 정해두는데, 이를 “이미 알고 있는 일로 심문”[8]하는 것이라고 했다.[9] “이미 알고 있는 일로 심문”할 때는 신하의 과실을 명백히 밝힘으로써 신하의 폭로를 유도할 수 있다. 이를 “잘못을 열거해 간신의 동정을 관찰하고 명백히 설명하여 과오를 피하도록 이끄는”[10] 것이라고 했다.[11] 이처럼 권술에 따른 심문을 통해 군왕이 상과 벌이라는 권력을 장악하여 공로에 상을 하사하고 죄에 벌을 주면 천하가 잘 다스려진다는 것이다. 『한비자』를 여기까지 다시 음미하던 이사는 두려움에 몸이 떨렸다. 자신도 모르게 칼날의 서늘함이 목에 느껴졌다.

“그대는 삼공의 높은 지위에 있으면서 어찌 이처럼 도적이 일어나게 했소?” 황제의 말은 격렬했고 질책의 방향은 명백히 이사를 향하고 있었다. 이처럼 노골적인 말에는 조만간 심문하고자 하는 음험함이 도사리고 있었고, 그 심문에는 유도하고자 하는 의도가 깃든 올가미가 숨겨져 있었다. 장함 군대가 장초 정권을 멸망시킨 뒤, 2세 황제의 감찰사자가 출동하여 반란이 일어난 각지의 지방장관을 조사했다. 반란이 급속히 확대된 것에 대한 지방장관의 직무 유기와 정치적 책임을 추궁하려는 것임을 이사는 알고 있었다. 삼천군수인 자신의 맏아들 이유가 가장 먼저 공격을 받았다. 어사의 조사에서 이유는 매섭게 심문을 당하고 엄중한 경고를 받았다. 조정에 올라온 보고서에 담긴 질책과 추궁의 창끝은 이미 이사를 향하고 있었다.

이사는 긴장했다. 일련의 상황에 도사린 보이지 않는 위험과 공포를 느꼈다. 이사는 진나라 정계에서 오래도록 부침을 거듭했기에 정치의 내막을 아주 잘 알고 있다. 이사는 정치의 본질이 권력이며 권력이 정견보다 우선이고 정치의 본질은 도덕과 아무 관련이 없음을 잘 안다. 권세와 이해득실이 정치 주장과 충돌할 경우 권세와 이해득실이 우선이다. 권세와 이해득실이 윤리도덕과 부합하지 않을 경우에는 윤리도덕을 버린다. 권세와 이해득실이 우선이라는 원칙이 이사의 정치 생활을 꿰뚫고 있었다.

옛날에 자신의 문주였던 여불위의 극진한 대우와 진왕 정의 권세 사이에서 이사는 후자를 선택했다. 부소의 즉위라는 '정통성'과 호해의 찬탈이라는 '이익' 사이에서 이사는 역시 후자를 선택했다. 동문인 한비에 대해서는 권세와 이해利害를 따져 행동했다. 즉 한비의 정치 주장은 전면적으로 받아들이면서도 한비가 정치에 참여하는 것을 저지하기 위해 그는 억울한 사건을 직접 기획해서 한비를 자살로 내몰았다. 어슴푸레한 지난 일이 다시 그의 눈앞에 닥쳤다. 지금 국가를 안정시키기 위해서는 정치를 관대하게 하고 백성을 위무하며 때에 맞는 정책으로 전환하는 것이 상책임을 이사는 분명히 알고 있다. 하지만 그는 화를 모면하기 위해서 또다시 안전을 도모하며 권세와 이해득실을 선택했다.

4

이사의 사악한 미문

이사는 밤새 잠을 이루지 못했다. 그는 고심하며 다시 2세에게 상서를 올렸다. 「2세에게 독책을 행하길 주청하는 상서奏請二世行督責書」라고 불리는 이 글은 문장이 노련하고 깊이가 있으며 논리가 치밀하고 정연하지만, 아첨과 영합의 수완이 최대한으로 발휘되어 있다. 또한 전반에 걸쳐 경전을 교묘하게 곡해하여 인용하고 있다. 이사는 낭랑한 기세로 흰 것을 검다 하고 검은 것을 희다고 하면서, 최고 통치자 개인의 향락과 독제 전재를 위한 독책의 방안을 설득력 있게 제시했다. 이 글은 정치 도덕의 측면으로는 사악함에 가깝지만, 문학적 성취의 측면으로는 선진 시대 산문의 명편이라고 할 만하다. 효능과 결과의 측면에서 보자면, 2세 정권이 구제되지 못하고 이사 자신이 죽음을 맞을 수밖에 없었던 원인도 여기서 확인할 수 있다. 이 글은 역사의 동향과 관계되어 있을 뿐만 아니라 천고의 교훈이라고 할 만하기에, 나는 지면을 아끼지 않고 사마천의 『사기』 「이사열전」에 기록된 이 사악한 미문美文을 다음과 같이 쉽게 풀어 써본다.

현명한 군주는 모든 수단을 다해 독책의 방법을 행하는 사람입니다. 군주가 신하를 독책하면, 신하는 군주를 모시는 데 감히 모든 힘을 기울이지 않을 수 없습니다. 이로써 군주와 신하의 본분이 확정되고, 이로써 위의 군주와 아래의 신하의 지위가 분명해지며, 천하의 현명한 사람이든 불초한 사람이든 군주를 따르는 데 감히 힘을 다하지 않을 수 없습니다. 이런 까닭에 군주 홀로 천하를 제어하며 어떠한 제한도 받지 않고 지극한 즐거움을 누릴 수 있습니다. 현명한 군주께서 어찌 이를 살피시지 않을 수 있사옵니까!

신자申子는 "천하를 가지고도 마음대로 하지 못한다면 천하를 차꼬와 수갑으로 여기는 것이라 할 수 있다"고 말했습니다. 이렇게 말한 까닭은 다름이 아니라 독책의 방법으로 신하를 부리지 못한 채 자신이 대신하고자 한다면, 요나 우처럼 천하의 백성을 위해 고생하면서 스스로 차꼬와 수갑 속으로 들어가는 것과 같기 때문입니다. 신자와 한비자의 권술을 익히지 못하여 독책의 방법을 시행하지 못하고 천하를 자신에게 맞추도록 제어하지 못한 채 도리어 자신의 몸을 지치게 하고 정신을 고통스럽게 하면서 백성을 위해 몸을 바치고자 한다면, 이는 백성의 종복이지 천하를 노예로 부리는 천하의 주인이라고 할 수 없으니 어찌 존귀하다고 할 수 있겠습니까!

남이 나를 따르게 하면 나는 존귀하고 남은 비천한 것이며, 내가 남을 따르게 하면 나는 비천하고 남은 존귀한 것입니다. 그러므로 남을 따르는 자는 비천하고, 남이 따르는 자는 고귀합니다. 예로부터 지금까지 이러하지 않은 게 없었습니다. 존귀하게 여겨진 사람은 그가 고귀했기 때문이고, 못나고 어리석게 여겨진 사람은 그가 비천했기 때문입니다.

요와 우는 스스로 천하를 따랐습니다. 이렇게 천하의 부림을 받는 이가 도리어 세상에서 현자로 존경받는 성인이 되었으니, 이는 현자를 존경하는 근본적인 참된 의미를 상실한 것으로 매우 큰 오류라고 할 수 있습니다. 요와 우의 사람됨과 행위는 차꼬와 수갑 같은 사람됨과 행위로, 그야말로 스스로 차꼬와 수갑을 찬 격입니다. 요와 우가 스스로를 천대하며 어리석게 행동한 것을 한마디로 귀결하자면, 독책의 방법을 시행하지 못한 탓입니다.

한비자가 말하길 "자애로운 어머니의 슬하에는 집안을 망치는 자식이 있지만, 엄격한 아버지의 집안에는 불효자와 불한당이 없다"고 했습니다. 그 이유는 가차 없이 엄벌에 처하기 때문입니다. 상군商君의 법에 따르면 길에 재를 버리는 자도 묵형墨刑에 처했습니다. 재를 버리는 것은 가벼운 죄이지만 묵형은 중벌이니, 상군은 위에 계신 현명한 군주에 의지하여 가벼운 죄를 중벌로 독책할 수 있었던 것입니다. 가벼운 죄에도 중벌을 내리니 하물며 무거운 죄는 어떻겠습니까? 이렇게 위협하면 백성이 어찌 감히 작은 죄라도 범할 수 있겠습니까?

한비자가 또 말하길 "한 장丈 남짓의 천은 평범한 사람도 내버려두고자 하지 않지만, 천 냥의 황금은 도척盜跖도 취하지 않는다"고 했습니다. 이는 평범한 사람의 탐욕이 깊고 도척의 욕심이 얕아서가 아닙니다. 또한 천의 이익이 크고 황금을 깔보아서도 아닙니다. 황금을 훔치면 반드시 손이 잘리는 형벌에 처해지지만 천에 손을 댄다고 해서 그런 처벌을 받지는 않기 때문입니다. 성벽의 높이가 다섯 장이라도 용사 누계樓季가 감히 가볍게 넘지 못하고, 태산泰山의 높이가 백 인仞이라도 절뚝거리는 양을 그 위로 올라가게 할 수 있습니다. 이 어찌 누계가 다섯 장 높이의 성벽을 넘기 어렵기 때문이겠으며, 절뚝거리는 양이 백 인 높이의 태산을 오르기 쉽기 때문이겠습니까? 이는 다섯 장 높이의 성벽일지라도 가팔라서 오르기 어렵고 백 인 높이의 태산일지라도 완만해서 천천히 올라갈 수 있기 때문이니, 험난함의 형세가 다르기 때문입니다. 똑같은 이치입니다. 현명한 군주와 성스러운 왕이 오래도록 존귀한 자리에 머무르며 대권을 쥐고서 천하의 이익을 독점할 수 있었던 것은 다른 게 아니라, 오직 홀로 결단하여 심사하고 독책하여 반드시 중벌을 행했기에 천하가 감히 죄를 범하지 못한 것입니다. 죄를 범하지 않도록 하는 요긴한 일에 힘쓰지 않고 자애로운 어머니가 집안을 망치는 자식을 만드는 것과 같이 사소한 일에 얽매인다면, 성인이 중시하는 정수精髓를 살피지 않는 것입니다. 성인의 방법을 단행하지 않고 도리어 자신을 내던져 천하의 시중을 든다면 얼마나 슬픈 일이옵니까?

검소하고 절약하며 어질고 의로운 사람이 조정에 선다면 거침없는 쾌락은 끝장나고, 간언하며 도리를 따지는 신하가 곁에 있으면 마냥 풀어져 있고자 하는 뜻은 거두어지고, 열사가 절개를 위해 죽는 행위가 세상에 드러나면 편안한 향락에 대한 기대는 물거품이 될 것입니다. 현명한 군주는 이러한 세 종류의 사람을 내치고 홀로 군주의 방법으로써 순종하는 신하를 제어하며 명백한 법으로 엄히 살피기에 몸이 존귀하고 권세가 무겁사옵니다. 현명한 군주로 칭해지는 이는 세상을 고쳐 자신이 싫어하는 바를 없애고 원하는 바를 이루는 사람으로, 살아서는 존중받는 권세를 쥐고 사후에는 현명했다는 시호를 받습니다. 그러므로 현명한 군주는 홀로 결단하여 권력이 신하에게 가지 않도록 한 뒤에, 인의의 길을 없애고 간언하는 입을 막고 열사의 행동을 막아 외부로 향한 귀와 눈을 막고 오로지 마음속을 보고 들음으로써, 인의와 열사의 행동에 영향을 받지 않고 간언과 논쟁의 말에 좌우되지 않을 수 있사옵니다. 그래야 비로소 홀로 우뚝 서서 향락을 누리고픈 대로 맘껏 행하여도 감히 거스르는 자가 없게 됩니다. 이래야 비로소 신자와 한비자의 권술과 상군의 법령을 장악했다고 말할 수 있습니다. 법령과 권술을 장악했는데도 천하가 어지러웠던 일은 고금을 막론하고 들어보지 못했습니다.

그러므로 "왕도는 간략하여 행하기 쉽다"고 하는 것이며, 오직 현명한 군주만이 능히 이를 행할 수 있습니다. 독책이 정통하면 신하는 간사한 마음이 없고, 신하에게 간사한 마음이 없으면 천하가 안정되며, 천하가 안정되면 군주가 존엄해지고, 군주가 존엄하면 독책이 반드시 성취되며, 독책이 성취되면 구하는 바를 반드시 얻게 되고, 구하는 바를 반드시 얻으면 국가가 부강해지고, 국가가 부강하면 군주의 즐거움이 풍부해집니다. 그러므로 독책의 권술을 쓴다면 원하는 바를 얻지 못함이 없습니다. 독책을 쓰면, 신하와 백성은 과오에서 벗어나고자 급급할 터이니 어찌 감히 반역을 도모할 수 있겠사옵니까? 제왕의 도가 이렇게 갖추어진다면 군신君臣의 권술이 분명해졌다고 말할 수 있습니다. 설령 신자와 한비자가 다시 살아난다 해도 더할 것이 없을 것이옵니다.

2세는 이사의 상소를 읽고 매우 기뻐했다. 맘껏 향락을 누리고 싶은 자신의 마음을 스승 조고가 이해해준 데다가 승상 이사도 경전의 근거를 갖추어 긍정해줌으로써 향락을 추구하는 것에 대한 의심과 불안을 없애주었기 때문이다. 2세는 과감히 생각하고 행동하며 무모하리만큼 경솔한 인물이었다. 그는 승상 이사가 제공한 방안에 따라, 이론과 강령을 갖추고 거리낌 없이 독책의 방법을 실행하며 맘껏 욕망을 추구했다. 이궁과 별관 및 아방궁 공사를 더욱 다그쳤고 세금을 줄이지 않았다. 요역은 더욱 심해졌고 토목공사가 그치지 않았다. 신하를 엄중히 독책하고 관리를 엄하게 훈시했으며, 반항과 반란에 대해서는 가차 없이 일률적으로 주살했다. 이러한 시정施政의 결과, 과도하게 긴장된 진 제국의 내외 관계를 정책 전환으로써 해소할 마지막 기회마저 사라지고 말았다.

천운이 다하지 않았다면 일의 성공 여부는 사람의 노력에 달린 것이다. 만신창이처럼 제국의 여기저기에서 전쟁이 일어나고 있었지만, 질주하는 속도를 늦추고 서행하면서 철저히 점검하여 수리하고 조정했다면 부흥할 기회가 없었던 건 결코 아니다. 하지만 불안함에 욕망만을 추구하는 황제 호해, 보신을 위해 아첨하는 승상 이사, 잔인하게 권력을 탐하는 낭중령 조고, 이 세 사람이 이끄는 진 제국이라는 거대한 수레는 미친 듯 계속 내달릴 뿐이었다. 수레에 제동을 걸 제어 장치를 상실했기에 수레가 망가지고 사람이 죽게 될 앞일은 피할 수 없었다.

5

조고의 승리

이사가 2세에게 다시 상서를 올린 뒤 두 사람의 관계는 호전되었다. 이유와 이사에 대한 추궁도 한동안 고요해졌고, 이사 가족의 봉록과 작위는 온전히 유지되었다. 사태는 이사가 계산하고 장악할 수 있는 범위 안에서 진행되고 있는 듯했다. 하지만 완전한 계책이란 불가능한 법, 사마귀가 매미를 잡으려 할 때 그 뒤에 참새가 있다는 것을 어찌 알리오! 2세는 독책의 방법을 실행해 인생을 즐기면서부터 궁중 깊숙한 곳에 거한 채 신하들을 대면하러 나오지 않았다. 승상 이사를 비롯한 모든 대신이 황제를 보지 못했다. 크고 작은 모든 정무는 황제와 신하를 연결하는 낭중령 조고를 통해 전달되었다. 사태가 이렇게 된 건 이사의 계산 밖이었다. 낭중령 조고는 황제와 정부를 소통하게 하고 정무의 진행을 좌우하는 중추가 되었고, 2세 정권의 권력이 조금씩 조고를 향해 이동했다. 더불어 2세 황제와 목전의 정치에 대한 공경대신들의 불만 역시 조고에게 집중되었다.

조고는 정치 동향에 극히 민감한 사람으로, 대신들의 거동을 죄다 파악하고 있었다. 조고는 특별히 이사를 만나 말했다.

"상황이 심각합니다. 관동 지역에 도적 무리가 그치지 않는 지금, 폐하께서는 요역 징발에 더 박차를 가해 아방궁을 지으시고 개나 말 같은 쓸모없는 것을 모으십니다. 신은 걱정이 되어 간언하고 싶지만 지위가 낮아 말이 먹히지 않습니다. 승상은 지위도 높고 권력도 크시니, 국정이 어수선하고 불안한 지금이야말로 간언에 몸 바치실 때입니다. 승상께서는 어찌 폐하를 뵙고 솔직히 간언하지 않으십니까?"

이사가 말했다. "이치상으로는 마땅히 그렇소. 폐하께 간언을 드리고픈 바람을 늘 마음에 품고 있다오. 그런데 폐하께서는 궁중 깊숙한 곳에 머무실 뿐 조정에 나오시지 않고 대신을 만나시지도 않으니, 내가 말씀드릴 게 있어도 전할 수가 없고 뵙고자 해도 방법이 없소."

조고가 말했다. "승상께서 간언하시겠다면, 궁으로 들어와 폐하를 알현하실 수 있는 기회를 제가 마련하지요."

이사는 동의했다. 조고는 나름대로의 계산이 있었다. 조고의 계산은 이사가 미처 예상하지 못한 것이었다. 궁중으로 돌아간 조고는 2세가 술을 마시면서 여인들과 시시덕거리며 즐기고 있을 때를 골라 이사에게 사람을 보냈다.

"폐하께서 별일 없이 쉬고 계시니 들어오셔서 아뢰십시오."

이사는 황급히 궁문으로 들어가 2세를 알현하길 청했다. 이로 인해 2세는 난처하게 흥이 깨지고 말았다. 이러한 일이 두 번 세 번 반복되자 2세는 분노가 치솟았다. 그는 흥을 깨는 이사의 행동에 벌컥 화를 내며 불만을 터뜨렸다.

"내가 그토록 한가할 때는 오지 않고 한창 즐기려 할 때마다 찾아와서 말할 게 있다고 하는군. 승상은 내가 어려서 아는 게 없다고 깔보는 건가, 아니면 일부러 내 흥을 깨뜨리고 망신을 주려는 건가?"

조고는 때가 무르익었다는 생각에 여세를 몰아 말했다.

"신 역시 위험하고 불길한 예감이 듭니다. 사구의 음모에 승상도 참여해 공이 있습니다. 폐하께서 즉위하신 뒤, 승상은 더 올라갈 자리가 없기 때문에 마음이 복잡하고 불만이 가득합니다. 어쩌면 승상의 의도는 땅을 받아내 왕에 봉해지는 것일지도 모릅니다. 폐하께서 묻지 않으셔서 신 역시 감히 말씀드리지 않았습니다. 승상은 초나라 사람이고, 맏아들 이유는 삼천군수입니다. 초나라 도적 진승 등은 모두 승상 고향의 이웃 마을 사람들입니다. 그들이 초나라 옛 땅을 공공연히 누비고 다니면서 삼천군 관내를 지나갈 때도 삼천군수는 그냥 가게 놔두고 출격하지 않았습니다. 그것 때문에 결국 도적 주문이 함곡관으로 들어와 함양에 바짝 접근하게 된 것입니다. 신이 듣기로, 이유와 초나라 도적 간에 문서가 오간다고 합니다. 아직 상세한 내용이 밝혀지지 않았기 때문에 폐하께 아뢰지 못했습니다. 승상은 궁정 밖에서 정부를 주관하며 큰 권력을 쥐고 있어, 폐하보다 권위가 막강합니다. 폐하께서는 부디 경계하시옵소서."

2세는 반신반의하면서, 이유가 도적과 내통하는지 조사하겠다는 조고의 청을 허락했다.

곳곳에 스파이를 두고 있던 이사의 귀에 이 사실이 들어갔다. 그제야 이사는 조고가 쳐놓은 덫에 걸렸음을 깨닫고 크게 진노했다. 복잡하게 생각할 것도 없었다. 이사는 궁정의 관계망을 이용해 조고를 우회하여 2세에게 직접 상서를 올렸다. 그는 송나라 승상 자한子罕이 권력을 마음대로 휘두르며 군주를 시해한 일, 제나라의 권신 전상田常이 권력을 남용해 정권을 빼앗은 일에 비유하여 조고가 전권을 휘두르는 게 위험하다고 진술했다. 그리고 서둘러 조고를 제거할 것을 청했다. 당시 함양 교외의 감천궁에서 씨름과 유희를 감상하며 놀고 즐기던 2세는 이사의 상서를 받고는 매우 불안했다. 그는 조고가 찬탈의 뜻을 품고 있다는 말을 믿지 않았으며, 안팎에서 자신을 지탱해주는 두 대신이 대립하는 것도 원치 않았다. 2세는 이사와 조고가 화해하길 바라는 마음에서 최대한 조고를 변호하는 내용으로 답신을 보냈다.

> 조고가 멋대로 권력을 휘둘러 변고가 일어날 위험이 있다는 게 대체 무슨 말이오? 조고는 궁중에서 오랫동안 벼슬을 지낸 신하로, 평안하다고 하여 해이하지 않았고 위태롭다고 하여 마음을 바꾸지 않았으며 행실이 깨끗하고 일처리에 유능하오. 또한 스스로 노력하여 충성을 바쳐 승진했고 신의로써 자리를 지켰소. 짐은 그를 매우 중시하는데 승상은 그를 매우 의심하니, 대관절 어찌된 것이오? 짐은 어리고, 가슴 아프게도 선친을 여의었소. 세상물정을 잘 모르고 정치에도 미숙하오. 승상은 연로하여 언제 세상과 결별하게 될지 모르는데, 조고가 아니면 짐이 누구에게 의지할 수 있단 말이오? 조고는 사람됨이 청렴하고 강건하며 아래로는 세상의 인지상정을 알고 위로는 짐의 뜻을 받들 줄 아니, 승상은 그를 의심하지 마시오.[12]

2세의 답신을 받은 이사는 조고가 황제를 기만하고 있다는 의혹이 더욱 깊어졌다. 이사는 다시 2세에게 상서를 올렸다. 그는 조고의 출신이 비천하며 의리를 모르고 권세와 이익을 탐함이 군주를 위협할 정도이니 반드시 제거해야 함을 명백히 지적했다. 이사는 상서를 올림과 동시에 행동을 개시했다. 그는 우승상 풍거질, 장군 풍겁 등 정부 대신과 연합해 조고에게 비상수단을 쓸 계책을 꾸몄다.

2세 황제가 즉위한 뒤 그의 형제자매는 죽임을 당했다. 혈육은 죄다 사라지고 조정에는 온통 선제의 노신들이었다. 다들 공로가 크고 주요 지위를 차지한 이들이라 2세로서는 바늘방석에 앉은 듯 압박을 느꼈다. 세상에서 자신과 친밀하며 자신을 아끼고 보호해줄 사람, 유일하게 믿고 의지할 수 있는 사람은 스승 조고였다. 2세에게 조고는 궁정 업무를 책임진 낭중령 그 이상이었다. 두 사람은 군신 관계였지만, 동시에 조고는 2세의 스승이자 벗이기도 했다. 즉 2세에게 조고는 자신의 인생을 이끌어주고 마음의 번뇌를 털어놓을 수 있는 존재였다. 이렇게 두 사람 간에는 사적인 관계도 존재했다. 2세가 이사에게 보낸 답신에서 말했듯이, 그는 어리고 부친을 여의었으며, 세상물정을 모르는 데다가 정치에도 미숙했다. 제위에 오른 것은 본래 그의 뜻이 아니었으며 즉위한 뒤에는 자신의 천성에 맞지 않음을 더욱 절감했다. 주문 군대가 성 아래까지 닥쳐온 위기를 겪은 뒤에 2세는 정치에 대한 자신감과 흥미를 완전히 잃고 자기비하에 빠졌으며, 자포자기한 채 조정에 나가려 하지 않았다. 신하들을 보는 게 두려웠던 그는 궁전 깊숙한 곳에서 자유롭게 숨어 있고만 싶었다. 그는 젊은 나이에 이미 세월의 빠름과 생명의 짧음에 대한 두려움이 가득했다. 그는 죽음이 두려웠고, 죽음 앞에 인생의 무의미함을 느꼈다. 그는 오로지 눈 앞의 향락 속에서 모든 것을 잊고자 했다.

오직 스승 조고만이 2세의 마음을 깊이 이해하고 적절히 조언해 줄 수 있었다. 조고는 이렇게 건의했다.

"폐하께서는 젊으시기 때문에 모든 정무에 능통하실 수는 없습니다. 조정에 계시면서 혹시라도 조치하심에 적절치 못한 게 있다면 대신들에게 단점을 보이게 되니, 이는 천하에 현명함을 나타내시기에 마땅치 않습니다. 폐하께서는 궁궐 깊은 곳에서 지내시고, 법령에 익숙한 신과 시중이 나랏일을 처리하게 하십시오. 이렇게 하시면 대신들은 감히 의심스러운 일을 아뢰지 못하고, 천하는 폐하를 성군이라고 칭송할 것입니다."

조고의 말은 2세의 마음을 속속들이 꿰뚫는 것으로, 2세가 바라던 바에 완전히 부합하는 말이었다.

이사는 조고를 파면할 것을 청했지만 2세는 받아들일 수 없었다. 2세가 애써 스승을 변호하며 이사에게 보낸 편지는 애원에 가까운 것이었다. 이사가 여러 대신과 연대하여 조고를 제거하길 청하자 2세는 두려워졌다. 2세는 대신들이 조고를 죽일까 두려워 이사와 대신들의 동향을 조고에게 알려주었다. 조고는 황제의 은혜에 거듭 감사했다. 그는 적극적으로 행동하는 유형의 인물로, 일이 닥치면 선수를 써서 상대방을 제압했다. 조고는 수세에서 공세로 바꾸어, 이사가 자신을 공격한다는 죄명으로 도리어 이사를 무고했다. 조고는 2세에게 이렇게 말했다.

"승상의 권세는 천하를 기울일 정도입니다. 그는 제나라의 권신 전상이 정권을 찬탈할 정도의 세력을 가졌습니다. 승상이 아직 가만히 있는 것은 신이 있기 때문이옵니다. 일단 신이 죽고 나면 승상은 하고 싶은 대로 할 것이옵니다."

이렇게 해서 2세는 결정적인 선택을 하기에 이르렀다. 그는 이사와 여러 대신을 견책하는 조서를 내리고 좌승상 이사, 우승상 풍거질, 장군 풍겁 등 조고의 제거를 주장했던 대신들을 체포하라고 명했다. 2세는 낭중령 조고에게 위임하여 그들의 모반죄를 추궁했다.

6

이사의 죽음[13]

진·한 시대는 고래의 귀족 사회 유풍이 남아 있었다. 장상將相에 해당하는 대신이 견책을 받아 심문을 당하게 되면, 스스로 잘못을 인정하고 자살을 택함으로써 개인적으로는 장상의 존엄을 욕되지 않게 하고 조정은 형벌이 대부에게까지 미치지 않게 했다는 평판을 받도록 했다. 이사와 함께 심문을 당하게 된 우승상 풍거질과 장군 풍겁은 모두 자살을 택했고, 오직 이사만이 심문을 택하여 옥에 갇히게 되었다. 이사가 그런 선택을 한 까닭은 생에 연연했기 때문이다. 개똥밭에 굴러도 이승이 낫다는 천민의식이 그의 일생을 지배했다. 이사가 옥에 갇히길 선택한 데는 또 한 가지 중요한 이유도 있었다. 그로서는 이 억울한 모욕을 도저히 참을 수가 없었던 것이다.

이사는 옥에 갇히게 되자 비분에 휩싸여 자신도 모르게 하늘을 우러러보며 탄식했다.

"아, 슬프구나! 이처럼 무도한 군주에게 무슨 계책을 말할 수 있겠는가! 옛날 하나라의 걸왕桀王은 관용봉關龍逢을 죽였고, 상나라 주왕은 비간比干을 죽였으며, 오왕 부차는 오자서伍子胥를 죽였다. 세 현신은 충성스러웠지만 억울한 죽음을 면치 못했는데, 이는 충성을 바친 대상이 그릇되었기 때문이다. 지금 내 지혜는 세 현신에게 미치지 못하고 2세의 무도함은 세 폭군보다 훨씬 더하니, 내가 충성을 다하다 죽는 것 역시 마땅한 일이 아니겠는가?"

이사는 대단히 총명한 사람이다. 비분에 이어진 절망 속에서 2세의 실정을 하나씩 헤어려보던 그에게 진 제국이 멸망할 앞날이 선연하게 떠올랐다. 그는 탄식하며 말했다.

"2세의 통치는 어지럽지 않을 도리가 없구나! 자신의 형제를 죽이고 황제의 자리에 올랐으며, 충신을 죽이면서 비천하고 사악한 자를 중용했으며, 아방궁 공사를 재개하고 천하에 요역과 징발을 자행했다. 내가 간언하지 않은 게 아니라 2세가 내 말을 듣지 않은 것이다. 무릇 고대의 성인은 음식과 복식에 절도가 있었고, 수레와 기물에 정해진 수가 있었고, 궁실 건축에 한도가 있었다. 어떤 일을 명령할 때 비용만 가중되고 백성에게 이롭지 않다면 금지했기에 오랫동안 평안히 다스릴 수 있었다. 지금 2세는 형제를 살해하는 악한 짓을 자행하고도 그 허물을 돌아보지 않으며, 충신을 살해하고, 백성의 고혈을 짜내어 궁실을 크게 짓고 있다. 이처럼 세 가지 악행이 저질러지고 있으니, 천하 만민은 항명하며 따르지 않고 있다. 지금 반역자가 천하의 절반을 차지했는데도 2세는 깨닫지 못한 채 일편단심으로 조고를 중용하고 있다. 도적이 함양에 들어와 고라니와 사슴이 조정에서 뛰어놀게 될 모습이 내 눈에 보이는구나!"

이사는 자신이 진 왕조에 큰 공로가 있다고 생각했다. 더욱이 모반의 마음 따위는 전혀 없었다. 그는 자신의 문장과 언변에 자신이 있었다. 그가 옥에 갇히길 선택한 것은 기회를 봐서 2세에게 상서를 올린다면 2세가 마음을 돌려 자신을 사면해주리라 기대했기 때문이다.

이사는 옥중에서 2세에게 상서를 올렸다.

신이 진나라에 들어와 승상이라는 높은 자리에서 정치에 참여하며 백성을 다스린 지 30여 년이 되었습니다. 진나라가 모퉁이 외진 곳에 있던 때부터 천하를 통일할 때까지 거의 모든 과정을 겪었습니다. 선왕 때 진나라의 국토는 천리에 불과했고 병사는 수십만에 불과했습니다. 신은 부족한 재능을 다하여 삼가 법령을 받들었습니다. 지모 있는 신하를 은밀하게 적국 깊숙이 보내어 천금을 가지고 유세하게 함으로써 산동의 제후들을 분단시키고 각국의 군신들을 이간시켰습니다. 또한 은밀하게 군대를 정비하여 전쟁을 준비하고, 정치와 교화를 완비하고, 전사戰士를 표창하고 공신을 존중하여 그 작위와 봉록을 후하게 해주었습니다. 그리하여 끝내 한나라와 위나라를 평정하고 연나라와 조나라를 무찌르고 제나라와 초나라를 멸망시켜, 육국을 겸병하고 여섯 왕을 사로잡고 천하를 통일하여 진왕을 천자로 세우는 위업을 달성했습니다. 만약 신이 죄가 있음을 인정해야 한다면 이것이 바로 첫 번째 죄이옵니다.

심사숙고를 거친 이사의 상서는 죄를 자인하는 형식으로 자신의 공로를 언급하는 것이었다. 진나라가 천하를 통일하는 과정에서 이사는 지위가 낮고 힘도 별로 없었기에 실질적으로 기여한 바는 적었다. 그런데 대부분의 노신들이 세상을 떠난 상황이 되자 이사는 뻰뻰하게 흰소리를 늘어놓으면서 원로임을 내세워 자화자찬에 힘썼다. 그가 정계에서 영광을 누리고 공적을 많이 세운 것은 진나라가 천하를 통일한 이후, 특히 승상의 자리에 오른 뒤였다.

옥중에서 2세에게 올리는 상서에서 이사는 앞서 언급한 공적 외에 자신의 공적을 여섯 가지나 더 나열했다.

> 만약 신에게 죄가 있다면 다음과 같은 것들이옵니다. 진 제국의 국토가 넓지 않은 것은 아니지만 다시 북쪽으로 확장하여 흉노를 몰아내고 남쪽으로 나아가 백월을 평정한 것이 두 번째 죄이옵니다.[14] 대신을 존중하고 그 작위를 높여서 왕실과 대신 간의 군신의 정을 친밀하게 한 것이 세 번째 죄이옵니다. 종묘와 사직을 굳건히 하여 군주의 현명함을 밝힌 것이 네 번째 죄이옵니다. 수레바퀴의 폭과 도량형을 통일하고 문자와 법규를 통일해 천하에 시행함으로써 진나라의 명성을 세운 것이 다섯 번째 죄이옵니다. 치도를 정비하고 이궁과 별관을 지어 천하에 득의양양하고자 하시는 군주의 마음을 만족시켜 드린 것이 여섯 번째 죄이옵니다. 형벌을 느슨하게 하고 요역과 세금을 가볍게 하여, 민심을 얻고자 하는 군주의 바람을 이루어드리고 모든 백성이 군주를 받들며 죽어도 잊지 않도록 한 것이 일곱 번째 죄이옵니다. 저는 이러한 신하로서 이상과 같은 죄를 범했으니 일찌감치 죽어야 했습니다. 다행히도 저의 능력을 다하며 지금까지 이르렀으니, 그 시비와 공과를 부디 헤아려 주시기 바라옵니다!

이사는 일류 정객이자 일류 문인이었다. 이사는 평생 유명한 상서를 세 차례 올렸는데, 모두 선진 시대의 명문으로 그의 삶의 전환점과 관계가 있다. 진왕 정 10년, 진나라 정부가 국내에 있는 제후국 사람들을 쫓아내라는 명령을 내렸을 때 이사는 유명한 「간축객서諫逐客書」로써 진왕이 명령을 거두어들이게 했다. 이로써 그는 자신의 입지를 지켰을 뿐만 아니라 이름을 날리고 출세하여 순조롭게 정계 생활을 할 수 있었다. 진2세 2년, 요역과 세금을 경감할 것을 이사가 건의하자 2세가 이를 거절하고 이사를 견책하라는 조서를 내린 한편 도적과 결탁했다는 죄명으로 이사의 맏아들 이유를 대대적으로 추궁하려고 했을 때, 이사는 유명한 「2세에게 독책을 행하길 주청하는 상서」를 올려 2세의 환심을 얻고 일시적으로 긴장되었던 군신 관계를 완화했으며 지위를 온전히 보존할 수 있었다. 지금 옥중의 이사는 다시금 기적을 바라면서 2세에게 또 한 차례 상서를 올렸다.

하지만 이번에는 이사의 예상이 빗나갔다. 그의 적수가 조고였기 때문이다. 조고는 궁정 음모 정치의 고수였고, 법률에 정통하고 수단도 노련했다. 그는 이사가 대신들과 소통하여 자신에게 타격을 입히려 한 행동을 추궁하는 대신 지난 일을 트집 잡았다. 조고는 진승 군대가 삼천군을 지나서 관중을 공격한 옛일을 다시 언급하며, 당시 삼천군수였던 이사의 맏아들 이유의 책임을 물었다. 나아가 이사 부자가 초나라 지역의 반역자들과 결탁해 모반했음을 고발하여 이사의 가족과 빈객을 죄다 체포해 투옥했다. 연로한 데다가 쇠약한 이사는 조고의 가혹한 고문에 고통을 견디지 못한 채 조고가 날조한 죄명을 인정할 수밖에 없었다.

이사가 상서를 올려 상황을 뒤집을 기회는 조고에 의해 차단되었다. 조고는 이미 이사가 외부와 연락을 취할 수 있는 모든 루트를 엄밀히 규제했고, 이사가 올린 상서를 감쪽같이 가로챘다. 이어서 자신의 심복을 어사·알자·시중으로 사칭해서 옥중에 몰래 보내 이사를 심문했다. 어사는 부수상副首相 어사대부의 속관으로, 대신의 감찰 및 중대한 안건의 심리를 담당한다. 알자와 시중은 황제의 심복 근신近臣으로, 황제의 사자로서 중대한 안건을 조사한다. 이사는 진 정부의 모든 운영을 잘 알기에 이들 관리가 올 때마다 희망을 품고 있었다. 그는 사건을 사실대로 설명하고 법에 따라 해명했으나 매번 잔혹한 고문을 초래할 뿐이었다. 결국 이사는 심문하는 자의 요구에 따라 죄를 인정하고 자백할 수밖에 없었다.

나중에 2세의 진짜 측근이 옥중의 이사를 찾아와 안건을 조사하려 했을 때, 이사는 이미 철저히 절망한 상태였다. 그는 또 다시 찾아온 사자를 멍하니 바라보면서 본능적으로 육체의 고통을 피하기 위해 죄를 인정하고 말았다. 그는 한 마디도 바꾸지 않고 앞서 자백한 대로 말했다. 사자가 조사한 내용과 자백 받은 증언을 2세에게 상주하자 2세는 기뻐하며 말했다.

"조고가 아니었다면 승상에게 배반당할 뻔했구나."

진2세 2년 7월, 이사는 대역 모반의 죄명으로 삼족을 멸하라는 판결을 받았다. 그는 함양의 저잣거리로 호송되어 허리가 잘려 죽었다. 결박된 채 감옥에서 나오던 이사는 역시 결박된 아들을 바라보며 이렇게 말했다고 한다.

"내가 너와 다시 누런 개를 데리고 상채의 동문으로 나가 토끼잡

이를 하려 했건만, 이제 어찌 그럴 수 있겠느냐!"

부자는 서로를 바라보며 통곡했다. 상채(지금의 허난 상차이)는 이사의 고향이다. 그는 30년 전 초나라 상채의 하급관리였다. 골목과 시정市井에서 지내던 그에게는 개를 데리고 동문으로 나가 토끼잡이를 하는 것이 즐거운 여가 생활이었다. 30년 후 그는 대신 중에서 지위가 가장 높고 부귀한 진 제국의 수상이 되었다. 그러나 이제 형장으로 끌려가면서 평생의 변화를 돌이켜보니, 공명은 구름과 연기처럼 금방 사라지고 부귀는 일장춘몽과 같았다. "누런 개를 데리고 상채의 동문으로 나가서 토끼잡이를 하던" 젊은 날의 추억은 다시금 이룰 수 없는 바람이 되었으니, 이 어찌 슬프지 아니한가.

나는 역사를 여기까지 정리하면서, 이사의 일생을 최종적으로 총결하고자 했지만 매우 어려운 일이라는 느낌이 들었다. 역대로 사학자들은 이사를 평가할 때, 부귀를 간절히 추구하는 데 있어서 고금 제일의 인물이라고 칭해왔다. 이사는 부귀를 추구해 성공을 이루었고, 부귀를 추구하다 꺾이고 괴멸되었다. 명예와 이익을 추구하는 곳에 있는 이들에게 이사는 천고의 본보기라고 할 만하다.[15] 가장 개탄스러운 점은 이사라는 인물에게 염치와 도덕감각이 없었다는 사실이다. 그에게는 이익이 인생의 목적이었고, 이익이 있는 곳에 행동이 있을 뿐이었다. 그에게 이익은 도덕과 무관한 것이었고, 도의와도 무관한 것이었다. 이익이 도덕과 충돌할 때면 도덕을 버렸다. 이익의 부추김 아래 그는 친구를 배반하고 영예를 추구했으며, 고금의 성인을 비난했으며, 적당히 임기응변했으며, 거짓말과 교활한 궤변을 늘어놓았다. 이사라는 인물은 그 시대의 본보기였으며 현대사회 경제인에게는 과거의 선구자이지만, 그가 세운 거대한 공적 뒤에 잇따른 것은 철저한 훼멸이었음을 나는 어렴풋하게 느낄 수 있다. 역사를 읽는 후세 사람으로서 이를 경계하며 깊이 생각하지 않을 수 없으리라!

진2세 2년 7월, 좌승상 이사, 우승상 풍거질, 장군 풍겁 등 일군의 대신이 피살된 뒤에 2세는 조고를 승상으로 임명해 국정을 전적으로 맡기고 제국의 정부를 새롭게 조직했다. 승상이 된 조고는 가장 먼저 신정부의 전면적인 인사 개편에 나섰다. 그는 연공서열과 공로와 업적을 중시하던 전통을 타파하고 신진을 고속 승진시켰으며, 빈천한 자를 부귀하게 하고 지위가 낮은 자를 고관으로 발탁하는 것을 기본 원칙으로 삼았다. 시황제 이래의 대신 각료를 제거하고 자신의 심복 측근을 최대한 기용하기 위해서였다. 최고 핵심인 대신의 직위 가운데 조고가 줄곧 맡아왔던 낭중령은 동생 조성趙成에게 맡기어 궁정과 황제를 계속 제어하려 했으며, 다른 대신 각료 역시 자신의 뜻대로 임명했다. 안에서 밖으로, 가까운 곳에서 먼 곳으로, 함양 조정의 정치 변동은 제국 각지와 전방에 영향을 미치기 시작할 수밖에 없었다.

장함은 선제의 노신이며 이사의 심복이자 구정부의 각료였다. 이사가 피살되자 이사가 우두머리로 있었던 노신들의 정부는 조고의 새로운 사람들로 구성된 정부로 교체되었고, 장함은 조정 내부에서 의지할 곳을 잃었다. 장수가 밖에서 전쟁을 치를 때는 군주의 명이라도 따르지 않을 수 있다. 조고의 신정부 초기에는 중앙정부의 개편과 정권의 안정에 힘쓰느라 밖에 있는 이색분자까지 일일이 돌볼 겨를이 없었다. 더욱이 반란이 평정되기 전이었기 때문에 군사적 성과를 거두기만 한다면 신정부로서는 예전과 다름없이 장함을 기용하고 지원할 수밖에 없었다. 하지만 전황이 불리해지자, 함양 정변의 결과는 새로운 승상 조고와 노장 장함에게 확실한 영향을 끼쳤다. 반란 평정의 총사령관으로서 중부군을 이끌던 장함은 거록을 포위한 왕리를 엄호했으나, 거록 전투에서 왕리 군대가 섬멸되자 전가할 수 없는 책임을 떠안게 되어 조정으로부터 질책을 받았다. 거록 전투 이후 항우가 이끄는 제후국 연합군의 공격으로 장함 군대가 잇달아 패하며 점점 후퇴하자 조정의 독촉과 비난은 거세졌다.

하지만 장함은 인내심 있는 노장이었다. 그는 안팎으로 형세가 불리해지자 철수를 단행하여 전열을 다졌다. 장함은 진2세 3년 1월부터 6월까지 내내 하내 일대를 굳게 지키면서 항우가 이끄는 제후국 연합군을 장하 지역에 반년씩이나 묶어두었다. 연합군은 장함 군대와 대치하느라 전진할 수 없었다. 바로 이 기간에 초나라 군대의 별동대인 유방 부대가 서쪽 관중 방면으로 진군하기 시작해 진나라 공격을 위한 두 번째 전장을 개척했다.

7

유방의 첫 번째 큰 좌절

사서에서는 유방이 천하를 얻을 수 있었던 것은 그가 도량이 커서 남을 잘 포용할 줄 알았기 때문이라고 평가한다. 그러한 도량은 천성적인 관대함이나 인자함이 아니라, 최종 목표를 위해 자신을 억제하면서 다른 사람을 용인하는 능력에서 비롯된 것이다. 유방의 억제력과 관용은 타고난 소질이자 힘들게 연마한 결과다. 그는 군대를 일으킨 지 얼마 되지 않았을 때 부장 옹치와 자신의 출생지인 풍읍의 반란에 맞닥뜨렸다. 당시 그는 일어나지 못할 정도로 큰 병에 걸렸는데, 인생과 일에서 고통스런 실패를 연마한 첫 경험이었다고 할 수 있다.

진2세 원년 9월, 유방은 망탕산에서 패현으로 돌아와 군대를 일으켰다. 패현 정권을 탈취해 패공이 된 그는 곧장 군대를 지휘해 패현 주변 지역에 공세를 펼쳤다.

진2세 2년 10월, 유방은 군대를 이끌고 북상해 설군의 호릉현(지금의 장쑤 페이현과 산둥 위타이 사이)과 방여현方輿縣(지금의 산둥 위타이)을 공격했다. 바로 이때 진나라 사수군감泗水郡監 평平이 군대를 이끌고 풍읍 방면으로 이동했다. 유방 군대는 신속히 남쪽으로 철수하여 풍읍을 포위 중인 진나라 군대를 격퇴했다. 고향 풍읍이 위험에서 벗어난 이후 유방은 풍읍의 수비를 강화했다. 그는 부하 옹치에게 풍읍을 지키게 한 뒤 자신은 주력부대를 이끌고 설군 설현(지금의 산둥 텅저우滕州 동남쪽) 방향으로 이동했다. 11월, 설현에 도착한 유방 군대는 진나라 사수군수 장壯이 직접 이끄는 진나라 군대와 교전을 벌였다. 패한 진나라 군대는 설현과 패현 사이의 척현戚縣(지금의 산둥 짜오좡棗莊 쉐청薛城 동쪽)으로 물러났다. 사수군수 장은 추격해온 유방의 부장인 좌사마左司馬 조무상曹無傷에게 사로잡혀 죽었다.

척현 전투 이후 유방 군대는 위세를 떨치며 동북 방향으로 진군하여 설군 항보현亢父縣(지금의 산둥 지닝濟寧 남쪽)을 공격했다. 바로 이때 반진군의 서북부 전선에서 불리한 소식이 계속 전해졌다. 관중 방면에서는 관문 밖으로 나온 장함 군대가 조양에서 주문 군대를 섬멸했고 주문은 죽었다. 장함 군대는 이어서 동진하여 형양의 포위를 해제했다. 이때 가왕假王 오광이 피살되고 대장 전장과 이귀는 전사했으며 형양을 포위하던 장초 군대는 거의 궤멸되었다. 북부 전장에서는 왕리 군대가 황하를 건너 동진하여 태원군으로 들어가 정형관을 봉쇄했다. 진나라 군대의 위력은 한단을 두려움에 떨게 만들었고, 조나라 장수 이량의 배반으로 무신의 조나라 정권이 전복되자 형세는 급전직하했다. 대세가 불리해지자 유방 군대는 패현 방향으로 철수하기 시작했다. 유방 군대가 풍읍 북부의 방여현에 이르렀을 때, 부하 옹치가 배신했으며 고향 풍읍도 등을 돌려 위나라에 귀속했다는 소식을 듣게 되었다. 유방 군대는 큰 충격을 받았다.

패현은 사수군의 북쪽 끝에 있는 현으로, 북으로는 설군과 이웃하고 동으로는 탕군과 이웃하여 세 군이 만나는 곳이었다. 옛날에는 송나라의 영토였고, 위·제·초 사이에 자리하고 있었다. 기원전 286년에 제나라가 송나라를 멸망시킨 뒤, 이 지역은 제나라·위나라·초나라 간의 쟁탈 가운데 주인이 잇달아 바뀌다가 마지막에 초나라로 귀속되었다. 이후 진나라가 초나라를 멸망시킨 뒤에는 사수군이 패현을 관할했다. 진 제국 각 군의 구획은 대체로 그 지역을 점령할 당시의 상황에 기초했는데, 사수군과 설군은 기존의 초나라 영토를 바탕으로 설치되었고, 탕군은 기존의 위나라 영토를 바탕으로 설치되었다. 진승과 오광이 군사를 일으켜 진나라에 반기를 든 뒤로 전국 시대의 육국 정권이 잇달아 부활했고, 봉기를 일으킨 각 지역 역시 대체로 전국 시대의 옛 나라로 귀속되었다. 하지만 전국 시대 각국 간 영토의 귀속과 관련해서는 분쟁이 많게 마련이었다. 더욱이 각국이 인접한 지역은 때에 따라 변동이 많았으므로 분쟁이 그치지 않았다.

진승이 진현을 수도로 정한 뒤, 진승의 부하 주불은 명을 받고 위나라 지역으로 들어가 성을 공격해 그 땅을 빼앗았다. 주불은 위나라의 옛 수도 대량 북부의 임제를 도성으로 삼고 위나라 왕족 위구를 왕으로 옹립하여 위나라를 부흥시켰다. 진나라의 동군과 탕군은 본래 위나라 국토였기에 마땅히 위나라 군대의 공략 대상이 되었다. 위나라가 복국한 뒤 주불은 군대를 이끌고 위나라의 옛 땅을 함락하고 곧장 패현 지방으로 진군해 풍읍을 포위했다. 주불은 풍읍의 수비를 맡고 있던 장수 옹치에게 사자를 보내 편지를 전했다.

"풍읍은 과거에 위나라의 영토로, 위나라 말에 국난이 닥쳤을 때 위나라 사람들은 이곳으로 옮겨왔소. 이제 위나라가 이미 복국하여 옛 땅과 옛 성이 잇달아 위나라로 귀속하고 있소. 풍읍이 위나라로 돌아온다면 위나라는 풍읍 사람들을 위나라의 백성으로 간주하여 모든 면에서 우대할 것이며, 옹치 그대에게는 제후의 작위를 하사하고 풍읍을 계속 맡길 것이오. 그러나 풍읍이 저항한다면 위나라 군대는 성을 공격할 것이고, 성이 함락된 뒤에는 성안의 모든 이를 죽일 것이오."

옹치는 패현 출신의 유협이었다. 그는 과거 패현 지방의 호걸스런 유협 가운데 유방보다 서열이 더 높았다. 옹치는 왕릉과 가까웠으며, 왕릉과 마찬가지로 유방을 얕보았다. 유방이 패현에서 기병한 이후로 그는 유방 밑에서 지내는 것에 불만을 품고 있었으며 속으로는 복종하지 않았다. 성의 수비가 허약한 상황에서 위나라 대군에게 포위되자 옹치는 주불의 위협과 유혹에 놓였다. 그는 결국 주불의 조건을 받아들여 초나라의 깃발을 내리고 새로운 주인을 섬겼다. 그는 위나라 장수의 이름으로 위나라를 위해 풍읍을 지켰다.

유방의 출생지인 풍읍은 패현 경내에서 두 번째로 큰 읍이었다. 유방을 비롯한 풍읍 출신의 장졸은 모두 풍읍에 집이 있었으므로 풍읍을 잃으면 근거지의 절반을 잃는 것이나 마찬가지였다. 유방은 군대를 이끌고 방여에서 신속히 남하해 옹치와 교섭했지만 소용이 없었다. 무력을 써서 공격할 수밖에 없었다. 결국 유방은 풍읍을 함락시키지 못한 채 군대를 이끌고 패현성으로 돌아왔다. 지붕 새는 집에 밤새도록 비가 내리는 격이었고, 갈 길이 먼 배가 역풍을 맞은 격이었다. 대세가 불리한데 집안 뒤뜰에서 불이 났으니, 근심과 분노와 원망이 몰려와 결국 유방은 큰 병이 나고 말았다. 그의 몸과 마음은 여태 겪어보지 못한 큰 타격을 받았다.

큰 재난에서 죽지 않으면 훗날 복을 받는 법, 얼마 후 몸이 회복되자 유방은 진용을 재정비했다. 이 일로 인해 그는 더 강인하게 단련되었을 뿐만 아니라 세상 인간사의 변덕스러움을 체득하고 인내와 관용을 배웠다. 훗날 풍읍은 다시 유방의 진영으로 귀속되고 옹치도 유방 휘하로 돌아와 많은 전공을 세우는 장수가 된다. 유방은 옛일을 각골명심하여 구실을 붙여 옹치를 죽이고 싶었지만, 풍·패 지역의 옛사람들로 이루어진 핵심 집단의 단결과 안정을 지키기 위해, 공로가 큰 장수에 대한 은덕과 회유를 표방하며 줄곧 자신을 억제했다. 전국의 정권을 차지한 뒤 부하들이 권익을 분배하는 데 불만을 나타냈을 때, 유방은 장량의 건의를 받아들여 옹치에게 후한 상을 주는 방식으로 내부의 불안을 제거함으로써 부정적인 상황을 긍정적인 상황으로 전환시켰다.

유방은 황제가 된 뒤 패현을 자신의 개인 영지로 삼아 요역과 조세를 영구 면제해주는 은혜를 베풀었다. 그러나 애초에 풍읍에는 그런 혜택을 베풀지 않았다. 패현의 고향 사람들이 풍읍도 동일한 대우를 받도록 간청했을 때 유방은 옛날의 원한을 토로했다.

"풍읍은 내가 나서 자란 곳인데 어찌 잊은 적이 있겠는가? 내가 그곳의 요역과 조세를 면제해주지 않는 것은 옛날에 풍읍이 옹치 때문에 나를 배반하고 위나라에 의탁했기 때문이다."

유방은 지난날의 원한을 평생 마음에 담아두고 있었던 것이다. 하지만 패현의 부로들이 거듭 요청하자 유방은 어쩔 수 없이 패현과 마찬가지로 풍읍의 요역과 조세를 영구히 면제해주었다.

8
장량과 우연히 마주치다

유방은 장초 진승에 호응하여 초나라를 부흥시키고 포악한 진나라를 전복시킨다는 대의명분으로 패현에서 기병했다. 그는 진승을 만난 적도 없고 진승의 장초 정권으로부터 직접 임명된 적도 없으니, 직접적인 예속 관계는 없었지만 기병한 이래로 자신을 초나라 군대의 일부로 생각했다. 그와 부하들은 스스로 초나라 사람이라고 생각했으며, 초나라 옷을 입고 초나라 노래를 불렀다. 초나라 문화에 귀속되고자 하는 마음 또한 변한 적이 없었다. 그런데 풍읍이 배신하고 위나라로 귀속되자 유방의 몸과 마음은 중상을 입었고 그의 활동도 기병한 이래 가장 침체되었다. 이와 동시에 전국 각지의 반진 운동 역시 부진의 늪에 빠졌다. 이 모든 게 진2세 2년 2월에 발생했다. 유방이 패현에서 기병한 지 넉 달이 지났을 때다.

이때 진나라 군대는 방어에서 전면 공격으로 전환했다. 장함 군대는 영천을 수복하고 진군陳郡을 공격했다. 진승은 패하여 행방을 알 수 없게 되었고, 장초 정권은 와해되었다. 남양으로 진격한 장초의 송류 부대는 진나라 군대에 투항했다. 송류는 함양으로 압송된 뒤 사형에 처해졌다. 북부 전장에서는, 왕리 군대가 이미 상당군을 수복하고 한단 방향을 향해 공격의 압박을 가해 왔다.

진2세 2년 정월, 진승이 죽었다는 소식이 알려지자 진승의 부장 진가 등은 초나라의 옛 귀족 경구를 초왕으로 옹립하고 초나라 부흥과 반진의 대업을 이어나갔다. 경구 초나라 정권은 패현 남쪽의 인근 현인 유현留縣(지금의 장쑤 페이현 남쪽)으로 왔다. 곤경에 빠진 유방은 고군분투의 난국을 해결하고자 초왕 경구의 밑으로 들어가길 요청하기 위해서 패현에서 유현으로 가게 된다. 도중에 그는 장량을 우연히 만나게 되었다.

장량은 박랑사에서 시황제를 암살하려다 실패한 이후 동해군 하비현에서 숨어 지냈다. 하비현은 동해군의 서쪽 끝에 있는 현으로, 서쪽과 남쪽 양면으로 사수군과 인접해 있었다. 하비현의 서쪽은 사수군 팽성현이고, 남쪽은 사수군 하상현이다. 팽성은 초나라의 옛 수도이고, 하상은 동쪽으로 이주한 항씨 일족이 모여 살던 곳이다. 장량과 항씨 일족의 교류는 그 시기까지 거슬러 올라갈 수 있다. 하비현은 매우 외져서 관리의 힘이 미치지 않는 곳으로, 장량은 은거 중에도 여전히 임협의 기질을 발휘하여 빈객 및 유세객과 친분을 맺었으며, 법을 어기고 달아난 이들을 숨겨주었다. 항우의 백부 항백도 하상현에서 사람을 죽인 뒤 하비로 달아나 장량의 집에서 숨어살았다. 이렇게 해서 둘은 생사를 함께하는 사이가 되었다.

진승이 대택향에서 기병했다는 소식이 전해지자, 관동 대란을 목격한 장량도 이 기회에 하비에서 100여 명을 모아 기병함으로써 호응했다. 진승이 죽은 뒤 각지의 반진 무장 세력은 새롭게 재편되었다. 장량은 경구가 초왕으로 옹립되어 유현에 있다는 소식을 듣자 곧바로 부하를 데리고 그에게 의탁하러 가는 길에 유방과 만나게 되었다. 장량과 유방의 이 뜻밖의 만남은 둘의 관계는 물론이고 이후 역사 전개에도 매우 큰 의의를 지닌다. 장량은 속세에서 보기 드문 비범한 인물로, 지혜와 모략이 뛰어난 일류 참모 스타일의 인재였다. 유방은 도량이 크고 자신감이 있고 강건하며 사람을 부릴 줄 아는 제왕 스타일의 영웅이었다. 이 두 사람의 결합은 정확한 정책 결정 및 강력한 추진의 본보기가 되어, 이후 유방 집단이 겹겹의 난관을 극복할 수 있게 해주었을 뿐만 아니라 최종적으로 승리해 천하를 얻게 해주었다.

장량에게는 하늘의 소리와 신의 뜻을 엿듣는 지혜가 있었다. 그의 일생에 뜻밖의 커다란 만남이 두 번 있었다. 하나는 기수 다리 위에서 황석공을 우연히 만나 『태공병법』의 계시를 얻게 된 것이고, 다른 하나는 유현에서 유방과 우연히 만나 『태공병법』을 실현하게 된 것이다. 훗날 장량은 공을 세워 이름을 날린 뒤 자신은 하늘의 뜻을 이루는 도구에 불과하다고 느끼게 된다. 그런 그가 선택한 봉지가 유현이다. 그가 선택한 최종 귀착점은 황석공을 따라 신선처럼 사는 것이었다. 이것은 모두 훗날의 이야기다. 어쨌든 유현에서의 우연한 만남은 하늘이 맺어준, 두 인물의 완벽한 인연의 시작이었다.

유방과 장량은 함께 유현으로 가서 초왕 경구를 알현하고 정식으로 그의 부하가 되었다. 유방이 경구에게 의탁한 뒤 가장 먼저 하고 싶었던 일은 부대를 증원받아 풍읍을 함락하는 것이었다. 옹치가 배반한 이후 자신에게 적대적인 풍읍이 유방에게는 큰 우환이었기 때문이다. 하지만 유방이 유현에 간 뒤로 형세가 긴박해지자 풍읍을 고려할 겨를이 없었다. 당시 장함의 주력군이 진군 일대에서 진승 군대를 소탕했고, 사마얼司馬枿이 통솔하는 또 다른 장함 군대가 사수군 남부에서 북상하면서 진격해왔다. 사마얼 군대는 상현(지금의 안후이 쑤이시濉溪 서쪽)을 공격하면서 병사와 백성의 완강한 저항에 부딪혔다. 성을 함락한 진나라 군대는 성 전체를 도륙했다. 이후 사마얼 군대는 동쪽 탕현으로 가서 잠시 정비한 뒤 동북 방향으로 이동해 소현蕭縣을 지나 유현을 공격하려 했다. 진나라 군대가 밀어닥치자 경구는 동양東陽의 영군寧君과 유방에게 군대를 이끌고 소현으로 남하해 진나라 군대를 저지토록 했다. 소현 서쪽에서 진나라와 초나라 양군이 격전을 벌였다. 초나라 군대는 전세가 불리하여 유현으로 철수했다.

진2세 2년 2월, 장초의 별동대인 여신 군대와 영포 군대가 진현에 반격을 가하자 진군에 있던 장함 군대는 대응에 나섰다. 유방은 그 틈을 타 군대를 이끌고 남하해 탕현을 공격했고, 사흘간의 포위 공격 끝에 탕현을 함락했다. 유방은 탕현에서 새롭게 얻은 6000명의 병사를 기존의 패현 자제병 3000명과 합류시켜 9000명의 부대를 조직했다. 탕현에서의 성공적인 군사 재편은 유방 군단의 발전에 중요한 의의를 지닌다.

풍현의 남쪽에 위치한 탕현은 탕군의 동남쪽 끝에 있는 현으로, 탕군과 사수군 사이에 끼어 있었다. 탕현은 원래 위나라 영토로, 임협 생활을 하던 젊은 시절에 유방은 동쪽 지역을 다니면서 탕군에서 여러 달 지낸 적이 있다. 당시 그는 외향현의 명사 장이를 따랐다. 유방과 탕군 인사들의 교류는 이때부터 시작되었다고 할 수 있다. 탕현 북부의 망탕산은 이 일대에서 드문 산지로, 유방이 요역꾼들을 풀어 준 뒤 달아나 몸을 숨겼던 곳이다. 당시 탕현 현지의 반체제적인 젊은이들이 그의 명성을 흠모해 찾아와 의탁했으며, 이것이 유방과 탕군·탕현의 두 번째 관계라고 할 수 있다. 유방의 부인 여치의 집안은 탕군 선보현의 대가였다. 유방이 기병하자 여치의 두 형제 여택과 여석지는 선보현의 젊은이들을 모아 무장하고 유방 집단에 가입했다. 이는 유방과 탕군의 세 번째 관계다. 유방이 패현에서 기병했을 때 패현 관리와 백성의 전폭적 지지 아래 모인 병사는 고작 3000명이었으나, 탕현에서는 패현의 곱절인 6000명의 병사를 새로 모았다. 이로써 유방이 탕현에서 얼마나 큰 지지를 얻었는지 상상할 수 있다. 물론 이것은 유방과 탕군·탕현의 네 번째 관계다.

당시 유방은 풍읍의 배반으로 인해 패현 근거지가 동요하는 불안한 상황이었으나, 탕현에서의 징병과 재편의 성공으로 새로운 근거지를 얻은 셈이 되었다. 이 시기부터 유방의 근거지는 사수군과 패현 방면에서 탕군·탕현 방면으로 옮겨지기 시작했다. 초 회왕이 친정한 뒤로 유방은 탕군장에 임명되어 탕군 지역의 명실상부한 최고 지배자가 되었고, 이 시기에 유방의 정치적 기반이 다져졌다. 탕군 및 패현 출신의 장졸들은 모두 유방 군단의 핵심이 되었고, 훗날 그들이 한 제국 통치계층의 상층부가 된 것도 대부분 여기서 기인했다.[16]

9

유방과 항우가 한 배를 타다

탕현에서 재편에 성공한 유방 군대는 새로운 군사 행동에 들어갔다. 진2세 2년 3월, 유방 군대는 탕현의 북쪽 인근 현인 하읍下邑(지금의 안후이 당산碭山)을 함락했고, 계속 북상하여 두 번째로 풍읍을 포위 공격했지만 성공하지 못했다. 4월에는 유현 방면에서의 정치 변동으로, 유방이 따르던 초왕 경구가 항량 군대의 공격을 받아 죽었다. 항량은 설현에 군대를 주둔시켰고, 경구에 속했던 초나라 군대는 대부분 항량에게 귀속되어 항량 군대의 전력은 10만 명에 달할 만큼 강해졌다. 유방은 설현으로 항량을 찾아갔고, 그의 부대는 항량 휘하의 초나라 군대로 들어갔다. 늘 고향 풍읍이 마음에 걸렸던 유방은 다시금 풍읍을 탈환하기 위해 항량에게 증원을 요청했다. 항량은 오대부五大夫 작위의 장수 10명과 병사 5000명을 내주어 유방의 세 번째 공격을 지원했다. 그 덕분에 유방은 마침내 풍읍을 함락했고, 옹치는 위나라로 달아났다.

6월, 항량은 초나라 군대의 각 장수를 설현에 모아놓고 대사를 논의했다. 유방과 장량도 이 회의에 참가했다. 항량이 주관한 설현 회의에서는 범증의 건의를 받아들여, 기존의 평민 왕정 노선 대신 왕정 부흥으로 방침을 수정했다. 그리고 초 회왕의 손자 웅심을 초왕으로 옹립하여 역시 초 회왕이라 칭했다. 항량은 장량의 건의를 받아들여, 한나라 왕족의 후예인 한성을 한왕으로 세우고 한나라를 부흥시켰다. 이 회의에서 유방은 회왕을 옹립한 초나라 장수의 일원으로서 처음 초 회왕과 접하게 되었다. 이로써 그는 훗날 회왕의 명을 받아 서쪽으로 관중을 공격하게 될 기초를 닦았다.

설현 회의와 거의 동시에, 위나라 수도 임제를 포위하고 있던 진나라 장함 군대가 제왕 전담과 초나라 장수 항타가 이끄는 원군을 섬멸했다. 임제는 항복하고 위왕 위구는 자살했으며, 항타는 초나라 군대의 잔존 병력을 이끌고 퇴각했다. 제나라 군대의 잔존 병력은 전영의 통솔 아래 철수하다가 동아에서 장함에게 포위되었고, 제나라는 위급함을 알리며 구원을 요청했다.

항량은 초나라 주력군을 이끌고 설현에서 동아로 북상해 전영을 구원했는데, 이때 유방도 항량과 함께했다. 동아 전투에서 항량은 장함 군대를 대파했다. 퇴각하는 장함 군대의 주력군은 복양 방향으로 물러가고, 별동대는 성양현성으로 물러갔다. 항량 역시 병력을 둘로 나누어, 자신은 초나라 주력군을 이끌고 복양 방면으로 추격하는 반면, 유방과 항우에게는 성양 방향으로 추격하게 했다. 항량은 복양에서 다시 장함 군대를 대파했다. 장함은 복양성으로 철수한 뒤 황하의 물을 끌어와 성 주위에 해자를 만들고 굳게 지키면서 나오지 않았다. 한편 유방·항우 연합군은 성양을 포위하고 강공으로 성을 함락시킨 뒤 성안을 도륙했다. 이후 유방·항우 연합군은 남하하여 정도를 공격했으나 수비가 견고하여 함락시키지 못했다.

이때 곳곳의 진나라 군대가 장함 군대를 지원하기 위해 복양 방면으로 이동하기 시작했다. 삼천군수 이유는 승상 이사의 맏아들로, 일찍이 성을 포위하고 있던 오광 군대에 맞서 넉 달이나 저항하며 형양을 굳게 지키다가 결국 장함 덕분에 위기를 모면한 적이 있다. 삼천군과 동군은 황하 남쪽 기슭에 인접해 있는 군으로, 형양 오창 일대는 진 제국 동쪽의 최대 군사기지였다. 이유는 동군 복양에 포위된 장함 군대를 지원하기 위해 삼천군의 진나라 군대를 이끌고 우회하다가 탕군 옹구현에서 유방·항우 연합군과 맞닥뜨렸다. 양군의 대전에서 유방·항우 연합군은 이유를 죽이고 대승을 거둠으로써 장함 군대를 지원하는 황하 남쪽 기슭 루트를 차단했다. 이유 군대를 섬멸한 유방·항우 연합군은 진류현과 외황현 일대에 머물면서 계속 싸웠다.

이 무렵, 7~9월까지 큰비가 쏟아졌다. 9월, 장함 군대가 북부 진나라 군대의 증원을 얻어 급습에 성공해 초나라 주력군이 궤멸하고 항량이 전사했다는 소식이 초나라 군대의 본영으로부터 전해졌다. 깜짝 놀란 유방과 항우는 더 이상 머물지 못하고 다른 초나라 장수 여신과 함께 군대를 이끌고 동쪽으로 조금씩 철수하며 팽성 방향으로 퇴각해 집결했다.

9월, 우이에서 팽성으로 천도한 초 회왕은 친정에 나서서 초나라 군대와 정권을 재건했다.

유방은 무안후에 봉해졌고 탕군장에 임명되어 본부의 병력을 이끌고 탕현에 주둔했다. 항우는 노공에 봉해졌고 팽성 동쪽에 주둔했다. 후9월, 항우는 상장군 송의의 부장에 임명되었고 북상하여 조나라를 구했다. 유방은 탕군장의 직분으로 회왕의 명을 받아 회왕의 약조를 받들어 서쪽 관중으로 진격했다.

진2세 원년 8월 무렵, 유방은 패현에서 기병하고 항우는 항량을 따라 회계에서 기병했다. 두 사람이 동시에 반진과 초나라 부흥을 위한 정치·군사 활동을 시작하며 역사 무대에 등장한 것이다. 당시 유방과 항우는 각각 회북과 강동에 있어 서로를 알지 못했으나 같은 전선에 있는 우군이었다. 진2세 2년 4월, 유방은 항량에게 귀속되어 항우와 함께 초나라 군대의 장수가 되었다. 유방과 항우는 이때 서로 알게 되었다. 진2세 2년 7~9월은 유방과 항우의 관계가 가장 가까웠던 시기다. 그들은 항량을 따라 동아에서 장함 군대를 격파했고, 이후 군사 행동을 함께하여 성양을 격파하고 정도를 공격했다. 또 진나라 장수 이유를 옹구에서 죽였으며, 외황·진류 일대를 오가며 활동하다가 형세가 위험해지자 함께 퇴각하여 초나라 수도 팽성 일대로 돌아왔다. 이 기간 유방과 항우는 비바람 속에서 한 배를 탄 동료이자 생사와 환난을 함께하는 전우였다.

이 공동 작전의 경험은 미래에 둘의 관계는 물론이고 역사의 전개에도 영향을 끼칠 수밖에 없었다. 홍문연에서 항우는 차마 유방을 죽이지 못했고, 항우가 죽은 뒤 유방은 노공魯公의 예로써 후하게 장사지내며 슬피 울었다. 정치상의 갖가지 모략과 쟁탈, 사투와 증오에도 불구하고 전우로서의 옛정이 남아 있었던 게 아닐까?

10

팽월을 만나게 되다

진2세 2년 후9월, 유방과 항우는 의형제를 맺었다. 기병한 이후 함께 동고동락해온 의리가 그 명분이 되어주었다. 뒤이어 항우는 송의를 따라 북상해 조나라를 구했고, 유방은 회왕의 약조를 받들어 서쪽으로 진나라를 공격했다. 두 사람이 각자 다른 전장으로 달려간 바로 그때 이후로 그들은 정치적 적수가 되었다. "세상엔 오직 영원한 이익이 있을 뿐 영원한 우정은 없다"는 명언은 이 경우에 들어맞는 표현이다.

탕현에서 출발한 유방 군대는 우선 동군의 성양 방향으로 이동했다. 유방 군대의 주요 목적은 흩어진 진승 군대와 항량 군대의 잔존 병력을 모아서 군대를 확대하는 것이었다. 바로 지난달에 항량 군대가 성양 북부의 정도에서 장함에게 격파되어, 항량은 전사하고 병사들은 뿔뿔이 흩어졌다. 군대를 확대하는 과정에서 유방 군대는 성양 일대에 주둔하고 있던 진나라 군대의 진영 두 곳을 공격해 승리를 거두게 된다. 10월 무렵 탕군 방향으로 남하하던 중 동군과 탕군

사이의 성무현에서 진나라 동군 군위郡尉가 이끄는 부대를 격파했고, 하남에 머물던 왕리 군대의 한 부대와 교전하여 섬멸시킨 것이다. 탕군에 돌아와서는 군대를 재편하고 정비했고, 11월 탕군 율현(지금의 허난 샤이)에서 초나라 장수 강무후剛武侯가 이끄는 4000명 부대를 수용·재편했다. 또한 이 지역에서 활동하던 위나라 장수 황흔黃忻과 무포武蒲가 이끄는 위나라 군대와 연합해 진나라 군대를 격퇴한 뒤 탕현으로 돌아와 군대를 정비했다. 2월에는 북상하여 창읍현을 공격했으나 함락시키지 못한 채 방향을 돌려 진류를 향해 진군했다. 마침내 관중을 공격하기 위해 서쪽으로 가기 시작한 것이다.

여기까지 역사를 정리하던 나는 유방의 행동에서 여러 의문이 생겨났다. 유방이 회왕의 명을 받아 회왕의 약조를 받들어 서쪽으로 관중을 공격하러 간 것은 진2세 2년 후9월이다. 이후 유방 군대는 반년 이상 탕현·율현·성무·성양 일대에서 남북으로 배회하며 군사 행동을 취했을 뿐 서쪽 관중 방향으로 진격하지 않았다. 그 기간에 후9월부터 이듬해 11월까지, 송의는 초나라 주력군을 이끌고 설군 무염현(지금의 산둥 둥핑) 부근의 안양에 머물렀다. 46일 내내 안양에서 주둔하고 있었을 뿐 강을 건너 조나라를 구원할 기미를 보이지 않았다. 의구심을 갖는 부하들에게 송의가 내놓은 설명은 옆에서 구경하다가 이득을 보겠다는 것이었다. 즉 진나라 군대가 조나라를 공격하면 그 결과를 보고 행동하겠다는 것이었다. 송의는 회왕이 직접 임명한 대장이었으므로 그의 의도는 곧 회왕 궁정의 의도였을 것이다. 유방 역시 회왕이 직접 임명한 장수로, 같은 시기에 탕현 일대에 머물면서 배회한 것 역시 분명히 회왕 궁정 측의 의향을 반영한 것으로 보인다. 즉 유방을 탕군 일대에서 멀리 떠나지 않도록 함으로써 북부 전장을 관망하는 한편 동군 일대의 진나라 군대가 초나라의 수도 팽성을 습격하지 못하도록 하기 위해서였을 것이다.

11월, 항우는 송의를 죽이고 군권을 탈취한 뒤 회왕을 압박해 벌어진 사실을 추인하게 한다. 이후 항우는 신속히 초나라 군대를 이끌고 황하를 건너 북상해 조나라를 구했다. 12월, 항우는 거록성에서 왕리 군대를 섬멸하고 조나라의 포위를 해제한 뒤 각국 연합군의 총사령관이 되었다. 이때 유방 군대는 여전히 탕현 일대를 배회하고 있었다. 1월과 2월, 항우는 각국 연합군을 이끌고 거록에서 잠시 군대를 정비한 뒤, 장하 일대에 진지를 구축하고 있던 장함 군대를 향해 진격했다. 장함 군대는 연이어 패주해 하내군 안양현 일대로 물러나 원군을 기다리면서 버티고 있었다. 이때까지도 유방 군대는 관중을 공격하러 서진할 기미를 보이지 않은 채 남북 선상에서 공격을 벌이고 있었다.

2월, 유방 군대가 근거지인 탕현에서 북상하여 창읍현을 공격한 것 역시 반년 이상 남북을 오가며 벌이던 군사 행동의 일환이었다. 이 과정에서 유방은 또 한 명의 영웅적 인물인 팽월과 친분을 맺게 되는데, 이는 훗날 두 사람이 연합하여 함께 천하를 차지하게 될 인연의 시작이었다.

팽월은 창읍현 사람이다. 탕군 북쪽의 창읍은 본래 위나라 지역이었다. 창읍 이북, 동군 성양(지금의 산둥 허쩌의 북쪽) 이동, 설군 장현張縣(지금의 산둥 량산梁山) 이남 등지는 커다란 호수가 있는 소택지로, 거야택이라 불렸다. 팽월은 본래 거야택에서 물고기를 잡으며 생계를 꾸리던 어부였다. 진시황 말년에 요역이 빈번해지고 법률이 가혹해지자 팽월은 일군의 어부들을 이끌고 거야택으로 숨어들었다. 그들은 망탕산으로 숨어든 유방 일당처럼 불법 도적이 되었으며, 팽월은 반체제적인 젊은이들의 추대를 받았다. 진승이 대택향에서 기병하자 관동 지역에서 잇달아 호응했는데, 거야택의 젊은이들도 진나라에 맞설 것을 팽월에게 요청했다. 그러나 팽월은 진나라와 초나라 두 용이 서로 싸우는 중이니 좀더 기다려보자고 했다.

천하대란 중에 거야택에서 칩거하며 일 년 남짓 관망하던 팽월은 외부 상황에 흔들리지 않았다. 진2세 2년 12월, 진승이 있던 곳에서 위나라로 돌아온 위구가 왕을 자처함으로써 위나라가 정식 복국되었을 때도 팽월은 그에게 의탁하지 않았다. 반년 뒤인 진2세 2년 6월, 장함이 위·제·초 연합군을 격파하여 위구가 임제에서 자살했을 때도 팽월은 움직이지 않았다. 진2세 3년 12월, 항우는 거록성에서 진나라 군대를 대파하고 왕리 군대를 섬멸했다. 장함 군대가 퇴각하고 진 왕조의 패국이 분명해진 다음에야 팽월은 거야택에서 천천히 나와 군웅이 각축하는 행렬에 가담하게 된다.

진나라 군대가 거록에서 대패했다는 소식이 전해지자 거야택 일대의 젊은이 수백 명이 더 이상 참지 못하고 팽월이 은거하고 있는 곳으로 찾아왔다. 그들은 팽월에게 세상에 나가 사람들을 이끌고 그만의 영역을 개척할 것을 청했다. 팽월은 때가 무르익긴 했지만 아직 사람들이 마음으로 복종하지 않는다고 생각하여 거절했으나, 거듭된 요청에 결국 승락했다.

팽월은 이튿날 아침 해가 뜰 때 모여서 함께 기병하되 늦게 오는 자는 군법에 따라 가차 없이 참수하기로 사람들과 약속했다. 이튿날 약속한 시간이 되었으나 10여 명이 늦게 도착했고, 어떤 이는 정오가 되어서야 나타났다. 팽월은 어두운 얼굴로 말했다.

"나이 많은 나를 그대들이 억지로 우두머리로 삼았다. 기병하는 것은 모두의 생사와 관계된 일이니, 군기가 엄하고 공정하지 않으면 살아남을 수 없다. 어제 사전에 약속한 게 있는데, 오늘 늦게 온 자가 적지 않다. 약속을 어기고 명령을 위반한 자를 죄다 죽일 수는 없으니 마지막에 온 사람을 죽이겠다."

그들은 한 고향에서 오랫동안 알고 지내 평소에 호형호제하면서 서로 실없는 장난을 주고받는 스스럼없는 사이인 데다가 다들 늦는 게 습관이었기 때문에 팽월의 말이 단순한 위협이라고 생각하여 웃으며 말했다.

"큰형님께서 어찌 이러십니까? 앞으로는 감히 그런 일이 없을 겁니다."

팽월은 얼굴빛 하나 변하지 않고 차갑게 수하에게 명령하여, 가장 늦게 온 자를 즉시 참수하게 했다. 그리고 흙으로 단을 쌓아 그 위에 참수한 머리를 올려놓고 군신軍神에게 제사지냈다. 팽월은 부하들을 정렬하고 맹세하며 호령했다. 대경실색한 사람들은 명령을 어기는 자는 엄한 군법에 따라 참수된다는 것을 그제야 깨달았다. 이때부터 다들 팽월을 두려워하며 그에게 복종했다. 팽월은 군대를 정비한 뒤 거야택 인근의 군현에서 반진 무장 활동을 시작하며 1000여 명을 모았다.

유방 군대가 창읍에 이르렀을 무렵, 기병한 지 1년 반이 된 유방은 초나라 군대에서 중임을 담당하는 유명한 장수가 되어 있었다. 당시 그의 작위는 무안후였고, 탕군장에 임명되어 1만 명을 이끌고 서쪽 진나라를 공격하라는 회왕의 명을 받든 상태였다. 창읍은 탕군의 속현으로 명목상 유방의 관할 지역이었다. 팽월은 일찌감치 유방에 대해 들은 바가 있다. 유방 군대가 창읍현성을 공격했을 때 팽월은 현지 군대를 선봉으로 삼아 유방 군대에 적극 협조했다. 그러나 공격은 실패했고, 유방 군대는 남하하면서 탕군 동부의 진류 방향으로 이동했다. 팽월은 창읍 일대에 남아 거야택을 기지로 삼아 군대를 키우면서 누구에게도 속하지 않고 독자적으로 지냈다.

전국 시대의 지역으로 논하자면, 팽월은 위나라 사람이다. 진나라 말에 난이 일어나자 육국이 복국하고 진나라에 반기를 들었는데, 팽월은 초나라에 귀속되길 원치 않았고 진나라를 도울 생각도 없었기에 진나라와 초나라가 싸우는 동안 관망했다. 위나라 왕정이 부흥한 뒤에 그는 부흥한 옛 왕족 정권에 대해서도 유보적인 태도를 견지했다. 그의 이런 태도는 국적, 지역, 씨족의 이유로는 설명할 수 없는 것이다. 하층민 출신인 팽월은 기댈 만한 가문이 없었기에 오직 자신의 역량으로 이익을 추구하고 화를 피하면서 인생의 부귀영화를 추구했다. 이익이 있는 곳에 곧 행동이 있다는 말은 팽월과 같은 공리주의자의 행동 원칙이다. 진나라 말의 전란 속에서 팽월은 시종일관 독립적으로 활동한 무장 세력이었다. 그는 어떤 나라에도 고정적으로 종속되지 않고 오로지 최대의 이익을 줄 수 있는 세력을 따랐다.

유방은 팽월과 비슷한 점이 꽤 많다. 그들은 하층민 출신의 군도群盜의 우두머리로,[17] 유사한 공리주의를 신봉했다. 창읍에서의 합작은 쌍방에게 좋은 인상을 남겼다. 고향 근처에서의 공동작전이 상호 이해를 증진시켰고, 이때 맺은 관계는 미래를 위해 한 알의 씨앗을 심어놓은 셈이었다. 유방이 항우와 천하를 놓고 쟁탈하면서 초·한 전쟁이 중대 시점에 이르렀을 때 팽월이 출병해 협력한 것이 승부를 갈랐던 것이다. 미래는 그야말로 예측할 수 없는 것이다.

11

역시 형제를 끌어들이다

진2세 3년 2월, 항우 군대는 장수 남쪽으로 진군해 장함 군대를 다시 격파했다. 진 제국 조정에서는 좌승상 이사, 우승상 풍거질, 장군 풍겁 등 일군의 노신이 이미 죽임을 당했으며 조고가 승상에 올라 권력을 장악하고 조정을 관장했다. 장함은 밖으로는 항우의 공격을 받아 잇달아 패하고, 안으로는 정치적 버팀목을 잃어 끊임없이 조정의 견책을 받았다. 새로운 원군을 얻지 못해 곤경에 빠진 그로서는 연합군에 강력한 반격을 가할 힘이 없었다. 진 제국의 운명은 풍전등화였다.

대세가 점차 뚜렷해졌다. 장함 군대가 형세를 되돌릴 수 없는 이상 진나라 군대가 초나라의 수도 팽성을 습격할 수 없음을 확인한 유방은 정식으로 서진하여 관중을 공격할 태세를 취했다. 유방은 2년 전 주문 군대가 진군했던 노선대로 삼천동해도를 따라 서쪽으로 갈 계획이었다. 즉 진류·개봉·형양·낙양·민지 방향으로 가서 함곡관을 함락하고 관중으로 진입하여 최대한 신속히 함양을 함락하는 것이었다. 팽월과 헤어진 뒤 유방 군대는 창읍에서 남하해 외황·진류 방향으로 이동했다. 유방이 진류현(지금의 허난 카이펑의 남쪽) 교외에 이르렀을 때 역이기酈食其·역상酈商 형제와의 극적인 만남이 이루어졌다.

역이기는 진류현 고양향高陽鄉(지금의 허난 치현杞縣) 사람이다. 집안이 빈한했지만 독서를 좋아했으며 기민하고 말재주가 있었다. 그는 뜻을 이루지 못한 채 칩거하며 울적한 세월을 보내고 있었다. 역이기는 농사를 짓지 않았고 장사도 할 줄 몰랐다. 마을 사람들은 쉰이 넘도록 그럴 듯한 직업을 가져본 적 없이 의지할 데 없는 그를 가엽게 여겨 감문監門으로 고용해 밥이라도 간신히 먹고살게 해주었다. 당시 마을의 거주 구역에는 출입문이 있었는데, 주민들이 돈을 걷어 아침저녁으로 문을 열고 닫는 일을 담당하는 감문을 고용했다. 오늘날 작은 주택가의 경비원에 해당하는 감문 일을 하는 자는 대부분 정식으로 관리가 될 수 없는 낭인浪人이거나 타향을 떠도는 유민이었다.[18]

직업은 비천했지만 역이기는 강직하고 분방했다. 깡마른 체구에 높은 관을 쓰고 유생의 복장을 한 그는 영락없이 가난한 서생의 모습이었다. 마을의 부호나 세력가 또는 호걸에게 몸을 낮추고 아첨하는 태도 따위는 찾아볼 수 없었다. 그는 특히 언변이 뛰어나고 신랄했는데, 청산유수인 그의 세치 혀는 칼과 같았다. 아무도 그를 중시하진 않았지만 아무도 그를 어찌할 수 없었다. 마을 사람들 모두가 역이기를 광생狂生이라고 부르면서 마을의 질서 바깥에 있는 별난 인물로 여겼다.

산양동해도山陽東海道 위에 위치한 진류는 군대가 지나가는 전장이었다. 진나라 말에 난이 일어났을 때 수십 개의 군대가 이곳을 지나갔다. 그때마다 역이기는 많은 것을 보고 듣고 생각하면서, 각 군대 장수의 됨됨이를 마음에 깊이 담아두었다. 그가 살펴본 장수들은 대부분 옹졸하고 고집스러웠다. 자기만 옳다는 태도를 지녔을 뿐 원대한 인격을 갖춘 남의 말을 받아들여 대사와 대업을 성취할 만한 원대한 인물은 없었다. 역이기는 그런 인물에게 자신을 의탁할 수 없었기에 외진 마을에 숨어 지내면서 관망하며 기다렸다.

독서를 좋아하고 언변이 뛰어난 역이기와는 달리, 동생 역상은 용맹스럽고 호쾌하여 젊은 무뢰한들을 규합해 일을 벌이곤 했다. 진승이 기병하자 역상은 이에 호응하여 진류의 젊은이들을 이끌고 유격전을 펼쳤다. 자신을 따르는 무리가 수천 명으로 늘어나자 역상은 진류 일대를 자신의 독무대로 삼아 고향의 영웅이 되었다. 역이기·역상 형제는 각기 문文과 무武에 뛰어났다. 한 명은 은밀하게 지냈고 한 명은 드러나게 지냈다. 그러다가 동란의 시기에 진류 지방에서 큰 영향력을 발휘하게 된다.

유방의 됨됨이 가운데 가장 큰 특징은 천하의 영웅호걸과 사귀길 좋아하고 남을 끌어들이는 데 능하다는 것이다. 유방은 젊은 시절에 유협으로 지내면서 장이를 따라 돌아다녔다. 사수정 정장 시절에는 패현의 위아래 사람들과 두루 교유했다. 기병한 이후로는 군대가 가는 곳마다 그 지역의 현인, 호걸, 인재, 기인에 대해 반드시 알아보았다. 그는 뛰어난 인물을 망라하고자 하는 바람이 간절했다.

유방은 군대를 이끌고 진류현 경내에서 주둔할 때 부하 가운데 마침 역이기와 같은 고향 젊은이인 기병을 미리 고향으로 보냈다. 이는 그 마을에 어떠한 인물이 있는지 정보를 수집하기 위해서였다. 기병이 고향에 도착하자 마을 사람들이 몰려들어 그에게 이것저것을 물었다. 역이기는 일찌감치 유방의 명성을 들었던 바, 이번에 직접 소식을 듣게 되자 나설 때가 되었다고 생각하고 기병에게 말했다.

"내가 듣기로 패공은 남을 업신여기고 무례하지만 뜻이 원대하고 도량이 크다고 하더군. 늘 내가 교유하고 싶었던 분이지만 패공께 나를 소개해줄 사람이 없어서 고민이었지. 자네가 패공을 뵙거든 '신의 고향에 역생酈生이라는 사람이 있는데 나이는 예순이 넘었고 키는 팔 척이며, 다들 광생이라 부르지만 본인 말로는 유생일 뿐 미치지 않았다고 하며 패공을 따르기를 원한다고 합니다'라고 말해주게."

기병은 약간 난처해하며 대답했다.

"패공께서는 유생을 별로 좋아하지 않소. 전에 어떤 빈객이 유생의 높은 관冠을 쓰고 패공을 뵈었는데, 패공께서는 빈객의 관을 빼앗더니 그 안에 소변을 보셨소. 또한 패공께서는 이야기를 나눌 때 걸핏하면 욕을 퍼부으신다오. 그러니 부디 유생의 차림새와 예절로는 패공을 뵙지 마시오."

역이기는 나름대로 계산이 있었다. 그는 이렇게 말했다.

"이보게, 자네는 내 말대로만 하게. 나머지 일은 내가 알아서 할 테니."

기병은 돌아가서 역이기의 말을 그대로 유방에게 전했다.

유방 군대가 마침내 고양향에 도착했다. 유방은 고양향의 접대소에서 묵었다. 그는 부하 기병의 말을 떠올리고는 스스로를 추천한 광생을 만나봐야겠다고 생각했다. 그는 사람을 보내 역이기를 불러들였고, 역이기가 찾아와 유방을 알현했다. 유방은 의자에 앉아 있었고, 시중을 드는 두 젊은 여자가 그의 발을 씻겨주고 있었다. 옛날에 신분이 낮은 빈객이 윗사람을 만날 때면 무릎을 굽혀 절을 해야 했고, 윗사람은 몸을 약간 구부리며 두 손을 맞잡아 읍하면 그만이었다. 그런데 유방을 본 역이기는 절을 하지 않고 읍하면서 다짜고짜 따끔한 충고를 늘어놓았다. 그는 큰소리로 유방에게 물었다.

"족하께서는 진나라를 도와 제후국을 치려고 하십니까, 아니면 제후국을 이끌고 진나라를 멸망시키려 하십니까?"

유방은 천하에 뜻을 둔 영웅이었다. 그는 이미 진류 지역을 미리 조사하여 문무文武에 각각 뛰어난 역씨 형제를 끌어들이고자 마음먹고 있었다. 그에게는 사람을 쓰고자 할 때 자신만의 방식이 있었다. 그것은 먼저 오만방자한 상대의 콧대를 꺾어놓은 다음에 치켜세우는 것이었다. 즉 먼저 무례하게 굴어서 상대방을 모욕해 오만함을 꺾은 뒤에, 자신을 겸손히 낮추고 후한 상을 내려 중용하는 방식이었다. 명확한 상하, 주종의 관계를 바탕으로 한 인재 등용이었다. 유방은 자신을 찾아온 역이기에게도 기존의 방법대로 높은 곳에서 내려다보는 식으로 상대의 기를 제압하려 했다. 그런데 뜻밖에 역이기한테 선수를 뺏긴 채 먼저 타박을 당하고 만 것이다. 유방은 곧바로 화를 내며 욕을 퍼부었다.

"역겨운 유생 놈아! 천하가 진나라의 가혹한 정치를 견디지 못해 제후국이 연합하여 진나라를 치려고 하거늘, 어찌 감히 네놈은 내가 진나라를 도와 제후국을 치려 한다는 개소리를 지껄이는 게냐?"

역이기의 예상대로 유방은 화를 분출했다. 역이기는 이를 무시한 채 유방의 말을 이어받아 반문했다.

"족하께서는 천하의 호걸을 모으고 의병을 일으켜 포악한 진나라를 치고자 하신다면서 어찌 나이 든 사람을 이처럼 오만하게 대하십니까? 제가 본 바를 말씀드리자면, 족하께서는 사람의 겉만 보시니 지혜는 저 역이기만 못하십니다. 족하께서는 무례하시고 용기 또한 저 역이기보다 낫다고 할 수 없습니다. 족하께서 정말로 천하를 취할 마음이 있다면 어찌 저 역이기와 같은 이를 예우하시지 않는단 말입니까?"

앞에서 말했듯이, 유방은 겉으로는 오만하고 무례하지만 내면은 지혜롭고 도량이 넓었다. 그는 곤드레만드레 취하여 헛소리를 지껄이는 와중에도 일리 있는 말을 들으면 즉시 깨닫고 완전히 다른 사람으로 변하여 말을 삼가거나 사죄했다. 역이기의 말을 듣자 유방은 즉시 발 씻기를 중단하고 일어나더니 옷매무새를 고친 뒤 역이기를 접빈실로 안내했다. 그리고 역이기를 상석에 앉도록 하고 자신은 아랫자리에 배석했다. 유방은 우선 사죄를 한 뒤 진지하게 국정에 대한 가르침을 청했다. 역이기는 여러 책을 두루 읽어 고금에 대해 잘 알뿐더러 전국 시대 유세객의 기풍이 농후한 인물이었다. 그는 우선 칠국의 합종연횡에 대해 말한 뒤 전국 시대가 부활한 상황에 대해 말했다. 그가 역사를 활용해 고금을 비교하며 말하자 유방이 연신 고개를 끄덕이며 동의했다. 유방이 기뻐서 술자리를 마련하게 한 뒤, 서쪽으로 진격해 관중을 함락시킬 방책에 대한 가르침을 청하자 역이기는 이렇게 말했다.

"족하께서는 오합지졸을 규합하시고 뿔뿔이 흩어진 병사를 모으셨지만 수하의 병력이 만 명도 되지 않습니다. 이런 병력으로 직접 서진해 관중을 함락하는 것은 호랑이의 아가리에 뛰어드는 격입니다. 진류성은 천하의 요충지로 사통팔달의 지역입니다. 성안에는 비축된 식량도 풍부합니다. 진류현령은 신과 친분이 있으니, 신을 진류성으로 보내 현령에게 투항을 권고하도록 해주십시오. 현령이 투항하면 가장 좋은 일이고, 현령이 투항하려 하지 않는다면 족하께서 군사를 일으켜 공격하십시오. 신이 성안에서 내응하면 진류를 함락시킬 수 있습니다."

유방은 매우 기뻐하며 역이기의 건의를 즉시 받아들였다. 유방은 역이기를 사자로 삼아 진류성으로 보내면서 자신은 군대를 이끌고 그 뒤를 따라갔다. 이후 안팎에서 호응하여 진류현성을 일거에 함락했다.[19]

유방은 공을 세운 역이기를 광야군廣野君이라 불렀다. 역이기는 유방에게 자신의 동생 역상을 소개했다. 유방은 역상을 장수로 삼아 진류의 병사를 이끌고 자신을 따라 싸우게 했다. 이후 역이기는 유방의 유세객으로서 각 제후국에 사신으로 가서 각국의 관계를 조정했다.

12

남양에서 진나라 군대를 재편하다

3월, 진류를 점령한 유방 군대는 서쪽으로 나아가 개봉開封(지금의 허난 카이펑 서남쪽)을 공격했지만 진나라 군대의 완강한 저항에 부딪혀 목적을 달성할 수 없었다. 유방 군대는 개봉을 피해서 북상해 동군으로 들어가 백마진에서 진나라 장수 양웅楊熊과 교전을 펼치며 곡우曲遇(지금의 허난 중머우)까지 추격하여 양웅 군대를 대파했다. 양웅은 형양으로 물러났고 진나라 정부에 의해 단죄되어 죽음에 처해졌다.

4월, 형양의 수비가 견고해 함락하기 어려운 상황이 되자 유방 군대는 남하해 영천군으로 들어가 현지에서 활동하던 장량 및 한왕 한성과 합류했다. 영천에서의 합류는 유방과 장량의 제2차 합작이었다. 첫 번째 합작은 진2세 2년 1월, 유현에서 있었다. 같은 해 6월 항량이 주관한 설현 회의에도 함께 참가했다. 장량은 항량을 설득해 옛 한나라 공자 한성을 한왕으로 세우도록 했으며 자신은 한나라 신도申徒가 되어 한성과 함께 군대를 이끌고 한나라의 옛 땅인 영천 일대로 가서 활동했다. 유방은 진나라 장함 군대를 공격하기 위해 항량과 함께 북상해 동아로 가게 되면서 장량과 헤어졌다. 장량은 한성과 함께 영천 일대에서 한나라의 옛 땅을 회복하는 데 힘을 쏟았으나 그 과정은 순탄하지 않았다. 성을 쟁탈하기 위한 진나라 군대와의 전쟁이 누차 반복되면서 국면을 타개할 수 없었다. 그런 즈음 유방 군대와 합류함으로써 군대의 위세가 크게 진작되어 영천군의 치소가 있는 양적陽翟(지금의 허난 위저우禹州)을 일거에 함락했으며, 완강히 저항하던 진나라 병사들을 죄다 죽여 보복했다.

당시 조나라 장수 사마앙은 조나라 군대를 이끌고 상당군 방향에서 남하해 평음현平陰縣(지금의 허난 멍진孟津)의 황하 북쪽 기슭으로 들어왔다. 이곳에서 강을 건너 삼천군으로 진입한 뒤 삼천동해도를 따라 서쪽 함곡관을 함락하고 관중으로 진입하려는 의도였다. 영천에 있던 유방은 이러한 사마앙의 의도를 알아채고 북상하여 평음현을 함락하고 황하 나루터를 봉쇄함으로써 여기서 강을 건너 함곡관으로 들어가려던 사마앙의 계획을 포기하게 만들었다. 이후 유방은 군대를 이끌고 남하해 삼천군의 치소가 있는 낙양을 공격했다. 낙양 동쪽에서 진나라 군대와 교전을 벌였으나 유방 군대는 패전했다. 이로 인해 낙양에서 곧장 서쪽으로 가서 신안·민지 노선을 거쳐 함곡관을 탈취하고 관중으로 진입하려던 계획을 접고 우회하여 남하하게 되었다. 낙양에서 출발한 유방 군대는 헌원도軒轅道(지금의 허난 옌스偃師 동쪽)를 지나 영천군으로 돌아왔다. 유방은 한왕 성成에게 영천군에 남아서 양적陽翟을 지키게 하고, 자신은 장량과 함께 군대를 이끌고 남양군 방향으로 이동해 남양 서쪽의 무관을 탈취한 뒤 상락도商洛道를 따라 관중으로 들어가려고 했다.

진2세 3년 6월, 유방 군대는 남하해 남양을 공격했다. 영천과 남양의 경계에 있는 주현犨縣(지금의 허난 핑딩산平頂山 서남쪽)에서 유방 군대는 남양군수 의齮가 이끄는 진나라 군대를 격파하고, 승세를 몰아 그 뒤를 추격하여 남양군의 치소가 있는 완성宛城(지금의 허난 난양)을 포위했다. 남양군수 의가 완성을 굳게 지키자, 유방은 서쪽 함곡관으로 들어가려는 마음이 앞서 계속 완성을 공격하기보다는 완성을 우회하여 단번에 무관 방향으로 돌진하려고 했다. 장량은 그 계획이 적절하지 않다고 보고 유방에게 권고했다.

"족하께서는 급급해하시며 최대한 빨리 함곡관에 진입하려 하시지만 진나라 군대는 아직 병력이 많은 데다가 험준한 요새에 의지해 버티고 있습니다. 지금 완성을 함락시키지 않고 서쪽으로 간다면, 앞에서 강한 적에게 저지당할 것이고 뒤에서 완성의 진나라 군대가 추격해올 것입니다. 앞뒤로 적을 맞닥뜨리는 것은 매우 위험합니다. 차라리 돌아가서 완성을 기습하는 것이 낫습니다."

유방은 장량의 건의를 받아들여 밤사이 군대를 돌렸다. 은밀히 행군하여 새벽녘에 급작스레 완성에 나타난 유방의 군대는 성을 삼중으로 포위한 채 대대적으로 성을 공격할 태세를 갖추었다. 갑자기 닥친 뜻밖의 상황에 완성의 병사와 백성은 당황할 수밖에 없었다. 남양군수 의는 싸워도 죽고 싸우지 않아도 죽는다는 판단 끝에 자살을 결심했다. 그러자 그의 측근 부하이자 사인舍人인 진회陳恢가 이렇게 간언했다.

"아직은 완전히 절망적인 상황이 아닙니다. 부군府君께서는 제가 성을 나가 유방을 만나도록 해주십시오. 제가 그를 설득해 아군의 투항 조건을 받아들이도록 하겠습니다. 성공하지 못했을 때 죽어도 늦지 않습니다."

성 밖으로 나온 진회는 유방을 찾아가 이렇게 말했다.

"신이 듣기로, 장군께서는 먼저 함양에 들어간 자를 관중의 진왕으로 삼겠다는 회왕의 약조를 받들고 계십니다. 그런데 지금 장군께서는 발길을 멈춘 채 완성을 포위하고 계십니다. 완성을 비롯한 남양의 여러 현에는 방어에 힘쓰는 수십 개의 성이 있습니다. 남양의 병사와 백성은 싸워도 죽고 항복해도 죽는다고 생각하기 때문에 목숨 걸고 싸우면서 성을 굳게 지킬 것입니다. 그러니 장군께서 날마다 성을 공격하신다면 사상자는 늘어날 테고 전쟁은 오래갈 것입니다. 또한 장군께서 완성을 우회하여 서쪽으로 가신다면 완성의 수비군이 그 뒤를 바짝 추격할 것입니다. 앞에는 성을 지키는 군대가 있고 뒤에는 추격하며 괴롭히는 군대가 있는 상황이 벌어지면 장군께서는 순조롭게 서진하실 수 없을 게 분명합니다. 결국 회왕의 약조를 저버리는 결과를 초래할 것입니다. 장군을 위해 계책을 말씀드리자면, 남양의 병사와 백성을 관대히 대하셔서 투항을 받아주겠다고 약속하시고 남양군수에게 남양을 계속 지키게 하십시오. 그리고 완성의 진나라 군대를 재편해 그들도 함께 이끌고 서쪽 관중으로 진격하십시오. 그렇게 하신다면 남양 경내에 있는 모든 현의 병사와 백성은 성문을 열어 장군을 영접할 테니, 장군께서 관중으로 진입하시는 길은 막힘없이 순조로울 것입니다."

유방은 진회의 제의를 받아들였다. 완성에서는 성문을 열고 투항했고, 유방은 성으로 들어가 정권을 접수하고 군대를 재편했다. 그는 약속대로 남양군수 의를 은후殷侯에 봉하여 계속 남양군수를 맡겼고, 진회에게는 식읍 1000호를 봉했다. 유방은 초나라 군대의 옛 부대와 새로 편성한 진나라 군대를 이끌고 서진했다.

유방이 남양의 항복을 수락한 일은 한 제국을 건립하는 과정에서 특별한 의의가 있다. 이전까지는 유방 군대 역시 육국의 반진군과 마찬가지로, 격렬한 교전을 펼친 적국 진나라 군대를 가혹하게 처리했다. 이는 진나라 군대도 다르지 않았다. 송류는 장함에게 투항한 뒤 함양으로 보내져 극형에 처해졌고, 유방·항우 연합군은 성양을 함락한 뒤 성안의 사람들을 모두 죽여서 보복했다. 진나라와 육국 간의 원한은 갈수록 깊어졌다. 남양의 항복을 수락하기 전까지 유방 군대는 초나라 군대로서, 처음엔 패현 출신 중심의 패현 현군이었고 이후에는 탕군 출신이 다수를 차지하는 탕군 군군郡軍이었다. 각지를 옮겨 다니면서 싸우는 과정에서 병력이 지속적으로 보충되긴 했지만 대체로는 여전히 패현이 속한 사수군과 탕군 지역 출신, 즉 초나라와 위나라 병사와 백성이 주축이었다. 그런데 남양에서 비로소 진나라 병사들이 유방 군대로 편입되었다.

유방이 남양에서 투항한 진나라 군대를 수렴하자 진나라 관리와 병사와 백성은 대거 유방의 편으로 돌아섰다. 진회가 말했던 대로 남양 경내의 모든 현은 잇달아 성을 열고 투항했다. 유방 군대가 서진해 단수현丹水縣(지금의 허난 시촨淅川)에 이르자 진나라 장수 고무후高武侯 새鰓와 양후襄侯 왕릉王陵이 투항했다. 이어서 역현酈縣(허난 난양의 서북쪽)과 석현析縣(지금의 허난 시샤西峽)으로 진격하자 역시 상대는 싸우지도 않고 항복했다. 순조로운 진군이 이어지는 상황에서 유방은 부대에게 약탈과 폭력을 금지시켰다. 진나라 사람에 대한 보복과 진나라 땅을 훼손하는 행위를 엄격히 금하자 백성은 기뻐했으며 진나라의 민심은 와해되기 시작했다.

13

개봉에서 사라진 진류의 자취

나는 유방이 진류를 취하고 개봉에서 싸우고 진나라 장수 양웅을 곡우에서 대파할 당시의 개봉·진류 일대를 회상했다. 이 지역은 걸출한 인물을 배출한 영험한 땅으로, 영웅이 모이는 곳이라 할 만하다.

기원전 361년, 위 혜왕惠王이 대량으로 천도함으로써 개봉은 역사상 처음으로 눈부신 시기를 맞이했다. 맹자孟子는 대량의 궁전에서 인의仁義로써 혜왕을 설득했고, 추연鄒衍과 순우곤淳于髡은 대량으로 초빙되어 예우를 받았다. 장의張儀는 위나라의 재상으로 있으면서 진나라와 친하게 지냈다. 소대蘇代는 대량으로 가서 "땅을 바쳐 진나라를 섬기는 것은 장작을 안고 불을 끄려는 것이니, 장작이 다하지 않는 한 불이 꺼지지 않을 것입니다"[20]라고 충고했다.[21] 동서남북이 교차하는 지역에 자리한 대량은 유세가의 낙원이자 유협의 천당이었다. 가장 잊을 수 없는 이는 신릉군 무기다. 그는 대량에 저택을 짓고 수레와 말을 마련하고 마음을 활짝 열어 3000명의 문객을 거느림으로써 유협이 양사養士하는 시대 풍조를 열었다. 새로운 경향의 수많

대량성

은 청년이 신릉군을 우상으로 여겼고, 대량은 시대의 풍조를 이끄는 성지로 여겨졌다. 장이는 운 좋게도 대량에서 신릉군의 문하로 들어갔고, 유방은 장이를 따르며 앞 시대의 유풍에 물들었다. 이렇게 대대로 전해지다니, 이 얼마나 대단한 현상인가.

기원전 225년, 진나라 군대가 대량을 포위했다. 진나라 장수 왕분은 황하의 물을 끌어다 대량성으로 흘러들게 했다. 석 달 뒤 대량성이 파괴되자 위왕 위가는 투항했고 위나라는 멸망했으며 대량은 폐허가 되었다. 지난날의 번화함은 한순간에 사라지고 말았다. 진나라 말에 난이 일어나자, 위나라가 부흥하여 대량 동북의 임제를 수도로 정했다. 이후 장함은 임제를 포위하고 원군을 쳐서 제왕 전담을 격살하고 초나라 장수 항타를 격파했다. 절망한 위왕 위구는 스스로 몸을 불살라 순국했다. 감동적이고도 슬픈 사극의 한 대목이 아닐 수 없다.

진2세 3년, 유방은 관중으로 서진해 진류에 이르렀다. 이때는 대량이 황폐해진 시기로, 진류가 예동豫東 지역 남북 교통의 중추를 맡고 있었다. 진류 교외에서 유방은 역이기·역상 형제와 극적으로 만났으며, 역씨 형제의 협조를 받아 진류를 탈취하고 양식과 병사를 얻어 전력을 대대적으로 강화했다.

유방은 초 회왕이 임명한 탕군장으로, 탕군의 최고 장관이었다. 진류에 도착하기 이전에 유방 군대는 먼저 패현에서 활동했고, 나중에는 탕현을 중심으로 활동했다. 유방은 명목상 탕군장이긴 했으나 실제로 지배한 범위는 탕군의 동부 지역뿐이었다. 탕군 서부의 진류·개봉 일대는 줄곧 진나라 군대의 수중에 있었다. 유방이 진류를 점령한 이후 역상의 부하인 수천 명의 진류 병사가 유방의 군대에 편입되어 탕군 지배에 상당한 진전이 있었다. 탕군은 명실상부한 유방의 근거지가 되었고, 탕군 출신의 장졸은 패현 사람들에 이어서 유방 집단의 또 다른 핵심 역량이 되었다. 나는 개봉·진류 일대에 가보지 않고서는 이러한 정황을 제대로 이해할 수 없음을 절감했다.

2006년 8월, 나는 형양(싱양)에서 출발해 정주(징저우)를 거쳐 개봉(카이펑)으로 갔다. 출발하기 전에 개봉의 친구가 미리 정보를 주었다. 개봉이 빈번히 황하에 잠긴 탓에 고성의 옛터는 이미 지하 깊이 묻혔고 지상에는 거의 남은 게 없어서, 지세가 넓고 유적이 많이 남아 있는 예서豫西 지역보다 못할 것이라는 귀띔이었다. 친구는 고향

진류 고성의 옛터

인 개봉을 많이 사랑하는 사람으로, 내가 현장에 가서 실망할까 봐 예방 차원에서 경고해준 것이다. 그의 자조적인 태도에서 침울하고 맥 빠진 기운이 느껴졌다.[23] 개봉의 지층도를 본 적이 있는데, 청나라 때의 개봉성은 지하 4미터 속에 있고 수직 아래로 7미터 되는 지점에 명나라 때의 성이 있다. 북송의 도성인 변경汴京에는 금金을 비롯해 후주後周·후한後漢·후진後晋·후량後梁이 잇달아 이곳에 도읍했는데, 죄다 지하 12미터의 깊은 곳에 묻혀 있다. 위나라의 수도 대량은 더 깊은 지하 14~15미터에 있으니 어떻게 찾을 수 있겠는가?

동쪽으로 달리며 정주를 지나 차가 중모中牟(중머우)로 들어간 뒤 관도官渡의 옛 전장을 지나서 개봉시 경내로 진입했다. 먼저 대상국

진류에 있는 채옹의 묘

사大相國寺에 갔다. 대상국사는 북제北齊 천보天寶 6년(555)에 처음 세워진 불교 사원으로, 신릉군의 옛집이 있던 자리라고 한다. 나는 현존하는 청나라 당시의 건축에서 눈길을 뗄 수 없었다. 그 옛날 신릉군이 연회를 베풀어 손님들을 초대하고 이문의 은사 후생을 상석으로 모시던 시절의 찬란함이 떠올랐다.

이문의 옛터를 찾아가는 길에 포공사包公祠, 개봉부開封府, 용정龍亭을 거치고 허난河南대학을 지나 철탑공원에 도착했다. 철탑의 원래 이름은 개보사탑開寶寺塔이다. 북송 황우皇祐 원년(1049)에 세워졌으니 거의 천 년이 지났는데 지금까지도 개봉성에 우뚝 솟아 있다. 철탑은 개봉성 동북쪽에 있는데, 고래로 이산夷山이 있던 곳이다. 이문은 위나라 수도 대량의 동문인데, 인근의 이산으로 인해 이문이라는 이름을 얻었다. 원래 이산의 정상에 개보사탑이 있었는데, 기나긴 세월 동안 반복된 홍수로 인해 토사가 침적하면서 산은 평지가 되었고 정상에 세웠던 탑은 지면에 있는 것과 진배없이 되었다. 개봉을 둘러싸고 있는 성벽은 보존이 잘 되어 있다. 나는 친구가 알려준 대로 성가퀴에 올라가봤다. 무성한 잡초가 숲의 나무와 어우러진 풍광이 펼쳐져 있었다. 이때 마침 멀리서 수레의 방울소리가 들려오자, 그 옛날 위나라 공자 무기(신릉군)가 후생과 주해를 영접하고자 몸소 수레를 몰던 모습이 떠올랐다.

오후에 서둘러 진류(지금의 카이펑 천류진陳留鎮)로 갔다. 진류는 그 옛날 '천하의 요충지, 사통팔달'의 명성名城이었으나 이제는 쇠락한 작은 향진이다. 역생이 지금 다시 태어난다면, 이곳에서 군대를 모으라고 유방에게 권고하진 않을 것 같다. 진류에는 취할 만한 재부도 쓸 만한 사람도 이미 없다. 진류를 두루 다녀봤지만, 옛 성이 있던 곳을 아는 사람도 없었고 과거의 영광을 아는 사람도 없었다. 다행히 옛일을 회고하는 현지의 노인을 찾아냈다. 우리는 그 노인의 안내를 받아 성벽의 옛터를 찾았다. 마을의 옥수수밭에서 후한 때의 문인 채옹蔡邕의 무덤을 찾았는데, 민국 12년(1923)에 세워진 비석이 있었다. 원래는 봉분이 있었지만 문화대혁명 당시 훼손되었다고 한다.

개봉·진류 일대의 예동 지역은 황하가 범람하는 곳이다. 오랜 세월 자주 강물에 잠기다보니 이 일대의 지상 건축은 끊임없이 물에 휩쓸려 파괴되거나 토사의 침적으로 매몰되었으며, 끊임없이 재건되고 보수·신축되었다. 파괴되고 재건하고 파괴와 재건의 지속적인 순환은 황하 하류 문명의 숙명이 되었다. 이런 생각에 이르자 개봉 친구의 눈에 깃든 침울하고 맥 빠진 슬픔을 이해하게 되었다.

예동을 떠나 고향 성도成都(청두)로 돌아온 나는 소년 시절의 자취를 찾아 금사金沙(진사)에도 가고 소성少城(사오청)에도 갔다. 그 옛날 전원의 풍광, 노란 유채꽃, 푸른 완두, 물고기를 잡던 금사의 강가에는 이제 식당들이 들어차 있다. 소성의 사당가祠堂街와 장군아문將軍衙門에는 큰길에 은행과 상가가 들어섰다. 맥이 빠져 침울해 있던 나는 옛터에 새로 세워진 거리 표지판과 석비를 찾아냈다. 거리 이름은 여전히 동문가東門街였다. 석비는 시 정부에서 세운 것으로, 이 일대가 명·청 이래 소성의 옛터이며 많은 유물의 옛 자취가 있는 곳임을 명확히 밝히고 있었다. 석비를 보면서 옛일을 생각하자니 감개가 밀려왔다. 세월이 흘러 30년 전의 옛터도 석비를 세워 나타내야 하거늘, 아주 먼 옛날의 유적지가 흙에 묻혔다고 해서 슬퍼할 필요가 있겠는가? 창건, 파괴, 재창건, 재파괴, 재창건…… 창건과 파괴의 교체와 순환은 아마도 인류 문명의 운명일 것이다. 나라는 망해도 산하는 여전하며, 산이 무너지고 강이 옮겨져도 역사는 여전히 존재한다. 역사의 기억이 사라지지 않는다면 파괴된 문명은 반드시 재건될 수 있고, 역사의 기억이 존재한다면 문화와 전통은 부흥할 수 있다. 그 땅에 발을 들여놓을 수 있다면, 작은 석비만 있다면, 짧은 기록만 있다면, 역사는 나의 마음속에서 부활할 수 있다.

역사는 문명의 핵심이다. 개봉·진류 이동의 황하 하류의 문명은 끊임없이 침식·침몰되고 또 끊임없이 재건·보수된 문명이다. 잃었다가 다시 회복하는 이 과정 속에 역사의 굳건함과 끈질김이 감춰져 있다.

나는 개봉·진류에서 남하해 서쪽으로 가기 전에 이 문장을 개봉의 벗에게 전하고자 한다. 이것이 그의 마음속 무거운 짐을 덜어줄 수 있을는지? 그의 침울하고 맥 빠진 눈살이 조금이라도 펴질 수 있을는지?

제 8 장

진 제국의 멸망

1

장함이 투항하다

거록 전투의 참패로, 장함 군대는 장하 일대로 물러난 뒤 하내군을 기지로 삼아 서쪽으로는 하동군에 의지하고 남쪽으로는 삼천군에 기댄 채 황하의 조운을 이용해 오창으로부터 양식을 조달받으면서 제후국 연합군의 공격에 완강히 저항했다. 진2세 3년 1월부터 7월까지 연합군과 밀고 당기기를 반복하는 동안 전황은 더욱 힘겨워졌다.

왕리 군대를 섬멸한 항우는 거록에서 잠시 휴식을 취하며 정비한 뒤, 제후국 연합군을 이끌고 장하 일대로 다가오기 시작했다. 장함이 한단성을 폐허로 만든 뒤 장하 이북에는 거점이 될 만한 곳이 없었다. 장함 군대의 일부는 하내 지역의 장하 남쪽 기슭에 방어진을 치고 장하의 천연 요새를 이용해 하내를 지키고 있었다. 장함은 하내만 지켜낸다면 전세를 역전시킬 수 있다고 믿었다.

일찍이 장함 군대는 장하와 황하 사이의 극원 일대(지금의 허베이 다밍大名)에서 용도를 구축하고 왕리 군대에게 양식을 운송했으나 이후 초나라 군대의 영포와 포장군 부대에 의해 운송로가 끊어졌다. 왕리 군대가 섬멸되자 장함 군대는 영포 군대와 포장군 군대에 대한 반격을 멈추고 방어로 전환했다. 극원을 중심으로 장하와 황하 사이에 보루를 쌓고 견고한 방어벽을 구축하고 병력을 집결함으로써 연합군 부대가 동북 방향에서 우회하여 측면으로 하내를 공격할 경우를 대비했다. 승리한 뒤의 항우 군대는 극원 이북에서 장하를 건넜다. 그리고 영포 군대와 포장군 군대를 선봉으로 삼아 장함 주력군과 결전을 치르고자 포진했으나 장함 군대가 방어만 할 뿐 응전하지 않자 장함 군대의 보루를 향해 진격했다. 항우 군대의 공세는 맹렬했다. 패전한 장함 군대는 하내군 안양현 방향으로 조심스럽게 퇴각했다.

하내군 북부에 있는 안양현은 지금의 허난 안양이다. 예로부터 화베이華北평원을 남북으로 관통하는 교통로는 대부분 이곳을 지나갔다. 진 제국 시대에 하내광양도는 하내에서 안양을 거쳐 한단에 이르고, 거록을 지나 광양에 이르며, 우북평까지 통했다. 하내광양도는 대체로 오늘날의 징광京廣 철로를 따라 있었으며, 연·조 지역에서 가장 중요한 교통 요도였다. 하내군은 일찍이 위나라의 영토였다. 황하 이북, 상당군과 한단군 이남에 자리했던 하내군은 동쪽으로 하동군에 접해 있고 남쪽으로는 황하를 사이에 두고 삼천군과 마주하고 있었으며, 하북 지역과 하남 지역을 연결하는 중요한 요지였다. 또한 하내군은 진 제국이 관동 지역으로 진출하는 데 생명선인 낙양—성고—형양—오창 노선의 북부 방어벽이었다. 진나라 말에 난이 일어난 이래 하내는 진나라 군대가 굳게 지킨 채 수중에서 놓친 적이 없었으며 진나라 군대의 반격 기지가 되기도 했다. 장함은 동아에서 패전했을 때 복양으로 퇴각한 뒤 하내 방향에서의 지원에 의지해 방어에서 공격으로 전환하여 항량을 격파했다. 장함은 강을 건너 북상해 한단을 함락하고 한단의 백성을 하내로 옮겨 하내군부河內郡府의 감시 아래 두었다. 왕리 군대가 거록을 포위했을 때 장함은 하내를 후방으로 삼아 대군을 주둔시키고 식량 보급로를 만들어 왕리 군대에게 운송했다. 왕리 군대가 섬멸되자 장함은 하내군으로 퇴각했다. 이 모든 작전은 하내의 안정된 상황 및 삼천군에 기대 오창으로부터 양식을 조달할 수 있는 유리한 지세에 의지한 것이었다.

그런데 좌승상 이사, 우승상 풍거질, 장군 풍겁 등 선제의 노신이 피살되고 조고가 승상이 되어 정권을 장악한 뒤로, 장함은 조정의 내부적 지원을 상실했다. 거록 전투의 패배로 왕리 군대는 섬멸되었다. 거록을 포위한 왕리를 엄호했던 이가 장함이다. 진나라 군대의 사령관으로서 중부군을 이끌고 있던 장함은 조정으로부터의 엄중한 질책에 심한 압박을 느꼈다. 이후 장함이 연이어 패전하자 조정에서 그를 책망하는 사자를 잇달아 군중에 보냈고, 장함은 안팎으로 곤란한 지경에 처했다.

4월, 조나라 장수 사마앙이 조나라 군대를 이끌고 상당군에서 남하해 하내군 서부로 들어가 황하 맹진의 북쪽 기슭에 이르렀다. 황하를 건너 삼천군으로 진입할 낌새였다. 맹진 북쪽으로 진입한 사마앙 군대는 하내군과 하동군의 연계를 차단했다. 만약 사마앙 군대가 맹진을 건너 삼천군을 점령했다면, 하내의 장함 군대는 철저히 포위되고 식량 운송로 역시 끊겼을 것이다. 하지만 바로 이때 영천군에 들어와 있던 유방 군대가 별안간 삼천군으로 진입해 맹진을 점령했고, 사마앙 군대는 강을 건너려던 계획을 포기할 수밖에 없었다. 이후 유방 군대는 맹진에서 낙양으로 가서 낙양을 공격했으나 패전하여 영천으로 돌아와야 했다. 이로써 삼천군은 다시 진나라 군대의 수중으로 돌아갔다.

유방이 맹진을 점령한 까닭은 관중을 탈취하는 공로를 사마앙에게 빼앗김으로써 회왕의 약조에 따라 진왕이 될 기회를 놓치고 싶지 않았기 때문이다. 유방 군대와 사마앙 군대의 어긋난 계산 덕분에 장함 군대는 일시적으로 위험에서 벗어났다. 철저히 포위당할 운명을 간신히 비껴가긴 했지만 사마앙 군대의 행동으로 인해 장함은 후방이 불안정하다는 것을 실감했다. 의지할 곳을 잇달아 잃게 된 장함은 장사長史 사마흔을 특별히 함양으로 보내 조정에 상황을 설명하고 증원을 요청하도록 했다.

사마흔은 함양에 도착하자 곧장 함양궁으로 달려가 2세 황제에게 알현을 요청해놓고 궁정의 문, 즉 사마문司馬門 밖에서 불러주길 기다렸다. 그러나 하루가 지나 이틀이 되도록 아무 소식이 없었다. 사흘이 되었는데도 만나주겠다는 소식이 없자 사마흔은 두려워졌다. 군세가 불리한 상황에서 황제가 만나주지 않는 것은 불길한 징조였다.[1] 당시 조정에서는 승상 조고가 정권을 쥐고 있었으며, 궁전 내정內廷은 조고의 동생 조성이 통제하고 있었다. 사흘이 되도록 회답이 없다는 것은 장함 군대와 황제의 연계를 차단하려는 승상의 뜻이 분명했다. 사마흔은 의심스럽고 실망스러운 나머지 무슨 변고가 있을지 두려워졌다. 군중으로 돌아가기로 결정한 그는 어딘가 미심쩍어서 왔을 때의 큰길을 피했다. 과연 사마흔이 돌아갔다는 소식을 입수한 조고는 즉시 사람을 보내 그를 체포하도록 했다. 그러나 사마흔은 이미 샛길로 우회해서 장함 군대의 본영으로 돌아갔다.

사마흔은 내사 역양 사람이다. 시황제 때 그는 역양현(지금의 시안 옌량구 동북쪽)의 옥연獄掾을 지낸 적이 있다. 지금의 사법국장에 해당하는 옥연이었던 그는 현령 아래서 사법과 형벌을 책임졌다. 항량이 일찍이 관중에서 법을 어기고 체포된 뒤 역양현의 감옥에 갇힌 적이 있었는데, 이때 항량은 사수군 기현(지금의 안후이 쑤저우宿州)의 옥연 조구에게 부탁해 역양의 사마흔에게 편지를 보냈다. 예로부터 세상사 이치는 매한가지다. 조구와 친분이 두터웠던 사마흔은 조구의 호의에 대한 감사의 마음으로 재판을 마무리하고 항량을 석방했다. 이로써 사마흔은 항씨 가족과도 친분을 맺게 되었다.

사마흔은 훗날 종군하여 관중의 군대를 모아 장함을 지원했다. 그는 사무총장에 해당하는 장사長史가 되어 장군 막부의 일상 사무를 책임졌다. 장함의 두터운 신임을 얻은 그는 장함의 심복이 되었다. 흥미롭게도 사마흔의 옛 친구 조구 역시 종군했는데, 항량을 따랐던 그는 이제 초나라 군대의 주요 장수가 되었으며 항우의 두터운 신임을 얻었다. 사마흔은 장함의 지시에 따라 함양으로 가서 원조를 요청하는 임무를 수행하는 한편 도성의 정치 상황을 살펴보고자 했으나, 사마문 밖에서 거부당한 채 군중으로 돌아가게 되었다. 이미 진 제국 정부에 대한 실망이 깊었던 그는 조고가 사람을 보내어 체포하려 하자 항우에게 투항할 마음이 생겨났다. 사마흔은 장함 군대의 본영으로 돌아와 장함에게 보고했다.

"조고가 조정의 권력을 장악하고 있어서 이제는 국정을 담당할 만한 인물이 없는 상황입니다. 전쟁에서 승리한다면 조고는 장군의 공로를 시기할 것이고, 전쟁에서 패배한다면 장군은 죽음을 면치 못하실 겁니다. 어떻게 하실 것인지 장군께서는 깊이 생각하신 뒤에 결정하십시오."

바로 이때 장함은 진여가 보낸 서신을 받았다. 편지에서 진여는 진나라를 배반하고 제후국과 손을 잡으라고 권하면서, 구체적인 사건을 들어 이치를 설명하고 형세를 분석했다. 진여는 편지에서 이렇게 말했다.

진나라 장수 백기는 남으로 초나라를 정벌하여 초나라의 수도 언영을 함락하고, 북으로 조나라를 정벌해 조괄趙括의 40만 대군을 생매장했으며, 수없이 많은 성을 공격하고 땅을 빼앗았음에도 결국 검을 받아 스스로 죽어야 했습니다. 진나라 장수 몽염은 북으로 흉노를 쫓아내고 유중楡中 지역 수천 리 영토를 개척했지만 결국 양주에서 죽임을 당했습니다. 두 사람은 왜 이렇게 된 것입니까? 공이 너무 커서 진나라가 그것을 다 보상할 수 없기에 법을 구실로 죽인 것입니다.

장군께서 진나라 장수가 되신 지 벌써 3년이 되었습니다. 잃은 병력이 10만을 헤아리는데 전쟁 상황은 갈수록 나빠지고 있습니다. 맞서 싸워야 하는 제후국 군대는 폭풍처럼 거세게 일어나 군대의 위세가 날로 강해지고 있습니다. 이것은 외부적인 불리함입니다.

내부적으로 말하자면, 조고가 국정을 제멋대로 좌우한 지 이미 오래되었습니다. 정권을 장악한 조고는 갈수록 형세가 악화되자 2세가 자신을 죽일까 하는 두려움에 어떻게든 장군을 주살하려 죄명을 찾고 있습니다. 장군에게 책임을 전가하고 새로운 사람으로 장군을 대신하게 함으로써 화를 모면하려는 것입니다. 장군께서 오랫동안 함곡관 밖에서 전쟁하며 지내시는 동안 조정 내부에는 많은 변화가 있었고, 장군과 조정의 관계는 소원해졌습니다. 지금 장군은 공이 있어도 죽임을 당할 것이고 공이 없어도 죽임을 당할 것이니, 진퇴양난이라고 할 수 있습니다. 지금 상황에서 하늘이 진나라를 멸망시키고자 함은 어리석은 자든 지혜로운 자든 모두 알고 있습니다. 장군은 이제 안으로는 황제에게 충성을 다해 간언하실 수 없을뿐더러 밖으로는 하늘의 뜻을 어긴 망국의 장수가 되실 수밖에 없습니다. 안팎으로 고립된 상황에서 외로이 생존을 도모하시니 어찌 슬프지 않겠습니까? 장군께서는 어찌하여 제후들과 합종 연맹하여 함께 진나라를 공격해 진나라 땅을 나눠 갖고 왕이 되실 생각을 하지 않습니까? 이렇게 하시는 것이 감옥에 갇혀 형벌을 받고 처자식이 연좌되는 것보다는 훨씬 더 낫지 않겠습니까?

이사의 신임을 받았던 노신 장함은 이사의 죽음으로 내부의 원군을 잃게 되자 고립을 통감했다. 전황이 불리해지자 조정의 견책은 날로 심해지는데, 황제는 사자를 만나주지 않고 조고는 그 사자를 체포하려 했다. 신정부의 신임과 지원을 얻으려 했던 희망은 물거품이 되었으니, 그야말로 발을 내딛기가 어려워졌다. 심복 사마흔의 간언은 진나라 군대 내부의 동요를 뜻하며, 진여의 편지는 제후 각국의 유혹이었다. 장함은 망설이고 의심하기 시작했다. 불안함 때문에 흔들리기 시작한 그는 합종 연맹을 모색해보고자 심복 부하인 군후軍侯 시성始成을 항우의 군중으로 몰래 보내 담판하게 했다.

장함은 의지가 강한 인물이다. 그는 진나라의 노신으로서 오랫동안 선제의 은혜를 입었고 진나라의 산하와 백성에 대한 애정이 깊었기 때문에 제후국과 손잡기를 주저하며 결정을 내리지 못했다. 장함이 진나라 군대의 통솔자가 된 이래로 잃은 병력이 10만을 헤아린다고 하나, 그의 군대가 죽인 반진군의 병력은 수십만을 헤아린다. 초왕 진승, 제왕 전담, 위왕 위구 모두가 그의 칼에 죽었다. 초나라 대장인 항량 역시 그의 수하에 의해 죽었다. 그가 진나라를 배반하고 초나라에 투항하면 설령 항우와 제후들이 용납한다 한들 어찌 하늘이 잠잠할 수 있겠으며, 어찌 희생자들이 눈물을 그칠 수 있겠는가? 사자는 장함의 본영과 항우의 본영을 여러 번 오갔다.

담판과 전쟁이 번갈아 이어졌다. 전진과 후퇴의 악전고투가 이어지고 화친과 전쟁이 교차되는 사이, 항우는 용맹한 장수 포장군에게 기병奇兵을 이끌고 서쪽으로 우회해 장수 상류의 삼호진三戶津(지금의 허베이 츠현磁縣 서남쪽)에서 장수를 건너 진나라 군대의 방어선을 돌파하게 했다. 포장군은 장수 남쪽 기슭에서 진나라 군대와 맞붙어 싸웠고, 결국 그곳의 보루를 쟁탈하는 데 성공하자 장수 남쪽에서 진지를 굳히고 병영을 만들어 주둔했다. 포장군이 승리했다는 소식에 항우는 대군을 이끌고 신속히 서쪽으로 이동해, 장수의 지류인 오수汙水 일대(지금의 허베이 린장臨漳 서쪽)에서 진나라 군대를 대파했다. 진나라 군대는 장하의 방어선을 포기하고 원수로 퇴각했으며, 안양은 매우 위급한 상황에 놓였다.

바로 이때 사마앙과 함께 하내군 서부로 진입한 조나라 장군 하구瑕丘 사람 신양申陽이 조나라 별동대를 이끌고 맹진에서 황하를 건너 삼천군으로 들어왔다. 신양은 낙양과 신안 사이의 하남현河南縣을 함락함으로써 장함 군대가 황하를 오갈 때 이용하던 통로, 즉 산양동해도와 관중을 잇는 유일한 통로를 차단했다. 이로써 장함 군대에 대한 전략적 포위가 완성되었다.

신양 군대의 하남현 함락은 매우 중요한 전략적 의의를 지닌다. 하남현을 잃는 것은 진 제국으로서는 날카로운 칼에 대동맥을 베이는 것이나 마찬가지였다. 관중과 관동을 잇는 대로가 단절되자 하내에 배치된 장함 주력군 및 낙양과 형양 일대를 지키고 있던 진나라 지원부대는 제후국 연합군에게 포위되고 말았다. 당시 형세를 보면, 장함 군대의 북쪽에서는 항우가 이끄는 제후국 연합군의 수십만 대군이 한단군에서 남하해 장하를 건너 원수에 바싹 접근해 안양을 포위하고 있었다. 조나라 군대의 사마앙 부대는 이미 상당군을 점령하고 하내군 서부로 진입해 하내군과 하동군의 연계를 차단했다. 낙양과 형양의 동남쪽은 한왕 성成이 이끄는 한나라 군대가 출몰하는 영천이고, 서남쪽은 유방 군대가 공격하고 있는 남양이고, 동부의 탕군과 동군은 각각 초나라와 위나라의 세력 범위로서 위왕 위표가 이끄는 위나라 군대가 활동하고 있었다.

상황이 급전직하하자 장함은 더 이상 머뭇거릴 수 없었다. 그는 항우 군대의 본영으로 다시 사자를 보내 진지하게 투항 의사를 밝히고 투항 조건을 전달했다. 항우는 각 방면의 장수들을 모아서 진나라 군대의 투항을 받아들일 것인지 논의했다. 회의에서 항우는 아군의 군량이 갈수록 부족해지는 상황이니 장함의 요청을 받아들이고 투항을 받아주기로 맹약하겠다고 말했다. 항우가 이렇게 결정하자 모든 장수는 상장군의 결단을 따르겠다고 했다.

진2세 3년 7월, 20만 진나라 군대는 무기를 내려놓고 저항을 멈추었다. 원수 남쪽 기슭의 은허殷墟에서 항우는 제후국 연합군 장수들을 이끌고 장함과 그의 장수들을 만났다. 그들은 단을 쌓아 굳게 맹세하며 투항 협정을 체결했다. 장함은 항우를 만난 자리에서 눈물을 흘리며 통곡했다. 과거 서로 싸우고 죽이던 상황에 대한 원한, 조고의 핍박을 받는 지금의 불가피한 상황, 선제의 고국이 당하는 치욕에 대한 부끄러움이 뒤섞인 눈물이었다. 이에 항우는 관중이 함락되면 장함을 옹왕雍王으로 삼아 진나라를 다스리게 해주겠다고 말했다. 또 그는 장함이 초나라 군대의 본영에서 함께 행동하도록 조치하고, 사마흔을 상장군으로 임명해 진나라 군대를 이끌게 했다.

진나라 말의 진나라 주력군은 크게 세 갈래로 나뉜다. 하나는 왕리가 이끄는 북부군, 다른 하나는 임효와 조타가 이끄는 남부군, 나머지 하나는 장함이 이끄는 중부군이다.[2] 남부군은 독립적으로 나라를 세웠고, 장강 이남은 반진 이후 모두 초나라에 귀속되었다. 북부군은 항우에 의해 섬멸되었고, 황하 이북은 모두 조나라와 연나라의 기치를 들었다. 장함이 이끌고 투항한 중부군은 항우에게 귀속되었고, 장강과 황하 사이는 죄다 초·제·위·한의 영역이 되었다. 이때의 진 제국은 촉한蜀漢과 관중 본토 외에는 지킬 영토도 없었고, 동원할 만한 군대도 없었다. 당시 진 제국은 대들보를 받치는 기둥이 거의 부서져버린 높은 건물과 같이 무너질 듯 흔들거리면서 최후의 일격을 기다리고 있었다.

2

은허와 한단을 추억하다

전쟁의 승패는 국가의 흥망을 좌우한다. 진 제국의 운명은 거록 전투에서 결정되었다. 나는 거록 전투 전후의 역사를 정리하면서, 기록상으로는 모호한 사실이 비일비재함을 느꼈다. 고대 역사가의 문장 자체가 어렵고 누락된 내용이 많은 데다가, 역대로 전해지면서 주석이 일치하지 않거나 틀린 것도 있다. 가장 불안한 부분은 현장감의 부족이다. 현장감이 부족하면 고금을 합류시킬 수도 없고 과거를 깊이 깨달을 수도 없기에 가려운 곳을 신발 위로 긁는 느낌을 떨칠 수 없다.

2006년 3월, 나는 항우가 연합군을 이끌고 장함·왕리 양군과 격전을 펼친 옛 자취를 따라 북경(베이징)에서 남쪽으로 내려오면서 한단·자현(츠현)을 거쳐 안양으로 갔고, 또 임장(린장)을 지나 성안(청안)을 경과해 다시 한단으로 돌아가 북경으로 되돌아갔다. 그 사이에 장하를 두 번 건넜고, 은허에서 애도하고, 업성을 바라보고, 금봉대金鳳臺(진펑타이)에 오르고, 조왕성趙王城을 거닐었다. 이 사흘은 아주 오래전 역사를 경험한 시간이었다.

기원전 386년, 조나라 경후敬侯는 조나라 사람들을 이끌고 서쪽 태항산을 나가 한단에 도읍했다. 158년 동안 8대를 거친 조나라는 무령왕 때 가장 휘황찬란했다. 기원전 228년, 왕리의 조부 왕전이 진나라 군대를 이끌고 한단을 공격했을 때 한단성은 처음으로 큰 재난을 겪었다. 당시 진시황은 몸소 한단을 찾아가 파란을 일으켰다. 진시황은 한단에서 출생했고, 그의 모친은 조나라의 무녀舞女였다. 그는 어린 시절에 모친과 함께 한단에서 지내면서 조나라 사람들로부터 지긋지긋한 냉대를 받았다. 한단성이 함락되자 진시황은 함양에서 한단으로 냅다 달려와 과거의 원수를 일일이 찾아내어 속이 후련하도록 죄다 죽였다. 이것은 잔혹한 보복의 삽입곡에 불과했다.[3] 한단성의 철저한 파괴는 거록 전투 이전에 있었다. 진2세 2년 후9월, 항량을 격살한 장함이 황하를 건너 조·제 연합군을 대파하고 승세를 몰아 한단을 함락했다. 성을 함락한 장함은 명을 내려 한단성의 성벽을 허물게 하고 현지의 거주민을 하내군으로 강제 이주시킴으로써 다시 성을 근거지로 삼아 반항할 가능성을 차단했다.

나는 한단으로 갔다. 먼저 총대叢臺에 올라 멀리 바라보면서, 당시 조 무령왕이 유목민족의 복식과 기병술을 들여와 군대를 정비하며 전쟁에 대비하던 성대한 모습을 떠올렸다. 다음으로 조왕성 옛터로 갔다. 잡초가 자란 토성의 먼지 속에는 진나라 군대가 성을 허물던 모습과 고향을 떠나게 된 조나라 사람들의 울음소리가 담긴 듯했다. 하북에 있는 한단은 예로부터 조나라에 속했다. 하남에 있는 안양은 예로부터 위나라에 속했다. 한단에서 안양까지의 거리는 100리 정도

한단 고성 옛터

에 불과하다. 징선京深(베이징—선전深圳) 국도 양쪽은 일망무제의 평원으로, 의지할 만한 천연 요새도 없고 경계를 나타낼 만한 지형지물도 없다. 오직 서쪽 태항산에서 나와 광대하게 흐르는 장하가 조나라와 위나라를 나누고 기冀(하북)와 예豫(하남)를 격리하면서, 한단과 안양 사이의 천연 장벽이 되었다. 조나라와 위나라 사이에는 장하를 따라 성벽을 축조해 만든 방어진이 있었다. 진나라의 한단군은 장하의 북쪽에 있었는데, 서쪽에 태항산이 있고 남쪽과 동쪽은 장하에 둘러싸여 있었다. 거록성 동쪽 인근의 장하는 한단성 동쪽에 있었는데, 거록에서 한단까지의 거리는 100리에 불과했다. 항우는 평원진에서 황하를 건너 거록으로 들어갔다. 그는 원수를 건너고, 뒤이어

장하를 건넌 뒤 파부침주의 장거壯擧를 연출했다.

거록 전투에서 왕리 군대가 섬멸되자, 안양-한단 일대에 배치되어 왕리를 지원하던 20만 진나라 군대는 장함의 통솔 아래 하내군 방향으로 퇴각했다. 하내군은 대체로 지금의 허난 북부의 안양·허비鶴壁·신샹新鄕·지위안濟源 일대로, 서쪽으로는 태항산에 면하고 북으로는 장하와 경계를 접하고 남으로는 황하에 임한 곳이다. 하내군은 진晉의 동부, 기冀의 남부, 예豫의 북부, 노魯의 서부 사이에 위치한 요충지로서, 예로부터 교통의 요도이자 군사 요지였다. 은상殷商 시대에 하내 일대는 상 왕조의 수도권 지역이었으며, 위진남북조 시기에 조위曹魏·후조後趙·염위冉魏·전연前燕·동위東魏·북제北齊가 잇달아 이곳에 도읍하면서 다시 북부 중국의 정치 중심지가 되었다.

항우가 왕리 군대를 섬멸하고 거록의 포위를 해제한 것은 진2세 3년 12월이다. 장함이 진나라 군대를 이끌고 항우에게 투항한 것은 같은 해 7월이다. 그 사이 여덟 달 동안 양군은 하내 한단 일대에서 일진일퇴하며 싸웠다. 거록에서 한단까지는 100리에 불과하다. 한단에서 안양까지도 100리에 불과하다. 강한 공격력을 갖춘 데다가 승세를 몰아 남진하던 항우 연합군이 여덟 달 동안 200리를 나아가지 못했으니, 전쟁의 고달픔과 진나라 군대의 완강한 저항을 상상할 수 있다. 장함이 한단성을 무너뜨리자 한단은 더 버티지 못했고 진나라 군대는 조심스럽게 남쪽으로 퇴각했다. 유일하게 기댈 수 있는 천연 요새는 바로 장수였다. 장수 남쪽 기슭의 안양은 진나라 군대의 본영이 되었다. 나는 한단에서 남하해 자현(츠현)에서 장하대교를 지나가며 차창을 통해 멀리 바라보았다. 서에서 동으로 광대하게 흘러가는 강물을 보니, 진나라와 초나라 양군이 강을 끼고 대진對陣하던 모습을 상상할 수 있었다.

나는 차를 몰아 안양에서 북상해 장하 남쪽 기슭을 따라 동쪽 임장(린장)을 지나갔다. 생각해보면 제방 아래 촌락의 전원은 그 옛날 진나라 군대의 주둔지였다. 삼대三臺(싼타이)로 가서 업진鄴鎭(예전)의 장하대교를 천천히 거닐었다. 수백 미터를 거쳐 흐르는 강줄기에 숲과 어우러져 있는 북쪽 기슭의 제방 일대에서 항우 연합군의 깃발과 모습이 어렴풋이 보이는 듯했다. 업성 옛터가 바로 다리 곁인데, 육조고도六朝古都의 번화했던 과거는 이제 금봉대(진펑타이) 유적지에서만 볼 수 있다. 나는 높은 곳에 올라 멀리 바라보며 왕찬王粲의 명문을 소리 내어 읽었다.

아침에 업도鄴都(업성)의 다리를 떠나,
해질 무렵에 백마진을 건너네.
강둑을 천천히 거닐며,
좌우로 아군을 바라보네.
큰 배가 만 척이 넘고,
갑옷으로 무장한 병사가 천만 명이라.
저들을 이끌고 동남쪽 길로 나아가,
일거에 공훈을 세우리.[4]

왕찬은 건안칠자建安七子의 한 명으로, 이 「종군시從軍詩」에서 노래한 것은 조씨 위나라의 동정東征이다. 나라는 망해도 산하는 여전하고, 사람은 죽어도 강과 바다는 흘러간다. 풍경을 보면 감정이 생겨나는 법, 나는 항우와 장함을 생각했다.

장하는 서쪽 태항산에서 나와 동쪽으로 흘러간다. 안양과 임장 일대에 이르러서는 물길이 넓어져 기세가 웅대해진다. 항우 군대가 있던 장하 북쪽과 장함 군대가 있던 장하 남쪽이 바로 이 일대였다. 장하는 임장을 지난 뒤 동북으로 흘러간다. 성안成安·광평廣平·위현魏縣·대명大名·관도館陶 일대의 장하·원수·황하 사이에서, 장함 군대는 극원을 중심으로 견고한 방어 보루를 구축해 안양·임장의 방어선과 연결함으로써 항우 군대가 동북 방향으로부터 안양을 우회하여 포위 공격하는 것을 저지했다. 이 방어선 이북에서 항우 군대는 장하의 양쪽 기슭을 이미 제압한 상태였다.

이때 황하를 등지고 있던 20만 진나라 군대는 수운을 통해 형양·오창으로부터 식량을 조달받았다. 남쪽으로는 의지할 수 있는 삼천군이 있고, 삼천동해도를 통해 관중과 이어져 있었다. 서쪽으로는 태항산 길이 하동과 이어져 있었다. 세 지역이 연결되어 완벽한 작전구역을 이루고 있었기에, 장하만 잘 지키면 하내를 보존할 수 있었고 아직 절반 남아 있는 진 왕조의 영토 역시 존속될 수 있었다. 하지만 양군이 대치하는 동안 조나라 장수 사마앙이 상당군에서 남하해 황하 가에 도달하여 하내와 하동의 연계를 차단했다. 사마앙의 순조로운 진군으로 고무되고 계시를 얻은 항우는 어두운 밤에 맹장 포장군을 장하 상류로 은밀히 보내어 서쪽으로 우회 공격하도록 했다. 포장군은 자현 서남쪽 삼호진에서 장수를 건너 진나라 군대의 방어선을 일거에 돌파했다. 이에 항우는 대군을 임장 서부로 이동시켜서 임장과 자현 사이의 오수에서 진나라 군대를 대파함으로써 장함 군대를 원수 남쪽 기슭으로 물러가게 했다. 장함을 투항하게 만든 최후의 일격은, 조나라 장군 신양이 황하를 건너 하남현을 점령한 것이었다. 이로써 삼천동해도가 차단되고 연합군이 하내군을 전략적으로 포위하게 되었고, 장함 군대는 독 안에 든 쥐가 되었다.

사마천 이래로 거록 전투에 관심을 가졌던 역대의 역사가들은 장함을 투항하게 만든 데 사마앙과 신양이 큰 역할을 했다는 사실에 특별히 주목하진 않았다. 우리가 알고 있듯이, 사마앙과 신양은 훗날 항우에 의해 왕에 봉해진다. 사마앙은 은왕殷王에 봉해졌고 봉지는 하내군이었다. 신양은 하남왕에 봉해졌고 봉지는 삼천군이었다. 항우는 군공의 원칙을 엄격히 따져서 분봉했다. 연합군의 무수한 장수들 가운데 사마앙과 신양이 왕위를 획득한 것은 탁월한 군공에 대한 보상이었다. 그들은 가장 먼저 하내로 돌입해 삼천으로 진입하여 장함 군대를 포위함으로써 최종적으로 장함을 투항하게 만들었던 것이다.

원수는 안양성을 에워싸고 북쪽으로 흘러가는데, 원수 양쪽 기슭에 걸쳐 있는 은허는 은 왕조 도성의 옛터다. 은왕 반경盤庚이 이곳으로 천도한 이후 주왕紂王이 주나라에 의해 멸망되기까지 273년 동안 12명의 왕이 대대로 이곳에 종묘와 궁실을 조성했으니, 그 번화함과 화려함은 고대 제일이라고 할 만하다.[5] 은나라가 멸망한 뒤 수도는 파괴되고 은나라 사람들은 다른 곳에서 떠돌아다니게 되었다. 은나라의 수도는 점차 폐허가 되어 마침내 은허라는 이름을 갖게 되었으며, 역사의 긴 강에서 사라져 종적을 감추었다. 진2세 3년 7월, 연합군의 포위에 걸려든 20만 진나라 군대가 투항하자, 항우는 각국의 장수를 이끌고 원수 남쪽 기슭에서 장함과의 투항 약조에 맹세했다. 은허가 800년 뒤 역사 무대에 재등장해, 진 제국의 대세가 이미 지나갔고 멸망을 피할 수 없음을 선고한 것이다. 장함은 원수에서 소리 내어 통곡했다. 그는 인생과 국운과 망혼에 대해 슬피 울었다. 일찍이 망국의 폐허가 또다시 국가 멸망의 판결지가 된 적이 있었던가. 진나라 사람들은 원래 동방에 있었는데, 여러 곳을 거쳐 서쪽 변방까지 옮겨왔다.[6] 그들은 은나라 사람과 마찬가지로 현조玄鳥를 토템으로 삼았다. 장함이 투항하던 바로 그때, 어두운 곳에 있던 망령이 다시 원수에서 모였을까?

흔히들 시간은 거꾸로 돌릴 수 없고 역사는 재연할 수 없다고 말한다. 그러나 역사학에서는 이러한 상식적인 이치에서 벗어나, 시간을 역으로 거슬러 올라가 과거의 장면을 재현한다.[7] 수천 년 동안 장하의 흐름이 바뀌고 황하의 물길이 바뀌면서 한단·하내, 안양·임장, 이 일대의 옛 흔적은 죄다 황토 아래에 깊숙이 묻혔다. 근래에 세워진(1987) 은허박물관殷墟博物苑은 지하 건축으로, 지면에서부터 통로를 통해 구불구불 아래로 내려가게 되어 있다. 통로 양쪽의 표지에는 역대 왕조의 이름이 적혀 있다. 50센티미터 지점에 먼저 민국·청조가 나오고, 더 깊이 들어가면 명·원·조송趙宋이 나오고, 2~3미터 들어가면 오대·당·수가 나오고, 그 뒤로는 남북조·진晉·위삼국魏三國·후한·전한·진秦이 나온다. 5미터 이상 들어가면 전국·춘추가 나오고, 그 뒤 서주에서 더 들어가면 지하 8미터에서 은상에 이른다. 이러한 지하 통로는 현재에서 과거로의 시간을 지표에서 땅속으로의 공간으로 전환하고 있다. 밝은 전시 홀로 들어서면 만나게 되는 청동기, 갑골문, 부호 삼련언婦好三聯甗, 사모무 대방정司母戊大方鼎 등 무수히 많은 신비한 출토 유물이 당신을 역사의 꿈결 속으로 안내할 것이다.

사마천은 항우가 원수의 남쪽 은허에서 장함과 맹약을 맺었다고 했다. 『안양현지安陽縣志』에서는 "회맹정會盟亭이 부성府城 북쪽 원수 위쪽에 있는데, 초나라 항우가 여기서 장함과 맹약을 맺었다. 후대 사람이 그곳을 나타내기 위해 정자를 만들었다"[8]라고 했다. 현지인의 말에 따르면, 그 현장은 지금의 안양 서북쪽의 차이쿠촌柴庫村 일대라고 한다. 나는 그곳에 가고 싶었지만 차도가 연결되어 있지 않을 뿐더러 지상에 아무것도 남아 있지 않다는 통지를 받았다. 결국 나는 방문을 단념하고 훗날을 기약했다.

秦 崩

3

조고와 유방의 비밀 모의

항우가 은허에서 장함의 투항을 허락한 진2세 3년 7월, 사자 한 명이 무관으로 들어왔다. 서둘러 진나라의 수도 함양으로 향하는 그는 위나라 사람 영창寧昌으로, 유방이 보낸 밀사였다. 그는 진나라의 승상 조고를 만나야 하는 중요한 사명을 띠고 있었다.

유방 군대는 관중의 남대문인 무관 밖에 이르렀고, 장함 군대의 투항 소식이 전해졌다. 이제 진 왕조의 붕괴는 정해져 있었다. 항우가 장함을 옹왕에 봉하기로 약속하고 진나라 군대를 선봉으로 삼아 관중으로 들어가려는 의도는 분명했다. 유방이 자나 깨나 노리는 정치적 목적 역시 가능한 한 빨리 관중으로 들어가 함양을 점령함으로써 회왕의 약조를 실현하고 진왕이 되는 것이었다. 유방은 장량 등의 모사와 의논한 끝에 서둘러 영창을 함양으로 보내 조고를 만나게 하기로 결정했다. 조고로 하여금 진나라를 배반하고 초나라에 투항하도록 설득하기 위해서였다. 항우가 장함의 투항을 허락하고 장함을 왕으로 봉하기로 약속한 것과 같이, 유방이 조고에게 내건 투항의 조건은 이러했다. 조고가 2세를 죽이고 무관을 열어 유방 군대가 관문으로 들어간 뒤 진나라를 무너뜨리는 데 협조하면, 진나라의 영토를 둘로 나누어 조고와 유방이 각각 왕이 되어 다스린다는 것이었다.

장함 군대는 투항하고, 유방 군대는 무관에 접근했다. 궁중 깊숙한 곳에서 독책을 행하며 향락을 추구하는 2세를 제외한 조정의 모든 이는 대세가 완전히 기울었음을 알고 있었다. 조고는 영창과 접촉한 뒤 행동을 개시하기로 결정했다. 당시 승상 조고는 막강한 권세로 정부를 장악하고 있었으며, 낭중령인 그의 동생 조성은 궁정을 빈틈없이 제어하고 있었다. 조고는 만전을 기하기 위해 황제의 측근 근시近侍가 자신의 말을 따르지 떠볼 계책을 꾸몄다.

8월 어느 날, 조고는 사람을 시켜 2세 황제에게 사슴을 바치게 했다. 조고는 고의로 사슴을 가리키며 말이라고 했다. 2세가 조고를 보고 웃으며 말했다.

"승상이 틀렸소. 어찌 사슴을 말이라 하오?"

조고가 거듭 말이라고 우기자 2세는 곁의 신하들에게 물었다. 신하들은 조고에게 다른 속셈이 있음을 알아챘다. 어떤 이는 침묵했고, 어떤 이는 조고를 따라 말이라고 했으며, 눈치 없는 이는 사슴이라 했다. 2세는 깜짝 놀라며 자신이 귀신 들린 것이라 생각했다. 그날 밤 그는 계속 악몽에 시달렸다. 꿈에서 수레를 타고 출행했는데 백호의 습격을 받아 좌참마左驂馬가 물려 죽었다.

연속되는 괴이한 일에 2세는 내내 마음이 언짢았다. 그는 태복太卜을 불러 해몽하게 했다. 태복이 점쳐 말하길, 2세가 종묘의 신을 받듦에 재계齋戒를 제대로 하지 않은 탓에 지금 경수涇水의 신이 재앙을 일으켜 이런 불길한 징조가 나타난 것이라고 했다. 조고는 이 기회를 틈타서 2세에게 간언했다.

"귀신이 흠향하지 않고 하늘이 재앙을 내리니, 마땅히 함양궁에서 멀리 떠나 액막이를 하셔야 하옵니다."

2세는 함양궁을 떠나 함양 북쪽 교외에 있는 망이궁에서 지냈다. 그는 경수에 가서 백마 네 필을 빠뜨려 경수의 신에게 제사지냈다.

진나라의 수도 함양은 위하의 북쪽에 있었다. 함양의 안팎, 관중 80리 안에는 300개의 이궁과 별관이 잇달아 들어서 있었다. 진 왕조의 정궁正宮인 함양궁은 함양 북쪽의 평원(지금의 셴양 야오뎬窯店 뉴양촌牛羊村 일대)에 있었는데, 황제의 일상 거처이자 국정을 논의하던 곳이다. 망이궁은 함양 북쪽 교외(지금의 산시 징양涇陽 동남의 장자향蔣家鄉과 셴양 동북의 한자향寒家鄉의 경계가 맞닿은 셴양위안咸陽原의 가장자리)에 있던 이궁으로, 경수 가까이에 지어졌으며 멀리 북쪽의 이적夷翟을 바라볼 수 있다 하여 망이궁이라 불렸다.

조고가 2세를 꾀어 도성을 떠나 망이궁으로 가게 한 것은 황제를 조정으로부터 떼어놓기 위해서였다. 조고는 2세를 정치와 권력의 중심에서 멀어지게 함으로써 2세를 고립시키고 폐쇄시켰다. 그가 사슴을 가리켜 말이라고 한 것 역시 다른 신하들의 마음을 떠보고 권세로써 여론을 강요하기 위한 수법이었다. 이 사건 이후 조고는 법을 앞세워 감히 사슴이라고 말한 자들을 숙청하고 하옥시켰다. 침묵을 지킨 이들에게 본때를 보여줌으로써 자신을 거스르면 망하고 자신을 따르면 번창할 것임을 알린 것이다. 더 나아가 조고는 2세 주위의 소식통을 옥죄고 조정과 대신을 철저히 통제했다.

망이궁으로 옮겨간 2세는 도성의 조정으로부터 고립되긴 했지만 스승 조고의 직접적인 감호에서 벗어나 해탈과 자유를 얻었다. 그 무렵 2세는 누군가로부터 전방의 불리한 상황과 조고가 초나라 군대의 사자와 왕래했다는 소식을 전해들었을 것이다. 불안해진 2세는 사자를 함양으로 보내 조고에게 물어보게 했다. 이에 조고는 상황이 긴박하다는 것을 감지했다. 활 위에 이미 화살이 놓인 이상 쏘지 않을 수 없었다. 그는 즉시 정변을 일으켜 2세를 주살하기로 결정했다. 조고는 동생 조성과 사위 염락閻樂을 급히 불러서 큰일을 모의했다.

"황제가 간언을 듣지 않다가 이제 사태가 다급해지니까 우리 조씨 집안 탓으로 돌리려고 한다. 나는 황제를 바꾸려 한다. 공자 영영을 황제로 세울 것이다. 공자 영영은 자애롭고 소박하니, 그의 말이라면 백성이 모두 따를 것이다."

조성은 황제의 시종과 호위를 관장하는 낭중령이었다. 조고는 조성에게 망이궁에서 부하 낭관들을 장악하고 명령을 기다리고 있다가 호응하라고 했다. 하지만 망이궁을 드나드는 경위警衛는 위위衛尉가 관장하므로 조고가 제어할 수 없었다. 조고의 사위인 함양현령 염락은 함양현의 병력을 장악하고 있었으며, 망이궁은 바로 함양현의 관할 경내에 있었다. 조고는 염락에게 명령해, 함양 경내에 도적이 들었다는 거짓 핑계를 내세워 함양현의 병력을 이끌고 망이궁으로 가게 했다. 궁중으로 들어가 조성과 합류하여 망이궁을 점령하고 2세를 주살하라는 지시였다. 조고는 만전을 기하기 위해 자신의 친가와 사위 염락의 모친을 승상부로 옮겨서 머물게 했다. 안전을 구실

2세 황제의 묘

로 인질의 효과를 노린 것이다.

장안현령 염락은 경내에 도적이 들었다는 핑계로 함양현의 병력 1000여 명을 징발해 망이궁으로 갔다. 궁문을 지키는 장관과 부장관인 위사령衛士令과 위사복야衛士僕射가 무슨 일인지 논의하러 오자, 염락은 이 기회를 놓치지 않고 냅다 두 사람을 체포하여 포박하게 했다.

염락은 거짓말을 하며 질책했다. "도적이 망이궁 안으로 들어왔는데 어찌 제지하지 않았소?"

위사령은 영문을 모른 채 성난 목소리로 반문했다. "황궁의 주위는 위사들의 막사로 에워싸여 있고 궁문의 경비가 삼엄한데, 도적이 어찌 침입할 수 있단 말입니까?"

염락은 다짜고짜 위사령을 베어 죽이게 한 뒤 부대를 이끌고 궁정을 습격했다. 갑작스런 상황에 낭관과 환관들은 화들짝 놀라며 달아나거나 저항했다. 저항한 자들은 죄다 처단되었는데, 죽은 자가 수십 명에 달했다.

염락은 조성과 합류한 뒤 화살을 쏘며 2세의 처소를 공격했다. 2세는 크게 노하여 측근에게 맞서게 했으나 다들 두려워하며 나서지 않았다. 2세는 도망쳐 내실로 들어갔다. 환관 한 명만 그의 곁에 붙어 떠나지 않았다.

2세가 유감스럽게 말했다. "너는 왜 진작 나에게 사실을 고하지 않았느냐? 어쩌다 사태가 이렇게 급변하게 된 것이냐?"

환관이 대답했다. "감히 아뢰지 않은 덕에 신이 지금까지 목숨을 보존할 수 있었던 것이옵니다. 만약 신이 아뢰었다면 일찌감치 피살되어 지금까지 살아 있을 수 없었을 것이옵니다."

염락은 사병을 이끌고 2세 앞에 나타나 2세의 죄상을 열거했다. "족하는 교만하고 사치스럽고 음란하며 방종 방자하고 무고한 이를 죽이고 포학무도하여, 지금 천하가 함께 일어나 족하를 배반했으니 족하는 스스로 거취를 결정하십시오."

2세가 말했다. "승상을 한 번 만나볼 수 있겠소?"

염락이 대답했다. "안 됩니다."

2세가 말했다. "군郡 하나를 얻어 그곳의 왕이 되길 바라오."

염락은 안 된다고 대답했다.

2세가 또 말했다. "1만 호의 봉지를 받아 제후가 되길 청하오."

거듭 거절당하자 2세는 한 줄기 희망을 품고 말했다. "처자와 함께 평범한 백성이 되어 공자들 정도의 대우를 받길 바라오."

염락은 더 이상 듣고 싶지 않았다. "신은 승상의 명령을 받아 천하를 위해 족하를 처단하려는 것입니다. 족하가 어떤 요구를 해도 신은 답할 수가 없습니다."

염락은 검을 들고 2세에게 바싹 다가갔다. 결국 2세는 자살할 수밖에 없었다.

2세 황제 호해는 스무 살에 즉위했다. 진시황 37년 8월부터 정사를 주관했고 진2세 3년 8월에 자살했으니, 재위 기간은 꼭 3년이었다. 향년 23세였다. 죽은 2세는 평민의 예로 장사지낸 뒤, 두현杜縣 남쪽의 의춘원宜春苑에 대충 매장했다. 지금의 시안 옌타구雁塔區 취장향曲江鄉 장츠촌江池村에 그 봉분이 남아 있다.

4

진 제국의 폐막

2세 황제가 자살한 뒤 염락은 함양으로 돌아가 조고에게 보고했다. 조고는 스스로 옥새를 차고 왕을 자처할 생각을 품은 적이 있다. 그러나 이리저리 알아본 결과 대신들과 위사衛士들의 지지를 얻기 어려웠다.[9] 그래서 조고는 함양궁에 백관과 왕족을 불러놓고 2세 황제를 주살한 이유를 통보했다. 또한 그는 진나라가 황제의 칭호를 포기하고 육국의 복국을 인정할 것이며, 공자 영영을 진왕으로 옹립하여 자신이 승상의 자리에서 계속 국정을 보좌하겠노라 선포했다.

영영은 2세의 사촌형으로, 시황제의 동생 장안군 성교의 아들이다. 영영은 당시에 이미 서른이 넘은 나이로, 종실의 연장자인 현자였다. 2세는 즉위 후 형제자매를 죽였으나, 영영은 적통이 아닌 방계였으므로 연루되지 않았다. 2세가 조고의 부추김을 받아 몽염과 몽의 형제 및 그 가족을 죽이려 했을 때 영영은 용감히 나서서 간언했다. 비록 몽씨를 지키지는 못했지만 영영은 대신들과 종실로부터 존중과 명성을 얻게 되었다.

앞서 유방의 사자 영창은 함양으로 가서 조고를 만났고, 2세를 주살하는 조건으로 관중을 분할해 왕위를 나누어주겠다고 유혹했다. 이에 조고는 투항 조건에 따라, 망이궁에서 정변을 일으켜 2세를 자살하게 했으며 진나라를 제국에서 왕국으로 회귀시켰다. 하지만 조고는 대신과 장수들의 지지를 받지 못했기에 감히 경솔하게 왕을 자처할 수 없었다. 그로서는 우선 영영을 진왕으로 세우는 응급조치를 통해 정세를 안정시키는 것 말고는 선택의 여지가 없었다.

조고는 왕위 계승의 의례에 따라 영영에게 자택에서 닷새 동안 재계한 뒤 종묘로 나와 조상에게 아뢰는 제사를 올리고 진왕의 옥새를 받아 정식으로 즉위를 선포하라고 했다. 영영은 사리를 아는 사람으로, 조고를 신임하지 않았다. 그는 두 아들과 심복 시종인 한담韓談과 은밀히 모의했다.

"승상 조고가 2세를 망이궁에서 시해하고 신하들이 자신을 죽일까 두려운 나머지, 종실 친척이라는 명분으로 나를 왕으로 세우려 한다. 내가 듣기로, 조고는 초나라와 밀약하여 진나라 종실을 멸망시키고 관중을 나눠서 왕이 되려고 한다. 이제 나더러 재계하고 종묘로 오라고 하는데, 거기서 나를 죽이려는 속셈이다. 내가 병을 핑계로 종묘에 가지 않으면 분명 승상이 직접 알아보러 올 것이니, 그가 오면 죽여버려라."

닷새 뒤에 영영이 재궁齋宮에서 병을 핑계로 나가지 않자 조고는 여러 번 사람을 보내 재촉했다. 하지만 영영은 번번이 병을 핑계로 응하지 않았다. 조고는 어쩔 수 없이 직접 재궁으로 가서 영영을 만나 말했다.

"왕께서는 어찌 종묘 대사에 오시지 않습니까?"

조고의 말이 끝나자마자 일찌감치 대기하고 있던 한담이 그를 찔러 죽였다.

진2세 3년 8월, 영영은 조고의 집안을 죄다 죽이고 진왕으로 즉위했다. 즉위한 영영은 조고의 패거리를 철저히 제거하고 정부를 새롭게 조직했다. 그는 민심을 안정시키라고 각지에 알렸다. 또한 서둘러 전방에 명령을 내려 적으로부터 나라를 굳게 지켜내라고 했다. 영영은 멸망을 눈앞에 둔 진나라의 운명을 만회하고자 애썼지만 모든 것이 너무 늦었다.

조고는 2세를 자살하게 만든 뒤, 무관 밖에 있던 유방과 서둘러 교섭했다. 그러나 유방은 관중을 나눠서 각각 왕이 되기로 했던 조고와의 약속을 뒤집고, 진나라의 혼란을 틈타 무관을 무너뜨리고 상락도商洛道로 진입해 단수丹水를 따라 곧장 남전으로 향했다. 그 사이 조고는 피살되었다. 진왕 영은 유방 군대가 무관으로 진입했다는 소식에 긴급 명령을 내렸다. 경사를 수비하는 중위군을 요관嶢關과 남전 일대로 보내[10] 유방 군대의 관중 진입을 저지하고자 했다. 유방 군대는 장량의 계책을 써서 진나라 군대의 장수를 거금으로 회유하고, 그들이 해이해진 틈에 기습 공격을 전개했다. 유방 군대는 요관을 함락하고 남전에서 진나라 군대를 격파한 뒤 파하를 따라 내려와 곧장 함양으로 들어갔다.

10월, 유방 군대가 함양 동남쪽 교외의 파상 지역에 도착했을 때 진왕 영은 동원할 병력도 없었고 방어를 의지할 만한 요새도 없었다. 진왕 영은 어쩔 수 없이 성문을 열고 무조건 투항했다. 영영은 흰 말이 끄는 장례용 수레를 타고 목에는 천자의 인끈을 매고 손에는 봉해진 황제의 옥새와 부절을 받들고 백관을 이끌고 성에서 나왔다. 파하 서쪽 기슭의 지도정軹道亭에서 영영은 입성하는 유방 군대를 맞이해 투항했다. 이로써 진 제국은 멸망했다. 양공 8년에 개국한 이래 571년간 이어진 진나라의 역사는 이로써 막을 내렸다. 마지막 진왕 영영은 재위 기간을 두 달도 못 채웠다.[11]

투항을 받아들인 뒤 유방은 진왕 영을 죽여야 한다는 부하의 건의를 거절했다. 유방은 이렇게 말했다.

"애초에 회왕께서 나에게 약조를 받들어 함곡관으로 들어가라고 하셨던 것은 내가 관용을 베풀 줄 알기 때문이다. 이미 항복한 적을 죽이는 것은 상서롭지 못한 일이다."

유방이 영영을 죽이지 않은 데는 또 다른 이유가 있다. 회왕의 약조에 따르면, 유방은 장차 진왕이 되어 진나라를 영유하게 된다. 즉 진나라 땅은 유방이 다스릴 영토이고 진나라 사람들은 유방의 백성이 될 터였다. 영영이 성문을 열어 투항했을 때 이미 유방은 스스로를 진왕이라 생각했고, 전후戰後 진나라를 통치할 정책과 건국 방략을 고려하기 시작했다. 영영이 성문을 열어 투항했다는 것은 진나라 관리와 백성의 귀순을 뜻하는 것이다. 그리고 영영에 대한 처리는 진나라 관리와 백성에 대한 신정권의 태도를 보여주는 것이다. 유방은 관동의 초나라 사람으로, 진나라에는 아무런 기반이 없었다. 영영은 방계의 새로운 군주로, 남을 누르는 기세도 없을뿐더러 진나라 관리와 백성의 동정심과 호감을 얻고 있었다. 유방으로서는 영영을 대우해주는 편이 진나라의 군심과 민심을 안정시키는 데 유리했다. 뿐만 아니라 앞으로 진나라를 통치할 때도 영영은 이용할 만한 가치가 있었다. 유방은 영영을 부하에게 인계해 잘 지키도록 했고, 진나라의 종실과 대신을 죽이지 않고 관대히 용서했다. 그는 또한 각급 관리의 직책을 그대로 맡게 하되 일률적으로 유방 군대의 지휘를 따르게 했다.

유방은 진나라 수도 궁실의 웅대하고 화려함에 새삼 경탄했다. 그는 예전에 요역하러 함양에 왔을 때 보았던 궁실과 우연히 길에서 시황제를 보았던 일을 떠올렸다. 감개에 젖은 유방은 상쾌한 흥분에 온몸이 나긋해졌다. 그는 함양궁에 머물면서 홀가분하게 제대로 즐겨볼 작정이었다. 관동에서 따라온 부하들은 대부분 시골사람이라 모든 게 새로웠다. 들뜬 감정을 자제하기 어려운 건 그들이 유방보다 훨씬 더했다. 저마다 진나라 궁전과 창고에 들어가 재물을 약탈하고 미인을 찾았다. 하지만 마음이 깨끗하고 욕심이 적은 장량만은 혼란 속에서도 정신을 차리고 있었다. 그는 직설적이면서도 성격이 불같은 번쾌를 설득하여 함께 진나라 궁전에 있는 유방을 찾아갔다. 두 사람은 유방에게 이해득실을 설명하고 단호하게 충고하여, 진나라 궁실에 머물고자 하는 결심을 단념하게 했다. 결국 유방은 모든 재물 창고를 봉쇄하라고 명령하고, 함양에서 파상으로 회군했다.

혼란 속에서 정신을 똑똑히 차리고 있었던 또 한 인물은 소하다. 그는 유방의 군중에서 군승郡丞을 지내면서 문서 및 후방 보급 작업을 담당했다. 치국에 관한 원대한 식견을 지니고 있던 소하는 사람을 데리고 승상부와 어사시御史寺로 들어가 진나라 정부의 율령 문서와 공문서와 도록 등의 문건을 모두 챙겨 군중으로 돌아갔다. 이로써 진 제국이 천하를 통치하던 기본 정보와 데이터를 일찌감치 장악한 것이다.

파상으로 회군한 유방은 서둘러 진나라 통치에 착수했다. 소하의 주재 하에 유방은 진 제국의 번잡하고 가혹한 법률을 당분간 폐지하고 간결한 세 가지 법約法三章으로 병사와 백성을 통제함으로써 전쟁 이후의 질서를 유지하겠다고 선포했다. 살인한 자는 사형에 처하고, 남을 다치게 한 자는 형벌에 처하고, 남의 것을 훔친 자는 벌금형에 처한다는 것이었다. 유방은 관중 함양 근처의 부로들과 호걸을 불러 놓고, 자신이 함곡관에 들어온 목적은 포악한 진나라를 제거하고 민생을 안정시키고자 하는 것이라고 밝혔다. 또 그는 먼저 관중에 들어온 자가 관중의 왕이 되기로 제후 각국과 약조했다고 말함으로써 자신이 미래의 진왕임을 명확히 했다. 유방은 진나라의 법제가 가혹하여 부로들이 오랫동안 고통을 받았다고 하면서 이렇게 말했다.

"내가 관중에 온 까닭은 부로들을 위해 해악을 없애고자 함이니, 결코 보복하거나 손해를 끼치지 않을 것이오. 다들 두려워하지 말았으면 하오. 내가 파상으로 회군한 까닭은 제후국 군대가 오기를 기다렸다가 함께 회왕의 약조를 확인하기 위한 것이오."

유방은 부하들을 진나라의 기존 담당 관리와 함께 관중 및 촉한 지역의 각 군현에 보내 민심을 안정시키고 모든 것을 현상 유지하도록 했다.

진나라가 육국을 멸망시킨 이후로 진나라 사람들과 육국 사람들 간에는 깊은 원한이 자리하고 있었다. 이제 나라도 잃고 왕도 잃은 진나라 사람들로서는 제후국의 군대가 들어와 보복할 것이 가장 두려웠는데, 유방의 위로와 관대한 대우 덕분에 나라가 안정되자 크게 기뻐했다. 진나라 사람들은 유방 군대를 위문하기 위해 자발적으로 술과 음식을 장만하고 소와 양을 끌고 파상으로 찾아왔다. 유방은 사양하면서 이렇게 말했다.

"곳간에 양식이 많아 군대의 식량이 부족함이 없으니, 여러분에게 폐를 끼치고 싶지 않소."

진나라 사람들은 더욱 기뻐하며 유방이 진왕이 되기를 염원했다.

5

항우가 항복한 병사를 생매장하다

항우는 은허에서 장함 군대의 투항을 받아들인 뒤 장함의 지휘권을 거두고 그를 초나라 군대 본영에 배치해 자신을 따르게 했다. 또한 장함 막부의 장사 사마흔을 상장군으로 임명해 진나라 군대의 지휘를 책임지게 했다. 사마흔은 일찍이 항량을 구해준 적이 있고, 장함에게 투항을 권했던 주요 인물이자 초나라 장수 조구의 옛 친구였으므로 항우는 그를 신뢰했다.

연합군은 하내에서 잠시 머물며 군대를 재편한 뒤 황하를 건너 삼천군으로 진입해, 이미 하남현 일대를 차지하고 있던 조나라 군대의 신양申陽 부대, 동군 일대에서 활동하던 위나라 군대, 영천군 일대에서 활동하던 한나라 군대와 회합했다. 이들은 위풍당당하게 삼천동해도를 따라 서진하며 관중 방향으로 이동했다.

서진하는 연합군은 총 60만에 달하는 칠국 군대로 편성되었다. 항우가 이끄는 초나라 주력군을 비롯하여, 조나라 승상 장이와 장수 사마앙과 신양이 각각 이끄는 세 방면의 조나라 군대, 제나라 장수 전간·전각 형제와 제왕 전건의 손자 전안과 제나라 장수 전도田都가 각각 이끄는 세 방면의 제나라 군대, 연나라 장군 장도가 이끄는 연나라 군대, 위왕 위표가 이끄는 위나라 군대, 그리고 새롭게 투항한 진나라 군대다.

60만 칠국 연합군 가운데 새로 투항한 20만의 진나라 군대는 제후 각국 군대와 조화를 이루지 못하고 갈등을 빚곤 했다. 이러한 갈등은 뿌리가 깊었다. 진 제국 시대에 서북 변경에는 일 년 내내 대군이 주둔했기 때문에 멀리 관동 지역에서도 수졸의 징발과 군량 운송의 부담을 져야 했다. 또한 관중의 대규모 토목공사와 궁실과 능묘를 축조하기 위해 해마다 관동 지역에서 부역꾼을 징발해왔다. 당시 관중은 진나라 본토였고 관중 사람들은 승리한 정복자였던 반면, 관동 육국 사람들은 망국의 피정복자로서 관중에 와서 중노동을 해야만 하는 부역꾼이었다. 관중을 거쳐 변경으로 가서 부역하는 수졸과 운반꾼은 진나라 관리와 사졸로부터 차별 대우와 모욕과 업신여김을 받으면서도 말없이 울분을 삼켜야 했다. 하지만 이제는 천지가 뒤집혀 진나라 군대는 패전한 망국의 투항자가 되어 열등한 위치에 놓이고 말았다. 제후국 병사가 진나라 병사에게 보복하는 일이 지속적으로 발생하자, 진나라 군대의 장수와 병사는 큰 불만을 갖게 되었다. 연합군이 관중에 접근해 신안현(지금의 허난 멘츠 동쪽)에 이르렀을 때, 진나라 병사들은 장함이 투항한 것을 원망하며 부모와 처자가 죽임을 당할까 걱정하기 시작했고, 군심軍心의 동요와 불안이 표출되었다.

이러한 진나라 군대의 동향이 연합군 총사령부에 알려졌고, 여러 장수가 항우에게 결단을 요청했다. 애초에 진나라 군대의 투항은 장수들이 결정한 그들의 투항이었을 뿐 병졸들의 뜻은 아니었다. 진나라 군대가 연합군에 포위되고 진나라 조정이 혼란하여 안팎으로 곤경에 처한 상황에서, 장사 사마흔과 도위 동예董翳 등이 장함을 설득해 전군이 투항한 것이었다. 제후국 군대와 새로 투항한 진나라 군대가 융화되지 않은 상황에서 진나라 군대에게 그들의 고향인 관중으로 진격하게 한다는 것은 불복하는 마음으로 사랑하는 땅을 공격하게 하는 일이기 때문에 결국은 군사 정변 등의 변수를 피할 수 없을 터였다.

새로 투항한 진나라 군대를 적절히 처리해야 하는 문제에 직면한 항우는 부하 두 명을 불러 의논했다. 거록 전투에서 선봉으로 강을 건너 교두보를 점령했던 영포와 포장군이었다. 셋이서 논의 끝에 내린 결정은 "진나라 군대는 수도 많은데 마음으로 불복하고 있으니, 관중에 가서도 명령에 따르지 않는다면 위험해진다. 차라리 섬멸하고, 장함·사마흔·동예 등 주요 장수만 데리고 함곡관으로 들어가는 게 낫다"는 것이었다. 이렇게 해서 영포와 포장군은 비밀 행동을 주도했다. 한밤중에 진나라 군대의 군영을 습격한 뒤 20만 진나라 군사를 신안현성의 남쪽에 생매장한 것이다.

한 왕조의 사관 사마천은 항우가 20만 진나라 군사를 생매장한 사건을 『사기』에 기록했다. 그러나 대부분의 사학자들은 이 일의 진위 여부를 의심했다. 과연 그런 일이 실제로 벌어졌던 것일까, 아니면 유방 집단이 진나라 사람들의 마음을 얻기 위해 나중에 위조한 것일까? 지난 일은 아득하고 우리가 알고 있는 고대사는 어둠 속에서 반짝이는 촛불과 같아서, 그 미미한 빛이 이르는 곳은 어렴풋한 흔적과 종적만 엿볼 수 있을 정도다. 현존하는 사료는 오직 이 기록뿐이므로 이것을 믿든 못 믿든 간에 근거하는 수밖에는 선택의 여지가 없다.[12] 내 생각에도 새로운 고고 자료가 나타나지 않는 한 일단은 이 사료를 따르되 의문으로 남겨두는 수밖에 없다.

항우는 위대한 군인이자 무적의 장군이고 용맹한 전사였다. 군을 다스리고 군사를 지휘하고 전투를 벌이는 그의 재능은 천하무쌍이었다. 하지만 정치적 재능 면에서는 지모가 없고 무모하며 판단 능력이 결핍된 삼류의 존재였다. 진나라 군대와의 싸움에서 항우는 자신의 군사적 재능을 십분 발휘해 결정적인 승리를 거둘 수 있었지만, 항복한 진나라 군대를 처리하는 문제는 정치적 지혜가 필요한 일이었는데 오히려 항우는 이것을 군사적 문제로 간주하여 모신과 의논하지 않고 맹장과 의논했다.[13] 그는 전쟁 이후의 미래를 위한 정치적 준비 차원에서 진나라 사람들의 군심과 민심을 얻어야 한다는 점을 고려하지 않은 채 당장 순조롭고 빠르게 진군할 생각뿐이었다. 그래서 그는 완강히 저항하는 적에게 보복하는 수단을 동원하여 항복한 적을 학살했다.

항우는 신안에서 항복한 병사를 생매장함으로써 진나라를 잃었다. 이로써 그는 함곡관으로 들어간 뒤 관중에 발붙일 여지를 잃어버린 셈이다. 진나라 병사 20만 명이 산 채로 매장된 이 사건은 진나라 백성의 마음에 원한의 씨앗을 심었고, 진나라 안에서는 항우에게 적대적인 수백만의 병사와 백성이 생겨났다. 이후의 초·한 전쟁에서 진나라 병사와 백성은 유방을 따르면서 항우의 군대와 목숨 걸고 싸웠다. 관중은 유방의 든든한 근거지가 되었으며, 진나라 사람과 군대는 한漢의 주력 부대가 되었다. 유방에게 의탁한 진나라 군사들이 항우를 추격해 오강烏江 기슭에서 그의 목을 자르고 시신을 나누는 최후에 이르기까지, 숱한 우여곡절의 역사적 일들은 모두 신안에서의 비극에서 비롯된 것이다.[14] 그 일은 항우의 일생에서 가장 큰 정치적 실수였으며, 항우가 전성기에서 쇠퇴하게 된 전환점이자 실패의 기점이었다고 할 수 있다.

장함이 진나라 군대를 이끌고 항우에게 투항한 것은 진2세 3년(기원전 207) 7월이다. 항우가 연합군을 이끌고 황하를 건너 하남현 일대에 도달한 것은 한 원년(기원전 206) 10월이고, 신안에서 진나라 군대를 생매장한 때는 11월(진력秦曆에서는 10월을 한해의 시작으로 삼는다. 이 책의 부록 '진나라 말 칠국 대사大事 월표月表'에 자세한 내용이 나온다)이다. 꼬박 넉 달 동안 항우 군대는 서둘러 서진하지 않고 하내·삼천 일대를 배회하며 머물렀는데, 이는 매우 이해하기 어렵다. 항우가 순조롭게 진군하지 못한 것은 삼천 일대에서 진나라 군대가 계속 격렬히 저항했기 때문일까? 수십만 대군의 군량 보급이 해결되지 못해서였을까? 새로 투항한 진나라 군대의 문제 때문이었을까? 너무 오래전 옛일이라 그 답을 찾을 방법이 없다. 항우 군대가 머물며 배회하는 동안, 유방 군대는 8월에 무관을 무너뜨리고 9월에 요관과 남전을 함락하고 10월에 함양으로 들어감으로써 가장 먼저 진나라를 멸망시키고자 하는 전략적 목표를 실현했다.

12월, 항우는 40만의 각국 연합군을 이끌고, 진나라 군대를 생매장한 살기를 띠고서 위풍당당하게 신안에서 민지·섬현陝縣을 거쳐 함곡관 아래에 도달했다. 함곡관의 관문은 굳게 닫혀 있었다. 유방의 명령을 받든 수비군이 항우 군대의 진입을 막고 있었기 때문이다. 항우는 유방 군대가 이미 관중을 점령하고 진왕 영의 투항을 받았으며 진나라 군대를 재편해 병력을 키우고 진나라 사람들을 위로하며 기반을 다진 상태임을 알게 되었다. 게다가 관중으로 진입하는 길까지 죄다 유방이 봉쇄한 것이다. 이에 분노한 항우는 함곡관을 공격하라고 명했다. 범증은 함곡관 앞에 땔나무를 쌓도록 지시한 뒤 화공으로 함곡관을 돌파하겠다며 위협했다. 함곡관을 수비하는 장수는 어쩔 수 없이 관문을 열고 연합군을 받아들였다.[15]

항우 군대는 함곡관으로 들어온 뒤 위하 남쪽 기슭을 따라 함곡관에서 함양에 이르는 큰길로 서진하다가 희수 서쪽 기슭의 홍문 일대에서 멈추었다. 항우는 대군에게 명하여 북으로 위하에 임하고 남으로 여산에 의지해 막사를 치고 주둔하게 했으며, 선봉은 파하 쪽을 바라보도록 했다. 유방의 10만 군대는 북으로 위하에 기대고 동으로 파하를 바라보며 군영을 배치하여, 홍문에서 함양으로 통하는 큰길을 지켰다. 양군이 대치해 매우 긴박한 일촉즉발의 상황이었다.

6

항백이 유방을 구하다

파상과 홍문의 거리는 수십 리에 불과하다. 맑은 겨울날, 양군의 깃발이 서로 바라보고 있는 가운데 비밀 사자가 홍문판鴻門坂에 있는 항우의 군중으로 찾아왔다. 사자는 유방의 부하인 사마 조무상이 보낸 자인데, 유방 군대의 상황을 알려주러 온 것이다. 항우를 만난 사자는 유방이 함곡관을 지키고 있는 상황을 비롯하여 유방이 관중을 차지하고 왕이 되고자 진왕 영영을 승상으로 삼고 진 왕조의 궁실과 진귀한 보물을 모두 차지함으로써 진나라의 토지와 백성을 독점하기 위해 행한 조치들을 낱낱이 보고했다. 함곡관에서 가로막혔다가 어렵게 진입한 뒤로 유방에게 적의를 잔뜩 품고 있던 항우에게 조무상의 보고는 불난 데 기름을 끼얹는 격이었다. 항우는 날이 밝는 대로 병사들에게 음식을 잘 먹인 뒤 대군을 출동시켜 유방 군대를 섬멸하라고 명했다.

범증은 항우 군대의 부장으로, 지혜와 지모가 풍부했으며 전략과 기획에 능했다. 초나라 군대에서 그의 지위와 역할은 참모총장에 해당했다. 칠십이 넘은 그는 일찍이 항량을 보좌했고 항량이 전사한 뒤에는 항우를 보좌했다. 범증은 항우와 군중으로부터 존경받는 인물이었다. 항우는 연장자인 그에게 '부친 다음'이라는 뜻의 '아부亞父'라는 존칭으로써 예우했다. 범증은 늘 유방의 능력과 포부를 경계해왔으며, 유방이 관문을 닫았을 때는 관중을 독차지하려는 그의 의도를 예민하게 알아챘다. 대군이 홍문에 주둔한 뒤 범증은 일찌감치 정탐꾼을 보내 유방 군대의 상황을 살피게 했다. 범증은 항우에게 유방에 대해 이렇게 분석하여 말했다.

"유방은 관동에 있을 때 재물을 탐하고 여색을 좋아했습니다. 그런데 함곡관으로 들어온 뒤로는 보물과 재물을 취하지 않고 미인도 가까이 하지 않는다고 합니다. 그는 큰 것을 위해 작은 것을 참으면서 천하에 뜻을 두고 있습니다. 제가 몰래 사람을 시켜 유방의 기를 살펴보게 하니, 오색찬란하게 용과 범이 얽혀 있었는데 이는 천자의 기상입니다. 서둘러 유방을 공격해 제거하십시오. 절대 시기를 놓치지 마십시오."

항백은 항우의 백부다. 항량과 항우가 회계에서 기병했을 당시 항백은 하상의 항씨 고향에서 항씨 일족을 모아 기병에 호응했다. 항량 군대가 강을 건너 북상해 하상에 이르러서 항씨 일족과 회합한 이후 항백은 줄곧 항량 군중에서 협조하며 초나라의 국상國相인 영윤을 맡았다. 항량이 전사한 뒤 항백은 항씨 일족의 연장자가 되었다. 항백은 항우가 가장 존중하고 신뢰하는 육친이었다. 초나라 시대에 항씨 일족의 봉지는 처음엔 상현에 있었고 나중에는 하상으로 옮겨갔다. 시황제가 천하를 통일한 뒤 하상은 사수군에 속했다. 하상은 사수군의 동쪽 변두리 현으로 북으로는 동해군 하비현과 이웃하고 있었다. 초나라가 멸망한 뒤 항씨 일족은 내내 하상현에서 거주했다. 항량과 마찬가지로 항백도 현실에 만족하는 인물이 아니었다. 항백은 협객을 좋아하고 호걸과 친분을 맺으면서 늘 법도에 어긋나는 무력을 행사했다. 항량은 사람을 죽인 뒤 화를 피하기 위해 남쪽 회계 오현吳縣으로 갔다. 항백 역시 사람을 죽이고 북쪽 동해 하비로 가서 숨어 지냈다.

앞에서 말했듯이, 장량은 사구에서 시황제를 암살하려다 실패한 뒤 진 정부에 의해 지명 수배되자 하비로 달아나 숨어 지냈다. 일찌감치 항백과 장량은 서로 경모하며 왕래하면서 격의 없는 사이가 되었을 것이다. 항백이 하비로 숨어들었을 때 의탁했던 이가 바로 장량이다. 장량의 엄호와 도움 덕분에 항백은 목숨을 구하고 법망에서 벗어날 수 있었으며, 두 사람은 생사를 함께하는 벗이 되었다.

의리를 중시하는 항백으로서는 장량이 유방의 군중에 있다는 사실을 알면서도 장량이 유방과 함께 죽도록 내버려둘 수는 없었다. 항백은 심복 시종만 데리고 말을 몰아 파상의 유방 군중으로 장량을 찾아왔다. 그는 항우가 이튿날 아침 유방 군대를 공격할 것이라고 알려주면서, 헛되이 유방과 함께 죽지 말고 자신과 함께 파상을 떠나 홍문으로 가서 화를 피하라고 권했다. 장량은 큰일이 닥쳐도 침착하고 진중한 사람이었다. 마음으로 이미 생각한 바가 있었던 장량은 항백의 호의를 거절했다.

"이 장량은 한나라의 신하로 한왕의 명을 받아 패공을 보좌하여 함곡관으로 들어왔으니, 마땅히 사명을 완수한 뒤 한왕께 아뢰어야 합니다. 지금 패공이 위험하고 급박한 상황인데 이 장량이 제 한 몸 지키겠다고 달아난다는 것은 신하로서 불의한 행위이며, 벗으로서 신의 없는 행동입니다. 항백 형의 후의는 감사히 받겠습니다. 어떤 선택을 할지는 패공께 분명히 말씀드린 뒤에 결정할 수밖에 없습니다."

항백은 동의했다. 장량은 황급히 안으로 들어가 유방을 만나 사정을 사실대로 보고했다. 유방은 놀라서 안색이 변했다.

'회왕의 약조'에 따르면, 가장 먼저 관중으로 진입해 함양의 항복을 받아낸 유방이 진나라의 왕이 될 터였다. 그래서 유방은 진나라를 자신의 영토로 여기고 진나라 사람을 자신의 백성으로 여겼으며, 진나라의 궁실과 진귀한 보물을 자신의 재부로 여겼다. 그는 제후국 연합군이 도착하여 자신을 정식으로 진왕으로 확정해주길 기대하면서, 관중을 안정시키고 있었다. 그가 관중으로 진입하는 길목들을 전면 봉쇄한 것은 신변에 대한 염려 때문이었다. 회왕의 약조에 따르면, 진나라를 멸망시킨 이후 정립될 천하 정국은 칠국의 복국과 왕정의 부흥이었다. 당시 육국은 이미 복국했고 각국의 왕정도 이루어졌으며, 진왕의 빈자리만이 먼저 관중을 함락하는 반진군 장수의 몫으로 남겨져 있었다. 바로 유방의 것이었다. 하지만 거록 대전에서 왕리 군대를 섬멸하고 장함 군대에게 투항을 권유해 진나라 주력군을 소멸시킴으로써 실질적으로 진 왕조를 붕괴시킨 가장 큰 공로와 가장 강대한 실력을 지닌 사람은 항우였다. 항우의 압도적인 공로는 어떻게 보상할 것인가?

회왕의 약조가 맺어지던 당시, 항우는 관중으로 진격하겠노라 자청했다. 진나라를 멸망시키고 왕이 되겠다는 의도를 표명한 셈이다.

그러나 회왕은 이를 허락하지 않았고, 유방에게 관중 공격을 맡김으로써 관중 진입의 우선권을 내주었다. 항우로서는 먼저 관중에 들어갈 수 없는 데 원한을 품을 수밖에 없었다. 항우의 공로가 천하를 뒤덮고 있는 지금, 그가 대권을 장악하고 각국의 모든 장수가 그에게 복종하고 있는 마당에 과연 그가 관중의 왕을 유방에게 내주고 자신은 회왕 조정의 장군으로 남아 있으려 하겠는가? 더욱이 항우가 안양에서 장함을 옹왕으로 삼아 관중을 통치하게 하겠다는 맹약을 맺었다는 정보도 있었다. 이러한 비상 사태로 인해, 관중을 차지하고 있던 유방은 불안과 걱정을 느낄 수밖에 없었다. 그는 자신이 손에 넣은 관중이 강탈당하거나 분할될까 봐 두려웠다.

유방이 함곡관을 봉쇄한 것은 그의 관중 통치를 기정사실화한 것이다. 그는 관중을 먼저 차지했다는 유리한 조건을 내세워 항우 및 제후 각국과 함곡관 밖에서 교섭하고자 했을 뿐 대결할 생각은 전혀 없었다. 그런데 뜻밖에도 항우는 아무런 교섭도 해오지 않았다. 대신 강대한 군사력으로 일거에 함곡관을 돌파하고 관중으로 진입해 홍문 아래에 주둔해 있었다. 자신의 오산으로 궁지에 빠진 유방은 피동적인 처지에 놓이고 말았다. 이때까지만 해도 그는 항우가 전면적으로 공격하리라고는 전혀 예상하지 못했던 듯하다. 공격 시기는 바로 이튿날 아침이었다.

유방이 장량에게 물었다. "사정이 이처럼 급박한데 무슨 방법이 있겠소?"

유방이 관문을 닫고 지키던 상황을 장량은 잘 모르고 있었기에 유방에게 물었다. "관문을 닫고 지키는 것은 누구의 생각입니까?"

유방이 대답했다. "해생解生이라는 풋내기라오."[16]

장량이 말했다. "패공께서는 생각해보십시오. 패공 부하의 군대가 항우 군대의 공격을 당해낼 수 있는지요?"

패공이 침묵하다가 대답했다. "물론 못하오. 어떻게 해야 하오?"

장량이 말했다. "제가 항백을 찾아가 패공이 항장군을 배반하지 않을 것이라는 진심을 전할 수 있도록 해주십시오."

유방은 약간 의심하며 장량에게 물었다. "그대와 항백은 대체 과거에 어떤 관계였소?"

장량은 생사를 함께했던 자신과 항백의 인연에 대해 간결하고도 분명하게 찬찬히 설명했다.

유방은 장량의 말을 집중해서 듣고 난 뒤 다시 장량에게 물었다. "그대와 항백 중에서 누가 나이가 많소?"

장량이 대답했다. "항백이 신보다 나이가 많습니다."

유방은 좌불안석이던 마음이 겨우 진정되었다. 그는 긍정적인 말투로 장량에게 분부했다. "수고스럽겠지만 그대가 나를 위해 항백 형을 불러주시오. 내가 항백을 큰형님으로 모시고 아우의 예로 만나겠소."

유방은 젊은 시절에 임협으로 지내면서 호걸과 사귀었으니 녹림綠林 인물이라 할 수 있다. 그는 일찍이 대량에 가서 명사 장이의 문하에 있으면서 여러 곳을 두루 다녔고, 패현으로 돌아와서는 현협 왕릉의 수하에서 일했다. 유방은 당시 민간 사회의 규칙, 강호의 예절, 호협 간의 심정을 꿰뚫고 있었기에 항백을 설득할 자신이 있었다.

항백이 유방의 막사로 들어서자 술자리가 마련되어 있었다. 유방은 아우의 예를 갖추어 상석을 비워두고 마중나왔다. 그는 항백을 상석에 정성껏 앉힌 뒤 직접 술을 따르고 축수했다. 당시 유방은 49세, 장량은 47세였다. 항백은 장량보다 나이가 많았으니 50세 전후였다. 유방과 항백이 함께 군대를 이끌고 전쟁한 적은 없었을지도 모르지만 둘 다 항량 때부터 초나라 군대의 장수였던 만큼 화젯거리는 많았을 것이다. 게다가 두 사람 모두의 친구인 장량이 중개 역할을 하면서 서로 유쾌한 대화를 나눌 수 있었다.

술자리에서 유방은 항백을 형으로 예우하여 의형제를 맺고 혼인 관계를 약속했다. 유방은 기회를 봐서 항백에게 부탁했다.

"저는 함곡관으로 들어온 뒤 진나라의 궁실과 재산과 사람들을 터럭만큼도 건드리지 않았습니다. 관리와 백성의 호구를 기록하고 창고의 재물을 지킨 채 상장군께서 오셔서 모든 것을 처리하시길 기다렸습니다. 관문을 지키게 한 이유는 도적의 출입을 막고 의외의 사태에 대비하기 위해서였습니다. 상장군께서 오시기를 밤낮으로 바라고 있었는데, 어찌 감히 배반할 생각을 하겠습니까! 저는 풍읍의 위기에서 항량 장군의 도움을 받았는데 지금까지도 그 은덕을 갚지 못했습니다. 그런데 어찌 감히 배은망덕하게 배신하겠습니까! 성양과 옹구에서는 상장군과 연합하여 싸우면서 생사고락을 함께했는데, 어찌 감히 정리에 어긋나게 딴 마음을 갖겠습니까! 부디 항백 형님께서 저의 진심을 상장군께 잘 전해주셔서 마음을 푸시도록 해주십시오."

항백은 호쾌하고 의협심이 있으며 감정을 중시했다. 그는 생각이 짧고 작은 이익을 탐했으며, 개인 간의 은혜와 의리를 가장 중시했다.

유방에게 설복된 그는 항우를 설득해줄 테니 이튿날 일찍 홍문의 군중으로 항우를 찾아와 직접 사정을 설명하라고 했다.

홍문의 군중으로 돌아온 항백은 곧장 항우를 만나 유방의 억울한 심정을 전하면서 화해할 것을 강권했다. 귀족 명문가 출신인 항우는 어려서 부모를 잃고 백부 항량 밑에서 자랐다. 또한 난을 피할 때, 기병하여 강을 건널 때, 정도에서 패전했을 때, 중요한 고비 때마다 그가 의지했던 버팀목은 한마음으로 난국을 함께 극복해준 항씨 종족이다. 항량이 죽은 후로는 항백이 항씨 종족의 웃어른이었으니, 항우로서는 항백의 말에 귀를 기울이지 않을 수 없었다. 항백이 말했다.

“패공이 먼저 관중을 무너뜨리지 않았다면 우리가 지금 어떻게 이곳에 올 수 있었겠소? 지금 그가 큰 공을 세웠는데 우리가 공격하는 것은 천하에 의롭지 못한 일이니, 차라리 잘 대우해주는 게 적절한 처사인 듯하오.”

항우는 27세의 젊은이로, 타고난 무적의 장군이자 용맹한 전사였지만 감정에 좌우되는 인물이었다. 그가 신안에서 진나라 군대를 생매장한 일은 진나라에 대한 자신의 깊은 원한을 제어하지 못해 빚어진 일로서, 진나라 민심을 잃게 만든 큰 실수였다.

유방을 옹호하는 항백의 말에 항우는 흔들렸다. 같은 초나라 군대의 장수로서 일찍이 생사를 함께했던 전우의 정에 끌린 그는 정치적 이익에 근거한 행동을 취할 수 없었다. 그는 일 년 전의 일을 떠올렸다. 항량 군대를 따라 동아로 가서 위나라를 돕고 제나라를 구하고 장함 군대를 격파한 뒤, 유방 연합군과 함께 싸우면서 성양을 공격해 진나라 군대를 격파하고 다시 옹구에서 싸워 진나라 삼천태수 이유를 죽였다. 항량 군대가 패배한 뒤 함께 무사히 철수할 때도 역시 두 사람은 생사를 함께했다. 항우는 주저했다. 그는 유방이 찾아와 사정을 설명하겠다는 데 동의하고 공격 명령을 철회했다.

7

조마조마하긴 했으나 위험은 없었던 홍문연

이튿날 이른 아침, 유방은 다섯 명의 심복 근신과 100여 명의 기병을 대동한 채 수레를 타고 항우를 찾아갔다. 유방을 수행한 다섯 명의 근신은 장량·번쾌·하후영·기신紀信·근강靳強이다.

이번 교섭의 주인공인 장량은 한나라의 사도司徒이자 유방의 참모다. 그는 일찍이 시황제를 암살하려 했던 주모자이자 항백의 벗이다. 화의和議의 성공 여부 그리고 유방과 그 군대의 생사존망은 장량의 중재에 달려 있었다.

유방의 고향 사람인 번쾌는 본래 패현의 개백정이었다. 유방이 망탕산으로 들어갔을 때 가장 먼저 그를 따랐던 이가 번쾌이니 오랜 동지인 셈이다. 번쾌의 부인 여수는 여치(유방의 부인)의 동생으로, 번쾌와 유방은 인척 관계이기도 하다. 유방의 부하 가운데 번쾌보다 유방과 가까운 사람은 없을 것이다. 번쾌는 신체와 담력이 강건하고 용맹하며 두려움을 모르는 인물이었다. 거칠면서도 섬세한 면이 있고 맏형 유방에게 지극히 충성스러우며 어떤 어려움도 두려워하지 않았다. 홍문연으로 가는 길에 그는 수레를 함께 타고 가며 유방의 호위병 역할을 맡았다.

하후영 역시 유방의 고향 사람이다. 그는 본래 패현 정부의 마부로, 사수정 정장으로 있던 유방과 가장 친한 벗이 되었다. 일찍이 유방이 실수로 그를 다치게 하여 감옥에 갇힌 적이 있었다. 하후영이 수백 대의 매질을 참아내며 유방의 죄를 인정하지 않은 덕분에 유방이 형벌을 면할 수 있었으니, 생사를 함께한 벗인 셈이다. 유방이 패현에서 기병한 이후 하후영은 내내 유방의 마부로 지냈다. 유방이 수레를 타고 출행할 때면 늘 하후영이 함께했다.

기신과 근강 역시 유방의 오랜 부하로, 의지가 굳세고 충성스러워 변심하지 않는 진실한 인물이다. 그들에 대해서는 앞으로 이야기할 기회가 있을 것이다. 홍문연에 갈 때 두 사람은 유방의 호위대장이었고, 수행하는 100여 명의 기사는 그들의 부하였다.

유방 일행은 파상에서 출발해 위하 남쪽의 대도를 따라 동쪽으로 가서 홍문에 있는 항우 군영으로 왔다. 홍문연에 가는 것은 범의 아가리 속에서 목숨을 구하길 바라는 격이었다. 유방 일행은 오랫동안 전장을 경험한 전사였지만 생사를 예측할 수 없는 판국에 마음이 짓눌리지 않을 수 없었다. 희수 서쪽의 홍문 일대는 북으로 위하에 임하고 남으로 여산에 의지해 있었다. 이곳에 40만 연합군의 막사가 이어져 있었으며, 깃발이 선명하고 명령이 빈틈없었다. 여산 북쪽 기슭의 홍문판에 자리한 항우의 상장군 본영은 높은 곳에서 위하 평원을 굽어보고 있었다.

유방 일행이 겹겹의 경계선을 지나 상장군 군영의 문밖에 도착하자, 문을 지키는 병사가 상장군의 명령을 전했다. 초나라 탕군장 유방과 한나라 신도 장량은 들어오되, 영내에서는 수레를 타면 안 되고 수종도 진입하면 안 된다는 것이었다. 유방은 수레에서 내린 뒤 번쾌·하후영·기신·근강 및 100여 명의 기사를 군영의 문 밖에 머물게 하고 장량과 함께 상장군 군영으로 걸어 들어갔다.

항우 군영의 수비는 삼엄했다. 안에는 좌석이 이미 배정되어 있었다. 상석의 항우와 항백은 서쪽을 등지고 동쪽을 향해 앉았다. 두 번째 좌석의 범증은 북쪽을 등지고 남쪽을 향해 앉았다. 그다음 자리의 유방은 남쪽을 등지고 북쪽을 향해 앉아 범증과 마주했다. 장량은 말석에 자리했는데, 동쪽을 등지고 서쪽을 향해 앉아 항우·항백과 마주했으며 막사의 문을 등졌다.

진·한 시대에는 서쪽이 귀한 방향이었다. 빈객을 초대한 연회에서 좌석 배열의 상하존비는 서북남동의 순서에 따라 정해졌다. 홍문연의 좌석도 관직의 지위에 따라 배정되었다. 항우는 초나라 상장군이고 항백은 초나라 국상國相인 좌영윤左令尹으로, 중앙의 문무 양대 관리로서 지위가 가장 높았다. 범증은 초나라 군대의 부사령 겸 참모총장인 아장亞將으로, 그다음 지위였다. 그다음은 초나라의 탕군장으로서 한 지역의 태수이자 별동대의 수장인 유방이었다. 장량은 소국 한나라의 사도이자 유방의 보좌로서 자연스럽게 말석에 배석했다.

자리에 앉자 유방은 먼저 사죄하며 경모와 복종의 마음을 표했다. 그는 조심스럽게 탐색하면서 항우의 화를 풀고자 이렇게 말했다.

"신은 장군과 더불어 힘을 합해 진나라를 공격했습니다. 장군께서는 하북에서 싸우시고 신은 하남에서 싸웠습니다. 전장의 상황이 돌변하여, 신이 먼저 관중을 공격해 포악한 진나라를 멸망시킬 수 있었습니다. 이는 실로 예상 밖의 일입니다. 지금 어떤 소인배가 신에 대한 유언비어를 날조해 장군과 신 사이에 틈을 만들었는데, 장군의 뛰어난 식견 덕분에 신이 장군을 다시 뵙게 되었으니 참으로 크나큰 행운이옵니다."

항우는 유방의 말을 일단 들어보라는 항백의 건의를 받아들여 공격 명령을 철회했을 당시에 이미 유방을 죽일 생각을 거둔 상태였다. 지금 이렇게 유방이 직접 찾아와 사과하자 항우는 노기가 사라지고 경계심도 풀렸다. 자제력이 부족한 젊은 항우는 유방이 옛일을 회상하며 친근하게 말하자 무심결에 그만 고발자의 이름을 밝히고 말았다.

"이 일은 패공의 좌사마 조무상이 말한 거요. 그렇지 않았다면 나 항적이 이렇게까지 하진 않았을 거요."

항우의 말에 자리에 있던 이들 모두가 깜짝 놀랐다. 그중에서도 가장 큰 불안을 느낀 사람은 범증이다. 그는 지혜가 풍부하고 계략이 많으며, 멀리 내다볼 줄 알고 인물을 감별하는 데도 능했다. 진나라 멸망 이후 범증은 미래의 천하 정국에 대한 그림을 그리면서 그 구도 속에 각국 영웅호걸을 배치하여 헤아려보았다. 그 결과 그는 유방이 참을성이 있고 도량이 크며 천하에 뜻을 두고 있기에 장차 천하를 놓고 항우와 싸울 최대 적수라고 단정했다. 환난을 미연에 방지하려면 빨리 유방을 제거해야 했다.

범증은 항우를 잘 알고 있었다. 감정에 좌우되는 편인 항우는 정치적 이익에 근거하여 냉철하게 행동하지 못한다. 또한 완고하여 남의 의견은 잘 듣지 않고 자신이 굳게 믿는 일은 돌이키려 하지 않는다. 항백의 설득에 항우가 공격 명령을 갑자기 철회해버리자 범증은 하는 수 없이 한 발짝 물러나 유방이 찾아오면 술자리에서 죽일 것을 항우에게 건의했다. 항우는 확실히 답하지 않은 채 회견 상황에 따라 결정하겠다고 했다. 이제 술자리에 마주 앉아 기민하게 응대하는 유방을 경솔히 믿어버리는 항우의 모습을 본 범증은 유방을 제거할 결심을 더욱 굳히게 되었다. 범증은 항우에게 눈짓을 여러 번 보내다가 자신이 차고 있던 옥결玉玦을 세 번이나 들어서 항우를 일깨웠지만 항우는 묵묵히 있으면서 반응하지 않았다.

범증은 일어나서 밖으로 나와 항우의 사촌동생 항장을 불러 말했다.

"항장군은 사람됨이 모질지 못하시오. 그대가 지금 들어가 술을 권한 다음 검무로 흥을 돋우길 청하시오. 그리고 기회를 엿봐 유방을 죽이시오. 만약 유방을 죽이지 않으면 우리 모두는 앞으로 그의 포로가 될 것이오."

항장이 막사로 들어가 모두에게 축수하며 술을 권했다. 이어서 항장은 항우에게 이렇게 요청했다.

"상장군과 패공께서 술을 드시는데, 군중軍中이 보잘것없어 음악과 춤이 없으니 제가 검무로 흥을 돋울 수 있게 해주십시오."

항우가 동의했다. 항장은 검을 뽑아 춤을 추기 시작했다. 그는 살의를 숨기고 패공의 자리에 접근했다. 그러자 이를 알아챈 항백이 자리에서 일어나더니 검을 뽑아 춤을 추면서 항장의 검을 좌우로 막아내며 은밀히 유방을 보호했다.

장량은 일이 심상치 않다는 것을 알고 일어나 밖으로 나갔다. 그는 군문 밖으로 가서 여러 수종을 만났다.

번쾌가 먼저 장량에게 물었다. "오늘 일은 어떻게 돼갑니까?"

장량이 말했다. "아주 위험하오. 지금 항장이 검무를 추는데 패공을 노리고 있소."

다급해진 번쾌가 소리쳤다. "큰일이군요. 제가 들어가서 패공과 생사를 함께하겠습니다."

번쾌는 장검을 차고 방패를 쥐고서 곧장 군문으로 갔으나 위사衛士가 긴 창을 교차시켜 문 앞을 막아섰다. 힘이 센 번쾌가 방패로 밀어붙이자 두 명의 위사는 소리를 내며 땅바닥에 나동그라졌다. 번쾌는 막사로 달려가 장막을 들추고 항우를 정면으로 마주하고 서서 노려보았다. 머리카락이 곤두서고 눈알은 튀어나올 듯했다.

탁자 앞에 앉아 있던 항우는 본능적으로 몸을 피하며 검을 만지면서 물었다. "손님은 누군가?"

장량이 재빨리 앞으로 나와 대답했다. "패공의 위사인 참승驂乘 번쾌이옵니다."

항우가 말했다. "장사로군. 술을 가져오라."

시종이 큰 잔에 술을 담아 번쾌에게 주었다. 번쾌는 방패를 쥐고서 무릎을 꿇으며 항우에게 감사의 예를 올린 뒤 몸을 일으켜 술을 단번에 들이켰다.

항우가 말했다. "돼지 다리를 가져오라."

시종이 익히지 않은 돼지 다리를 번쾌에게 주었다. 번쾌는 방패를 내려놓더니 돼지 다리를 그 위에 올려놓고 검으로 썰어서 죄다 먹어

치웠다.

항우가 다시 번쾌에게 물었다. "장사로다. 더 마실 수 있는가?"

번쾌가 대답했다. "신은 죽음도 피하지 않는 몸인데, 어찌 술을 사양할 수 있겠습니까?"

번쾌는 술김에 말을 꺼냈다. "진왕은 잔학하고 마음이 잔악무도하여 헤아릴 수 없을 정도로 많은 사람을 죽이고 셀 수 없을 정도로 많은 형벌을 내렸기 때문에 천하가 등을 돌려 진나라를 멸하기에 이르렀습니다. 회왕께서 여러 장수에게 약조하시길, 먼저 진나라를 무찌르고 함양에 들어가는 자를 관중의 왕으로 삼겠다고 하셨습니다. 지금 패공께서 먼저 진나라를 무찌르고 함양에 진입했지만 터럭만큼도 감히 건드리지 않으셨습니다. 궁실을 잠그고 파상으로 돌아와 군대를 주둔시키고 상장군께서 오시기를 기다리셨습니다. 장수를 보내어 함곡관을 지키도록 한 이유는 도적의 출입을 방지하고 돌발적인 사건에 대처하기 위함이었습니다. 이처럼 수고하고 공로가 큰데 제후로 봉하는 상을 내리시기는커녕 도리어 참언을 믿고 주살하려 하심은 멸망한 진나라를 잇는 것으로, 상장군께서는 그러시지 않길 바라옵니다."

항우는 번쾌의 힐문에 대답하지 않고 그에게 앉으라고 했다. 번쾌는 장량 곁에 앉았다. 번쾌의 난입으로 인해 항백과 항장도 검무를 멈추고 자리에 앉자 긴장된 분위기가 완화되었다. 유방은 다소 마음이 진정되자 자리에서 일어나 측간에 가려고 막사 밖으로 나왔다. 장량과 번쾌 역시 뒤이어 나왔다. 장량이 유방에게 곧장 자리를 떠야 한다고 하자 유방은 주저하며 말했다. "인사도 없이 떠나는 건 적절치 못한 처사가 아닌가?"

번쾌가 소리쳤다. "큰일을 할 때는 자질구레한 것을 돌보지 않고, 대례大禮를 갖출 때는 사소한 것을 문제 삼지 않는 법입니다. 지금 저들은 칼과 도마이고 우리는 물고기입니다. 생사가 남에게 좌지우지되는 상황에서 무슨 예절을 따지십니까!"

이에 유방은 떠나기로 결정했다. 그는 장량에게 남아서 작별의 예를 올리라고 했다.

장량이 물었다. "패공께서는 어떤 예물을 가지고 오셨습니까?"

유방이 말했다. "백벽白璧 한 쌍을 상장군에게 바치러 가져왔고, 옥두玉斗 두 개는 아부亞父에게 주려고 했소. 그런데 내내 살의가 번득이고 노기가 가득하여 감히 꺼낼 수가 없었소. 수고스럽겠지만 나를 대신해 바쳐주시오."

장량이 응답했다. "그렇게 하겠습니다."

항우 군대는 희수 홍문 일대에 있었고, 유방 군대는 40리 정도 떨어진 파하 일대에 있었다. 이 두 곳은 북쪽 위하와 남쪽 여산 사이에 위치하며 두 개의 길로 서로 통해 있었다. 그중 위하 남쪽 기슭을 따라 나 있는 큰길은 거마가 통행하는 교통 간선도로인 함양-함곡관도인데, 지금의 시퉁(시안·퉁관)고속도로 선상에 해당한다. 유방 일행이 홍문으로 올 때 바로 이 길을 이용했다. 둘 중 작은길은 여산 북쪽 기슭에서 위하평원의 고원 지대로 구불구불 이어져 있는 지양도芷陽道인데, 대체로 지금의 한위韓峪·홍칭洪慶 선상에 해당한다. 지양도는 수레가 지나지 못할 만큼 좁지만 거리가 20리밖에 되지 않았다. 인사도 없이 떠나게 된 유방은 추격이 두려워서 큰길로 가지 못하고 지양도로 질러가기로 결정했다.

유방은 수레와 100여 명의 기병 위사를 죄다 남겨둔 채 번쾌·하후영·근강·기신 네 명만 동행하게 한 상태에서 손수 말을 타고 갔다. 네 명의 부하는 장검과 방패를 들고 걸어서 유방을 뒤따랐다. 이들은 슬그머니 산 쪽으로 들어가 부랴부랴 파상의 군영으로 달아났다.

한편 장량은 유방과 약속한 대로 군문 밖에서 배회하며 시간을 보내다가 유방이 파상의 군중에 접근했을 때쯤 항우의 막사로 돌아갔다. 장량이 유방을 위해 밖에서 시간을 보내고 있을 무렵 역사상 또 한 명의 유명한 인물이 등장하게 된다.

『사기』의 기록에 따르면, 밖으로 나간 유방이 한참이 지나도 돌아오지 않자 항우는 진평陳平을 보내 유방을 찾게 했다. 진평은 훗날 유방의 참모가 되어 장량과 이름을 나란히 하게 되는 인물로, 초·한 전쟁에서 유방 측의 모략 가운데 상당수가 진평의 기획이다. 홍문연 당시 진평은 도위都尉로서, 항우의 신임을 얻어 측근에서 일을 맡고 있었다. 진평은 유방을 찾으러 나왔다가 장량을 만났다. 둘 다 지혜롭고 사리에 밝은 만큼 공동의 화제가 있었을 것이다. 또한 도량이 넓고 참을성이 있으며 사람을 얻고 쓸 줄 아는 유방의 기개가 진평에게 깊은 인상을 남겼을 것이다. 내가 추측하기로, 진평의 통찰력이라면 유방의 행방을 알아차렸을 테지만, 영민했기 때문에 굳이 캐내려 하지는 않았을 것이다. 장량과 진평은 모른 척하기로 묵약하고 짐짓 여기저기 찾아다니면서 유방이 도망칠 시간을 벌어주었을 것이다. 이는 장래에 진평이 유방에게 의탁하게 되는 사건의 복선이 되었다.

유방이 멀리 갔다고 판단한 장량은 항우의 군영으로 돌아와 항우에게 사죄했다.

"패공께서 술을 이기지 못하고 취하셔서 직접 하직인사를 드릴 수가 없었습니다. 신에게 분부하시길, 백벽 한 쌍을 상장군 족하께 재배하며 바치고 옥두 한 쌍을 아장군 족하께 재배하며 바치라 하셨습니다."

항우가 물었다. "패공은 어디 있는가?"

장량이 대답했다. "패공은 상장군께서 질책하시리라는 것을 알고서 두렵고 불안한 나머지 이곳을 빠져나가셨는데, 이미 파상 군영에 당도하셨을 겁니다."

항우는 백벽을 받아 자리 위에 두었다. 범증은 옥두를 바닥에 놓고 검을 뽑아 깨뜨리면서 항장에게 들으라는 듯 성내며 말했다.

"에이, 풋내기와는 더불어 일을 도모할 수가 없다. 상장군의 천하를 빼앗을 자는 반드시 패공일 것이다. 우리는 장래에 포로가 될 운명을 피할 수 없다."

군중으로 돌아온 유방은 즉시 조무상을 주살했다.

8

항우가 회왕의 약조를 폐기하다

나는 『사기』에 나오는 홍문연 기록을 읽을 때마다 불가사의한 느낌이 든다. 이처럼 훌륭한 문장이 도대체 역사일까, 아니면 문학일까? 사마천의 신묘한 글재주에서 나온 허구일까, 아니면 있는 그대로 쓴 천고의 걸작일까? 나의 어렴풋한 기억으로는, 소년 시절에 처음 홍문연을 읽었을 때 가장 인상 깊었던 인물은 번쾌였다. 번쾌는 검과 방패를 쥐고 연회장으로 뛰어들어 항우를 노려보면서 항우와 대치했다. 술을 단번에 들이켜고 고기를 쓱쓱 썰어 먹으면서 큰소리로 항우를 비난하는 장면, 특히 그가 익히지 않은 돼지 다리를 방패 위에 올려놓고 썰어서 먹는 기묘한 장면은 지금까지도 불가사의하다. 그럼에도 불구하고 홍문연의 진정한 영웅은 항우도 아니고, 유방도 아니고, 장량·범증·항장·항백도 아닌, 번쾌라는 직감은 늘 뚜렷했다.

번쾌는 홍문연의 당사자로, 홍문연에서 유방을 구한 일은 그의 일생에서 가장 빛나는 사적이다. 그 일은 번쾌가 작위를 얻고 제후에 봉해지게 된 커다란 공로였으며, 번씨 집안 대대로 구전되는 교훈적

무용담이기도 했다. 번쾌의 손자인 번타광은 홍문연의 이야기를 사마천에게 들려주었고, 사마천은 이에 근거해서 『사기』 「항우본기」에 그 이야기를 써 넣었다. 당사자의 생생한 구술이기 때문에 이처럼 생생하게 서술할 수 있었던 것이다. 믿어지지 않을 만큼 당시의 목소리와 모습이 눈앞에 있는 듯 선명하다.[17]

하지만 태사공은 문학가이기도 하다. 낭만적이고 호기심이 많은 그는 홍문연의 세부 묘사에 집중한 반면 홍문연의 화해가 이루어진 배경에 대해선 등한시했다. 홍문연에서 만나기 전에 항우와 유방은 이미 강화 교섭을 했다. 강화 조건은 상당히 가혹했다. 함양을 비롯해 관중을 죄다 항우에게 넘기고, 유방에게 투항한 진왕 영과 진 왕조의 관리와 군대도 항우에게 인계하는 것이었다. 이후 유방의 군대는 파상에 잠시 주둔하면서 다른 연합군과 마찬가지로 항우의 지휘를 따르는 신세가 되었다. 홍문연에서 항우가 유방을 죽이지 않은 데는 인간관계를 비롯해 감정적 차원의 여러 이유가 있었지만, 무엇보다도 항우가 내놓은 강화 조건을 유방이 전부 받아들이고 최대한 복종했기 때문이다.

항우는 유방 문제를 평화적으로 해결하고 모든 군대의 지휘권을 장악한 뒤 홍문을 떠나 진나라 수도 함양으로 들어갔다. 함양으로 들어간 항우는 가장 먼저 진왕 영을 죽이고 영씨 종족을 죽임으로써 진 왕실의 오랜 혈통을 끊어놓았다. 항우는 보복을 자행했다. 옛날 제후국을 점령한 진나라 군대가 그랬던 것처럼 진 왕조 궁실의 보물과 여자를 약탈하고 함양의 궁성을 불살랐다. 미완공 상태의 아방궁과 시황제릉의 방대한 건축 역시 철저히 파괴했다. 사서에는 항우

최후의 진나라 왕 영영의 능묘 소재지, 지금의 시안 린퉁구 류자촌劉家村

가 진나라 수도를 파괴할 때 치솟은 불길이 석 달 동안 이어졌다고 기록되어 있다.

모사 한생韓生은 일찍이 항우에게 권하길, 관중에 도읍하라고 했다.[18] 관중의 지세가 험준하고 토지가 비옥하고 인구가 많으며, 의지하여 방어할 요새가 사방에 있기 때문에 지리적으로 전략적인 위치를 가장 잘 구비하고 있다고 판단한 것이다. 하지만 신안에서 진나라 군대를 생매장한 이후로 항우는 관중에 발붙일 민심을 잃었다. 더욱이 함양에 들어와서 진 왕조의 궁실과 능원까지 파괴했으니, 그에게 관중에 머물 뜻이 없음은 확실해졌다.

초나라 귀족인 항우는 고향을 그리워했다. 공을 세워 이름을 날린 뒤로는 하루라도 빨리 고향으로 돌아가기를 갈망했다. 그는 금의환향하여 선조에게 고하겠다는 일념을 떨쳐낼 수 없었다. 그래서 그는 "부귀한 뒤에 고향에 돌아가지 않는 것은 비단 옷을 입고 밤길을 가는 것과 같아서 알아주는 사람이 없다"는 이유로 한생의 중대한 전략적 건의를 쉽게 내팽개쳤다. 한생은 물러난 뒤 복잡한 심경을 자신도 모르게 토로했다. "사람들이 말하길 초나라 사람은 거칠고 급해서 마치 원숭이가 모자를 쓴 격으로 사람처럼 생기긴 했으나 오래가지 못한다고 하더니, 과연 그렇구나." 한생의 말은 항우의 귀에 들어갔고, 항우는 즉각 그를 솥에 던져 삶아 죽이라고 명했다. 항우는 끝끝내 감정의 충동을 제어하지 못했다.

항우는 진나라 수도를 파괴함으로써 조국의 멸망에 대한 깊은 원한을 갚은 뒤, 전후 문제의 처리에 착수했다. 전후의 가장 중요한 문제는 진나라에 대한 처리였다. 가장 먼저 관중에 들어가는 자를 진왕으로 삼겠다는 회왕의 약조에 따르면 마땅히 유방이 진왕에 올라야 했다. 그런데 약조를 하던 당시에 회왕은 항우의 자발적 요청을 거절하고 유방을 함곡관으로 향하게 했다. 이는 왕이 될 수 있는 유일한 가능성을 유방에게 내준 셈으로, 이로 인해 항우는 회왕과 유방에게 불만을 품게 되었다. 이후 유방은 함곡관을 닫고 수비함으로써 항우의 분노와 시기를 불러일으켰다. 홍문연의 화해로 유방을 죽이진 않았지만 유방에 대한 항우의 의심과 경계는 제거되지 않았다. 유방을 관중의 왕이 되지 못하게 한다는 것이 항우가 일찌감치 정해놓은 방침이었다. 항우는 팽성의 회왕에게 사람을 보내어 진나라 섬멸에 성공했음을 보고했다. 항우는 은허에서 맹세한 약정에 따라 관중을 분할해 항복한 진나라의 세 장수를 그곳의 왕으로 삼고, 유방을 비롯한 다른 장수들에게는 따로 논공행상할 것을 요청했다. 항우의 요청은 표면적으로는 회왕의 약조를 폐기함으로써 진나라 문제를 쉽게 처리하겠다는 것이었지만, 사실은 새로운 형세에 대한 회왕 조정의 인식과 반응, 특히 자신에 대한 태도를 알아보려는 것이 그의 진짜 의도였다.

회왕은 항우를 신임한 적이 없었다. 그는 관중으로 들어가 진나라를 공격하겠다는 항우의 요청을 거절함으로써 항우가 왕이 될 수 있는 길을 사전에 차단했다. 이는 자발적인 경계에서 비롯된 것이다. 항우가 송의를 죽이고 군대를 탈취했을 때 회왕은 어찌할 도리가 없어 현실을 인정하고 항우를 상장군에 임명했다. 이후 항우가 진나라 군대를 항복시킨 뒤 장함을 옹왕으로 삼겠다고 약속함으로써 회왕의 약조에 맞서자 회왕은 침묵했다. 어쩔 수 없는 침묵이었지만 소극적인 저항이기도 했다. 이제 항우는 회왕의 약조를 폐기할 것을 정식으로 요청해왔다. 회왕은 여전히 옴짝달싹할 수 없는 상황에서도 자신의 의견을 명확히 표명했다. "먼저 관중에 들어간 자가 진왕이 된다는 약정에 따라 집행하라." 대답은 매우 단호했다. 아마도 회왕은 더 이상 물러날 길이 없다고 느꼈을 것이다.

앞에서 설명했듯이, 회왕의 약조는 회왕이 즉위한 이후 제정한 천하 공약이자 전략적 기획이었다. 그것은 초나라를 맹주로 하는 반진 진영의 미래의 행동 강령 및 계획의 청사진이기도 했다. 회왕의 약조는 다음을 규정했다.

회왕의 약조는 육국의 복국 및 각국 왕정의 부흥이라는, 당시에 이미 형성된 천하 정국에 대한 긍정이자 확인이었다. 육국의 왕정 부흥을 지지하고 긍정함으로써 제멋대로 왕을 자처하고자 하는 실력자들의 야심을 차단하려는 것이었다. 한편으로 귀천과 국적을 막론하고 가장 먼저 관중을 공격해 진나라를 멸망시키는 자를 진왕으로 삼는다는 약조는 야심과 실력을 지닌 여러 군웅에게 적극적이고 매혹적인 유인책이기도 했다.

항우로서는 회왕의 약조를 승인한다는 것은 바로 칠국의 복국 및 왕정 부흥이라는 기정의 천하질서를 승인한다는 것이었다. 이 천하질서에 따르면 초 회왕 웅심, 조왕 조헐, 제왕 전불, 위왕 위표, 한왕 한성, 연왕 한광, 그리고 여기에 새로 더해진 진왕 유방이 천하의 권익을 차지하게 된다. 이 질서에 순종하는 순간 항우 자신을 비롯한 각국의 장수들은 각자의 조정 아래로 들어가 왕의 하사를 갈구하며 유린될 터이니, 항우로서는 도저히 용납할 수 없는 일이었다. 항우는 군주를 위협하고 천하를 뒤흔들 만큼 자신의 공로가 크다는 것을 알고 있었다. 그 공로에 대해 논공행상할 수 있는 군주는 세상에 아무도 없다는 것도 명백히 알고 있었다. 회왕은 항우를 신임한 적이 없었고, 항우 역시 여태 회왕을 안중에도 두지 않았다. 그들은 서로를 경계했다. 회왕의 회답이 항우의 군중에 전달되자 항우는 결정했다. 회왕의 약조를 폐기하고 정해진 천하질서를 부정하며, 자신이 주재자가 되어 논공행상의 원칙에 따라 천하를 새롭게 분할하고 새로운 통치 질서를 세우겠다고.

항우는 각국 장수들을 소집하여 이렇게 말했다.

"회왕은 항씨가 옹립했고 그 어떤 공로도 없는데 어찌 천하의 공약을 독단적으로 결정하고 주재할 수 있겠소! 천하가 혼란스러웠던 초기에 육국의 후손을 왕으로 잠시 옹립하고 포악한 진나라를 토벌했소. 하지만 몸소 갑옷을 입고 무기를 들고 들에서 싸우며 3년 동안 풍찬노숙하면서 마침내 진나라를 멸망시키고 천하를 평정한 것은 여러 장수와 나 항적의 힘이오."

여러 장수는 항우를 따라 출정하여 싸웠으며 항우와 이익을 함께하는 입장이었기에 항우의 명을 따르고자 했다.

9

진황이 되지 않고 패왕이 되다

시세時勢가 영웅을 만든다. 당시 시세에 의해 항우는 역사의 방향을 결정하는 천하 주재자의 지위로 끌어올려졌다. 영웅은 시세를 만든다. 천하를 주재하는 지위에 선 항우는 자신의 선택으로써 역사의 방향을 이끌었다. 하지만 영웅의 선택은 정해진 형세 안에서의 유한한 선택이다. 당시 항우의 선택은 세 가지 범주를 벗어날 수 없었다. 첫째는 전국 시대로 돌아가는 것, 둘째는 진 제국을 계승하는 것, 셋째는 새 출발하여 새로운 질서와 제도를 세우는 것이다.

전국 시대로 돌아간다는 것은 왕정 부흥의 정통성을 승인하는 것이자 회왕의 약조를 실행하는 것이었는데, 항우에 의해 부정되었다. 진 제국의 체제와 질서를 계승한다는 것은 항우 자신이 황제가 되어 통일 제국을 재건하는 것을 의미한다. 진나라 말에 난이 일어난 이래로 각국 각지의 병사와 백성이 죽음을 각오하고 싸웠던 가장 기본적인 목적은 바로 진 제국과 그 체제를 소멸시키고, 통일 제국을 부정하며, 열국 병립의 상태를 회복하고자 함이었다. 이는 진나라 말 기의

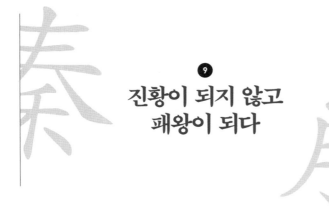

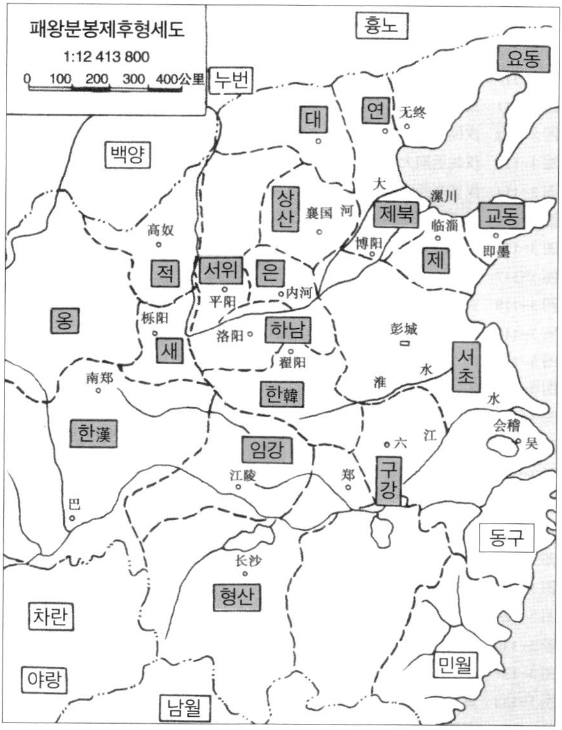

패왕이 제후를 분봉한 형세도

의 대의명분으로서 거스르기 어려운 것이었다. 게다가 진 제국과 진 왕국은 단지 확대와 축소의 차이만 있을 뿐이기에 진 제국을 계승하기 위해서는 반드시 진 왕국의 영토와 신민을 계승해야 했다. 그런데 항우는 투항한 진나라 병사를 생매장하고 진나라의 수도 함양을 파괴함으로써 진 제국을 철저히 분쇄하고 복국을 불가능하게 하겠다는 결심을 표명한 상태였다. 그는 진황秦皇이 될 생각이 없었다. 결국 항우는 세 번째 길을 택했다. 그는 고금을 절충하고 현실과 조화시켜 중국 역사상 처음으로 패왕이 주재하는 나라를 세우고자 했다.

항우는 우선 초 회왕을 형식적으로 승격시켜 의제義帝라 존칭하고, 남초南楚 지역의 침현郴縣(지금의 후난 천저우郴州)으로 옮기도록 하여 새로운 천하질서 바깥으로 내보냈다. 그리고 이미 복국한 전국 시대의 칠국, 즉 초·진·조·위·한·연·제의 땅을 진 제국 군의 단위에 따라 새롭게 19개의 왕국으로 분할했다.[19]

항우는 초나라를 서초, 구강, 형산衡山, 임강臨江의 네 나라로 분할한 뒤 스스로 서초패왕이 되었다. 수도를 팽성(지금의 장쑤 쉬저우徐州)으로 삼아 지금의 안후이, 장쑤, 저장 대부분 지역 및 산둥과 허난의 일부 지역을 통치했다. 이로써 원래 초나라와 위나라에 속했던 9개의 군(대략 진나라의 동군·탕군·사수·설군·동해·회계·진군·남양 등의 군을 포괄한다)을 영유했다.[20] 구강왕에는 초나라 장군 영포를 봉한 뒤, 육현六縣(지금의 안후이 류안六安)을 수도로 삼아 초나라 남부의 구강군을 통치하게 했다. 형산왕에는 초나라 장군 오예를 봉한 뒤, 주현邾縣(지금의 후베이 황강黃岡의 북쪽)을 수도로 삼아 대략 초나라 남부의 형산군 지역을 영유하게 했다. 임강왕에는 초나라 장군 공오共敖를 봉한 뒤, 강릉(지금의 후베이 징저우荊州)을 수도로 삼아 대략 초나라 남부의 남군 등지를 통치하게 했다.

진나라는 옹雍, 새塞, 적翟, 한漢의 네 나라로 분할했다. 옹왕에는 장함을 봉한 뒤, 폐구廢丘(지금의 산시陝西 싱핑興平의 동남쪽)를 수도로 삼아 함양 이서 지역을 통치하게 했다. 대체로 진나라의 내사 서부, 농서군, 북지군을 포괄했다. 새왕에는 사마흔을 봉한 뒤, 역양(지금의 시안 옌량구 동북쪽)을 수도로 삼아 함양 이동 지역을 통치하게 했다. 새왕은 대체로 진나라의 내사 동부를 영유했다. 적왕에는 동예를 봉한 뒤, 고노高奴(지금의 산시陝西 옌안延安의 북쪽)를 수도로 삼고 진나라의 상군을 영유하게 했다. 한왕漢王에는 유방을 봉한 뒤, 남정(지금의 산시陝西 한중漢中)을 수도로 삼아 한중 지역과 사천 분지를 통치하게 했다. 한왕은 진나라의 한중·파·촉의 세 군을 영유했다.

위나라는 서위西魏와 은으로 분할했다. 진나라의 동군·탕군·하동군은 본래 위나라의 영토였다. 동군과 탕군이 서초에 귀속되자 이에 대한 보상으로, 항우는 원래 조나라에 속했던 태원군과 상당군을 하동군과 함께 위왕 위표에게 봉지로 주었으며, 하동 일대로 옮겨 평양平陽(지금의 산시山西 린펀臨汾)을 수도로 삼게 하되 왕호와 국호는 그대로 유지하게 했다. 은왕에는 조나라 장수 사마앙을 봉한 뒤, 조가朝歌(지금의 허난 치현淇縣)를 수도로 삼고 황하 북부의 하내군(원래는 위나라에 속했다)을 영유하게 했다.

한나라는 한韓과 하남으로 분할했다. 한왕 성成의 영토와 왕호는 변하지 않았으며, 여전히 양적(지금의 허난 위저우禹州)을 수도로 삼고 영천군을 영유하게 했다. 하남왕에는 조나라 장수 신양을 봉한 뒤, 낙양을 수도로 삼고 삼천군을 영유하게 했다.

조나라는 대代와 상산으로 분할했다. 조왕 조헐은 대왕으로 바꾸어 봉했으며, 대현代縣(지금의 허베이 위현蔚縣의 북쪽)을 수도로 삼고 조나라의 북부 지역(대군代郡·안문군·운중군)을 통치하게 했다. 상산왕常山王에는 조나라 승상 장이를 봉하고, 조나라의 옛 도읍 신도를 양국襄國(지금의 허베이 싱타이)으로 개명하여 상산국常山國의 수도로 삼아 조나라의 동부 지역(한단·거록·항산)을 통치하게 했다.

연나라는 연과 요동으로 분할했다. 연왕 한광을 요동왕으로 바꾸어 봉했으며, 무종(지금의 톈진 지저우薊州)을 수도로 삼아 원래 연나라의 동부 지역(우북평·요서·요동)을 통치하게 했다. 연왕에는 연나라 장군 장도를 봉하고 계현(지금의 베이징)을 수도로 삼아 원래 연나라의 서부 지역(어양·상곡·광양)을 통치하게 했다.

제나라는 교동, 제, 제북의 세 나라로 분할했다. 원래의 제왕 전불을 교동왕으로 바꾸어 봉했으며, 즉묵卽墨(지금의 산둥 핑두平度의 동쪽)을 수도로 삼아 제나라의 동부 지역(교동군)을 통치하게 했다. 제왕에는 제나라 장수 전도를 봉한 뒤, 임치(지금의 산둥 쯔보淄博 동북쪽)를 수도로 삼아 제나라의 중부 지역(임치군과 낭야군)을 통치하게 했다. 제북왕에는 또 한 명의 제나라 장수 전안을 봉한 뒤, 박양(지금의 산둥 타이안泰安 동남쪽)을 수도로 삼아 원래 제나라의 북부 지역(제북군)을 통치하게 했다.

이어서 항우는 공이 있는 각급 장수들에게도 각기 다른 상을 내렸다. 옛 조나라 대장 진여에게는 남피南皮의 세 현(지금의 허베이 난피 일대)을 봉지로 주고, 오예의 부하 매현梅鋗은 10만 호의 후侯에 봉하는 식이었다.

항우가 여러 왕을 분봉하여 열국을 세운 것은, 진시황이 폭력으로 육국을 멸하고 통일된 진 제국을 건립한 것에 대한 부정이었다. 이러한 부정은 당시 역사의 추세였고, 반진 기의의 목표였으며, 군심과 민심의 향배였기에 아무도 거역할 수 없었다. 이러한 열국의 등장은 회왕이 옹립된 이래 육국 부활 및 왕정 부흥의 정치질서에 대한 수정이기도 했다. 항우는 진왕 영을 죽였고, 기타 육국의 옛 왕을 각기 다른 강도로 이주시키고 강등했다. 우선 회왕을 남초의 침현으로 옮기게 하고 의제라는 형식적인 지위를 부여함으로써 정치에서 멀어지게 했다. 조왕 조헐을 조나라 북부로 옮기게 하고 대왕으로 강등했다. 제왕 전불을 제나라 동부로 옮기게 하고 교동왕으로 강등했다. 연왕 한광을 요동으로 옮기게 하고 요동왕으로 강등했다. 위왕 위표는 위왕의 호칭은 유지했지만 하동군으로 옮겨졌다. 한왕 한성 역시 한왕의 호칭을 유지했지만 귀국하지 못한 채 억지로 팽성으로 보내졌다가 나중에 피살되었다.

항우가 여러 왕을 분봉하여 열국을 세울 때 기본 원칙은 군공에 따라 알맞은 상을 주는 것이었다. 우선 자신의 군공이 가장 높았기 때문에 가장 많은 영토를 할당했다. 나머지 좋은 땅을 나눠 받은 새로운 왕들은 모두 반진 전쟁에서 항우를 따라 특별한 군공을 세운 장수들이다. 이러한 분봉의 이념은 주나라 초의 분봉과 통하는 점이 있는 듯하다. 항우가 패왕의 명의로 천하를 호령하는 정치질서를 추구했다는 점에서 춘추오패의 패업霸業 정치와 닮았기 때문이다. 하지만 자세히 고찰해보면 이는 중국역사상 여태껏 없었던 신제도와 신질서였다. 분봉을 받은 여러 나라는 대체로 하나 또는 여러 개의 군을 영토로 삼았으며, 각국의 국내 행정은 군현제를 따랐다. 각국은 스스로 역법 제도를 제정하고 관리를 임명하고 군대를 보유하고 영토와 백성을 다스리는 독립적인 왕국이었다. 각지에 봉해진 왕은 서초패왕을 알현하고 서초패왕의 명을 따르고, 서초패왕과 함께 출정해야 할 군사적 의무를 지녔다.

항우가 개창한 건국 방식은 여러 나라가 천하의 공동 주인인 형식면에서 서주·춘추·전국을 계승한 것이되, 군·현·향·리의 기층 사회 조직에 있어서는 진제秦制에서 벗어나지 않았다. 이처럼 고금을 융합하고 현황에 대응한 결과, 진 왕조에서 한 왕조로 나아가게 되었다. 군현제에서 군국제로 나아갔으며, 중앙집권에서 지방분권으로 나아갔고, 절대 황권에서 상대 황권의 과도기로 나아갔다. 역사가 여기까지 진행되자 모종의 선행 실험이 개시되었다. 불안정한 상태 속에서, 통일 제국에서 연합 제국으로 변천하는 추세가 전개되었다.[21]

기원전 206년의 중국 대지는 여전히 정세 급변의 비상시국이었다.

10

진나라 멸망의 역사 교훈

"사람에 대한 평가는 관 뚜껑을 덮은 뒤에 정해진다"는 옛말이 있다. 한 사람의 공과와 시비는 그가 죽어서야 결론지을 수 있다는 뜻이다. 개인만 그런 게 아니라 역사적 사건, 왕조와 국가, 정권의 조직 역시 객관적이고 적확한 평가는 완결된 후에야 가능하다. 시간은 유수처럼 흐르면서 세상의 먼지를 씻어내고, 역사는 비석에 새긴 글처럼 고금의 시비를 기록한다.

이 책에서 내가 유방의 출생에서부터 시황제가 세상을 떠나기까지를 조감한 부분은 대략의 스케치였다. 2세 호해가 황위에 오른 뒤부터 진 제국의 멸망까지는 한 걸음씩 추적하면서 상세히 설명했다. 항우가 진나라의 수도 함양을 깡그리 불태운 일을 서술할 때는 마음이 아프고 온갖 감회에 젖을 수밖에 없었다.

기원전 350년에 진나라가 함양으로 천도한 이래, 150년가량 효공·혜문왕·무왕·소왕·효문왕·장양왕의 6대 진왕이 국정을 펼치는 동안 수도 함양은 그 규모와 기세 면에서 천하를 위엄 있게 노려보

진나라 함양궁 옛터

는 웅장한 도성이 되었다. 시황제가 천하를 통일한 뒤로 함양은 제국의 수도로서 대대적으로 확장되었다. 기존의 함양궁은 북쪽에 있고 새 궁전인 아방궁은 남쪽에 있었다. 도성을 흘러가는 위하는 은하수에 비견되고, 다리를 지나 위하를 건너는 것은 천제의 출행에 비견되었다. 또한 함양의 북쪽에는 육국의 궁실을 모방한 건축물을 지어놓고 연·제·초의 진귀한 보물과 한·조·위의 미인을 들였다. 함양 북쪽의 육국 궁실은 마치 포로가 된 각국의 왕과 같았다. 당시 진 제국은 천하 세계였고 시황제는 만왕의 왕이었으니, 제국의 수도 함양은 얼마나 웅장하고 번화한 모습이었겠는가!

진나라의 멸망으로 진나라 궁전은 잿더미가 되었고 함양은 폐허가 되었다. 오랜 세월 번화했던 제국의 수도가 일시에 사라졌다. 2000년이 흐른 지금, 나는 역사를 쫓아 제국의 수도 함양의 옛터를 찾았다. 거친 들판 작은 언덕에는 부서진 기와와 벽돌뿐이니, 이 어렴풋한 곳 어디에서 지난날의 종적을 찾을 수 있겠는가?

진나라 수도 함양의 옛터는 지금의 셴양 웨이청구渭城區 야오뎬窯店 일대로, 위하가 여러 번 물길을 바꾸면서 물에 씻긴 탓에 지난날의 흔적은 찾기가 어렵다. 한漢나라는 관중을 기반으로 건국했다. 황제가 된 유방은 함양 동남쪽의 위하 남쪽 기슭에 잔존한 진나라 궁전의 옛터를 기반으로 제국의 도성 장안을 재건했다. 이로써 일시적으로 단절되었던 진 제국의 유업을 다시 계승하게 되었다. 전한 200년 동안 장안은 시종일관 제국의 수도였다. 후한 200년 동안 동도東都는 낙양이었고 장안은 서도西都였다. 이후 수나라와 당나라에 이르기까지, 서도 장안과 동도 낙양이라는 양대 수도의 구조는 변하지 않았다. 송나라는 개봉에 도읍했고, 원·명·청은 북경을 수도로 삼았다. 제국의 정치·문화 중심이 점차 동쪽으로 이동해 북상하면서 관중은 쓸쓸하게 황폐해져 오늘에 이르렀다.

위대한 진 제국은 극히 짧은 15년 동안 존재했고, 수도 함양은 150년가량 휘황찬란하게 빛나다가 별안간 꺼져버렸다. 이로써 1200여 년 동안 이어지던 관중의 뛰어난 지세, 높은 곳에서 굽어보며 중원의 대지를 제어하던 지리적 우세도 자연스럽게 쇠락했다. 그러나 진시황이 열어젖힌 황권·관료 집권체제라는 정치 형태는 2000여 년이나 이어졌다. 진 제국은 2000년이 넘도록 사라지지 않았으며, 끊임없이 형식을 바꾸면서 오늘날까지 이어져온 것이다. 이와 상응하여 진 제국 흥망의 역사 교훈 역시 한나라 건국 이래로 오늘날까지 끊임없이 총결되고 논의되고 제기되었다. 그것은 대일통大一統 중국과 더불어 생사를 같이하는 과제로서 앞으로도 끊임없이 이어져나갈 것이다.[22]

진 제국의 급속한 멸망의 역사에 대한 총결로서 가장 유명한 것은 가의賈誼의 「과진론過秦論」이다. 가의는 전한 초의 이름난 정론가로, 진나라 말 급변한 역사에 대해 이렇게 서술했다.

> 시황제에 이르러, 조상의 위업을 이어받아 긴 채찍을 휘두르며 천하를 지배했다. 주나라를 병탄하고 제후를 멸망시켰다.

지존의 왕후들이 유린되었고 분쟁하던 만국이 모두 통일되었다. 높은 곳에서 굽어보며 천하를 정복하는 진나라의 기세는 마치 썩은

나무를 꺾는 듯했다. 그 얼마나 기세등등했겠는가. 하지만 시황제가 급사하고 얼마 되지 않아 수졸 진승이 수백 명을 이끌고 진나라에 반기를 들었다.

나뭇가지를 잘라 무기를 삼고 대나무 장대를 높이 세워 기旗로 삼았는데도 천하가 구름 모여들 듯 호응하며 양식을 메고서 그림자처럼 좇았다. 동쪽 각지의 영웅호걸이 일제히 일어나 진 제국을 일거에 멸망시켰다.

진나라가 급속히 와해되고 멸망한 몰골은 마치 마른 나뭇가지와 시든 잎이 광풍에 휩쓸리는 것 같았다. 이 얼마나 비통하고 처량한가.

가의는 진 제국의 급속한 멸망은 진시황, 2세, 마지막 진왕 영영 세 군왕에게 회피할 수 없는 중대한 책임이 있다고 보았다. 세 군왕의 공통된 잘못은 변화한 형세 앞에서 시정 방침을 바꾸지 않았다는 것이다. 가의는 이렇게 말한다.

시황제는 스스로에게 만족하여 간언을 듣고자 하지 않았으며 잘못을 고치려 하지 않고 자기 고집대로 했다. 2세는 시황제의 방침과 정책을 계승하여 바꾸지 않았으며, 포학한 정치로 재앙을 가중시켰다. 진왕 영영에 이르러서는 국세가 약화되고 고립무원에 사고무친이라 손쓸 방법이 없었다. 세 명의 진나라 군주가 평생 미혹되어 잘못했으면서도 깨닫지 못했으니, 진 제국이 붕괴해 급속히 멸망한 것 역시 당연하다.

가의는 진나라가 멸망하게 된 첫 번째 원인은 시황제에게 있다고 보았다. 천하를 겸병하려는 자는 사기와 무력을 숭상하고, 위험과 동란을 안정시키려는 자는 순응과 균형을 중시한다. 공격과 수비, 창업과 수성은 그 일이 다르고 사고방식 역시 다르다. 하지만 시황제는 전국 시대를 종결짓고 천하를 통일한 이후에 생각의 방향을 조정하지 않았고 정책을 바꾸지 않았다. 그의 사상은 여전히 전국 시대에 머무른 채 전쟁 시기의 방침과 정책을 고수했다. 창업을 다져야 하는 새로운 국면에서 이런 식의 대처는 병에 맞지 않는 약을 쓰는 격으로, 공격과 수비라는 전혀 다른 상황에 대응하지 못하는 정책적 오류를 범하고 말았다. 그 결과 국내외의 온갖 모순이 분출되었다. 진 제국은 시종일관 고속 운행하는 상태였고, 민생은 곤궁해졌다. 늘 긴박함에 시달리던 사람들은 반란을 생각하게 되었고, 거센 불길을 타오르게 하는 땔나무와 같은 '난세의 백성'이 곳곳에 널린 상태가 되었다.

2세가 즉위한 이래로, 천하 인민은 정책이 변화하기를 갈망했다. 시황제가 취했던 정책의 오류를 새 정부가 시정하여 요역과 세금을 감면해주기를 원했고, 엄한 형벌과 준엄한 법을 완화하여 백성이 평안히 살면서 즐겁게 일할 수 있게 해주길 바랐다. 하지만 형세를 읽지 못한 2세는 민심에 순응하지 않은 채 시황제의 기존 방침을 완고히 견지했다. 여산 시황제릉이 완공되기도 전에 시황제의 방식을 좇아 천하를 수행하고, 시황제의 유업을 이어 아방궁 공사를 재개했고, 형법을 함부로 휘둘러 종친과 공신을 죽였다. 신하와 백성은 고통스러웠고 절망했다. 위로 공경 대신부터 아래로 서민 백성까지 모두 위험을 느끼며 불안해했다. 이에 진승이 반기를 들고 선두에 서서 외치자

마른나무에 불이 붙은 것처럼 들판을 태울 기세로 천하가 호응했고, 거국적으로 동란이 일어나 수습할 수 없는 패망의 형세가 빚어졌다.

영영이 즉위한 뒤에도 기존의 오류를 여전히 깨닫지 못했다. 게다가 그는 고립되어 있었고 보좌하는 이조차 없었으니, 나라를 멸망에서 구해낼 방도가 없었다. 영영에게 평범한 재능이라도 있고 중간 정도 인재의 도움이라도 얻을 수 있었다면 관중을 지킴으로써 험준한 지세에 기대어 제후 각국을 본토 밖에서 제지할 수 있었다. 그랬다면 진나라는 원기를 회복하고 국세를 진작시켜 다시 위업을 이룰 수도 있었다.

진나라 멸망의 역사와 관련된 역대의 총결을 읽어보니, 가의의 「과진론」이야말로 가장 역사에 가깝고 정확한 인식을 갖추었다고 할 수 있다. 가의는 한 고제 6년(기원전 201), 즉 유방이 항우를 격파하고 천하를 얻은 이듬해에 태어났다. 시대적으로 보자면 가의는 한나라 초의 사람으로, 시기적으로 진나라 말과 매우 가까웠기에 지난 일을 마치 눈앞에서 보는 듯이 알 수 있었다. 가의는 낙양 재자才子로, 그의 스승은 하남태수 오공吳公이다. 오공은 진나라 승상 이사의 학생이자 이사와 고향이 같았기 때문에 진 왕조 말년의 여러 이야기와 정세와 인물에 대해 제 손금을 보듯 훤했다고 할 수 있다. 가의는 젊은 나이에 오공의 인정을 받았으며, 오공으로부터 많은 가르침을 받았다. 따라서 진나라의 멸망에 대한 가의의 이해와 느낌은 모두 오공으로부터 직접 전수받은 것이다. 가의는 오공의 추천을 받아 한나라 궁정을 출입했으며, 한 문제 유항劉恒의 총애를 받아 여러 중대한 정치적 결정에 참여했다. 가의는 한나라 정부의 입장에서 진나라 멸망의 경험과 교훈을 총결함으로써 역사를 거울로 삼아 문경지치文景之治의 청사진을 기획했다. 그의 「과진론」은 탁상공론이 아니라 나라를 다스리는 실제적인 자료와 거울이었다. 가의가 이런 특수한 환경에 놓여 있었기 때문에 진나라 멸망의 역사에 대한 「과진론」의 총결은 비길 데 없이 역사에 가까울 수 있었으며, 그 적확한 견해는 2000년이 지나도록 활력을 잃지 않고 세상을 다스리는 데 도움을 준다.

하지만 어느 시대의 사람이든 시대적 한계가 있게 마련이다. 과거의 역사로부터 멀리 떨어져 있으면 시간이 오래 지난 탓에 진상을 잃게 되는 한편, 역사에 너무 가까이 있으면 이해관계가 얽힌 탓에 편파성을 갖게 된다. 특히 연속성을 지닌 역사 문명을 다룰 때 어떠한 진상과 교훈은 세월에 씻긴 뒤에야 비로소 드러난다.

진나라 말의 역사를 정리하는 과정에서 내가 느낀 것은 당시가 후안무치한 영웅 시대였다는 점이다. 그 시대에는 모두 이익만을 추구했으며 눈앞의 성공에 급급했다. 세상살이는 생사의 고투였고 서로 속고 속이는 행위가 만연했다. 이긴 자는 왕이 되고 진 자는 역적이 됐다. 공훈을 세우고 업적을 쌓고자 하는 영웅호걸에게 윤리도덕을 돌아볼 여유가 있었겠는가. 이사는 진나라로 들어가서 처음엔 여불위에게 의탁했는데, 여불위가 몰락하자 진왕 정을 바싹 좇았다. 또한 진왕 정에게 동문인 한비를 추천했다가 나중에는 참언을 올려 옛날의 동문을 독살했다. 이후 그는 조고와 손잡고 유조를 위조해 정적인 부소와 몽염·몽의 형제를 제거했다. 조고가 2세와 친밀해지고 이사 자신은 외면당하게 되자 그는 노신들과 손잡고 조고를 죽이려 했으나 도리어 조고의 덫에 걸려 모해를 당했다. 모든 것에서 오직 이익만 꾀할 뿐 인의도덕은 전혀 없었다. 항우는 안양에서 20만 진나라 군대의 투항을 받아들이기로 장함에게 약속했지만 석 달 뒤 신안에서 진나라 군대를 깡그리 생매장했다. 여기에 무슨 신의가 있단 말인가? 오직 눈앞의 계산만을 따졌다. 유방은 조고와 공모해 진2세를 죽이고 함께 관중의 왕이 되기로 하고 진나라 군대의 투항을 받아들이기로 했으면서도 느닷없이 공격을 가했다. 여기에 무슨 신의가 있단 말인가? 모두 음모와 모략뿐이었다.[23]

당시 역사 무대에서 각축을 벌이던 정치 인물들은 단지 권력과 이익만을 따졌고 윤리도덕에 구애되지 않았다. 그들은 인생의 근본이 이익에 있다고 보았다. 이익이 있는 곳이 바로 행동이 있는 곳이었다. 이익은 도덕과 무관했고, 이익이 도덕과 충돌할 때는 도덕을 버렸다. 윤리도덕의 규범이 세워진 건 한 왕조가 들어서고도 100년이 지나서다.

윤리도덕은 국가의 운명에 영향을 미친다. 나는 진나라 말의 역사를 정리하면서 아방궁 건설에 대해 쓰고, 북쪽으로 흉노를 격파해 장성을 쌓고 남쪽으로 홍구鴻溝라는 운하를 만들고 남월을 정벌한 것에 대해 쓰다가, 덮어놓고 진취와 발전만 추구한 게 사회의 불안을 초래했으며 그것이 바로 진 제국이 멸망한 원인 가운데 하나였음을 절감했다. 또한 조고가 올가미를 놓아 이사를 모해한 일과 정변을 일으켜 2세를 자살로 몰고 간 일에 대해 쓰다가 또 절감했다. 진나라가 오랫동안 공리주의를 받들어 실행한 반면 윤리도덕의 규범 및 인문교육 체계의 건설을 홀시한 탓에, 끝내 극단으로 치달아 도덕의 마지노선이 소멸해버리고 위아래 사람들 모두의 마음이 흩어진 것 역시 진 제국 멸망의 원인 가운데 하나였음을.

진나라 멸망에 담긴 역사 교훈은 준엄하고도 현실적이라고 하지 않을 수 없다.

맺음말을 대신하여

나는 역사의 여행자

인생은 여행과 같다. 여행하는 인생은 역사 속을 드나든다.

나는 여행을 좋아하는 사람이다. 손에 지도를 쥐고 등에 배낭을 메고서 사막의 황야를 걸어 다니며 옛 자취를 찾는 것이 소싯적부터의 꿈이었다. 사학에 입문한 이후 국내를 많이 다녔고, 일본에 간 이후로는 외국도 많이 다녔다.

언제부터인가 나는 화교로 여겨졌다. 외국에 거류하는 중국 공민이라는 법률적 정의 그리고 유랑하는 세계 공민이라는 문화적 함의는 내게 들러붙은 역마살의 운명을 말해주는 것 같다. 나는 늘 멈추지 않고 떠돌아다녔다.

동남아시아에 가서 화교가 남하했던 자취를 추적할 때 나는 여러 종류의 문화가 혼성된 이국적 분위기를 포착했다. 말레이반도 남단에 자리한 화인華人의 나라 싱가포르는 다국적 기업처럼 질서정연했다. 거기서 나는 오히려 무無 문화의 울렁임을 느꼈다.

북미 대륙을 횡단할 때는 밴쿠버 섬에서 세인트로렌스 강변까지 이르렀다. 자연의 광활함과 역사의 짧음에, 인적 드문 적막감을 느꼈다.

그리스에서는 유럽 문명의 근원을 추적했다. 로마에서는 세계 제국의 웅장함과 아름다움을 앙모했다. 스위스는 유난히 그윽하고 고요했다. 베른에 가서는 아인슈타인이 살았던 집을 방문했다. 독일은 말끔하고 아름다웠다. 하이델베르크에 가서 괴테의 행적을 찾았다. 유럽의 오랜 역사와 깊고 두터운 문화에서 인류 문명의 친근함을 느꼈다.

나는 남반구로 갔다. 브리즈번에서 여유롭게 노닐다가 시드니로 가서 친구를 방문했다. 골드코스트Gold coast에서 푸른 하늘을 바라보며 동호주의 초원 삼림을 말 타고 달릴 때는 마치 신선처럼 둥실 떠가는 느낌이었다. '이곳이 땅의 끝인가, 인간 세상의 낙원인가?' 호텔 창밖으로 비 내리는 거리 풍경을 응시하면서 나는 서머싯 몸이 묘사한 이국적 운치를 떠올렸다. 또 고갱이 은거해 살면서 표현한 기이한 색채가 눈앞에 떠올랐다. 당시에 방울방울 떠오르던 아름다운 회상과 우연한 만남 가운데 가장 슬프고 구성지고 새콤달콤하게 마음속에 피어오른 정서는 뜻밖에도 아득히 먼 고향, 날마다 멀어져가는 어린 시절의 추억이었다. 청춘의 세월은 고국 산하의 오랜 상처와 억센 생명과 연결되어 있었다. 인생은 여행과 같은데, 나는 반평생의 막바지까지 오지 않았는가?

호주에서 돌아오자 아버지는 파리와 런던에 가보라고 재촉하셨다. 그곳이야말로 현대 유럽 문명의 중심이라고 하셨다. 친구들은 나에게 뉴욕과 시카고에 가보라고 권유했다. 그곳이야말로 오늘날 문명의 정점이라고 했다. 하지만 지금 이곳의 나는 마음이 얽매인 데가 따로 있었다. 오랫동안 나는 동서남북으로 돌아다녔다. 오랜 세월 떠돌아 다니는 내내 나의 마음속에는 뿌리가 없었다. 자아를 잃고 방황하는 것을 느꼈다. 온갖 신기하고 화려한 것이 사라진 뒤, 뿌리로 돌아가려는 소박한 정서가 깊은 곳에서부터 배어났다.

돌아가자!
전원이 황폐해지려고 하는데 어찌 돌아가지 않겠는가?
지난 날 마음이 육체에 의해 부림을 받았다고 해서
어찌 실의에 빠져 슬퍼만 하랴?[1]

어린 시절에 여러 번 읽어서 이젠 외우고 있는 「귀거래사歸去來辭」가 울려 퍼졌다. 도연명陶淵明의 헤아릴 수 없이 깊고 맑은 소리가 어두컴컴한 곳에서 나를 인도해 잘못된 길을 벗어나게 해주었다.

지난날은 바로잡지 못하더라도
앞날은 제대로 갈 수 있음을 알겠노라.
길을 잘못 들어 멀리 가기 전에
오늘이 옳고 어제가 그르다는 것을 깨달았도다.[2]

이렇게 나는 깨달음을 얻었다. 조국으로 회귀하자, 조상의 영혼을 불러내자, 고금을 소통시키자, 문화를 유한한 생명의 귀착점으로 삼자. 감정이 용솟음치는 가운데 평생의 뜻이 움트기 시작했다. 이미 내 안에 살아 숨쉬는 역사, 즉 진·한 제국의 역사를 서술로 부활시키는 것이었다.

진한사를 연구해온 지 거의 30년이다. 30년의 생명을 투입했으니 나는 진·한 시대의 옛사람들과 마음으로 묶여 있고, 그 시대의 여러 면을 상세히 알고 있다. 나는 진·한 시대의 옛사람들과 오랫동안 대화했고, 진·한의 역사는 내 마음속에 살아 있다. 마치 우리가 살아가고 있는 오늘날처럼 2000년 전의 광경이 내 눈앞에서 펼쳐지는 듯하다. 숱한 생명이 변화무궁한 경험의 세계를 열어가고 있다. 그것은 생생한 인간의 세계다. 깊은 사랑이든 웅장한 전쟁이든, 그 소리가 들리고 그 모습이 보인다. 인간의 감정은 서로 통한다. 그것은 하나로 통하는 인문의 세계다. 그 세계는 정감·이성·사상·행동·의식주 모든 것이 혼연일체다. 거기엔 정치·경제·문화의 영역 구분이 없고, 문학·역사·철학과 같은 문호門戶의 구별도 없다.

하지만 나의 구상을 글로 표현하고자 할 때마다 난관에 부닥쳤다. 내가 잘 알고 잘 운용할 수 있는 역사학 형식의 문체로는 내 안에서 부활한 역사를 표현할 수 없었다. 부활한 역사, 그 생생하고 선명한 경지와 풍부하고 다채로운 변천, 고금이 합류하는 융합과 시공을 거스르는 초월… 아카데믹한 견고한 학문으로는 이러한 것들을 포괄할 수 없었다. 이성적이고 과학적인 분석으로는 품어낼 수 없었다. 고증·논문·논저·수필·통사의 체재로는 표현할 수 없었다. 오래도록 고통스러워하던 나는 새로운 형식을 찾지 않을 수 없었다.

역사학의 본원은 역사 서사다. 역사 서사는 사실史實에 기초한 서사다. 사마천의 『사기』는 중국 역사 서사의 최고봉이라 할 만하다.

『사기』는 내 인생과 함께한 책이다. 나는 『사기』를 다시 읽으면서 그 사실史實의 신뢰성을 확인했고, 태사공太史公의 훌륭한 서사와 주도 면밀한 사고에 다시금 감탄했다. 뛰어나고 감동적인 서사, 근거 있는 사실, 은밀히 감춰진 사상이 바로 『사기』의 무궁무진한 매력의 근원이다. 나는 일종의 깨달음을 얻었다. 문·사·철을 소통시키고 사마천을 본받는 것이다.

황런위黃仁宇 선생의 『만력萬曆 15년』은 당대當代 사학에서 유난히 빛을 발하는 한 송이 기이한 꽃이다. 황 선생은 참신한 문체로 사학·문학·사상을 버무려서 시대의 새로운 기풍을 열었다. 1980년대에 나는 『만력 15년』을 처음 읽었는데, 역사도 이렇게 표현할 수 있음에 놀랐다. 나는 머리를 숙이고 이를 본보기로 삼았다. 그리고 신사학新史學에 종사하는 동료들과 서로 격려하며 함께 새로운 사학의 미래를 열고자 했다. 시간이 흐른 뒤 나는 『만력 15년』을 다시 읽었다. 자세히 음미하는 동안 부활한 역사에는 섬세한 심리 체험과 당대當代 의식의 참여가 필요하며, 아름다운 현대 산문 사시史詩가 필요하다는 것을 깨달았다.

예로부터 진·한 제국의 역사는 문헌 사료에 의지해왔으나, 최근 들어 방대한 고고 발굴의 혜택을 입게 되었다. 새로 출토된 사료의 양은 이미 기존 문헌을 훌쩍 뛰어넘었다. 이에 신·구 사료를 결합한 역사학 연구는 역사를 새롭게 고쳐 쓰게 되었다. 고고 자료를 운용하고 그 연구 성과를 도입하는 일은 역사 부활의 바탕이자 직접적인 매개이기도 하다. 이를 대략적으로 훑어내면서 나는 발굴 보고서와 학술 논문을 활용해야겠다고 생각했다.

진·한 시대는 지금으로부터 2000여 년이나 떨어져 있다. 오랜 세월 수많은 사람들의 삶의 역사가 남겨놓은 문헌과 유물은 넓은 바다 가운데 한 알의 좁쌀에 불과하다는 사실에 나는 늘 감탄하곤 한다. 고대사 연구는 마치 어두운 밤 망망한 바다에서 외딴 배를 타고 가는 것과 같다. 시선이 닿을 수 있는 곳은 고작 등불이 비추는 범위 안의 물보라뿐이다. 숫자로써 비유하자면 내가 알 수 있는 고대사는 1만분의 0.001에 불과하다. 9999.999는 미지의 짙은 안개다. 이렇게 극히 유한한 사료로 무궁무진한 고대를 부활시키려면 발산 형식의 추리와 연쇄 형식의 연상이 필요하다. 나는 고대사 고증과 추리소설 간의 내재적 연계를 떠올리게 되었다. 역사학자는 아서 코난 도일의 셜록 홈스 혹은 애거서 크리스티의 포아로와 같다.

나는 에드워드 기번의 『로마제국 흥망사』를 읽으면서 사학자로서의 박학다식함과 탁월한 표현 기교에 감격했다. 볼테르의 『루이 14세의 시대』를 읽으면서 위대한 국왕이 아닌 위대한 시대를 쓰고자 했던 그의 취지에 깊이 공감했다. 일본의 여성 작가 시오노 나나미가 로마제국의 천년사를 서술한 대작 『로마인 이야기』를 읽은 뒤, 진·한 제국의 웅대한 역사를 화폭에 담으려면 시리즈 형식의 저술이 필요하다는 것을 분명히 알게 되었다. 파브르의 『곤충기』는 내가 어렸을 때 읽은 책인데, 다시 훑어본 뒤에 이런 내용을 기록해두었다. "『곤충기』는 과학 관찰 기록을 재료로 삼아 산문 형식으로 써냈으며, 과학성과 문학성을 겸비하고 있다. 내용은 곤충학을 기초로 하였으며, 관찰한 것에 대한 서술과 지난 일에 대한 추억과 이론적 논의와 경험의 진술 등을 버무린 자유로운 문체다. 한번 시도해볼 만하다."

지리는 역사를 해독하는 열쇠다. 명확한 공간 관계가 없는 역사는 뿌연 된장국과 같아서 동서남북을 구별하지 못한 채 방향을 잃게 마련이다. 『수경주水經注』는 중국 고대사를 연구하는 데 지리 나침판이다. 나와 『수경주』의 친밀한 접촉은 오가타 이사무尾形勇 선생의 '수경주 강독講讀'이라는 강의에서 시작되었다. 오가타 이사무 선생은 내가 도쿄대에 다니던 시절의 지도교수다. 유학 시절 그분을 따라 다싱안링大興安嶺으로 가서 가셴둥嘎仙洞 북위北魏 석굴을 고찰하지 못했던 것은 큰 유감이다. 하지만 이전의 실패를 돌이키는 것에도 수확이 있다. 그 이후로 『수경주』는 내가 늘 들여다보는 책이 되었다. 『수경주』를 읽으며 『수경주』의 길을 걷는 것이 화수분 같은 자원이 되었다.

지리 공간은 결코 문자로 명확히 말할 수 없다. 탄치샹 선생이 편집을 주관한 『중국역사지도집』이 출판된 뒤에야 비로소 나는 중국 역대의 역사지리를 지도로 살펴볼 수 있는 믿을 만한 근거를 얻게 되었다. 하지만 지도만 살펴보고 직접 현지에 가보지 않는다면 여전히 탁상공론에 그치고 만다. 산천과 기후, 도로와 성읍, 민속과 풍토는 몸소 그곳에 가서 보고 느끼고 접촉해야 비로소 이해할 수 있다. 나라는 망해도 산하는 남아 있고, 사람은 떠나도 집은 남는다. 역사는 시간의 흐름에 따라 스러지지만 종종 공간에 남아 있다. 부활한 역사와의 접촉점은 당신이 그 옛터를 밟는 바로 그 순간에 있다. 현재에서 과거로 갈 수는 없지만 옛 땅을 밟아볼 수는 있다. 고금의 소통은 현지조사의 도움을 빌려야 한다.

톈위칭 선생과 니시지마 사다오 선생은 나의 학술과 인생에 가장 큰 영향을 끼친 은사다. 톈위칭 선생은 나의 베이징대 재학 시절 지도교수이며, 도쿄대에 진학해서는 니시지마 사다오 선생의 재전제자再傳弟子가 되었다. 텐위칭 선생은 정밀하고 깊이 있게 고찰·논증하는 것 외에도 현지조사를 매우 중시했다. 그분은 대운하 고적 탐방을 주관했는데, 조비曹丕의 오나라 정벌 전쟁과 관련된 지리 문제를 탐방 과정에서 해결했다. 니시지마 사다오 선생은 거의 해마다 중국을 찾았는데, 무엇을 연구하든 늘 현장을 찾아다녔다.

일본의 중국 고대사학계에는 현지조사의 전통이 있다. 최근 들어 중국 고대사 연구자들 중에서 돌아다니길 좋아하는 벗들이 몇몇 생겼다. 와세다대의 구도 모토工藤元男는 대우大禹 전설의 행방을 좇아 쓰촨 서북의 높은 산과 골짜기로 뛰어드느라 불시에 소리 없이 종적을 감추곤 한다. 가쿠슈인대의 쓰루마 가즈유키鶴間和幸는 진시황 연구자다. 그는 동서남북으로 진시황의 발자취를 뒤쫓으며 사실史實과 전설의 관계를 탐색한다. 에히메대의 후지타 가쓰히사藤田勝久는 사마천의 발자취를 찾아 중국 대지 곳곳을 누빈다. 그는 혼자 다니지만 때때로 나에게 길동무를 청해와 여행의 고락을 함께 누리곤 한다.

국내 연구자 사이에서 고생스런 필드워크는 여태껏 고고학자의 담당이었다. 그들은 다니기만 하는 게 아니라 거의 현장에서 지낸다. 양릉陽陵 발굴 현장에서 왕쉐리王學理 선생을 봤는데, 뜨거운 태양 아래 시골 농부 같은 고고학자의 모습에 존경심이 절로 일었다. 인민대의 왕쯔진王子今 선생은 고고학 출신의 역사학자다. 그는 진·한 교통사를 주로 연구하는데, 발길이 닿는 곳은 이미 다 가봤을 것이다. 베이징대의 뤄신羅新 선생은 중국 문학에서 역사학으로 전공을 바꿨는데, 예스럽고 기이한 곳을 찾아다니길 좋아한다. 그는 서천西天 서왕

모西王母의 흔적을 찾아 서쪽 지역을 찾아다닌다. 또 문화학자 위추위余秋雨 선생은 여행으로 문화의 속살을 접하는 시도를 하는데, 그는 끝없는 길 위의 나그네임을 자칭한다.

돌아다니는 것은 인류의 천성이며, 예로부터의 전통이자 시대의 새로운 기풍이다. 고금의 멋스러운 풍조 속에서 나는 새로운 여정에 나섰다. 이번의 새로운 여행은 시야를 넓히고자 해외로 가는 것도 아니고, 번화한 도시로 바람 쐬러 가는 것도 아니었다. 고국의 산하로 되돌아가서, 거친 산과 들판 깊숙한 곳에서 옛사람의 자취를 추적하고 지난 일의 흔적을 찾고 꿈을 찾아 역사를 부활시키는 것이었다. 이번의 새로운 여행은 사전 준비를 충분히 했다. 사료를 상세히 검토하고 지도를 거듭 살펴보면서 지난날의 사실史實을 숙성시킴으로써, 찾아보려는 것들을 가슴으로 이해하게 되었다. 그리고 책에서 언급했던 것들의 자취를 찾아 떠났다.

나는 역사를 따라 펑현(풍현)과 페이현(패현)으로 가서 한 고조 유방이 떨치고 일어난 곳을 찾아갔다. 망탕산으로 가서 옛일을 회상하며 고금의 무장 할거를 연결시켰다. 또한 시안 린퉁구 시황제릉으로 가서 진나라를 멸망하게 한 이들 때문에 슬피 울었다. 아방阿房으로 들어가는 치도를 멀리서 바라보며 진 제국의 갑작스런 흥기와 급속한 와해에 감개했다. 위하·여산 일대를 돌아다닐 때는 부활한 병마용 군단이 눈앞에 현현한 듯했다. 안개 자욱한 속에서 그 군단은 기록에서 사라진 대전을 나를 위해 재연해주었다. 진나라를 멸망시킨 전쟁은 거록에서 결정되었다. 나는 역사를 따라 장수를 건너고, 굴원의 「국상」으로 진나라 군대의 전몰장병을 애도했다. 진나라와 초나라의 융합에 감탄하던 순간, 마치 베토벤의 '제9번 교향곡'의 종장에서 성결하고 아름다운 환희의 여신이 인류의 평화를 외치는 소리를 들은 듯했다. 허난은 중원 문명의 핵심지로, 이전에 여러 번 지나기는 했지만 머문 적은 없었다. 그래서 나는 역사를 따라 천류(진류)와 카이펑(개봉)으로 갔다. 신릉군의 옛집에서 추모한 뒤 황하 중하류 문명의 심층으로 한 걸음씩 들어갈 때, 잃었다가 되찾는 문명의 여정 속에서 나는 인류 역사의 억셈과 끈질김을 느꼈다.

나는 역사의 여행자다. 내가 역사 속을 돌아다닐 때 역사가 내 마음속에서 부활한다. 나는 부활한 역사를 종이 위에 정지시켜 이 책에 담아냈다.

싼롄판 후기

한 권의 책이 길지 않은 시간에 다른 지역 다른 출판사에서 다른 형식으로 출판되는 것은, 저자로서 무척 기쁜 일이다.

이 책의 첫 부분은 '상아탑'이라는 웹 사이트에 「새로운 전국 시대의 영웅호걸新戰國時代的英雄豪傑」이라는 제목으로 2005년 11월부터 2007년 4월까지 연재했던 것이다. 종이 매체로는 중화서국에서 처음 출간했는데, 제목은 『부활한 역사: 진 제국의 붕괴復活的歷史: 秦帝國的崩潰』였다. 2010년 4월, 번체자 개정판을 타이베이 롄징출판공사聯經出版公司에서 간행했다. 이때 제목은 『진붕: 진시황에서 유방까지秦崩: 從秦始皇到劉邦』였다. 2015년 4월 지금, 롄징판 제목을 그대로 사용해서 싼롄서점의 신판으로 내놓게 되었다.

중화판과 롄징판에 비해 싼롄판은 내용과 형식에 큰 변화가 있다.

1. 주석을 전면적으로 달았다

처음 이 책을 쓸 때는 새로운 형태의 역사 서술을 시도하겠다는 생각이었다. 그 취지는 "문·사·철을 소통하고, 사마천을 본받는 것"이었다. 『사기』를 본보기로 삼아, 상세하고 확실하고 믿을 만한 사실史實의 기초 위에 감동적인 서사를 추구함으로써 깊이 감추어진 사상을 은밀히 펼쳐 보이려는 의도였다. 어느 정도는 이를 실현했다. 시간의 검증도 필요하다. 책이 계속해서 판을 거듭하는 것은 바로 검증의 과정일 것이다.

주석은 학술 저작의 도구로, 주장의 근거이다. 또한 따로 설명하기에도 편리하여 글이 장황해지는 것을 피할 수 있다. 중화판을 준비할 때 나는 주석을 달 것인지 고민했지만 편집자의 의견을 존중하기로 했다. 주석에 익숙하지 않은 독자를 고려해 참고 자료 목록만 덧붙임으로써 주요 학술 근거를 개략적으로 제시했다. 롄징판 역시 중화판의 형식을 그대로 따랐으며, 보충하되 변경하지는 않았다.

세상사에는 얻는 게 있으면 반드시 잃는 게 있기 마련이다. 주석이 없는 책은 막힘없이 쉽게 읽히는 덕분에 독자를 두려워하게 만들지 않는다. 하지만 전문 서적에 주석이 없으면 설명이 필요한 내용을 방기하는 것으로, 결국 아무 근거도 없는 '야호선野狐禪'의 면모를 남기고 만다. 책을 다시 펴내는 것에 대해 싼롄서점과 협의할 때, 그들의 한마디가 내 마음을 움직였다. 싼롄서점은 대중 시장에 영합하지 않고 학술적 품위를 추구하자는 입장이었다. 그래서 나는 싼롄서점을 선택했고, 상의를 통해 싼롄판의 성격을 지식인·문화인을 위한 주석판으로 규정했다.

2. 새로운 내용을 더했다

새로운 내용이 더해진 부분은 세 곳이다.

1. 제4장 4절 '귀족의 후예 진승': 현지 조사와 문헌에 근거한 결과, 진승의 출생지와 출신에 대한 새로운 견해를 보충해 넣게 되었다.
2. 제7장 6절 '이사의 죽음': 책을 처음 쓸 때의 생각은 이사의 죽음을 진2세, 조고 등과 함께 '진나라 멸망의 역사 교훈'에 넣는 것이었다. 결과는 마음먹은 대로 되지 않았다. 진나라가 멸망한 역사 교훈은 너무 심대해서 이 책의 틀과 편폭으로는 수용할 수 없기에 삭제했고, 그 결과 이사의 죽음이 누락되고 말았다. 이후 평론가의 지적을 받고 부끄러워 진땀을 흘리며 그 부분을 보충했다.
3. 제8장 10절 '진나라 멸망의 역사 교훈': 본래 너무 심대하고 방대한 제목이라서 거의 책 한 권을 쓸 정도다. 중화판에는 이 내용이 없었다. 롄징판을 낼 때 도덕의 마지노선이 소멸되는 현실에 느낀 바가 있어서 이 부분을 증보함으로써 이제껏 이에 대해 잊은 적이 없는 나의 정회를 나타냈다.

3. 지도를 그려 넣었다

역사를 쓰고, 역사를 걸으며, 지리 공간을 중시하고, 직접 현지에 가서 조사하는 것이 이 책의 특징이다. 또한 그것은 내 인생의 즐거움이자 추구하는 바다. 희수 전투에 관한 서사는 현지 조사와 출토 유물에 근거해, 합리적 추측을 통해 사서의 공백을 메우려는 시도였다. 거록 전투의 노선은 꽤 오랫동안 의문투성이였는데, 학계의 최신 연구 성과를 근거로 이 책에서 합리적으로 복원했다. 하지만 옛 전투가 지도 없이 문자로만 표현되는 것은 뜻을 온전히 나타날 수 없기에 유감으로 남을 수밖에 없다. 다행히도 전문가의 도움을 받아 마침내 원하는 대로 지도를 제작하는 데 성공했다. 역대 유일의 지도라고 할 만하기에 나는 매우 자랑스럽게 생각한다.

역사는 끊임없이 다시 서술되어야 한다. 다시 쓰기야말로 역사의 현장으로 되돌아가 역사를 부활시킬 수 있게 해준다.[1] 역사 다시 쓰기는 새로운 발견과 새로운 사고에 기초하여 새롭게 역사를 서술함으로써 당대를 살피는 역사 거울을 모색하는 것이다. 역사 다시 쓰기는 21세기 역사학의 새로운 선택이다. 보다 많은 역사학자가 이것에 관심 갖길 바란다.

주

역사의 착각 – 서문을 대신하여

1) 이 책에 나오는 인물의 나이는 모두 태어나자마자 1살로 간주하는 전통 방법에 따라 계산했다. 유방의 출생 연도에 대해서는 역사서에 두 가지 견해가 나온다. 1. 『사기史記』 「고조본기高祖本紀」 12년 조條에서 "고조가 붕어했다高祖崩"는 것을 두고 『집해集解』에서는 다음과 같이 황보밀皇甫謐의 말을 인용했다. "고조는 진 소왕 51년에 태어나 한 12년까지 살았으며 향년 62세였다. 高祖以秦昭王五十一年生, 至漢十二年, 年六十二." 또한 「고조본기」의 유방이 패현沛縣에서 군사를 일으킨 '진2세 원년秦二世元年' 조에서 『집해』에서는 다음과 같이 서광徐廣의 말을 인용했다. "고조는 이때 48세였다.高祖时年四十八." 이를 계산해보면 황보밀의 말과 동일하다. 2. 『한서漢書』 「고제기高帝記」 12년 조에서 "황제가 장락궁에서 붕어했다帝崩於長樂宮"는 부분에 인용된 신찬臣瓚의 주는 다음과 같다. "황제는 42세에 즉위했으며 12년 동안 재위했고 향년 53세였다.帝年四十二卽位, 卽位十二年, 壽五十三." 양옥승梁玉繩의 『사기지의史記志疑』에서는 이렇게 말했다. "『어람』 권87에서 인용한 『사기』에서는 '4월 갑신일에 장락궁에서 붕어했으며 향년 62세였다. 12년 동안 재위했으며 장릉에 장사지냈다'고 했다. 금본 『사기』에는 이 내용이 없다.…아마도 신찬의 말이 틀렸을 것이다.御覽八十七引'史'云'四月甲辰, 崩於長樂宮, 時年六十二. 在位十二年, 葬長陵' 今『史記』無之…蓋瓚說非也." 양옥승은 새로운 근거를 제기하면서 서광과 황보밀의 견해를 지지했다. 양옥승의 주장이 학계의 인정을 받았고, 여기서도 이를 따른다.

2) 포스트 전국戰國 시대에 관한 서술은 이 책의 제4장 '"진나라를 멸망시킬 것은 반드시 초나라"라는 말의 참된 의미'를 참고하라. 이는 『한제국의 건립과 유방 집단: 군공 수익 계층 연구漢帝國的建立與劉邦集團: 軍功受益階層硏究』(리카이위안李開元, 싼롄三聯서점, 2000), 제3장 제1절 '진·초·한 간의 국제관계'를 참고했다.

제1장 전국 시대의 유방

1) 고대에 형제의 항렬을 나타낼 때 자주 쓰던 것은 백伯·중仲·숙叔·계季다. 유씨 형제의 항렬은 백·중·계이고 숙은 없다. 원래는 셋째인 유숙이 있었을 것이나, 어린 나이에 요절해서 유계가 셋째가 된 것으로 보인다.

2) 유방의 모친 유온劉媼에 관해 『사기』에는 그녀가 용을 접하고 유방을 낳았다는 신

화 외에 다른 기록은 없다. 『한서』「고제기」 고제 5년 정월 조에서는, 유방이 제후왕의 추천을 받아들여 황제를 칭한 이후에 조서를 내려 "선온을 소령 부인으로 추존했다追尊先媼曰昭靈夫人"고 했다. 여기에 나오는 선온이 바로 생모 유온이다. 이 기록은 정사에 기록된 법령 가운데 보이는, 유방의 생모에 관한 유일한 정식 기록이다. 「고제기」 10년 조에는 "여름 5월, 태상황후께서 붕어하셨다夏五月, 太上皇后崩"는 기록이 있다. 역대 학자들 사이에는 이견이 있는데, 비교적 많은 학자들은 이 기록을 연문衍文이라 보고 일부 학자는 유방의 계모, 즉 이복동생 유교劉交의 모친을 가리키는 것이라고 본다. 이 기록에 대한 안사고顏師古의 주 및 『보주補注』에서 인용한 여러 학자들의 설을 참고하라. 『사기집해史記集解』에서 인용한, 유온의 성씨와 이름 및 사망한 때와 장소에 관한 몇 가지 설은 모두 후한後漢 이후 참위讖緯가 성행하던 시대 풍조 속에서 나온, 유씨에 관한 참위 신화다. 믿을 만하지 않기에 이 책에서는 취하지 않았다.

3) "태사공이 말한다. 나는 풍·패에 가서 그곳 노인들에게 묻고 소하蕭何·조참曹參·번쾌·등공의 집을 찾아갔는데, 그들의 평소 행적에 대하여 들은 바가 정말 놀라웠다. 칼을 들어 개를 도살하고 비단을 팔 때, 어찌 그들이 천리마의 꼬리에 붙어 한 왕조에 이름을 드리우고 자손에게까지 덕이 미칠 줄 알았겠는가? 나는 타광과 교류했는데, 그가 말해준 고조의 공신들이 흥기했을 때의 모습은 이와 같았다.太史公曰: 吾適豐沛, 問其遺老, 觀故蕭·曹·樊噲·滕公之家, 及其素, 異哉所聞! 方其鼓刀屠狗賣繒之時, 豈自知附驥之尾, 垂名漢庭, 德流子孫哉? 余與他廣通, 爲言高祖功臣之興時若此云."(『사기』「번쾌전」) 사마천은 직접 풍현과 패현에 가서 현지조사를 한 것은 물론이고 고조의 공신들의 후대와 만나 직접 그들의 입을 통해 당시의 역사를 이해했다. 여기에 나오는 '타광'은 번쾌의 손자인 '번타광'이다. 사마천이 역사 당사자의 후손으로부터 자료를 얻은 상황에 대해서는 리카이위안의 「『사기』 서사 속의 구술전승: 사마천과 번타광·양창論『史記』敘事中的口述傳承: 司馬遷與樊他廣和楊敞」(『주·진·한·당 문화연구周秦漢唐文化研究』 제4집, 2006)을 참고하라.

4) 왕윈두王雲度 선생의 이 의견은 「유방신세변석劉邦身世辨析」(『산시역사박물관 관간陝西歷史博物館館刊』 제4집, 시베이西北대학출판사, 1997)이라는 논문에서도 이미 언급한 바 있다.

5) "物事建築有終窮, 神靈精氣不衰滅"

6) "嗟乎, 橋祠一物, 固有終窮, 而其有雲氣者, 鍾於神物, 雖久而不衰. 况其龍也霧也, 乃天地陰陽之全, 變化聚散, 皆不可測, 是以龍興霧滃, 理勢必然, 而取以爲斯橋之名, 斷自漢高初生, 母遇交龍而得, 後基四百年之帝業, 豈偶然哉."

7) 박희薄姬가 배 위에 청룡이 있는 꿈을 꾸고 왕王 부인이 태양이 품속으로 들어온 꿈을 꾼 일은 모두 『사기』「외척세가外戚世家」에 나온다.

8) 유온이 용을 접하고 유방을 낳았다는 기록에 대해, 나는 이 책의 초판본에서 "유방은 사생아일 것이다"라는 왕윈두 선생의 의견에 근거해 민속학의 각도에서 설명한 바 있다. 나중에 사서를 다시 자세히 읽으면서 박희가 배 위에 청룡이 있는 꿈을 꾸고 왕 부인이 품속으로 태양이 들어온 꿈을 꾸었다는 기록에 주목하게 되었다. 특

히 선진 시대에는 이처럼 용을 만나거나 태양이 품속에 들어와 왕후를 낳았다는 이야기가 없는 것 같아서 다른 해석의 여지가 있을 수 있다는 생각이 들었다. 생각해보면 이런 일의 출현은 한 왕조가 중국 역사상 첫 번째의 비세습 왕조 정권이라는 점과 관계가 있으며, 전국·진·한 시대의 민간신앙 특히 점복·해몽 등의 술수術數와도 관계가 있다. 구체적인 연구는 훗날을 기약할 수밖에 없다.

9) 전국 시대의 천하 형세에 대해서는 양콴楊寬의 『전국사戰國史』(상하이인민출판사, 1998)를 참고하기 바란다.

10) 초나라의 각종 제도, 역법·제사·관제·지방행정도 등은 모두 진제秦制와 달랐다. 문헌 사료에 기록이 없어 자세한 내용은 불분명하기 때문에 이 책에서 서술한 것은 대부분 진나라 때의 제도에 기초한 것이다. 이처럼 뜻대로 되지 않는 상황은 사마천 때부터 그랬다. 근년 들어서 초간楚簡의 출토로 다소 나아지긴 했지만 초나라의 제도 틀에서 역사인물의 생활을 서술할 수 있는 정도가 되기에는 한참 부족하다. 초나라의 각종 제도, 특히 지방 행정제도에 관한 새로운 연구는 천웨이陳偉의 『파오산 초간 초탐包山楚簡初探』(우한대학출판사, 1996)을 참고하라.

11) 유방의 소년기 행적 및 정치 신분에 대해서는 사마천의 말이 상세하지 않고 2000여 년 동안 불명확했다. 세간에 유행한 소위 건달流氓, 무뢰배無賴, 농민, 빈민 등의 견해는 지나치게 모호하고 피상적이다. 나는 전국 시대부터 한나라 초까지의 역사를 정리하면서, '포스트 전국 시대'라는 역사 배경 속에서 유방이 전국 시대의 유협임을 명확히 밝히고 체제 바깥에 있었던 유방의 정치 경력과 정치 신분을 보충함으로써 훗날 그가 체제 내에서 발전했던 것과 합리적으로 연결시켰다. 전국 시대 유협이라는 연결고리가 없다면, 유방이라는 인물과 그 시대를 정확히 이해할 수 없다. 전국·진·한 시대의 유협에 대해서는 라오간勞榦의 『라오간 학술논문집勞榦學術論文集』(타이베이: 예문인서관藝文印書館, 1976)에 수록된 「한대의 유협을 논하다論漢代的遊俠」를 참고하라. 또한 나이토 시게노부增淵龍夫의 『중국 고대의 사회와 국가中國古代の社會と國家』(이와나미쇼텐岩波書店, 1996) 제1편 「전국·진·한 사회의 구조와 성격戰國秦漢社會の構造とその性格」을 참고하기 바란다.

12) 진나라의 엄격한 법치 아래, 체제 밖의 불법 백성이었던 유협이 생존할 여지는 거의 없었다. 법가사상의 집대성자이자 진시황의 사상적 스승인 한비자韓非子는 『한비자』 「오두五蠹」에서 '협俠'을 법치국가를 해치는 다섯 가지 좀 가운데 하나로 꼽았다. 여기서 그는 "유자는 글로써 법을 어지럽히고 협객은 무력으로 금령을 범하는데도 군주가 그들을 대우하면 이로 인해 어지러워진다儒以文亂法, 俠以武犯禁, 而人主兼禮之, 此所以亂也"고 명확히 지적했다.

13) 『사기』 「위공자열전魏公子列傳」의 기록에 따르면, 신릉군이 귀국해 5국 연합군을 이끌고 진나라를 격파한 뒤, 진나라는 반간계를 써서 위나라 왕과 신릉군을 이간질해 신릉군이 의심을 받게 만들었다. "밤낮으로 즐기고 술 마시며 4년을 지내다가 결국 술병으로 죽었다. 그 해에 위나라 안희왕 역시 죽었다日夜爲樂飮者四歲, 竟病酒而卒. 其歲, 魏安釐王亦薨." 위나라 안희왕은 기원전 243년에 죽었고 신릉군도 같은 해에 죽었다. 전국 시대의 기년紀年과 관련해, 이 책에서는 주로 양콴의 『전국사』 및 거기

에 첨부된 '전국 시대 대사大事 연표'(상하이 인민출판사, 1998)에 근거했다. 『전국사』의 기년은 역시 양콴의 저서인 『전국사료편년집증戰國史料編年輯證』(상하이 인민출판사, 2001)의 고증을 통해 지지되었으며, 비교적 신뢰할 만하고 검색하기에도 편리하다.

14) 항우가 스스로를 서초패왕西楚霸王이라 칭하며 제후들을 왕으로 세울 당시에 유방은 한왕漢王, 장이는 상산왕常山王에 봉해졌다.

15) 당순지唐順之의 「신릉군이 조나라를 구한 것에 대하여信陵君救趙論」는 명문으로 전해지며, 『고문관지古文觀止』(중화서국中華書局, 1978)에 수록되어 있다.

16) "夫強秦之暴亟矣, 今悉兵以臨趙, 趙必亡. 趙, 魏之障也, 趙亡, 則魏且爲之後. 趙魏, 又楚燕齊諸國之障也, 趙魏亡, 則楚燕齊諸國爲之後. 天下之勢, 未有岌岌於此者也. 故救趙者, 亦以救魏, 救一國者, 亦以救六國也. 竊魏之符以紓魏之患, 借一國之師以分六國之災, 夫奚不可者."

17) "自世之衰, 人皆習於背公死黨之行, 而忘守節奉公之道. 有重相而無威君, 有私讎而無義憤."

18) 『순자』「신도臣道」는 매우 탁월한 '신하론'이다. 신하를 여러 유형으로 귀납했을 뿐만 아니라 "도를 따를 뿐 군주를 따르지 않는다"는 빛나는 사상을 표명했다. 이는 지금도 헤아릴 수 없을 정도의 의의를 지닌다. 순자는 간신諫臣·쟁신爭臣·보신輔臣·불신拂臣의 전형을 열거하며 이렇게 말했다. "이윤과 기자는 간신이라 할 수 있다. 비간과 자서(오자서)는 쟁신이라 할 수 있다. 평원군은 조나라의 보신이라 할 수 있다. 신릉군은 위나라의 불신이라 할 수 있다. 전하는 말에 '도를 따를 뿐 군주를 따르지 않는다'고 하는데, 이런 이를 두고 하는 말이다伊尹·箕子可謂諫矣. 比干·子胥可謂爭矣. 平原君之於趙可謂輔矣. 信陵君之於魏可謂拂矣. 傳曰: '從道不從君.' 此之謂也."

19) 장쉐량張學良(1901~2001)은 시안사변 이후 10년 징역형에 처해졌다가 특별사면을 받긴 했으나 기나긴 연금 생활에 들어갔다. 그의 연금 생활은 53년하고도 6개월 동안 지속되었다. 1937년 1월에 시작되어 아흔이 된 1990년에야 끝이 났다. 이후 1995년에 동생이 있는 하와이로 가서 살다가 2001년에 그곳에서 생을 마감했다.—옮긴이

제2장 진 제국의 민간에 흐르는 암류

1) 초나라 마지막 왕인 창평군昌平君 웅계熊啓의 자취 및 관련 고증에 대해서는 리카이위안의 「마지막 초왕의 사적 탐구: 『사기』「창평군열전」 보충末代楚王史迹鉤沈: 補『史記』「昌平君列傳」(『사학집간史學集刊』, 2010년 제1기)을 참고하라. 상세한 서술은 리카이위안의 『진나라의 수수께끼: 진시황을 새롭게 발견하다秦謎: 重新發現秦始皇』(베이징北京 롄허출판공사聯合出版公司, 2015)의 '진시황의 표숙表叔을 찾아서'를 참고하라.

2) 진·한 시대의 정亭에 대해서는 오랜 시기에 걸쳐 사학계에서 워낙 많은 연구 성과

가 나와서 일일이 열거하기 어렵다. 진나라를 중점에 둔 종합적 연구로는 장진광張金光의 『진제연구秦制研究』(상하이고적古籍출판사, 2004) 제9장 제2절 '정'을 참고하기 바란다.

3) "江山易改, 本性難移."

4) 진나라의 관리가 되는 길에 대해서는 『수이후디 진묘 죽간睡虎地秦墓竹簡』(문물文物출판사, 1978), '위리지도爲吏之道'를 참고하라.

5) 현존하는 사료에서 한나라 때 하급관리의 월급 인상에 관해서는 단 한 번 기록되어 있다. 『한서』「선제기宣帝紀」 신작神爵 3년 8월조에 나오는 조서의 내용은 다음과 같다. "관리가 청명하고 곧지 않으면 치도가 쇠미해진다. 지금 소리들은 부지런히 일하지만 봉록이 박하여, 백성을 착취하지 않길 바라는 게 어렵다. 관리의 봉록이 100석 이하인 자에게는 백분의 오십을 더해주라.吏不廉平則治道衰. 今小吏皆勤事, 而奉祿薄, 欲其毋侵漁百姓, 難矣. 其益吏百石以下奉十五." 주에서는 여순如淳의 말을 인용해 "법에 따르면 100석의 봉록은 600律, 百石奉六百"이라고 했다. 또한 위소韋昭의 말을 인용해 "만약 봉록이 1곡斛이라면 5斗를 더하는 것이다若食一斛, 則益五斗"라고 했다. 즉 100석의 하급관리 월봉은 600전인데 이제 백분의 오십을 인상한다는 것이다. 쥐옌居延에서 출토된 한나라 때의 간독簡牘을 통해 볼 때 전한 후기 정장亭長의 월봉月俸은 600전이었고 인상된 뒤에는 900전이었다. 이에 근거해 따져보면 전한 초와 진나라 때 하급관리의 월봉은 그보다 적었다. 어쩌면 유방이 함양으로 부역을 가게 되었을 때 많은 이들이 주었던 300전은 바로 정장 유방의 한 달 봉록이었을 것이다. 한나라 간독에 나오는 봉록에 대해서는 천멍자陳夢家의 「한나라 간독에 보이는 봉록의 예漢簡所見奉例」(『한간철술漢簡綴述』, 중화서국中華書局, 1980)를 참고하라.

6) 사로잡힌 이후의 한왕 안安에 대한 처리와 결말은 사서에 기록이 없다. 『수이후디 진묘 죽간』이 출토된 뒤 추적의 실마리를 얻게 되었다. 이와 관련된 자세한 연구 결과는 톈위칭田餘慶의 「장초를 말하다: "진나라를 멸망시킬 것은 반드시 초나라다"라는 문제에 관한 연구說張楚: 關於"亡秦必楚"問題的探討」(『진한위진사탐미秦漢魏晉史探微』, 중화서국, 1993)를 참고하라.

7) 톈위칭의 「장초를 말하다: "진나라를 멸망시킬 것은 반드시 초나라다"라는 문제에 관한 연구」, 리카이위안의 「마지막 초왕의 사적 탐구: 『사기』「창평군열전」 보충」을 참고하라.

8) 진승陳勝의 출생지는 진현陳縣 양성陽城이다. 그는 아마 진陳나라 귀족의 후예일 것이다. 이에 대한 상세한 서술은 이 책 제4장의 '귀족의 후예 진승'을 참고하라.

9) "風蕭蕭兮易水寒, 壮士一去兮不復還."

10) 『사기』「자객열전刺客列傳」.

11) 『사기』「유후세가留侯世家」에는 이렇게 기록되어 있다. "한나라가 멸망했을 때 장량의 집에는 종 300명이 있었는데 동생이 죽었지만 장사지내지 않고 가산을 모두 바쳐서 진왕을 암살할 자객을 구하여 한나라를 위해 복수하고자 했다.韓破, 良家僮三百人, 弟死不葬, 悉以家財求客刺秦王, 爲韓報仇." "장사지내지 않았다"는 말은 매장

하지 않았다는 게 아니라 정식으로 장례를 치루고 안장하지 않았다는 의미다. 장례를 제대로 치르려면 돈이 많이 드는데, 장량은 돈을 마련해 자객을 사기 위해서 어쩔 수 없이 비용을 아끼고자 동생을 대충 매장했던 것이다.

12) 『사기』「유후세가」에서는 장량이 "동쪽으로 가서 창해군을 만나고 역사를 얻었다東見倉海君, 得力士"고 했다. 창해군에 대해서는 역대로 두 가지 해석이 있다. 하나는 당시 어떤 현자에 대한 칭호라는 것이다. 『한서』「장량전」의 안사고 주에서 "대개 당시 현자에 대한 칭호다蓋當時賢者之號也"라고 했다. 다른 하나는 당시 한반도 중부 동이의 군장君長이라는 것이다. "여순이 말하길, 진나라의 군에는 창해가 없는데 아마도 동이의 군장을 가리키는 것이다.如淳曰: 秦郡無倉海, 或曰東夷君長."(『집해集解』) "요찰이 말하길, 무제 때 동이의 예인穢人의 군장이 투항하여 창해군을 설치했는데 이로 인해 명명되었고 아마 그 근처였을 것이다.姚察以武帝時東夷穢君降, 爲倉海郡, 或因以名, 蓋得其近也."(『색은索隱』) 전국 시대에 이미 연나라는 한반도와 육로를 통해 왕래하고 있었다. 해상교통 역시 없었을 리가 없다. 이때의 장량은 주로 동부 근해 지역에서 활동했으므로 한반도로 통하는 것은 가능했다. 근년 들어 왕쯔진王子今 선생이 「진·한 시기 조선 '망인' 문제秦漢時期朝鮮'亡人'問題」(『진·한 변강 민족 문제秦漢邊疆民族問題』, 중국인민대학출판사, 2011)에서 '창해'를 통해 '창해군倉海郡'을 연상하고 장량이 한반도를 오갔다고 본 것이 비교적 타당하다.

13) 진시황이 첫 번째로 천하를 순행한 목적과 그 노선은 2000년 동안 풀리지 않는 수수께끼였다. 2014년 8월 나는 쓰촨·간쑤·산시陝西 세 성에 갔는데, 바로 진시황의 첫 번째 순행의 노선 및 유적지와 관련한 현지조사를 위해서였다. 그 결과를 바탕으로 「진시황은 첫 번째 순행에서 서현으로 가서 조상에게 제사지냈다秦始皇第一次巡遊天下到西縣祭祖說」라는 논문을 써서 11월에 서울대학 인문연구원 동양사연구회에서 발표했다. 이 책에서는 이 새로운 연구 성과에 근거해 새롭게 고쳐 썼다.

14) 『사기』「자객열전」에서 태사공太史公은 이렇게 말했다. "세간에서 형가에 대해 말하면서 태자 단의 운명을 이야기할 때 '하늘에서 곡식이 내리고 말에서 뿔이 났다'는 일을 언급하는데, 이는 너무 과장된 것이다. 또 형가가 진왕을 다치게 했다는 것 역시 사실이 아니다. 애초에 공손계공과 동생은 하무저와 교유하였으므로 이 일을 잘 알고 있는데 그들이 나에게 말해준 내용은 이와 같다.世言荊軻, 其稱太子丹之命, '天雨粟, 馬生角'也, 太過. 又言荊軻傷秦王, 皆非也. 始公孫季功·董生與夏無且游, 具知其事, 爲余道之如是." 하무저는 형가가 진나라 왕을 암살하려고 했던 사건의 당사자로, 현장에서 약주머니를 형가에게 던졌다. 그가 말한 내용은 공손계공과 동생을 통해 태사공에게 전해졌다. 그런데 여기서의 태사공은 사마천이 아니라 그의 부친 사마담司馬談이다. 구제강顧頡剛의 「사마담이 『사기』를 지은 것에 대한 고찰司馬談作史考」(『사림잡지史林雜識』, 중화서국, 1963)를 참고하라. 『사기』 기록 가운데 구술전승과 관련된 상세한 내용은 「『사기』 서사 속의 구술전승」을 참고하라.

15) 「박랑사 고찰기博浪沙考察記」는 마페이바이馬非百의 『진집사秦集史』(중화서국, 1982), 389쪽에 실려 있다. 원문에는 제목이 없고 장량전의 뒷부분에 덧붙어 있는 글이다. 이 글은 1936년 카이펑開封의 답사 현장의 모래바람을 체험하고 쓴 것으

로, 고풍스럽고 깊이가 있으며 역사의 현장감이 풍부하다. 현지조사가 뛰어난, 보기 드문 글이다. 「박랑사 고찰기」라는 제목은 내가 붙인 것이다. 이 글을 읽으며 얻은 역사감을 간직하고자, 특히 마페이바이 선생이 모래바람 속에서 얻은 귀한 체험을 보존하고자 나는 중머우中牟를 지날 때 그곳으로 들어가지 않고 단지 멀리서 바라보며 앙모하는 것으로 만족했다.

16) 슝톄지熊鐵基, 『진·한 신도가 약론고秦漢新道家略論稿』, 상하이 인민출판사, 1984.

17) "天下非一人之天下, 乃天下之天下也. 同天下之利者, 則得天下, 擅天下之利者, 則失天下."

18) "天下者, 非一人之天下, 乃天下之天下也. 取天下者, 若逐野鹿, 而天下皆有分肉之心. 若同舟而濟, 濟則皆同其利, 敗則皆同其害."

19) 리카이위안, 『한 제국의 건립과 유방 집단: 군공 수익 계층 연구』 제4장 제3절 '공천하共天下와 유한 황권'.

20) 유방 일행은 "풍읍 서쪽 못에 이르러서 멈추고 술을 마셨으며 밤이 되자 호송해 가던 무리를 풀어주었다.到豐西澤中, 止飮, 夜乃解縱所送徒."(『사기』 「고조본기」) 『한서』 「고제기」에서는 "풍읍 서택정에 이르러서 멈추고 술을 마셨으며 밤이 되자 호송해 가던 무리를 풀어주었다到豐西澤亭, 止飮, 夜乃解縱所送徒"고 했다. 안사고의 주에서는 "풍읍 서쪽의 정이 못에 있기 때문에 그렇게 명명한 것이다豊邑之西, 其亭在澤中, 因以爲名"라고 했다. 양옥승은 『사기지의』에서 "여기에는 '정'자가 빠진 듯하다. 만약 못이라고 하면 어찌 멈춰서 술을 마실 수 있겠는가?則此似脫'亭'字, 若但言澤中, 豈能止飮乎?"라고 했다. 내 생각에 정에는 정사亭舍가 있어서 공무로 오가는 이들의 숙소로 제공되었는데, 여기서 유방 일행이 잠시 멈추고 술을 마셨을 것이다.

21) 금본 『사기』 「고조본기」와 『한서』 「고제기」에서는 유방이 망탕산에서 뱀을 죽인 신이한 일을 기록하며 유방을 적제赤帝의 아들이라고 했는데, 이는 후한 이후에 부회하여 첨가한 것이므로 이 책에서는 취하지 않았다. 이에 대해서는 니시지마 사다오西嶋定生의 「초치검과 참사검草薙劍と斬蛇劍」(『중국 고대 국가와 동아시아 세계中國古代國家と東アジア世界』, 도쿄대학출판회東京大學出版會, 1983)을 참고하라. 나는 금본 『사기』의 저본은 『반씨 집안 소장본 『사기』班氏家藏本史記』(리카이위안, 「『사기』 「진시황본기」의 해체: 3+N의 역사학 지식의 구성을 논하다解構『史記』「秦始皇本紀」: 兼論3+N 的歷史學知識構成」(『사학집간』, 2012년 제4기)라고 생각한다. 유방이 뱀을 죽인 적제의 아들이라는 이야기는 반씨 일족이 덧붙였을 텐데, 이에 대해서는 따로 글을 써서 논의할 생각이다.

22) 마페이바이, 『진집사』의 유방전劉邦傳.

23) "星星之火, 可以燎原"

24) 자세한 내용은 『한 제국의 건립과 유방 집단: 군공 수익 계층 연구』, 제4장 제1절의 '군도群盜 집단 시기'를 참고하라.

25) "黃洋界上炮聲隆, 報道敵軍宵遁." 마오쩌둥毛澤東의 「서강월西江月·징강산井岡山」에 나오는 구절이다.—옮긴이

제3장 높은 건물이 무너지기 전날 밤

1) 궈모뤄郭沫若, 「여불위와 진왕 정 비판呂不韋與秦王政的批判」, 『십비판서十批判書』, 과학출판사, 1962.

2) 진시황은 일찍이 호해를 태자로 삼을 생각을 한 적이 있다. 부소가 수도를 떠나 상군上郡으로 간 뒤 진시황은 호해를 가자假子, 즉 임시 계승자로 세워 자신의 천하 수행을 수행하게 했다. 상세한 내용은 이 책 제3장의 '사구의 음모 배후에 도사린 갈등'을 참고하라.

3) 구제강의 「고사변 자서古史辨自序」와 「첸쉬안퉁 선생에게 보내는 고사를 논한 편지與錢玄同先生論古史書」를 참고하라. 『구제강 고사논문집顧頡剛古史論文集』 제1책(중화서국, 1988)에 수록되어 있다.

4) 유씨劉氏는 앞에서 "후한 이후 『사기』에 주석을 단 유劉 아무개"라고 한 인물이다. 리카이위안은 『사기』를 주석한 『색은索隱』에 인용된 유씨(구체적으로 누구인지는 알 수 없다)의 말이, 조고의 부친은 궁형을 받았으며 모친이 다른 남자와 야합해 낳은 조고 형제가 조씨를 사칭했고 환관이 되었다는 곡해의 원천이라고 주장한다. 조고의 출신에 관한 진위를 다룬 다음 논문 참고. 「조고는 환관이 아니었다: 『사기』 「조고열전」 보충說趙高不是宦閹: 補『史記』「趙高列傳」」(『사학월간史學月刊』, 2007년 제8기). — 옮긴이

5) 조고趙高의 출신에 관한 진위와 허실은 「조고는 환관이 아니었다: 『사기』 「조고열전」 「보충」이라는 논문에서 상세히 논증한 바 있다. 이 책의 역사 서사는 이 논문을 기초로 이루어진 것이다. 더 깊이 알고 싶다면 참고하기 바란다.

6) 진시황은 진 소왕昭王 48년(기원전 259)에 태어났고, 유방과 조고는 같은 해인 초楚 고열왕考烈王 7년(기원전 256)에 태어났고, 이사는 대략 초 경양왕頃襄王 19년(기원전 280)에 태어났다.

7) 진대의 학실學室 제도는 『장자산 한묘 죽간張家山漢墓竹簡』 '사률史律' 및 장진광의 『진제연구』 제10장 '학리學吏' 제도를 참고하라.

8) "『爰歷』六章者, 車府令趙高所作也."(『한서』 「예문지藝文志」)

9) 첸무錢穆의 『선진제자계년先秦諸子繫年』(허베이河北교육출판사, 2002)에 첨부된 『선진제자 연대기 연도표先秦諸子繫年通表』를 참고하라.

10) 이사李斯의 일생에 일어났던 큰일의 연도는 장중이張中義·왕쭝탕王宗堂·왕콴싱王寬行 집주輯注 『이사집李斯集』(중저우中州 고적출판사, 1991)의 부록 「이사 연표」를 참고하라.

11) 진왕 영정嬴政이 즉위했을 때의 복잡했던 궁정 상황 및 정치 형세에 대해서는 『진나라의 수수께끼: 진시황을 새롭게 발견하다』의 '영정은 누구에게 정권을 맡겼나'를 참고하라.

12) 이 시기의 역사는 분서갱유焚書坑儒와 관련되어 있다. 분서와 갱유는 서로 다른 해에 발생한, 신뢰도가 완전히 다른 두 사건이다. 분서는 진시황 34년에 발생한 일로, 믿을 만한 사실史實이다. 갱유는 위조된 역사로, 위조자는 후한의 유생들이다. 그들

은 유학의 국교화를 위한 여론을 조성하기 위해서 유가의 경전을 성경으로 끌어올리고 유생을 순교한 신자로 빚어내고자 힘썼다. 이러한 현실의 정치적 필요에 의해 그들은 진시황 35년에 발생한 방사의 도망사건을 갱유坑儒(유생을 생매장한 일)로 왜곡·날조했다. 자세한 논의는 「분서갱유의 진위와 허실: 절반은 위조된 역사焚書坑儒的眞僞虛實: 半椿僞造的歷史」(리카이위안, 『사학집간』, 2010년 제6기)를 참고하라.

13) 만년의 시황제는 막내아들 호해를 편애했다. 부소가 분서와 관련해 간언한 탓에 상군으로 보내진 뒤 시황제는 호해를 태자로 세울 것을 고려하기도 했다. 다섯 번째로 천하를 순행할 때 여러 아들 중에서 호해를 선택해 '가자假子'로서 동행하게 했는데, 호해를 최종적으로 살펴보기 위해서였다. 그런데 거의 일 년 동안 가까이 살펴본 결과 시황제는 호해가 적합하지 않음을 인정했다. 그래서 임종하기 전에 시황제는 생각을 바꿔서 부소를 함양으로 돌아오게 하여 장례를 치르고 황위를 계승하라는 유조를 남겼다. 사구의 음모의 진정한 배경은 바로 이것이다. 이 문제에 대한 상세한 해석은 『진나라의 수수께끼: 진시황을 새롭게 발견하다』의 '진시황의 후궁 미스터리'를 참고하라. 나의 이런 견해는 기존 문헌의 근거가 있을 뿐만 아니라 새로 출토된 문헌의 지지를 확보하고 있다. 『사기』「몽염열전蒙恬列傳」에 실린, 몽의蒙毅가 2세의 사자 곡궁曲宮에게 했던 말 가운데 시황제의 다섯 번째 천하 순행이 언급되어 있다. "(선제께서는) 오직 태자(호해)만 수행하게 하여 천하를 순행하셨으니, 다른 공자들과 비교할 수 없다는 것을 신은 의심치 않았습니다. 선제께서 태자를 세우려 하신 게 여러 해 되었으니, 신이 어찌 감히 간언했겠으며 어찌 감히 다른 생각을 했겠습니까!太子獨從, 周旋天下, 去諸公子絶遠, 臣無所疑矣. 夫先主之擧用太子, 數年之積也, 臣乃何言之敢諫, 何慮之敢謀!" 최근에 발견된 베이징대 소장 한간漢簡 『조정서趙政書』에서도 호해를 '가자'로 삼았음을 명확히 언급하고 있다. 자오화청趙化成의 「베이징대 소장 전한 죽간 『조정서』에 대한 간략한 설명北大藏西漢竹簡『趙政書』簡說」(『문물文物』, 2011년 제6기)을 참고하라.

14) 이사가 진시황에게 흉노를 치기 위해 군사를 동원하지 말 것을 간언한 일은 『사기』「평진후주보열전平津侯主父列傳」에 나온다. 주보언主父偃이 한 무제武帝에게 흉노 정벌에 대해 간언한 다음의 말 가운데 그 일이 언급되어 있다. "옛날 진시황이 승리의 위세를 몰아 천하를 잠식하며 교전한 나라들을 병탄하여 천하를 통일하니, 그 공이 삼대와 같았습니다. 진시황이 싸워 이기는 것에 힘쓰기를 그치지 않고 흉노를 치려고 하자 이사가 간언했습니다. '안 됩니다. 흉노는 성곽에서 살지 않으며 비축해 두어 지킬 만한 것이 없으며 새처럼 옮겨 다니기에 제어하기 어렵습니다. 가볍게 무장한 병사가 깊이 쳐들어가면 군량이 반드시 끊길 것이고, 군수품을 갖고서 행군하면 무거워서 일을 제대로 할 수 없습니다. 그 땅을 얻더라도 이로울 게 없고, 그 백성들을 얻더라도 그들을 부리고 지킬 수 없습니다. 승리하면 반드시 그들을 죽여야 하는데, 이는 백성의 부모로서 할 일이 결코 아닙니다. 중국을 피폐하게 하면서 흉노를 치는 것을 통쾌하게 여기는 것은 좋은 계책이 아닙니다.' 진시황이 이 말을 듣지 않고 결국 몽염에게 군대를 이끌고 오랑캐를 치게 하여 천리의 땅을 개척했습니다.……昔秦皇帝任戰勝之威, 蠶食天下, 並呑戰國, 海內爲一, 功齊三代. 務勝不休, 欲攻匈

奴, 李斯諫曰: '不可. 夫匈奴無城郭之居, 委積之守, 遷徙鳥擧, 難得而制也. 輕兵深入, 糧食必絕, 踵糧以行, 重不及事. 得其地不足以爲利也, 遇其民不可役而守也. 勝必殺之, 非民父母也. 靡弊中國, 快心匈奴, 非長策也.' 秦皇帝不聽, 遂使蒙恬將兵攻胡, 辟地千里……" 『한서』「주보언전主父偃傳」은 문장이 약간 다르다.

15) 부소의 모친은 아마도 초나라 왕실 출신으로, 화양華陽태후 및 창평군昌平君 웅계熊啓와 밀접한 관계가 있었으며 진나라 궁정에서 세력이 강대했던 초나라계 외척에 속했을 것이다. 화양태후가 사망한 뒤 초나라계 외척은 쇠락했고, 창평군이 진나라에 반기를 들고서 왕으로 자처한 뒤 초나라계 외척은 더욱 처지가 곤란해졌다. 시황제는 조나라계의 호해를 계승자로 삼을 것을 한동안 고려하기도 했다. 진나라 왕실에 존재했던, 육국 출신 외척 세력 간의 복잡한 갈등이 황위 계승을 둘러싼 쟁탈전을 직접적으로 초래했다. 이에 대해서는 『진나라의 수수께끼: 진시황을 새롭게 발견하다』의 '진시황의 후궁 미스터리'를 참고하라.

16) 『진나라의 수수께끼: 진시황을 새롭게 발견하다』의 '동생과 양부 이야기'를 참고하라.

17) 영영嬴嬰이 성교成蟜의 아들이라는 것에 관한 고증은 리카이위안의 「진왕 자영이 시황제의 동생 성교의 아들이라는 설秦王子嬰爲始皇弟成蟜子說」(『진문화논총秦文化論叢』 제14집, 2007)을 참고하라. 성교와 영영 부자에 관해 「진왕영부자열전秦王嬰父子列傳」을 써서 『진나라의 수수께끼: 진시황을 새롭게 발견하다』에 부록으로 실었으니 참고하기 바란다.

18) 이 책의 제4장 '치도와 직도'에서 리카이위안은 '병해도竝海道'를 '요서회계도遼西會稽道'라고 했다.—옮긴이

19) 위안중이袁仲一, 『진시황제릉의 고고 발견과 연구秦始皇陵的考古發現與研究』, 산시陝西 인민출판사, 2002.

20) "奈何家天下, 骨肉尙無恩." 당나라 시인 포용鮑溶의 「장성長城」에 나오는 구절이다. —옮긴이

제4장 천하대란

1) 왕쉐리王學理의 『함양제도기咸陽帝都記』(싼친三秦출판사, 1999) 제3장 「'위수관도'(위수가 도성을 관통하다)의 규모'渭水貫都'的規模」를 참고하라.

2) 시안西安 문물국 문물처文物處와 시안 문물보호 고고소考古所의 「진나라 아방궁 유지 고고 조사秦阿房宮遺址考古調査」(『문박文博』, 1998년 제1기), 중국사회과학원 고고연구소와 시안 문물보호 고고소의 「진나라 아방궁 전전 유지 고고 조사·탐사·시굴·발굴秦阿房宮前殿的遺址考古調査·勘探·試掘和發掘」(『고고학보考古學報』 2005년 제2기), 양둥위楊東宇·돤칭보段淸波의 「아방궁의 개념과 아방궁 고고阿房宮槪念與阿房宮考古」(『고고와 문물考古與文物』, 2006년 제2기) 등을 참고하라.

3) 시황제릉의 고고 조사와 연구에 대해서는 위안중이의 『진시황제릉의 고고 발견과

연구』를 참고하라.

4) 룽하이隴海 철로의 원래 명칭은 '룽친위하이隴秦豫海' 철로다. 간쑤(간쑤의 간칭이 '룽隴'이다) 란저우蘭州에서 장쑤 롄윈강連雲港(고대에 해주海州라 했고 간칭이 '해海'다)에 이르는 철로다.—옮긴이

5) 진나라 때의 교통에 대해서는 왕쯔진王子今의 『진·한 교통사고秦漢交通史稿』(중앙당교中央黨校출판사, 1994)를 참고하라. 왕쯔진은 이 책 제1장의 '전국 육로 교통망의 형성'에서, 광양廣陽에서 한단邯鄲까지의 도로를 '한단광양도'로 명명했다. 나는 진나라 말 전쟁에서 실제로 도로가 이용된 상황을 결합해 이 도로를 한단에서 하내군河內郡 경내까지 연장하여, 제국 북부를 관통하는 남북 교통로인 이것을 '하내광양도'라 칭했다.

6) 왕쯔진은 이 도로를 '병해도竝海道'라고 했지만, 나는 일관되게 군명郡名으로 도로를 나타내고자 이를 '요서회계도遼西會稽道'로 개칭했다.

7) 진승의 출생지 양성陽城의 위치에 대해서는 오랫동안 논쟁이 그치지 않았는데, 이를 종합하면 다섯 가지 견해가 있다. 1. 허난河南 상수이商水 2. 허난 팡청方城 3. 허난 덩펑登封 4. 허난 핑위平輿 5. 안후이安徽 쑤저우宿州. 이 책의 초판본(2007년 중화서국판과 2010년 타이베이 롄징판聯經版)에서는 탄치샹譚其驤이 주장한 팡청이라는 견해를 따랐다. 1983년 상수이현 문물관리위원회는 상수이 수좡향舒莊鄕 푸쑤촌扶蘇村의 전국·진·한 고성 옛터를 발굴 조사했으며 팡청이 진승의 출생지인 양성의 옛터일 것이라고 판단했다.(상수이현 문물관리위원회, 「허난 상수이 전국 시대 성터 조사기河南商水縣戰城址調查記」, 『고고考古』, 1983년 제9기) 나는 사료를 자세히 살피고 각 전문가의 논문을 읽은 뒤 2009년 8월에 직접 현장을 찾아가 현지 조사를 하고 나름대로의 결론을 내렸다. 현재의 여러 견해 중에서 허난 상수이 설은 문헌과 고고 자료의 지지를 받을뿐더러 진승의 출신 배경을 비롯해 그가 기의했을 때 부소의 이름에 기댔던 사실史實과도 관계가 있어서 가장 확실하고 믿을 만하다. 이와 관련된 내용은 이미 『초나라의 멸망: 항우에서 한신까지楚亡: 從項羽到韓信』 제6장 '전해지는 말 속의 역사의 흐름'에 써넣었고, 「분서갱유의 진위와 허실: 절반은 위조된 역사」라는 논문에서도 언급했으니 참고하기 바란다. 상수이 설에 대해서는 다음을 참고하라. 웨이쑹산魏嵩山, 「진승의 출생지 양성에 대한 고찰陳勝出生地陽城考辨」(『광밍르바오光明日報』, 1960.3.21), 쑤청젠蘇誠鑑, 「진승의 출생지는 마땅히 진군에 속한다陳勝出生地應屬陳郡」(『안후이 사범대학 학보安徽師範大學學報』, 1979년 제1기), 펑커밍彭克明, 「진승 고향이 상수이라는 설에 대한 보충陳勝故里商水說補證」(『안후이 사학安徽史學』, 1988년 제2기). 팡청 설에 대해서는 탄치샹의 「진승의 고향 양성에 대한 고찰陳勝鄕里陽城考」(『장수집長水集』, 인민출판사, 1987)을 참고하라. 내가 팡청 설을 버린 데는 또 다른 이유가 있다. 2011년 8월에 팡청을 찾아가 조사한 적이 있는데, 아직도 그곳에서는 진승과 관련된 유적지나 전설이 확인되지 않고 있다.

8) 훠인장霍印章의 『진대 군사사秦代軍事史』 제6장 제2절을 참고하라. 중국군사과학원中國軍事科學院 주편, 『중국군사통사中國軍事通史』 제4권, 군사과학출판사, 1998.

9) 옌겅왕嚴耕望의 『진·한 지방 행정제도秦漢地方行政制度』 제11장 '원적의 규제籍貫限制'를 참고하라. 중앙연구원 역사언어연구소 연구 총서中央研究院歷史語言研究所專刊 45 A, 1990.

10) 『사기』 「항우본기項羽本紀」에서 범증范增은 항량項梁에게 초왕楚王의 후예를 왕으로 삼으라고 간언하며 이렇게 말했다. "회왕이 진나라에 들어가서 돌아오지 못한 이후로 초나라 사람들은 지금까지도 회왕을 가엽게 여기고 있습니다. 그래서 초 남공은 '초나라에 삼호가 남는다 할지라도 진나라를 멸망시킬 것은 반드시 초나라다'라고 했습니다.自懷王入秦不反, 楚人憐之至今. 故楚南公曰:'楚虽三户, 亡秦必楚.'" 남공은 초나라의 음양가로 참언讖言에 능했다. 『한서』 「예문지」에 '남공 13편南公十三篇'이 음양가로 저록되어 있다. 삼호三户에 대한 설명은 여러 가지가 있다. 초나라의 소昭·굴屈·경景의 세 명문이라고도 하며, 항우가 진나라 군대를 공격했던 지명인 삼호진三户津이라고도 하는데 이는 모두 정설이 될 수 없다. 『집해』에서 인용한 신찬의 말에 의하면 "초나라 사람이 진나라를 원망하여 삼호일지라도 진나라를 멸망시키기에 족했다.楚人怨秦, 雖三户足以亡秦也." 『회주고증會注考證』에서 다키가와 스케코토瀧川資言는 "삼호라는 것은 적다는 것을 말할 따름으로 가정적인 말이다三户者, 言其少耳, 虛設之辭"라고 했다. 이 설이 소박하면서도 이치에 맞긴 하지만 참언이라는 것을 감안하다면 이 설에서는 예언력이 부족하다. 따라서 나는 "초나라에 삼호가 남는다 할지라도 진나라를 멸망시킬 것은 반드시 초나라다"라는 말에서 삼호를 진승·항우·유방으로 해석했다.

11) "태사공이 진·초 시기의 역사를 읽고 말한다. '처음에 반란을 일으킨 것은 진섭이며, 진나라를 잔혹하게 멸망시킨 것은 항씨고, 어지러운 세상을 바로잡아 포악한 자를 제거하고 해내를 평정해 마침내 제위에 오른 것은 한가漢家에 의해 완성되었다. 5년 동안 호령하는 자가 세 차례 바뀌었는데, 백성이 있은 이래로 천명이 이처럼 급히 바뀐 적은 없었다.'太史公讀秦楚之際, 曰: '初作難, 發於陳涉, 虐戾滅秦, 自項氏, 撥亂誅暴, 平定海內, 卒踐帝祚, 成於漢家. 五年之間, 號令三嬗, 自生民以來, 未始有受命若斯之亟也.'"(『사기』 「진초지제월표秦楚之際月表」)

12) "한漢은 조금의 땅에도 의지하지 않고 검 한 자루에 힘입어 5년 만에 제업을 성취했다. 역사 기록에 지금껏 없었던 일이다.是以漢亡尺土之階, 由一劍之任, 五載而成帝業. 書傳所載, 未嘗有焉."(『한서』 「이성제후왕표異姓諸侯王表」)

13) 톈위칭의 「장초를 말하다: "진나라를 멸망시킬 것은 반드시 초나라다"라는 문제에 관한 연구」는 『역사연구』(1989년 제2기)에 처음 발표되었고 나중에 『진한위진사탐미』(중화서국, 1993)에 수록되었다. 내가 보기에 「장초를 말하다」와 톈위칭의 또 다른 논문 「윤대조를 논하다論輪臺詔」(『역사연구』 1985년 제1기에 처음 발표되었고 나중에 역시 『진한위진사탐미』에 수록되었다)는 인문 사학 논문의 걸작이라 할 만하다. 은밀한 내용을 탐색하며 치밀한 이 글들은 자구를 다듬은 주옥같은 문장으로 두 시대의 역사 풍모를 절묘하게 그려냄으로써 무한히 음미할 사색의 여지를 남겼다.

14) 『한 제국의 건립과 유방 집단: 군공 수익 계층 연구』 제3장 제1절의 '진·초·한 간의

국제관계' 및 맺음말 제3절의 '진·초·한의 역사 연속성'. 춘추전국 이래의 진나라와 초나라의 관계는, 위로는 진나라와 초나라 양국의 21대에 걸친 혼인 연맹까지 거슬러 올라가고 아래로는 창평군·항연·부소 그리고 진승·오광 기의와 관련된 갈등까지 이어진다. 이에 대해 『진나라의 수수께끼: 진시황을 새롭게 발견하다』와 『초나라의 멸망: 항우에서 한신까지』에서 서로 다른 형식으로 탐색해보았으니, 흥미를 느낀다면 참고하라.

제5장 장함이 위험한 국면을 버텨내다

1) "乃今皇帝, 一家天下, 兵不復起."

2) 시황제는 천하를 순행하면서 일곱 곳에 석각을 남겼다. 태산泰山·낭야琅琊·지부之罘·동관東觀·갈석碣石·회계會稽 여섯 곳의 비문은 『사기』「진시황본기」에 보인다. 역산嶧山 석각의 비문은 사서에서 실전되었다. 전해지는 것으로는 북송北宋 순화淳化 4년 정문보鄭文寶의 번각(현재 시안 비림박물관碑林博物館에 소장)이 비교적 믿을 만하다. 시황제가 남긴 석각의 원류에 대해서는 위안웨이춘袁維春의 『진한비술秦漢碑述』(베이징공예미술工藝美術출판사, 1990)을 참고하라.

3) "闡幷天下, 甾害絶息, 永偃戎兵."

4) "今皇帝并一海內, 以爲郡縣, 天下和平."

5) 허웨이딩何維鼎, 「진나라가 영남을 통일하는 데 얼마의 병력을 투입했나秦統一嶺南投放了多少兵力」, 『화난 사범학원 학보華南師範學院學報』, 1982년 제2기. 더 자세한 설명은 아래의 주를 참고하라.

6) 진나라 군대가 남월南越을 공격한 노선에 대해서는 훠인장의 『진대군사사』 제5장 제3절 「남쪽으로 백월을 평정하다南平百越」를 주로 참고했다.

7) 진나라 군대가 백월百越을 공격할 때 군대를 얼마나 동원했는지 『사기』에 명확한 기록이 없다. 『회남자淮南子』「인간人間」에서 언급하길, 도휴屠睢의 제1차 백월 공격에서는 50만 대군을 동원했다고 했는데 그 내용은 다음과 같다. "진시황은 예언서를 얻었는데 거기에 '진나라를 멸망시킬 자는 호胡이다'라고 적혀 있었다. 그래서 진시황은 군사 50만을 동원하고 몽공(몽염)과 양옹자楊翁子로 하여금 장성을 쌓도록 했다. 서쪽 유사에서 시작해 북쪽으로는 요수에 접하고 동쪽으로는 조선(고조선)에 잇닿았다.……또한 월의 무소뿔·상아·비취·진주를 탐하여, 위尉 도휴에게 군사 50만을 이끌고 다섯 방면으로 나누게 했다.……(월나라 사람들은) 밤에 진나라 군대를 공격해 크게 무찌르고 도휴를 죽였는데, 이때 도처에 시신이 널리고 수십만 명의 피가 물처럼 흘러갔다.秦皇挾錄圖, 見其傳曰: '亡秦者, 胡也.' 因發卒五十萬, 使蒙公·楊翁子將, 築脩城. 西屬流沙, 北擊遼水, 東結朝鮮……. 又利越之犀角·象齒·翡翠·珠璣, 乃使尉屠睢發卒五十萬, 爲五軍……. (越人)而夜攻秦人, 大破之, 殺尉屠睢, 伏尸流血數十萬." 이는 작자의 철학 사상을 논증하기 위한 것으로, "일이란 때로는 일부러 도모하다가 도리어 그것을 망가뜨리게 되고, 때로는 방지하려다가 도리어 그것을 초래

하게 된다事或爲之, 適足以敗之, 或備之, 適足以致之"는 것을 말하기 위해 인용한 역사 이야기이기에 신뢰도가 높지 않다. 예를 들면, 몽염이 군대를 이끌고 흉노를 치고 장성을 쌓아 북쪽 변방을 지킨 것에 대해 『사기』에서는 30만 명이라고 명확히 기록하고 있는데, 여기서 50만 명이라고 한 것은 확실히 과장된 말이다. 전국·진·한 시대에 야전군의 최대 동원량은 대략 60만 명이었다. 진시황이 초나라를 멸망시킨 전쟁, 초·한의 팽성彭城 전투 및 해하垓下 전투에서도 마찬가지였다. 이에 대한 상세한 고증은 『한 제국의 건립과 유방 집단: 군공 수익 계층 연구』 제1장 제3절의 '한나라 초 군공 수익 계층의 형성'을 참고하라. 이에 근거한다면, 강대한 흉노는 진나라에 직접적인 위협이 되었으므로 진나라가 30만 대군으로 출격한 것은 이해할 수 있다. 하지만 백월은 부락 지역이었는데 진나라가 거국적으로 동원해 50만 대군으로 진격했다는 것은 사리에 들어맞지 않는다. 『회남자』와 같은 제자서諸子書에 나오는 역사 이야기는 믿지 않을 수 없지만 그렇다고 전적으로 믿어서는 안 된다. 사료로서 말하자면 신뢰도가 상대적으로 낮기에 그 유래를 분석하고 판별해야 할 필요가 있다. 이런 문제에 대한 나의 연구와 의견은 「『사기』「진시황본기」의 해체: 3+N의 역사학 지식의 구성을 논하다」와 『진나라의 수수께끼: 진시황을 새롭게 발견하다』의 '모초茅焦가 진왕에게 간언한 것의 역사 의의'에 밝혔으니 참고하기 바란다. 나는 이 책에서 허웨이딩의 의견을 택했다. 즉 백월을 공격했을 때 진나라 군대의 최대 수량은 8만에서 10만으로, 대략 10만으로 개술했다. 50만이라는 숫자는 진나라의 남정군南征軍, 병참 보급을 담당한 운송 인원, 그리고 잇달아 이주한 백성들의 총수를 합하여 이해하면 보다 합리적일 것이다. 이런 견해는 『초나라의 멸망: 항우에서 한신까지』 제6장의 '최후의 진나라 군대'에 써넣었으니 참고하기 바란다.

8) "行收兵至關, 車千乘, 卒數十萬. 至戲, 軍焉."

9) 『사기』「진섭세가陳涉世家」에 나오는 이 전쟁에 관한 기록의 전문은 다음과 같다. "(주문은) 가는 도중 병마를 모아 함곡관에 이르렀는데, 그때 전차가 천 대이고 병사가 수십만이었다. 희수에 도착해 군대를 주둔시켰다. 진 왕조는 소부 장함에게 명해 여산에서 복역하는 형도와 노예의 자식을 사면해 죄다 초나라 대군을 공격하도록 하여 초나라 군대를 모두 물리쳤다. 주문은 패하자 함곡관에서 나와 조양에서 두세 달 머물렀다. 장함이 추격해 그들을 패배시키자 다시 퇴각해 민지로 가서 열흘 남짓 머물렀다. 장함이 그들을 공격해 대파하자 주문은 자결하고 그의 군대는 마침내 더 이상 싸울 수 없었다行收兵至關, 車千乘, 卒數十萬. 至戲, 軍焉. 秦令少府章邯免酈山徒·人奴產子生, 悉發以擊楚大軍, 盡敗之. 周文敗走出關, 止次曹陽二三月. 章邯追敗之, 復走次澠池十餘日. 章邯擊, 大破之, 周文自剄, 軍遂不戰.)" 같은 일이 『사기』「진시황본기」에는 다음과 같이 기록되어 있다. "2년 겨울, 진승이 파견한 주장 등이 서쪽으로 진격해 희수에 이르렀을 때 병사가 10만이었다. 2세가 크게 놀라서 여러 신하에게 '어떻게 하면 좋겠소?'라며 의논했다. 소부 장함이 말했다. '도적이 이미 이르렀는데 그 수가 많고 기세가 강하니, 지금 가까운 고을에서 병사를 징발한다 하더라도 이미 때가 늦었습니다. 여산에 죄수가 많으니 그들을 사면하고 무기를 주어 도적을 격퇴하게 하십시오.' 이에 2세가 천하에 대사면령을 내리고 장함에게 그들을

거느리고 주장의 군사를 격파하게 하니, 마침내 조양에서 주장을 죽였다.二年冬, 陳涉所遣周章等將西至戲, 兵數十萬. 二世大驚, 與群臣謀曰: '柰何?' 少府章邯曰: '盜已至, 衆彊, 今發近縣不及矣. 酈山徒多, 請赦之, 授兵以擊之.' 二世乃大赦天下, 使章邯將, 擊破周章軍而走, 遂殺章曹陽."

10) 고대 사서에서는 전쟁에 대한 기록이 지나치게 간단하고 구체적이지 않다. 특히 전투 작전의 편제와 진용에 대해서는 거의 공백 상태다. 병마용이 출토된 뒤, 진나라 군대의 장비·편제·진용과 관련된 귀한 자료를 처음으로 얻게 되었다. 위안중이는 병마용이 진나라 군대의 군진軍陣으로, 경성 밖에 주둔하던 수위군戍衛軍 즉 중위군中尉軍에 해당한다고 보았다.(위안중이, 「진시황제릉 동측 제2호·제3호 용갱의 군진 내용 탐색秦始皇陵東側第二·三號俑坑軍陣內容試探」, 진시황병마용박물관에서 편찬한 『진용학 연구秦俑學硏究』(산시陝西 인민교육출판사, 1996)에 수록). 나는 이 견해에 찬성하며, 병마용 군진에 근거해서 진나라 중위군이 희수戲水에서 주문周文 군대를 저지하던 당시의 진용을 복원했다.

11) 한나라 때 장의용葬儀用 군진에서 군사들은 검은 갑옷을 입었다. 『한서』「곽거병전霍去病傳」에서는 곽거병이 죽은 뒤 매장할 때, "속국의 현갑을 동원했으며 군진이 장안에서 무릉에 이르렀다發屬國玄甲, 軍陳自長安至茂陵"고 했다. 안사고의 주에서는 "속국은 앞에서 말한, 투항자를 나누어 배치한 변방의 다섯 군이다. 현갑은 갑옷 가운데 검은 것이다屬國, 卽上所云分處降者於邊五郡者也. 玄甲, 謂甲之黑色也"라고 했다. 현갑·흑갑은 철갑鐵甲이다. 무제武帝는 흉노를 무찌른 곽거병의 군공을 높이 기리기 위해 곽거병을 장송하는 군진에 그가 항복시킨 기사騎士를 동원했다. 『한서』「곽광전霍光傳」에 따르면, 곽광이 죽은 뒤 황제와 동일한 장례를 치렀다. "재관·경거·북군오교를 동원해 무릉까지 포진하여 그를 장송했다發材官輕車北軍五校士軍陳至茂陵, 以送其葬." 재관은 보병이고, 경거는 거병車兵이다. 진나라 말, 한나라 초에 북군은 바로 경사를 지키는 중위군中尉軍이었으며 여기에 나오는 북군오교의 성격 역시 동일하다. 이로써 추리하자면, 시황제의 매장에도 중위군 군진으로 장송했을 것이며, 거병·기병·보병이 함양에서 여산까지 포진했을 것이다. 병마용 군단은 바로 그러한 중임을 담당했던 중위군의 일부다.

12) "項莊舞劍, 意在沛公."

13) "陳涉之將周章西入關, 至戲, 秦將章邯距破之."

14) "한 글자의 차이"란 바로 '거距'를 가리킨다. 『사기』「진섭세가」에는 '격擊', 「진시황본기」에는 '격파擊破'로 기록되어 있다. 한편 『한서』「고조기」에는 '거파距破'로 기록되어 있다. 주문(주장) 군대가 희수에서 멈춘 채 서진하지 못한 이유의 실마리를 리카이위안은 '거距(지킨다)'라는 글자에서 찾고 있는 것이다.— 옮긴이

15) 여기서 나는 간접적인 사료와 합리적인 추측에 근거해 문학적 수법으로 '희수戲水 전투'를 재구성해 역사 기록의 공백을 메워보고자 했다. 『초나라의 멸망: 항우에서 한신까지』에서는 이런 수법을 좀더 심화·확대해 진평陳平이 초나라를 이간시킨 일의 진상, 범증의 죽음, 후공侯公이 항우를 설득한 일 등 사서에서 실전된 역사 서사를 보충했으며, 서문 「문학이 사학보다 믿을 만하가?文學比史學更可信?」에서 이런 방

식에 대해 설명했다. 나는 이런 시도를 체계적·이론적으로 정리해서 「인물 전기에서의 합리적 구축을 논하다: 문학이 사학보다 믿을 만한가?論人物傳記中的合理構築: 文學比史學更可信?」라는 논문을 작성해 '화인의 전기와 당대 전기 조류華人傳記與當代傳記潮流'를 주제로 열린 국제 학술토론회(2013년 10월, 상하이 자오퉁交通대학)에서 발표했다. 이 논문은 상하이 자오퉁대의 전기傳記 센터에서 주관한 『현대전기연구現代傳記硏究』(제2집, 2014)에 게재되었으니 참고하기 바란다.

16) "時勢造英雄."

17) 마페이바이, 『진집사』 인물전의 '장함章邯'.

18) 진나라의 북부군北部軍 즉 왕리王離 군대의 동향에 대한 자세한 내용은 이 책의 제6장에 나오는 '변사辯士 괴통蒯通의 등장'을 참고하라.

19) "始作俑者, 其無後乎."

20) 포장군蒲將軍이라는 인물은 「고조공신표高祖功臣表」에 나오는 극포후棘蒲侯 시무柴武라 추측되는데, 왜냐면 그의 봉호封號가 포장군이기 때문이다. 그는 영포英布와 함께 거록 전투에서 황하 도하를 강행한 뒤 극포 일대에서 진나라 군대의 곡물 운송 수로인 용도甬道를 파괴하고 나아가 장함章邯 군대를 저지해 큰 공을 세웠다. 그의 칭호와 봉호는 아마도 여기서 유래했을 것이다.

21) 지금의 산둥山東 허쩌菏澤 동북에 있었던 진나라 동군東郡 성양현成陽縣의 이름이 사서에는 '성양城陽'으로 잘못 기록되어 있다. 때문에 지금의 산둥 쥐현莒縣을 중심으로 했던 진나라의 성양군城陽郡과 이름이 혼동되는 바람에 많은 역사 사실 특히 팽성彭城 전투에 대한 오독을 초래했다. 『초나라의 멸망: 항우에서 한신까지』 제2장의 '팽성 전투를 회고하다'를 참고하라.

22) "禍兮福所倚, 福兮禍所伏."

23) 왕리 군대가 정도定陶 전투에 참가했다는 의견은 신더융辛德勇의 「거록 전투의 지리에 대한 새로운 해석巨鹿之戰地理新解」(『역사의 공간과 공간의 역사歷史的空間與空間的歷史』, 베이징사범대학출판사, 2005)에 보인다. 하지만 왕리 군대의 주요 전장은 조나라와 연나라 지역이었으며, 거록을 포위하는 중임 역시 왕리 군대가 담당하고 있었다. 따라서 나는 학계 여러 전문가들의 의견을 종합한 결과, 왕리 군대의 일부가 비밀리에 정도 전투를 도왔다는 설을 내놓았다. 자세한 내용은 이 책 제6장의 '변사 괴통의 등장'을 참고하라.

제6장 항우의 굴기

1) "진여는 이에 다시 진왕을 설득하여 말했다. '대왕께서는 양과 초의 군대를 일으켜 서쪽으로 가서 함곡관으로 들어가는 데 힘쓰시느라 아직 하북을 거둬들이지 못하셨습니다. 신은 일찍이 조나라를 유력한 적이 있어서 그곳의 호걸과 지형을 알고 있으니, 기습 군대를 이끌고 북쪽으로 조나라 땅을 공략하기를 바라옵니다.' 陳餘乃復說陳王曰: '大王擧梁·楚而西, 務在入關, 未及收河北也. 臣嘗游趙, 知其豪桀及地形, 願

請奇兵北略趙地."(『사기』「장이진여열전張耳陳餘列傳』) 이에 따르면 북상 제의는 진여가 단독으로 내놓은 듯하다. 하지만 거록 전투 이후 장이와 진여 두 사람이 결렬되기 이전에는 행동이 일치했고 의견이 조화롭고 매우 친밀했다. 같은 일을 두고서 『한서』「장이진여전」에서는 다음과 같이 기록하고 있다. "장이와 진여가 다시 진왕을 설득하여 말했다. '대왕께서는 양·초의 군대를 일으켜 함곡관으로 들어가는 데 힘쓰시느라 아직 하북을 거둬들이지 못하셨습니다. 신은 일찍이 조나라를 유력한 적이 있어서 그곳의 호걸을 알고 있으니, 기습 군대를 이끌고 조나라 땅을 공략하기를 바라옵니다.'耳·餘復說陳王曰: '大王興梁·楚, 務在入關, 未及收河北也. 臣嘗遊趙, 知其豪桀, 願請奇兵略趙地.'" 여기서는 북상을 제의한 이로 두 사람을 나란히 언급하고 있는데, 이 책에서는 이를 따랐다.

2) 『사기』「진시황본기」에서 인용한, 진시황 28년 천하 순행에서 새긴 낭야 석각에서는 "열후 무성후 왕리, 열후 통무후 왕분列侯武城侯王離, 列侯通武侯王賁"이라고 했다. 양옥승의 『사기지의』에서 "왕리는 왕분의 아들인데 어째서 먼저 서술했는가?離爲賁子, 何以敍於上?"라고 했다. 천즈陳直의 『사기신증史記新證』에서는 이렇게 말했다. "왕리는 왕분의 아들이다. 궈모뤄는 왕분 앞에 왕리의 이름을 기록할 리가 없을 것 같다면서 왕리가 왕전王翦의 오자일 것이라 의심했다. 현존하는 낭야 석각은 전반부가 사라진 상태라서 안타깝게도 대조해볼 수가 없다. 왕전은 진시황이 초나라를 칠 때 제후에 봉해지지 않았으며, 그가 제후에 봉해진 건 시황제가 육국을 병합한 뒤다. 왕분은 스스로의 공으로 제후에 봉해졌다. 왕전이 죽은 것은 시황제 말기다. 「왕전전」(『사기』「왕전열전」)에 '진2세 때에 왕전과 그 아들은 모두 이미 죽었다'는 말로 증명할 수 있다." 궈모뤄의 견해는 「여불위와 진왕 정 비판」에 보인다.

3) 진나라의 북부군 즉 왕리 군대의 동향에 관해서는 다음을 참고하라. 주사오허우朱紹侯의 「진나라 말 북부를 수비하던 30만 국방군의 소재 문제에 관하여關於秦末三十萬戍守北部國防軍的下落問題」(『사학월간』, 1958년 4월호), 장촨시張傳璽의 「'장함 군대'와 '왕리 군대'의 관계 문제에 관하여關於'章邯軍'與'王離軍'的關係問題」(『사학월간』, 1958년 11월호, 나중에 『진한문제연구秦漢問題硏究』(베이징대학출판사, 1985)에 수록), 신더융의 「거록 전투의 지리에 대한 새로운 해석」. 여기서는 여러 학자들의 견해를 종합해 취사선택했다.

4) 사마앙司馬卬은 조나라 사람이다. "(사마씨司馬氏 중에서) 조나라로 간 일족 가운데는 검술 이론을 전수하여 명성을 드날린 자도 있는데, 괴외가 바로 그의 후손이다.……괴외의 현손 사마앙은 무신군의 부장이 되어 조가를 공격했다. 제후들이 서로 왕이 되길 다툴 때 사마앙은 은 땅에서 왕이 되었다.在趙者, 以傳劍論顯, 蒯聵其後也.……蒯聵玄孫卬爲武信君將而徇朝歌. 諸侯之相王, 王卬於殷."(『사기』「태사공자서太史公自序』)

5) 왕정의 부흥에 대해서는 『한 제국의 건립과 유방 집단: 군공 수익 계층 연구』 제3장 제2절의 '회왕懷王의 왕정 부흥과 귀족 왕정'을 참고하라.

6) '회왕의 약조懷王之約'의 상세한 내용과 의의에 대해서는 『한 제국의 건립과 유방 집단: 군공 수익 계층 연구』 제4장 제2절의 '회왕의 약조와 한나라 왕정'을 참고하

라.

7) 송의宋義가 초나라 군대를 이끌고 조나라를 구하기 위해 북상해 주둔했던 안양安陽의 위치에 대한 역대 해석에는 오류가 있으며, 정확하고 합리적인 지점은 분명 산둥山東 둥핑東平 부근이다. 상세한 내용은 제6장의 '유유히 흐르는 장수에서 영령을 제사지내다' 및 주를 참고하기 바란다.

8) 『사기』「항우본기」에서는 "그(송의宋義)의 아들 송양을 보내 제나라를 돕게 했다乃遣其子宋襄相齊"고 했다. 당시에 제나라 승상은 전영田榮으로, 그는 송의와 친분이 있었다. 송양宋襄이 제나라로 가서 반드시 승상이 되었다고는 할 수 없다. 그래서 나는 국무대신을 맡았다는 식으로 개괄적으로 말했다.

9) 『사기』「항우본기」 주, 『한서』「항적전項籍傳」 주.

10) 신더융의 『역사의 공간과 공간의 역사』에 수록되어 있다. 나는 이 책의 구판에서 이렇게 말했다. "안양의 지리적 위치에 대한 판단은 더 검증되어야 하지만, 항우가 북상하여 제나라 평원진으로 가서 황하를 건넜다는 견해는 이미 반박할 수 없는 이론이 되었다." 신더융은 이런 내 의견을 읽은 뒤 「항우가 조나라를 구하기 위해 북상했을 때 경과했던 안양을 보충하여 증명하다補證項羽北上救趙所經停之安陽」(『문사文史』, 2011년 제4집)를 발표했는데, 산둥 쥐예巨野(거야)현 경내에서 출토된 진나라 때의 도문陶文 '안양시安陽市'에 근거해 항우 군대가 북상하여 평원진으로 갔던 노선을 유력하게 보충하여 증명했다. 나는 이 논문에 근거해서 구판의 역사 서술을 수정했다.

11) "項羽已殺卿子冠軍, 威震楚國, 名聞諸侯. 乃遣當陽君·蒲將軍將卒二萬渡河, 救鉅鹿. 戰少利, 陳餘復請兵. 項羽乃悉引兵渡河, 皆沈船, 破釜甑, 燒廬舍, 持三日糧, 以示士卒必死, 無一還心."

12) 탄치샹, 『장수집長水集』 하, 인민출판사, 1987. 고대 중원 지역에서의 황하 물길의 변천은 역사지리를 해독하는 데 관건이라고 할 수 있다. 탄치샹의 이 명문은 오랜 세월 불명확했던 이 중대한 문제를 믿을 만하게 정리함으로써 고대 역사지도를 그리는 데 기초를 다졌다.

13) 우리가 알고 있듯이 『사기』에는 지리지가 없기 때문에 지명의 혼란과 착오가 비일비재하다. 『사기』에서 다룬 진·초·한 시대의 각 대전大戰의 지리 노선에도 문제가 있다. 당·송 이래의 주석가들로서는 사용할 수 있는 역사지도가 없었고 현지조사가 부족했기 때문에 문헌으로 문헌을 주석했다. 대부분 요점을 장악하지 못했으므로 그것들을 참고할 수는 있으나 쉽게 믿을 수는 없다. 탄치샹이 펴낸 『중국역사지도집』이 출간된 뒤에야 우리는 지도에 근거해 살필 수 있는 지침을 얻게 되었다. 역사를 논할 때, 특히 전쟁처럼 공간 이동에 관한 역사를 논할 때 지리를 회피하는 것은, 아라비안나이트처럼 터무니없는 이야기고 소경이 문고리 잡듯 우연을 바라는 것이다. 『중국역사지도집』을 펼쳐보면 한눈에 훤히 알 수 있는데, 항우 군대가 평원진에서 거록으로 가려면 반드시 황하와 장하라는 커다란 두 강을 건너야 했다는 데 의문이 있을 수 없다. 문제는 항우가 파부침주破釜沈舟를 단행했던 게 어느 강인가 하는 것이다.

14) 『사기』「장이진여열전」에서는 "항우가 전군을 이끌고 강을 건너기" 이전의 전황에 대해 "항우 군대가 장함의 용도를 여러 번 차단하자 왕리 군대는 군량이 부족하게 되었다項羽兵數絕章邯甬道, 王離軍乏食"라고 서술했다. 여기서 '항우 군대'는 바로 앞서 황하를 건넌 영포와 포장군이 이끄는 선봉부대를 가리킨다. 장함 군대의 거점은 극원棘原으로, 그가 만든 용도는 극원에서 거록으로 통했다. 신더융의 연구에 따르면, 극원은 장하의 남쪽에 있었으며 동쪽으로 황하에 임하고 북쪽으로 원수洹水에 가까워 황하를 통해 조운을 하던 저장 기지였다. 영포와 포장군은 황하를 건넌 뒤 서쪽 거록으로 가지 않고 남하해 장함이 구축한 용도를 공격함으로써 왕리 군대의 식량 공급을 차단하고 왕리 군대와 장함 군대를 나눠놓았다. 영포와 포장군이 황하를 건넌 뒤의 전투 결과가 바로 「항우본기」에서 말한 "전황이 조금 유리해졌다戰少利"는 것이다. 영포와 포장군이 황하 서쪽 기슭에서 입지를 굳힌 뒤 항우 군대 역시 신속히 황하를 건너, 영포와 포장군이 이끄는 초나라의 선봉부대 뒤쪽의 황하와 장하 사이에 주둔했다. "진여가 또 구원병을 청하자" 항우는 전군을 이끌고 거록성 동쪽의 장하를 건너 배를 가라앉히고 솥을 깨뜨린 뒤 왕리의 진나라 군대를 대파했다.

15) "於是至則圍王離, 與秦軍遇, 九戰, 絕其甬道, 大破之, 殺蘇角, 虜王離. 涉閒不降楚, 自燒殺."

16) "操吳戈兮被犀甲, 車錯轂兮短兵接. 旗蔽日兮敵若雲, 矢交墜兮士爭先."

17) "凌余陣兮躐余行, 左驂殪兮右刃傷. 霾兩輪兮縶四馬, 援玉枹兮擊鳴鼓. 天時墜兮威靈怒, 嚴殺盡兮棄原野."

18) "出不入兮往不反, 平原忽兮路超遠. 帶長劍兮挾秦弓, 首身離兮心不懲. 誠既勇兮又以武, 終剛強兮不可凌. 身既死兮神以靈, 魂魄毅兮爲鬼雄."

19) 나는 진 제국이 슬피 통곡하는 순국國殤의 날이 된 거록 전투에 대한 부분을 쓰면서 감정을 억제할 수 없었다. 기존의 글로는 위대한 진 제국과 전사한 수십만 진나라 병사에 대한 슬픈 감정을 표현할 수 없음을 절감했다. '국상國殤'이라는 말에서 굴원屈原의 「국상」이라는 시가 연상되었다. 이 시를 크게 소리 내어 읽으니 마치 장수 가의 옛 전장으로 돌아간 듯했다. 푸른 하늘 흰 구름 아래서 「환희의 송가」가 울려 퍼지면서 보편적인 역사감으로 승화되었다. 그래서 「국상」 뒤에 「환희의 송가」를 기록하여 이 장의 결말로 삼았다. 「환희의 송가」는 독일 시인 실러의 시로, 베토벤의 '제9번 교향곡' 제4악장의 주요 부분이다. 하늘 아래 모든 인류의 화해를 외치는 이 송가는 고금과 국내외에 울려 퍼진다.

제7장 유방이 서진하다

1) 이사가 여산 시황제릉 공사의 주관자였고 공사 진행의 보고 역시 이사가 상주했던 일은 『한구의漢舊儀』(『통고通考』「왕례고王禮考」에서 인용, 중화서국, 1991)에 기록되어 있다. "여산에는 황금이 많고 그 남쪽에는 남전이라는 아름다운 옥이 많기에 시황제는 그곳에 묻히고자 했다. 시황제는 승상 이사에게 명해 천하의 죄수와 노

예 72만 명을 투입해 능을 만들도록 하고 규정에 따라 공사를 진행하게 했다. 진시황 37년, 지하수가 스며들지 않게 하고 돌로 막고 붉은 옻칠을 하면서 더 이상 팔 수 없을 정도의 깊이에 이르렀다. 이에 다음과 같이 상주했다. '승상 이사가 송구스럽게 아뢰오니, 신이 노예와 죄수 72만 명을 이끌고 능을 만든 것이 이미 그 깊이가 극한에 이르렀사옵니다.…….此(驪)山多黃金, 其南多美玉, 曰藍田, 故始皇貪而葬焉. 使丞相李斯將天下刑人徒隸七十二萬人作陵, 鑿以章程. 三十七歲, 錮水泉絶之, 塞以文石, 至以丹漆, 深及不可入. 奏之曰: '丞相斯昧死言, 臣所將隸徒七十二萬人治陵山者, 已深已極…….'" 하지만 진나라 승상은 처리해야 할 업무가 많았다. 그가 공사를 책임진다는 것은 그저 명목상이었을 뿐 구체적인 일은 관할 정부 부처의 장작소부將作少府가 책임졌다. 진·한 시대의 소부에는 세 종류가 있다. 왕실 사무를 책임진 이를 소부, 태후의 사무를 책임진 일을 장신長信소부, 능침·왕실 공사를 책임진 이를 장작소부라 한다. 이 셋을 통칭하여 소부라고 할 수 있다. 사서에서는 장함의 관직을 소부라고 했는데 구체적으로 어떤 소부였는지는 확실하지 않다. 어떤 연구자는 여산에서 능을 만들던 죄수들을 석방하자고 장함이 건의했던 일에 근거해서 그가 장작소부였을 것이라고 추측한다. 자세한 설명은 안쭤장安作璋·슝톄지熊鐵基의 『진한관제사고秦漢官制史稿』(제노서사齊魯書社, 1984) 제2장에 나오는 '장작 대장將作大匠'을 참고하기 바란다. 나는 이상의 사료를 결합해서 이사와 장함이 여산 공사에서 합작했고, 이로 인해 훗날 승상과 장수가 안팎으로 협력하는 관계가 되었다고 해석함으로써 사서의 기록에 빠진 부분을 보충했다.

2) 왕야오王瑤의 「문인과 약文人與藥」「문인과 술文人與酒」을 참고하라. 『중고문학사논집中古文學史論集』(상하이고적출판사, 1982)에 수록되어 있다.

3) "진왕이 「고분」 「오두」를 보고 말했다. '아, 과인이 이 사람을 만나 교유할 수 있다면 죽어도 여한이 없겠다.秦王見「孤憤」「五蠹」之書, 曰: '嗟乎, 寡人得見此人與之遊, 死不恨矣.'"(『사기』「노자한비열전老子韓非列傳」)

4) "그러므로 법은 드러내는 것이 최고이며, 술術은 드러내고자 하지 않아야 한다.故法莫若顯, 而術不欲見." "술이란 오직 마음속에 감춰두고서 많은 일에 따라 대처하며 몰래 신하들을 부리는 것이다.術者, 藏之於胸中, 以偶衆端, 而潛御群臣也."(『한비자』「난삼難三」) 량치슝梁啓雄의 『한자천해韓子淺解』(중화서국, 1985) 주에서는 이렇게 말했다. "우偶는 우遇로, 일에 따라 대처하는 것을 가리킨다. 『광아廣雅』에서 '단端은 업業이다'라고 했다. 군주가 마음속에 술을 감춰두고서 각종 사물에 대처하고 또 그것으로 몰래 신하들을 부리는 것이다."

5) "握明以問所闇"

6) "宣聞以通未見"

7) 『한비자』「팔경八經」.

8) "挾智而問"

9) 『한비자』「내저설상칠술內儲說上七術」.

10) "擧錯以觀奸動, 明說以透避過."

11) 『한비자』「팔경」.

12) 이사와 조고의 대결 및 이사가 올린 상서와 이에 대한 2세의 대답은 『사기』「이사열전」에 나온다.

13) 이 책의 초판에서는 글을 구성하면서 이사의 죽음을 실수로 빠뜨렸다. 나중에 평론가들이 이를 언급했고, 나는 매우 부끄러웠다. 특별히 개정판에서는 이를 보충했다.

14) 이사의 옥중 상서는 『사기』「이사열전」에 나온다. 이 책 제3장의 '사구의 음모 배후에 도사린 갈등'에서 말했듯이, 이사는 흉노를 치기 위해 출병하는 것에 반대했다. 그런데 지금 그는 오히려 흉노를 몰아낸 일을 자신의 공로라고 나열하고 있다.

15) 이사에 대한 역대 사학자들의 평가는 한자오치韓兆琦의 『사기전증史記箋證』(장시江西 인민출판사, 2004) 「이사열전」에 첨부된 '집평集評'을 참고하라.

16) 『한 제국의 건립과 유방 집단: 군공 수익 계층 연구』 제5장 제1절의 '탕인碭人·사인泗人·초인楚人 집단'을 참고하라.

17) 진나라 말에 봉기한 각 무장 집단의 우두머리 가운데 유방·팽월·영포가 가장 유사한데, 이들은 모두 체제 바깥의 군도群盜 집단의 우두머리였다. 이에 대한 서술은 『한 제국의 건립과 유방 집단: 군공 수익 계층 연구』 제4장 제1절의 '군도 집단 시기'를 참고하라. 진나라 말 각 반란 집단에 대한 연구 및 초기 팽월 집단의 상황에 대해서는 기무라 마사오木村正雄의 『중국 고대 농민반란 연구中國古代農民反亂之研究』(도쿄대학출판회, 1983)를 참고하라.

18) 전국·진·한 시대의 마을 감문監門의 신분은 매우 낮아서 평민과 노예 사이였다. 이에 대한 상세한 내용은 우룽쩡吳榮曾의 「감문에 대한 고찰監門考」(『선진양한사연구先秦兩漢史研究』, 중화서국, 1995)을 참고하라.

19) 이 단락의 서사는 주로 『사기』「역생육가열전酈生陸賈列傳」에 근거했다. 또한 「역생육가열전」 뒤쪽에 첨부된, 역생이 유방을 만난 뒤 유방이 진류를 항복시킨 역사 이야기도 참고했다. 이 이야기는 후대 사람이 『초한춘추楚漢春秋』에 넣은 역생 이야기의 다른 버전으로 여겨지는데, 줄거리가 약간 다르고 과장되어 있다. 전국, 진·한 시대 이래로 세간에는 여러 역사 이야기가 전해졌는데, 이것은 제자백가의 저술에 자료 창고가 되었을 뿐만 아니라 사마천이 『사기』를 저술할 때 사용했던 사료의 출처 가운데 하나다. 『사기』를 저술할 때 사마천은 자신의 선택 기준에 따라 이런 역사 이야기들을 취사선택하고 개편했다. 나는 역사를 다시 서술할 때 사마천과 동일한 노선에 서고자 힘쓰되, 나의 이해와 선택 기준에 따라 다시 취사선택하고 보충했다. 이 문제에 대한 분석과 논술은 「분서갱유의 진위와 허실: 절반은 위조된 역사」(『사학집간』, 2010년 제6기)와 「『사기』「진시황본기」의 해체: 3+N의 역사학 지식의 구성을 논하다(『사학집간』, 2012년 제4기)를 참고하라.

20) "以地事秦, 譬猶抱薪救火, 薪不盡, 火不滅."

21) 『사기』「위세가魏世家」를 참고하라. 또한 양콴의 『전국사료편년집증』에 자세히 나온다.

22) "天下之衝, 四通五達"

23) 나를 이끌고 개봉·진류로 간 친구는 허난河南대학 역사학과 교수 궁류주龔留柱였다. 나와 늘 함께 다니는 길동무인 일본 에히메대의 에이 후지타 가쓰히사藤田勝久

교수가 동행했으며, 궁류주 교수의 인솔 아래 선배 학자인 주사오허우朱紹侯, 동년배 학우인 리전훙李振宏을 찾아가 술잔을 나누며 지난 일과 옛 친구 이야기를 나눴다. 개봉의 고풍에 대한 견문도 넓히고 사제의 정도 나누면서 우리는 의기투합하여 즐거운 시간을 가졌다. 덕분에 진류가 쇠락한 슬픔을 잠시나마 위로할 수 있었다. 정주鄭州로 돌아오는 밤에 큰비를 만나 길이 끊기는 바람에 차에서 내려 물을 헤치고 걸어가 이튿날 숙소에 도착했다. 마치 전란에서 도망친 것 같았다. 이 역시 인생과 역사의 체험이었다. 이 책을 재판하면서 궁류주 교수의 승낙을 얻어 이름을 밝힐 수 있게 되었다. 깊은 친근함을 담아 궁류주 교수에게 다시 감사를 표한다.

제8장 진 제국의 멸망

1) 『사기』「진시황본기」와 「항우본기」에서 모두 말하길, 조고는 사마흔을 만나주지 않았으며 그를 불신했다고 한다.
2) 이 세 방면의 진나라 군대에 대한 자세한 내용은 『초나라의 멸망: 항우에서 한신까지』 제6장의 '최후의 진나라 군대'를 참고하라.
3) "진왕은 한단에 가서, 일찍이 자신이 조나라에서 태어났을 때 외가와 원한이 있던 사람들을 모두 생매장시켰다.秦王之邯鄲, 諸嘗與王生趙時母家有仇怨, 皆阬之."(『사기』「진시황본기」) 진나라 왕실과 조나라 왕실은 조상이 같다. 진시황은 한단에서 출생했고 모친은 조나라 사람이며, 진시황의 막내아들 호해 역시 조나라계 부인의 소생일 것이다. 진나라와 조나라 양국 간의 복잡한 관계 및 진시황 일가와 조나라의 원한과 갈등은 지금까지도 여전히 명확하지 않으며 역사의 많은 수수께끼를 남겼다. 나는 한단을 방문했을 때, 진나라와 조나라 양국의 사라지지 않는 원한의 그림자를 현지에서 여전히 느낄 수 있었다.
4) "朝發鄴都橋, 暮濟白馬津. 逍遙河堤上, 左右望我軍. 連舫逾萬艘, 帶甲千萬人. 率彼東南路, 將定一擧勛."
5) "반경이 은허로 옮긴 때부터 주왕에 이르러 멸망할 때까지 273년 동안 다시 천도하지 않았다.自盤庚徙殷至紂之滅二百七十三年, 更不徙都."(『사기』「은본기殷本紀」『정의』에서 인용한 『죽서기년竹書紀年』) 반경 이래의 은나라의 궁실과 왕릉 유적지는 모두 은허殷墟에 있다.
6) 진나라 사람들의 기원에 대해서는, '동래설'과 '서래설'이 있다. 동래설은 진나라 사람들이 산둥반도에서 유래했다는 것으로, 현재 학계에서 주류를 차지하는 의견이다. 동래설과 서래설에 대한 종합적 정리는 스당서史党社의 『일출서산: 진인 역사 신탐日出西山: 秦人歷史新探』(산시陝西 인민출판사, 2013) 제2장 「'동래설'과 '서래설'」을 참고하라.
7) 시간은 선험적 관념이다. 역사학에는 여러 종류의 시간관이 관련되어 있는데, 가장 기본적인 것은 바로 현재에서 과거로의 역방향 시간관이다. 역사학의 기본적 특징은 대체로 이로써 규정된다. 이러한 시간관의 공간적 표현은 바로 고고학에서의 지

층이다. 지표에서 땅속으로 가면서 현재에서 과거로의 방향을 따라 지금에서 옛날로 조금씩 깊이 들어간다. 역사학의 시간 방향 및 시공 전환의 문제에 대해서는 공개적으로 발표할 적당한 형식을 모색하고 있는 중인데, 지금으로서는 다만 관련 논술 속에 수필의 형식으로 끼워 넣기로 한다.

8) "會盟亭在府城北洹水之上, 楚項羽與章邯會盟於此. 後人置亭表其處."

9) 조고가 망이궁 정변을 일으켜 2세를 자살하도록 만든 일의 전말에 대해서는, 『사기』「진시황본기」와 「이사열전」의 기록이 다르다. 이 책에서는 신뢰도가 더 높은 「진시황본기」의 기록을 기초로 서술했다. 「이사열전」의 다음 기록은 옛날이야기에 가깝다. 2세가 망이궁으로 옮긴 뒤 "사흘이 지나자 조고는 거짓으로 조칙이라 하며 위사들에게 모두 흰 옷을 입고 병기를 들고서 궁으로 들어오게 했다. 조고는 안으로 들어가 2세에게 '산동의 도적 떼가 대거 쳐들어왔습니다!'라고 보고했다. 2세는 높은 곳에 올라가 바라보며 두려워했고, 조고는 그를 위협하여 자살하게 했다. 조고가 옥새를 취해 자신의 몸에 지녔지만 곁에 있던 백관이 아무도 따르지 않았으며, 조고가 대전에 오르자 대전이 세 번이나 무너지려 했다. 조고는 하늘이 자신을 허락하지 않고 신하들도 따르지 않는다는 것을 알고 시황제의 동생(의 아들 영)을 불러 옥새를 주었다留三日, 趙高詐詔衛士, 令士皆素服持兵內鄉, 入告二世曰: '山東群盜兵大至!' 二世上觀而見之, 恐懼, 高旣因劫令自殺. 引璽而佩之, 左右百官莫從, 上殿, 殿欲壞者三. 高自知天弗與, 群臣弗許, 乃召始皇弟(子嬰), 授之璽." 이 역사 이야기에서 나는 역사의 속사정을 반영한다고 할 만한 내용을 취하여 이렇게 개괄했다. "조고는 스스로 옥새를 차고 왕을 자처할 생각을 품은 적이 있다. 하지만 이리저리 알아본 결과 대신들과 위사들의 지지를 얻기 어려웠다."

10) 중위군中尉軍의 직책과 주둔지에 대해서는 제5장의 '회수 전투의 비밀' '부활한 군단'을 참고하라.

11) 『사기』「진시황본기」에서는 "자영이 진왕이 된 지 46일이 되었다子嬰兒爲秦王四十六日"고 했다. 왕쯔진은 고서에 여러 번 출현하는 '46일'은 분명히 문화적 은유이지 실제로 구체적인 일수를 나타나는 게 아니라고 했다.(「『사기』의 시간 우언: 진사 중 세 개의 '46일'『史記』的時間寓言: 秦史中的三個'四十六日'」(『인문잡지人文雜誌』, 2008년 제2기) 사서에서의 시간은 본질적으로 말하자면 '현재→과거' 방향의 역사 인식을 통해 새롭게 제작한, '과거→현재' 방향으로의 재배열이다. 이 재배열에서 제작자의 여러 의도가 개입하게 된다. '46일'만 그런 게 아니라, 진왕 영영이 성문을 열고 투항한 10월 역시 연초에 맞추려는 의도에서 비롯된 것이다. 역사학에서의 시간에 대해서 나는 향후 적절한 형식으로 집중적으로 논하고자 한다.

12) 투항한 진나라 병사 20만 명을 항우가 생매장한 일은 『사기』「항우본기」에 자세히 기록되어 있다. 이 책의 서사는 이에 근거한 것이다. 이밖에 『사기』「고조본기」에는 유방이 형양에서 항우와 대치하던 기간에 광무산廣武山 계곡을 사이에 두고 유방이 항우의 10가지 죄상을 열거한 일이 기록되어 있다. 10가지 죄상 가운데 여섯 번째 죄가 "신안에서 진나라의 자제 20만 명을 속임수를 써서 생매장하고 그 장수를 왕으로 봉한詐坑秦子弟新安二十萬, 王其將" 것이다.

13) 당시 범증은 초나라 군대의 아장亞將으로, 항우의 군사軍師였다. 상식적으로 말하자면, 이처럼 중대한 결정에서 가장 먼저 의견을 구해야 할 대상은 바로 범증이다. 그런데 이상하게도 사서에는 투항한 진나라 병사들을 생매장한 사건에서 범증에 관한 어떠한 기록도 없어, 불가해한 역사 공백을 남겼으며 사건의 진위에 대한 의심을 가중시켰다. 명나라 때의 저명한 문인 왕세정王世貞은 『단장설短長說』에서, 범증이 죽기 전에 복사卜師와 나눈 대화를 빌려 이 사건에 대한 범증의 입장과 의견을 추론했다. 매우 식견이 있는 내용인데, 인용하면 다음과 같다. "복사가 말했다. '군왕이 투항한 병졸 20만 명을 신안에서 생매장하실 때 어찌 말리시지 않았습니까?' 범증이 말했다. '물론 말렸으나, 군왕은 진나라 병졸이 원망하며 다른 속셈이 있다고 두려워하셨소. 육국의 관리와 백성이 진나라 사람들 손에 목과 배가 찔리고 사지가 잘리고 위장이 찢긴 지 열 세대가 지났는데, 지금 다행히 상황이 뒤집혔소. 진나라 사람들이 한 짓을 조나라 사람들이 갑절로 갚아도 충분하지 않소. 군왕이 결정하고 모든 칼날이 모인 상황에서 누가 말릴 수 있겠소? 제후가 진나라의 20만 명을 죽이는 일은 불가하고, 진나라가 열 세대에 걸쳐 제후를 죽인 일은 백배로 가하다는 데는 나는 감히 동의할 수 없소.' 卜師曰: '善, 君王之坑秦降卒二十萬新安也, 而胡弗止也?' (范增)曰: '吾固止之, 而君王方有恐也, 其秦卒怨且有謀. 夫六國之吏民, 剸項刲腹斷肢屠胃於秦人之手者十世矣, 而今幸得復. 且以秦人之一謝趙人之二, 而猶未足也. 蓋君王一言之而衆刃蝟發, 誰能已也? 以諸侯僇秦二十萬而不可, 以秦僇諸侯十世而百倍之可, 吾未之敢信也.'" 왕세정은 범증이 항우를 말렸지만 항우가 받아들이지 않았다고 보았다. 그가 범증의 입을 빌려 서술한, 진나라 사람과 진나라 군대에 대한 육국의 원한, 특히 조나라 사람들의 쌓이고 쌓인 원한이 제어할 수 없는 사건을 촉발했다는 견해는 상당히 합리적이고 역사에 가깝다. 이에 대해서 나는 『초나라의 멸망: 항우에서 한신까지』 제4장의 '범증의 죽음'에서 체계적으로 서술했으니 참고하기 바란다.

14) 이와 관련된 상세한 서술은, 『초나라의 멸망: 항우에서 한신까지』 제6장 '물에 비친 그림자와 메아리 속의 초나라와 진나라'를 참고하기 바란다. 관련된 학술 논의는 『한 제국의 건립과 유방 집단: 군공 수익 계층 연구』 제5장 제2절의 '진인秦人 집단', 「병마용과 항우의 죽음: 진나라 경사군의 행방 탐색兵馬俑與項羽之死: 秦京師軍去向探微」(『진문화논총』 제12집, 2005)을 참고하라.

15) 『사기』 「항우본기」에서는 항우 군대가 함곡관으로 들어오던 당시의 일을 다음과 같이 기록하고 있다. "함곡관에는 그곳을 지키는 병사가 있어서 들어갈 수 없었다. 게다가 패공이 이미 함양을 함락했다는 소식을 듣고 항우는 크게 노하여 당양군 등을 보내 함곡관을 공격하게 했다. 항우는 마침내 함곡관에 들어가 희수 서쪽에 이르렀다.函谷關有兵守關, 不得入. 又聞沛公已破咸陽, 項羽大怒, 使當陽君等擊關. 項羽遂入, 至於戲西." 이 책의 초판에서는 이에 근거해서, "항우는 크게 노하여 서둘러 군대를 배치하고 용장 영포에게 명령하여 신속한 공격을 강행하여 일거에 함곡관을 함락시키게 했다"고 서술했다. 책이 출간된 뒤, 가부家父 원위안運元 선생이 『예문류취藝文類聚』 권6에서 인용한 『초한춘추』의 다음 사료를 제시했다. "패공은 서쪽 무관으로 들어온 뒤 파상에 머물면서 장군을 보내 함곡관을 닫게 하여 항왕을 들어오

지 못하게 했다. 항왕의 장수 아부(범증)가 함곡관에 이르렀는데 들어갈 수 없자 노하여 말했다. '패공이 배반하고자 하는 것인가?' 아부가 즉시 땔나무를 가져다 놓도록 명령하고 관문을 불사르고자 하니, 이에 관문이 열렸다.沛公西入武關, 居灞上, 遣將軍閉函谷關, 無內項王. 項王大將亞父至關, 不得入, 怒曰 : '沛公欲反邪?' 即令家發薪一束, 欲燒關門, 關門乃開." 그리고 이 기록에 근거하여, 항우 군대가 함곡관 공격을 강행했다면 이미 양군의 무력 충돌은 시작된 것이라고 추정했다. 항우의 불같은 성격과 절대적인 군사적 우세를 감안하면, 조무상曹無傷이 밀고한 뒤에야 결정했다기보다는 기세를 몰아 유방을 공격하는 것이 당연한 일이라는 것이다. 또한 양군 사이에 이미 군사적 충돌이 있었으므로 홍문연 이전에 항우 군대가 곧 진격할 것을 유방이 경계하지 않았다는 말은 이해할 수 없다. 따라서 『사기』의 기록과 『초한춘추』의 기록을 비교해보면 후자가 보다 합리적이다. 원위안 선생의 견해는 매우 일리가 있다. 이번에 재판의 기회를 빌려 『초한춘추』에 근거해 새롭게 서술했다.

16) 유방에게 관문을 닫고 항우를 막으라고 건의한 사람을, 『사기』 「항우본기」에서는 '추생鯫生'이라고 했다. 『사기』 「유후세가」 『색은』에서 인용한 신찬의 말에서는 "『초한춘추』에서는 '추생은 본래 해解씨다'라고 했다按『楚漢春秋』: '鯫生, 本姓解.'"라고 했다. 또 『사기』 「고조본기」 『색은』에서는 "『초한춘추』에서는 '해 선생이 말하길, 사람을 보내 함곡관을 지키게 하고 항왕을 안으로 들어오지 못하게 하라고 했다'라고 했다按『楚漢春秋』云: '解先生云, 遣守函谷, 無內項王.'"고 했다. 이에 따르면, 유방에게 관문을 닫으라고 건의한 사람의 성씨는 '해'이므로 '해생解生'이라고 할 수 있다. '추생'의 본래 뜻은 작은 잡어雜魚로, 경멸하는 데 사용하는 호칭이다. 그 의미는 소인·소생이다. 왕수민王叔岷의 『사기각증史記斠證』과 한자오치의 『사기전증』의 「항우본기」 주석에 상세히 설명되어 있다. 이에 근거해서 나는 "해생解生이라는 풋내기라오"라고 서술했다.

17) 『사기』에서 가장 뛰어난 세 편의 명문, '형가가 진왕을 암살하려 하다' '홍문연' '항우의 죽음'은 모두 당사자의 구술 전승에 근거해 기록한 것으로, 실제 사건의 기록이지 허구적인 창작이 아니다. 형가가 진왕을 암살하려 했던 일의 구술 출처는 진시황의 어의였던 하무차이고, 홍문연의 구술 출처는 번쾌이며, 항우의 죽음에 관한 구술 출처는 양희楊喜다. 양희는 항우를 죽이고 제후에 봉해진, 옛 진나라 군대의 다섯 명 가운데 한 사람이다. 이에 대한 자세한 학술적 논의는 「『사기』 서사 속의 구술전승: 사마천과 번타광·양창(『주·진·한·당 문화연구』 제4집, 2006)을 참고하라. 항우의 죽음에 관한 역사 서사와 그 출처는 『초나라의 멸망: 항우에서 한신까지』 제6장의 '진나라 장수 양희의 이야기'에 써 넣었으니 참고하기 바란다.

18) 『한서』 「항적전」에 근거한 것이다. 『집해』에서는 이렇게 말했다. "『초한춘추』와 양자 『법언』에서는 말한 이가 '채생'이었다고 한다.『楚漢春秋』 揚子『法言』云說者是'蔡生'."

19) 진나라 때 군郡의 설치는 시기에 따라 변화가 있고 비교적 복잡하기 때문에 여기서는 단지 문헌에 근거해 대략적으로 말할 수밖에 없었다. 진나라 때 군의 설치에 관한 최신 연구는 신더융의 「진시황의 36군에 대한 새로운 고찰秦始皇的三十六郡新考」(『진·한 행정구역과 국경 지리 연구秦漢政區與邊界地理硏究』, 중화서국, 2009)을

참고하라. 허우샤오룽后曉榮의 『진대 행정구역 지리秦代政區地理』(사회과학문헌출판사, 2009) 역시 참고하기 바란다.

20) 서초西楚의 9개 군郡 가운데 현재로서 확인할 수 있는 것은 상술한 여덟 곳이고 나머지 하나는 확정하기 어렵다. 항우가 한왕韓王 한성韓成을 죽인 목적이 한나라의 영천군을 병탄하고자 함이었으니, 확인하기 어려운 아홉 번째 군이 혹시 이것과 관련이 있을까?

21) 항우의 분봉에 대해서는 『한 제국의 건립과 유방 집단: 군공 수익 계층 연구』 제3장 제2절의 '항우의 열국列國 건립과 군공軍功 왕정'을 참고하라. 한 왕조의 황권이 상대적 황권이며 한 제국의 체제가 연합 제국이라는 것에 관한 논술은 같은 책 맺음말 제2절의 '유한 황권과 연합 제국'을 참고하라.

22) 진 제국의 건립은 중국 역사상 획기적 의의를 지닌 중요한 대사건이다. 진 제국 이전 2000년의 열국 병립이 이로써 마무리되고, 진 제국 이후 2000년의 통일제국이 이로써 비롯되었다. 중국 역사의 기본 방향은 여기서 전환되고 규정되었다. 진 제국 2세와 그 멸망의 역사적 교훈에 관해서 2000년 동안 끊임없이 논의되었지만, 지금 중대하게 여겨지는 여러 문제들은 모두 재검토될 필요가 있다. 새로운 자료가 대량으로 출토되고 새로운 연구가 쏟아져 나왔기 때문에 역사학계로서도 새로운 과제에 직면하게 된 것이다. 일찍이 나는 이 부분에 관심을 갖고 시도해보면서 매우 중요하고 복잡한 일이라는 것을 느꼈다. 새로운 사료를 선택해서 보충해야 하고, 기존의 사서를 다시 새롭게 검토해야 하며, 역사의 과정을 다시 서술해야 하고, 역사의 해석 역시 다시 이루어져야 하기 때문에 이를 위해서는 전문 저서가 필요할 것이다. 그런 이유로 이 책의 2007년 중화서국판에서 나는 이 문제를 전혀 다루지 않았는데, 이것은 유감으로 남았고 질의를 받게 되었다. 진 제국과 진시황에 대한 연구에 새로운 진전이 있었던 덕분에 2010년의 타이베이에서 출간된 롄징판에서는 '진나라 멸망의 역사 교훈'이라는 이 절을 첨가할 수 있었다. 이로써 내가 항상 이 문제에 관심을 갖고 있음을 나타내고자 했다. 지금 이 책에서는 국한된 방식으로 논의할 수밖에 없고, 진정한 연구는 앞날을 기약하고자 한다.

23) 이처럼 신의를 저버리는 음모와 모략은 이후 초·한의 싸움과 진평陳平의 생애에서 극도에 달해 당시의 시대적 풍모를 적나라하게 드러내게 된다. 이에 대해서는 『초나라의 멸망: 항우에서 한신까지』에서 서술했다. 특히 초·한의 홍구鴻溝의 약조 및 진평에 관한 부분을 참고하기 바란다.

나는 역사의 여행자-맺음말을 대신하여

1) "歸去來兮, 田園將蕪胡不歸. 旣自以心爲形役, 奚惆悵而獨悲."

2) "悟已往之不諫 知來者之可追. 實迷塗基未遠, 覺今是而昨非."

싼롄판 후기

1) 역사 다시 쓰기에 관한 내 견해에 대한 평가는 유이페이游逸飛, 「리카이위안의 『진붕: 진시황에서 유방까지』를 평하다評李開元『秦崩: 從秦始皇到劉邦』」(『신사학新史學』 22권 1기, 2011.3)를 참고하라.

기원전 256년 · 진 소왕 51년

유방(1세): 유방이 초나라 패현에서 태어나다. 진나라가 서주를 멸망시키다. 영정(4세)이 모친과 함께 조나라 한단에서 힘든 나날을 보내다. 이사(약 25세)가 초나라 상채에서 군의 하급관리가 되다. 조고(약 1세)가 진나라에서 태어나다.

기원전 255년 · 진 소왕 52년

유방(2세): 진나라 재상 범저范雎가 사망하고, 채택蔡澤이 재상이 되다. 이사(26세)가 난릉으로 가서 순자에게 배우다.

기원전 254년 · 진 소왕 53년

유방(3세): 한 · 위 · 조가 모두 진나라에 알현하러 오다.

기원전 253년 · 진 소왕 54년

유방(4세): 초나라가 거양으로 임시 천도하다.

기원전 252년 · 진 소왕 55년

유방(5세): 연나라 태자 희단이 한단에 볼모로 있다가 영정(8세)과 알게 되다.

기원전 251년 · 진 소왕 56년

유방(6세): 영정(9세), 모친과 함께 한단에서 함양으로 돌아오다. 진 소왕이 사망하자, 태자 안국군이 진왕이 되고 자초가 태자가 되다. 조나라 평원군이 사망하다.

기원전 250년 · 진 효문왕 원년

유방(7세): 이사(31세)가 순자를 따라 조나라로 가다. 10월, 진 효문왕이 즉위하고서 사흘 만에 사망하다. 태자 자초가 진왕이 되다.

기원전 249년 · 진 장양왕 원년

유방(8세): 유방이 패현 풍읍에서 학업을 시작하며 노관과 우애를 쌓다. 여불위가 진나라 상국이 되다. 진나라가 동주를 멸하고, 성고와 형양을 취하고, 삼천군을 세우다.

기원전 248년 · 진 장양왕 2년

유방(9세): 『여씨춘추』 편찬이 시작되다.

기원전 247년 · 진 장양왕 3년

유방(10세): 5월, 장양왕이 사망하고, 영정(13세)이 진왕이 되고, 이사(34세)가 진나라로 들어가 여불위의 식객이 되다. 신릉군이 오국 연합군을 이끌고 진나라를 공격하다.

기원전 246년 · 진왕 정 원년

유방(11세): 영정(14세)이 진나라 왕이 되다. 장이가 신릉군 문하로 들어가 빈객이 되다. 여산 시황제릉이 축조되기 시작하다.

기원전 245년 · 진왕 정 2년

유방(12세): 진나라가 위나라를 공격해 권卷을 취하다.

기원전 244년 · 진왕 정 3년

유방(13세): 진나라 장수 몽오가 한나라를 공격하다.

기원전 243년 · 진왕 정 4년

유방(14세): 신릉군이 사망하다.

기원전 242년 · 진왕 정 5년

유방(15세): 몽오가 위나라를 공격해 동군을 세우다.

기원전 241년 · 진왕 정 6년

유방(16세): 초나라가 수춘壽春으로 천도하다. 조나라 장수 방훤龐煖이 조 · 초 · 위 · 연 · 한 다섯 나라의 군대를 이끌고 진나라를 공격했다가 함곡관에서 패하다.

기원전 240년 · 진왕 정 7년

유방(17세): 조고(17세)가 학실에 들어가 사학동史學童이 되다. 영영(1세)이 대략 이해에 태어나다. 몽오가 사망하다. 하태후가 사망하다.

기원전 239년·진왕 정 8년

유방(18세): 영정(21세)의 동생 성교가 군대를 이끌고 조나라를 공격하다가 반란을 일으키다. 노애가 장신후長信侯에 봉해지고 권력을 휘두르다. 『여씨춘추』가 완성되다.

기원전 238년·진왕 정 9년

유방(19세): 영정(22세)이 관례를 행하고, 칼을 차고 친정하다. 이사(43세)가 진왕을 섬기다. 노애가 난을 일으키다. 태후가 옹으로 옮기다. 춘신군이 사망하다.

기원전 237년·진왕 정 10년

유방(20세): 이사(44세)가 「간축객서」를 올리다. 조고(20세)가 사史에 제수되다. 여불위가 재상에서 면직되어 하남으로 가다. 태후를 함양으로 맞아들이다.

기원전 236년·진왕 정 11년

유방(21세): 진나라 장수 왕전·환의桓齮·양단화가 조나라를 공격하다.

기원전 235년·진왕 정 12년

유방(22세): 여불위가 가솔을 이끌고 촉 땅으로 이주하다. 여불위가 자살하다.

기원전 234년·진왕 정 13년

유방(23세): 이사(47세)가 진왕에게 한비를 추천하다. 조고(23세)가 대략 이해에 진나라 궁전으로 들어가 상서졸사가 되다. 진나라 장수 환의가 조나라를 공격하다.

기원전 233년·진왕 정 14년

유방(24세): 영정(27세)이 전투를 독려하러 하남현에 가다. 한비가 진나라로 들어가 감옥에서 자살하다. 이사가 한나라로 들어가다. 이목이 진나라 장수 환의를 격파하다. 한왕이 신하가 되기를 청하다.

기원전 232년·진왕 정 15년

유방(25세): 항우(1세)가 초나라 하상에서 태어나다. 진나라 군대가 이목에게 패하다. 연나라 태자 희단이 진나라에서 볼모로 지내다가 도망쳐 연나라로 돌아가다.

- 기원전 231년·진왕 정 16년

유방(26세): 한나라 남양의 대리 군수 등騰이 진나라에 투항하다.

- 기원전 230년·진왕 정 17년

유방(27세): 내사 등이 한나라를 공격해 한왕 안을 사로잡고 영천군을 세우다. 한나라가 망하다.

- 기원전 229년·진왕 정 18년

유방(28세): 영정(31세)의 아들 호해(1세)가 태어나다. 왕전과 양단화가 조나라를 공격하다.

- 기원전 228년·진왕 정 19년

유방(29세): 영정(32세)이 한단에 가다. 영정의 모친 제태후가 사망하다. 진나라 군대가 조나라의 수도 한단을 함락시키고 조왕 안을 사로잡다. 조나라가 대 땅으로 옮겨가다. 진나라가 한단군을 설치하다.

- 기원전 227년·진왕 정 20년

유방(30세): 형가가 진왕을 암살하려 하다. 왕전과 신승辛勝이 연나라를 공격하다.

- 기원전 226년·진왕 정 21년

유방(31세): 유방이 이때부터 장이를 따라 이곳저곳을 다니다. 진나라 군대가 연나라의 수도 계를 함락시키고, 연나라가 요동으로 옮겨가다. 왕분이 초나라를 공격하다. 신정에서 반란이 일어나다.

- 기원전 225년·진왕 정 22년

유방(32세): 왕분이 대량을 수몰시키고, 위왕 가假가 항복하다. 위나라가 멸망하다. 우북평군 · 어양군 · 요서군을 설치하다. 이신과 몽무가 초나라 군대를 격파하다.

- 기원전 224년·진왕 정 23년

유방(33세): 진나라가 상곡군 · 광양군을 설치하다. 왕전과 몽무가 초나라를 공격해 초나라의 수도 수춘을 함락하고 초왕 부추를 사로잡다. 항연이 창평군 웅계를 초왕으로 옹립하고 진나라에 반기를 들다. 진나라가 사수군을 설치하다.

기원전 223년 · 진왕 정 24년

유방(34세): 유방이 사수정 정장이 되다. 초왕 웅계가 사망하고, 항연이 자살하고, 초나라가 멸망하다. 영정(37세)이 영진郢陳에 행차하다. 항우(10세)

기원전 222년 · 진왕 정 25년

유방(35세): 왕분이 요동을 공격해 연왕 희를 사로잡고, 연나라가 멸망하다. 대나라를 공격해 대왕 가를 사로잡다. 조나라가 멸망하다. 왕전이 형荊 땅의 강남 지역을 평정하고 월나라 군주를 항복시킨 뒤 회계군을 설치하다.

기원전 221년 · 진왕 정 26년

유방(36세): 영정(39세) 항우(12세) 왕분이 제나라를 공격해 제왕 전건을 사로잡고, 제나라가 멸망하다. 천하를 통일하다. 이사(60세)가 정위가 되고 제왕의 호칭을 논의하다.

기원전 220년 · 진시황 27년

유방(37세): 영정(40세)이 첫 번째로 순행하고 치도를 건설하다.

기원전 219년 · 진시황 28년

유방(38세): 영정(41세)이 두 번째로 순행하다. 객경 이사(62세)가 수행하다.

기원전 218년 · 진시황 29년

유방(39세): 영정(42세)이 세 번째로 순행하다. 장량이 박랑사에서 시황제를 암살하려다 실패하다.

기원전 217년 · 진시황 30년

유방(40세): 도휴가 진나라 군대를 이끌고 다섯 방면에서 남월을 침공하다.

기원전 216년 · 진시황 31년

유방(41세): 영정(44세)이 난지에서 도적을 만나다. 항우(17세).

기원전 215년 · 진시황 32년

유방(42세): 영정(45세)이 네 번째로 순행하다. 이사(66세)가 동행하다. 몽염이 흉노를 치다.

- 기원전 214년·진시황 33년

유방(43세): 50만 병사와 백성을 징발해 남월을 지키게 하다. 몽염이 강을 건너 장성을 수축하다.

- 기원전 213년·진시황 34년

유방(44세): 이사(68세)가 분서를 건의하다.

- 기원전 212년·진시황 35년

유방(45세): 유방이 함양으로 요역하러 왔다가 시황제를 보게 되다. 진나라가 직도를 건설하다. 아방궁을 건설하다. 부소가 상군으로 가게 되다. 영정(48세)이 진인이라 칭하다.

- 기원전 211년·진시황 36년

유방(46세): 진나라가 3만 호를 북하北河와 유중으로 이주시키다.

- 기원전 210년·진시황 37년

유방(47세): 망탕산으로 숨어들다. 유영(1세)이 태어나다. 항우(23세)가 오현에서 시황제를 보다. 영정(50세)이 다섯 번째로 순행하다가 사구에서 사망하다. 이사(71세), 조고(47세), 호해(20세)가 수행하다.

진시황 37년·기원전 210년

10월 시황제가 다섯 번째 순행에 나서다.

6월 순행 중 평원진에서 병이 나다.

7월 병인일, 시황제가 사구 평대의 행궁에서 죽다. 호해·조고·이사가 사구의 음모를 꾸미다.

8월 부소가 사망하다. 호해 일행이 수레를 몰아 함양으로 돌아와 발상하고 천하에 알리다.

9월 시황제를 안장하다.

진2세 원년·기원전 209년

10월 2세가 즉위하다. 대사면령을 내리다. 조고가 낭중령이 되다. 몽염·몽의 형제를 죽이다.

1월 2세가 동쪽으로 순행하여 갈석·요동·병해竝海에 이르고, 회계에 가서 비석에 글을 새기다.

4월 2세 일행이 함양으로 돌아오다. 공자와 공주를 모두 주살하다. 아방궁 공사를 재개하고 재관材官과 기사를 징집해 함양에 주둔시키다.

7월 **진**: 2세가 함양에 있다.

초: 진승이 대택향에서 기병하다. 진현을 함락하고 장초 정권을 세우다. 초나라가 복국하다.

8월 **진**: 2세가 관동의 반란 소식을 알려온 사자를 주살하다.

초: 오광이 형양을 포위하다. 주문이 관중을 공격하다. 송류가 남양을 공격하다.

조: 무신이 조왕이 되어 한단에 도읍하고, 조나라가 복국하다.

9월 **진**: 희수 전투. 장함이 주문을 격퇴하고 관중의 군대를 정비하다.

초: 주문 군대가 함곡관에서 물러나다. 항량이 회계에서 기병하다. 유방이 패현에서 기병하다.

조: 이량이 상산을 공격하고, 장염이 상당을 공격하다.
제: 전담이 적狄에서 기병하여 제왕이라 칭하고 제나라가 복국하다.
연: 한광이 계로 가서 연왕이라 칭하고 연나라가 복국하다.

진2세 2년·기원전 208년

10월 **진**: 진나라 군대가 동원되다. 왕리 군대가 동쪽으로 이동하다.
초: 주문이 조양에 있다. 오광이 형양을 포위하다. 항량이 회계에서 병사를 모으다. 유방이 풍읍에서 진나라 사수군감 평平의 군대를 격파하다.
조: 이량이 상산을 평정하다.
제: 제왕 전담 재위 2개월.
연: 연왕 한광 재위 2개월.

11월 **진**: 장함 주력군이 관문을 나가 조양 · 민지에서 주문 군대를 격파하다. 오창에서 전장 군대를 격파하고 형양에서 이귀 군대를 격파하다. 허許에서 오서 군대를 격파하다. 왕리 군대가 정형을 봉쇄하다.
초: 주문이 민지에서 전사하다. 오광이 형양에서 사망하다. 유방이 설현에서 진나라 사수군수 장壯의 군대를 격파하고 척현에서 장을 죽이다.
조: 이량이 배반하다. 무신과 소소가 피살되고 장이와 진여가 도망가다.
제: 제왕 전담 재위 3개월.
연: 연왕 한광 재위 3개월.

12월 **진**: 이사가 「2세에게 독책을 행하길 주청하는 상서」를 올리다. 장함이 장초의 수도 진현을 쳐부수다. 신채에 이르러 송류를 공격하다. 송류가 투항하자 함양으로 보내다. 왕리가 상당을 평정하다.
초: 초왕 진승 재위 6개월. 진승이 패하여 죽다. 장초가 망하다. 여신이 진현을 함락하다. 옹치가 풍읍에서 배반하고 위나라 밑으로 들어가다. 유방이 풍읍을 공격하지만 함락하지 못하다.
조: 장이 · 진여 · 전간이 이량을 격파하다.
위: 위구가 왕위에 오르고 주불이 승상이 되어 위나라가 복국하다.
제: 제왕 전담이 조나라를 구하러 전간을 보내다.
연: 연왕 한광 재위 4개월.

1월 **진**: 장함의 좌우교左右校가 다시 진현을 함락하고, 여신이 영포와 회합해 진현을 다시 탈취하고, 장함 군대가 또다시 진현을 함락하다.

초: 초왕 경구가 왕위에 오르고, 진가가 상장군이 되다. 유방이 경구를 만나러 유현으로 가는 길에 우연히 장량을 만나다.

조: 조왕 조헐이 왕위에 올라 신도에 도읍하다.

위: 위왕 위구 재위 2개월.

제: 전담이 경구가 제나라의 동의를 청하지 않고 초왕이 된 것을 질책하다.

연: 연왕 한광 재위 5개월.

2월 **진**: 장함이 탕군에 들어가다.

초: 초왕 경구가 공손경을 보내 제나라를 질책하다. 항량이 북상하여 회수를 건너고 진영과 영포가 항량의 휘하로 들어가다. 유방이 탕현을 함락하다.

조: 조왕 조헐 재위 2개월.

위: 위왕 위구 재위 3개월.

제: 제왕 전담이 초왕 경구의 사자 공손경을 죽이다.

연: 연왕 한광 재위 6개월.

3월 **진**: 장함이 율현에 이르러 주계석 · 여번군 군대를 격파하고 임제를 포위하다.

초: 항량 군대가 하상에 이르다. 유방이 제2차 풍읍 공격에 실패하다.

조: 조 · 제 연합군이 왕리 군대와 맞서 싸우다.

위: 위왕 위구가 장함 군대에 의해 임제에서 포위되다.

제: 제왕 전담 재위 7개월.

연: 연왕 한광 재위 7개월.

4월 **진**: 장함이 임제를 포위하다. 왕리가 하북에서 싸우다.

초: 초왕 경구 재위 4개월. 항량이 초왕 경구를 죽이고 설로 들어가다. 유방이 설에서 항량을 만나고, 풍읍을 함락시킬 병력을 요청하다.

조: 조 · 제 연합군이 왕리 군대와 맞서 싸우다.

위: 임제가 위급해지자 도움을 요청하기 위해 주불이 제나라로 가고 위표가 초나라로 가다.

제: 제왕 전담 재위 8개월.

연: 연왕 한광 재위 8개월.

5월 진: 장함이 임제를 포위하고, 왕리가 하북에서 싸우다.
초: 항량이 설현에 있으면서 항타를 보내 위나라를 구하다.
조: 조·제 연합군이 왕리 군대와 맞서 싸우다.
위: 위왕 위구가 진나라 장함 군대에 의해 임제에서 포위되다.
제: 제왕 전담이 병력을 이끌고 위나라를 구하다.
연: 연왕 한광 재위 9개월.

6월 진: 장함이 초·제 연합군을 무찌르고, 제왕 전담과 위나라 승상 주불을 죽이다. 초나라 장수 항타를 격파하고, 임제의 항복을 받다. 왕리가 하북에서 싸우다.
초: 항량이 설현에서 회왕을 옹립하고, 우이에 도읍하다. 유방이 설현으로 가서 회왕을 함께 옹립하다.
조: 조·제 연합군이 왕리 군대와 맞서 싸우다.
위: 위왕 위구 재위 7개월. 위구가 자살하고 임제가 진나라에 투항하다.
제: 제왕 전담 재위 10개월. 위나라를 구하려다 패전하고 죽다.
연: 연왕 한광 재위 10개월.
한: 한왕 한성이 왕위에 오르고, 장량이 사도가 되고, 한나라가 복국하다.

7월 진: 우승상 풍거질, 좌승상 이사, 장군 풍겁이 상서를 올린 뒤 감옥에 갇히다. 조고가 승상이 되다. 장함이 동아에서 전영을 포위하다. 항량에게 패하고 복양으로 가다.
초: 항량 군대가 동아를 구하고 장함을 격파하다. 유방·항우 연합군이 동아를 구하고, 복양 동쪽에서 진나라 군대를 무찌르고, 성양에서 성안의 사람들을 죄다 죽이다.
조: 조·제 연합군이 왕리 군대와 맞서 싸우다.
위: 위표가 초나라 군대의 원조를 받아 위나라 땅을 평정하다.
제: 전가가 제왕이 되다. 전영이 장함 군대에 의해 동아에서 포위되다.
연: 연왕 한광 재위 11개월.
한: 한왕 한성이 장량과 함께 한나라 땅을 평정하다.

8월 진: 이사가 처형되다. 장함이 패하여 복양으로 물러나다. 왕리 군대가 장함 군대를 향해 접근하다.
초: 항량이 복양에서 장함을 다시 격파하고 승세를 몰아 정도에 이르

다. 유방과 항우가 삼천군수 이유를 옹구에서 죽이다.

조: 조 · 제 연합군이 왕리 군대와 대치하며 싸우다.

위: 위표가 위나라 땅을 평정하다.

제: 전영이 전가를 몰아내고 전담의 아들 전불을 왕으로 옹립하다. 전가 재위 2개월, 초나라로 가다. 전각이 조나라로 가다.

연: 연왕 한광 재위 12개월.

한: 한왕 한성이 장량과 함께 한나라 땅을 평정하다.

9월 **진:** 장함이 항량 군대를 정도에서 대파하고 황하를 건너 북상하다.

초: 회왕이 팽성으로 천도하다. 송의가 제나라에 사신으로 가다. 항량이 전사하다. 유방이 탕현으로 회군하다. 항우가 팽성 서쪽으로 회군하다.

조: 조 · 제 연합군이 장함 · 왕리 군대와 전쟁하다.

위: 위표가 위왕이 되어 평양에 도읍하다.

제: 제나라 승상 전영이 초나라 · 조나라와 불화하다.

연: 연왕 한광 재위 13개월.

한: 한왕 한성이 회군하여 초 회왕에게 의탁하다.

後9월 **진:** 장함이 한단을 쳐부수고 그곳 백성들을 하내로 이주시키고, 성곽을 파괴하다. 왕리가 거록을 포위하다.

초: 초 회왕 재위 5개월. 친정하다. 송의를 상장군으로 삼고 항우를 차장군으로 삼아 조나라를 구하러 보내다. '회왕의 약조'를 제정하다. 유방이 회왕의 약조를 받들어 서쪽으로 진격해 진나라를 공격하다.

조: 조나라 왕과 신하가 거록으로 들어간 뒤 왕리에게 포위되다.

위: 위왕 위표 재위 2개월.

제: 승상 전영이 조나라를 구하려 하지 않다.

연: 연왕 한광 재위 14개월.

한: 한왕 한성 재위 5개월.

• 진2세 3년·기원전 207년

10월 **진:** 왕리가 거록을 포위하다. 장함 군대가 거록 남쪽의 극원 일대에 있다.

초: 송의가 군대를 이끌고 안양에서 한 달 넘게 머물다. 유방이 성무 남쪽에서 진나라 동군 군위를 격파하다.

조: 조왕 조헐 재위 11개월. 장이와 진간이 거록을 지키다. 진여가 상산의 병사 수만 명을 모은 뒤 거록 북쪽에 주둔하다.
위: 위왕 위표 재위 3개월.
제: 제왕 전불 재위 4개월.
연: 연왕 한광 재위 15개월. 조나라를 구하러 장수 장도를 보내다.
한: 한왕 한성 재위 6개월.

11월 진: 왕리 군대가 거록을 포위하다. 장함 군대가 용도를 만들어 왕리에게 군량을 조달하다.
초: 항우가 송의를 죽인 뒤 그 병력을 이끌고 조나라를 구하러 평원진으로 가서 강을 건너다.
조: 장이가 장염과 진택을 진여에게 보내 5000명의 병력을 요청해 왕리 군대를 공격하나 전군이 전몰하다. 장오가 북쪽에서 대군代郡의 병력을 이끌고 거록으로 가다.
위: 위왕 위표가 병력을 이끌고 조나라를 구하러 가다.
제: 제나라 장수 전도와 옛 제왕 전건의 손자 전안이 항우를 따라 조나라를 구하러 가다.
연: 연나라 장수 장도가 조나라를 구하기 위해 거록에 이르다.
한: 한왕 한성 재위 7개월.

12월 진: 왕리가 거록에서 패하여 사로잡히다. 장함이 병력을 이끌고 하내 방향으로 퇴각하다.
초: 항우가 거록에서 진나라 군대를 대파하고 제후군이 모두 항우의 휘하에 들어가다. 유방이 탕군 율현에서 위나라 군대와 연합해 진나라 군대를 격파하다.
조: 조헐 재위 13개월. 초나라가 조나라를 구하러 와서 포위를 해제하다. 수도 신도로 돌아오다.
위: 위나라 장수 황흔·무포 군대가 유방 군대와 탕군 율현에서 연합해 싸우다.
제: 제왕 전불 재위 6개월.
연: 연나라 장수 장도가 조나라를 구하러 가다.
한: 한왕 한성 재위 8개월.

1월 진: 장함이 극원 일대에서 방어진을 치고 굳게 지키다.
초: 항우가 거록에서 군대를 정비하다. 유방이 탕현에서 군대를 정비

하다.

조: 장이가 진여에게 화를 내며 진여로부터 장군의 인印을 거두다.

위: 위왕 위표 재위 6개월. 항우를 따라 싸우다.

제: 전불 재위 7개월.

연: 연왕 한광 재위 18개월.

한: 한왕 한성 재위 9개월. 영천 일대로 가서 한나라 땅을 평정하다.

2월 **진**: 장함 군대가 극원 일대에서 굳게 지키다.

초: 항우가 장함을 공격하다. 유방이 창읍을 공격하고, 팽월을 만나게 되다. 서쪽 고양을 지나다가 역이기 · 역상 형제를 만나게 되고 진류를 격파하다.

조: 조왕 조헐 재위 15개월. 조나라 군대가 항우를 따라 싸우다.

위: 위왕 위표 재위 7개월. 위나라 군대가 항우를 따라 싸우다.

제: 제왕 전불 재위 8개월. 전안 · 전도 · 전간 · 전각의 제나라 군대가 항우를 따라 싸우다.

연: 연왕 한광 재위 19개월. 연나라 군대의 장도 부대가 항우를 따라 싸우다.

한: 한왕 한성 재위 10개월. 영천 일대로 가서 한나라 땅을 평정하다.

3월 **진**: 장함 군대가 장수(장하)에 의지해 하내를 굳게 지키다.

초: 항우가 장수 하내에서 장함 군대와 대치하다. 유방이 동군 백마에서 진나라 장수 양웅을 격파하다.

조: 조왕 조헐 재위 16개월.

위: 위왕 위표 재위 8개월.

제: 제왕 전불 재위 9개월.

연: 연왕 한광 재위 20개월.

한: 한왕 한성 재위 11개월.

4월 **진**: 장함이 전세가 불리해지자 원병을 요청하러 사마흔을 함양으로 보내지만 조고가 만나주지 않다.

초: 항우가 장함을 급습하지만 패하다. 유방이 영천을 공격하고 한나라 땅을 탈취하다.

조: 조나라 장수 사마앙이 맹진 북쪽 기슭에 도달해 하내군과 하동군의 교통을 차단하다.

위: 위왕 위표 재위 9개월.

제: 제왕 전불 재위 10개월.

연: 연왕 한광 재위 21개월.

한: 한왕 한성과 신도 장량이 유방 군대와 연합해 싸우다.

5월 **진**: 조고가 사마흔을 죽이려 하자 사마흔이 달아나 장함에게 고하고 진나라에 대한 반역을 꾀하다.

초: 항우가 장수 하내에서 장함과 대치하다. 유방이 삼천군으로 들어가 황하 나루터를 봉쇄하다. 유방이 패전하여 다시 영천군으로 진입하다.

조: 조나라 장수 사마앙이 강을 건너 함곡관으로 들어가려다가 유방에 의해 저지당하다.

위: 위왕 위표 재위 10개월.

제: 제왕 전불 재위 11개월.

연: 연왕 한광 재위 22개월.

한: 한왕 한성이 양적에 남아서 지키다. 신도 장량과 장군 한신이 군대를 이끌고 유방을 따르다.

6월 **진**: 장함이 초나라의 투항을 결정하지 못하다.

초: 항우가 장함과 강화 담판을 하는 중에 공격하여 장수 남쪽 오수에서 장함 군대를 격파하다. 유방이 남양을 공격하고 완성을 포위하다.

조: 진여가 장함에게 서신을 보내다.

위: 위왕 위표 재위 11개월.

제: 제왕 전불 재위 12개월.

연: 연왕 한광 재위 23개월.

한: 한왕 한성 재위 14개월.

7월 **진**: 조고가 사슴을 가리켜 말이라 하고 권력을 독점하다. 장함이 항우에게 투항하다.

초: 항우가 은허에서 장함과 맹약을 맺어 장함을 옹왕에 봉하기로 약속하고 진나라 군대가 투항하다. 유방이 남양의 투항을 받아들이고 남양군수 의齮를 은후에 봉하다. 무관 방향으로 진군하다. 사자 영창을 함양으로 보내 조고와 만나 담판하게 하다.

조: 조왕 조헐 재위 20개월. 조나라 장수 신양이 하남현을 함락하다.

위: 위왕 위표 재위 12개월.

제: 제왕 전불 재위 13개월.

연: 연왕 한광 재위 24개월.

한: 한왕 한성 재위 15개월.

8월 **진**: 망이궁 정변으로 조고가 2세를 죽게 하다. 영영이 진왕의 자리에 오르고 조고를 죽이다.

초: 항우가 진나라 군대를 재편하고 사마흔을 상장군으로 삼아 통솔하게 하다. 유방이 무관을 쳐부수다.

조: 조왕 조헐 재위 21개월. 진여가 남피에 거하다.

위: 위왕 위표 재위 13개월.

제: 제왕 전불 재위 14개월.

연: 연왕 한광 재위 25개월.

한: 한왕 한성 재위 16개월.

9월 **진**: 진왕 영영이 군대를 보내 유방에 맞서다.

초: 항우 군대가 강을 건너 남하하다. 유방이 요관과 남전을 함락하다.

조: 장이가 조나라 군대를 이끌고 항우를 따르다.

위: 위표가 위나라 군대를 이끌고 항우를 따르다.

제: 전안과 전도가 제나라 군대를 이끌고 항우를 따르다.

연: 연나라 장수 장도가 연나라 군대를 이끌고 항우를 따르다.

한: 신도 장량과 장군 한신이 군대를 이끌고 유방을 따르다.

한 원년·기원전 206년

10월 **진**: 진왕 영영이 투항하고, 진나라가 망하다.

초: 초 회왕 재위 18개월, 팽성에 있다. 항우가 40만 제후군을 이끌고 하남현으로 가다. 유방이 함양성으로 들어가다.

조: 조왕 조헐 재위 23개월, 신도에 있다.

위: 위왕 위표 재위 15개월, 군대를 이끌고 항우를 따르다.

제: 제왕 전불 재위 16개월, 임치에 있다.

연: 연왕 한광 재위 27개월, 계현에 있다.

한: 한왕 한성 재위 18개월, 양적에 있다.

11월 **초**: 항우가 투항한 진나라 병사 20만 명을 신안에서 생매장하다. 유방이 약법삼장約法三章을 실시하자 진나라 백성들이 기뻐하다. 함곡관을 닫다.

조: 조왕 조헐 재위 24개월.

위: 위왕 위표 재위 16개월.

제: 제왕 전불 재위 17개월.

연: 연왕 한광 재위 28개월.

한: 한왕 한성 재위 19개월.

12월 **초**: 항우가 함곡관을 돌파하고 관중으로 들어가다. 항우 군대가 희수에 주둔하다. 유방 군대가 파상에 주둔하다. 홍문연에서 화해하다.

조: 승상 장이가 조나라 군대를 이끌고 항우를 따라 함곡관으로 들어가다.

위: 위왕 위표가 위나라 군대를 이끌고 항우를 따라 함곡관으로 들어가다.

제: 장군 전안과 전도가 제나라 군대를 이끌고 항우를 따라 함곡관으로 들어가다.

연: 장군 장도가 연나라 군대를 이끌고 항우를 따라 함곡관으로 들어가다.

한: 신도 장량과 장군 한신이 한나라 군대를 이끌고 유방을 따라 함곡관으로 들어가다.

1월 **초**: 항우가 영영을 죽이고 진나라 궁실을 불태우다.

조: 조왕 조헐 재위 26개월, 신도에 있다. 승상 장이가 조나라 군대를 이끌고 항우를 따라 함곡관으로 들어가다.

위: 위왕 위표 재위 18개월. 군대를 이끌고 항우를 따라 함곡관으로 들어가다.

제: 제왕 전불 재위 19개월, 임치에 있다. 장군 전안과 전도가 제나라 군대를 이끌고 항우를 따라 함곡관으로 들어가다.

연: 연왕 한광 재위 30개월, 계현에 있다. 장군 장도가 연나라 군대를 이끌고 항우를 따라 함곡관으로 들어가다.

한: 한왕 한성 재위 21개월, 양적에 있다. 신도 장량과 장군 한신이 한나라 군대를 이끌고 유방을 따라 함곡관으로 들어가다.

2월 회왕을 의제로 삼다. 항우가 19명의 왕을 분봉하다.

초나라 영토:

서초패왕 항우(초나라 장수)

형산왕 오예(초나라 장수)

구강왕 영포(초나라 장수)
임강왕 공오(초나라 장수)

진나라 영토:
한왕 유방(초나라 장수)
옹왕 장함(진나라 장수)
새왕 사마흔(진나라 장수)
적왕 동예(진나라 장수)

조나라 영토:
상산왕 장이(조나라 장수)
대왕 조헐(조왕)

위나라 영토:
서위왕 위표(위왕)
은왕 사마앙(조나라 장수)

제나라 영토:
제왕 전도(제나라 장수)
제북왕 전안(제나라 장수)
교동왕 전불(제왕)

연나라 영토:
연왕 장도(연나라 장수)
요동왕 한광(연왕)

한나라 영토:
한왕韓王 한성(한왕)
하남왕 신양(조나라 장수)

참고 자료

오랫동안 중국 고대사를 공부하고 연구하며 얻은 깨달음과 결과가 바로 이 책의 바탕이 되었다. 중국 고대사, 특히 진·한 시대 역사와 관련된 사료 및 역대 학자들의 연구 성과를 거의 훑어보고 이해했으며 가능한 한 흡수했다고 말할 수 있다. 따라서 이 책에는 선현 석학들의 업적과 성과가 녹아 있다. 이는 무엇보다 먼저 밝히고 감사해야 할 일이다.

하지만 이 책은 역사 서사일 뿐 논문이나 연구 저작이 아니다. 이 책의 구판舊版에서는 선현 석학의 업적과 성과를 참고·흡수한 내용과 관련한 작자와 출처를 극히 일부분만 명확히 밝혔다. 개정판에서는 주석을 첨가하는 일을 시도했는데, 체제의 제약으로 인해 특별히 주의해야 할 부분에만 설명을 달았을 뿐 대부분은 작자와 출처를 명확히 밝히지 못했다. 본래 상세하고 완전한 참고 자료 목록을 제시해야 했으나, 그렇게 할 경우 부득이하게 두꺼운 논문과 저서 목록을 독자에게 내놓게 되는 난감한 상황에 맞닥뜨리게 된다. 이런 방식은 어느 면에서 보더라도 거의 불가능에 가깝다. 그래서 고민 끝에 최소한의 참고 자료 목록만 제공하기로 결정했다. 참고 자료의 취사선택 기준은 두 가지다. 첫째는 이 책을 쓰는 데 비교적 영향이 많았던 경우, 둘째는 책을 쓰는 과정에서 많이 참고한 경우다. 이 기준에 따라 취사선택한 결과는 다음과 같다.

1. 역사 서술류

황런위黃仁宇, 『만력 15년萬曆十五年』(1982), 중화서국, 2006(증보판).

구제강顧頡剛, 『진·한의 방사와 유생秦漢的方士和儒生』, 상하이고적출판사, 1982.

니시지마 사다오西嶋定生, 「무제의 죽음武帝之死」, 『일본학자의 중국사 연구 논저 선집日本學者研究中國史論著選擇』 제3권, 중화서국, 1993.

볼테르 지음, 우모신吳模信 등 옮김, 『루이 14세의 시대路易十四時代』, 상무인서관, 1997.

에드워드 기번 지음, 시다이웨席代岳 옮김, 『로마제국 흥망사羅馬帝國衰亡史』, 롄징출판공사聯經出版公司, 2011.

시오노 나나미鹽野七生, 『로마인 이야기ローマ人の物語』, 신초사新潮社, 1992.

2. 인물 전기류

우한吳晗, 『주원장전朱元璋傳』, 인민출판사, 2003.

린위탕林語堂, 『소동파전蘇東坡傳』, 작가출판사, 1995.

주둥룬朱東潤, 『장거정대전張居正大传』, 동방출판중심, 1999.
안쭤장安作璋·멍샹차이孟祥才, 『한고제대전漢高帝大傳』, 허난인민출판사, 1997.
장원리張文立, 『진시황평전秦始皇評傳』, 산시陝西인민출판사, 1996.
리카이위안李開元, 『진나라의 수수께끼: 진시황을 새롭게 발견하다秦謎: 重新發現秦始皇』, 베이징연합출판공사, 2015.
쓰루마 가즈유키鶴間和幸, 『진의 시황제秦の始皇帝』, 요시카와코우분칸吉川弘文館, 2001.
후지타 가쓰히사藤田勝久, 『사마천과 그 시대司馬遷とその時代』, 도쿄대학출판사, 2001.
사타케 야스히코佐竹靖彦, 『유방劉邦』, 주오코론신샤中央公論新社, 2005.

3. 고전류

사마천司馬遷, 『사기史記』, 중화서국, 1989.
반고班固, 『한서漢書』, 중화서국, 1975.
사마광司馬光, 『자치통감資治通鑑』, 중화서국, 1976.
홍흥조洪興祖, 『초사보주楚辭補注』, 중화서국, 1983.
왕선겸王先謙, 『순자집해荀子集解』, 중화서국, 1988.
량치슝梁啓雄, 『한자천해韓子淺解』, 중화서국, 1985.
장솽디張雙棣, 『회남자교석淮南子校釋』, 베이징대학출판사, 1997.
양서우징楊守敬·슝후이전熊會貞, 『수경주소水經注疏』, 장쑤고적출판사, 1989.

양콴楊寬, 『전국사료편년집증戰國史料編年輯證』, 상하이인민출판사, 2001.
한자오치韓兆琦, 『사기전증史記箋證』, 장시인민출판사, 2005.
왕수민王叔岷, 『사기각증史記斠證』, 중화서국, 2007.

4. 역사 전문서

마페이바이馬非百, 『진집사秦集史』, 중화서국, 1982.
양콴楊寬, 『전국사戰國史』, 상하이인민출판사, 1998.
린젠밍林劍鳴, 『진사고秦史稿』, 상하이인민출판사, 1981.
왕쯔진王子今, 『진·한 교통사고秦漢交通史稿』, 중앙당교출판사, 1994.
허우샤오룽后曉榮, 『진대 행정구역 지리秦代政區地理』, 사회과학문헌출판사, 2009.
훠인장霍印章, 『진대 군사사秦代軍事史』(『중국군사통사中國軍事通史』 제4권), 군사과학출판사, 1998.
타이완 삼군대학臺灣三軍大學 편, 『중국역대전쟁사中國歷代戰爭史』 제2권, 중신中信출판사, 2012.

5. 전문 연구서

궈모뤄郭沫若, 『십비판서十批判書』, 과학출판사, 1962.
라오간勞榦, 『라오간 학술논문집勞榦學術論文集』, 타이베이: 예문인서관藝文印書館, 1976.
천멍자陳夢家, 『한간철술漢簡綴述』, 중화서국, 1980.
첸무錢穆, 『선진제자계년先秦諸子繫年』, 허베이교육출판사, 2002

탄치샹譚其驤, 『장수집長水集』, 인민출판사, 1987.

톈위칭田餘慶, 『진한위진사탐미秦漢魏晉史探微』, 중화서국, 1993.

리카이위안李開元, 『한 제국의 건립과 유방 집단: 군공 수익 계층 연구漢帝國的建立與劉邦集團: 軍功受益階層研究』, 싼롄서점, 2000.

장진광張金光, 『진제연구秦制研究』, 상하이고적출판사, 2004.

신더융辛德勇, 『역사의 공간과 공간의 역사歷史的空間與空間的歷史』, 베이징사범대학출판사, 2005.

옌부커閻步克, 『작본위에서 관본위로從爵本位到官本位』, 싼롄서점, 2009.

6. 고고류

위안중이袁仲一, 『진시황제릉의 고고 발견과 연구秦始皇陵的考古發現與研究』, 산시인민출판사, 2002.

왕쉐리王學理, 『함양제도기咸陽帝都记』, 싼친三秦출판사, 1999.

쉬웨이민徐衛民, 『진공제왕릉秦公帝王陵』, 중국청년출판사, 2002.

7. 지도류

탄치샹譚其驤 주편, 『중국역사지도집中國歷史地圖集』(제1책·제2책), 중국지도출판사, 1982.

스녠하이史念海 주편, 『시안역사지도집西安歷史地圖集』, 시안지도출판사, 1999.

국가문물국國家文物局 주편, 『중국문물지도집中國文物地圖集』(산시陝西 상·하), 시안지도출판사, 1998.

국가문물국 주편, 『중국문물지도집』(허난), 중국지도출판사, 1991.

8. 일본 학술 단행본

나이토 시게노부增淵龍夫, 『중국 고대의 사회와 국가中國古代の社會と國家』(1960), 이와나미쇼텐岩波書店, 1996(신판).

니시지마 사다오西嶋定生, 『중국 고대 국가와 동아시아 세계中國古代國家と東アジア世界』(1961), 도쿄대학출판회東京大學出版會, 1983(복간).

모리야 미쓰오守屋美都雄, 『중국 고대의 가족과 국가中國古代の家族と國家』, 동양사연구회, 1968.

사토 다케도시佐藤武敏, 『사마천 연구司馬遷の研究』, 규코쇼인汲古書院, 1997.

후지타 가쓰히사藤田勝久, 『사기 진한사 연구史記秦漢史の研究』, 규코쇼인, 2015.

옮긴이의 말

종이 위에 생생하게 부활시킨 포스트 전국 시대

1. 포스트 전국 시대

기원전 230년, 한韓나라가 멸망했다. 육국 멸망의 시작이었다. 조, 위, 초, 연이 잇달아 역사 속에서 자취를 감추었다. 그리고 기원전 221년, 마침내 제나라까지 멸망했다. 10년도 되지 않는 동안 육국을 차례차례 멸망시키고 통일을 이룬 진왕 영정은 자신을 '시황제'라고 명명했다. 중국 역사상 최초의 황제였던 그는 기원전 210년 50세로 사망했다. 2세, 3세를 거쳐 만세에 이르기까지 길이 전해지리라 믿었던 진 제국은 시황제가 사망한 지 불과 4년 뒤인 기원전 206년에 멸망하고 말았다.

시황제가 사망한 이듬해인 기원전 209년 진승이 봉기하고 진 제국은 뿌리째 흔들렸으며 '반진'의 기치 아래 육국이 부활했다. 진승의 봉기가 도화선이 되어 평민 왕정이 반진의 주류였다가 곧이어 반진 복국의 핵심 세력이 육국의 옛 귀족에게로 이동되면서 귀족 왕정이 부흥했으며, 마침내 항우가 여러 왕을 분봉해 열국을 세우게 된다.

'진붕秦崩'이라는 제목처럼 이 책은 '진의 붕괴'를 다루고 있다. 진의 붕괴는 다른 육국의 붕괴와는 본질적으로 다르다. 1911년 청이 멸망하기까지 무려 2100년 동안 지속된 '제국'의 시스템을 처음으로 마련한 '진 제국'의 붕괴이기 때문이다. 15년 만에 멸망한 진 제국의 역사적 비중이 중국의 그 어느 왕조에 뒤지지 않는 이유도 바로 이 때문이다.

그런데 '진의 붕괴'를 바라보는 책의 시각이 매우 독특하다. 물론 저자는 「과진론」에 나오는 가의의 주장, 즉 인의仁義를 베풀지 않았기 때문에 진이 멸망했다는 데 동의한다. 역대로 진의 멸망과 관련한 논의에서 「과진론」은 일종의 모범 답안과도 같았다. 당나라 시인 두목의 「아방궁부」에서도 육국 멸망의 원인을 그 나라 백성을 사랑하지 않았던 데서 찾고 진의 멸망 원인 역시 육국의 백성을 사랑하지 않았던 데서 찾지 않았던가. 하지만 제국이 붕괴했다면 붕괴의 주체가 있게 마련이고, 이는 진의 붕괴에 관한 논의에서 피해갈 수 없는 주제이기도 하다. 저자 리카이위안이 진승·항우·유방을 중심으로 서사를 전개한 이유 역시 바로 이 때문이다.

"진나라를 멸망시킬 것은 반드시 초나라다"라는 말처럼 진 제국은 진승·항우·유방이라는 세 명의 초나라 사람에 의해 붕괴되었다. 일찍이 사마천이 『사기』에서 언급한 것처럼 진승이 처음으로 진나라에 맞서 반란을 일으켰고, 항우가 진나라를 멸망시켰으며, 유방이 최종적으로 제업을 성취했다. 리카이위안은 이렇게 진나라 말의 역사에서 초나라 사람의 역할에 주목하면서 진·초·한 시기 역사의 연속성에 착안해 포스트 전국 시대론을 내놓았다. 진나라 말, 전국 시대의 육국이 복국하여 진나라와 육국이 대항하다가 최종적으로 항우와 유방에게 역사의 주도권이 넘어가는 '포스트 전국 시대'라는 개념은 진 제국의 멸망과 한 제국의 성립 사이에 존재하는 복잡미묘한 추세를 이해하는 데 탁월한 시각을 제시해준다.

2. 동시대를 살았던 그들

나는 문학 작품을 읽을 때면 작가가 몇 살 때 쓴 것인지 확인하곤 한다. 작품을 이해하는 데 꽤 유용하기 때문이다. 예를 들면 구양수(1007~1072)의 「붕당론」(1044)이 그가 정치적 열정을 불태우던 시기의 것이라면, 「추성부」(1059)는 그가 노년의 쇠함을 절감하던 시기의 것이다. 또한 문학 천재인 소동파(1037~1101)라 할지라도 그가 마흔 중반의 나이에 접어들지 않았더라면 「적벽부」의 깊이는 불가능했을 것이다.

역사를 살펴볼 때는 더더욱 그렇다. 그가 몇 살 때 그 일을 겪었는지, 그 일을 했는지에 관한 정보는 역사를 입체적으로 조명하는 데 정말 유용하다. 기원전 210년, 바로 시황제(50세)가 사망하게 되는 이해에 항우(23세)는 시황제의 마지막 천하 순행 행렬을 목도했다. 이때 항우는 "저 사람을 내가 대신할 수 있다!"라고 야심만만하게 말했다. 이듬해 그는 강동에서 기병했다. 항우(24세)가 강동에서 기병할 때 패현에서 기병한 유방은 당시 48세였다. 3년 전인 기원전 212년 유방 역시 시황제의 행차를 목도한 적이 있다. 수도 함양으로 요역하러 왔다가 시황제를 보게 된 그는 "아! 대장부란 마땅히 이래야 한다!"라고 탄식했다. 명문 귀족 출신의 항우와 평민 출신의 유방에게 '황제'라는 자리는 사뭇 다르게 느껴졌을 것이다. 항우에게 그것은 '가능태'였던 반면, 유방에게는 감히 꿈꿀 수도 없는 것이었다. 그런데 예측 불가능한 역사는 결국 유방의 손을 들어주었다.

항우와 유방의 나이가 서로 뒤바뀌었다면 어쩌면 역사는 다르게 전개되지 않았을까? 지나치게 자신만만했던 항우가 세월의 파도 속에서 노련해졌더라면, 홍문연에서 범증의 건의를 받아들여 유방을 죽였을는지 모른다. 그리고 회왕의 약조를 멋대로 어기지도 않았을 것이다. 또한 해하 전투에서 유방에게 패했더라도 자살을 택하지 않고 권토중래를 노렸을 수도 있다. 이 모든 가정은 그저 상상일 뿐 역사는 반복될 수 없다.

아무튼 역사 속 그들의 나이를 떠올리며 그 시대를 들여다보는 건 여전히 흥미로운 일이다. 시황제가 사망한 기원전 210년, 시황제는 50세였고 유방은 47세였고 항우는 23세였다. 진 제국을 세운 시황제와 한 제국을 세운 유방은 겨우 3살 차였다! 기원전 210년, 장차 시황제의 뒤를 잇게 되는 호해는 20세였다. 가장 유력한 차세대 주자 항우와 호해 역시 겨우 3살 차였던 것이다! 훗날 진나라 영토를 나누어 갖기로 비밀 모의를 하게 되는 유방과 조고는 동갑이었다! 이렇게 이들을 동시대 인물로 생생하게 불러내는 것은 리카이위안이 말한 '새로운 역사 감각'이다. 이 새로운 역사 감각의 인도 아래 유방부터 시작해 포스트 전국 시대의 영웅호걸들을 술회했노라고 저자는 말한다. 이 책에서 우리가 만나게 되는 건 바로 포스트 전국 시대의 시대상 그리고 그 시대를 주름잡던 인물들이다.

포스트 전국 시대를 배경으로 역사를 풀어나가는 이 책의 미덕은 한두 가지가 아니다. 역사를 보는 새로운 시각, 풍부한 역사 지식은 물론이고 흥미로운 역사 드라마를 보는 재미까지 얻을 수 있다. 역사학의 본원은 '역사 서사'라는 저자의 신념이 역사를 종이 위에 생생하게 부활시킨 덕분이다. 이 책을 제대로 읽으려면 백지 한 장과 중국 지도 한 장이 필요하다. 책에 나오는 사건이 일어난 연도 및 그 사건과 관련된 주요 인물의 당시 나이를 백지에 적어보는 것이다. 그리고 책에 나오는 사건이 일어난 지역과 장소를 지도에 표시해보는 것이다. 이와 더불어서 마음에 드는 문장에 밑줄을 긋거나 옮겨 적는 것도 추천한다. 어록을 만들 수 있을 만큼 빼어난 문장이 많다. 지적·감성적 욕구를 모두 채워주는 탁월한 독서물이다. 이는 문헌에 대한 철저한 분석, 현장 답사를 통한 지리적 이해, 그리고 오랜 연구를 통해 터득한 역사 감각이 어우러진 결과일 것이다.

3. 역사의 교훈

책의 마지막은 '진나라 멸망의 역사 교훈'에 관한 내용이다. 저자는 진나라 말의 역사가 '후안무치한 영웅 시대'였다고 말한다. 이익만 추구하고 눈앞의 성공에 급급한 시대, 윤리도덕을 돌아볼 여유가 없는 시대, 신의는 부재하고 음모와 모략뿐인 시대였다는 것이다. 진 제국이 멸망한 원인 역시 덮어놓고 진취와 발전만 추구하며 공리주의를 받들었던 반면 윤리도덕은 소홀히 하여 결국 도덕의 마지노선이 소멸한 데서 찾고 있다.

육국 가운데 마지막으로 멸망한 제나라를 다룬 책 『제나라는 어디로 사라졌을까』의 내용이 떠오른다. 저자 장웨이張煒는 각각 동과 서에 자리 잡고 있었던 제나라와 진나라, 두 대국이 잇달아 멸망한 사실에 주목하면서 이렇게 말했다. "상앙이 냉혹한 실용주의로 진나라를 강대하게 만들었다고 한다면 관중은 뜨거운 실용주의로 제나라를 번영시켰다. 전자의 결과는 더 냉혹한 되돌림이었고 끝내 진나라의 멸망을 초래했다. 후자는 제나라의 부패와 붕괴를 심화시켰고 환공의 말로를 재촉했다." "상앙과 관중, 극단적인 실용주의 정책을 채택하여 고효율적으로 신속히 물질적 이익을 얻음으로써 국가기계를 강화하는 동시에 사회의 윤리질서를 경시하고 파괴했으며 '인정'에서 멀어졌다는 점에 있어서는 동일했다." 그러고 보면 지금 우리는 그 어느 때보다도 '뜨거운 실용주의'를 추구하는 시대에 살고 있다. 이 시대는 진나라 말 '후안무치한 영웅 시대'와도 별반 다르지 않은 듯하다.

역사의 교훈을 말하면 왠지 고리타분한 느낌이 드는 게 사실이다. 하지만 어쩌겠는가. 아무리 고리타분하다 하더라도 현재를 가장 잘 비춰볼 수 있는 거울이 역사이고 그 거울이 말해주는 교훈은 여전히 유용하다. 더 나은 미래를 바라기에 역사의 교훈을 되새기지 않을 수 없는 것이다.

마지막으로 출판사 글항아리와의 인연을 추억하고자 한다. 『제나라는 어디로 사라졌을까』를 번역 출간했던 게 꼭 10년 전이다. 이후

10년 동안 글항아리와 많은 작업을 했다. 『삶을 안다는 건 왜 이리 어려운가요』 『동양고전과 푸코의 웃음소리』 『중국 철학이 등장할 때가 되었는가』 『미의 역정』 『중국 철학은 어떻게 등장할 것인가』 『고대 도시로 떠나는 여행』 등 여러 책을 번역했고, 『한손엔 공자 한손엔 황제: 중국의 문화 굴기를 읽는다』라는 저서도 출간했다. 10년 동안 내 사고의 깊이와 폭을 더해준 고마운 작업이었다. 이 책들이 나오기까지 애써주신 글항아리의 여러분에게 감사드린다. 특히 10년 동안 신뢰를 쌓아온 강성민 대표에게 감사의 말씀을 드린다. 아무리 책을 읽지 않는 시대라고 하지만 그래도 책은 살아남을 것이다. 글항아리가 그 살아남는 책의 담지자가 되길 바란다. 글항아리와 함께 더 성장해서 10년 뒤에 10년 전 오늘을 추억하길 기대한다.

2021년 7월

이유진

찾아보기

인명

서명·편명

진붕秦崩

1판 1쇄 2021년 8월 11일
1판 2쇄 2024년 10월 10일

지은이 리카이위안
옮긴이 이유진
펴낸이 강성민
편집장 이은혜
기획 노승현
편집 이승은
마케팅 정민호 박치우 한민아 이민경 박진희 정유선 황승현
브랜딩 함유지 함근아 박민재 김희숙 이송이 박다솔 조다현 정승민 배진성

펴낸곳 (주)글항아리 출판등록 2009년 1월 19일 제406-2009-000002호
주소 10881 경기도 파주시 심학산로 10 3층
전자우편 bookpot@hanmail.net
전화번호 031-955-2689(마케팅) 031-941-5161(편집부)
팩스 031-955-2557

ISBN 978-89-6735-933-1 03910

geulhangari.com